WILHELM VON STERNBURG

Lion Feuchtwanger

atb aufbau taschenbuch

Wilhelm von Sternburg, geboren 1939, war über dreißig Jahre als Journalist für Presse, Rundfunk und Fernsehen tätig. Er ist seit 1993 freier Autor und veröffentlichte u.a. Biographien über Konrad Adenauer, Gotthold Ephraim Lessing, Carl von Ossietzky, Erich Maria Remarque, Joseph Roth, Anna Seghers und Arnold Zweig.

Lion Feuchtwangers Weg vom Außenseiter im großbürgerlichen jüdischen Elternhaus in München zum Bohemien und streitbaren Theaterkritiker bis zum Kosmopoliten und Weltautor im kalifornischen Exil spiegelt einen wichtigen Teil der Zeit- und Literaturgeschichte des 20. Jahrhunderts wider. Der Schriftsteller schrieb 17 Romane, die in 25 Sprachen erschienen, Dramen, Kurzgeschichten und ein umfangreiches publizistisches Werk. Sein Leben war geprägt von intensiver schriftstellerischer Arbeit und erotischen Abenteuern. Er war ein Aufklärer, fasziniert von der Idee, Geschichte mit literarischen Mitteln auszudeuten. Das Judentum blieb ihm Heimat, als er von den Nazis vertrieben und 1940 in Frankreich interniert wurde, dann in die USA floh, wo man ihm die Einbürgerung verweigerte. Feuchtwanger glaubte an die Vernunft. Er engagierte sich mit Bertolt Brecht, Heinrich und Thomas Mann, Anna Seghers und anderen im Kampf gegen die Nazibarbarei. 1936 reiste er in die Sowjetunion. In seinem Moskau-Buch verklärt er die Stalin-Diktatur, in seinen Romanen erzählt er vom »argen Weg der Erkenntnis«, den wir zu gehen haben.

Wilhelm von Sternburg verknüpft die Darstellung von Feuchtwangers Leben und Werk mit der Epochengeschichte. Seine Biographie regt an, diesen Autor neu zu lesen.

WILHELM
VON STERNBURG

Lion Feucht-wanger

Die Biographie

atb aufbau taschenbuch

Mit 24 Abbildungen

MIX
Papier aus verantwortungsvollen Quellen
FSC® C083411

ISBN 978-3-7466-3204-9

Aufbau Taschenbuch ist eine Marke der Aufbau Verlag GmbH & Co. KG

1. Auflage 2016

Diese überarbeitete und erweiterte Neuausgabe der 1984 erstmals erschienenen Biographie »Lion Feuchtwanger. Ein deutsches Schriftstellerleben« von Wilhelm von Sternburg erschien 2014 bei Aufbau, einer Marke der Aufbau Verlag GmbH & Co. KG.
Umschlaggestaltung www.buerosued.de, München
unter Verwendung eines Motivs von © Corbis/ E.O. Hoppe
Satz und Reproduktion LVD GmbH, Berlin
Druck und Binden CPI books GmbH, Leck, Germany
Printed in Germany

www.aufbau-verlag.de

Für meinen Sohn Maximilian
1977 – 2013

INHALT

ANHANG

VORWORT

Die erste Fassung dieser Biographie erschien zum 100. Geburtstag Lion Feuchtwangers im Jahr 1984. Mehrere Auflagen und Ausgaben sind seither gefolgt. Damals hatten die westdeutsche Germanistik und die Verlage in der Bundesrepublik endlich die ideologischen Scheuklappen beiseitegelegt, und die Werke vieler Autoren, die während der Zeit des Nationalsozialismus ins Exil gehen mussten, wurden neu aufgelegt oder fanden in populären Fernsehverfilmungen erstmals wieder den Zugang zu einem breiten Publikum. Mit Blick auf die Exilliteratur muss von einer in den 1960er Jahren zunächst nur sehr zögernd einsetzenden Wiederentdeckung von Büchern gesprochen werden, deren Schöpfer in der Zeit der Weimarer Republik den Kreis der bedeutendsten deutschsprachigen Schriftsteller bildeten. In der Sowjetischen Besatzungszone sah das ganz anders aus. Die Autoren des deutschen Exils wurden von der dortigen Kulturpolitik – natürlich nicht ohne politische Hintergedanken – schon unmittelbar nach dem Ende des Krieges umworben und gedruckt. Mancher Exilant fand in der DDR eine neue Heimat, weil die Bonner Republik ein Willkommen nicht über die Lippen brachte und die meist linken, linksliberalen und jüdischen Exilschriftsteller in dem Staat, der die Untaten und Verbrechen der jüngsten deutschen Vergangenheit lange strikt verdrängte und verleugnete, übersehen, diffamiert und kaum noch gedruckt wurden. Für Feuchtwanger galt dies in besonderem Maße. Der Weltautor und Republikaner hatte einst für das große Anti-Hitler-Bündnis öffentlich gekämpft und glaubte in der Sowjetunion den entschiedensten Gegner des Dritten Reiches zu erkennen. Nach dem Krieg ließ sich der seit 1940 in den Vereinigten Staaten lebende Schriftsteller im deutsch-deutschen Alleinvertretungsgerangel von keiner Seite vereinnahmen. Im Bonner Staat hat man sowohl sein antifaschistisches Engagement als auch seine positive Haltung zum demokratischen Sozialismus mit Verdammungsurteilen belegt.

In diesem Zusammenhang führte mich ein sehr persönliches Erlebnis zu dem Entschluss, über Lion Feuchtwanger eine Biographie zu schreiben: Vor über vierzig Jahren hielt ich mich zu Filmarbeiten in Tel Aviv auf und fand am Buchstand des King David Hotels eine deutsche Übersetzung der »Geschichte des jüdischen Krieges« von Flavius Josephus. Ich las sie in den Drehpausen mit wachsender Begeisterung. Bei meiner Rückkehr hörte ich davon, dass der Schriftsteller Lion Feuchtwanger die Geschichte dieses jüdischen Historikers in einem Roman verarbeitet hatte. Mit großer Enttäuschung musste ich feststellen, dass weder die *Josephus*-Trilogie noch eine Biographie über den Autor in den Buchläden zu finden war. Als ich dann eine DDR-Ausgabe fand und gelesen hatte, war ich empört über die Ignoranz der westdeutschen Literaturszene. Es war eine produktive Empörung, denn ich begann nicht nur mit meinen Vorarbeiten für eine Biographie, sondern drehte zum 100. Geburtstag für die ARD auch ein Filmporträt des Schriftstellers.

Inzwischen hat der Zusammenbruch der kommunistischen Sowjetunion und eine friedliche Revolution in der DDR die ideologischen Kämpfe von gestern Geschichte werden lassen. Eine Lesergeneration ist herangewachsen, die den Kalten Krieg und seine maßlosen Propagandalügen nur noch aus den Büchern kennt. Sie begegnet dem Schriftsteller Lion Feuchtwanger und seinem Werk (und dem seiner schreibenden Altersgenossen) mit einer in vielen Punkten veränderten Sichtweise. Jede Zeit liest ihre großen Autoren von einst neu.

1984 galt es noch, den Streit der Ideologen – zu denen auch viele Vertreter der deutsch-deutschen Germanistik und der Literaturkritik zählten – um Feuchtwanger und sein Werk ausführlich darzustellen. Heute rücken neue alte Fragen in den Vordergrund. Krieg und Machtmissbrauch, die Verteidigung der demokratischen Grundtugenden und die Befreiung von Ausbeutung und Unterdrückung, das Ringen um Vernunft in einer sich immer tiefer im Materialismus verlierenden Weltgesellschaft, der Kampf um Märkte und Gewinne, die inzwischen wieder von Gewalt und Mord begleitete Suche nach dem »wahren« und einzigen Gott, der »arge Weg der Erkenntnis«, den zu beschreiten wir uns als Individuen so häufig zu verweigern versuchen – Feuchtwangers Themen sind höchst aktuell geblieben. Seine Romane – heute ausnahmslos auf dem Buchmarkt präsent – spiegeln uns in einem figurenreichen und auf Breite und Tiefe angelegten Panoramabild die Welt und ihre Bewohner in ihrem Scheitern und in ihrem heroischen Trotzdem wider. Sie sind zeitlos, und auch deswegen sind die Leser diesem Autor mehr als ein halbes Jahrhundert nach seinem Tod weiterhin treu geblieben. Die Auflagen von Feuchtwangers Romanen erreichen natürlich nicht mehr die Höhen, die sie zu seinen Lebzeiten hatten. Aber er gehört zu den wenigen Schriftstellern seiner Generation, deren Name und deren Werk den Wandel der Zeiten und den Wandel der Leserschaft erfolgreich überlebt haben. Mit dem Ende der deutsch-deutschen Ideologieintrigen wird ihm auch die Literaturkritik endlich etwas gerechter. Denn ein großer Erzähler ist Feuchtwanger, ein ironischer und verstehender Deuter unserer Triebe und unserer Leidenschaften, ein hellsichtiger Geschichts- und Menschenkenner. Nicht von ungefähr, dass er zu Lebzeiten immer wieder einmal als Kandidat für den Literaturnobelpreis gehandelt wurde.

Ich hatte noch das Glück, einigen wichtigen Zeitgenossen und Weggefährten Feuchtwangers begegnet zu sein. Die Witwe Marta Feuchtwanger empfing mich zu langen Gesprächen in der Villa Aurora in Pacific Palisades. Harold von Hofe, Nachlassverwalter und Hochschullehrer an der University of South California in Los Angeles, öffnete mir nicht nur das unentbehrliche Feuchtwanger Archiv (Feuchtwanger Memorial Library) an seiner Universität, sondern wusste auch zahlreiche Details aus dem späteren Leben des Schriftstellers zu berichten. Lola Humm-Sernau, die langjährige Sekretärin, traf ich an wunderschönen Sommerabenden in Ascona. In Santa Barbara und in Santa Monica lernte ich Schauspielerinnen, Künstlerehefrauen und Journalisten kennen, die Feuchtwanger auf Partys oder bei Lesungen begegnet waren. Zeitzeugen urteilen sehr persönlich. Manches ist vergessen oder verdrängt, anderes hält man lieber im Verborgenen. Aber sie sind für jeden Biographen ein Geschenk.

Der Wunsch, diese Lebensbeschreibung zu überarbeiten und sie in weiten Teilen neu zu schreiben, ist auch dem Zugang zu bislang verschlossenen Archiven und Zeugnissen aus dem Feuchtwanger-Umkreis zu verdanken. Im Marbacher Literaturarchiv liegt seit einigen Jahren der Nachlass von Lola Humm-Sernau und im Deutschen Exilarchiv 1933–1945 der Deutschen Nationalbibliothek in Frankfurt am Main ein beträchtlicher Bestand von Briefen des amerikanischen Feuchtwanger-Verlegers Benjamin Huebsch und der Feuchtwanger-Freundin Eva Herrmann. Das Archiv der Berliner Akademie der Künste ist neu geordnet. In Moskau können seit 1990 westliche und östliche Wissenschaftler das russische Staatsarchiv für sozialpolitische Geschichte und andere Archive nutzen. Was die dort verwahrten Dokumente für den Blick auf Feuchtwangers Leben und Handeln im Zusammenhang mit seiner so umstrittenen Moskau-Reise bedeuten, findet vor allem in den Arbeiten der Bochumer Slawistin Anne Hartmann ihren wissenschaftlich-biographischen Niederschlag. In den Vereinigten Staaten konnte schon vor einigen Jahren Alexander Stephan die Feuchtwanger-Akten des FBI einsehen. Hinzu kommt die Neuveröffentlichung von Tagebüchern aus der Feder von Zeitgenossen Feuchtwangers und von wichtigen Briefeditionen.

Feuchtwanger und sein Werk sind weiterhin Thema vieler wissenschaftlicher Monographien, Habilitationen, Dissertationen oder Magisterarbeiten. Auch biographische Arbeiten zu speziellen Lebensaspekten und Lebensabschnitten sind neu erschienen. Die 2001 gegründete und seitdem überaus rührige Internationale Feuchtwanger Gesellschaft veröffentlicht regelmäßig Forschungsberichte. All diese Arbeiten und neu erschlossenen Dokumente haben den Blick auf Feuchtwanger und seine Romane nicht fundamental verändert. Aber sie haben vieles belegt, sichtbarer und deutlicher gemacht. Sie haben auch manche Spekulation und manchen polemischen Angriff auf seine Person und sein öffentliches Wirken relativiert. Nicht zuletzt hat sich in den vergangenen dreißig Jahren der Blick des Verfassers dieser Biographie verändert, sieht er manches in einem neuen Licht. Seine Sympathie für den Mann und sein Werk ist ungebrochen geblieben. Wie auch immer: Feuchtwanger lebt!

Vielen Mitarbeiterinnen in den Archiven oder Helfern und Diskussionspartnern im Kreise der Feuchtwanger-Forscher gilt es für Unterstützung, Kritik und Zuspruch zu danken, ebenso der sorgsamen und kritischen Begleitung des entstehenden Manuskripts durch das Lektorat von Maria Matschuk. Ohne sie wäre manche Fundstelle im Dunkel geblieben und manches Buch nicht gelesen worden. Die Liste wäre zu lang, um alle aufzuführen, die geholfen und geraten haben. Die es betrifft, wissen, wie viel ich ihnen schuldig bin. Aber: Meine Tochter Judith von Sternburg hat meine Feuchtwanger-Abenteuer über Jahre hinweg klug, eingreifend, zeitaufwendig und mahnend begleitet. Sie weiß, was mir das in schweren Tagen bedeutet hat. Für ihre Treue danke ich ihr von Herzen.

Wiesbaden, im April 2014 Wilhelm von Sternburg

Der Schriftsteller L. F. war 19mal in seinem Leben vollkommen glücklich und 14mal abgründig betrübt. 584mal schmerzte und verwirrte ihn bis zur Betäubung die Dummheit der Welt, die sich durch keine Ziffer ausdrücken läßt. Dann wurde er dagegen abgestumpft. Sehr genau erkennend, daß Leistung sich nicht deckt mit Erfolg und daß der Mann sich nicht deckt mit der Leistung, würde er, falls man ihn fragte: »Bist du einverstanden mit deinem bisherigen Leben?«, erwidern: »Ja. Das Ganze nochmal.«

Lion Feuchtwanger, 1935

KAPITEL 1

Sie waren ausgesprochene Bajuwaren

Herkunft und Familie

Erste Spuren führen ins 16. Jahrhundert. Es ist die Zeit des großen Aufbruchs, es beginnt die Epoche, die die Historiker später unter dem Begriff »Neuzeit« einordnen werden. In der alten Welt hat der Rebell aus Wittenberg die Grundfeste der jahrhundertealten Ordnungsmacht erschüttert. Die Papstkirche, innerlich längst verfault und ein Spielball in den Händen der weltlichen Mächte, droht zunächst unter den schonungslosen Anklagen der Reformatoren fast ohne Gegenwehr zusammenzubrechen. Der Mönch Martin Luther hat eine Revolution bewirkt.

Auch in Mittelfranken, dem Herrschaftsgebiet der Landgrafen von Nürnberg, erheben sich die jahrhundertelang unterdrückten und geschundenen Bauern gegen ihre hochmütigen Herren, unterliegen aber schließlich in einem langen blutigen Gemetzel. Im kleinen Städtchen Feuchtwangen an der Sulzach hat man Glück. Eine Hinrichtung auf dem Marktplatz, willkommene Unterbrechung eines träge geregelten Alltags – mehr bekommen die Bürger von den Stürmen der Zeit nicht mit. Als zwanzig Jahre später die Truppen Karls V. im Schmalkaldischen Krieg plündernd durch Süddeutschland ziehen, kommen die Feuchtwangers ebenfalls glimpflich davon. Schlecht ging es ihnen im Übrigen auch vorher nicht. Ein Benediktinerkloster, im 9. Jahrhundert gegründet und ab 1197 sogar ein Chorherrenstift, brachte ihnen das notwendige Auskommen. Die Mönche, Kinder ihrer Zeit, waren längst verlottert und dem Sinnlich-Weltlichen zugetan wie jeder andere.

Zu den Einwohnern Feuchtwangens zählten einige jüdische Familien. Das war nichts Besonderes. Juden hatten sich überall dort in den christlichen Reichen Europas niedergelassen, wo Grafen und Fürsten, Könige und Kaiser es ihnen gestatteten. In der Regel gegen eine beträchtliche Bezahlung. Immer wieder auch wurden sie verjagt. Es gab Schlimmeres. In Zeiten der Pest und des Hungers suchten die verzweifelten Menschen nach Gründen für den Zorn ihres Gottes. Waren da nicht die Hostienschänder und Entführer christlicher Kinder, die in grausigen Ritualmorden bereits den künftigen Sieg über die Christen feierten? Ein paar Worte genügten oft, und wie in einem Rausch zogen die Menschen in die Viertel der Juden. Sie erschlugen Männer und Frauen, Greise und Kinder. 1543 erscheint Luthers Schrift »Von den Juden und ihren Lügen«. Ein böses Pamphlet, das die Vorurteile seiner Zeit demagogisch verwertet und die alten Verleumdungen erneuert. »Darum wisse du, lieber Christ, und zweifle nicht daran, dass du nächst dem Teufel keinen bittereren, giftigeren, heftigeren Feind habest als einen rechten Juden, der mit Ernst Jude sein will.«[1] Eine schlimme Schrift für die Juden, deren Reichsschutz durch die zunehmende Entmachtung des Kaisertums ohnehin beträchtlich gesunken ist. Luthers Worte, wie auch die der katholischen Kirche, bescherten vielen Christen sogar ein gutes Gewissen, wenn sie die Judenviertel stürmten und niederbrannten.

Im mittelfränkischen Feuchtwangen beginnt die Leidenszeit der jüdischen Einwohner ebenfalls nach 1550. »Markgraf Georg Friedrich erfüllte die Wünsche des Landtags ...: Im Oktober 1560 hatte er die Vertreibung der Juden befohlen; Pfingsten 1561 sollte das Land geräumt sein.«[2] Ein Pogrom soll die Feuchtwangener Juden bereits 1555 aus der Stadt vertrieben haben. Die Verjagten finden Unterschlupf in Schwabach bei Nürnberg und im oberpfälzischen Sulzbürg. Andere verschlägt es nach Pappenheim im Altmühltal.

Drei Brüder fliehen mit ihren Familien in die nächstgelegene Judensiedlung im bayerischen Fürth. Zwei der Brüder werden unterwegs von vagabundierenden Volkshaufen gelyncht. Die anderen können sich unverletzt zur Fürther Judengemeinde durchschlagen. Fortan nennen sich die Überlebenden dieser Gruppe die

»Feuchtwanger«. Ebenso übrigens wie die Leidensgefährten in Schwabach, Sulzbürg und Pappenheim.

Lion Feuchtwangers jüngerer Bruder Martin schreibt in seinen Erinnerungen: »Ich wurde in München geboren, mein Vater wurde in Fürth in Bayern geboren, und sein Vater auch in Fürth und dessen Vater ebenfalls in Fürth. Wahrscheinlich auch der Urgroßvater und wahrscheinlich auch der Ururgroßvater.«[3] Es sind also die Fürther Feuchtwangers, von denen der Schriftsteller Lion Feuchtwanger abstammt.

Der Erste, von dem die Familiengeschichte knapp berichtet, ist der »Handelsmann« Jakob Löw Feuchtwanger. Er stirbt 1809. Sein Sohn Seligmann, der sich wie fast alle Erstgeborenen der Familie hebräisch Aaron Meir nennt, heiratet die 1799 in Wallerstein geborene Fanny Wassermann, Tochter des Geldwechslers und Tuchhändlers Amschel Elkan Wassermann.

Der erfolgreiche Kaufmann gründet Mitte des 19. Jahrhunderts in Bamberg eine Bank, die in den kommenden Jahrzehnten zu einem der wichtigsten privaten Bankhäuser Bayerns aufsteigt. Sein Schwiegersohn Seligmann Feuchtwanger ist Inhaber eines angesehenen Silber- und Messingwarengeschäftes, und das Ehepaar hat 18 Kinder. »Über Seligmann Feuchtwanger wird weiterhin berichtet, dass er zeitlebens sehr stolz darauf war, dass seine Kinder niemals Hunger leiden mussten und für alle immer genug Brot im Haus war.«[4] Die Familienlegende erzählt von einem bescheidenen Mann, der sein Geschäft schloss, wenn die Wochenausgaben verdient waren, und dessen Frau das in die Ehe mitgebrachte schwarze Seidenkleid bis zu ihrem Tod bei allen festlichen Gelegenheiten trug.

Der älteste Sohn Seligmanns, Jakob Löw, ging nach seiner Lehrzeit im Bankhaus Wassermann um 1840 herum nach München, drei seiner Brüder folgten ihm nach. Die Niederlassung von Juden unterlag damals noch strengen Auflagen. »Bis 1861 hatte in Bayern das Gesetz über die Judenmatrikel Geltung, wonach nur ein Abkömmling sich ansässig machen und einen Erwerb ergreifen durfte. Die übrigen Kinder mussten anderswo ihr Glück suchen.«[5] In der Stadt an der Isar lebten zum Zeitpunkt der Umsiedlung von Jakob Löw Feuchtwanger rund 1400 Juden. Mitte des 19. Jahrhunderts war München in Sachen Gewerbefreiheit ziemlich rückständig, aber die wirtschaftlichen Träume der Feuchtwanger-Brüder erfüllten sich rasch. Jakob, Elkan, Moritz und David legten die Wurzeln für den Wohlstand und die bürgerliche Reputation des immer größer werdenden Münchner Feuchtwanger-Clans. Einer der Seligmann-Söhne, Abraham, hielt 1848 auf den Münchner Barrikaden hitzköpfige politische Reden und wurde ins Gefängnis geworfen. Er starb, wie 70 Jahre später sein Großneffe Lion, 1888 in Amerika.

Jakob Löw heiratete eine wohlhabende Frankfurter Bankierstochter und gründete 1857 das schnell erfolgreich arbeitende und bis zur Enteignung durch die Nationalsozialisten als unabhängige Privatbank geführte Münchner Geldhaus J. L. Feuchtwanger. Sein Bruder Moritz wurde Teilhaber. Elkan und David Feuchtwanger errichteten in den 1880er Jahren im Münchner Stadtteil Haidhausen eine Magarine- und Kunstbutterfabrik, die schon bald mehrere ausländische Filialen besaß. Die Geschäftskontakte reichten bis Ägypten.

Der Fabrikant Elkan, 1823 geboren, war das vierte der 18 Kinder Seligmanns. Seine Frau Sarah Fürther kam aus Pappenheim, wo ebenfalls seit 300 Jahren Juden mit dem Namen Feuchtwanger lebten. Elkan und Sarah hatten sieben Kinder. Das älteste wurde am 2. März 1854 geboren. Sie nannten es Sigmund, hebräisch Aaron Meir. Es war der Vater des Schriftstellers Lion Feuchtwanger.

Die Feuchtwangers sind innerhalb von zwei Generationen in das bayerische Bürgertum aufgestiegen. Sie sind überaus erfolgreiche Bankiers und Kaufleute. An der Wende zum 20. Jahrhundert besuchen die Söhne vielfach die Universität und arbeiten als Ärzte und Rechtsanwälte, Verleger und Schriftsteller. Einige Frauen der Familie gehören zu den Pionierinnen der weiblichen Emanzipation und des Zionismus in Deutschland. Die »nach München, besonders seit 1861 zugewanderten Familien«, wird Lion Feuchtwangers Bruder Ludwig 1937 mit Blick auf die jüdischen Stadtbewohner festhalten, »haben eine erstaunliche Zahl tüchtiger Großkaufleute, Industrieller, Bankleute, ausgezeichneter Kunsthändler, erfindungsreicher und schaffensfroher Anreger neuer Handels- und Erwerbszweige, die an Münchens Aufschwung ihren redlichen Anteil hatten, hervorgebracht; dazu kam eine Reihe bedeutender Mediziner, Juristen, Gelehrter und Staatsbeamten«[6].

Die weitläufigen Familienbande der Feuchtwangers bleiben eng. Droht einem von ihnen materielles Unglück, wird er von der Familie aufgefangen. Auch der wohlhabende Schriftsteller Lion Feuchtwanger steht später in dieser Tradition und unterstützt in den schweren Jahren der Vertreibung durch die Nationalsozialisten mehrere seiner im Exil lebenden Geschwister durch regelmäßige Zahlungen. Die männlichen Feuchtwangers arbeiten häufig in gemeinsam geführten Geschäftsunternehmen. Die ehelichen Verbindungen werden meist nicht ohne Blick auf die geschäftlichen Hintergründe geschlossen. Ihrem jüdischen Glauben bleiben fast alle Feuchtwangers sehr bewusst treu, konfessionelle Übertritte eines ihrer Angehörigen sind nicht bekannt. »Die Feuchtwangers gehörten einem orthodoxen Judentum an, das nicht nur die Emanzipation und die deutsche Kultur eindeutig bejahte, sondern auch den Anschluss an die deutsche Staatsnation bewusst vollzog, sich eindeutig zu den damit verbundenen Rechten und Pflichten bekannte.«[7]

Das Jahr 1933 bringt auch für diese Familien das brutale Ende des Traumes von der deutsch-jüdischen Gemeinschaft. Seit Jahrhunderten in Bayern ansässig, werden ihre Mitglieder in alle Welt verstreut. Sie fliehen nach Palästina und Amerika, nach England und Frankreich und bauen sich dort neue Existenzen auf. Nachkommen des Feuchtwanger-Clans leben noch heute in Israel, in den USA und in England.

Wie seine Vorfahren wurde Sigmund Feuchtwanger Kaufmann. Aber es gab einen entscheidenden Unterschied: Er wuchs bereits in einem materiell gesicherten Haushalt auf. Nach seiner Ausbildung übernahm er die Filiale des väterlichen Unternehmens in Kairo und wurde nach dem Tod des Vaters gemeinsam mit zwei seiner Brüder 1902 Eigentümer der Margarinefabrik »Saphir Werke«, die er bis zu seinem Tod 1916 leitete.

Sigmund Feuchtwanger fühlte sich dem deutschen Bürgertum zugehörig und setzte, wie viele seiner Glaubensbrüder, auf eine allmähliche gesellschaftliche Assimilation der Juden. Er sprach wie alle Münchner Feuchtwangers – und das waren schließlich etwa 300, in ganz Bayern gab es über 600 Feuchtwangers – ein breites, kräftiges Bayerisch. Sohn Martin schreibt: »Er sagte nicht: ›Halte deinen Mund.‹ Sondern: ›Halt die Goschen.‹ Er sagte nicht: ›Was gibt es heute Schönes zu speisen?‹ Sondern: ›Was hamm mer denn heit zum Essen.‹«[8]

Er nahm die Vorschriften seiner Religion ernst, beteiligte sich aktiv am jüdischen Gemeindeleben und hoffte darauf, dass seine Kinder sich nicht dem jüdischen Glauben entfremdeten. Sohn Martin hält fest: »Für meinen Vater war die jüdische Religion die Welt. Orthodox zu sein, den Zaun nicht zu durchbrechen, hielt er für eine selbstverständliche Pflicht.«[9] Der Sabbat wurde in der Familie Feuchtwanger geachtet, der Synagogenbesuch war Pflicht für alle, und es wurde koscher gekocht. »Kinder aus jüdischen, aber nicht orthodoxen Familien sah mein Vater nicht gerne«, schreibt Martin Feuchtwanger. »Gegen den Verkehr mit Christenkindern dagegen hatte er nichts einzuwenden. Am Freitagabend und am Ausgang des Samstags segnete er uns Kinder. Er legte die Hand auf unseren Kopf und sprach einen hebräischen Segensspruch.«[10]

Der älteste Sohn Lion wird später auch auf die Enge hinweisen, die durch die streng orthodoxe Erziehung seine Kindheit mitbestimmte: *Meine Eltern hielten darauf, daß ich die umständlichen, mühevollen Riten rabbinischen Judentums, die auf Schritt und Tritt ins tägliche Leben eingreifen, minutiös befolgte. Die strenge Einhaltung der Speisegesetze und der Sabbat-Gesetze, die vielen langen täglich zu verrichtenden Gebete, der sehr häufige Synagogenbesuch, die zahllosen, umständlichen Gebräuche spannten das Leben in einen verzweifelt engen Rahmen. Auch mußte ich unter der Leitung eines Privatlehrers täglich mindestens eine Stunde dem Studium der hebräischen Bibel und des aramäischen Talmuds widmen.*[11] Zwänge, die dann bald zu den ersten Vater-Sohn-Konflikten führen sollten.

Sigmund Feuchtwanger hatte nicht allzu viel Interesse an seinem Unternehmen. Seine Liebe gehörte der jüdischen Literatur und dem Disput über theologische Auslegungsfragen, den er meisterhaft beherrschte. Seine Sammlung althebräischer Werke war wertvoll und bedeutend. Sehr bürgerlich für die damalige Zeit war ein anderes Hobby des Fabrikanten: das Briefmarkensammeln.

Zeitgemäß für das deutsche Bildungsbürgertum war auch Sigmund Feuchtwangers starkes Interesse für die Werke Goethes, Schillers und Shakespeares oder für die damals modernen Autoren Paul Heyse und Gerhart Hauptmann. Seine Vorliebe für Frank Wedekind war dagegen schon weniger typisch. Die Liebe des Vaters zur Literatur beeinflusste vor allem die beiden älteren Söhne Lion und Ludwig. Sie wuchsen mit Büchern auf.

Lions Eltern blieben – wie vor dem Ersten Weltkrieg nahezu alle in das Bürgertum aufgestiegene Feuchtwangers – politisch konservativ. Sie »waren kulturell nicht nur Deutsche, sondern ausgesprochene Bajuwaren. … Sie waren es auch politisch. Der Vetter, der Sozialdemokrat war, galt als weltfremder Idealist, der andere, der Pazifist, als ›Waschlappen‹. Man ging in den Keller und trank sein Bier zum mitgebrachten Abendessen, kraxelte auf die Berge, kannte die Museen wie die eigene Wohnstube und es war ›unser München‹, in dem auch der Jude aus Berlin als Landfremder galt.«[12] Der Patriotismus – Großvater Elkan war 1866 stolzer Teilnehmer der Schlacht von Königgrätz – wurde nicht preußisch-kleindeutsch. Wenn Sigmund Feuchtwanger dabei mehr der nationalliberalen als der ultrakonservativen Seite zuneigte, dann aus der Erkenntnis, dass nur ein Aufstieg des Bürgertums auch der Emanzipation der deutschen Juden eine Chance bot. In der Arbeiterbewegung sah er nicht wie die meisten seiner bürgerlichen und konservativen Zeitgenossen den Klassenfeind, den zu bekämpfen die Pflicht des Staates sei. Dies wohl weniger, weil Sigmund Feuchtwanger ein besonders demokratisches Engagement verspürte, sondern aus einem tiefen, fast schon stur zu nennenden Gerechtigkeitsempfinden. Er war auf seine Weise – wie später der berühmte Sohn – ein Wahrheitssucher.

Für die Kinder war er Respektsperson und außerhalb der Mahlzeiten und der jüdischen Festlichkeiten weitgehend unsichtbar. Aber seine Freude an der Diskussion, sein großer Bildungsdrang machten ihn für seine Familie häufig zu einem großen Erzähler. »Er konnte uns Kindern am Mittag von der Verschiedenheit der Auslegungen von Hillel und Schamai erzählen und fünf Minuten später von der Tücke der Elisabeth gegenüber der Maria Stuart oder von den Schönheiten der versunkenen Glocke. Altjüdische Gelehrsamkeit und neue deutsche Literatur in einem Topf.«[13]

Im Wohnzimmer hing eine Lithographie, die Lessing, Moses Mendelssohn und Lavater zeigt. »Auch über dieses Bild sprach der Vater immer wieder lange und mit Begeisterung. Er erzählte von Lessing, wie Lessing gelehrt habe, daß alle Religionen, Judentum, Christentum und mohammedanische Religion, gleich wertvoll seien, er erzählte von Nathan dem Weisen und der Geschichte von den drei Ringen. Und an der Intensität seiner Ausführungen erkenne ich in der Rückerinnerung, daß es mit der Gleichheit und der Emanzipation doch noch nicht so weit her war und daß vielmehr der Wunsch der Vater des Gedankens war und daß mein Vater doch irgendwie darunter gelitten haben muß, daß der Jude als Paria angesehen wurde, daß er gelitten haben muß, obwohl er Vermögen und großes Einkommen, eine geachtete Frau, wohl geratene Kinder, ein angesehenes Haus hatte, und obwohl man ihm allgemein mit Achtung entgegenkam. Er fühlte, daß der andere fühlte, daß er nicht ganz dazugehörte, daß er ein Jude war, etwas Minderes.«[14]

Im August 1883 heiratet Sigmund Feuchtwanger die zehn Jahre jüngere Darmstädterin Johanna Bodenheimer. Es ist eine arrangierte Eheverbindung. »In jüdischen Häusern war es … auch später durchaus noch Sitte«, schreibt Rahel Straus, eine eingeheiratete Verwandte, in ihren Erinnerungen, »daß Eltern, Verwandte, Freunde der Familie oder auch berufsmäßige Heiratsvermittler kamen, um den oder jenen Mann für dies oder jenes junge Mädchen vorzuschlagen. Paßten dann die äußeren Bedingungen wie

Familie, Beruf, Vermögen, Gesundheit, so gaben die Eltern des Mädchens die Zustimmung, daß der junge Mann zur ›Beschau‹ kam.«[15]

Johanna ist das Mitglied einer sehr wohlhabenden und streng orthodoxen Familie, deren Reichtum aus dem Getreide- und Kaffeehandel stammt. Vier Jahre später ehelicht Sigmunds Bruder Louis Johannas Schwester Sophie.

Johanna ist keine schöne Frau, ernst und ordnungsliebend. Sie wird neun Kinder gebären und den großen Haushalt führen. Ihre ständigen Auseinandersetzungen mit den Dienstboten, die von ihr ausdrücklich betonten Klassenunterschiede zwischen Personal und Herrschaft fordern von dem gebildeten, menschenfreundlichen Ehemann wohl mehr als einmal geduldige Nachsicht. »... wenn unsere Mutter gar zu sehr zankte«, erinnert der Sohn Martin, »dann sah man doch am Zucken seiner Augenlider, wie er unter dem Zanken litt.«[16] Edgar Feuchtwanger, Enkelsohn Johannas und zwei Jahre vor ihrem Tod geboren, schreibt in seinen Erinnerungen, Lions Mutter habe in der Familie »den Ruf einer strengen und recht verbitterten Frau« gehabt.[17] Später, als der älteste Sohn dem Münchner Bohemeleben zuneigt, findet er bei der Mutter wenig Verständnis. Die bürgerliche Reputation des Namens Feuchtwanger scheint ihr durch diesen Lebenswandel denn doch arg gefährdet. Johanna Bodenheimer wird ihren Mann um genau zehn Jahre überleben. Sie stirbt 1926.

KAPITEL 2

In der Früh nicht in der Synagoge gewesen, zur größten Verstimmung Papas

Kindheit und Jugend

Lion Feuchtwanger wird am 7. Juli 1884 in München geboren. Nach einem Brand zieht die Familie im Jahr 1886 von der Hildegardstraße in das Haus Annaplatz 2. Das stattliche Bürgerhaus im Münchner Stadtteil Lehel wird im Inferno der Bombennächte des Zweiten Weltkriegs erheblich zerstört, steht aber noch heute. Gegenüber liegt die St.-Anna-Kirche; die Synagoge wenige Ecken weiter ist verschwunden. Vor der Jahrhundertwende ist dies auch die Wohngegend des wohlhabenden Bürgertums – nicht so exklusiv wie die Arcisstraße, wo sich die jüdische Gelehrtenfamilie Pringsheim ihr Stadtpalais errichtet hat, aber die Feuchtwangers wohnen standesgemäß. Der Annaplatz wird für Lion und seine Geschwister zur Heimat ihrer Jugend.

Rein äußerlich eine geborgene Kindheit. In den Straßen und Hinterhöfen spielen Juden- und Christenkinder, noch weitgehend unbeschwert von den Vorurteilen der Erwachsenen, miteinander. Alle haben die gleiche Angst vor dem »Herrn Gendarm«, der in seiner königlich-bayerischen Uniform herumstolziert, als säßen die »Saupreußen« noch immer auf ihren märkischen Sandböden. Und die Franziskanermönche, die vom Kloster zur St.-Anna-Kirche huschen, geben allen die Hand, ob Judenkind oder Christenbub. Die einen sagen dann »Gelobt sei Jesus Christ«, die anderen bleiben stumm.

Die Erziehung ist, lässt man einmal das Jüdisch-Religiöse beiseite, konservativ. Sauberkeit und Ordnung, Fleiß und Disziplin werden verlangt, oft nur um der Form willen. Aber es bleibt den Kindern die Freiheit der Wohlhabenden. Das Küchenmädchen wird gehänselt, der glatzköpfige Hauslehrer, Herr Wetzlar, geärgert und die täglich ins Haus kommende kleine verwachsene Schneiderin Mariechen und ihre Nähmaschine bestaunt. Ferienwochen an den bayerischen Seen oder in den Bergen. Eine bürgerliche Idylle?

Lion ist klein. Inmitten seiner recht groß gewachsenen Geschwister bleibt der Älteste körperlich unterlegen. Hinzu kommt eine auffallende manuelle Ungeschicklichkeit. Die Brüder und Spielkameraden hänseln ihn. Er zieht sich zurück, wird schüchtern und bleibt es sein Leben lang. Er baut sich seinen inneren Schutzwall auf. Geistig von rascher Auffassungsgabe, findet er in der Bibliothek des Vaters Ersatz für manche Kränkung. Lion liest viel und lernt leicht. Bald fühlt er sich den Gleichaltrigen geistig überlegen und ist es wohl auch. Fragt man ihn etwas, antwortet er ziemlich arrogant: »Das verstehst du doch nicht.« Die Mutter bleibt ihm gegenüber kühl. Eine viktorianische Kindheit. Seine Romanfigur Flavius Josephus bemerkt einmal über die eigene frühe Jugend: *Er war selber ein altkluges Kind gewesen, schnell erwachsen, und dachte nicht gern an seine frühe Jugend.*[18] Ein Stück Selbstbiographie spiegelt sich zweifellos in diesem Satz wider.

Die Volksschule in seinem Viertel war einklassig und derb. Klassenunterschiede gab es hier nicht, und ein Jude war israelitisch, ein Christ katholisch, altkatholisch oder protestantisch. *Ich war ein guter Schüler.*[19] Aber der scheue Knabe leidet zum ersten Mal an seinem Judentum. Wie seine Geschwister und Vettern darf er am Sabbat zur Schule gehen, im Unterricht jedoch nicht schreiben. Beim Umziehen in der Turnstunde wird der kleine Miniaturgebetsmantel, der Arba Kanfot, sichtbar. Nur besonders fromme Juden tragen ihn ständig unter der Kleidung. Lion fühlt sich als Außenseiter. Im Rückblick schreibt er Jahrzehnte später: *Wiewohl ich mich mit meinen Schulkameraden gut vertrug und wiewohl wir zu Hause unser Deutsch mit dem gleichen breiten, kräftigen bayrischen Akzent sprachen wie alle anderen und am bayrischen Leben teilnahmen, soweit das die jüdischen Bräuche eben zuließen, fand ich mich von früh an gründlich verschieden von den anderen. Von meinen Eltern trennten mich tiefe und jugendlich hochmütige Zweifel an ihren Bräuchen und Meinungen, von meinen*

Lehrern und Kameraden trennte mich meine Vertrautheit mit allem, was jüdische Theologie anging.[20]

Es kommt zum ersten Konflikt mit dem Vater. Lion lehnt sich gegen die orthodoxe Erziehung auf. *Von meinem zehnten Lebensjahr an tauchten mir Zweifel auf, ob es Sinn habe, jene Riten zu befolgen, die das Leben so ungeheuer beschwerten und mich zum Gespött meiner Mitschüler machten.*[21] Für Sigmund Feuchtwanger der Beginn einer tiefen Enttäuschung. Nie wird er seine Kinder mehr ganz verstehen können, die nach und nach ihre Strenggläubigkeit verlieren. Vor allem im Verhältnis zu Lion entsteht eine Kluft, die Vater und Sohn bald nicht mehr überbrücken können. Das Tagebuch spiegelt dies häufig wider. So heißt es am 17. Januar 1907: *Abends Religionsgespräch mit Papa. Hier führt kein Weg.*[22] Oder am 12. September 1909: *In der Früh nicht in der Synagoge gewesen trotz der ›Bußtage‹, zur größten Verstimmung Papas.*

Es spricht für den Vater, dass er dem Sohn später die finanzielle Unterstützung nicht entzieht, bis dieser sie selbst zurückweist. *Mein Vater war interessiert an Geschichte, an klassischer Literatur, am Theater, an bibliophilen Dingen, und es war ihm recht, daß ich schon früh entschlossen war, kein Brotstudium zu wählen, sondern Literaturgeschichte zu betreiben.*[23] Den großen literarischen Ruhm des Sohnes sollte Sigmund Feuchtwanger nicht mehr erleben, dem Weg dorthin stand er keineswegs verständnislos gegenüber. Nicht ohne Stolz nahm er noch die ersten wissenschaftlichen und literarischen Erfolge zur Kenntnis. Trotzdem, Lion bleibt der verlorene Sohn.

Das Auseinanderleben in der Familie Feuchtwanger lässt sich in den letzten Jahrzehnten des 19. Jahrhunderts in zahlreichen jüdischen und christlichen Häusern beobachten. Vor allem in den orthodoxen jüdischen Familien hinterlässt die Säkularisierung im Denken der heranwachsenden Generation tiefe Spuren. »Die altjüdische Lebensweise sah man in den weitesten Kreisen der Münchener Juden als rückständig, unzeitgemäß und altfränkisch an; bei aller Wahrung der Pietät und des juste milieu – Jahrzeit, Friedhof, Bar Mizwah, religiöse Trauung, die hohen Feiertage blieben bei würdiger Haltung und unantastbarer Geltung –

wollte man nicht anders sein als die Umgebung, ein geachteter, weltläufiger Mitbürger und Patriot, für den öffentliche Auszeichnung, Titel und Rang genau das Gleiche bedeuteten wie der nichtjüdischen Umwelt.«[24] Lions Jugend wird von diesem Konflikt mitbestimmt.

Hans Dieter Hellige meint mit Blick auf den Vater-Sohn-Konflikten in jüdischen Kaufmannsfamilien, »daß zwischen Generationskonflikt und Aufbegehren gegen kapitalistische Zweckrationalität sowie dem Drang zu einem künstlerischen, zweckfreien Beruf zwar kein Automatismus, aber doch ein struktureller Zusammenhang besteht, zeigt der Umstand, daß unter den deutschen Schriftstellern der Wende vom 19. zum 20. Jahrhundert die Söhne von Kaufleuten, Bankiers und Unternehmern und unter diesen eindeutig die jüdischen überrepräsentiert sind …«[25]

Stefan Zweig, Hugo von Hofmannsthal, Carl Sternheim, Maximilian Harden, Walther Rathenau, Egon Friedell, Bruno Frank, Kurt Tucholsky und eben Lion Feuchtwanger – eine beachtliche Namensliste, die diese These bemerkenswert erscheinen lässt. Interessant in dem Zusammenhang ist, dass nicht nur Lion die Übernahme der Fabrik des Vaters ablehnt, sondern auch die ihm altersmäßig folgenden Brüder Ludwig und Martin.

Die Auseinandersetzung mit dem Vater griff auch tief in das Leben nichtjüdischer Bürgerfamilien ein. Thomas Mann hält 1930 fest: »Wie oft im Leben habe ich mit Lächeln festgestellt, mich geradezu dabei ertappt, daß doch eigentlich die Persönlichkeit meines Vaters es sei, die als geheimes Vorbild mein Tun und Lassen bestimme.«[26] Der Generationskonflikt ist so alt wie die Menschheitsgeschichte. Aber die Form, in der er ausgetragen wird, und seine psychischen Auswirkungen hängen entscheidend von den gesellschaftlichen Strukturen ab.

Das Ende des 19. Jahrhunderts ist bereits von einem tiefen Umbruch gekennzeichnet. Der Bau der Eisenbahn und die Erfindung der Dampfmaschine hatten die in Jahrhunderten gewachsene regionale Zusammengehörigkeit zerstört und die sozialen Umwälzungen die alten Klassenverhältnisse nachdrücklich in Frage gestellt. Millionen Menschen haben ihre Heimat verlassen, um in den neu entstandenen Industriezentren und Großstädten des Kaiserreiches Arbeit zu finden. 1878 – die Bismarck'schen Sozialistengesetze werden diskutiert – lässt Innenminister Graf Eulenburg protokollieren: »In der Familie, in der Gemeinde, im Staat, überall trete Opposition nicht als berechtigte Kritik, sondern als Auflehnung gegen menschliches und göttliches Gesetz unter Verhöhnung der Religion auf.«[27] Die Autoritäten des bürgerlichen Zeitalters stehen vor der Abdankung. Die Söhne spüren dies zuerst, die Väter wehren sich ohne Überzeugung und tief verunsichert.

Lion Feuchtwanger hat sich später fast nie über die Trennung vom Elternhaus geäußert. In seinem Inneren aber hinterließ sie deutliche traumatische Spuren. In beinahe allen seinen Romanen gewinnt das Vater-Kind-Verhältnis eine unübersehbare dramaturgische Bedeutung. Der Verlust des Kindes wird zur Tragödie vieler seiner »Helden«, zum Scheitelpunkt ihrer Existenz. Der jüdische Schriftsteller Flavius Josephus erwacht erst aus seinem »kosmopolitischen« Traum von einem Leben zwischen Römern und Juden, als seine Söhne für ihn verloren sind *(Josephus*-Romane). Der Münchner Rechtsanwalt und SPD-Politiker Siegbert Geyer zerbricht an der unerwiderten Liebe zu seinem gestrandeten unehelichen Sohn *(Erfolg)*. Der Möbelfabrikant Martin Oppermann muss hilflos miterleben, wie sein einziges Kind durch die Demütigungen eines Nazilehrers in den Selbstmord getrieben wird *(Geschwister Oppermann)*. Sepp Trautwein, dessen Frau am Exilleben verzweifelt ist, bleibt vereinsamt zurück, als der Sohn Hanns in die Sowjetunion geht *(Exil)*. Der alte Benjamin Franklin wird im Augenblick seines diplomatischen Triumphes getroffen vom Verrat seines Sohnes William an der amerikanischen Revolution *(Die Füchse im Weinberg)*. Der württembergische Hofjude Süß Oppenheimer, der königlich-spanische Ratgeber Jehuda Ibn Esra *(Die Jüdin von Toledo)* und der alttestamentarische Richter Jefta aber bringen ihre geliebten Töchter zum Opfer, weil sie sich von ihrem hochmütigen Aufbegehren gegen eine Welt der Dummheit und des Mittelmaßes, von ihrem steilen, scheinbar unerschütterlichen Aufstieg zur Macht blenden lassen.

Noch eines weist auf tiefenpsychologische Zusammenhänge zwischen Leben und Werk Feuchtwangers in diesem Punkt hin. Nach seiner Eheschließung 1912 wird er Vater einer Tochter. Sie stirbt nach wenigen Wochen. Marta Feuchtwanger schreibt in ihren Erinnerungen: »Das Kind von Lion Feuchtwanger und mir liegt in dem ländlichen Friedhof von Pietra Ligure begraben. Auf dem Grabstein hat Lion den Spruch meißeln lassen: ›Aliena in terra sub terra aliena‹ [In fremdem Lande unter fremder Erde]. Er war wieder in die Trostlosigkeit seiner Münchner Jahre verfallen.«[28] Der Verlust von Vater und einzigem Kind ist für Lion Feuchtwanger zu einer der entscheidenden Konstanten in seinem Werk geworden.

Kehren wir wieder zurück in das Haus am Annaplatz und in das Jahr 1894. Lion Feuchtwanger kommt wie drei seiner Brüder auf das Münchner Wilhelmsgymnasium. Auch hier hat Lion keine Lernschwierigkeiten, allenfalls langweilt er sich in einem streng reglementierten Paukunterricht. 1933 spottet er: *Ich wurde humanistisch erzogen, lernte lateinische und griechische Syntax, auch viele Zahlen aus der antiken Geschichte. Es war eine pedantische, nüchterne Ausbildung, ohne Zusammenhang mit dem realen Leben, ohne Sport, konservativ, patriotisch. Man lernte Mathematik und Verslehre nach der gleichen Methode, man lernte nach strengen Gesetzen deutsche, lateinische und griechische Verse schreiben.*[29] Aber das Gymnasium blieb das Tor zum sozialen Aufstieg. Es berechtigte zum Universitätsstudium, wer die »Matura« schaffte, konnte mit einer relativ gesicherten Berufsexistenz rechnen. Wer die Schulmütze eines Gymnasiums trug, besaß später zudem das Privileg, sein Patent als Reserveoffizier zu erdienen, was im wilhelminischen Staat dem gesellschaftlichen Prestige nachdrücklich zugutekam.

Das Wilhelmsgymnasium hatte in München einen guten Ruf und noch manchen namhaften Zögling wie etwa die spätere Ehefrau von Thomas Mann, Katia Pringsheim, die dort mit glänzendem Ergebnis ihr externes Abitur ablegte, oder Johannes R. Becher, der in den 1920er Jahren als expressionistischer Lyriker und nach 1954 als Kulturminister der DDR bekannt wurde. Einige Jahre besuchte auch der spätere Reichsführer SS Heinrich Himmler diese Eliteschule. Sein Vater Gebhard Himmler war Rektor eines humanistischen Gymnasiums in München, das den Namen des bayerischen Königshauses trug.

Der Schüler Lion Feuchtwanger bleibt von den pseudopädagogischen Ritualen seiner Gymnasiastenzeit nahezu unberührt. Im Rückblick ist das Gymnasium für ihn die Stätte einer *prüden* Ausbildung, in der *Disziplin, Würde, gipserne Antike, Heuchelei herrschte.*[30] Wenn er überhaupt daran zurückdenkt, dann mit viel Ironie: *Er* [der Schriftsteller L. F.] *wurde von insgesamt 98 Lehrern in 211 Disziplinen unterrichtet, darunter waren Hebräisch, angewandte Psychologie, Geschichte der oberbayerischen Fürsten, Sanskrit, Zinseszinsrechnung, Gotisch und Turnen, nicht aber waren darunter englische Sprache, Nationalökonomie oder amerikanische Geschichte. Der Schriftsteller L. F. brauchte 19 Jahre, um von diesen 211 Disziplinen 172 vollständig in seinem Gedächtnis auszurotten. Es wurde im Laufe seines Unterrichts der Name Plato 14203mal, der Name Friedrich der Große 22641mal, der Name Karl Marx keinmal genannt.*[31] Auch in seinem Roman *Erfolg* findet der Leser den spöttischen Hinweis, dass *der weitaus größte Teil des Lehrstoffs in den Schulen der Kinder für das praktische Leben nicht verwendbar (war).*[32]

Allerdings, die Leichtigkeit dieser Sätze darf nicht täuschen, Lion Feuchtwanger lernte hart. Die Schule forderte einen hohen Leistungseinsatz, und der Vater ließ nicht locker: … *ich (mußte) unter der Leitung eines Privatgelehrten täglich mindestens eine Stunde dem Studium der hebräischen Bibel und des aramäischen Talmuds widmen.*[33] Er weiß diese Lernstrapazen allerdings später zu würdigen. *Rückblickend finde ich übrigens,* notiert er 1954, *daß mir die frühe Erlernung des Hebräischen geholfen hat, vielfältig zu denken und zu reden, und daß das frühe Studium des fremdartigen Lebens, das sich in der Bibel und im Talmud entfaltet, mir Verständnis gab für viele Lebensäußerungen, die mir sonst unverständlich geblieben wären.*[34] Freiheit gab es jedoch nur in den Ferien, Unbeschwertheit bei den damaligen Freuden der Jugend des Landes Bayern: Ausflüge, Schwimmen und Rudern in den Alpenseen, Bergsteigen und Rad fahren. Martin Feuchtwanger schwärmt später: »Parkanlagen, Wälder, Wiesen, Flußufer, Seen – … es war eine andere Welt, aber jeder empfand ihre Schönheit. … Für mich und meine Geschwister und meine Freunde war das Herumstrolchen in Wäldern, das Bergsteigen, die Beobachtung von Tieren, das Schwimmen etwas Beglückendes, etwas Befreiendes, eine schönere Welt.«[35] Johanna Feuchtwanger verbrachte die Ferienwochen mit den Kindern häufig in Starnberg oder Kochel. »Auf zwei oder drei großen Wagen wurden Betten, Küchengerät, Eßgeschirr, tausend Kleinigkeiten aufgeladen. Und die Wagen fuhren mit einigen von den Kindern, einem oder zwei Arbeitern der Fabrik nach Starnberg. Und die Mutter und der Rest der Kinder fuhren mit der Lokalbahn hinterher.«[36] Der Fabrikdirektor Sigmund Feuchtwanger kam meist nur zu den Wochenenden hinaus zur Familie.

Die Schulakten zeigen deutlich, dass der Schüler Lion allen späteren Stilisierungen zum Trotz kein Empörer war. Beim Durchblättern der schulischen Beurteilungen fällt dem Leser sehr leicht der Begriff Musterschüler ein. »Er hat in allen Lehrfächern mit Ausnahme der Geschichte anerkennenswerten Eifer und Fleiß gezeigt und den Unterricht mit reger Teilnahme befolgt«, heißt es in einem Zwischenurteil seiner Lehrer. »Seine Leistungen waren daher meist recht wohlbefriedigend. Sein Betragen ist vollkommen tadellos gewesen.«[37] Auffallend in dieser Beurteilung ist, dass der als Meister des historischen Romans gefeierte Schriftsteller offenbar mit dem Geschichtsunterricht zunächst recht wenig anfangen konnte. An anderer Stelle ist zu lesen: »Der Schüler ist im Laufe des Schuljahres mehr und mehr aus sich herausgegangen und zutraulicher geworden, nicht zum Nachteil seiner Leistungen und deren Beurteilung. Er hat ein tief angelegtes Gemüt und feinbesaitete Gefühlsnerven.«[38] Die strenge Disziplin, die die Schule von ihm verlangte, beurteilte Feuchtwanger später positiv. *Was ich dieser Schule verdanke, war die rechte Wertung und Würdigung des Methodischen, der gründlichen Planung bei jeder geistigen Arbeit.*[39]

In seine Gymnasiastenzeit fallen auch die ersten literarischen Versuche. Die häusliche Bibliothek und die Theaterbegeisterung des Vaters wecken immer stärker sein Interesse, geben wichtige Hinweise. Sehr bald fällt den Klassenkameraden das Formulierungstalent ihres ansonsten eher stillen Mitschülers auf. *Meine deutschen Aufsätze beeindruckten meine Lehrer ...*[40] Er wird ausgewählt, ein Festspiel zu Ehren des greisen Prinzregenten Luitpold zu verfassen, dessen 70. Geburtstag die Schule feiern will. *Ich war damals 13 Jahre alt. Ich hatte eine leichte Hand, und es geriet ein schönes, allegorisches Spiel. Eine Büste des Regenten stand in der Mitte; Schüler des Gymnasiums umstanden sie und behaupteten, sie seien die Architektur oder die Dichtkunst ...*[41] Es wurde ein Schülererfolg. Der Rektor lobte, der Regent schickte eine Auszeichnung, eine Zeitung druckte nach, und es gab ein Honorar.

Aber auch erste Zweifel. Als der Schulleiter ihm die Auszeichnung überreicht, empfindet der 13-Jährige Hohn und Scham. *Der Gegensatz zwischen der von mir errichteten Gipsbüste des Regenten, die alle mir zu glauben vorgaben, und dem wirklichen, von allen gekannten Bild des Fürsten, eines kleinbürgerlichen, egozentrischen, rechenhaften, im übrigen nicht ungemütlichen alten Mannes, der Gegensatz also zwischen der offiziellen Wahrheit und der wirklichen, wurde mir Gegenstand meiner ersten erlebten Dichtung.*[42] Held dieses Versdramas ist – wie die Schulakten ausweisen – Athaulf, der 415 n. Chr. ermordete König der Westgoten und Nachfolger Alarichs.

Nicht von ungefähr erzählt der inzwischen weltberühmte Künstler von diesen in der Kindheit liegenden Erfahrungen mit seinen ersten schriftstellerischen Versuchen. Es sind fast immer ironische und selbststilisierende Rückblicke. *Ein anderes Mal beteiligte ich mich, vertrauend auf meine formale Geschicklichkeit, an einem Preisausschreiben für ein Anglerlied, ohne daß ich je geangelt hätte, und gewann den zweiten Preis. Diese Geschehnisse ließen schon in jungen Jahren eine gewisse Skepsis in mir reifen.*[43]

KAPITEL 3

In meiner Ästhetik hab' ich mir eine feste Burg gebaut

Literarische Anfänge

1903 macht der 19-Jährige sein Abitur. Im Reifezeugnis weisen seine Lehrer nachdrücklich auf die literarische Begabung ihres Schülers hin: »Sein gehaltvoller und zweckmäßig gegliederter deutscher Aufsatz zeugte von geistiger Reife, von seltener Belesenheit in neuerer Literatur und von großer Gewandtheit im sprachlichen Ausdruck. … Für Schulfeste lieferte er wiederholt gute eigene Dichtungen.«[44]

Mit dem Ende der Gymnasiumzeit beginnt Lion Feuchtwanger sich vom Elternhaus zu lösen. Bald wird er die Wohnung am Annaplatz verlassen, sich ein Zimmer nehmen und auf die bislang großzügige finanzielle Unterstützung durch den wohlhabenden Vater weitgehend verzichten. Entscheidend für diesen Schritt ist die unnachgiebige Forderung Sigmund Feuchtwangers, streng den jüdischen Glaubensvorschriften zu folgen; die in Großfamilien nicht seltenen, aber deswegen nicht weniger zermürbenden Auseinandersetzungen mit den Geschwistern treiben den Ältesten ebenso aus dem Haus wie die religiösen Diskussionen mit dem Vater und die Kälte der Mutter. Aber das neue Domizil liegt nur wenige Schritte vom Elternhaus entfernt in der Gewürzmühlstraße, und die Tagebuchaufzeichnungen zeigen, dass der Sohn nach wie vor häufig zu den Mahlzeiten im Elternhaus auftaucht. Die Familienbande werden nicht ganz zerrissen.

Möglicherweise will Lion mit dem Sichlösen von der elterlichen Gewalt auch seine frühe Ablehnung der Welt des wilhelminischen Bürgertums demonstrieren. Die Risse in der glänzenden Fassade seines »Milieus«, die Doppelmoral einer in sexuellen Fragen immer noch viktorianischen Gesellschaft, der Provinzialismus bayerischer Selbstgerechtigkeit, die »ungeistige« Materialisierung als Folge der stürmischen und immer wieder von Krisen begleiteten Industrialisierung – es gibt vieles, was dem frischgebackenen Abiturienten an seiner Zeit und ihrer Gesellschaft tief missfällt. Ein Protest, der nicht etwa von den Ideen des Karl Marx oder Ferdinand Lassalle gespeist wird, sondern von den antibürgerlichen Gedanken eines August Strindberg, Oscar Wilde oder Heinrich Mann. Er flieht in die Literatur, in die Philosophie, in die Welt des Theaters. Andere wiederum glauben in diesen Jahren in der Wiederentdeckung der Natur, im Verweigern der verachteten Zivilisation neue Lebensinhalte zu finden.

Lions Auflehnung wird der Haltung des Vaters jedoch nicht gerecht. Im Tagebuch finden sich viele Hinweise, dass er weiterhin Geld aus dem Elternhaus erhält und bei den Geschwistern oder anderen Verwandten Schulden macht. Sigmund Feuchtwanger ermöglicht durch seine Erziehung und durch sein Geld immerhin, dass drei seiner dem orthodoxen Judentum untreu gewordenen fünf Söhne – Lion, Ludwig und Martin – die Universität besuchen.

Fritz wird bis zu seiner Inhaftierung im KZ Dachau nach dem Novemberpogrom 1938 das Familienunternehmen in Haidhausen leiten. Der Jüngste, Berthold, hat das Gymnasium mit 16 Jahren verlassen, nie einen Beruf erlernt und schlägt sich mit Gelegenheitsarbeiten durch. 1938 emigriert er mit seiner Frau nach Südamerika. Die harte Arbeit in einer Mine in Peru und später auf einer Hacienda in Ecuador, das ungewohnte Klima und eine Krebserkrankung belasten ihn schwer. Lion schickt ihm ab 1941 regelmäßig Geld und bemüht sich um eine medizinische Behandlung für ihn in den USA. Doch im Dezember 1944 stirbt Berthold in Bogotá.

Die vier Töchter, da ist Sigmund Feuchtwanger seiner Zeit keineswegs voraus, erhalten keine höhere Ausbildung. Zwei von ihnen – Henny und Marta – sind überzeugte Zionistinnen, sie wandern 1930/31 mit ihren Familien nach Palästina aus. Franziska, ihr Mann Eduard Diamant und ihre beiden Söhne emigrieren nach Montevideo, später lebt die Familie in Buenos Aires. In Deutschland ist Franziska nicht berufstätig gewesen, in Südamerika fertigt und verkauft sie mit ihrem Mann Ledertaschen und Geldbeutel, auch ihre Arbeit als Zeichnerin in einer Porzellanfabrik bessert das Familieneinkommen auf. Nach dem Tod ihres Mannes im April 1945 zieht sie nach New York in die Nähe von Fritz und Erna Feuchtwanger, wo sie als Vorleserin für alte Leute und Babysitterin ihren Lebensunterhalt zu bestreiten versucht. Sie wird Lion dann mehrfach in seinem kalifornischen Haus besuchen.

Alle Kinder Sigmund Feuchtwangers zeichnen sich durch Intelligenz und weltoffenes Denken aus. Nicht nur Lion, sondern auch Ludwig ist in den Weimarer Jahren ein hoch geachteter Intellektueller. Als langjähriger Leiter des Duncker-&-Humblot-Verlages – es ist der Hausverlag des damals einflussreichen Vereins für Socialpolitik – hat er engen Kontakt zu prominenten Wissenschaftlern und Politikern seiner Zeit und verkehrt mit Männern wie Gustav von Schmoller, der sein Doktorvater war, Max Weber, Werner Sombart und Edgar Salin. Mit dem später Hitlers Machtübernahme und die Errichtung der nationalsozialistischen Diktatur staatsrechtlich rechtfertigenden Juristen Carl Schmitt, dessen Verleger Ludwig ebenfalls ist, verbindet ihn ein reger Briefwechsel. Nach 1933 wird Schmitt seinen verfolgten und drangsalierten Korrespondenzpartner, der die Verlagsarbeit aufgeben muss, schmählich im Stich lassen. Den Lebensunterhalt für sich und seine Familie sichert Ludwig Feuchtwanger als Lehrbeauftragter und Bibliothekar des Lehrhauses München sowie als Herausgeber der »Bayerischen Israelitischen Gemeindezeitung«. Als sie 1938 verboten wird, kann er nicht mehr publizieren. Nach dem Novemberpogrom wird Ludwig wie sein Bruder Fritz ins Konzentrationslager Dachau verschleppt. Seine wertvolle Bibliothek beschlagnahmen die Nazis. Die Internierung von sechs Wochen schwächt seine Gesundheit, mit Unterstützung von Lion und anderen gelingt es ihm, für seine dreiköpfige Familie ein Visum für Großbritannien zu beschaffen. Der 14-jährige Sohn Edgar fährt im Februar 1940 mit einem Kindertransport voraus, Ludwig und Erna folgen im Mai. »Ich spürte«, erinnert später Edgar, »dass zwischen meinem Vater und seinem älteren Bruder ursprünglich eine

Rivalität bestanden hatte, die sich im Laufe der Jahre aber zu Freundschaft wandelte. … Mein Vater sagte zuweilen, dass Lion das sonnigere Kind von beiden war. Als Erwachsene waren beide sehr zurückhaltende Menschen, die sich in ihrer Studierstube am wohlsten fühlten und in der Öffentlichkeit eher unbeholfen waren.«[45]

Martin Feuchtwanger wird Journalist, gründet in Halle den Fünf Türme Verlag. Als er sich dem Vorwurf der »Rassenschande« ausgesetzt sieht, flüchtet er 1935 nach Prag, wo er einen neuen Verlag gründet. Nach dem Einmarsch von Hitlers Truppen muss er seinen ersten Exilort verlassen. Er entkommt nach Palästina. Bis zu seinem Tod im Jahre 1952 lebt er in nicht einfachen materiellen Verhältnissen in Israel. Seine Erinnerungen weisen ihn als einen politisch wachen Zeitzeugen aus.

Bella – die zweitjüngste Tochter – arbeitet seit dem Tod der Mutter im Jahr 1926 im Hallenser Verlag des Bruders Martin mit. 1937 folgt sie ihm nach Prag und ist weiter für ihn tätig. Nach der Heirat mit einem tschechischen Rabbiner nimmt sie die tschechoslowakische Staatsbürgerschaft an. Sie wird am 8. Mai 1943 nach Theresienstadt deportiert. Lion Feuchtwanger schreibt am 14. Januar 1946 an seine ehemalige Sekretärin Lola Humm-Sernau: *dieser tage habe ich aus kärnten nachricht bekommen vom tod meiner schwester bella. sie ist in einem konzentrationslager gestorben, am Flecktyphus.*[46]

Der junge Mann, der da nach dem Abitur ins Leben tritt und äußerlich so kühl und selbstsicher alles von sich wirft – er leidet an sich selbst. Er misst 165 Zentimeter, ist also recht klein, wiegt 60 Kilogramm, hat dichtes dunkelblondes gewelltes Haar. Das kindliche Gesicht wird beherrscht von zwei Augengläsern, die starke Kurzsichtigkeit lässt sich nicht verbergen. Die Stimme ist hell, nicht immer angenehm. Der literarische Ästhet ist kein schöner Mann, und er weiß darum. Schwere Jahre: Lion Feuchtwanger ist ein sinnlicher Mensch, die Beziehungen zu Frauen werden in seinem Leben (und in seinem Werk) eine beachtliche Rolle einnehmen. Der Weg zu ihnen ist für den schüchternen, gehemmten Studenten der philosophischen Fakultät zunächst nicht leicht. Er überspielt die Unsicherheit mit hochmütiger Gestik, und seine Belesenheit bietet ihm – auch Frauen gegenüber – ein weites Feld wirksamer verbaler Auftritte. Später wird der schriftstellerische Ruhm seinen Anteil an Lions erotischer Ausstrahlung gehabt haben.

In das Abiturjahr 1903 fällt die erste Buchveröffentlichung. In der »Allgemeinen Taschenbibliothek« des Münchner Monachia-Verlages – die »dem gebildeten Publikum in einer besonders handlichen, überall mitzunehmenden Ausgabe die besten neueren Autoren« bietet – erscheinen zwei Prosaskizzen unter dem für sein damaliges Lebensgefühl bezeichnenden Titel *Die Einsamen.* Sie erzählen vom Scheitern des Menschen in der Bindungslosigkeit, von der Einsamkeit einer von der Gesellschaft aufgezwungenen Isolation des »Außenseiters«. Auch vom Hochmut der Macht und des Ruhms.

Die erste Skizze *Wenn Menschen Götter werden* schildert das sonderbare Leben des Hans Schulerer: *Mit zehn wurde er Gymnasiast, mit zwanzig Student, mit dreißig Privatdozent, mit vierzig außerordentlicher, mit fünfundvierzig ordentlicher Professor, mit fünfzig berühmt, mit fünfundfünfzig verrückt, und mit sechzig ist er gestorben.*[47] Das literarische Vorbild Feuchtwangers für seinen Protagonisten Hans Schulerer ist Friedrich Nietzsche, dessen Werk die Intellektuellen um die Jahrhundertwende fasziniert. *Mit wuchtigen Hieben,* so schildert der Autor eine Vorlesung seines Helden, *zerschmetterte er die alten Götzen. Krachend sanken sie unter seinen Streichen. Und an Stelle der Lügen, die ein Jahrtausend altes Vorurteil der Menschheit eingeimpft, setzte er das neue Ideal: die Wahrheit.*[48] Eine Szene, die ziemlich exakt beschreibt, was die neue Generation an Werk und Person des Philosophen fesselt. Aber der junge Erzähler lässt auch die eigenen Zweifel an der Nietzsche-Begeisterung seiner Zeit durchblicken: *Von Wagner kam er auf Goethe, von Goethe auf Spinoza, von Spinoza auf den Egoismus, vom Egoismus auf die Moral, von der Moral auf Darwin, von Darwin auf die gesellschaftliche Ordnung – ein toller Wirbeltanz von genialen und wahnsinnigen Ideen.*[49]

Die zweite Skizze, *Und die Schwingen, die Schwingen gebrochen!,* schildert das einsame Leben des Jochen Birke, eines Ausgestoßenen, der durch die Ablehnung, die er in der Gesellschaft erfährt, selbst düster und hart wird. Und sie erzählt auch von Empfindungen, die den Autor in diesem Lebensabschnitt bewegen. *Aber mit den Jahren wuchs auch der Drang in ihm, sich auszusprechen. Er wollte einen Menschen finden, an den er sich anschließen könnte. Er wollte sein wie die andern, plaudern wie die andern und lachen und fröhlich sein wie die andern.*[50] Der Ton dieser kleinen Erzählungen ist spöttisch, die gespielte Souveränität des Autors entspricht dem Zeitgeist. Literarisch noch recht belanglos, sind sie jedoch biographisch von Interesse. Denn in ihnen ist nicht nur viel von den theoretischen Auseinandersetzungen, die der 19-Jährige mit seiner Zeit austrägt, in Literatur umgesetzt worden, sondern auch manches von den seelischen Erschütterungen, von dem »einsamen« Lebensgefühl, das der Erzähler in diesen Lebensjahren verspürt. In seinen Tagebüchern spiegelt sich dieses Empfinden in zahllosen Notizen wider. So heißt es etwa am 1. Januar 1906: *Den Silvesterabend auf dem Maskenball der »Philarmonia« verbracht. Trotzdem an Stimmung und an begehrenswerten Frauen kein Mangel war, habe ich mich gelangweilt. Infolge jenes peinlichen, lächerlichen, kindischen Verlegenheitsgefühls, das mich häufig und gänzlich unmotiviert überfällt und das unüberwindlich scheint. Verärgert und gequält von erwachter unbefriedigter Sinnlichkeit verließ ich das Fest um 3 Uhr und ging langsam nach Hause, von dem interessanten, für Berlin typischen Silvestertrubel angewidert.* Im Tagebuch taucht in dieser Zeit eine Maria auf. Eine junge katholische Frau, von der wir sonst nichts wissen. Die Beziehung ist durch die unterschiedliche Konfessionszugehörigkeit aber offenbar stark belastet. *Abends mit Maria zusammen. Sie empfindet das Peinliche der Alternative, vor die sie gestellt ist – mit ihren Eltern oder mit mir zu brechen – viel schwerer als ich.* (15. Juni 1906)

Es wird lange dauern, bis der Verlust des Glaubens, die Trennung vom Vater und die Ablehnung des »Ich« überwunden sind. Ganz gelingt dies nie, aber wenn das Ziel gefunden und das Talent ausgereift ist, wird sich dieser *arge Weg der Erkenntnis* als ungemein schöpferisch erweisen. Äußerlich ist von diesen Konflikten kaum etwas zu merken. Die Ablehnung bürgerlicher Konventionen hält ihn nicht davon ab, »ordentlich« und gewissenhaft die Universität zu besuchen.

Feuchtwanger studiert in München und ab 1904 vier Semester in Berlin. Die zwei Jahre in der neureichen Hauptstadt des Reiches bleiben Episode. Allerdings, die Theaterszene, in der Max Reinhardt erste große Erfolge feiert, beeindruckt ihn. Sicher gibt ihm Reinhardt wichtige Anstöße für eigene Bühnenarbeiten. In Berlin vollendet Feuchtwanger sechs noch dem ästhetischen Zeitgeschmack unterworfene Einakter und das fünfaktige Schauspiel *Der Fetisch.* Als er die Hauptstadt verlässt, notiert er lapidar im Tagebuch: *Letzter Tag in Berlin! Ich lasse nicht viel hier zurück; ich lasse hier nichts zurück. Ich verlasse Berlin kühler, reifer, erfahrener und kritischer als ich gekommen bin. Ohne Respekt vor mir und vor den anderen.* (21. Februar 1906)

Seine Hauptstudienfächer sind deutsche Philologie und Geschichte. Beide Wissenschaften werden zu einer geistigen Leidenschaft fürs Leben. *Als Schriftsteller bin ich interessiert an der Verbindung von zweierlei Arten geistiger Betätigung, von zwei Wissenschaften, wenn man so will, nämlich an der Verbindung von Geschichte und Philologie.*[51] Philosophie, Anthropologie und Sanskrit werden ebenfalls belegt. Stark beschäftigen ihn, besonders in den ersten Münchner Semestern, kritische Bibelstudien. Die großen Bücher des Judentums, vor allem das Alte Testament und der Talmud, werden ihn sein Leben lang begleiten.

Seine Lehrer – an der Berliner Friedrich-Wilhelms-Universität der damals bekannteste Vertreter der neueren Germanistik, Erich Schmidt, und der Literaturhistoriker Richard Meyer, in München der spätere Reichskanzler Georg von Hertling und Franz Muncker – erkennen sehr rasch sein philologisches Talent, seine starke analytische Begabung, seine Fähigkeit zum methodischen Arbeiten. Vor allem mit Muncker kommt es zu einem vertrauensvollen, fruchtbaren Lehrer-Schüler-Verhältnis. Der Spezialist für neuere Literaturgeschichte berät seinen begabten Studenten auch bei dessen literarischen Plänen.

Auf den deutschen Universitäten hatte sich ein unübersehbarer Wandel vollzogen. Ende 1907, als der frisch promovierte Dr. phil. Lion Feuchtwanger die Hochschule verließ, gab es 42 600 eingeschriebene Studenten; sechzig Jahre vorher waren es gerade 12 300 gewesen. Die theologischen und philosophischen Fakultäten verloren im letzten Drittel des 19. Jahrhunderts endgültig ihre Spitzenpositionen. Die Naturwissenschaften und die Medizin lagen nun, was die Zahl der immatrikulierten Studenten betraf, eindeutig vorn.

Ein solcher Prozess, deutliches Signal für tief greifende gesellschaftliche Veränderungen, darf bei der Betrachtung der Vorkriegsjahre Lion Feuchtwangers nicht übersehen werden. Dieser Lebensabschnitt nämlich mündet sehr bald in eine Entwicklung, die für den Menschenkreis, in dem er lebt und schreibt, diskutiert und streitet, nicht untypisch ist. Es ist die philosophisch-moralische Haltung einer Minderheit, die sich, abgestoßen von den – aus ihrer Sicht – niederen Zwängen einer politisch und materiell zu interpretierenden Welt, dem Geistigen verschrieben hat, allein der Form, der Idee, der Entwicklung eines großen Gedankens huldigend und von der Wirklichkeit durch den bunten Schleier des Ästhetizismus unheilvoll getrennt. Oscar Wilde, literarisch-modisches Vorbild der jungen, etwas versnobten, manchmal talentierten Boheme-Jugend, feiert diese Ästhetik in fatalen Thesen: »Die Schönheit eines Gegenstandes zu erkennen, ist der höchste Punkt, den wir erreichen können. Selbst der Farbensinn ist für die Entwicklung des Individuums wichtiger als die Fähigkeit zur Unterscheidung von Gut und Böse.«[52]

Lion Feuchtwangers eigenes Leben spielt sich in den Münchner Vorkriegsjahren in der kaum weniger dekadenten Faschings- und Theaterwelt der bayrischen Boheme ab. Die Schulden wachsen, Nachhilfestunden und einige Schreibarbeiten reichen gerade für das Notwendigste. Finanziell geht es dem Studenten und jungen Literaten schlecht.

Seine feuilletonistischen Arbeiten, die ab 1908 regelmäßig in der »Schaubühne« Siegfried Jacobsohns erscheinen, streiten für Max Reinhardts neue Bühnendramaturgie und gegen das verzopfte

Theater des Hofrats Ernst von Possart, lehnen Hofmannsthals Übertragung des »Ödipus« mit der Bemerkung ab, hier sei die Seele der Griechen nicht mehr zu finden, und sie begeistern sich an Wedekinds Ruf nach einer natürlichen Erotik. Technischen Fortschritt und Industrialisierung, wachsende Klassengegensätze und Wahlrecht, Flottenprogramme und Kanonenbootpolitik, also die politisch folgenreichen Ereignisse seiner Zeit, nimmt er während dieses Lebensabschnittes kaum wahr. Wie so viele seiner gleichgesinnten Gefährten wird er erst im Juni 1914 von den Revolverschüssen im bosnischen Provinznest Sarajevo jählings aus seinen Träumen vom Leben für das Schöne, für die Kunst als Selbstzweck herausgerissen.

Natürlich gibt es hellsichtige Augenblicke, in denen die Sinnlosigkeit, auch Gefährlichkeit einer Weltauffassung empfunden wird, die die Wirklichkeit spielerisch verdrängt. Hofmannsthal in einer Tagebuchnotiz: »Weltzustand. – Während ich hier ... am Rande des Waldes über dem leuchtenden See sitze und schreibe, ereignet sich in der Welt dieses: In Venezuela läßt der Diktator Castro in den überfüllten Gefängnissen erwürgen und zu Tode martern ... In Baku schießen seit acht Tagen die Armenier und Tartaren aufeinander, werfen Frauen und Kinder in die Flammen der Häuser. ... Und die Gefängnisse! Die unschuldig Verurteilten! Und die sogenannten Schuldigen und die Armenviertel von London und New York ...«[53] Und der Balladendichter Frank Wedekind singt sarkastisch: »Nun hört zum Schluß noch die Moral: / Gebrechen sind oft sehr fatal, / Sind manchmal eine Qual; / Frau Poesie schafft ohne Graus / Beneidenswertes gleich daraus ...«[54]

Und der Student, der literarische Anfänger, der in den Schwabinger Cafés von schönen Frauen und erfolgreichen Stücken träumt? Der schmächtige Jüngling mit den klugen blauen Augen hinter den Gläsern ist berauscht von der dämonischen »Lulu«, dem Geist und der Schönheit der »Herzogin von Assy«, der schamlosen Dekadenz der »Salome«. Seine Götter auf Erden heißen Frank Wedekind, Heinrich Mann und Oscar Wilde. Allerdings, Lion

Feuchtwanger steht dem Ästhetizismus, der Welt der Kunst, auch in seinen Anfängen nicht ohne innere Vorbehalte gegenüber. Das zeigt sein frühes Theaterstück *Der Fetisch*, das der Autor im Berliner Theatermilieu ansiedelt. *Dieses Schauspiel wurde im Jahr 1906 vollendet.*[55]

Lion verarbeitet in dem Stück nicht nur den eigenen Vater-Sohn-Konflikt, wobei der Schauspieldirektor Artur Friedländer als starker, egomanischer Charakter, sein Sohn Leon als weicher, schwankender, von der Vatergestalt geprägter Mensch dargestellt wird. Mit Heinrich Lorm, dem vom Tod gezeichneten Theaterkritiker, kommt auch der Ästhetizismus dieser Jahre zu Wort. Feuchtwanger zeigt in der Figur Lorms die bewusst gewählte Isolation dieses Kreises: *In meiner Ästhetik hab' ich mir eine feste Burg gebaut, in der ich sicher bin vor jedem theoretischen und praktischen Zweifel. Da ist ein Reich, in dem ich zu Hause bin … Vielleicht ist sie enge, meine Welt: aber mein ist sie. Ganz mein. Und ich werde mich hüten, einen Boden zu betreten, auf dem ich nicht ganz sicher bin.*[56]

Den Hofrat Friedrich Körner lässt Feuchtwanger in diesem Stück – es trug, wie die Tagebücher ausweisen, ursprünglich den Titel *Ich* – Sätze formulieren, die nicht mehr nur von Skepsis, sondern von klarer Ablehnung zeugen: *Aber den Persönlichkeitsdusel, der so viele von uns ergriffen hat, den fürchte ich und den hasse ich. Da glaubt jeder Zwerg, er könne sich selbst genug sein. Und beguckt sich und bespiegelt sich und meint, er sei Wunder was Interessantes. Und hält sein Hühnerauge für wichtiger als die Revolution in Rußland* (gemeint sind die revolutionären Unruhen des Jahres 1905 – WS). *Und dann flickt er sich aus allerlei mißverstandenen ästhetischen und metaphysischen Sätzen 'ne fadenscheinige Weltanschauung zusammen.*[57]

Die geistige Gegenwelt wird von dem Machtmenschen Artur Friedländer repräsentiert: *Alles, was an mir Wärme war, und alles was mir Wärme geben konnte, setzte ich dran, mein Ziel zu erreichen. … Nenne meinetwegen den Gott, dem ich das alles weihte, einen Fetisch.*[58] Als Jüngling hat Friedländer die geliebte Frau für die mit allen Mitteln angestrebte Karriere aufgegeben. *Er hat mich ge-*

opfert. Einem Fetisch geopfert. … Seinem Willen zur Macht.[59] Am Ende scheitert aber auch der Nietzscheaner Friedländer und verliert über dem Fetisch Erfolg sein persönliches Glück.

Es klingt in diesem Jugendwerk vieles von dem an, was später die reifen Arbeiten prägt. Der Mensch zwischen Tun und Nichttun, sein Scheitern bei dem Versuch, Seelenglück und Machthunger in ein inneres Gleichgewicht zu bringen. Noch findet der 22-Jährige keine Antworten. Aber dass der Ästhetizismus der Vorkriegsjahre sie ebenso wenig zu geben vermag wie Nietzsches Mythos vom Egoismus des Einzelgängers, darüber gibt es für Feuchtwanger schon sehr früh keine Zweifel. 27 Jahre nach der Entstehung seines Schauspiels resümiert er in einem autobiographischen Text: *Die jungen Literaten jener Jahre beschäftigten sich ziemlich ausschließlich mit artistischen Fragen und mit Problemen der Erotik. … Und allgemein anerkannt war als künstlerisches Grundprinzip, daß es nicht auf das Was, sondern selbstverständlich nur auf das Wie der Darstellung ankomme.*[60]

Als Student bleibt trotz aller literarischer Interessen die Arbeit an der Universität im Mittelpunkt. Nicht ohne Distanz allerdings, wie das Tagebuch gelegentlich zeigt: *Fünf Stunden Kolleg gehört! Diese verfluchte trockene Wissenschaft interessiert mich so gar nicht* (26. April 1906). Die Münchner Künstlerwelt wird ihn erst endgültig in ihren Bann schlagen, wenn er sich ganz für das »freie« Leben des Schriftstellers und Theaterkritikers entschieden hat. Aber Lion Feuchtwanger nimmt schon jetzt lebhaft Anteil an den leidenschaftlichen, oft sehr akademischen und idealistischen Debatten in der brodelnden Kunstszene.

So wird er Mitbegründer und sehr aktives Mitglied eines dilettantischen literarischen Vereins, der sich – vielleicht in Anlehnung an die von Heinrich von Kleist und Adam Müller 1808 herausgegebene gleichnamige und kurzlebige Zeitschrift – »Phoebus« nennt. *Dieser Verein wurde in den ersten Jahren des Jahrhunderts von sehr jungen Leuten gegründet, zumeist jüdischen Studenten.*[61] Solche schwärmerischen, aber für die Förderung und Durchsetzung moderner progressiver Werke oftmals wichtigen

Gründungen schossen damals wie Pilze aus den kulturträchtigen Böden von Berlin und München, Wien und Prag.

Die »Phoebus«-Mitglieder veranstalten Lesungen und Theateraufführungen; sie treten für Strindberg und Wedekind, für Karl Gustav Vollmöller und Herbert Eulenberg ein, die umstrittenen, vom bürgerlichen Theaterpublikum als schockierend empfundenen Autoren der Moderne, die heute teilweise vergessen sind. Lion schlüpft hie und da selbst in die Rolle des Regisseurs, inszeniert Strindberg oder auch Hauptmanns »Und Pippa tanzt«. Eine besondere Attraktion waren die Vortragsreihen des Vereins, bei denen bekannte Feuilletonisten und Literaten wie Alfred Kerr oder Siegfried Jacobsohn auftreten.

Auch eigene Einakter kommen bei den Aufführungen der »Phoebus«-Jünger im Münchner Volkstheater auf die Bühne oder stehen im Mittelpunkt von Rezitationsabenden. Ein Brief vom 17. Oktober 1904 an den hoch geachteten Kritiker der »Münchner Neuesten Nachrichten«, Hanns von Gumppenberg, ist das erste Dokument, das von der öffentlichen Aufführung eines Feuchtwanger-Werkes spricht: *Hochverehrter Herr Baron! Der ergebenst Unterzeichnete gestattet sich, Euer Hochwohlgeboren zu dem am 22. d. M. stattfindenden Rezitationsabend im Schlachtensaal des Café Luitpold geziemend einzuladen. Zum Vortrag kommt: »Donna Bianca, Renaissancedrama in I Akt von Lion Feuchtwanger«. Für eine durchgehend würdige Besetzung der einzelnen Rollen haben wir Sorge getragen … In steter Hochschätzung und Verehrung! Literarischer Verein Phoebus. I. A. Lion Feuchtwanger, cand. phil.*[62] Leider fand der literarische Anfänger in Baron von Gumppenberg einen zunächst herben Kritiker. Die »Münchner Neuesten Nachrichten« wussten nämlich recht Abfälliges über das Werk des »Phoebus«-Mitglieds zu berichten.

Ein Höhepunkt in der Geschichte des Vereins war die Benifizveranstaltung am 19. Januar 1908 im Hotel »Vier Jahreszeiten«. Der Ertrag sollte einer von den Antisemiten heftig bekämpften Initiative für die Errichtung eines Heine-Denkmals in Hamburg zugutekommen. *Alles was in München zur Gesellschaft und zur Literatur zählte war da. Kerr hielt eine Rede, Ernst von Possart sprach*

Heinesche Gedichte. Es kam, soweit ich mich erinnere, ein sehr ansehnlicher Betrag zusammen …[63]

Einen Tiefpunkt während seiner Arbeit für den Verein erlebte Feuchtwanger am 25. September 1905. Im Volkstheater stand sein Einakter *König Saul* auf dem Programm. Es gibt einen fürchterlichen peinlichen Misserfolg; das Stück wird sofort abgesetzt, und Hanns von Gumppenberg schreibt im »Literarischen Echo« einen formidablen Verriss. Er kritisiert vor allem Feuchtwangers »Hang zur Theatralik und Redseligkeit und eine äußerlich-affektierte Manie das Milieu anzudeuten … bis zur Abgeschmacktheit und Lächerlichkeit gesteigert«.[64] Die Familie, zu diesem Abend geladen und erschienen, fühlt sich erneut in der Einschätzung bestätigt, dass da ein Angehöriger auf bedenkliche Irrwege geraten ist. Ein Onkel gibt den dringlichen Ratschlag, sich doch bitte künftig mit einem Pseudonym vor der Gesellschaft zu blamieren, damit der Name Feuchtwanger seinen bislang respektvollen Klang in der Münchner Bürger- und Geschäftswelt behält.

Nur der Autor selbst scheint unberührt. Schon unmittelbar nach der Theaterpleite, so berichten jedenfalls die Zeitgenossen, sitzt er im Café, wenige Ecken von der Stätte seines Unheils entfernt, um mit einem Freund neue Pläne zu diskutieren. Wie tief ihn aber die künstlerische Niederlage getroffen hat, wird fünf Jahre später in seinem ersten Roman, *Der tönerne Gott,* sichtbar. Da erzählt er nicht ohne persönliche Bitterkeit von den großen Theatererfolgen des egoistischen, skrupellosen Heinrich Friedländer.

Allerdings ist es nicht nur Maske, was der 21-Jährige zur Schau trägt. Es wird auch ein Charakterzug sichtbar, der später noch viel deutlicher hervortritt. Lion Feuchtwanger entwickelt eine fatalistische Lebenseinstellung, die ihm besonders in den schweren Augenblicken seines Lebens helfen wird, Haltung zu bewahren, dem Unvermeidlichen mit Gelassenheit entgegenzutreten. Eine Haltung des Selbstschutzes ist es jedoch auch. Denn das Leiden an sich selbst, die künstlerischen Zweifel bleiben – wie manche Tagebuchnotiz zeigt – konstant: *Merkwürdig meine kindische Befangenheit und Unbeholfenheit, die sich überall wieder und wieder zeigt. Im Seminar, wenn ich zu irgendeiner Frage etwas beitragen könnte und nur aus Verlegenheitsgefühl schweige, im Laden, wenn ich etwas kaufe, im Omnibus, überall* (10. Januar 1906). Einen Tag später: *Merkwürdig, daß ich die unschönen Züge so vieler Dichter in mir vereine: die knabenhafte Verlegenheit Grillparzers, die Koketterie und Zerrissenheit Heines, die Eitelkeit Schillers, die lioness und Haltlosigkeit Wildes … Ob unter all diesem Wust ein poetischer Kern sich birgt?*

Im Februar 1909 machen Aktivitäten der »Phoebus«-Jünger noch einmal peinvolle Schlagzeilen. Ein großer Faschingsball wird arrangiert, ein sich rasch als Betrüger erweisender Mann erbietet sich, die Dekorationen kostenlos zu errichten. Mitten im Festtrubel erscheinen jedoch Arbeiter, verlangen den nicht gezahlten Lohn und drohen mit sofortigem Abbau.

Ein kleiner Gesellschaftsskandal, den die Lokalzeitungen begierig aufgreifen. In der sozialdemokratischen »Münchener Post« etwa spottet der Redakteur Kurt Eisner über das reiche »Margarinebarönchen«[65] Lion Feuchtwanger, das den Arbeitern ihren Lohn vorenthalte. Die meist wohlhabenden Väter, auch der Fabrikant Sigmund Feuchtwanger, erklären sich bereit zu zahlen. Immerhin – der Sohn, für dessen manchmal kaum nachvollziehbare Einfälle hier gebürgt werden muss, ist kein törichter Pubertätsknabe mehr, sondern 25 Jahre alt und Doktor der Philosophie, er arbeitet an einem Roman und schreibt regelmäßig Kritiken in der »Schaubühne«. Gut, dass es da wenigstens auf anderen Gebieten Erfolge vorzuweisen gibt.

Das Studium hat er mit Bravour beendet. Die Promotion über Heinrich Heines *Rabbi von Bacherach* begeistert den väterlichen Lehrer Franz Muncker außerordentlich, und sie stellt eine glanzvolle Hochschullaufbahn in Aussicht. Und wirklich, es ist eine noch heute lesenswerte wissenschaftliche Studie. Interessant für die Betrachtung dieses Schriftstellerlebens aber ist vor allem die Tatsache, dass sich Lion Feuchtwanger bereits in seiner ersten größeren Arbeit mit einem Werk befasst, das in seiner ursprünglichen Konzeption als historischer Roman gedacht war. Denn Heines Fragment gebliebener Bericht von der Vertreibung und dem Martyrium der Judengemeinde des Rheinstädtchens Bacharach sollte ein »historisches Sittengemälde« werden, stark beeinflusst vom Werk des »schottischen Barden« Walter Scott, dem auch der Doktorand manche Anregung zu verdanken hatte.

Es gibt einen vielleicht entscheidenderen Grund, der Feuchtwangers Blick auf den *Rabbi* lenken musste. Beschäftigte sich der junge Heine nicht gerade mit diesem Thema, als er die Taufe erwog, sie schließlich vollzog und an ihr litt? In einem Lebensabschnitt also, in dem er sich mit seiner Stellung in der Gesellschaft auseinandersetzte – einer Position, von der die verehrte Rahel Varnhagen meinte, sie versage ihr als Jüdin das »natürliche Dasein«[66], dessen sich jede Bäuerin und Bettlerin erfreuen könne. Ging es hier nicht um einen Schriftsteller, dessen religiöse Erziehung der eigenen, so schwer ertragenen ähnelte? Sätze aus der Arbeit, die Betroffenheit ahnen lassen: *Selbst wenn Heines Vater wirklich der Freigeist war, als der er so gerne hingestellt wird, so hat er, der eine zeitlang Vorsteher der ›Gesellschaft zur Ausübung menschenfreundlicher Handlungen und zum Rezitieren der Psalmen‹ in Düsseldorf gewesen, eines Vereins mit ausgesprochen orthodoxen Tendenzen, doch sicherlich darauf gehalten, daß der junge Harry Heine die mannigfaltigen umständlichen jüdischen Zeremonialgebräuche aufs sorglichste beobachtete. Zahlreiche Anekdoten … lassen uns einen Rückschluß ziehen auf die strenge Wahrung des jüdischen Rituells im Hause Samson Heines.*[67]

Manches, was Lion Feuchtwanger über Heines Werdegang schreibt, weist Parallelen zur eigenen Glaubens- und Lebenskrise auf. So heißt es beispielsweise: *Andererseits mußte die religiös indifferente Erziehung, die der Knabe später im Düsseldorfer Lyzeum genoß, und die freigeistige Gesinnung der Mutter sehr bald jedes tiefere Verständnis für religiöse Dinge in ihm ersticken … Aber ebenso gewiß ist es, daß das behagliche Stimmungsvolle der jüdischen Symbole auf ihn einen tiefen, nachhaltigen Eindruck ausübte, der sich später in seinen Schriften oft widerspiegelte.*[68] Schreibt er da nur über Heine oder nicht auch über sich selbst?

Bald sollte der Taufkonflikt in sein eigenes Leben treten. Die starke philologische Begabung, nachdrücklich unterstrichen durch die Arbeit über Heine, bewog Franz Muncker, den Schüler zur Habilitation zu drängen. *Nachmittags bei Muncker. Er war sehr liebenswürdig. Die Habilitation scheint schwer, aber nicht unerreichbar* (11. November 1906).

Lion Feuchtwanger zögerte aus verschiedenen Gründen. Zunächst ist *die Aussicht, jede Woche zu bestimmten Stunden bestimmte Vorträge halten zu müssen*[69], wenig verlockend. Denn da ist die Freiheit, die winkt, das ungebundene Boheme-Leben in der kunstvernarrten königlich-bayerischen Residenz. Da ist gerade ein fünfaktiges Theaterstück entstanden, das bereits erwähnte Schauspiel *Der Fetisch*, das vielleicht schon den großen ersehnten literarischen Ruhm des 23-Jährigen begründen kann. Da ist aber vor allem die Demütigung, die ertragen werden muss, will er dem Weg folgen, den der Lehrer weist. Ein Jude kann an einer bayerischen Hochschule nicht ordentlicher Professor werden. Was bleibt, ist die Taufe oder die Beschränkung auf eine Karriere als Privatdozent.

Muncker lässt nicht locker, spricht mit dem Vater, und beide überreden schließlich den Zögernden. Das Thema seiner Habilitation: *Die Anfänge des deutschen Journalismus.* Er beginnt mit umfangreichen Vorstudien, aber beenden wird er die Arbeit nicht. Lion Feuchtwanger, zum ersten Mal ernsthaft und an einem entscheidenden Punkt seines Lebens als Jude herausgefordert, geht nicht den Weg Heinrich Heines.

Vielleicht denkt er an den verzweifelten Brief, den der zum Christentum übergetretene Dichter am 9. Januar 1826 an den Freund Moses Moser schreibt und der in Feuchtwangers Dissertation über den *Rabbi von Bacherach* zitiert wird: »Ich bin jetzt bei Jude und Christ verhaßt. Ich bereue sehr, daß ich mich getauft hab; ich seh noch gar nicht ein, daß es mir seitdem besser gegangen sei, im Gegenteil, ich hab seitdem nichts als Unglück.«[70]

KAPITEL 4

Mein Hirn denkt kosmopolitisch, mein Herz schlägt jüdisch

Feuchtwangers Judentum

Bevor wir den jungen Feuchtwanger aber in die Welt der Münchner Boheme begleiten, seine ersten Schritte als Zeitschriftenherausgeber und Theaterkritiker beschreiben, muss von Lion Feuchtwanger, dem Juden, gesprochen werden. Denn ohne das 3000-jährige Erbe seines Volkes hätte es sein Werk nicht gegeben, das sich nun in ihm zu formen beginnt.

Kurz vor seinem Tod hat Feuchtwanger einen überraschenden biographischen Satz notiert: … *ich wüßte keinen Fall, in dem ich auf der Schule, auf der Universität oder sonstwo irgendwelchen Antisemitismus zu spüren bekommen hätte.*[71] Ein Altersurteil, das nur dann verständlich wird, wenn man die Zeit seiner Jugend mit dem Antisemitismus der 1920er und der 1930er Jahre vergleicht und an die furchtbaren Folgen denkt, die dieses Denken für das europäische Judentum gehabt hat. Denn nimmt man die Jahrhundertwende für sich, so war die wilhelminische Wirklichkeit für die deutschen Juden keineswegs eine liberale Idylle. Aber das Weltgefühl des jüdischen Bürgertums – da unterschied es sich nicht von dem seiner christlichen Nachbarn – war optimistisch-fortschrittlich. Martin Feuchtwanger zitiert in seinem Erinnerungsbuch Sätze seines Vaters, die die jüdischen Emanzipationshoffnungen eindrucksvoll und für die damalige Zeit auf sehr typische Weise verdeutlichen. Angesichts der Verfolgungen, die seine Vorfahren erleben mussten, meint Sigmund Feuchtwanger: »Gott sei Dank sind diese Zeiten vorbei. Die Kultur und die Humanität schreiten vorwärts, so unmenschliche und barbarische Dinge können nicht wiederkommen, so wenig wie die viehischen Bestialitäten der altrömischen Kaiser. In den Ländern, in denen die Kultur noch nicht fortgeschritten ist, vor allem in Rußland und in Rumänien, sind die Juden auch heute noch unterdrückt und leben und schuften wie Sklaven, und der Jude ist rechtlos und machtlos, und immer wieder liest man von Pogromen. Wir aber haben eine Verfassung. Der Jude ist geschützt und geachtet wie jeder Bürger. Die Kultur schreitet weiter, die Entwicklung bekämpft die Dummheit und die Ungerechtigkeit. Das Rad geht nicht rückwärts. Was vorbei ist, ist vorbei, und die Zeiten der Unkultur und der Barbarei werden nie wiederkommen.«[72]

Die Wirklichkeit für viele jüdische Bürger in Deutschland sah damals schon ein gut Stück anders aus. Die Epoche ihrer Emanzipation als Folge des Aufstiegs eines fortschrittlichen Bürgertums ging bereits um 1890 wieder zu Ende. Und auch in den vorangegangenen knapp 100 Jahren war sie ein schwieriger Prozess. Bald warnten sie denn auch wieder – Constantin Frantz, Heinrich von Treitschke und der Mann der Kirche am Hofe der Hohenzollern, Prediger Adolf Stoecker – vor der »Vorherrschaft« der Juden. Der Kaiser meinte unter dem Beifall vieler seiner christlichen Untertanen, die Juden sollten nun endlich wieder etwas »bescheidener« werden. Der Antisemitismus nahm in der zweiten Hälfte des 19. Jahrhunderts eine neue und – wie sich dann zeigen sollte – tödliche Form an. Die Rassenlehre – nicht die Religion, sondern das »Blut« verdammt die Juden zu ihrem »unwerten« Dasein – wird salonfähig. Die Schriften des Franzosen Graf Gobineau – »Versuch über die Ungleichheit der Menschenrassen« (1853) – werden in Frankreich, noch mehr in Deutschland gelesen und beifällig diskutiert. Julius Langbehn veröffentlichte 1890 seinen judenfeindlichen Bestseller »Rembrandt als Erzieher«. Houston Stewart Chamberlain, der in Bayreuth lebende englische Schwiegersohn Richard Wagners, folgte 1899 mit seinem antisemitischen Machwerk »Die Grundlagen des neunzehnten Jahrhunderts«. Das Buch wurde zur Bibel des halbgebildeten deutschen Bürgertums. *Das Wort »Rasse«,* wird Feuchtwanger 1933 konstatieren, *trat in Europa zum ersten Mal im 19. Jahrhundert auf, es wurde erfunden von dem Franzosen Gobineau, propagiert von dem germanisierten Engländer Houston Stewart Chamberlain, vulgarisiert von dem deutschen Demagogen Adolf Hitler. Irgendein wissenschaftliches Kriterium liegt dem Begriff nicht zugrunde.*[73]

Mit der Krise des Kapitalismus, der ein Produkt der liberalen bürgerlichen Gesellschaft war, kam auch das Ende jüdischer Hoffnungen. Konservative orthodoxe Katholiken und auf kleinbürgerliche Ängste und Neidgefühle setzende Agitatoren besaßen erneut ihr altes gemeinsames Feindbild.

Der Anteil der Juden an der Gesamtbevölkerung des wilhelminischen Reiches betrug nur etwa ein Prozent. Aber welcher Aufstieg ihnen in den Jahrzehnten nach der Befreiung aus dem Getto gelungen war, beweist eine andere Zahl: Rund vier Fünftel der deutschen Juden gehörten um die Jahrhundertwende dem mittleren oder gehobenen Bürgertum an. Da ließen sich leicht die alten Vorurteile wecken und der Hass schüren. Für die Betroffenen bedeutet dies zunächst, dass aller formaler Gleichstellung zum Hohn für sie der Staatsdienst und damit auch der Zugang zur Machtelite weitgehend verschlossen blieb. Wer es dennoch schaffte, etwa im Justizdienst Richter zu werden, dem war ein weiterer beruflicher Aufstieg versagt.

Auch an den Universitäten blieb für die ungetauften Juden der Beamtenstatus nahezu unerreichbar. Bis zum Ende des Kaiserreiches wurde in den Fächern Germanistik und Philologie kein einziger Jude zum ordentlichen Professor ernannt. Eine Aktennotiz des bayerischen Königs Ludwig II. charakterisiert die Situation. »Das ist aber das letzte Mal«, so schreibt der ärgerliche Monarch an seinen Kultusminister, »daß ich Ihnen einen Juden unterschreibe.«[74] Es ging um den Lehrstuhl für Chemie an der Münchner Universität, und Richard Willstätter, dessen Berufung den Zorn des Landesherrn herausgefordert hatte, wurde 1915 Nobelpreisträger für Chemie.

Nicht ohne polemischen Beigeschmack wird häufig darauf hingewiesen, dass jüdische Kulturschaffende in Deutschland bis 1933 angeblich in ungewöhnlich großer Zahl vertreten gewesen sind. Was zumindest nach den Ergebnissen der Volkszählung von 1925 nicht zutrifft. Danach waren 3,17 Prozent der in den Theatern und Konzertsälen arbeitenden Männer und Frauen jüdischer

Herkunft, beim Film waren es 4 Prozent und unter den Malern, Privatgelehrten und Schriftstellern 7,29 Prozent.[75] Jenseits antisemitischer Vorurteile mag der Eindruck eines quantitativen Übergewichts jüdischer Künstler in der deutschen Kultur darauf beruhen, dass es bis 1933 besonders jüdische Autoren, Musiker, Schauspieler und Regisseure waren, deren Leistung die Leser, Hörer und Zuschauer begeisterte. Der kulturelle und gesellschaftliche Verlust, den Deutschland durch die Vertreibung und Ermordung seiner jüdischen Intellektuellen verschuldet hat, ist immer noch spürbar.

Einem Juden im wilhelminischen Deutschland blieb also die persönliche Auseinandersetzung mit seinem durch die Geburt bestimmten Außenseitertum nicht erspart. Sie haben wohl alle das ihnen von außen aufgezwungene Leiden an ihrem Judentum erfahren. »Daß es Judenfeindschaft gab, das wußten wir Kinder früh genug«, schreibt die spätere Ärztin und mit den Feuchtwangers verwandte Rahel Straus, deren Kindheit in den 80er Jahren des 19. Jahrhunderts lag. »Denn immer wieder kam es vor, daß man uns auf der Straße ›Jud‹ nachrief mit all den bekannten schönen Epitheta. Das traf uns zwar nicht tief, aber wir fühlten dadurch doch immer unsere Andersartigkeit, oder wir empfanden wenigstens, daß die Straßenjungens uns als fremd empfanden.«[76]

Auch Walther Rathenau, der später Opfer des Antisemitismus von Weimar wurde, hat dieses Trauma in seinem Essay »Staat und Judentum« nüchtern beschrieben: »In den Jugendjahren eines jeden deutschen Juden gibt es einen schmerzlichen Augenblick, an den er sich zeitlebens erinnert: wenn ihm zum ersten Male voll bewußt wird, daß er als Bürger zweiter Klasse in die Welt getreten ist und daß keine Tüchtigkeit und kein Verdienst ihn aus dieser Lage befreien kann.«[77]

Viele Juden waren im Übrigen Nationalisten und Patrioten, fühlten sich ganz bewusst dem Deutschtum zugehörig. Sie rätselten und suchten Wege, beides zu verbinden – Judentum und Deutschtum. Jakob Wassermann, Jude aus Fürth und einer der viel gelesenen Autoren der Weimarer Jahre, schrieb 1921 die verzweifelten Sätze: »Was bleibt? Selbstvernichtung? Ein Leben in Dämmerung, Beklommenheit und Unfreude ..., unfaßlich für die Erleuchteten oder Seelenhaften, die nur zu wählen haben zwischen grenzenloser Einsamkeit und aussichtslosem Kampf –? Es ist besser, nicht daran zu denken.«[78]

Nicht wenige unter ihnen ließen sich taufen. Aber das blieb meist ein formaler Akt. Und besonders die sensiblen intellektuellen Juden erkannten die Doppelbödigkeit dieses Schrittes. Kurt Tucholsky schrieb am 15. Dezember 1935, wenige Stunden vor seinem Tod, an den in Palästina lebenden Schriftsteller Arnold Zweig: »Ich bin im Jahre 1911 ›aus dem Judentum ausgetreten‹, und ich weiß, daß man das gar nicht kann.«[79]

Andere wie Karl Marx, Karl Kraus oder Otto Weininger entwickelten aus dieser Not einen »Selbsthass«, der ihre Werke, noch mehr ihre persönlichen Äußerungen über das Judentum kennzeichnet. Viele antworteten auf die antisemitische Herausforderung dagegen mit einem bewussten Bekenntnis. Der berühmte Theaterkritiker Alfred Kerr ließ nie einen Zweifel daran, dass er »die Herkunft von diesem Fabelvolk immer als etwas Beglückendes gefühlt« hat.[80] Der Schriftsteller Joseph Roth, assimilierter Jude aus Galizien, stand seinem Judentum ambivalent gegenüber. Mit liebevoller Ironie schreibt er 1927 in seinem Buchessay »Die Juden auf Wanderschaft«, in dem er ein hohes Lied auf das Ostjudentum anstimmt: »Ich sehe, daß man nicht umsonst 4000 Jahre Jude gewesen ist, nichts als Jude. Man hat ein altes Schicksal, ein altes, gleichsam erfahrenes Blut. Man ist ein geistiger Mensch. Man gehört einem Volk an, das seit 2000 Jahren keinen einzigen Analphabeten gehabt hat ... Während ringsum die andern Bauern erst mühselig zu schreiben und zu lesen anfangen, wälzt der Jude hinter dem Pflug die Probleme der Relativitätstheorie in seinem Hirn.«[81]

Nichts deutet darauf hin, dass der Schriftsteller Lion Feuchtwanger jemals einen Glaubensübertritt auch nur gedanklich in Betracht gezogen hat. Im Gegenteil, er hat sich als Jude gefühlt und sich immer wieder öffentlich dazu bekannt. Nachdem die jugendliche Empörung gegen die Zwänge des orthodoxen Elternhauses einer nüchternen Beurteilung gewichen ist, wird die jüdische Identität sehr bald stärker empfunden und herausgestellt. Feuchtwanger sollte nicht nur ein deutscher Schriftsteller jüdischer Abstammung werden, sondern wie kaum ein anderer seiner Zeitgenossen, deren Bücher Weltruhm erlangten, auch und vor allem ein jüdischer Schriftsteller, der in deutscher Sprache schrieb.

In einer Zeitschriftennotiz zu seinem Roman *Jud Süß* wird er 1920 festhalten: *Ich gebe ohne weiteres zu: mein Hirn denkt kosmopolitisch, mein Herz schlägt jüdisch.*[82] Feuchtwanger wird diese geistig-emotionale Konstellation – sein Leben als Weltbürger und Jude – in den späteren Jahren immer wieder betonen. So antwortet der Moskau-Reisende beispielsweise auf die Festrede eines russischen Schriftstellers während eines Banketts am 5. Januar 1937: *Ich wurde oft gefragt: »Sind Sie ein jüdischer, ein deutscher oder ein kosmopolitischer Schriftsteller?« Darauf kann ich nur so antworten: meine Vernunft ist international, aber mein Herz bleibt jüdisch.*[83] In seinem 1933 in französischer Sprache veröffentlichten Essay *Suis-je un écrivain allemand ou international?* (*Bin ich deutscher oder internationaler Schriftsteller?*) hält er fest, er sei weder das eine noch das andere. *Ich fühle mich als internationaler Schriftsteller. Wahrscheinlich sind meine Inhalte mehr jüdisch betont, meine Form mehr deutsch.*[84] Weltbürger und Jude – diese für ihn existentielle Perspektive spiegelt sich in vielen seiner Geschichten wider. In den drei Romanen über den Schriftsteller Flavius Josephus, den Juden im Dienste der Römer, steht dieser Konflikt, diese Hoffnung im Mittelpunkt. *Der Zentralpunkt dieser Trilogie bildet das Problem: Jude oder Weltbürger.*[85] Beides ungefährdet zu sein ist nicht nur im Zeitalter der römisch-jüdischen Antike unmöglich, sondern auch in Feuchtwangers Jahrhundert der nationalistischen Ideologien und des Antisemitismus.

Welche Bedeutung das jüdische Element für sein Werk gewinnen sollte, zeigt bereits die Themenwahl. Drei der sechs Einakter des noch jugendlichen Autors haben biblische Geschichten zur Grundlage. Die Doktorarbeit beschäftigt sich nicht nur mit einem jüdischen Schriftsteller und einer Geschichte über Juden, sondern sie belegt auch, über welch gründliche Kenntnis jüdischer Geistesgeschichte ihr Verfasser verfügt. In acht von seinen siebzehn Romanen sind die Hauptfiguren Juden, ist ihr erzähltes Schicksal stark, wenn nicht entscheidend von ihrem Judentum bestimmt. In fast allen anderen Romanen spielen jüdische Personen mit oder sind Schilderungen des jüdischen Milieus eingewoben.

Seine Haltung zum Judentum hat Feuchtwanger auch in den Theaterstücken und in Vorträgen, in drei Aufsätzen und der Satire *Gespräche mit dem Ewigen Juden* deutlich gemacht. Die vier umfangreicheren essayistischen Arbeiten sind zwischen 1920 und 1933 entstanden, als der Antisemitismus nationalsozialistischer Machart sichtbar wird und sich Feuchtwanger vom Zeichen des Hakenkreuzes politisch wie als Jude herausgefordert fühlt. Vorträge zum Judentum und zum Zionismus fallen vor allem in die Zeit seines amerikanischen Exils.

Es wurde bereits darauf hingewiesen, dass Feuchtwangers Judentum in seiner frühen Kindheit verankert ist. Wie exzellent seine Bibelkenntnisse sind, zeigen die in jedem seiner Romane auftauchenden Hinweise, Analogien und Querverbindungen zu Textstellen dieser Schrift, die für Juden und Christen seit Jahrtausenden das Buch der Bücher gewesen ist. Feuchtwanger, sicher einer der belesensten und literarisch gebildetsten Männer seiner Zeit, hat sich immer wieder geradezu euphorisch über das große Buch seines Volkes geäußert. *Einen Kanon haben wir zusammengestellt aus den Zehntausenden unserer Bücher ..., und diese ... Bücher haben wir zusammengefaßt zu einem Buch. Aber was für ein Buch ist das! Das Buch der Bücher! Und wir sind das Volk dieses Buches ... Das Buch ist der Inhalt unseres Lebens, es ist unsere Seele und unser Staat. Unser Gott manifestiert sich nicht in einer Gestalt, er offenbart sich in Geist, in diesem Buch.*[86]

In seinem Aufsatz *Der historische Prozeß der Juden*, den er 1930 verfasste, heißt es: *Nächst den Chinesen sind die Juden wohl das literarischste Volk der Welt. Ihre Gruppe war seit zwei Jahrtausenden nicht mehr zusammengehalten durch ein staatliches Gebilde, auch der Begriff Rasse war ihnen fremd, sie waren zusammengehalten nur durch ein Buch, durch die Bibel.*[87]

Aber da spricht nicht nur der Jude, sondern auch der Philologe und der Schriftsteller, der die Macht der Sprache beschwört und sie im Namen der Vernunft und der Aufklärung schließlich im politischen Kampf seiner inhumanen Zeit einsetzt. Das Bekenntnis des Flavius Josephus, als er die aus dem niedergebrannten Jerusalemer Tempel geretteten Thora-Rollen in die neu errichtete Synagoge Roms trägt – es ist auch das Hohelied des Dichters Lion Feuchtwanger auf die suggestive, unbesiegbare Kraft des Wortes: *Mit ein paar Buchstaben, durch die Magie des Wortes, besiegen wir den Tod. In diesen kleinen Rollen haben wir Judäas Leben eingefangen, so daß es nie auslöschen wird. Das Reich Israel konnte untergehen, das Reich Juda, das zweite Reich Judäa, der Tempel: der Geist der Rollen ist unzerstörbar.*[88] Die Wirklichkeit wird diese Sätze bald grausam infrage stellen. Nicht die Macht, sondern die Ohnmacht des Geistes sollte das europäische Judentum in der schlimmsten Prüfung seiner an Leiden ohnehin schon reichen Geschichte erleben.

Feuchtwanger beendet den letzten Band seiner *Josephus*-Trilogie, *Der Tag wird kommen,* als ihm die Flucht aus dem französischen Internierungslager gelungen ist und er wieder vor einer unbekannten Zukunft steht. Dennoch lauten die letzten Sätze aus dem Buch über das Leben und Sterben des Flavius Josephus: *Der Tag war da. Es war ein anderer Tag, als er ihn geträumt hatte, aber er war es zufrieden.*[89] Die skeptische Zuversicht, die Lion Feuchtwangers Bücher trotz der politisch jahrelang fast hoffnungslosen Entwicklungen zeigen, haben also auch viel mit seinem Judentum zu tun.

Die Juden sind unter den weißen Völkern das einzige, so schreibt er in den ersten Wochen seines französischen Exils 1933 selbstbewusst, *das alten Kulturbesitz aus sehr frühen Zeiten bis in unsere Tage in ununterbrochener Tradition, in nie gestörtem Fluß herüberretten konnte. Es ist infolgedessen sehr wahrscheinlich, daß der Sozialismus dieser Menschengruppe, da er zweitausend Jahre älter ist als der der übrigen Gruppen, weiter fortgeschritten ist auf dem Weg von bloßer Einsicht zum Instinkt, daß er in dieser Gruppe tiefer wurzelt als in andern.*[90]

Judentum ist für Lion Feuchtwanger nicht eine Frage der Rasse, der Nation, des Volkes, sondern einer in Jahrtausenden gewachsenen Geisteshaltung, einer *gemeinsame(n) Mentalität. … Es ist das Einverständnis aller dieser Gruppe Zugehörigen, der consensus omnium, in allen entscheidenden Problemen. Es ist die Übereinstimmung, das Einverständnis einer dreitausendjährigen Tradition über das, was gut ist und was schlecht, was Glück und Unglück, wünschenswert und hassenswert, ein Einverständnis in den Elementaranschauungen über Gott und Menschlichkeit.*[91]

Diese »Geisteshaltung« hat Feuchtwangers Zugehörigkeitsgefühl gegenüber dem Judentum jenseits aller intellektuellen Einwürfe mitgeprägt, ihm nicht nur persönliche Kraft, sondern auch einen über seiner Zeit stehenden »gläubigen« Optimismus geschenkt. Feuchtwanger bleibt zeitlebens ein stolzer Jude: *Wo aber in der Geschichte der neueren Welt gab es eine Gruppe, zahlenmäßig so gering, kaum eine halbe Million Menschen jeweils, die im Lauf eines einzigen Jahrhunderts der Welt soviel Reichtum an Geist geschenkt hatte wie im Lauf des neunzehnten diese Gruppe deutscher Juden? Heine und Schnitzler, Mendelssohn, Offenbach und Mahler, Karl Marx und Sigmund Freud und Albert Einstein, Wassermann und Ehrlich und Hertz und Haber, konnte man die Leistungen dieser Männer aus unserer Zivilisation wegdenken?*[92]

Die historische Aufgabe der Juden sieht Feuchtwanger – und hier zeigt er sich stark beeindruckt von den Gedanken Theodor Lessings und seiner intensiven Beschäftigung mit den frühen Philosophien und Religionen des Ostens, dem Hinduismus und dem Buddhismus – in der Vermittlerrolle zwischen den Kulturen und Ideen von Morgen- und Abendland, von Ost und West. *Gestellt zwischen Europa und Asien, ein kleiner Pufferstaat zwischen den Giganten Babylonien, Assyrien auf der einen, Ägypten auf der anderen Seite, mußte das winzige Volk, wollte es nicht zerrieben werden, politisch und weltanschaulich immerzu lavieren. … Von Osten her drang ständig auf sie ein die Lehre von der Notwendigkeit des Nichtwollens, des Nichttuns, des Aufgehens im großen Nichts. Vom Abend-*

land her hämmerte unablässig auf sie ein die Lehre, daß der Mensch geboren sei zur Tat und zum Kampf.[93] Wenig später – im Jahr 1931 – heißt es ganz ähnlich in einem Aufsatz für das Blatt der jüdischen Gemeinde in Berlin: *Wir Juden, unter den noch lebenden Völkern Europas das älteste, seinerzeit im eigenen Land gestellt zwischen Europa und Asien, wir haben vom Westen Aktivität, Tatendurst übernommen, vom Osten die große Friedenslehre, die Sehnsucht nach der Seligkeit des Nichttuns. Wir Juden, die Lockungen kennend des Krieges und des Friedens, bewandert in der Gewissensschwere des Betrachtenden und der Gewissenslosigkeit des Handelnden, wir Juden scheinen vor den anderen berufen, die Zeit des Friedensmenschen vorzubereiten.*[94]

Aufgrund dieser geschichtlichen Erfahrung, die das Volk der Juden mit beiden Weltideen konfrontierte, sind sie die *gegebenen Vermittler,* um eine Utopie Wirklichkeit werden zu lassen: *Die Welt wird nicht mehr aus zahlreichen Höhlen bestehen, deren Insassen sich gegeneinander absperren und sich gegenseitig belauern, wie sie sich am erfolgreichsten überfallen können, sondern sie wird ein großes Hotel sein, in dem eine geeignete Zentralstelle für alle unter den gleichen Bedingungen sorgt.*[95]

Die *Mentalität* der Juden, die sie dazu befähigt, ihre von Feuchtwanger so verstandene *kosmopolitische* Aufgabe zu lösen, umschreibt der Schriftsteller mit einer kleinen – und berühmten – Anekdote aus dem Talmud, die mehrfach in seinem Werk auftaucht. Auf die Frage eines Heiden, was denn die Grundlehre des Judentums sei, antwortet Rabbi Hillel: *Was du nicht willst, daß man dir tu, das füg auch keinem andern zu. Das ist alles.*[96]

Das utopische Moment in Feuchtwangers theoretischen Äußerungen zum Judentum wird im erzählerischen Werk erheblich relativiert. Das Leiden und Versagen, das vergebliche Hoffen auf die Morgenröte der Versöhnung ist ein immer wiederkehrendes Romanmotiv dieses Autors. Der sterbende Flavius Josephus, Jude zwischen Jerusalem und Rom, zwischen Nationalismus und Weltbürgertum, weiß am Ende seines Weges, als er nach Palästina heimgekehrt ist, dass sein Traum von einer kosmopolitischen

Welt verfrüht gewesen ist. *Das Land holte ihn, und er suchte es. Er hatte die Welt gesucht, aber gefunden hatte er nur sein Land; denn er hatte die Welt zu früh gesucht.*[97]

Auch Jehuda Ibn Esra, der jüdische Ratgeber König Alfonsos, muss schließlich erleben, wie seine Idee, durch die Schaffung von Wohlstand und Sicherheit in Spanien den Frieden zwischen Moslems, Christen und Juden zu erhalten, auf dem Schlachtfeld zerbricht. Aber wie die *Josephus*-Trilogie das »Prinzip Hoffnung« aufrechterhält – »zu früh« verheißt ein Später –, so wird auch in der *Jüdin von Toledo* der große Gedanke des Buches, *eine Unze Frieden ist mehr wert als eine Tonne Sieg*[98], vom geschlagenen und aller Illusionen beraubten Alfonso in seiner tieferen Wahrheit schließlich erkannt und gelebt. *Ich habe versucht, in meinen Büchern »Jud Süß« und »Der jüdische Krieg« den Weg von Juden aufzuzeigen, die von (der) Macht zum Geist gingen, die den Weg fanden von Nietzsche zu Buddha, die Verknüpfung des heutigen Abendlandes mit der uralten Weisheit des Ostens, den Weg von Simson zu Jesaja.*[99]

Feuchtwangers historische Romane haben mit Blick auf das Judentum auch einen vielfachen aktuellen Bezug. Sie sind zum Zeitpunkt ihres Entstehens nicht zuletzt als Warnung an die deutschen Juden zu verstehen, die glauben, Anpassung und Verleugnung ihres Judentums könnten ihre persönliche Lage sichern. Für Feuchtwanger spiegelt sich im Antisemitismus dieser Jahrzehnte eine Bedrohung, die alle Assimilierungsutopien fraglich erscheinen lässt. Der jüdische Helfer der römischen Kaiser, Flavius Josephus, der sephardische Königsfreund Jehuda Ibn Esra, der Hofjude des württembergischen Herzogs, Süß Oppenheimer, der jüdische Möbelfabrikant Martin Oppermann – ihre Versuche, in einer feindlichen Umwelt um den Preis der Selbstverleugnung ihres Glaubens Macht zu erobern, scheitern. Am Ende ihres Weges bleiben sie isoliert und einsam zurück, verachtet von Juden und Christen oder Römern. Warnungen vor den Gefahren der Anpassung und der opportunistischen Aufgabe ihres Glaubens lässt Feuchtwanger in seinen Romanen stets die den jüdischen Gesetzen treu gebliebenen Figuren aussprechen. *Aber Isaak*

Landauer wiegte nur den Kopf, rieb die fröstelnden Hände, lächelte, sagte: »Wozu, Reb Josef Süß? ... Wozu gleich dreißig Diener? Könnt Ihr besser essen, besser schlafen, wenn Ihr habt dreißig Diener statt drei? Ich begreife, daß Ihr Euch die Schickse haltet, ich begreife, daß Ihr ein schönes Zimmer zum Essen wollt, ein gutes, breites Bett. Aber wozu den Papagei? Was braucht ein Jud einen Papagei?«[100]

1942, im amerikanischen Exil und angesichts der Nachrichten über die Deportationen der im Machtbereich Hitlers noch lebenden Juden, wird Feuchtwanger in einer Rede darauf noch einmal zurückkommen: Die Juden *nahmen an, eine Judenfrage existiere nicht mehr, das Ziel der Emanzipation sei erreicht. ... Rasch und gründlich verloren sie den sicheren psychologischen Instinkt, den ihre Väter besessen hatten, die Juden des Ghettos. Es verschwand ihnen das instinktive Wissen, immer in Gefahr zu sein, jenes Wissen, das ihre Väter befähigt hatte, die Mächtigen richtig zu behandeln, der Gefahr zu entrinnen.*[101]

Gegenüber den Antisemiten wiederum, die unter anderem immer wieder mit der These von der »Verjudung der abendländischen Kultur« hausieren gehen, sind Feuchtwangers Antworten scharf und spöttisch. Schon 1920 – Hitler hat in München gerade seine erste Veranstaltung durchschrien – schreibt er über die angebliche Wirkung der »internationalen jüdischen Literatur«: *Man hätte ebensogut eine Literatur der Schwarzhaarigen oder der Kurzsichtigen konstruieren können. ... Nie hat ein Literaturhistoriker daran gedacht, aus der griechischen Literatur gewisse Poeten hinauszuweisen, weil sie asiatischem oder ägyptischem Völkermischmasch entstammten. Wer zählt Chamisso zur französischen Literatur? Wer Nietzsche, Dehmel zur slawischen?*[102]

Kriterium literarischer Zugehörigkeit ist für den Philologen Feuchtwanger allein die Sprache: *... ich habe mich oft mit größter Sorgfalt in die Werke deutscher Autoren jüdischer Herkunft vertieft, um irgendein sprachliches Merkmal zu finden, das eindeutig auf ihre jüdische Abkunft hinwiese. Es ist mir trotz emsigsten Studiums nicht geglückt, in irgendeinem Werk der großen deutschen Dichter jüdischer Abstammung, von Mendelssohn bis Schnitzler und Wassermann, von Heine bis Arnold und Stefan Zweig, irgendein* *solches Merkmal zu entdecken.*[103] Sosehr also jüdische Philosophie und Geistesgeschichte sein Denken und damit auch sein schriftstellerisches Werk beeinflusst haben – Feuchtwanger, dessen Englisch noch im amerikanischen Exil einen breiten bayerischen Akzent besaß und der zwar französisch, italienisch und spanisch lesen, aber nur mäßig sprechen konnte, fühlte sich zeitlebens der deutschen Sprache tief verbunden.

Bevor wir in das München der Zeit vor dem Ersten Weltkrieg zurückkehren, soll noch ein Blick auf Feuchtwangers Beziehungen zum Zionismus geworfen werden. Er stand ihm grundsätzlich positiv, aber vor dem Holocaust mit einer gehörigen Portion idealistischer Geschichtsauffassung gegenüber. Im Feuchtwanger-Clan gab es Anhänger und Gegner des Zionismus. Mancher Verwandte besuchte Palästina in den Jahren nach der Wende zum 20. Jahrhundert, um zu prüfen, ob er dort leben wollte und konnte. Der von Theodor Herzl als Reaktion auf die antijüdischen Kampagnen gegen den französischen Hauptmann Dreyfus auf dem Basler Zionistenkongress von 1905 propagierte »Judenstaat« blieb Feuchtwanger allerdings bis in die Jahre des Dritten Reiches hinein fremd. Er sprach noch 1933 in diesem Zusammenhang von einer Art *jüdischer Hitlerei* und stellte etwas erstaunt fest, es sei seltsam, *daß gerade zu der Zeit, da man sich unter den Juden heiß bemüht, in Palästina eine neue Heimat zu schaffen, in der übrigen Welt der Glaube an die verbindende Kraft von Heimat und Scholle mehr und mehr ins Wanken kommt*[104]. Eine für diesen Zeitpunkt äußerst fragwürdige Feststellung, die mit Feuchtwangers optimistischer – und sich nicht bewahrheitender – Annahme zusammenhing, die Welt sei *auf dem Weg zu der Erkenntnis, daß die Begriffe Nation und Territorium nicht notwendig miteinander verbunden sein müssen*[105].

Aber der Weltbürger Feuchtwanger sah keinen grundlegenden Widerspruch zwischen kosmopolitischem Denken und dem Zionismus. Jedenfalls solange dieser *durchtränkt bleibt von der stärksten Idee des Judentums, von der seiner messianischen Sendung.* Zionismus war für ihn nur als geistiger Nationalismus akzeptabel. *Der wahre jüdische Nationalismus erlaubt zur Erreichung all seiner*

Ziele lediglich geistige Mittel; er will den Gegner nicht besiegen, er will überzeugen. … All sein Streben ist, sich aufzulösen in einer geeinten Welt. Sich aufzulösen wie Salz im Wasser, das, gelöst, unsichtbar, dennoch allgegenwärtig bleibt und ewig.[106] Der Holocaust hat den alternden Dichter jedoch korrigiert. Ein Jahr vor seinem Tod bekennt er sich eindeutig zum Staat Israel: *Auch das stolzeste Ereignis der neueren Geschichte der Juden, die Errichtung ihres Dritten Staates im Lande Israel, hat zur Quelle dieses lebendige Bewußtsein der historischen Kontinuität. Gründe der Vernunft rieten den Männern, die ihr Leben der Errichtung eines solchen Staates widmeten, das Uganda-Angebot der britischen Regierung anzunehmen; doch sie folgten nicht den Gründen der Vernunft, sondern ihrem geschichtlichen Bewußtsein, das sie auf Zion verwies, auf Zion allein.*[107]

Da ist er am Ende seines Lebens wieder bei seinem geliebten »Buch der Bücher«. Denn das Bewusstsein, von dem er in diesem Aufsatz aus dem Jahr 1957 spricht, nimmt sichtbar Gestalt an in der Bibel: *Mohammed hat die Juden »Das Volk des Buches« genannt. Mit Recht. Das Buch, das Große Buch, ihre Heilige Schrift, ist die Grundlage ihrer völkischen Existenz. Das Skelett dieses Buches aber ist die Darstellung und Deutung der Geschichte Israels. Die Israeliter waren das erste Volk, das Geschichte schrieb.*[108]

Und sein letzter Roman, den er kurz vor diesem Aufsatz veröffentlicht, dringt noch einmal in die historischen Tiefen des Judentums vor. Es ist die Geschichte des Richters Jefta, Sohn einer Nebenfrau, von seiner Familie verjagt, vom HERRN berufen, sein Volk zu führen, und vom Fluch dieser Auserwähltheit geschlagen: *Aber er spürte qualvoll die Einsamkeit des Gipfels und seine klare, schneidende, tödliche Kälte.*[109]

KAPITEL 5

Was nicht literarische, musikalische und theatralische Dinge berührt, kümmert uns nicht

Bohemien in München

Genau 48 Jahre bevor der Schriftsteller Lion Feuchtwanger die Geschichte Jeftas aus dem Buch der Richter neu erzählt, öffnet sich für ihn der nächste Lebensabschnitt. Die Habilitation wird beiseitegelegt; Teile der unfertigen Arbeit über den deutschen Journalismus veröffentlicht später die »Frankfurter Zeitung«. Nicht trockenes Stundengeben oder Korrekturlesen ist die Zukunft, für die er sich entschieden hat, sondern die Teilhabe an den, wie es ihm damals scheint, wirklich wichtigen Auseinandersetzungen seiner Zeit: dem Kampf um das neue, moderne Theater, um die Literatur von morgen, auf die der deutsche »Spießer« geschockt und der Staat mit erschreckter Zensur reagieren.

Dieses München, in dem er lebt und nun zu schreiben beginnt, ist wie alle Großstädte im Zuge einer mächtigen Wanderbewegung, ausgelöst durch die Industrialisierung, in den drei Jahrzehnten von 1880 bis 1910 enorm gewachsen. In Schwabing erlebt das München der letzten Wittelsbacher noch einmal einen weit widerhallenden Ruhm als Kunststadt. Das Dorf Schwabing mit Bauernhöfen und lauschigen Gärten, einer kleinen spitztürmigen Kirche, ländlichen Wirtsstuben und engen Häusern wird von einer zunächst kleinen Schar kunstbegeisterter Jünger entdeckt und erobert. Dann überrollt es eine bunte Boheme, die lärmend das Wachsen des Dorfes zur Vorstadt und schließlich zum Stadtteil miterlebt.

Viele Namen der Literatur, der Malerei, der Bildhauerei oder der Musik werden in den Straßen jenseits des Siegestores bereits mit Achtung genannt, als die Welt sie noch nie gehört hat. Max Halbe lebt Jahrzehnte hier; Michael Georg Conrad, Hanns von

Gumppenberg, Otto Julius Bierbaum oder Erich Mühsam gründen meist kurzlebige Literatur- und Kunstzeitschriften und schreiben die Obrigkeit empörende Texte. Thomas Mann wohnt an der Ecke Franz-Josef-Straße und findet für eine seiner frühesten Novellen den berühmten Anfangssatz: »München leuchtete«[110]; Rilke taucht auf; der düstere Stefan George sammelt seinen elitären Kreis um sich; Alfred Kubin und Olaf Gulbransson werden ebenso Schwabinger wie der »Simplicissimus«-Verleger Albert Langen. Die Gräfin aus altem nordischen Geschlecht, Franziska zu Reventlow, wirbelt durch dieses München, ihr Mutterglück bis zum Exzess durchlebend und – wie ihre Tagebücher zeigen – mit Trauer in ihrem Herzen. »Das sind die Gestalten, die den Stadtteil Schwabingen zum Kulturbegriff machten – Maler, Bildhauer, Dichter, Modelle, Nichtstuer, Philosophen, Religionsstifter, Umstürzler, Erneuerer, Sexualethiker, Psychoanalytiker, Musiker, Architekten, Kunstgewerblerinnen, entlaufene höhere Töchter, ewige Studenten, Fleißige und Faule, Lebensgierige und Lebensmüde, Wildgelockte und adrett Gescheitelte … Schwabing war eine Massensiedlung von Sonderlingen …«[111]

Neben München waren Berlin, Wien und Prag um die Jahrhundertwende die großen Kunstmetropolen des deutschsprachigen Raumes. In den Cafés und Theatern, den Kabaretts und Zeitschriftenredaktionen, aber auch in stillen Hinterzimmern wurde dort geboren, was später als Beginn und Durchbruch der modernen Kunst in Deutschland beschrieben werden sollte.

Es war ein Aufbruch, der nur von wenigen getragen wurde, aber die Zeit dafür war reif. Wissenschaft und Technik hatten das menschliche Zusammenleben schon damals tief greifend verändert, das bürgerliche Zeitalter trat in seine Spätphase ein. In den Hoftheatern aber deklamierten die Schauspieler Schiller, als gelte es tatsächlich noch, gegen die Tyrannen – mit denen man sich doch längst arrangiert hatte – aufzustehen. In den Kunstakademien lehrten brave Professoren das Schöne und Edle im klassizistischen Bild, während für immer mehr Menschen das Licht der Sonne vom Rauch der Fabrikschornsteine verdunkelt wurde. Das deutsche Bürgertum hatte den Traum von 1848 längst begraben.

Und so suchte sich manch gebildeter, von jedem Mitspracherecht in den Staatsgeschäften ausgeschlossener Deutsche eine andere Revolte, die Kulturrevolution. Jedenfalls die Söhne.

Beim Nachbarn, dem Habsburger, rief die Wehmut über das Ende eines Zeitalters, der Abschied vom scheinbar endlos dahinsiechenden Vielvölkerstaat eine ganz eigene Stimmung hervor, die sich auf unwiederholbare Weise in den Werken von Arthur Schnitzler und Hugo von Hofmannsthal, von Stefan Zweig und Joseph Roth wiederfindet. Aber es gab in Wien auch Karl Kraus, der in fast manischer Zitierwut die Verzerrung der Wirklichkeit durch die Sprache mit beißenden Verrissen anprangerte. Und es lärmte der große Literaturzirkus, der vom Café Griensteidl ins Café Central umzog und von dort 17 Jahre später direkt in den Krieg fuhr.

Im Wien des Fin de siècle erspürte ein melancholisch gestimmtes Bürgertum vielleicht stärker als anderswo etwas von den »modernen« Erfahrungen der Künstler. Das Gegeneinander der Habsburgvölker, das einfache Lösungen ebenso wenig zuließ wie alte politische Rezepte, machte es aufnahmebereiter für die vielfältigen, bis dahin oft ungeahnten Wahrheiten und Wirklichkeiten, von denen die Dichter und Maler, Architekten und Musiker ihnen neuerdings Beispiele boten.

An der Moldau, in der hunderttürmigen Stadt der Heiligen und Magier, da saßen sie in diesen Jahrzehnten in ihren Gettos – die Juden, die Deutschen, die Tschechen, und spannen am Mythos ihres geliebten, ihres gehassten Prag. Wer sich lösen konnte, ging – wie Franz Werfel und Rainer Maria Rilke. Andere wie der erst viel später erkannte Franz Kafka aber blieben in den »Krallen« des »Mütterchens«[112] Prag.

Im wilhelminischen Reich, zu dem die Bayern, der Volksstamm des Schriftstellers Lion Feuchtwanger, zu ihrem Leidwesen seit 1871 endgültig zählten, war die Staatsführung nicht nur um das Heer und die Marine, die preußischen Gutsbesitzer und die Feuerwehr besorgt, sondern auch um die Kunst oder, wie es korrekt hieß: die deutsche, die wahre Kunst. Aber während sich das bürgerliche Deutschland noch am Pathos der großen Oper und an den heroischen Aufführungen seiner Klassiker berauschte, während die leichtfüßigen Lustspiele, Schwänke und Possen von Paul Lindau und den Brüdern Franz und Paul Schönthan die Säle füllten, begann mit den Skandalaufführungen der Naturalisten ein neues Zeitalter des Theaters.

Gegen die offizielle Kulturpolitik, wie sie sich etwa in den Spielplänen der etablierten Hoftheater darbot, wurden die Werke von Arno Holz und Johannes Schlaf, Max Halbe und Gerhart Hauptmann zu Wegweisern für eine ganze Generation von Autoren. Aus dem Ausland holten die Erneuerer Stücke von Maurice Maeterlinck, Henrik Ibsen und August Strindberg, die wiederum aus einer Ablehnung der Naturalisten entstanden waren.

Dann kam das Kabarett, vom Erbfeind Frankreich, der gerade erst auf dem Schlachtfeld besiegt worden war, frech importiert. In Berlin das »Überbrettl« des Ernst von Wolzogen und Max Reinhardts »Schall und Rauch«, drei Monate später, im April 1901, in Münchens Schwabing »Die elf Scharfrichter« des Frank Wedekind. Dass der damals 17-jährige Lion Feuchtwanger bei der Scharfrichter-Premiere dabei war, ist unwahrscheinlich, später aber ist er vom Hauptakteur dieses Kabaretts, von Frank Wedekind, zeitweise gefesselt.

»Es wird das Ziel meines Ehrgeizes sein«, schreibt der Chef des »Überbrettls«, »den wirklichen Geheimrat ebenso in seinen Ansprüchen an eine amüsante, abwechslungsreiche Unterhaltung zu befriedigen, wie etwa den jungen Lebemann von verwöhntem Geschmack und den jungen Künstler von eigensinnigen Idealen.«[113] Und manchmal wurde aus dem Spielerischen, dem Improvisierten oder auch lange Ausgefeilten das, was unsere akademischen Lehrer später Kunst genannt haben.

Auf der Bühne erklang eine bislang unbekannte Sprache. Die Stücke forderten vom Zuschauer eine neue Sicht der gesellschaftlichen Realitäten und die Bereitschaft, ein ganz anderes als das gewohnte Bewusstsein zu akzeptieren und nachzuvollziehen. Auch die Schauspieler, Regisseure und Bühnenbildner standen mit den neuen Stücken und Ideen vor einer Herausforderung. Die antiquierten Hof- und Provinztheater mit ihrem Plüsch- und Pompgeschmack, halb Gesellschaftsereignis, halb Kunsterleben, führten solche Bühnenwerke nicht angemessen auf. Dafür mussten die Privattheater einspringen, die seit der Gewerbefreiheit kurz vor der Reichsgründung in den Großstädten ihre Tore öffneten.

Vereine mit politischen oder literarischen Ambitionen schufen sich eigene Bühnen. Die bekanntesten wurden die Freie Bühne – gegründet in Berlin von Maximilian Harden, Otto Brahm und dem Frankreich-Korrespondenten und späteren Chefredakteur des »Berliner Tageblatts«, Theodor Wolff – und die von Sozialdemokraten getragene Freie Volksbühne. Sie alle hatten den unschätzbaren Vorteil, dass sie die wilhelminische Zensur oftmals durch so genannte Privataufführungen unterlaufen konnten.

Der Einsatz des elektrischen Lichts brachte völlig neue dramaturgische Möglichkeiten der Beleuchtung, die Drehbühne wurde entwickelt, der Rundhorizont entdeckt. Die Regisseure erprobten bis dahin ungeahnte Mittel und Effekte. Eine neue Generation von Schauspielern lernte auf der Bühne das künstliche Pathos abzulegen, die nuancierten Charakterstudien der Autoren durch eine völlig neue Rollenauffassung glaubhaft zu machen. Der große Otto Brahm hatte viele von ihnen auf diesen Weg gebracht.

Was in diesen Jahren aus Wien und Prag, aus Berlin und München in die Öffentlichkeit dringt und auf den Theaterbühnen mit aufsehenerregenden Inszenierungen für Diskussionen sorgt, steht im Zentrum der künftigen Arbeit des jungen Philologen. Lion Feuchtwanger nämlich wird Theaterkritiker.

Am Anfang dieser Karriere steht eine Zeitschrift. Die Idee kommt aus dem Kreis der »Phoebus«-Jünger. Der Engagierteste unter ihnen setzt sie dann in die Tat um. Am 30. April 1908 erscheint die erste Nummer: »Der Spiegel. Münchener Halbmonatsschrift für Literatur, Musik und Bühne«. Das Impressum lautet: »Verantwortlich für Verlag und Redaktion: Dr. Lion Feuchtwanger«. Von April bis September will man zweimal, von Oktober bis März sogar viermal im Monat erscheinen. Und hochgestimmt, im Sprachstil der Zeit, heißt es: *Diese Blätter wollen die Erscheinungen der*

Literatur, der Musik und der Bühne in einem klarlinigen, klartönigen Bild widerspiegeln … Wir errichten uns strenge Schranken: was nicht literarische, musikalische und theatralische Dinge eng berührt, kümmert uns nicht.[114]

Eine beachtliche Liste von Mitarbeitern ist schon verlockend im ersten Heft aufgeführt: Lou Andreas-Salomé, Julius Bab, Hermann Bahr, Max Halbe, Siegfried Jacobsohn, Thomas Mann, Alexander Roda-Roda und Jakob Wassermann. Da wird allerdings versprochen, was nicht zu halten ist. Von Wassermann oder Jacobsohn, Bahr oder Lou Andreas-Salomé sucht der »Spiegel«-Leser in den folgenden Nummern vergeblich Beiträge. Von Thomas Mann findet er nur eine Veröffentlichung, den Nachdruck eines kleinen Aufsatzes aus der Monatsschrift »Nord und Süd«. Trotzdem, beachtliche Schriftsteller, Kritiker und Literaturwissenschaftler der Zeit, heute vielfach vergessen, tragen zum »Spiegel«-Inhalt bei. Außer den Genannten Autoren wie Waldemar Bonsels, Arthur Kutscher, Michael Georg Conrad, Richard von Schaukal oder Wilhelm von Scholz und der geschätzte Universitätslehrer Franz Muncker mit einer literaturwissenschaftlichen Arbeit über Friedrich von Hagedorn, den verschollenen Dichter aus der Vor-Goethe-Zeit.

Der Herausgeber selbst ist vor allem mit Theaterkritiken vertreten, aber auch mit einem sehr lesenswerten philologischen Artikel über *Heinrich Heine und Oscar Wilde,* einem Aufsatz zur *Psychologie der Bühnenreform* und einer kleinen Erzählung, *Der Karneval von Ferrara.* Alles in allem setzt sich der »Spiegel« für die neuen Bestrebungen auf dem Theater ein, nimmt im Streit zwischen den Naturalisten um Otto Brahms Lessingtheater und Max Reinhardts »Neuromantik« im Deutschen Theater Partei für den Letzteren, veröffentlicht literaturwissenschaftliche Artikel oder äußert sich lobend über neue Kompositionen wie Debussys damals vielfach so unverstandene Oper »Pelléas et Mélisande«.

Es ist ein zu ehrgeiziges Unterfangen. Die Ausstattung – ein schöner Einband, ganz im Modetrend des Münchner Jugendstils, teures Papier – liegt über dem Durchschnitt vergleichbarer Blätter, die Konkurrenz jedoch ist groß und die Abonnentenzahl klein.

Wie das Projekt überhaupt finanziert wurde, ist heute nicht mehr genau festzustellen. Es waren vorwiegend junge jüdische Kaufleute, die eine Zeit lang Geld gaben.

Fünfzehn Nummern schaffte der Herausgeber, dann muss er im letzten Heft, am 24. Oktober 1908, sechs Monate nach dem Start des Unternehmens, zur Kenntnis geben: *An unsere Leser: Der Verlag Oesterheld & Cie Berlin und der Spiegel-Verlag München sind überein gekommen, ihre Zeitschriften »Die Schaubühne« (Herausgeber Siegfried Jacobsohn) und »Der Spiegel« (Herausgeber Dr. Lion Feuchtwanger) zu fusionieren. Das neue Blatt wird den Namen der älteren Zeitschrift »Die Schaubühne« beibehalten.* Ein hübscher Satz, mit dem der »Spiegel«-Herausgeber elegant vermieden hat, seinen Lesern allzu deutlich die Pleite des eigenen Blattes verkünden zu müssen.

Aber das Zeitschriftenabenteuer geht für ihn persönlich bestens aus. Denn, so heißt es in der »Spiegel«-Nummer 15 weiter: *Nachdem die münchener Redaktion in den Händen Dr. Lion Feuchtwangers bleibt, hoffen wir, daß die Fusionierung, die lediglich eine Erweiterung und Vertiefung bedeutet, unseren Lesern willkommen sein wird.*[115] Im Klartext: Lion Feuchtwanger wird künftig für die »Schaubühne« aus der Münchner Theaterwelt berichten.

Es ist eine beachtliche Zeitschrift, deren Mitarbeiter er geworden ist. »Die Schaubühne« war zum ersten Mal am 7. September 1905 erschienen, und der Herausgeber Siegfried Jacobsohn beschreibt das bald unverwechselbare Konzept der Zeitschrift in seinem Geleitwort: »So lange das Gefühl nicht ganz erstorben ist, daß der Geist eines Volkes und einer bestimmten Zeit eindringlicher als in der übrigen Literatur im Drama zum Ausdruck kommt, so lange wird immer von neuem der Wunsch lebendig werden, daß der Schaubühne ein Strom künstlerischer und geistiger Neuwerte entquelle, da jetzt zumeist Geschäftsleute bemüht sind, dem Theater mit dem geringsten Einsatz an Geist den größten Gewinn zu entlocken.«[116]

Es ist also eine Zeitschrift, die sich ganz dem Theaterleben zuwendet, die sich zur Aufgabe macht, »das Theater wieder zur Würde des Kunstinstitutes zu erheben«[117]. Das Pathos dieser

Worte sollte nicht täuschen, in der »Schaubühne« wird mit scharfer Sprachklinge gefochten, der pointensichere Wiener Kritiker und Feuilletonist Alfred Polgar sorgt nicht weniger dafür als der Herausgeber selbst, dessen regelmäßige »Antworten« an den Leser meisterhafte journalistische Miniaturen sind: »Darf ich auf Ihre Anfrage, ob die Schaubühne auch außerhalb Berlins gelesen werde, ein bißchen prahlen? Ja, sie wird es. Wie der Chinese Lotten und Werther mit ängstlicher Hand auf das Glas malte, so verfehlt er nicht, beim Zopfwickeln das gute Papier des Blattes zu benutzen, das Sie in der Hand haben. Australneger stehen guttural murmelnd zusammen und sind gegen mich und für Mossen. Tscherkessen sprengen in den Steppen Asiens umher und halten links den alles erjagenden Speer, rechts ein rotes Heftchen. Die Päschärähs tun es nicht unter einem Jahresabonnement. Und nur in Neu-Ruppin kommen wir nicht recht vorwärts.«[118]

Dieses kleine ziegelrote Heft mit der Jugendstilvignette auf der Umschlagseite erscheint nahezu vierzehn Jahre lang jede Woche. Am 4. April 1918 erreicht es den Leser unter dem Namen »Die Weltbühne. Wochenschrift für Politik, Kunst, Wirtschaft«, um deutlich zu signalisieren, dass in Kriegs- und Untergangszeiten niemand mehr der Illusion nachhängen durfte, die Schaubühne sei die Bühne der Welt. Der alte und gleichzeitig neue Herausgeber hatte es schon 1915 geahnt: »Es hatte seinen Reiz und seine Notwendigkeit für das Theater zu sorgen; aber es war falsch, nur für das Theater allein zu sorgen, das kaum gelitten hätte, wenn die Hälfte jedes Heftes den übrigen Dingen, die unser Leben ausmachen, zu gute gekommen wäre.«[119] In seiner unnachahmlichen Manier reimt Kurt Tucholsky zum Titel- und Inhaltswechsel im April 1918: »Mein gutes Blatt! Wie hast du dich verändert! / Den Musentempel schließt du beinah zu; / mit Politik, Kunst, Wirtschaft dicht bebändert, / so geht dein Vorhang auf: auch du, mein Kind, auch du? / Du willst dich gleichfalls in den Strudel stürzen? / Randstaaten? Westfront? Die Veränderungswahl? / Nur eines kann mir meinen Kummer würzen: / Es war einmal …«[120] Marta Feuchtwanger wird sechzig Jahre später erzählen, der Entschluss, aus der »Schaubühne« die »Weltbühne« zu machen, sei 1916 bei einem gemeinsamen Berliner Restaurantbesuch von Jacobsohn und Lion Feuchtwanger gefallen.[121]

Und diese »Weltbühne« wird in den nächsten wiederum vierzehn Jahren zu einer der wenigen unbestechlichen, radikaldemokratischen Stimmen der labilen Republik. In ihren Spalten erscheinen überwiegend Artikel der demokratischen aufklärerischen Intelligenz der Weimarer Jahre. Eine lange Liste des »anderen Deutschlands«: Kurt Tucholsky, Carl von Ossietzky, Egon Erwin Kisch, Alfred Polgar, Walter Mehring, Ernst Toller, Walter Hasenclever, Axel Eggebrecht und viele mehr. In den letzten Jahrgängen findet der Leser Gedichte des noch völlig unbekannten Helmut Flieg, der sich wenig später im Exil Stefan Heym nennen wird. Als Lion Feuchtwanger 1908 Münchner Theaterkorrespondent der »Schaubühne« wird, hat sie eine Auflage von knapp unter 8000 Exemplaren. Zehn Jahre später sind es schon rund 17000. Damals reichten solche Auflagen noch, um unter Hinzuziehung bekannter Autoren und Publizisten finanziell – wenn auch nur knapp – zu überleben.

Entscheidend für die Haltung der Zeitschrift war ihr Schöpfer, Herausgeber und Chefredakteur Siegfried Jacobsohn. Eine ungewöhnliche Persönlichkeit. 1881, also drei Jahre vor Lion Feuchtwanger, in Berlin als Sohn eines jüdisch-preußischen Kaufmanns geboren, wird er schon in jungen Jahren ein begeisterter Theatergänger. Mit 20 schreibt er in Berliner Zeitungen seine ersten, bald große Aufmerksamkeit erregenden Kritiken und wird zu einem engagierten Anhänger des Theaterstils von Max Reinhardt. Gerade 23 Jahre alt, muss er seine erste steile Journalistenkarriere jäh abbrechen, als das »Berliner Tageblatt« ihm vorwirft, Plagiate veröffentlicht zu haben. Er ist Opfer seiner unglaublichen Fähigkeit geworden, Gelesenes im Gedächtnis zu speichern, das er Jahre später unbewusst in eigenen Arbeiten benutzt. Er wird – tief getroffen, aber keineswegs gebrochen – Gründer und Herausgeber der »Schaubühne«. Neben Alfred Kerr und Karl Kraus, Alfred Polgar und Herbert Ihering ist Jacobsohn einer der wortmächtigsten Theaterkritiker seiner Zeit. 1926, nicht einmal 46 Jahre alt, stirbt dieser unermüdliche Arbeiter und hochbegabte Redakteur.

Kurt Tucholsky wird sein Nachfolger, dann Carl von Ossietzky. Die letzte »Weltbühne« vor der Emigration der Zeitschrift erscheint am 7. März 1933 – die Republik, die sie so lange kritisiert und doch so leidenschaftlich verteidigt hat, ist untergegangen. Einer der letzten Sätze dieser Nummer zeigt noch einmal die mutige Entschlossenheit, aber auch die illusionären Hoffnungen der deutschen »Links-Intelligenz«: »Trotzdem: es wird weiter gearbeitet, denn der Geist setzt sich doch durch.«[122] Ein furchtbarer, ein doppelter Irrtum. Die neuen Herren schleppen Ossietzky ins Konzentrationslager, wo er bis zum Frühjahr 1936 gequält wird. Im Mai 1938 stirbt der Friedensnobelpreisträger des Jahres 1935 isoliert in einem Berliner Krankenhaus. Auch Kurt Tucholsky treiben sie in den Untergang, er nimmt sich 1935 im schwedischen Exil das Leben.

Die Verbindung mit der »Schaubühne« ist für Lion Feuchtwanger ein wichtiger Schritt seiner Entwicklung. Der unpolitische, sich noch ganz dem »Theaterkrieg« hingebende junge Philologe tritt damit in einen Menschenkreis, der in wenigen Jahren einen beachtlichen Teil der (meist) nicht parteigebundenen Intelligenz des späten Kaiserreiches und der ihm folgenden Republik stellen wird. Sein politisches Bewusstsein, das sich vor allem in den Kriegsjahren zu entwickeln beginnt, ist durch die gesellschaftskritischen Denkansätze eines Kurt Tucholsky kaum weniger geprägt worden als später durch die jahrzehntelange Freundschaft mit Bertolt Brecht. Feuchtwanger gehörte in den 1920er Jahren zwar nicht mehr zu den regelmäßigen Autoren der »Weltbühne«, aber er hat sich stets den Ideen und dem politischen Engagement, das die Zeitschrift unerschrocken vertrat, verbunden gefühlt.

KAPITEL 6

Sie liebt das Gutbürgerliche, den Sonntag, den Bratenrock

Frühe Veröffentlichungen

Im Herbst 1908, als die erste Verbindung zu Jacobsohn entsteht, pendelt der junge Feuchtwanger zwischen Hof-, Residenz- und Künstlertheater, zwischen Cafés und seinem recht spartanischen Zimmer, um Stoffe und Ideen zu suchen und zu entwickeln. Er wird heimisch in der aufgeregten kleinen Schauspielerwelt Münchens, den streitsüchtigen Künstlerzirkeln, und er schreibt viel. Die Familie blickt immer verständnisloser auf das Bohemeleben des eigenwilligen Sohnes. Er selbst aber scheint innerlich von dem aufgesetzten, meist eitlen Treiben seiner Umwelt fast unberührt. Er bleibt der Einzelgänger, der Suchende. Seine schriftstellerischen Arbeiten in diesen Jahren zeigen dies sehr deutlich.

1907 erscheint das bereits erwähnte Schauspiel *Der Fetisch* und 1910 in Waldemar Bonsels' kleinem Künstlerverlag der erste Roman, *Der tönerne Gott.* Bonsels, später durch die »Biene Maja« zu Ruhm gekommen, verlangt einen Druckkostenzuschuss. Eine keineswegs unübliche Forderung. Der Vater ist mit 400 Mark dabei, den Rest geben Freunde dazu.

Der Held des schmalen Prosatextes, Heinrich Friedländer, genusssüchtiger Sohn eines reichen jüdischen Großkaufmanns, gibt sich dem leeren Taumel eines berauschten München hin. *So zerfließt mir nun das Leben … Auf Tage voll lässiger, verdrossener Geschäftigkeit folgen Nächte voll leerer, lärmender Feste.*[123] Unsicherheit und Zerrissenheit kompensiert er durch Gefühlskälte gegenüber den Menschen seiner Umwelt. Friedländer verspekuliert leichtfertig das Vermögen des Vaters, die langjährige Geliebte, die für einen von ihm verübten Versicherungsbetrug ins Gefängnis geht, treibt er in den Tod. Der Einfluss des damals von der jungen Literatengeneration bewunderten Heinrich Mann – vor allem von dessen Romanzyklus über die Herzogin von Assy – ist nicht zu übersehen. *Ich schrieb in jenen Jahren einen wirksamen, hochmütigen und sehr artistischen Roman, darstellend das reiche, spielerische und gewissenlose Leben eines jungen Mannes aus der Gesellschaft*[124], so charakterisiert Feuchtwanger 1933 mit distanzierter Selbstironie seinen Erstling. Schon kurz nach dem Erscheinen konstatiert er im Tagebuch: *Die Kritiken mittelmäßig* (18. November 1910).

Und doch ist dieser Debütroman nicht nur für die Feuchtwanger-Forschung mit der nach 80 Jahren 1991 erfolgten Neuausgabe eine interessante Wiederentdeckung. Denn er zeigt den »Meister des historischen Romans« noch als Typus des unpolitischen Romanciers, führt zurück in die Welt der wilhelminischen Salons und einer Boheme, die Nietzsches »Gott ist tot« nur als unendlichen Karneval zelebriert. Es ist eine »tönerne« Lebensphilosophie, die Feuchtwangers Charaktere verkünden, und der Autor wird hier, sicher unbewusst, zum Propheten eines Epochenuntergangs. *Nicht wahr, Sie waren das, der zum ersten Mal vom tönernen Gott sprach? Sie haben mich zuerst morbid und farb- und haltlos genannt?*[125]

Feuchtwangers Erstling bietet einen bemerkenswerten Einblick in seine damaligen Empfindungen. Friedländers Vater ist ein erfolgreicher Kaufmann und im Gegensatz zu seinem Sohn ein lebenskluger und sympathischer Mann. Vielleicht hat der junge Autor auch die eigenen Selbstzweifel, Schuldgefühle und Schwächen im Verhalten des Sohnes Heinrich widergespiegelt. So nimmt er den kleinen Provinzskandal, den der »Phoebus«-Klub in den Monaten, in denen er an dem Roman schreibt, auslöst, in seine Erzählung auf und lässt ein entsprechendes Fest seines Protagonisten Heinrich mit einer peinlichen finanziellen Pleite enden.

Der Münchner Boheme, der er ja selbst angehört, steht Lion Feuchtwanger in diesem Roman äußerst distanziert gegenüber. In den Schilderungen des Freundeskreises von Heinrich Friedländer, in der Beschreibung ihrer Feste oder ihrer morbiden Selbststilisierung als Künstler gerät die Erzählung zur Satire, und der Leser ahnt schon etwas von der ironischen Schärfe, die Feuchtwangers Romane auszeichnen werden. Liebe, Kunst, Freundschaft – alles bleibt an der Oberfläche: *Heinrich befahl den Tee. Man saß auf bequemen Taburetts und plauderte; lautlos, beflissen und unaufdringlich servierten geschulte Diener. Die Sandwichs waren Gedichte; Weine und Liköre waren die erlesensten Marken erlesener Kellereien. Man führte eine gelassene und mondäne Konversation. … Heinrich und Wolff unterhielten sich über Rilke, Wolffs Abgott; die Damen sprachen über Toilettenfragen.*[126] Das Werk hat seinen Schöpfer offensichtlich nicht überzeugt, denn es wird zehn Jahre dauern, bis er an den Tischen der Bayerischen Staatsbibliothek sitzt, um seinen zweiten Roman zu schreiben.

Als Motto für sein Theaterstück *Der Fetisch* hat Feuchtwanger einige für sein damaliges Empfinden äußerst aufschlussreiche Zeilen Goethes ausgewählt: »Kaum bist Du sicher vor dem gröbsten Trug, / Kaum bist Du Herr vom ersten Kinderwillen, / So glaubst Du Dich schon Übermensch genug, / Versäumst, die Pflicht des Mannes zu erfüllen. / Wieviel bist Du von andern unterschieden? / Erkenne Dich, leb mit der Welt in Frieden!«[127] Das ist eine unübersehbare Verneinung der modischen Nietzsche-Verehrung – in Feuchtwangers Regieanweisungen für das Bühnenbild des ersten Aktes wird eine Büste des Philosophen gefordert – und klingt auch nicht nach einer besonders leichtfertigen Lebenseinstellung. Im Gegenteil, es deutet auf eine sehr kritische Selbstreflexion des eigenen Bohemiendaseins hin.

Der Protest gegen die Engstirnigkeit des Bürgertums wird wachsen und bald auch seine Romane begleiten. Schon früh setzt er dieser Haltung ein angesichts der politischen und gesellschaftlichen Realitäten unerreichbares und vernunftbetontes Weltbürgertum entgegen. Eine Position, die in den 1930er Jahren und in den Zeiten des Kalten Krieges den Streit um seine Person und seine politischen Bekenntnisse heftig entfachen sollte. Vernunft und Ideologie bleiben auch im 20. Jahrhundert tödliche Gegner, und die Nachgeborenen heben oder senken besonders gerne – auch im Fall Feuchtwanger und der Sozialismus – den moralischen Daumen, wenn es um historische Epochen geht, in denen sie selbst nie gefordert waren. Und mit Blick auf das Goethe-Motto gilt biographisch: Aus dem jugendlichen Philologen und Theaterenthusiasten wird ein pflichtbewusster, arbeitsbesessener Schriftsteller.

In der Öffentlichkeit machen weniger das fünfaktige Drama und der Dekadenzroman als vielmehr seine Theaterkritiken auf den Namen Lion Feuchtwanger aufmerksam. In den vier Jahren bis zur ersten »Flucht« aus der Heimatstadt schreibt er weit über 200 Artikel. Überwiegend für die »Schaubühne« und vom Geschehen in den Münchner Theatern. Auch die liberale »Frankfurter Zeitung« und die Berliner »Vossische Zeitung« drucken gelegentlich etwas aus der Feder des talentierten Journalisten.

Feuchtwanger gehörte sicher nicht zu den ganz großen Kritikern oder Publizisten dieser Jahre. Die stilistische Meisterschaft und egozentrische Kulturpose eines Alfred Kerr waren ihm in diesem Metier ebenso wenig gegeben wie die Sprachkonzentration Siegfried Jacobsohns oder der wunderbare »wienerische« Feuilletonismus eines Alfred Polgar oder Joseph Roth. Aber philologisch bestens ausgebildet, in der jüdischen Geisteswelt zu Hause, durch die Beherrschung der griechischen und lateinischen Sprache ein Kenner der antiken Welt und ihrer literarischen Werke und durch seine Beschäftigung mit dem Sanskrit in das Denken des weisen »Nichtstuns« eingedrungen, bringt er vielfältige Grundlagen für die künftige Arbeit mit.

Seine Kritiken zeichnen sich bei aller Subjektivität durch gründliche Werkkenntnis aus. So sind sie in der Regel mehr eine Auseinandersetzung mit dem Stück als mit der Aufführung. Meist umfasst die Werkinterpretation bei Feuchtwanger mindestens zwei Drittel des Artikels, der Rest bleibt für die Inszenierung und für die Würdigung der Schauspieler.

Etwa ab 1910 werden seine Theaterkritiken »journalistischer« und voll von ironischen Spitzen: *Die einzige bühnenwirksame Szene des Dramas, die Blendung des Prinzen Arthur, hat man durch eine Fehlbesetzung ihrer Wirkungsmöglichkeiten beraubt. Man hat nämlich den Prinzen Arthur Fräulein Reubke anvertraut, einer Darstellerin, die für diese Rolle nichts mitbringt als dralle Beine und seelenlose Deklamation. Hätte in dem von Goethe inszenierten »König Johann« Fräulein Reubke anstelle der lieblichen Christiane Neumann den Arthur gespielt, dem Alten wäre viel Aufregung erspart, die Elegie »Euphrosyne« wäre nie geschrieben worden, und die Germanistik hätte sich über ihre Entstehungszeit nicht die Köpfe zerbrechen müssen.*[128]

Sein Verständnis von Kritik und Theater lässt sich an einigen Grundsatzartikeln festmachen, die am Anfang dieser Schaffensperiode stehen. Von einer guten Kritik verlangt Feuchtwanger danach einen hohen wissenschaftlichen Standard (*kalte Schärfe der Forschung*[129]) und die Fähigkeit des Kritikers, das Kunstwerk in seinen metaphysischen Tiefen (*das Feuer empfänglicher Impressionen*[130]) zu erfassen. In seinem kleinen Essay *Zur Psychologie der Bühnenreform,* 1908 im »Spiegel« (Doppelnummer 5 und 6) erschienen, macht der junge Kritiker klar, wo er persönlich in den Auseinandersetzungen um die Zukunft des Theaters steht. *Seit Goethes Tod,* so ruft er seinen Lesern zu, *zerklafft die deutsche Literatur in zwei Richtungen. Die eine ist harmonisierend, betont die Idee, die Bedeutung der Menschen und der Dinge und ist im innersten Kern durchaus germanisch, nordisch. Die andere ist kritizistisch, sondernd, betont bei Menschen und Dingen die Psyche, ist temperamentvoll, aber ohne Gemüt und stark durchsetzt mit romanischen und jüdischen Wesenselementen.*[131]

Die *idealistische* Richtung sei für das Einfache, das Gemütvolle und Gesunde. *Sie liebt das Gutbürgerliche, den Sonntag, den Bratenrock ...*[132] Als Vertreter dieser Partei nennt Feuchtwanger Gottfried Keller und Theodor Storm, Wilhelm Raabe und Hermann Hesse, aber auch den damals viel gespielten Ernst von Wildenbruch. Eine wohl doch sehr bunte Reihe!

In fast schon expressionistischen Sätzen wird dem Leser mitgeteilt, wo die Liebe des Theaterkritikers Lion Feuchtwanger liegt: *Die andere Richtung liebt die Weltstadt, das rege, tosende Leben, das Moderne und Modernste. Den Komfort, die Verweichlichung, die tausenderlei Raffinements entwickeltster Kultur. Das Nachtleben, die Eleganz, müde, intellektuelle Krawatten und erklügelte Geschlechtskitzel.*[133] Arthur Schnitzler, Hugo von Hofmannsthal, aber auch Frank Wedekind und Henrik Ibsen zählt er zu dieser »seiner« Richtung. *Diese zweite Richtung hat unser Theater zu dem gemacht, was es heut ist.*[134]

In den frühen Rezensionen bespricht Feuchtwanger Stücke von Shakespeare, Schiller, Kleist oder »modernen« Autoren wie Ibsen, Strindberg, Wedekind, Hauptmann und Shaw, die neben den damals oft neu übersetzten oder nachgedichteten griechischen Klassikern auf den Münchner Bühnen gespielt werden. Sehr viel seltener geht er auf Opern und Operetten ein. Immer schickt er engagierte, parteiliche Kritiken an die »Schaubühne«. Über die Jahre zeigt sich zumindest eine Konstante: die nicht unkritische, aber nie verleugnete Bewunderung für das Theater Max Reinhardts. Ob Schillers »Braut von Messina« oder Offenbachs »Schöne Helena« – Reinhardts Inszenierungen sind für Feuchtwanger stets Anstoß zu einer neuen Betrachtung der Stücke oder zu bühnentheoretischen Erörterungen. Die Ablehnung wird scharf vorgetragen, das Lob ist enthusiastisch. Sein Bericht von den Festspielen in Syrakus über eine »Agamemnon«-Aufführung endet mit einer Reinhardt-Hymne: *Gebt ihm diese Sonne, dies Meer, dies Land! Und Europa wird Weihefestspiele haben von nie geträumter Herrlichkeit.*[135]

Zumindest in der bayerischen Hauptstadt wird Lion Feuchtwanger allmählich ein beachtetes Mitglied der Kulturszene. Intendanten und Regisseure, Schauspieler und Bühnenbildner müssen sich manch grobes Wort gefallen lassen. Lob und Ermunterung gibt es in seinen Kritiken erheblich weniger, zunehmend aber für den Schauspieler Albert Steinrück und den Regisseur Eugen Kilian, beide vom Hofschauspiel. Und wenn Tilla Durieux, die dämonische Schöne, auf einer Münchner Bühne auftritt, findet sie beim Kritiker Lion Feuchtwanger höchstes Lob.

Streitbar ist er in diesen Jahren. Bald fordert er durch bissige, auch sehr persönliche Angriffe Lokalfehden heraus, die die Blätter über Wochen bewegen. Etwa wenn er dem in München bekannten Schriftsteller, Satiriker und Theaterkritiker Hanns von Gumppenberg vorwirft, seine Schauspielkritiken seien *objektiv, frostig, verstimmend in ihrer kahlen Nüchternheit ... Alles kühl, gelassen, langweilig. Altbacken.*[136] Etwas persönlicher Ärger mag da mitspielen. Die spitzen Anmerkungen Gumppenbergs zu den Aufführungen seiner ersten Theaterversuche hat er offensichtlich nicht vergessen. Noch weniger aber dessen Gegnerschaft zu Max Reinhardt. Ein merkwürdiges Verhältnis, denn Gumppenberg hat den Anfänger zunächst sehr freundlich beraten, und später spricht er anerkennend vom »begabten, damals mit Erstlingen auf dem Plan erschienenen jungen Bühnenschriftsteller Lion Feuchtwanger«.[137]

Ein weiterer Artikel aus seiner Feder lässt kein einziges gutes Haar an den Oberammergauer Festspielen: *Das Fürchterlichste aber ist die Sprache: dieser Wechselbalg, gezeugt vom Sprachgeist des Evangeliums und eines Landgeistlichen, der statt des gewohnten Dialekts ein krampfhaftes Schriftdeutsch anstrebt. Man bekommt Kopfschmerzen über diese Prosa, die Seekrankheit über diesen Versen und begreift, warum das Vorspiel gleich im zweiten Vers die Hörer als »ein von Gottes Fluch gebeugtes Geschlecht anspricht«.*[138] Und er übersieht nicht die vielen antisemitischen Textstellen, die die Oberammergauer Spiele enthalten. Da werden der Stolz der Oberbayern und der gesunde Geschäftssinn der Fremdenverkehrsindustrie von dem an den Kofel geeilten Münchner Kritiker schon arg strapaziert.

Immerhin, der Verfasser ist sich bewusst, was er seinen Landsleuten zumutet. In einem Brief an die Zeitschrift »März« schreibt er: *Sehr geehrte Redaktion, ich erlaube mir die ergebene Anfrage, ob ich Ihnen eine scharf zersetzende Kritik des Textes und der Vorbedingungen der Oberammergauer Spiele zur Prüfung übersenden darf. Mit der Bitte um gütigen baldigen Bescheid. In ausgezeichneter Hochachtung, Dr. Lion Feuchtwanger.*[139]

Und tatsächlich, der Redaktion der in München erscheinenden Halbmonatszeitschrift für Kultur ist das Angebot zu »zersetzend«, sie lehnt ab. Der Oberammergau-Verriss erscheint schließlich in zwei Folgen am 14. und 21. April 1910 in der »Schaubühne«.

Berlin ist eben doch weit weg, und dort hält man die Bayern ohnehin für provinzielle Raufbrüder.

Als der Kritiker Lion Feuchtwanger im Frühjahr 1912 München verlässt, um im Süden sich selbst und seinen Weg als Künstler zu finden, da hat mancher sicher aufgeatmet. Möglicherweise haben ihn bereits diese Jahre und die damaligen oft provinziellen Reaktionen auf seine Urteile seiner Vaterstadt entfremdet. Bis zu seinem Tod und darüber hinaus hat München sich schwergetan, ein angemessenes Verhältnis zu diesem großen Sohn zu finden.

Er selbst blickt später auf die damalige journalistische Arbeit nicht ohne Selbstkritik zurück: *Ich schrieb … ziemlich viele Rezensionen in jenen Jahren. In einem reichlich brillanten, fechterischen Stil, ziemlich bösartig. Ich habe manchem Manne weh getan damals; denn ich wußte viel, ich war in den Ästhetiken mancher Epochen gut beschlagen, ich konnte, wenn ich wollte, recht scharf treffen. … Geblieben ist aus jenen Jahren nur manche Feindschaft.*[140]

Dem lokalen, etwas zwiespältigen Ruhm bleibt materiell fast jeder Erfolg versagt. Auch wenn in diesen Jahren auf dem Briefkopf des Dr. phil. Lion Feuchtwanger selbstbewusst »Redakteur der Schaubühne« steht – gesicherte Verhältnisse kann dies nicht meinen. Er hat kein festes Einkommen, sondern wird als freier Mitarbeiter pro Artikel bezahlt.

Wie viel er damals einnahm, ist nicht mehr feststellbar, aber ungefähre Angaben sind doch möglich: 1910 verdient ein Arbeitnehmer im Deutschen Reich durchschnittlich im Monat 81 Reichsmark. Als Siegfried Jacobsohn im Februar 1901 als Festangestellter in die Berliner »Welt am Montag« eintritt, erhält er monatlich 50 Mark. Der »freie« Korrespondent Lion Feuchtwanger, über Münchens Grenzen hinaus ein noch weitgehend unbekannter Journalist, dürfte diese Summe kaum erreicht haben.

So lebt er denn weiter in seinem sehr kargen Dachzimmer. *Furchtbarer Geldmangel. Ich brauche Stiefel und kann sie mir nicht kaufen, soll Steuern zahlen, Miete!* (26. August 1909) Die Versuche, durch Kartenspiel die Kasse aufzufüllen, scheitern recht kläglich. Marta Feuchtwanger schreibt in ihren Erinnerungen: »Er saß in einem Kaffeehaus an der schönsten Straße Münchens gegenüber dem Englischen Garten, ohne Blick für das reiche Grün, vertieft in die Karten, leicht auf der Oberlippe schwitzend. Und immer verlierend, nicht nur, weil ihm die Gabe des Bluffens fehlte – er hat es auch in seinem späteren Leben nicht gelernt –, sondern weil er von seinen besten Freunden nach Strich und Faden betrogen wurde.«[141]

Die Tagebücher zeigen, dass die Spielleidenschaft nicht selten an den Rand der persönlichen Katastrophe führte: *Am Abend gespielt und das mühsam zusammengestapelte Geld für die Miete verloren. 60 M im Ganzen!* (2. Dezember 1909) *Wieder gespielt und verloren. Unerträglich. Wenn mich auch meine chronische finanzielle Misere einigermaßen entschuldigt, so habe ich mir doch das Wort gegeben, nicht mehr zu hasardieren. Ebenso werde ich das ewige Onanieren aufgeben und mehr arbeiten.* (30. März 1910) *Gespielt, verloren. Geldnot.* (26. April 1910) *Peinlichster Geldmangel, die Uhr versetzt, nichts gearbeitet, den Nachmittag über gespielt.* (17. Mai 1910) *Ansehnliches Honorar von der »Schaubühne« bekommen, das ganze Geld verspielt.* (11. Juli 1910) *Mein ganzes Hab und Gut, alle meine Bücher usw. verspielt. Nun aber den festen Entschluß gefaßt, keine Karte mehr zu berühren.* (4. August 1910) *30 M bekommen und sogleich 20 davon verspielt. Jetzt aber hoch und heilig geschworen, und wenn tausend Teufel mich dazu verlocken, nicht mehr zu spielen.* (11. August 1910)

Der Spielteufel hielt ihn jedoch noch lange in seinen Klauen, brachte ihn in peinliche finanzielle Situationen, hat sein Leben damals überschattet. Von einem *geplatzten Wechsel* ist im Tagebuch die Rede, lange Schuldenverzeichnisse werden dort gequält notiert und demütige Geldbitten an den Vater.

Eine gewisse Spielleidenschaft bleibt. Später in Monte Carlo oder im französischen Exil zieht es ihn immer wieder an den Spieltisch. In seinen Briefen teilt er den – meist weiblichen – Adressaten mit, wie hoch seine Verluste beim letzten Spielbankbesuch gewesen sind. So erreicht beispielsweise Eva van Hoboken im Oktober 1935 die Nachricht, *ich war einmal in cannes … und habe ziemlich viel geld verloren, sogar recht viel geld*[142]. Auch in den

Vereinigten Staaten wird er gelegentlich den Roulettetisch aufsuchen. Allerdings hält er dann – wie in fast allen Dingen des äußeren Lebens – klug Disziplin, die Verluste bleiben im Rahmen und ruinieren den wohlhabenden Mann nicht. Dostojewskis Roulettefieber wird ihn nie vollends überwältigen.

Neben seinen Aufsätzen und den Rezensionen veröffentlicht Lion Feuchtwanger nach seinem Roman bis zum Ausbruch des Krieges 1914 außer einer kleinen vergessenen Ballettpantomime *(Pierrots Herrentraum)* und der Neubearbeitung eines Protestanten-Dramas keine schriftstellerischen Arbeiten. Sicher auch ein Zeichen für die innere schöpferische Krise dieser Jahre. Die Neubearbeitung von Arthur M. Müllers »Ein feste Burg ist unser Gott« bringt immerhin dank mehrerer Aufführungen im Volkstheater etwas Geld. Die drängendsten Schulden können davon beglichen werden. Müller, ein schon 1911 fast verschollener Dichter des gerade abgelaufenen Jahrhunderts, wird vom Philologen Feuchtwanger bei seiner Beschäftigung mit dem damals viel gespielten Drama »Glaube und Heimat« von Karl Schönherr entdeckt. Er bemerkt starke Ähnlichkeiten in beiden Stücken, die Schönherr in den Verdacht bringen, ein Plagiat verfasst zu haben.

In zwei Aufsätzen, die beide in der »Schaubühne« erscheinen, setzt sich Feuchtwanger mit den Stücken auseinander. Im September 1911 – die eigene Bearbeitung von Müllers »Feste Burg« ist schon fertig – schreibt er: *Es wäre sehr erfreulich, wenn Schönherrs großer Erfolg eine wagemutige Direktion veranlaßte, Müllers österreichisches Protestantendrama auszugraben.*[143] Das Deutsche Volkstheater in Wien wagt es, und das von Feuchtwanger bearbeitete Glaubensdrama, das in Österreich acht Jahre vor dem Regierungsantritt Maria Theresias spielt, findet Anklang. Das traditionsreiche Volkstheater wurde im November 1983 mit Schönherrs düsterem Drama wiedereröffnet.

KAPITEL 7

Die mit feinstem Ohr Hörenden unter meinen Kritikern in Annahme und Ablehnung waren Frauen

Ein erotisches Dichterleben

Im Jahr 1909 ist biographisch etwas Entscheidendes geschehen. Lion Feuchtwanger begegnet im Elternhaus auf einem Ball seiner Schwester der gerade 19-jährigen Marta Löffler. Ein eigenwillig aussehendes, die Männer anziehendes Mädchen aus bayerisch-jüdischer Kaufmannsfamilie – dunkelhaarig, schlank, ein Hauch vom damals so gefeierten Salome-Typ. Sie wächst nicht in einem reichen, aber materiell gesicherten Elternhaus auf, das in seiner religiösen Ausrichtung dem Reformjudentum angehört. Die Erziehung der drei Töchter ist dennoch begleitet vom regelmäßigen Synagogenbesuch, der Beachtung der jüdischen Feiertage und koscherem Essen. Man ist bewusst und selbstsicher in seinem Judentum, die orthodoxe Strenge im Hause Feuchtwanger ist jedoch bei den Löfflers nicht zu finden.

Ein Blumenstrauß zum Geburtstag, ein Gedicht *An Marta Gabler* – ein Wortspiel: Gabler für Martas Geburtsnamen Löffler –, und der Verehrer verschwindet erst einmal nach Italien. Aber er hat die Begegnung nicht vergessen. Es entsteht eine kleine – erst posthum erschienene – Erzählung, *Die große Passion des Klavierspielers Morgenroth*, in der zwei Verehrer um die Gunst einer Hübschen namens Marianne Gabler konkurrieren. Es sind der arrogante, ein wenig feige Doktor Ludwig Munk, in dem der Autor der Erzählung möglicherweise ein kritisches Selbstbildnis entwirft, und der schüchterne Pianist Morgenroth, bei dem Feuchtwanger vielleicht an seinen damaligen Freund und Kartenspielerkumpan Adolf Hartmann-Trepka, Geiger im Münchner Hoforchester, gedacht hat. Der Freund wirbt tatsächlich für einen kurzen Moment um die Gunst Martas.

Nach der Rückkehr aus einem Badeort, so berichtet Marta, »wurde ich von Lion angerufen ... Wir trafen uns am höchsten jüdischen Feiertag, den Lion wie auch ich fastend und im Gebet verbringen sollten. Stattdessen gingen wir ins Isartal, dann auf sein Zimmer. Dort begann unsere Ehe.«[144] Das ist sicher etwas verkürzt und verklärt erzählt, ganz so rasch finden sie sich nicht.

Feuchtwangers Tagebücher aus diesen Monaten spiegeln die Annäherung zwischen den beiden wider. *Mit Hartmann und einem Fräulein Löffler, einer nicht eben gescheiten, aber recht temperamentvollen jungen Jüdin. Sie hernach ins Café geschleppt und schließlich abgeküßt.* (19. Januar 1910) *Mit Marta Löffler spazieren gewesen. 2¼ Stunden lang. Sie war sehr liebenswürdig, ohne daß es jedoch zu einer ernsthaften Annäherung gekommen wäre.* (21. Mai 1910) *Mit Marta Löffler nach Grünewald gefahren; geküßt und gekost. Sie war halb ohnmächtig vor Erregung und sehr willfährig.* (1. Oktober 1910) *Abends mit Marta im Residenztheater ... sehr langweilig. Dann holten ihre Eltern, brave, auf Heiratskandidaten spekulierende Kleinbürger, sie ab.* (5. Oktober 1910) *Mit Marta, die mir ein sehr liebes Kärtchen schreibt, unerwarteterweise sehr viel zusammen. Sie folgt mir sogleich auf mein Zimmer und ist sehr willig* (8. Oktober 1910) ... *auch Marta, die ich ihres offenen, herzlichen Wesens von Tag zu Tag mehr lieb gewinne; die Sorge, ich möchte von ihr ein Kind bekommen, bedrückt mich kaum.* (3. Dezember 1910)

Es ist der Beginn einer fast 50-jährigen Lebensgemeinschaft. Marta wird die Frau an der Seite des Schriftstellers. In den Jahren der finanziellen Not und der künstlerischen Suche, des Aufstiegs und des Ruhms, in den Jahrzehnten des Exils. Sie wird nach dem Tod des berühmten Mannes zur nicht uneitlen, aber umsichtigen und unermüdlichen Verwalterin seines Werks.

Die erotische Ausstrahlung der schönen Frau, die Bewunderung der Klugheit des umstrittenen, im Münchner Klatsch so häufig erwähnten Kritikers verbinden sie. Aber auch die von ihnen gemeinsam empfundene Verachtung bürgerlicher Scheinmoral, die Auflehnung gegen die Einengungen, die das Elternhaus abfordert, führen sie zusammen. Marta hat bereits erotische Abenteuer hinter sich. Der spätere Ehemann wird beispielsweise ziemlich ungerührt auf eine Liebesnacht Martas mit dem viel gespielten Dramatiker Carl Sternheim hinweisen. Lion wiederum unterhält weiterhin andere sexuelle Beziehungen aufrecht, bleibt häufiger Kunde bei Münchner Prostituierten.

Die Trauer über den Tod des einzigen Kindes vertieft ihre Verbindung. Die gemeinsam erlebten »Vagabundenjahre« in Italien, Sizilien und Nordafrika werden für beide zu einem befreienden Erlebnis. In den Kriegsjahren und den turbulenten Zeiten der Republik wird die Münchner Wohnung der Feuchtwangers zum Treffpunkt mehr oder weniger Gleichgesinnter aus Kunst, Literatur und Theater. Martas Kochkünste werden kaum weniger gelobt als ihre Schönheit. Das bleibt so in Berlin, in Sanary, in Los Angeles. Die Dramatikerin Marieluise Fleißer, Gefährtin Feuchtwangers und Brechts in den Münchner Nachkriegsjahren, schreibt liebevoll und nicht ohne Bewunderung über das Ehepaar: »Seine Frau Marta hatte vom Prinzregenten einen Preis bekommen, weil sie als Schulmädchen eine besonders gute Turnerin war. Das machte dem Lion Spaß, und er erzählte es jedermann. Sie trug das dunkle Haar glatt nach hinten gestrichen und tief im Nacken in einen Knoten gefaßt, das stand gut zu ihren Backenknochen und zu ihren funkelnden Augen. Sie war eine großzügige Frau, das ging mir erst hinterher auf, und auch der Lion ließ ihr die Freiheit, die sie brauchte. ... Wenn sie die Ludwigstraße heraufkam und nach der Georgenstraße (wo die Feuchtwangers seit 1917 wohnten – WS) ging, konnte sie einen Schritt an sich haben, als ob sie tanzte.«[145]

Als die Anforderungen, die das Werk stellt, den Mann zu überwältigen drohen, wird Marta zur entscheidenden Helferin im lästigen Alltag. Sie sucht und kauft die Häuser, die für den Schriftsteller als ruhige Werkstatt immer größere Bedeutung gewinnen, und richtet sie ein. Auch in den schwierigen Exiljahren. Schon früh wird sichtbar, wie sehr der gelegentlich etwas lebensfremde Mann des energischen Zuspruchs der Gefährtin bedarf, vor allem in den »kleinen« Lebensdingen. *Bei dem Versuch, mir meine Haare schneiden zu lassen, zeigt sich meine ganze Energie, und es bedarf erst Martas lebhaften Zuredens, um mich dazu zu bewegen!* (6. März 1917). Sie hält lästige Besucher ab, sie packt ihm – dem unglaublich Unpraktischen – die Koffer, wenn er reisen muss. Sie hält auf strenge Zurückhaltung beim Essen, denn schon früh plagt ihn die Familienkrankheit der Feuchtwangers, ein übersensibler Magen. Das tägliche Schwimmen, die morgendliche Gymnastik oder der gemeinsame Dauerlauf – Marta achtet darauf, dass sich der körperlich stets etwas Anfällige für die stundenlange Arbeit am Schreibtisch den notwendigen Ausgleich schafft.

Marta teilt zeitlebens seine antibürgerliche Haltung und – vielleicht nicht so konkret und etwas gedämpfter – seine politischen Auffassungen. Die wenigen Lebensfreundschaften des Schriftstellers – mit Bruno Frank, Bertolt Brecht oder Arnold Zweig – werden von ihr mitempfunden. Sie ist wohl auch Helferin am literarischen Werk, weniger als »Muse«, aber sicher als geduldige Zuhörerin, als lebensnahe Ratgeberin.

Sie waren auch sehr verschieden. Marta stets zur Askese neigend, von Jugend an dem Sport, der körperlichen Bewegung eine zentrale Bedeutung in ihrem Leben beimessend. »Meine schönsten Stunden habe ich verlebt, wenn ich Ski gelaufen bin«, sagt sie noch im hohen Alter, »oder weit hinaus geschwommen oder einen Berg bestiegen habe, bei dem es schwer war, wieder runterzukommen.«[146] Sie war sparsam und häufig pessimistisch mit Blick auf die eigene finanzielle Situation, ärgerte sich über »sinnlosen Luxus«. Sie konnte in Gesellschaft manches freimütig zum Besten geben, was ihm peinlich war; ihre kecke Zunge brachte den schüchternen, in der Öffentlichkeit stets zurückhaltenden Mann mehr als einmal in Verlegenheit.

Sie liebte es, für sich zu sein – am Meer, in den schneebedeckten Bergen oder in ihren selbst angelegten herrlichen Gärten. Die Sekretärinnen des Schriftstellers, zunächst bis zum Ende des französischen Exils Lola Humm-Sernau, dann ab 1940 in Amerika Hilde Waldo, denen er seit Mitte der 1920er Jahre seine Bücher und fast die gesamte Korrespondenz diktierte und die eng an den Haushalt Feuchtwanger angeschlossen waren – sie hatten es nicht immer leicht mit Marta.

Lion aß gerne und gut, zeitweise auch viel. Eine erlesene Flasche Wein wusste er zu schätzen. An Winternachmittagen konnte er in seiner Villa im südfranzösischen Sanary lange darüber plaudern, welches Pariser Spezialitätenlokal er aufsuchen würde, wäre er jetzt in der Hauptstadt an der Seine, welche Sorte Austern er wählen, welchen Wein er bestellen würde. Wenn er reiste, liebte er den Luxus: gute, bequeme Schlafwagen, erstklassige Hotels. Er hatte im Grunde seines Herzens wenig übrig für die körperliche Betätigung, nur das Schwimmen betrieb er von Jugend an mit Freude. Martas Forderungen nach einem gesunden Leben, nach Bewegung und Diät – er litt nicht selten darunter, erkannte jedoch die Notwendigkeit. Der Genussmensch hielt Disziplin, der Vernunft gehorchend, von Marta geführt. *ich schwimme viel,* teilt der 62-Jährige der Freundin Eva Boy stolz mit, *turne täglich unter der strengen leitung martas und laufe jeden zweiten tag den hügel hinauf, auf dem mein haus steht, d. h. zehn minuten dauerlauf bergauf.*[147]

Er hat es Marta nicht immer gedankt. Der Stoßseufzer *Sie kennen ja Marta* ist hier und da in Briefen zu finden, aber wohl nicht ganz gerecht. Das »gesunde Leben« nämlich, es war vor allem in den späteren Jahren die Voraussetzung für eine ungebrochene Schaffenskraft, für ein Leben, das bis zum schließlich raschen Ende von körperlichen Unbilden weitgehend verschont blieb. Und das bei einer physischen Grundkonstitution, die stets labil war, sehr leicht nervöse Reaktionen hervorrief. Ein Glas Cognac, das er in großer Gesellschaft oder im intimen Freundeskreis abzulehnen sich oft nicht recht traute, es rief schon Magenbeschwerden hervor. Tabakgeruch bedrängte ihn – nur wenige hochgeschätzte Besuchter durften in seiner Gegenwart rauchen.

Aber zum Genuss gehört auch die Erotik. Und Lion Feuchtwanger war ein erotischer Mensch. Sein Leben ist seit seinen Münchner Studententagen begleitet von vielen Begegnungen mit Frauen, zahlreichen flüchtigen sexuellen Erlebnissen oder tieferen Beziehungen, die über Jahre andauern. Der auf den ersten Blick so wenig attraktive Mann, er hatte Erfolg bei schönen Frauen. »Feuchtwanger war klein von Gestalt – wir nannten ihn das ›Äffchen‹ – was seinen Erfolg beim weiblichen Geschlecht nicht behinderte«, erinnert Golo Mann aus den gemeinsamen Tagen in Südfrankreich.[148] Er konnte ihnen zuhören, der Blick aus seinen klugen Augen bewies Verständnis, Interesse und Zuneigung. Sicher, auch der Ruhm des gereiften Schriftstellers wird das Seine dazu beigetragen haben.

Selten, eigentlich nie hat sich Lion Feuchtwanger dazu außerhalb seines literarischen Werks öffentlich geäußert, erst ein Blick in seine privaten Tagebücher und die Briefe, die er mit seinen Geliebten wechselt, weisen auf diese wichtige Dimension seines Lebens hin. Immerhin, in einem kleinen, 1933 erschienenen Aufsatz machen einige Sätze deutlich, wie sehr ihn Frauen angeregt haben, wie hoch er ihre Gesellschaft, ihr Urteil einschätzte: *Seltsamerweise habe ich unter … Frauen meine fruchtbarsten Kritiker gefunden. Mit sicherem Gefühl für Qualität, mit dem Vermögen, sich einem Kunstwerk ganz hinzugeben, ohne das Ohr für falsche Töne zu verlieren. Die mit feinstem Ohr Hörenden unter meinen Kritikern in Annahme und in Ablehnung waren Frauen.*[149]

Wenige Sätze weiter, wenn er davon spricht, wie gut der schriftstellerische Erfolg schmeckt, aber wie er auch allmählich zur Gewohnheit wird, beendet er diese autobiographische Skizze mit einem Bekenntnis: *Ewig und immer von neuem reizvoll aber bleiben die Abenteuer der Arbeit, Sieg und Niederlage und – vielleicht – die Wirkung des Vollendeten im bewegten Gesicht einer verstehenden Frau.*[150]

Neben Marta sind es vor allem zwei Frauen, die über Jahrzehnte hinweg seinen Lebensweg eng und über viele Jahre hinweg intim begleitet haben: Eva Boy (später verheiratete van Hoboken) und Eva Herrmann. Eine arbeitsintensive, von intimen Momenten begleitete Beziehung besteht zu Lola Humm-Sernau. Mit allen drei Frauen bleibt er bis zum Lebensende in Kontakt. Briefe werden gewechselt, Besuche in Sanary oder in Los Angeles verabredet und verwirklicht. Die Erotik verliert in den späten Jahren für Feuchtwanger ihren hohen Stellenwert, aber der vertraute Gedankenaustausch mit den einstigen Geliebten erlischt erst mit dem Tod des Schriftstellers.

Die 1905 geborene Eva Boy (ihr Geburtsname ist Hommel, Boy wird ihr Künstlername) lernt Feuchtwanger Ende 1924 auf einem Münchner Faschingsball kennen. Die 21 Jahre jüngere Frau versucht sich als Ausdruckstänzerin zu etablieren, und sie bewundert den Schriftsteller, der gerade mit der Veröffentlichung seines Romans *Die häßliche Herzogin* einen entscheidenden Schritt zur nationalen Berühmtheit vollzogen hat. Wenig später ziehen Marta und Lion Feuchtwanger nach Berlin, und Eva Boy folgt ihnen. Es kommt zu häufigen Treffen in Feuchtwangers oder Evas Wohnungen, sie reisen gemeinsam an die Ostsee, oder sie folgt seinem Ruf nach Italien, wo er mit der Ehefrau Urlaub macht. Marta duldet diese Beziehung und schickt Lion sogar mit seiner Geliebten an den Wörthersee, um in Ruhe das neue Haus in der Berliner Mahlerstraße einrichten zu können. Allerdings registriert sie mit Genugtuung, dass Lion früher als verabredet zurückkommt.[151] 1933 heiratet Eva den aus den Niederlanden stammenden reichen Erben und bekannten Haydn-Forscher Anthony van Hoboken. Das Ehepaar Hoboken, das bald in der Schweiz lebt, besucht den Schriftsteller nach 1933 mehrmals im südfranzösischen Sanary, und in den Nachkriegsjahren ist Eva zweimal im Hause der Feuchtwangers in Los Angeles zu Gast.

Für Eva ist der ältere Schriftsteller eine Vaterfigur. Er unterstützt sie materiell und gibt ihr berufliche Ratschläge, als sie das Tanzen aufgibt und als Journalistin arbeitet oder sich später bemüht, als Romanautorin Fuß zu fassen. Der Briefwechsel zwischen dem Dichter und seiner Geliebten zeugt von einem vertrauten Miteinander: *denke viel an dich, mehr und öfter, als du wahrscheinlich glaubst. an viel böses und gutes, das wir zusammen erlebt haben …*[152] Feuchtwanger erzählt Eva von seinem Alltag, seinen Erfolgen, seinen Plänen. Politik ist in dieser Korrespondenz ausgeklammert. In den dramatischen Monaten der Jahre 1933 und 1940/41, als Feuchtwanger zu Flucht und Exil – zunächst nach Südfrankreich, dann nach Amerika – gezwungen wird, erfährt die Briefpartnerin allenfalls ein paar Sätze über sein persönliches Erleben, jedoch kaum etwas über seine Gedanken zur politischen Lage, die doch beider Leben so einschneidend beeinflusst.

In dem Roman *Die Geschwister Oppermann* finden sich in der Schilderung Sybil Rauchs, der langjährigen Geliebten von Gustav Oppermann, deutliche Züge und Lebensumstände von Eva Boy. *Es waren jetzt zehn Jahre, daß Gustav Sybil kennengelernt hatte. Sie war damals Tänzerin gewesen, mit vielen Einfällen, wenig Rhythmus, nicht ohne Erfolg. Sie hatte Geld, sie lebte angenehm, von einer lebensklugen, duldsamen Mutter verhätschelt. Der süddeutsche, naive Witz des zierlichen Mädchens, der so sonderbar kontrapunktiert war von ihrer dünnen, altklugen Gescheitheit, hatte Gustav angezogen. Sie fühlte sich geschmeichelt durch die offensichtliche Neigung des gefestigten, angesehenen Herrn. Rasch entstand zwischen dem Mädchen und dem zwanzig Jahre älteren Mann eine große, ungewöhnliche Vertrautheit. Er war ihr Liebhaber und Onkel zugleich. Er hatte Sinn für jede ihrer Launen, ihm konnte sie sich rückhaltlos eröffnen, seine Ratschläge waren überlegt, verständig.*[153]

Als Romanautorin bleibt Eva van Hoboken der Erfolg versagt. Später beschäftigt sie sich sehr stark mit der Lehre des Zen-Buddhismus und schreibt mehrere Bücher über dieses Thema, das in den Briefen zwischen ihr und Feuchtwanger nie eine Erwähnung findet. Sie stirbt 1987. In ihrem letzten Brief an Feuchtwanger, geschrieben 18 Tage vor dem Tod des Dichters, bekennt Eva Boy: »Ich habe Bilanz gemacht: viel gesehen, viel erlebt, es schwer und es gut gehabt. Aber erzogen zu alledem hast Du mich, und ich bin Dir dafür dankbar.«[154] 13 Jahre vorher liest sie die Zeilen: *du bist einer der ganz wenigen menschen, mit denen ich ganz offen über alles reden kann, was mich angeht und was dich angeht.*[155]

Eva Herrmann war deutsch-amerikanischer Herkunft und von ausnehmender Schönheit. Thomas Mann nannte sie, ihr Profil bewundernd, die »Gemme«. Die begabte Malerin und Zeichnerin, deren Karikaturen die Seiten manch angesehener Literatur- oder Kunstzeitschrift zierten und die auch zahlreiche Cover-Illustrationen für Feuchtwangers Romane entwarf, lebte in München und Berlin, Paris und Sanary, New York und Los Angeles. Ihre Porträts bekannter amerikanischer Schriftsteller, die sie 1929 in dem Buch »On Parade« veröffentlichte, trugen entscheidend zu ihrem künstlerischen Erfolg bei. In den 1920er Jahren lebte Eva Herrmann zeitweise mit dem expressionistischen Dichter Johannes R. Becher zusammen (»es war offensichtlich die erste dauerhafte innere Bindung, wie Bechers Briefe ausweisen«[156]). Sie war eine politisch engagierte Frau, die in den 1930er Jahren auch mit kommunistischen Ideen sympathisierte und Lion Feuchtwanger 1936 auf seiner Russlandreise begleitete. »Diese zarte und hübsche junge Dame versteht es«, halten Erika und Klaus Mann 1938 fest, »kolossal boshaft zu sein, ohne plump und kränkend zu werden. Amerikanische Verleger und Redakteure wissen ihre geistvollen und niemals lieblosen zeichnerischen Verspottungen literarischer und anderer Berühmtheiten zu schätzen.«[157]

Lion liebte die 17 Jahre Jüngere. In den Exiljahren wohnte sie häufig in seiner Nachbarschaft und begleitete den Schriftsteller auf zahllosen Reisen. Als die Flucht der Feuchtwangers aus Europa 1940 am amerikanischen Pazifik endete, fanden sie zunächst bei Eva Herrmann Aufnahme. Das Haus der Künstlerin in Santa Barbara wurde zum Treffpunkt deutscher Exilkreise. Es lag in unmittelbarer Nachbarschaft zum Domizil von Katia und Thomas Mann. Mit der Familie Thomas Mann, besonders mit den Kindern Erika, Klaus und Golo verband Eva Herrmann seit ihren Jugendtagen eine Lebensfreundschaft. Im Alter – Eva Herrmann starb 1978 – gab sie sich immer stärker ihren spiritistischen Neigungen hin, schrieb mehrere Bücher, in denen sie von »Begegnungen« mit Menschen aus dem Totenreich berichtet.

Es war eine spannungsvolle, auch stark sexuell motivierte Beziehung. Feuchtwangers Briefe an Eva Herrmann, ohne jeden literarischen Anspruch und in großer privater Offenheit verfasst, zeigen den über Fünfzigjährigen als leidenschaftlichen Liebhaber, der über ihre häufige Abwesenheit klagt, von seiner Sehnsucht nach gemeinsamen Gesprächen und Nächten schreibt und häufige erotische Anspielungen in Stenografieschrift einfügt. … *haben*

Sie ein bißchen sehnsucht, Eva?«, heißt es etwa am 23. Februar 1937, *ich schon. es ist schon sehr angenehm, es ist mehr als das, Ihren großen busen behutsam zu streicheln und weniger behutsam Ihren kleinen popo, von dem bauch und anderen dingen ganz zu schweigen. der gedanke daran wird mir in den nächsten fünf wochen noch einiges zu schaffen machen.*[158] Klaus Mann notiert im April 1937 über die Beziehung dieser so besonders attraktiven Frau zu Feuchtwanger verwundert in seinem Tagebuch: »*Merkwürdig,* daß sie einfach die Geliebte des garstigen kleinen F. ist …«[159] In den amerikanischen Jahren verliert diese Beziehung zwar an sexueller Intensität, aber es bleibt bis zum Tod Feuchtwangers eine tiefe Vertrautheit.

Lola Sernau, 1895 in Berlin geboren, ist von 1926 bis 1940 Feuchtwangers Sekretärin. In ihren Erinnerungen an Lion Feuchtwanger schreibt sie: »Er hatte mich mitten in einer Unterhaltung gefragt, ob ich seine Sekretärin werden wolle, und als ich, völlig entgeistert, erklärte, ich sei dazu doch viel zu dumm, antwortete er: ›Klug bin ja ich, und das genügt.‹«[160] Feuchtwanger wird ihr die Manuskripte seiner Romane und Essays diktieren. Sie wird zur wichtigen Helferin bei der Bewältigung seiner umfangreichen Korrespondenz, die er mit Verlagen, Zeitschriftenredaktionen, Lesern und Freunden führen muss. Stand ein neues Buchprojekt an, so erzählte Lola Sernau als alte Dame dem Verfasser, musste sie für den Autor vielfach in Zeitungsarchiven und Bibliotheken Material zusammentragen, das dann den Hintergrund seiner historischen oder zeitgeschichtlichen Romane gebildet hat. 1938 heiratet Lola den Schweizer Fritz Humm, was ihr nach einer Internierung in Frankreich das Überleben in der neutralen Alpenrepublik sichert.

Lolas Leben zwischen Berlin, Sanary, Paris und der Schweiz wird von gescheiterten Verbindungen und schwierigen persönlichen Verhältnissen begleitet. Die Beziehung zu Marta bleibt kompliziert, was den überarbeiteten Hausherrn häufig nervös macht. *infolge der ständigen reibereien zwischen marta und l(ola) habe ich es vorgezogen, die l. nicht hierherkommen zu lassen.*[161] Viele ähnliche Briefstellen ließen sich anführen.

Als Feuchtwanger nach Amerika flieht, bemüht er sich vergeblich, für die in Europa zurückgebliebene Vertraute ein Einreisevisum zu erlangen. Sie werden sich erst im Januar 1957 in Los Angeles wiedersehen. Aber der überlieferte umfangreiche Briefwechsel zeigt, dass der Kontakt zwischen ihnen nie abgebrochen ist. Er zeugt von einem sehr persönlichen, burschikos-kameradschaftlichen Verhältnis. Es sind Dokumente des Alltags aus dem Leben des alternden Schriftstellers, Briefe, die von den »kleinen« Sorgen berichten, von der enormen Arbeitsüberlastung – eine Korrespondenz, die ihn als tröstlichen Ratgeber und unverzagten Optimisten zeigt. Feuchtwanger unterstützt Lola Humm-Sernau in schwierigen Jahren auch finanziell. Lola wiederum rettet nach Feuchtwangers überstürzter Abreise seine Bibliothek in Sanary und sorgt für die Versendung nach Los Angeles. Nach dem Krieg betraut sie der Schriftsteller mit der Vertretung vieler seiner geschäftlichen Angelegenheiten in Europa. Sie bemüht sich um seine deutschen Verlagskontakte, verhandelt mit dem Aufbau-Verlag und dem Rudolstadter Greifenverlag über die Veröffentlichung seiner Romane in Ostdeutschland, nimmt für ihn Preise und Honorare entgegen. Ihre letzten Lebensjahrzehnte – sie stirbt 1990 – verbringt Lola Humm-Sernau in Ascona. Dort wohnt bis zu ihrem Tod auch Eva van Hoboken. Die beiden Frauen verstehen sich gut.

Manch anderer Name aus dem nicht schmalen Damenlexikon des Schriftstellers Lion Feuchtwanger wäre noch zu nennen. Lilo Dammert etwa, 1905 in Worms geboren, Schauspielerin und Drehbuchautorin, der er Ende 1936 in Moskau begegnet und die zeitweise in Sanary und in den USA lebt. Feuchtwanger lernt sie in Berlin durch den Regisseur Erich Engel kennen, der bei der Uraufführung seines (in Zusammenarbeit mit Brecht geschriebenen) Stückes *Kalkutta. 4. Mai* Regie führt. Sie wird in den Exiljahren ihre Kontakte zur sowjetischen Kulturbürokratie nutzen, um Feuchtwangers Interessen zu vertreten.

lilo dammert hier, hält der Schriftsteller etwa im September 1936 fest, *die im auftrag des russischen staatsfilms das szenario zu dem oppermann-film (*die Vorlage ist Feuchtwangers Roman *Die Geschwister Oppermann) schreibt, den sie in moskau drehen.*[162]

Oder Maria Osten (eigentlich Maria Greßhöner), 1908 in Westfalen geboren, Kommunistin und talentierte Autorin, die bei der Vorbereitung von Feuchtwangers Moskau-Reise eine bedeutende Rolle spielt. Sie besucht ihn mehrfach in Sanary und hält auch zu vielen anderen deutschen Exil-Intellektuellen Kontakt, um sie zur Mitarbeit in linken, von der Sowjetunion finanzierten und gesteuerten Zeitschriften zu bewegen. So ist es Maria Osten, die Feuchtwanger überredet, in den Herausgeberkreis der in Moskau erscheinenden Zeitschrift »Das Wort« einzutreten. 1938 geht sie als Korrespondentin auf der Seite der Internationalen Brigaden an die Front des Spanischen Bürgerkriegs. Maria Osten wird am 25. Juni 1941 in Moskau verhaftet und am 8. August 1942 erschossen.

Leporellos Liste d'amour, die seinen Herrn als Erotomanen entlarvt, wäre im Fall Feuchtwanger eine maßlose Übertreibung. Aber schöne, kluge, verständnisvolle Frauen zogen ihn an, und er hoffte bei ihnen mehr als das Körperliche zu finden.

Feuchtwanger suchte den sexuellen Kontakt jedoch auch im Flüchtigen. War er auf Reisen, weisen die Tagebücher auf Besuche in Bordellen hin oder auf nächtliche Gänge durch die Straßen der Städte, um einer Prostituierten zu begegnen. *Dann auf den Straßen herumgeirrt, um eine Hure zu finden. Ich benehme mich immer blöder,* heißt es beispielsweise am 31. Mai 1934 während eines Paris-Aufenthaltes. Immer wieder begegnet man in den persönlichen Notizen solchen Sätzen: *Eine Hure genommen ..., bei einer belanglosen Hure* (27. Dezember 1919). Angst vor Ansteckungen, die sich auch einstellen, verfolgt ihn und gelegentlich, wie die Pariser Eintragung zeigt, Skrupel. Die Sexualität, die in seinen Romanen einen so gewichtigen Raum einnimmt, treibt ihn bis ins Alter um. Dies kompliziert die Ehe, denn neben Marta gibt es immer mehrere Geliebte, die in seiner engen Umgebung leben. *Eiertanz zwischen den 3 Frauen,* notiert er am 1. Oktober 1935 im Tagebuch, als Marta und die Sekretärin Lolo Sernau in Sanary unter einem Dach leben und Eva Herrmann in der Nachbarschaft. Marta wehrt sich. *Kleine Verstimmung mit Marta. Sie ist immer so kleinlich und übelnehmerisch.* (7. Februar 1934)

Marta macht durch Wichtigmacherei und Rechthaberei neue Scherereien. (31. Juni 1934)

Neben der regelmäßig wiederkehrenden Notiz *gevögelt* weisen die Tagebücher – vor allem in seinen jüngeren Jahren – gelegentlich auch auf eine ideale Überhöhung »der Liebe« hin. Ein Erbe des »romantischen« 19. Jahrhunderts. So heißt es etwa am 16. Juni 1906: *Meine Weltanschauung: Sicher ist, daß der lebendige Mensch mehr Intensität des Gefühls besitzt als die übrige Materie. Zweck des menschlichen Lebens ist es, diese Intensität nach Kräften zu verstärken. Mein Ziel also sehe ich darin, ein möglichst intensives Leben zu führen – Intensität des Lebens ist nicht zu verwechseln mit Genuß. Der negative Pol dieser Intensität ist der Tod, der positive die Liebe. Liebe trifft dann zu, wenn eine Persönlichkeit sich völlig aufgibt zugunsten einer andern Persönlichkeit, die ihrerseits wieder ihre ganze Individualität in die erste überströmen läßt: so daß jede beider Personen nicht ein, sondern zwei Leben lebt. Diese Liebe kann natürlich auch, freilich nicht in so hohem Maße, für einen Gegenstand des Lebens, der Wissenschaft oder der Kunst empfunden werden, ob zwar zu bedenken ist, daß auch das lebendigste Kunstwerk niemals so viel wird geben können wie ein lebendiger Mensch. – Der stärkste Affekt ist Tod in Liebe.*

Es gilt wohl, dass Feuchtwanger in der Frage der Geschlechterrolle auch immer ein Mann des 19. Jahrhunderts geblieben ist. In seiner grundsätzlichen Einstellung zur Rolle der Frau in der Gesellschaft jedoch erweist er sich als Jünger der Aufklärung. Ingrid Zwerenz zitiert in einem Aufsatz Marta Feuchtwanger mit dem Satz: »L. F. hat bei allen Verschiedenheiten (vive la différence) nie an der Gleichwertigkeit und der Gleichberechtigung der Frau gezweifelt.«[163] Seine weiblichen Romanfiguren gehören zu den sympathischsten und eindrucksvollsten Charakteren, die er geschaffen hat. Die schöne Schauspielerin Desirée Mesnard *(Die Füchse im Weinberg)* etwa, aus dem Volke kommend, in den Kreis der Mächtigen und Vornehmen des vorrevolutionären Frankreichs eintretend, verliert trotz aller Demütigungen und Verlockungen nie ihre natürliche Klugheit, ihr Gefühl für das Wahrhafte und die Wahrheit: *Sie hielt sich an die Mächtigen, weil das nützlich war, doch die großen Namen der Aristokratie und der Wirtschaft blendeten sie nicht, sie sah, mit wie wenig Weisheit Frankreich regiert wurde, aus der Höhe ihres guten Verstandes schaute sie auf die Herren herunter.*[164]

Und ist nicht Margarete von Tirol, die so grundhässliche, von ihrem Volk mit dem fürchterlichen Namen »Maultasch« gebrandmarkt, trotz aller Enttäuschungen erst ganz am Ende ihres einsamen Lebens verzagend, ein großer Charakter inmitten einer Schar jämmerlicher, egoistischer Männergestalten?

Wo im *Oppermann*-Roman ist eine andere Person von so mutiger und geradliniger Entschlossenheit wie die junge Zionistin Ruth? Oder Anna Trautwein *(Exil)* zwischen Mann und Sohn stehend, die – im Kampf der politischen Ideen verstrickt – die Last des grauen Exilalltags auf ihre Schultern legen. Mit welcher stillen, verzweifelten Tapferkeit kämpft diese Anna Trautwein um das Überleben, bis sie in ihrer Einsamkeit zugrunde geht. Eine große Frau. Oder Johanna Krain, die im Kampf um die Befreiung des Kunsthistorikers Martin Krüger zu einer Persönlichkeit reift, die schließlich die innere Freiheit gewinnt, die ihr die Kraft des Durchhaltens gibt und damit den *Erfolg* beschert.

Auch hier muss wieder an Marta gedacht werden. Denn manche Züge der Frauen in Feuchtwangers Romanen dürften vom Bild der Lebensgefährtin mitgeprägt worden sein. Sie blieb die beherrschende Frau in diesem für sexuelle Reize äußerst empfänglichen Dichterleben. *L. F. war 1mal verheiratet,* schreibt er,[165] und dieser lapidare Satz ist gleichzeitig auch ein Bekenntnis. Herkömmliche bürgerliche Moralvorstellungen, in denen der Schein zur Lebenslüge wird, bleiben beiden im Grunde fremd. Die Souveränität, mit der Marta und Lion Feuchtwanger alles in allem das Eigenleben des anderen respektierten, kennzeichnete diese Ehe.

KAPITEL 8

Dieser Bau ist das stolzeste und mächtigste Theater, das meine armen Augen je gesehen

Vagabundenjahre: Die Reise in den Süden

Die Begegnung mit Marta 1909 ändert äußerlich zunächst wenig im Leben des Theaterkritikers und Schriftstellers Lion Feuchtwanger. Er arbeitet nicht allzu viel, schläft lang, verbringt seine Zeit in Cafés und taucht an der Seite der schönen Gefährtin im Faschingstrubel unter. Das Tagebuch ist voll von Selbstanklagen und depressiven Stimmungen: *Keinen Strich gearbeitet. Müde und sehr deprimiert.* (23. August 1909) *Langweile. Unfähigkeit zur Arbeit.* (27. August 1909) *Große, merkwürdige, andauernde Unfähigkeit zur Arbeit. Allgemeine Müdigkeit.* (6. Oktober 1909) *Ich arbeite überhaupt nichts mehr und bummle entsetzlich.* (1. November 1910)

Seine Kritiken werden polemischer, der fehlende literarische Erfolg, die Unsicherheit dem eigenen Schaffen gegenüber lassen manche bittere Zeile für die »Schaubühne« entstehen. Feuchtwanger leidet an München, die »Provinz« erdrückt ihn. Gut zwanzig Jahre später schreibt er Empfindungen über diese Stadt nieder, die viel von dem spüren lassen, was ihn 1912 bewegt hatte: *Es war nicht viel echt an dieser Stadt, eigentlich nur die Umgebung, die schönen staatlichen Bilder- und Büchersammlungen, der Karneval und wahrscheinlich auch, aber davon verstehe ich nichts, das Bier. Die Stadt hielt damals noch viel auf ihre Tradition als Kunststadt. Es war aber nicht weit her mit dieser Kunst. Vielmehr war sie eine akademische, wichtigmacherische, spießbürgerliche Institution, von einer zähen, dumpfigen und geistig nicht gut gelüfteten Bevölkerung im wesentlichen aus Gründen des Fremdenverkehrs beibehalten.*[166]

Im Jahr 1912 kam Persönliches hinzu. Er ist 28 Jahre alt, hat einen Roman, drei Kurzgeschichten, sechs Einakter und ein fünfaktiges Schauspiel geschrieben. Ohne jeden größeren literarischen Erfolg. Seine Kritiken und Aufsätze haben ihm zahlreiche Feindschaften eingebracht. Die finanzielle Situation bleibt schlimm, auch wenn für kurze Zeit Honorare Erleichterungen verschaffen. Die literarische Produktion steht nahezu still. Die Auseinandersetzungen mit der Familie werden schwieriger, obwohl er nicht mehr im Elternhaus lebt. Der immer wieder aufflammende Spott des Vaters über den erfolglosen Sohn und die hochmütige Kälte und Ablehnung der Mutter, die dem Künstlerleben des Ältesten verständnislos gegenübersteht, lassen familiäre Zusammentreffen für Lion häufig zum Ärgernis werden. Die flüchtigen Abenteuer mit schönen Schauspielerinnen oder Prostituierten hinterlassen ein Gefühl der Leere. Lion Feuchtwanger ist im Frühjahr 1912 – mit der Elle einer bürgerlichen Welt gemessen – ein Gescheiterter. Allein die Verbindung mit Marta lässt ihn nicht vollends in die Trostlosigkeit versinken.

Da greift das Schicksal ein. Marta erwartet ein Kind. Lion schlägt, ohne zu zögern, die Heirat vor, an die die Gefährtin bis dahin überhaupt noch nicht gedacht hat. Die Mutter Martas willigt ein, die Feuchtwangers sind in München eine Familie, die man mit Fug und Recht als gute Partie bezeichnen kann. In Lions Elternhaus wird die Ankündigung des Sohnes ablehnend aufgenommen. Marta überliefert in ihren Erinnerungen einen Satz von Sigmund Feuchtwanger, den dieser gegenüber ihrem Vater geäußert haben soll: »Mein Sohn ist ein Lump, und wenn Ihre Tochter ihn heiratet, ist sie auch nicht besser.«[167] Kaum denkbar, dass dieser Satz wirklich gefallen ist.

Am 10. Mai 1912 heiraten Marta und Lion Feuchtwanger in Überlingen am Bodensee. »Ich erschien«, so schreibt Marta, »in einem schwarzen Schleppkleid mit breitrandigem Hut und Pleureuse. So hießen damals die großen Straußenfedern. Lion und ich fanden das sehr schön.«[168] Von Überlingen reist das Paar in die Schweiz. In Lausanne soll das Kind zur Welt kommen.

Es wird eine Reise, die schließlich über zwei Jahre dauert, bis zu dem Zeitpunkt, an dem die Politik endgültig in das Leben Lion Feuchtwangers eingreift. Sie beginnt mit einer Tragödie, dem Tod des einzigen Kindes; sie endet mit einem Drama, der Flucht aus dem nordafrikanischen Gefängnis. Für die Entwicklung Feuchtwangers bedeuten diese Jahre sehr viel. Denn es wird eine Fahrt der inneren Selbstfindung, der Befreiung von den Zwängen der Kindheit und der Heimat. Die Entdeckung des Südens, der Welt der Antike, die Begegnung mit Menschen, deren Leidenschaft und Lebenskunst auch Armut und Fortschritt kaum beeinflussen können, lassen den Künstler in ihm reifen.

In »Die Geburt der Tragödie« beschreibt Nietzsche mit teilweise berauschenden Worten die beiden Kunstgottheiten der Griechen, Apollon und Dionysos. Vielleicht hat Lion Feuchtwanger bei seinen langen einsamen Wanderungen durch Italien und Sizilien etwas von dem verspürt, was der damals noch ganz im Banne Richard Wagners stehende Philosoph schrieb: »Unter dem Zauber des Dionysischen schließt sich nicht nur der Bund zwischen Mensch und Mensch wieder zusammen: auch die entfremdete, feindliche oder unterjochte Natur feiert wieder ihr Versöhnungsfest mit ihrem verlorenen Sohne, dem Menschen.«[169]

Als Feuchtwanger im Herbst 1914 wieder nach München zurückkehrt, beginnt sein eigentliches Leben als Schriftsteller. Nahezu ohne große Schaffenspause wird er an seinem umfangreichen literarischen Werk arbeiten. Zunächst als Dramatiker, dann als Meister des historischen Romans. Ohne das »Versöhnungsfest«, das er auf seiner langen Reise durch den Süden feierte, wäre dies Werk wohl nicht denkbar gewesen. 1933 schreibt er im Rückblick auf die italienischen Jahre: *Ich arbeitete wenig in dieser Zeit. Meine Hauptbeschäftigung war, den ungeheuren Wust, den ich gelernt hatte, zu vergessen. Es war freie Luft, und die Landschaft Homers sah erheblich anders aus als der Homer, den ich gelernt hatte.*[170] Am Beginn dieses Weges in die Freiheit steht die Begegnung mit dem Tod. Nach einer anstrengenden Wanderung in den Schweizer Bergen erleidet Marta fast eine Fehlgeburt. In Lausanne wirft sie nach der Geburt des Kindes ein schweres, beinahe tödliches Fieber für Monate nieder. Das Kind, ein Mädchen mit dem Namen Marianne, ist schwach. Feuchtwangers hoffen auf das milde Klima des Mittelmeeres und ziehen in das kleine italienische Rivieradörfchen Pietra Ligure. Vergebliche Hoffnung, das Kind stirbt nach wenigen Wochen. Die Mutter überlebt das Fieber, Lion fällt in tiefe Trauer. *Wie warst du mir süß, Naemi, meine Tochter! Liebe! Liebliche! Lilie des Tals! Rose von Saaron!*[171]

Sie bleiben für Monate in dem kleinen Haus am Meer. Nachts stehen sie am Strand und beobachten das immer gleiche ewige Spiel der Wellen. Sie sollten diese Stunden nie vergessen. Später, als sie aus ihrem Vaterland verjagt werden, leben sie nur noch am Meer. In Sanary in herrlicher Höhe über dem französischen Mittelmeer, in Kalifornien an der Küste des weiten Pazifik. In Pietra Ligure ist es allerdings noch keine Villa, ausgestattet mit einer vieltausendbändigen Bibliothek, die sie beherbergt, sondern eine recht ärmliche Hütte ohne elektrisches Licht und ohne Heizung. Aber die Einsamkeit dieser langen Wochen, in der Marta allmählich ihre Krankheit überwindet und beide den Schmerz über die verlorene Tochter bewältigen, führt sie zu sich selbst.

Lion Feuchtwanger findet zurück zu seinen philologischen Interessen. Er schreibt drei germanistische Arbeiten, unter anderem über mittelalterliche Lieder. Sie werden in der »Frankfurter Zeitung« und der Berliner »Vossischen Zeitung« abgedruckt. Er beginnt ein Stück, *Die Fleischtöpfe Ägyptens*, das aber über erste Skizzen nicht hinauskommt. Marta erinnert sich an die wenigen hellen Stunden in diesen dunklen Tagen: »Die beste Zeit hatten wir, wenn Lion mir vorlas. Er las Thomas Manns ›Buddenbrooks‹ und Romane von Heinrich Mann, der sein Vorbild war.«[172]

Gerade zur rechten Zeit kommt eine beträchtliche Geldsumme. Die »Frankfurter Zeitung« kauft Feuchtwangers unvollendete Habilitation über den Journalismus, aus der sie später einige Abschnitte veröffentlicht. Der Winter in Pietra Ligure ist kalt geworden, Lion und Marta gehen an die französische Riviera, in ein recht gutes, vor allem geheiztes Hotel.

Dieser Teil der Riviera ist in den letzten Jahren vor dem Untergang des alten Europa noch mondäner Treffpunkt der Geld- und Adelseliten. Monte Carlo, Nizza und Cannes werden Ziel einer anderen Boheme als der im Münchner Schwabing. In den Hotelhallen und Luxusrestaurants, in den Spielsälen und auf den langen Strandpromenaden sitzen russische Großfürsten und Gutsbesitzer, englische Lords und amerikanische Millionäre, deutsche Kohle- und Stahlmagnaten und gelegentlich ein von der Mode der Zeit emporgeschwemmter, reich gewordener Literat, Maler oder Bildhauer. Und manchmal erschießt sich einer von ihnen im Morgengrauen hinter dem Spielcasino von Monte Carlo, das unverwechselbare Geräusch der rollenden Roulettekugel noch im Ohr, weil er in einer rauschhaften Nacht sein Vermögen verspielt hat.

Marta und Lion Feuchtwanger stürzen sich in dieses Treiben. Kurz nach ihrer Ankunft wartet Monte Carlo zudem mit einer skandalumwitterten Opernsensation auf. Die Direktion will den »Parsifal« geben, das letzte Werk Richard Wagners und dies, obwohl nach dem Willen des Bayreuther Meisters das »Bühnenweihfestspiel« nur in seinem Festspielhaus auf dem Grünen Hügel gezeigt werden darf. Nach der Uraufführung am 26. Juli 1882 ist der »Parsifal« bis dahin nur einmal außerhalb Bayreuths gegeben worden. Der »göttliche Freund« und Retter, Bayerns menschenscheuer König Ludwig II., hatte sich 1884 eine separate Vorstellung in München ausbedungen. Und eisern kämpft, in der Villa »Wahnfried« das Erbe mit mystischer Verehrung verwaltend, die Witwe Cosima Wagner gegen die »Entweihung« dieses Spiels vom Heiligen Gral.

Im Januar 1913 – die 30-jährige Schutzfrist ist abgelaufen – bietet also die Operndirektion von Monte Carlo ihrem nach Sensation und Abwechslung lechzenden Publikum einen neuen Kitzel. Allerdings, wer Einlass begehrt, dessen Eintrittskarte muss den Vermerk »streng persönlich« tragen. Lion Feuchtwanger steht auf der Liste der Theaterkritiker, die aus vielen Ecken Europas zum Wagner-Spektakel an die Riviera geeilt sind.

Es wird zunächst am Freitagabend zur »Probe« geladen, doch – der Hauch des Ungewöhnlichen bleibt erhalten – der Vorhang geht nicht auf, der Regisseur vertröstet auf Sonntag. Dann tatsächlich, Monsieur Jehin hebt den Taktstock, das Spiel beginnt: »He! Ho! Waldhüter ihr, Schlafhüter mitsammen, so wacht doch mindest am Morgen!«[173] Aber was sich dann mehr als vier Stunden in der Vorhalle von Spielsälen und Oper, der Stätte des Ereignisses, vollzieht, scheint erbärmlich gewesen zu sein.

Das deutsche Opernpublikum, in der Frage, wo der »Parsifal« aufgeführt werden darf und wo nicht, heillos zerstritten, liest jedenfalls am Morgen des 31. Januar 1913 in der »Vossischen Zeitung« unter der Überschrift *Der heimliche Parsifal* wenig Erbauliches aus der Feder des Kritikers Lion Feuchtwanger: *Wer sich indes nicht mit der pikanten Sensation begnügen wollte, das Bühnenweihefestspiel im Dunstkreis der Roulette gesehen zu haben, kam nicht auf seine Rechnung … Nun stürzt die Litvinne (Kundry) herein. Das heißt, sie stürzt nicht, sie … watschelt eilig auf Gurnemanz zu. Ein böses Geraun geht durch das Haus. Nein, das ist unmöglich! Auch der kultiviertesten Gesangskunst verzeiht man nicht diese ungeheuren Massen kolossaler Weiblichkeit. … Alles in allem: man wollte in der Hochburg der Sinnenfreude ein Büßerdrama inszenieren.*[174] Es misslang wohl kläglich.

Wenig später stößt auch dem spöttischen Kritiker ein herbes Missgeschick zu. Immer wieder zieht es ihn in diesen Wochen an die Roulettetische von Monte Carlo. Er setzt hoch, gewinnt manchmal sogar sehr viel, will aber mehr. Es ist, viele Äußerungen in seinem Leben zeugen davon, wohl nicht das Geld, das ihn reizt. Es ist die kleine, manchmal auch ewig erscheinende Spanne zwischen dem »Rien ne va plus« und dem kurzen Klick, das den Stillstand der alles entscheidenden blanken Kugel anzeigt, die er genießt. An einem dieser Abende steht er schließlich vom Spieltisch auf und hat alles verloren. Marta besitzt gerade noch genug, um die Hotelrechnung zu bezahlen.

Zurück nach München? Wieder die Enge der Provinz, wieder die kleinlichen Kämpfe der Kulturszene, die Pein eines nicht enden wollenden Familienzwists, der Zwang, über Werke und Ideen anderer zu schreiben, statt Eigenes zu schaffen? Sie ziehen in ein kleines Hotel in Nizza, Marta versetzt eine Uhr und die Eheringe. Dann packen sie ihre Rucksäcke, wandern in die Berge. Das Ziel ist das kleine Dorf am Meer, wo sie so Schweres gemeinsam getragen haben.

Während Marta und Lion Feuchtwangr im Frühjahr 1913 in

Pietra Ligure auf eine Geldsendung aus Deutschland warten, beginnen die politischen Schatten über Europa immer länger zu werden. Aber sie spüren nichts davon, hören nur wenig vom Friedensschluss in London, der den ersten Balkankrieg beendet und das Osmanische Reich nach Jahrhunderten fast vollständig aus Europa herausdrängt. Sie registrieren kaum, dass bald eine neue Balkankrise die sich immer stärker in ihren eigenen Netzen verfangenden Kabinette in Berlin und Wien, London, Paris und Petersburg beschäftigt. Und wenn der Kaiser im Juni mit Pomp sein 25. Regierungsjubiläum feiert, interessiert sich das Ehepaar Feuchtwanger mehr für das Kaisergeschlecht der Flavier als das der Hohenzollern.

Es sind »Vagabundenjahre«. Losgelöst von allen Verpflichtungen, ohne Besitz und Verantwortung, ziehen sie durch Italien. Von der Riviera über Portofino, Rapallo und La Spezia nach Florenz. In der Stadt der Medici sind sie fasziniert von Michelangelos David. In der Akademie stehen sie tief beeindruckt vor den vier »Unvollendeten Gefangenen« dieses Genies, die erst knapp fünf Jahre vorher aus den Boboli-Gärten, wo sie Großherzog Cosimo Medici hatte aufstellen lassen, ins Museum gebracht worden sind. Lion Feuchtwanger begegnet stärker als je zuvor der Renaissance, das Schauspiel *Julia Farnese,* das er zwei Jahre später veröffentlichen wird, beginnt ihn erneut zu beschäftigen, vor allem nach der Begegnung mit der Welt der Borgia-Päpste in der Heiligen Stadt. Ein alter Plan aber ist es, denn schon im Januar 1906 hatte er im Tagebuch notiert: *Plan zu einem dreiaktigen Renaissance-Drama. Im Mittelpunkt Guilia Farnese, die Geliebte Alessandro II.*

Nach Rom geht es jetzt, jahrhundertelang Zentrum der Welt. Auf dem Forum Romanum steht Lion Feuchtwanger vor dem Triumphbogen des Titus. Auf der Innenseite entdeckt er ein noch gut erhaltenes Relief, das römische Soldaten zeigt, die im Triumphzug ihres Imperators im Jahr 81 n. Chr. mitmarschieren. Auf ihren Schultern tragen sie die Beute aus dem zerstörten Tempel von Jerusalem – den siebenarmigen Leuchter, die silbernen Trompeten, den Tisch der Schaubrote. Elf Jahre vorher hatte die römische Militärmaschine, geführt von Vespasian und seinem

Sohn Titus, in einem harten Feldzug die Empörung der Juden in einem Blutbad erstickt. Im Jahr 70 n. Chr. brannte der Tempel nieder, für fast zwei Jahrtausende wurden die Juden heimatlos. Die Geschichte dieses für sein Volk so verheerenden Krieges kennt Lion Feuchtwanger gut. Flavius Josephus hatte sie niedergeschrieben. Sie wird ihn nicht mehr verlassen, die Gestalt dieses Juden, der für die Tempelzerstörer, die Flavier, schrieb. 15 Jahre später beginnt Lion Feuchtwanger seine *Josephus*-Trilogie. Es wird eines seiner besten Werke. Manche – er selbst gehört dazu – sagen sogar, es sei sein schönstes Buch.

Es kommen – nicht allzu hohe – Artikelhonorare aus Deutschland, auch Marta erhält etwas Geld. Es kann weitergehen, der Süden lockt, sie reisen nach Neapel. Dort mieten sie ein schäbiges, aber billiges Zimmer im Armenviertel, ganz dicht am Hafen. Im Museum sieht Lion Feuchtwanger zum ersten Mal die römischen Köpfe der drei Flavierkaiser Vespasian, Titus und Domitian. Marta erzählt später, wie nachdenklich ihn auch diese Begegnung gemacht habe. Sie steigen auf den Vesuv, besichtigen Pompeji. Kam die Katastrophe für diese Stadt und die Nachbarorte Herculaneum und Stabiae nicht am 24. August 79 – in jenem Jahr, als Titus erster Mann im Römischen Reich wurde? Und raste da nicht ein Jahr später ein fürchterlicher Brand durch die Straßen Roms, der Marsfeld, Capitol und Pantheon vernichtete? Und wieder ein Jahr später, am 13. September 81, starb da nicht, erst 42-jährig und nach kurzer Regierungszeit, der Zerstörer des Tempels der Juden? Sie begegnete ihm auf Schritt und Tritt, die Geschichte der Flavier und ihrer Taten.

Sie essen in den Schenken und an den Ständen der Armen, wissen um die Gefahr mangelnder Hygiene, und beide ergreift eines Tages ein wildes Fieber. Vor allem trifft es ihn. Ein Schweizer Arzt stellt Typhus fest, die Hospitaleinweisung, damals fast der sichere Tod, ist gesetzlich vorgeschrieben. Er bleibt in seinem Zimmer, Marta pflegt den Phantasierenden. Es dauert zwei Wochen, dann ist das Fieber überwunden.

Sie ziehen weiter in den Süden, stehen staunend vor der gedrungenen sechssäuligen Front des Tempels von Paestum, Zeuge des Feuchtwanger so nahen klassischen Athen. Seine Baumeister stellen hier ihr später nur noch selten erreichtes Gespür für die Einheit von Bauwerk und Landschaft, von Raum und Proportion unter Beweis. Künstler einer Zeit sind sie, deren Geist auch der erste der drei großen griechischen Tragödiendichter, Aischylos aus Eleusis, beeinflusst hatte. In einer der Schlachten der Perserkriege schwer verwundet, schuf er mit seinem Stück »Die Perser« eines der wenigen Werke der Weltliteratur, das in einem Siegesdrama das Leiden, die Not des Feindes gerecht beurteilt. Vielleicht dachte Feuchtwanger in den ersten Kriegswochen 1914, die erfüllt waren vom Hassgeschrei auf den Feind und in denen er *Die Perser des Aischylos* neu übersetzte, an den Tempel von Paestum, der etwas von der wissenden Naivität des griechischen Denkens andeutet, das dieses Drama auszeichnet.

Sie setzen über zur Insel Ischia, wo Lion Feuchtwanger sich einige Wochen inmitten von Weinbergen und Pfirsichbäumen von seiner Typhuserkrankung erholt. Dann lockt das mondänere Capri. Hier treffen sie auf eine buntgewürfelte Gesellschaft, in der italienische Aristokraten den Ton angeben. Ein schmaler stiller Pfad führt hinauf zur Villa Krupp, wo der Kanonenkönig, dessen Produkte schon bald wieder rege Anwendung finden werden, viele Monate des Jahres verbringt, dem Reiz der schönen italienischen Knaben verfallen. Aus einem anderen Haus dringt Schreibmaschinengeklapper, das neugierig macht. Auf Nachfrage hören die Reisenden, dass dort ein Russe wohnt, Gorki sei sein Name. Mehrfach in diesen Wochen sitzt Lion Feuchtwanger vor dem Haus, denn er bewundert den Mann, der dort arbeitet. *Da stand ich also vor dem Haus …, ich hatte brennendes Verlangen, den Dichter zu sehen …, aber ich hatte nicht den Mut, ich kehrte um.*[175]

Maxim Gorki lebt schon seit 1906 auf Capri, das milde Klima und die Schönheit der Insel haben ihn dorthin gezogen. Vielleicht macht er, als Feuchtwanger *klopfenden Herzens* seine Schreibmaschine hört, die letzten Korrekturen für den bald viel bewunderten biographischen Roman »Meine Kindheit«, der 1913 erscheint. 23 Jahre später, wenige Monate nach Gorkis Tod, wird Lion Feuchtwanger während seines Aufenthaltes in der Sowjetunion die Witwe des Dichters treffen. Und sie – so überliefert es jedenfalls Marta – erzählt ihm von der großen Bewunderung des Russen für seinen Roman *Erfolg*. Das sei sein »Nachfolger«, soll er in diesem Zusammenhang geäußert haben.

Sie kehren zurück nach Neapel. Das Geld droht ihnen wieder einmal auszugehen. Sie besteigen den Zug, fahren weiter in den Süden. Dort beginnt eine wochenlange abenteuerliche Fußwanderung durch die karge Landschaft Kalabriens. Wilde, einsame Täler, schon vom ersten Schnee bedeckte Berge, Menschen und Dörfer, die nur selten Fremde gesehen haben. Marta berichtet, dass Lion während dieser Wanderung an einem Ruhetag einen ersten Entwurf seines Dramas *Julia Farnese* niedergeschrieben habe.

Sie kommen nach Cosenza, in dessen Nähe die trauernden Westgoten 1500 Jahre vorher den Fluss Busento umleiteten, um ihrem König Alarich, dem so jung gestorbenen Eroberer Roms, sein Grab zu bereiten, das der wieder zurückgeführte Fluss überspült. Sie erreichen Scilla an der Straße von Messina und feiern dort in einer eisigen, stürmischen Nacht Weihnachten. Das »Jaulen« der Skylla, vor der Kirke den scheidenden Odysseus warnt, es ist der Wind, der sich in Tausenden von Felslöchern fängt.

Sie setzen über nach Sizilien. Monatelang durchstreifen sie die Insel, fast mittellos, glückliche Landstreicher. In Messina, auch über fünf Jahre nach dem schweren Erdbeben noch eine Stätte der Zerstörung, erleben sie die Armut der Menschen auf dieser Insel. In Palermo sind sie Zeuge von Szenen, die ihnen vor Augen führen, wie auf Sizilien trotz des beginnenden 20. Jahrhunderts die feudalen Gesellschaftsstrukturen überlebt haben.

Die Festspiele von Syrakus werden zu einem Höhepunkt. Lion Feuchtwanger ist tief beeindruckt von dem riesigen antiken Theater, das ihm die griechische Tragödie näherbringt als je zuvor. Auch wenn er in seiner Kritik, die die »Münchner Neuesten Nachrichten« mit dreiwöchiger Verspätung am 7. Mai 1914 abdrucken, die Aufführung des »Agamemnon« von Aischylos ablehnt – das Theater begeistert ihn. Es ist *das mächtigste und schönste The-*

ater der hellenischen Welt. In einem Aufsatz für die »Schaubühne«, der eine Woche später erscheint, schreibt er: *Dieser Bau, wahrscheinlich die älteste und größte Szene Europas, ist das stolzeste und mächtigste Theater, das meine armen Augen je gesehen. ... Hier sprechen wirklich die Quadern des Theaters eine hochtönende und eindringliche Sprache. Und die Landschaft ringsum, das Land des Aischylos, gibt seinem Werk Rahmen, Echo, Seele, ganz anders, als sonstwo auch die vollendetste Kunst es vermöchte.*[176] Kein Wunder also, dass es das griechische Theater ist, welches Lion Feuchtwanger nach seiner Rückkehr in die Heimatstadt zunächst gefangen nimmt.

Wohin noch? Europas südlichste Grenze ist erreicht, drüben liegt das unbekannte Afrika. Geld ist gekommen. Marta und Lion Feuchtwanger schiffen sich Anfang Juli 1914 ein. Das Ziel heißt Tunis. Und das europäische Drama steht kurz bevor. Im fernen Bosnien haben die serbischen Verschwörer schon ihre Attentatspläne verwirklicht. Der 18-jährige Student Gavrilo Princip hat am 28. Juni 1914 die tödlichen Schüsse abgegeben, die für Europa ein grausames Erwachen bringen.

Nach über zwei Jahren fern von der Politik begegnet ihnen in Tunis wieder eine andere Wirklichkeit. Der Hass der Araber auf ihre französischen Herren, die daraus entstandene Begeisterung der Einheimischen für den »Erbfeind« der ungeliebten Kolonialmacht, das wilhelminische Deutschland, führt Marta und Lion Feuchtwanger allmählich zurück in die Welt der europäischen Kabinettspolitik. Noch registrieren sie es nur am Rande, knapp vier Wochen später werden die Weltereignisse tief in ihr Leben eingreifen.

Bis dahin aber bestaunen sie die unbekannte Welt der Basare, streifen durch die engen arabischen Gassen und das Judenviertel, sind sie Gast beim Scheich von Tunis, dessen Harem sie in die Zeit von Tausendundeiner Nacht versetzt. Sie reisen durch die Wüste, verweilen auf dem Platz an der Mittelmeerküste, wo einst Roms mächtigster Gegner, das blühende Karthago, stand, bis der vom unerbittlichen Cato aufgehetzte Senat schließlich 146 v. Chr. befahl, es dem Erdboden gleichzumachen. Das Ehepaar Feuchtwanger weilt nachdenklich an diesem schönen, damals, vor der Freilegung der Ruinen, noch staubigen und nur vom Wüstenwind beherrschten Ort, der von der Vergänglichkeit allen menschlichen Tuns kündet.

Sie kommen nach Hammamet, logieren beim französischen Konsul, dem einzigen Europäer im Ort, genießen die Kühle des Meeres, schmieden neue Reisepläne. Weiter soll es gehen, durch die heiße libysche Wüste, hinüber ins Land des Gottes Ammon, nach Ägypten, zu den gewaltigen Gräbern der Pharaonen, den Säulenwäldern von Karnak.

Am Nachmittag des 1. August 1914 kommt ihr Gastgeber in ihr Zimmer und erklärt, er müsse sie verhaften. Zwischen Deutschland und Frankreich ist wenige Stunden vorher der Krieg erklärt worden.

Die unbeschwerte Freiheit, die Lösung von allen gesellschaftlichen Bindungen, die ein ganz eigenes Gefühl des Glücks vermitteln kann – das alles ist unwiderruflich vorbei. Es folgen dramatische Wochen und dann die Jahre der Pflicht. Aber die Spuren dieser 27 Monate haben sich tief eingegraben. Erst auf dieser Reise haben Marta und Lion Feuchtwanger ihr Lebensbündnis wirklich geschlossen. Noch über 60 Jahre später spürt man in einem Interview, das die 84-jährige Marta Feuchtwanger mit einem amerikanischen Journalisten in Pacific Palisades geführt hat, etwas von dem Lebensgefühl dieser Wanderjahre: »No, it was only fun. It was not desperate, not a moment.«[177]

Auch für die künstlerische Entwicklung Lion Feuchtwangers sind diese Monate im Süden von großer Bedeutung gewesen. Das Erleben der mediterranen Landschaft und ihrer Menschen, die Begegnungen mit den Kunstwerken der Antike und der Renaissance haben seinen Blick für die Geschichte, für die Grundlagen abendländischen Denkens geschärft. Immer wieder wird er später davon sprechen, dass er das akademisch-trockene Wissen, das ihm in seinen »Lehrjahren« eingepaukt wurde, erst abstreifen musste, um zu verstehen, um sehen zu lernen. Italien aber wird noch in einem anderen Sinn bedeutungsvoll. In diesen beiden Jahren findet Lion Feuchtwanger zu einer Position, die sein Leben und sein Denken prägte: der Weltbürger, der »Kosmopolit«, als der er sich dann fühlt – in Italien bilden sich die wichtigen ersten Grundlagen für diese Lebenshaltung.

Knapp 126 Jahre vorher hatte ein anderer deutscher Intellektueller Ähnliches erlebt. Am 3. September 1786, nach einem Sommer tiefer Depressionen, verließ Goethe heimlich und fluchtartig Karlsbad, ließ Weimar, den großherzoglichen Freund, die leidenschaftlich geliebte Charlotte von Stein hinter sich und blieb 21 Monate in Italien. Auch damals, im Juni 1788, kam ein Schriftsteller zurück, den das »Italienerlebnis« befreit, ihm neue Schaffensquellen eröffnet hatte. Im Reisegepäck führte er die fertigen Manuskripte der »Iphigenie« und des »Egmont« mit, der »Tasso« stand vor der Vollendung.

Der Mann, der am 2. August 1914 im Zug von Hammamet nach Tunis fährt, hat auch einige Manuskripte im Gepäck, aber die Welt wird nie erfahren, ob sie die Literaturgeschichte bewegt hätten. Einen Tag später nämlich werden sie von den französischen Behörden beschlagnahmt und bleiben für immer verschwunden.

Es sind aufregende, gefährliche Tage. Nachdem die Feuchtwangers sich durch Ehrenwort verpflichtet haben, nicht zu fliehen, lässt der Konsul sie nach Tunis reisen. In der Eisenbahn sitzt eine Kompanie französischer Fremdenlegionäre, Hasslieder gegen die Deutschen singend. Marta und Lion Feuchtwanger sprechen vorsichtshalber nur französisch miteinander. In Tunis gehen sie in ein Hotel, am nächsten Tag bekommt Lion Feuchtwanger die Willkür der Staatsgewalt ganz persönlich zu spüren – er wird verhaftet. Nicht zum letzten Mal. Im nun anhebenden Zeitalter von Krieg und Vertreibung kommt auch die Stunde einer seelenlosen Bürokratie, die Menschen wie Nummern behandelt, für die allein der richtige Pass, der erforderliche Stempel entscheidet.

Während Marta verzweifelt das Gefängnis in Tunis sucht und für alle Fälle mit dem letzten versteckten Geld zwei Schiffspassagen ersteht, erlebt Feuchtwanger für einige Stunden die Trostlosigkeit der Gefangenschaft. Er schildert kurz nach seiner Ankunft in Deutschland diese Tage sehr anschaulich in einem Bericht, der am 1. Oktober in der »Schaubühne« erscheint: *Das Zivilgefängnis von Tunis ist recht angenehm gelegen; aber leider merkt man davon nichts, wenn man drinnen sitzt. Oder vielmehr: drinnen liegt. Die Halle, in der man uns eingesperrt hielt, war nämlich für Araber bestimmt und ohne Stühle. Da lagen wir nun auf dem Steinboden und meditierten über die optimistische Ansicht des Baedeker: »Der Fremde kann sich im ganzen Land unbesorgt bewegen.« Es waren alte, gebrechliche Herren unter uns und Kranke, die nur um des Klimas willen Tunis aufgesucht hatten. Man hatte uns alles, was wir bei uns trugen, abgenommen und uns bis auf Hemd und Stiefel durchsucht. Was man uns zu essen gab, war schlecht und zuwenig. Die Verheirateten baten, man möge wenigstens ihre Frauen, die in Angst und ohne Geld zurückgeblieben waren, verständigen, wo sie seien; es wurde abgeschlagen.*[178] Viele solcher oder viel schlimmerer Berichte werden in den nächsten 80 Jahren geschrieben werden. Berichte vom Leiden, von den Demütigungen und den Folterschmerzen in den unzähligen Gefängnissen und Lagern, die die Staatsapparate im 20. Jahrhundert errichten werden.

Feuchtwanger hatte – gemessen an den millionenfachen Schicksalen der Verfolgten dieses schrecklichen Jahrhunderts – zweifellos Glück. Nach zwölf Stunden werden die Gefangenen gegen das Ehrenwort, die Stadt nicht zu verlassen, auf freien Fuß gesetzt. Lion Feuchtwanger kehrt ins Hotel zurück, und das Ehepaar gelangt unter großen Schwierigkeiten auf das italienische Schiff »Città di Messina«. Noch kurz vor der Abfahrt kommen französische Soldaten an Bord und suchen nach deutschen Reisenden. Vor allem geht es ihnen um militärpflichtige Passagiere. Auch Feuchtwanger muss als Reservist ständig einen Militärpass mit sich führen. Matrosen verstecken ihn unter Kohlesäcken. Von den vier militärpflichtigen Deutschen, die auf das Schiff geflohen sind, werden zwei gefunden und unter lautstarkem Protest des Kapitäns wieder an Land geschleppt. Feuchtwanger weiß nach seiner Rückkehr das Tunis-Erlebnis dramatisch darzustellen: *Einer wurde ergriffen und gefesselt abgeführt; ein zweiter nach den Aussagen arabischer Gepäckträger sofort im Hafen an der Mauer der Zollhalle erschossen. … Vom Kai her tönten die Schreie des Pöbels:*

À terre! À terre les Allemands!, und über mir, neben mir hörte ich die Soldaten, die mich suchten.[179]

Schließlich das erlösende Abfahrtssignal der »Città di Messina«. Ohne Zwischenfälle erreichen sie Palermo. Sie sind fast ohne Geld, aber der deutsche Konsul schreibt ein Eisenbahnbillett aus und trägt in den Reservistenpass den Vermerk ein: »Der Soldat Lion Feuchtwanger hat sich ordnungsgemäß gemeldet, er kann wegen Geldmangel nicht weiterreisen.«[180] Die preußisch-deutsche Militärordnung hat nun auch ihn eingeholt.

Über Neapel kommen sie nach Rom, wo bereits eine starke antideutsche Stimmung herrscht. Noch einmal – es ist der endgültige Abschied von einer glücklichen Zeit – stehen sie vor den geliebten römischen und griechischen Statuen des kapitolinischen Museums. Sie sind die einzigen Besucher. Kein Wunder, Mars und nicht Apoll regiert jetzt in Europa.

Mitte September erreichen Marta und Lion Feuchtwanger ein vom Kriegstaumel erfasstes München, das sie 28 Monate vorher in scheinbar tiefstem Frieden verlassen hatten. Die Kriegskredite sind – mit den Stimmen der Sozialdemokraten – vom Reichstag schon bewilligt, das Völkerrecht ist mit dem Einfall der deutschen Truppen in Belgien bereits gebrochen, Lüttich erobert. Einen Tag vor dem unheilvollen 1. August ist eine der wenigen Stimmen der Vernunft zum Schweigen gebracht worden: Jean Jaurès stirbt in Paris unter den Kugeln seiner Meuchelmörder. Als Marta und Lion Feuchtwanger sich in einer kleinen Pension in der Prielmayerstraße einmieten, da trauern in Paris und Brüssel, Berlin und München schon zahllose Mütter um ihre gemordeten Söhne.

KAPITEL 9

Staub stopft und Erde uns den Mund

Kriegsjahre in München

Was in diesen Monaten in Europa geschah, erscheint im Rückblick logisch und unvermeidbar, die Folge einer von allen Seiten leichtfertig betriebenen Machtpolitik. Für die Miterlebenden war es dennoch ein Schock. Das Weltmachtgetöse des Hohenzollernreiches hatte man hingenommen, viele im Volk spiegelten sich gerne im Glanz der großen Phrasen vom deutschen Schwert und deutscher Ehre. Aber sich den Krieg vorstellen, das konnten im Sommer 1914 wohl nur wenige. Ein paar Wochen, höchstens zwei Monate, dann wird man die Champs-Élysées hinuntermarschieren, und Weihnachten, da werden die Heimkehrer ihren Frauen und Kindern von der lustigen Jagd über die Marne erzählen wie einst die Väter von der Schlacht von Sedan. »Ihr werdet wieder zu Hause sein, ehe noch das Laub von den Bäumen fällt«, rief der törichte Kaiser den ausziehenden Truppen zu.[181] Ein grausamer Irrtum, vier lange, schlimme Jahre sollte das Gemetzel dauern.

Überraschend kam dieser Krieg nicht. Zumindest die deutschen Führungseliten sind mutwillig und hochmütig in ihn hineingeschliddert. Verführt von den drei Bismarck-Kriegen, die das Reich schufen, war es ein militanter Staat geworden, der in der Mitte Europas ein mächtiges Heer aufstellte, aus Eitelkeit riesige Schlachtschiffe baute und bei jeder unpassenden Gelegenheit mit dem Säbel rasselte.

Am 4. August 1914 bewilligte der Reichstag die Kriegskredite ohne Gegenstimme. Also auch die Sozialdemokraten, die bei ihren Anhängern jahrzehntelang mit pazifistischen Thesen geworben hatten, akzeptierten die Entscheidung von Hof, Kanzleramt und Heeresleitung. In der Diskussion über die Kriegskredite innerhalb der SPD-Reichstagsfraktion hatten sich nur 14 der insgesamt 110 Abgeordneten gegen eine Bewilligung ausgesprochen. Sie alle – auch Karl Liebknecht – bewahrten in der entscheidenden Abstimmung Fraktionsdisziplin. Wahrscheinlich hätten die Sozialdemokraten mit einer anderen Entscheidung den Lauf der Ereignisse nicht aufhalten können. Aber der 4. August 1914 war so auch der Beginn der Spaltung innerhalb der politisch organisierten Arbeiterbewegung. Mit all den schlimmen Folgen für die weitere Geschichte Deutschlands.

Auch die Dichter und Denker melden sich zu Wort. Und was sie zu sagen haben, beweist eigentlich nur, wie sehr die meisten von ihnen dem »Zeitgeist« erlegen sind. Der damals als sprachlich extremer Expressionist agierende Dichter Johannes R. Becher beschwört die Apokalypse des Krieges herauf: »Wir horchen auf wilder Trompetendonner Stöße / Und wünschten herbei einen großen Weltkrieg.«[182] Im August veröffentlicht Gerhart Hauptmann die schauerlichen Zeilen: »Es kam ein schwarzer Russ' daher / Wer da, wer? / Deutschland, wir wollen an Deine Ehr'! / Nimmermehr!!«[183] Ricarda Huch reimt »Einem Helden« mit fahlem Pathos die Zeilen: »Der du gekämpft und überwunden, / Nun löse sich auf deiner Brust das Erz; / Der Sterne Licht, dem du entschwunden, / umflute kühl dein still gewordenes Herz.«[184] Als die ersten Soldaten an die Front abreisen, teilt sie einer Freundin mit: »Wenn ich ein Mann wäre, ginge ich gerne mit.«[185] Selbst Rainer Maria Rilke lässt sich, wenn auch nur in den ersten Wochen, hinreißen und schreibt wenige Tage nach Kriegsausbruch seine »Fünf Gesänge«: »Endlich ein Gott. Da wir den friedlichen oft / nicht mehr ergriffen, ergreift uns plötzlich der Schlacht-Gott, / schleudert den Brand: und über dem Herzen voll Heimat / schreit, den er donnernd bewohnt, sein rötlicher Himmel.«[186] Und im zweiten dieser Gesänge aus dem August 1914: »Einmal schon, da ihr gebart, empfandet ihr Trennung, Mütter, –/empfindet auch wieder das Glück, daß ihr die Gebenden seid. / Gebt wie Unendliche, gebt. Seid diesen treibenden Tagen / eine reiche Natur. Segnet die Söhne hinaus.«[187]

Der »Weltbürger« Stefan Zweig schreibt fast pubertär in einem Brief an seinen Verleger Anton Kippenberg: »Mein Neid ist aber bei Ihnen, Officier sein zu dürfen in dieser Armee, in Frankreich zu siegen – gerade in Frankreich, das man züchtigt, weil man es liebt. Seltsam, ich hätte gegen niemanden mehr Elan, als gegen die, die ich doch am meisten schätze, denn ihr Hochmut war alles Unglücks Anbeginn.«[188] Oder Alfred Döblin, schon an der Front, 1914 aus Reims: »Inmitten eines Krieges stehen wir, der die Ausdehnung und Furchtbarkeit früherer gewaltig übertrifft. Wir erkennen in diesem Krieg noch nicht Sieger und Besiegte, aber schon ist jedem Vorurteilsfreien klar, daß Deutschland unüberwindlich ist.«[189] Thomas Mann, der sich bald über diese Frage mit seinem Bruder Heinrich, den er als »Zivilisationsliteraten« charakterisiert, überwerfen wird, teilt am 22. August dem Verleger Samuel Fischer mit: »Ich gestehe, daß ich bis zum äußersten Augenblick nicht an den Krieg geglaubt habe … Aber wenn ich politisch die Notwendigkeit der Katastrophe nicht sehen konnte, – sittlich psychologisch habe ich sie gefühlt, und das Gefühl von Reinigung, Erhebung, Befreiung, das mich in dem Augenblick ergriff, als das nicht mehr für möglich Gehaltene wirklich da war, wird wenigen Deutschen ganz fremd geblieben sein.«[190] Die Reihe ließe sich fortsetzen – Robert Musil, Richard Dehmel, Stefan George, Friedrich Gundolf usw. Das alles gipfelt in der Erklärung der »Dreiundneunzig«, die im Oktober 1914 im »Berliner Tageblatt« erscheint und mit der die deutsche Intelligenz zunächst einmal durch den Satz abdankt: »Ohne den deutschen Militarismus wäre die deutsche Kultur längst vom Erdboden vertilgt.«[191]

Sicher, bald werden viele von ihnen aufwachen, voller Entsetzen und Abscheu die Wirklichkeit erfassend, die sich nicht mehr hinter pathetischen Versen oder mystischen Verklärungen des »Heldentodes« verbergen lässt. Mancher bleibt bis zum bitteren Ende blind. Thomas Manns »Betrachtungen eines Unpolitischen«, dieser missglückte Versuch des großen Schriftstellers, den Krieg und die antidemokratische Haltung des Wilhelminismus zu rechtfertigen, erscheinen 1918, wenige Wochen bevor General Ludendorff die längst von ihm entmachteten Reichstagsparteien auffordert, um Frieden zu bitten, da die Front vor dem Zusammenbruch stehe.

Einige bleiben vom Massenwahn der ersten Augustwochen unberührt. Heinrich Mann etwa, der wenig später in seinem Zola-Essay die geistigen Mitläufer des Kriegstaumels hart kritisiert: »Nicht nur mit kämpfen müßt ihr für sie, die das Vaterland sind, ihr müßt mit fälschen, mit Unrecht tun, müßt euch mit beschmutzen. Ihr werdet verächtlich wie sie. Was unterscheidet euch noch von ihnen? Ihr seid besiegt, schon vor der Niederlage. ... Sie, die geistigen Mitläufer, sind schuldiger als selbst die Machthaber, die fälschen und das Recht brechen.«[192] Frank Wedekind stemmt sich verzweifelt dagegen, in den Chor der hasserfüllten und – man muss es so ausdrücken – geistlosen Bekenntnisse einzustimmen. Als deutsche Truppen die belgische Stadt Löwen erobern und teilweise zerstören, da meint er am Stammtisch in der »Torggelstube«: »Ich befürchte, Deutschland wird den Krieg verlieren, und das wird für die Menschheit ein Segen sein.«[193] Bald meldet sich auch Hermann Hesse mit seinem Aufsatz »O Freunde, nicht diese Töne« zu Wort, der im November 1914 in der »Neuen Zürcher Zeitung« erscheint. Immerhin wird da die »Überwindung des Krieges« als »edelstes Ziel und die letzte Konsequenz abendländisch-christlicher Gesittung« bezeichnet.[194] Hesse erinnert »an die Mahnung zu Gerechtigkeit, Mäßigung, Anstand, Menschenliebe« – Begriffe, die in diesen Monaten ansonsten fast vollständig aus dem Sprachschatz der Schriftsteller verschwunden sind. Kurt Tucholsky veröffentlicht »Zum Ersten August« seine Zeilen an den »Herrn Krieg«: »Lehre sie bedenken, dass sie sterben müssen, auf dass wir klug werden.«[195] Er spricht in diesen Wochen verbittert von der »Verherrlichung der Nationalbesoffenheit, der niedrigsten Stufe aller Leidenschaften«[196]. Albert Einstein schreibt einem holländischen Freund: »Unglaubliches hat Europa in seinem Wahn begonnen.«[197]

Viele schließlich hüllten sich in Schweigen, sie waren nicht »prominent«, der Staat verlangte von ihnen keine Bekenntnisse, oder sie verlangten sie nicht von sich selbst. Einer von ihnen, Franz

Kafka, schreibt im August 1914 in sein Tagebuch: »Patriotischer Umzug. Rede des Bürgermeisters. Dann Verschwinden, dann Hervorkommen und der deutsche Ausruf: ›Es lebe unser geliebter Monarch, hoch!‹ Ich stehe dabei mit meinem bösen Blick. Diese Umzüge sind eine der widerlichsten Begleiterscheinungen des Krieges.«[198]

Lion Feuchtwanger besaß durch die lange Reise genügenden Abstand zu der aufgeheizten nationalistischen und feindlichen Stimmung, die Deutschland in den Monaten vor dem 1. August zunehmend beherrschte und die nach der Mobilmachung vollends durchbrach. Als er Mitte September wieder in München eintrifft, ist zudem der allererste Siegesrausch schon etwas gedämpft worden, viele lange Listen der Gefallenen sind veröffentlicht, und der stürmische Vormarsch der deutschen Truppen wird im Westen durch die Schlacht an der Marne gestoppt. Später, im historischen Rückblick, weiß man, dass bereits in den Septembertagen des Jahres 1914 der Schlieffenplan, auf den sich die Erfolgschancen des Feldzugs stützten, scheiterte und dass mit Moltkes Rückzugsbefehl an der Marne dieser Krieg für das Deutsche Reich nicht mehr zu gewinnen war.

Feuchtwangers Äußerungen zu den Ereignissen im Herbst 1914 sind spärlich, aber nirgends lassen sie etwas von dem »Hurra-Patriotismus« verspüren, der in seiner Umgebung so weit verbreitet ist. In seinem Aufsatz *Flucht aus Tunis*, der noch ganz unter dem Eindruck des gerade Erlebten geschrieben wurde, übt er allerdings harte Kritik am Verhalten der Franzosen in dieser Kolonie: ... *die beiden französischen Zeitungen von Tunis, die Dépèche Tunisienne und die Tunisie Française, (ergehen) sich täglich in wüsten Hetzartikeln gegen alles Nichtfranzösische ...*[199] In der »Schaubühne«, für die er sofort nach seiner Rückkehr wieder regelmäßig schreibt, sind in den nächsten Monaten mehrere Veröffentlichungen Feuchtwangers zu lesen, die auf die politischen Zeitereignisse eingehen. Am 19. November erscheint ein Aufsatz mit dem Titel *München und der Krieg: In München zuerst erschien jener Aufruf, den zu werten unsrer Sprache das Adjektiv fehlt, jener Aufruf an die deutschen Kritiker, fürderhin kein französisches, rus-*

sisches und englisches Werk mehr zu besprechen. In München zuerst traten jene Leute auf, die behaupteten, eigentlich hätten sies schon längst gewußt, aber jetzt erst dürfe man es sagen: daß Shaw und Maeterlinck und Hodler nämlich Bluffer seien, und jetzt zeige es sich, daß es halt doch schließlich auf den Charakter ankomme … Und in München schrieb Ludwig Thoma jenen unseligen Aufsatz: ›Hodlerei‹ und verquickte seinen ehrlichen und großen Patriotismus mit einem noch größeren Mangel an Kritik. Es wird wohl so kommen, wie es ein gescheiter Italiener prophezeit hat: ein Vierteljahr nach Friedensschluß werden sich die meisten dessen schämen, was sie während des Krieges geschrieben haben.[200] Der Franzose und Pazifist Romain Rolland notiert in seinem Kriegstagebuch anerkennend, Feuchtwanger verspotte in diesem Text »die Münchner und ihre Vaterlandsbegeisterung«[201].

Erstaunlich distanziert ist auch die nur zehn Zeilen umfassende Mahnung Feuchtwangers *An die patriotischen Dichter,* die in der »Schaubühne« vom 28. Januar 1915 zu lesen ist: *O ihr Dichter! Ihr patriotischen Dichter! Gedenket Girolamo Castellis! Ihr werdet mich fragen, wer dieser Mann gewesen ist. Höret denn: Girolamo Castelli lebte in Ferrara zur Zeit der Markgrafen Lionello, Borso und Ercole von Este und schrieb zahlreiche patriotische Gedichte. Und als er starb, verordnete er testamentarisch, daß man niemals Verse von ihm drucken dürfe, wie er bei Lebzeiten niemals hatte Verse drucken lassen. O ihr Dichter! Ihr patriotischen Dichter! Gedenket Girolamo Castellis!*[202]

Welch weise Mahnung, hätten sich die »patriotischen Dichter« nur daran gehalten! Denn später sollten die Gedichte und Schriften aus diesen Tagen zum künstlerisch Schwächsten in ihrem Werk zählen und manchen Schatten auf ihre Biographie werfen.

Am 15. Februar 1915 erscheint in der »Schaubühne« ein eigenartiges Gedicht, das den Titel *Lied der Gefallenen* trägt. Beim ersten Durchlesen halten es manche für einen der vielen »Heldengesänge« dieser Tage. Deswegen passiert es wohl auch unbeanstandet die Zensur. Aber wer es etwas genauer liest, entdeckt einen für die deutsche Lyrik neuen Ton. Drei Jahre vor dem Zusammenbruch des Kaiserreichs und der Bildung von Arbeiter- und Soldatenräten im geschlagenen Deutschland hebt Feuchtwanger in seinem Gedicht als einer der Ersten den künstlichen Schleier, der über dem vom Kriege gefesselten Land liegt und der vielen seiner klügsten Köpfe die Wirklichkeit verbirgt. Und was aus diesem Gedicht hervortritt wie ein düsterer griechischer Tragödienchor, das sind die Massen, die wirklichen Opfer des sinnlosen Tötens auf den Schlachtfeldern. Ihre Frage nach dem »Warum?« steht wie ein Menetekel an der Wand. Ihr forderndes, in jeder Strophe bedrohlicher klingendes *Wir warten* kündet von einer anderen Zeit, der Zeit nach der Katastrophe.

Nicht zu Unrecht wird das kleine lyrische Werk Feuchtwangers später gelegentlich als das erste Revolutionsgedicht des Deutschlands dieser Jahre bezeichnet. Er nimmt es 1918 in seinen dramatischen Roman *Thomas Wendt* auf:

LIED DER GEFALLENEN
(1915)

Es dorrt die Haut von unsrer Stirn.
Es nagt der Wurm in unserm Hirn.
Das Fleisch verwest zu Ackergrund.
Stein stopft und Erde unsern Mund.
Wir warten.

Das Fleisch verwest, es dorrt das Bein.
Doch eine Frage schläft nicht ein.
Doch eine Frage wird nicht stumm
Und wird nicht satt: Warum? Warum?
Wir warten.

Staub stopft und Erde uns den Mund.
Doch unsre Frage sprengt den Grund
Und sprengt die Scholle, die uns deckt,
Und ruht nicht, bis sie Antwort weckt.
Wir warten.

Wir warten, denn wir sind nur Saat.
Die Ernte reift. Die Antwort naht.
Weh, wen sie trifft! Heil, wem sie frommt!
Die Antwort zögert, doch sie kommt.
Wir warten.[203]

Unabhängig von der literaturgeschichtlichen Stellung weist dieses Gedicht bemerkenswert deutlich auf den Wandel in Feuchtwangers politischem Denken hin. Der August 1914 war für ihn – wie für viele seiner Zeitgenossen – eine geistige Wende. Aus dem bürgerlichen Philologen, aus dem Schriftsteller, der vom Ästhetizismus seiner Zeit beeinflusst ist, wird in den Kriegsjahren sehr schnell ein kritischer, politisch wacher Beobachter der Gesellschaft. Er selbst hat später immer wieder auf diesen von den Zeitereignissen hervorgerufenen Umbruch seines Denkens hingewiesen. *Selbstverständlich spüre ich, mein Vorkriegswerk und mein Werk nach dem Kriege vergleichend, Unterschiede. … starke dynamische Veränderungen hat der Krieg in meiner Schriftstellerei hervorgebracht, er hat mir das Geschmäcklerische weggeschliffen, mich von der Überschätzung des Ästhetisch-Formalen, der Nuance, zum Wesenhaften geführt.*[204] Oder einige Jahre später an anderer Stelle: *Was ich während des Krieges schrieb, zeigt äußerlich noch die Form meiner Vorkriegswerke. Aber in seinem Wesen setzt es sich, scheint mir, nicht mehr mit mehr oder minder peripherischen Dingen auseinander wie diese, sondern trifft näher an den Kern.*[205]

Schließlich kommt er in der Zeit seiner stärksten Annäherung an den »real existierenden Sozialismus« in der Sowjetunion noch einmal auf dieses Thema zurück: *Heute weiß ich mit Sicherheit, daß zwei große Geschehnisse meine literarische Entwicklung bestimmt haben: das Erlebnis des imperialistischen Krieges und das Erlebnis der sozialistischen Gesellschaft in der Sowjet-Union.*[206] Ein Bekenntnis, das nur teilweise zutrifft. Neben dem Ersten Weltkrieg war es nämlich in erster Linie das Aufkommen der Nationalsozialisten und die Machtübernahme durch Hitler, die Feuchtwangers literarische Produktion beeinflussten, den Inhalt seiner Romane aus den späten 1920er und in den 1930er Jahren bestimmten. Erst als er in der zweiten Hälfte der 30er Jahre den scheinbar unaufhaltsamen Aufstieg des europäischen Faschismus, der auch in den westlichen Demokratien keineswegs auf einhellige Ablehnung stieß, miterleben musste, sah er in der Sowjetunion den wichtigsten Gegner Hitlers.

Im Oktober 1916 schreibt Feuchtwanger in der »Vossischen Zeitung«: *Vielleicht bedeutet dieser Krieg nichts anderes als einen Schritt weiter auf dem Weg Europas zu Buddha.*[207] Eine eigenwillige These, die darauf hinweist, dass die Schrecken des Krieges und das Scheitern der europäischen Machtpolitiker für Feuchtwangers Denken und Weltempfinden zunächst eine ganz neue Bedeutung gewinnen. Denn er wendet sich angesichts des Krieges der Westvölker den Religionsphilosophien und Weisheitslehren des Ostens zu und lernt *die vollkommen harmonische Weltanschauung*[208] dieser sich dem Geistigen verschreibenden Sphäre kennen. Er war ihr schon während seines Sanskrit-Studiums begegnet. Wie Marta Feuchtwanger berichtete, liest er nach der Rückkehr aus dem Süden mit neuer Intensität Buddhas »Reden« und die zur Weltabgewandtheit aufrufenden Werke Arthur Schopenhauers.[209] *Wenn damals eine gemeinsame Grundanschauung in dem, was ich schrieb, durchbrach, so ist es die Problemstellung: Tun und Nichttun, Macht und Verzicht, Asien und Europa, Buddha und Nietzsche.*[210] Nicht nur die altindischen Nachdichtungen, die jetzt entstehen, weisen darauf hin, sondern auch die Dramen, in denen sich Feuchtwanger in den kommenden Jahren mit dem Schicksal des englischen Gouverneurs in Indien, Warren Hastings, oder dem Scheitern des Dichters und Revolutionärs Thomas Wendt beschäftigt. Der Dualismus von westlicher Tat und östlichem Ruhen steht ebenfalls im Zentrum seiner Romane, die in der ersten Hälfte der 1920er Jahre entstehen *(Jud Süß, Die häßliche Herzogin, Der jüdische Krieg).* Ganz lässt ihn das östliche Denken nie mehr los. Auch in allen späteren Romanen werden viele der auftretenden Figuren mit der Wahl zwischen Tun und Nichttun konfrontiert.

Aber Mitte der 1920er Jahre, angesichts der neuen Schrecken, die sich im Aufstieg des Nationalsozialismus mit seinen rassistischen und antisemitischen Ideologien widerspiegeln, reagieren Feuchtwangers positive Helden wieder bewusst als Handelnde. Johanna Krain kämpft um die Rehabilitierung Martin Krügers *(Erfolg)* ebenso wie Josephus um seine Söhne *(Die Söhne, Der Tag wird kommen)*, Anna Trautwein um das Überleben ihrer Familie *(Exil)* oder Benjamin Franklin für eine erfolgreiche Revolution der amerikanischen Siedler *(Waffen für Amerika)*.

Sosehr Lion Feuchtwanger im Herbst 1914 den Kriegstaumel ablehnt – es wäre falsch, ihm eine patriotische Haltung gänzlich abzusprechen. Im Gegenteil: Die ersten deutschen Siege, so berichtet Marta Feuchtwanger, begeistern auch ihn. Auf der Überfahrt von Nordafrika nach Sizilien weist er die Gefährtin nicht ohne Stolz auf die Schlachtschiffe der kaiserlichen Marine hin, die ihnen begegnen. Ohne jeden Widerspruch folgt er – obwohl Pazifist – der militärischen Einberufung, bemüht sich, den Kasernen- und Exerzierdienst gewissenhaft zu erfüllen. Auch drei seiner Brüder werden eingezogen, nur Fritz, bereits Teilhaber der väterlichen und kriegswichtigen Margarinefabrik, ist freigestellt. Der jüngste von ihnen, Berthold, wird 1915 das an Juden nur ganz selten verliehene »Eiserne Kreuz Erster Klasse« erhalten.

Lion Feuchtwangers Kritik setzt zunächst vor allem dort an, wo Hass und Dummheit Feindbilder erzeugen, die auf ihn grotesk wirken. Der große Kenner französischer und englischer Literatur wehrt sich gegen die pauschale Ablehnung und Verächtlichmachung, die diese Hochkulturen plötzlich in der deutschen Öffentlichkeit erfahren. Die primitiven Vereinfachungen in der Presse und die Reden von Kaiser und Armeeführung – der Feind ist abgrundtief böse, das eigene Handeln allein von edlen Motiven getragen – fordern seinen Widerspruch heraus. Dieser Widerspruch wird zu einem Leitthema seiner schriftstellerischen Arbeiten während des Krieges.

Marta und Lion Feuchtwanger bleiben zunächst in ihrer kleinen billigen Pension. Der Kontakt zu Lions Familie ist so kühl wie vor der großen Reise. Die Rückkehr des ältesten Sohns und Bruders wird im Hause Sigmund Feuchtwanger mehr oder weniger schweigend zur Kenntnis genommen. Knapp zwei Jahre später kommt es – wie Lion seiner Frau später einmal erzählt hat – zu dem einzig wirklich offenen Gespräch, das er in seinem ganzen Leben mit seiner Mutter geführt hat. Es ist der Tag, an dem Sigmund Feuchtwanger zu Grabe getragen wird.

Die Militärbehörden gewähren dem Heimkehrer eine vierwöchige Schonfrist. In der kurzen Wartezeit arbeitet er an einer Neuübersetzung der *Perser des Aischylos*, Frucht der Begegnung mit diesem griechischen Tragödiendichter im weiten Rund des Amphitheaters von Syrakus und seine erste literarische Reaktion auf die deutschen Zustände.

Mitte Oktober 1914 wird Lion Feuchtwanger eingezogen. Er kommt zum königlichen Regiment, ein einfacher Rekrut, dem Drill des stumpfsinnigen Exerzierens fast täglich unterworfen. Es werden für den körperlich schwachen Soldaten Lion Feuchtwanger harte Monate. Lange Fußmärsche, stundenlanges Stehen in eisiger Winterkälte, eine Verpflegung, die seinem empfindlichen Magen schadet. Seine Kurzsichtigkeit behindert ihn beim Übungsschießen – noch schlimmer, er muss aufpassen, dass er auf der Straße oder in der Trambahn nicht die Offiziere übersieht, für die Grußpflicht gilt. Er nimmt dies alles mit stoischer Gelassenheit hin, bemüht sich, die auferlegte Pflicht unauffällig und korrekt zu erfüllen.

Nach einiger Zeit kann er zu Hause schlafen und damit von Marta verpflegt werden. Die Ärzte haben das angeordnet. Wenn er abends todmüde ins Bett fällt, putzt Marta Schuhe und Uniformknöpfe blank, denn auch bei den königlich-bayerischen Regimentern wird die äußerliche Sauberkeit erheblich strenger kontrolliert als die innere. Eines Tages passiert es doch: Der Rekrut Feuchtwanger übersieht einen Offizier, versäumt zu grüßen. Das Privileg der Privatübernachtung wird gestrichen, er muss wieder ganz in der Kaserne leben.

Auf der Straße begegnet er dem bekannten Schauspieler Gustav Waldau, jetzt Offizier; man kennt sich gut, der Feinnervige wechselt die Straßenseite, damit der Freund und einstige Kritiker nicht grüßen muss. An einem anderen Tag marschiert seine

Kompanie durch die winterliche Stadt, vorbei an den »Torggelstuben«, wo die Freunde sitzen. Er muss zwei Gewehre tragen, die Straße ist mit einer Eisschicht überzogen und glatt, der Helm ist ihm verrutscht, die kleine, schmale Gestalt in der schäbigen Uniform schliddert mühsam hinter dem Zug her. Die Freunde sehen ihn, lachen. Manchem aber mag es bei diesem Anblick vielleicht doch vergangen sein.

Nach fünf Monaten bricht Feuchtwanger mit Magenblutungen zusammen. Er kommt ins Hospital, strenge Diät wird verschrieben. Längst sind die Krankenhäuser überfüllte Soldatenlazarette geworden, mit fluchenden, schreienden Männern, die ersten in einer nicht mehr enden wollenden Reihe von zerschossenen, gequälten Opfern des Krieges. Es ist auch bereits die Zeit der Versorgungsnot angebrochen, schonende Kost für den schwerkranken Soldaten Feuchtwanger kaum noch zu beschaffen.

Er darf sich zu Hause auskurieren. Die Militärzeit ist damit für ihn praktisch beendet. Er bleibt zwar dienstverpflichtet, aber seine Tauglichkeit wird von den Militärärzten nach dem gesundheitlichen Zusammenbruch verneint. Marta Feuchtwanger erzählt, dass seine Kompanie am Morgen nach seiner Hospitaleinweisung an die Front geschickt wurde. Der Zug sei unter feindlichen Artilleriebeschuss geraten, keiner von seinen Kameraden soll überlebt haben. »So, in a way«, sagt Marta 60 Jahre danach, »it saved his life.«[211] Als Feuchtwanger selbst später über seine Soldatenzeit schreibt, meint er zwar, dass er nicht schlecht behandelt worden sei. *Aber es war grauenvoll, den Befehlen anderer unterworfen, sinnlose Dinge zu tun, die meiste Zeit zwecklos auf dem Kasernenhof herumzustehen, aus schmutzigen Häfen Zeug zu essen, das mir nicht gut bekam.*[212]

Von der Last des Militärdienstes befreit, kann sich Feuchtwanger endlich ganz seiner schriftstellerischen Arbeit widmen. Und er wird nun ungemein produktiv werden. Im Krieg schreibt er insgesamt neun Bühnenwerke, acht davon erscheinen bis Ende 1918 auf dem Buchmarkt. In diesen Jahren gibt es an den Theatern von Berlin, München, Hamburg und Mannheim sieben

Uraufführungen von Stücken Feuchtwangers. Am Kriegsende ist er ein namhafter Bühnenautor in Deutschland.

Bald fließen auch die ersten Tantiemen. Nicht im Übermaß, aber in einer Höhe, die Marta und Lion Feuchtwanger ein unabhängiges Leben ermöglicht. Sie können sich endlich eine eigene Wohnung mieten. Sie finden sie zunächst in der Prinzregentenstraße, dann in der Georgenstraße. Zum ersten Mal seit Jahren weicht der finanzielle Druck, und im Tagebuch notiert Feuchtwanger am 27. Februar 1915: *Unsere finanziellen Verhältnisse sind nicht unbefriedigend. Wir haben monatlich 500 M zu verbrauchen, so gut wie keine Schulden, und einen kleinen Reservefonds von 3–400M.* Der Blick geht hinaus in den Garten der Akademie; noch wichtiger, ganz nahe liegt die Bayerische Staatsbibliothek. Sie wird nun fast zu einer zweiten Heimat für den Schriftsteller. An den Tischen des Lesesaals wird er sich bald seinen Weltruhm erschreiben. Hier werden zahlreiche Theaterstücke entstehen, der Roman vom Leben und Sterben des Süß Oppenheimer und die Geschichte von Margarete, die ihr Volk »die Maultasch« nannte. Dann ist er reich genug und kauft sich seine eigene Bibliothek.

Die Theatererfolge vertiefen die Beziehungen und Kontakte zur Münchner Künstlerschaft. Die »Torggelstube« oder – wie sie seit 1898 eigentlich heißt – das »Fränkische Weinhaus zur Torggelstube«, dicht neben dem Hofbräuhaus gelegen, bleibt in den Kriegsjahren ein häufiger Treffpunkt der Münchner Intelligenz. Am Stammtisch von Frank Wedekind, seit der Uraufführung seines Stückes »Frühlings Erwachen« 1906 in Berlin nach langen Jahren der Ablehnung als Dramatiker anerkannt, treffen sie sich regelmäßig. Heinrich Mann kommt, der Schauspieler und Schriftsteller Egon Friedell, der große Max Reinhardt, wenn er in München ist, Alfred Polgar, der glänzende Stilist aus Wien, Walther Rathenau taucht auf, politisch sensibel debattierend, Bruno Frank, »schön wie ein Gott« und durch die Meldereiterei an der Front schwer asthmaleidend, Erich Mühsam, der sanfte, liebenswürdige Anarchist, und manch anderer, dessen Name heute schon verschollen ist. Marta und Lion Feuchtwanger sind häufig dabei.

Die Diskussionen sind hitzig, viel öfter als früher drehen sie sich um die Politik. Die Lager sind gespalten, der Zwist zwischen Heinrich und Thomas Mann über die Hintergründe des Krieges ist kein Einzelfall – nur dass es eben die beiden berühmten Brüder sind, gibt dem Streit seinen sensationellen Anstrich. Im Wedekind-Kreis ist man kaiserfeindlich. Nicht bei allen, aber bei den meisten, die den Stammtisch besuchen, beginnt die Kritik zu überwiegen. Heinrich Manns Roman *Der Untertan,* dessen Abdruck in der Zeitschrift »Zeit im Bild. Moderne illustrierte Wochenschrift« am 13. August 1914 vorzeitig abgebrochen wird, findet uneingeschränkte Zustimmung in der Runde. Die Haltung der Sozialdemokraten verwirrt, ab 1916 neigen viele aus dem Kreise Wedekinds den abgespaltenen Unabhängigen Sozialdemokraten um Kurt Eisner, Eduard Bernstein und Hugo Haase zu, die den »Siegfrieden« scharf ablehnen und weitere Kriegskredite verweigern.

Abends begleitet Lion Feuchtwanger den immer etwas zu würdig wirkenden Lübecker Senatorensohn Heinrich Mann häufig nach Hause, sitzt die Nacht hindurch im spärlich möblierten Arbeitszimmer des bescheidenen, klugen Dichters und redet mit ihm. Heinrich Mann, der 13 Jahre Ältere, ist ihm schon lange literarisches Vorbild gewesen, die gemeinsamen Gespräche dieser Jahre bringen sie einander nah, auch im politischen Denken. Mit Bruno Frank, dem so ganz anders gearteten hochgewachsenen charmanten Plauderer in der Gesellschaft, Frauenheld, beginnt ebenfalls eine Lebensfreundschaft, die vor allem der von der Front zurückgekehrte Lyriker sucht. Er wird der Einzige im Kreise um Feuchtwanger sein, den er duzt. Es werden in den Münchner Kriegsjahren viele Beziehungen geknüpft, die hinüberreichen in die hektischen Jahre von Weimar und die oft schwere Zeit des Exils.

Auch die Wohnung in der Georgenstraße wird zum häufigen Treffpunkt dieses Kreises. Neben den Freunden tauchen junge unbekannte Autoren bei Feuchtwanger auf, legen Stücke vor, hoffen auf Förderung. Es hat sich herumgesprochen, wie hilfsbereit er ist, wenn ihn ein Buch, ein Theaterstück überzeugt hat. Im

März 1919 wird ein Medizinstudent – *ein sehr junger Mensch, schmächtig, schlecht rasiert, verwahrlost in der Kleidung* – an Feuchtwangers Wohnungstür klopfen. *Er drückte sich an den Wänden herum, sprach schwäbischen Dialekt, hatte ein Stück geschrieben ...*[213] Recht schnoddrig erklärt er, dass er wenig von dem Werk halte (es handelte sich um das Drama »Spartakus«), aber Geld brauche. Er kommt aus Augsburg und heißt Bertolt Brecht. Eine fruchtbare Künstlerfreundschaft beginnt. Sie sollte 37 Jahre dauern, bis zu Brechts Tod 1956.

Drei Jahre später, 1922, gehört Marieluise Fleißer dazu, die damals 21-jährige begabte Dramatikerin aus Ingolstadt. In ihren Erinnerungen schreibt sie: »Im Steinickesaal in Schwabing hatte ich beim Künstlerfasching den damals achtunddreißigjährigen Lion Feuchtwanger kennengelernt. Ich brachte ihm alles, was ich schrieb. Und was noch wichtiger war, er las es, obwohl er Vieles von anderen zurückwies. Was ich ihm brachte, nannte er Expressionismus und Krampf. ... ich nahm den Lion sehr ernst.«[214] Feuchtwanger stellt sie Brecht vor, der großen Einfluss auf die junge Schriftstellerin gewinnt und 1926 für die Aufführung ihres Schauspiels »Fegefeuer in Ingolstadt« in Berlin sorgt. Feuchtwanger korrespondiert mit der über Jahrzehnte in Vergessenheit geratenen Marieluise Fleißer noch in den Jahren nach dem Zweiten Weltkrieg. »... Lion Feuchtwanger (blieb) der fast zärtlich verehrte, sachlich ordnende Vater.«[215]

Wie alle, so spüren auch Marta und Lion Feuchtwanger die Not der Kriegsjahre. Aber Lion Feuchtwanger bleibt vor dem Schlimmsten bewahrt, er muss nicht in den Krieg.

Fast die gesamten vier Jahre leben sie in München, reisen nur gelegentlich nach Berlin, Hamburg oder Mannheim, um die Premiere eines eigenen Stückes mitzuerleben. Und als der Kaiser bei Nacht und Nebel nach Holland flieht und als der Wittelsbacher Ludwig III. durch die Hintertür der königlichen Residenz entweicht, hofft der Schriftsteller Lion Feuchtwanger, wie viele andere, auf bessere politische Zeiten, begrüßt er die Republik.

KAPITEL 10

Ein jedes war irgendwann verboten

Feuchtwanger als Dramatiker

Bis Ende 1918 hat Lion Feuchtwanger außer dem frühen Roman *Der tönerne Gott* und drei kleinen Erzählungen keine Prosa veröffentlicht. Der Schriftsteller, dessen Romane später Millionenauflagen erreichen werden, ist mit 34 Jahren als Dramatiker bekannt. Am Beginn des 21. Jahrhunderts sind seine Stücke auf den Bühnen praktisch nicht mehr zu finden. Er teilt als Dramatiker damit das Schicksal vieler Kollegen, deren Schauspiele damals die Säle der deutschen Theater füllten. Selbst Georg Kaiser, Carl Sternheim, Ferdinand Bruckner oder Bruno Frank sind nur mit einzelnen Werken in den Spielplänen vertreten. Die früheren Könige der Bühne, Gerhart Hauptmann und Frank Wedekind, bilden da kaum eine Ausnahme.

Zumindest im Druck konnten die Leser im östlichen Teil Deutschlands nach 1945 den Dramatiker Feuchtwanger kennenlernen. Neben einigen Einzelausgaben erschien 1954 der Band »Stücke in Versen« mit drei frühen Nachdichtungen, und 1958 folgten »Stücke in Prosa« mit sieben Dramen. Beide Veröffentlichungen fanden sich im Programm des Rudolstädter Greifenverlages, der sich im Besonderen um das Werk Feuchtwangers bemühte. Zum hundertsten Geburtstag des Dichters legte der Aufbau-Verlag eine von Hans Dahlke herausgegebene und kenntnisreich kommentierte zweibändige Ausgabe der Dramen vor. In der Bonner Republik wurde keines seiner Stücke wieder publiziert. In den Schauspielführern sucht man vergebens nach Hinweisen auf sein Werk.

Feuchtwangers Bühnenstücke wurden zwischen 1915 und 1930 in den deutschen Schauspielhäusern zwar mit unterschiedlicher

Intensität, aber ziemlich regelmäßig – Eckhard Schulz spricht von rund 5000 Aufführungen in den 1920er Jahren[216] – inszeniert, manche waren sehr erfolgreich, andere blieben ohne nachhaltiges Echo. Nach 1945 gab es 44 Neuinszenierungen, 26 in der DDR, in der alten Bundesrepublik 18. Zweimal produzierte das Westfernsehen, einmal das Ostfernsehen Theaterstücke von Feuchtwanger. Einige Dramen wurden für das Radio als Hörspiele bearbeitet.

Nach 1990 haben die deutschen Bühnen noch seltener auf Schauspiele Feuchtwangers zurückgegriffen. Im Stadttheater Augsburg kam es im Februar 1998 unter dem Titel »Thomas Brecht« zu einer Neuinszenierung seines dramatischen Romans *Thomas Wendt*. Immerhin brachten es die Augsburger auf 50 Aufführungen. Im Berliner »Theater im Palais« wurde 2003 eine Bearbeitung seines Dramas *Jud Süß* gespielt. In Luzern konnten die Zuschauer am 9. Oktober 2007 die Premiere des gemeinsam mit Brecht bearbeiteten Christopher-Marlowe-Schauspiels *Leben Eduards des Zweiten von England* miterleben. Im »Kleinen Theater am Markt« in Wahlstedt fand im November 2008 die von Vera Oelschlegel dramatisierte Fassung des Romans *Goya* ihre Uraufführung. Mehr ist im ersten Vierteljahrhundert seit der Wiedervereinigung in den offiziellen Statistiken des Deutschen Bühnenvereins von Feuchtwangers Dramen nicht zu finden.[217]

Sein dramatisches Schaffen umfasst mit Nachdichtungen, bearbeiteten Übersetzungen fremder Stücke, den gemeinsam mit Bertolt Brecht verfassten Schauspielen und den ureigenen Schöpfungen (einschließlich einer Pantomime) insgesamt 30 Werke. Es beginnt mit sechs nur als Bühnenmanuskript erschienenen Einaktern, die der 21-Jährige bis 1906 geschrieben hat. Es endet mit dem Dreiakter *Die Witwe Capet*, der 1956 erscheint. Hinzu kommen mehrere unvollendet gebliebene dramatische Entwürfe oder nie verwirklichte Dramenpläne. So berichtet Feuchtwanger beispielsweise 1928 von der Idee, ein Stück zu schreiben, in dem es um Karl Marx und Bismarck gehen sollte. Sein Interesse am Theater ist also nie erloschen. Er selbst sah sich immer auch als Dramatiker, wenngleich ihm auf der Bühne nie der Welterfolg beschert wurde, den er mit seinen Romanen seit Mitte der 1920er Jahre erlangte.

Die Bühne hat Feuchtwanger von frühester Jugend fasziniert. Die Lektüre der antiken Dramen und der europäischen Klassiker – von Shakespeare bis Molière, Calderón, Schiller oder Goethe – steht am Anfang. Schon als Schüler besucht er die Münchner Theater, und im Studium folgt die wissenschaftliche Auseinandersetzung mit der Bühnenliteratur. Als Kritiker wird er zum professionellen Betrachter. Er lebt dann im Kreis von Regisseuren, Bühnenbildnern und Schauspielern, die mit ihm auch über die handwerkliche und bühnentechnische Seite des Sprechtheaters diskutieren. Schon als »Phöbus«-Mitglied führt er gelegentlich Regie. 1918 wird er für ein Jahr dramaturgischer Berater der Münchner Volksbühne, schreibt Beiträge für Programmhefte, berät die Hausregisseure und inszeniert dort Eduard von Keyserlings »Ein Frühlingsopfer«, Georg Kaisers »Die Sorina« und Maxim Gorkis »Nachtasyl«.

Feuchtwangers Eigendichtungen für das Theater sind konventionell. Ihnen fehlt die aufrüttelnde soziale Wirkung, die etwa Gerhart Hauptmann Ende des 19. Jahrhunderts mit seinen Bühnenstücken hervorrief, oder die gesellschaftspolitische Agitation, die die Dramen des Freundes Bertolt Brecht prägt. Sie haben auch nichts von dem damals skandalumwitterten »Neuen«, das von Wedekinds psychologischen Triebstudien ausging, nichts von seinen bis heute erregenden Einblicken in die dunklen Winkel des menschlichen Unterbewusstseins. Es fehlt ihnen die satirische Schärfe, mit der Carl Sternheim die neue Schicht, die Emporkömmlinge, entlarvt.

Feuchtwangers Werke für die Bühne sind jedoch handwerklich solide gebaut, und ihr aufklärerischer, lebensphilosophischer Impetus lässt die Begegnung mit ihnen zu einem intellektuellen Vergnügen werden. Er bleibt als Künstler der hochgebildete, von der Philosophie der Antike, dem europäischen Humanismus und der Aufklärung geprägte Sohn des deutschen Bürgertums. Der Dramatiker Feuchtwanger verzichtet auf Sprachexperimente. In seinen Stücken erzählt er von unserer Sehnsucht nach Ruhe und

Erkenntnis, vom nie endenden Kampf um Macht und Geld, der die Gesellschaften seit Urzeiten beherrscht. Im Gewand der Historie oder als Gegenwartsdrama spiegelt er in seinen Schauspielen die großen Themen der europäischen Moderne wider: Krieg und Gewalt, das Ringen um die Gründung und das Überleben der demokratischen Staaten, das Scheitern der Mächtigen und das Leiden der Ohnmächtigen, der Kampf um Fortschritt und Gerechtigkeit. Es sind vielleicht mehr Lese- als Sehstücke. Aber sie bieten dem Leser und Zuschauer kluge Texte, eine gelungene Mischung aus dramatischer Spannung und intelligenten Dialogen.

Im *Vorwort zu den »Drei Stücken« (Die Kriegsgefangenen, Neunzehnhundertachtzehn, Der holländische Kaufmann)* schreibt Feuchtwanger 1934: *Die Stücke sind zeitgebunden, sie sind aus den Ereignissen heraus entstanden.*[218] Der Krieg, die bayerische Revolution 1918/19, die Gewalt des modernen Kapitalismus, das Verhalten der Intellektuellen in diesen politisch so erregenden Jahren oder die »Amerikanisierung« der europäischen Gesellschaft werden in seinen Bühnenwerken verarbeitet, die er als Schauspiel, Komödie oder dramatischen Roman bezeichnet. Sie weisen Feuchtwanger als wachen politischen Autor aus.

1927 hat er im Rückblick konstatiert: *Wenn ich aber, 42jährig, auf dem Scheitel meines Lebens, betrachte, was ich bisher gemacht habe, versuchend, ein Gemeinsames zu finden, eine Linie, die meine Bücher an mich, an mein Leben und aneinander bindet, einen Generalnenner: dann glaube ich, trotz aller scheinbaren Differenz doch immer nur ein Buch geschrieben zu haben: das Buch von dem Menschen, gestellt zwischen Tun und Nichttun, zwischen Macht und Erkenntnis.*[219] Als er diese Zeilen schreibt, liegen die Romane *Jud Süß* und *Die häßliche Herzogin* schon vor – eine Prosa, die den Weg von »Nietzsche zu Buddha« als zentrales Entwicklungsthema aufgenommen hat. Aber die zitierte Selbstinterpretation gilt auch für die Theaterwerke. Seine Bühnenfiguren Warren Hastings, Englands Generalgouverneur in Indien, oder Daniel Raule, der holländische Kaufmann im Dienste des brandenburgischen Kurfürsten, sind Männer, die auf ihrem Weg zur Macht vereinsamen.

Große, brutale und ihren Willen durchsetzende Naturen, von der Idee des Fortschritts gefesselt, vom Mittelmaß ihrer Umwelt zu Taten gezwungen, die ihre Visionen der Menschheitsbeglückung verdunkeln. Menschen des Wollens, des Tuns, zum Scheitern verurteilt. »Der Handelnde ist immer gewissenlos. Es hat niemand Gewissen als der Betrachtende.« Dieses berühmte Goethe-Zitat, das Feuchtwanger seinem *Warren Hastings* und dem *Thomas Wendt* voranstellt, steht unsichtbar auch über den anderen Werken dieser Jahre.

Theatergeschichtlich ist es nicht zuletzt der Begriff *dramatischer Roman*, der sich mit den Bühnenarbeiten Feuchtwangers verbindet. Im Vorwort zu *Thomas Wendt* (1919), später *Neunzehnhundertachtzehn,* schreibt er über diesen Gattungsbegriff: *Die Bezeichnung ist neu, nicht die Sache. Dramatische Romane schrieben die Inder, dramatische Romane sind die Tragödien der Griechen … Dramatische Romane sind Shakespeares Historien, seine großen Weltbilder, ein dramatischer Roman ist der Faust.*[220] Für Feuchtwanger ist er *Gegenpol des Anekdotendramas.* Und natürlich – dem Zeitgeist entsprechend – steht der dramatische Roman nicht isoliert, sondern ist eine späte Spielart des expressionistischen Theaters.

In einer Gegenüberstellung der Begriffe Drama, Roman und dramatischer Roman macht Feuchtwanger deutlich, was er will: *Roman, ein Weltbild soll gegeben sein, nicht ein Einzelschicksal bloß, ein Zeitbild zumindest … Ein dramatischer Roman: kein Verweilen soll sein, kein sanftes Vorwärtsgleiten, Betrachtung soll vermieden, gesagte, nicht gestaltete Wertung vom Autor her soll ausgeschlossen sein … Drama: nur die Spitze der Pyramide, blaue Luft darüber und, vielleicht, ein einsamer Betrachter auf dem Gipfel. Roman: die ganze Pyramide mit den Spießbürgern, die auf ihr herumkriechen, mit den Schakalen, die ihren Fuß bepissen, mit den Geiern, die im Blau darüber wegfliegen, mit der endlosen, gelben Wüste ringsum … Dramatischer Roman: ich will nur die Spitze der Pyramide geben, aber Sie sollen spüren, … wie darunter die Basis wuchtet, wie ringsum die Wüste wächst, wie in dem Blau die Geier schweben … und wie neugierige Bürger mit dem Baedeker auf den Stufen herumklettern.*

Dramatischer Roman: ich halte mich nicht auf, und ich halte Sie nicht auf, nicht mit der Wüste und nicht mit den Geiern … und nur ganz wenig mit den neugierigen Bürgern. Aber verzichten will ich nicht auf dies alles. Da soll es sein. Seinen Dunst sollen Sie spüren.[221]

Einer der großen Bühnenautoren des 20. Jahrhunderts wurde von diesem dramatischen Konzept Feuchtwangers nachhaltig beeinflusst. Bertolt Brechts »episches Theater« ist in der Zusammenarbeit mit Lion Feuchtwanger, in den häufig lauten, aber für die Arbeit dieser beiden Autoren wichtigen Diskussionen entwickelt worden. Brecht, selbst ein genialer, allen Theaterkonventionen seiner Zeit burschikos und rüde widersprechender Dramatiker und Erneuerer, hat deswegen auch den Kollegen Feuchtwanger erheblich höher eingeschätzt als die Nachwelt. Immer wieder stößt man in seinem »Journal« auf Bemerkungen, die dies unterstreichen. Eintragung am 20. Dezember 1942: »Angenehme Arbeit an dem ›Simone-Machard‹-Stück mit Feuchtwanger.«[222] Am 3. Januar 1943: »Er hat Sinn für Konstruktion, versteht sprachliche Feinheiten zu schätzen, hat auch poetische und dramaturgische Einfälle, weiß viel von Literatur, respektiert Argumente und ist menschlich angenehm, ein guter Freund.«[223] Am 31. Juli 1944: »Feuchtwanger ist erfrischend klug und erträgt meine Beschimpfungen … mit philosophischer Geduld und Freundlichkeit.«[224] Am 3. März 1945: »Feuchtwanger erzählt mir, daß die Hexameter schlecht sind, das bedeutet viel Polierarbeit. Tatsächlich weiß ich zuwenig davon.«[225] Und 1949 bekennt Brecht in einem Grußwort zum 65. Geburtstag des Freundes noch einmal öffentlich, dass Feuchtwanger »einer meiner wenigen Lehrmeister« war, der wusste, »welche ästhetischen Gesetze zu verletzen ich mich anschickte«.[226]

Umgekehrt hat der 14 Jahre ältere Feuchtwanger mehrfach betont, wie viel er von Brecht gelernt hat. In einem Aufsatz für seine englischen Leser, den auch die »Weltbühne« 1928 veröffentlicht, rühmt er liebevoll-spöttisch den begabten Künstler: *Er ist widerwärtig und reizvoll, ein sehr schlechter Schriftsteller und ein großer Dichter und unter den jüngern Deutschen ohne Zweifel der, der die meisten geniehaften Züge trägt.*[227]

Im gleichen Artikel spricht Feuchtwanger dem Autor von »Baal«, »Trommeln in der Nacht« und »Im Dickicht der Städte« ein Erstgeburtsrecht zu: *Bertolt Brecht hat eine Erfindung gemacht, er nennt sie das epische Drama.*[228] Zu diesem Zeitpunkt haben beide bereits gemeinsam an Feuchtwangers *Kalkutta, 4. Mai* und Brechts *Leben Eduards des Zweiten von England* gearbeitet. Feuchtwanger ist also ein intimer Kenner von Brechts Gedanken über das epische Theater: *Die Erfindung besteht darin, daß er auf jede Spannung im Drama verzichtet und daß er die Herstellung von Antithese und Spannung, daß er jeden zweckvoll ersonnenen Aufbau einer Handlung für unkünstlerisch ansieht. Vielmehr vernichtet das Brechtsche epische Drama im Gegensatz zum französischen Theater jede Spannung, indem es die Geschehnisse von vornherein naiv und deutlich ansagen läßt. Es kommt, nach Brecht, darauf an, daß der Zuschauer nicht mehr auf das Was, sondern nur auf das Wie achtet. Es kommt weiterhin, nach Brecht, darauf an, daß der Zuschauer um Gottes willen sich nicht einfühlt. Das Schmarotzenwollen am Schicksal und am Leben eines andern muß, nach Brecht, dem Publikum ausgetrieben werden. Es kommt vielmehr, nach Brecht, darauf an, daß der Mann im Zuschauerraum sich die Ereignisse auf der Bühne lediglich betrachtend, wißbegierig, lärmbegierig anschaut. Anschauen soll der Zuschauer den Ablauf eines Lebens, seine Schlüsse daraus ziehen, ablehnen, zustimmen, sich interessieren soll er, aber um Gottes willen nicht mitfühlen.*[229]

Brecht bestätigt diese Analyse in einer 1936 geschriebenen Arbeit über sein episches Theater: »Von keiner Seite wurde es dem Zuschauer weiterhin ermöglicht, durch einfache Einfühlung in dramatische Personen sich kritiklos (und praktisch folgenlos) Erlebnissen hinzugeben. Die Darstellung setzte die Stoffe und Vorgänge einem Entfremdungsprozeß aus.«[230]

Beide Texte machen deutlich, dass es auch starke Unterschiede in ihren Auffassungen gibt. »Brecht zielt darauf ab, den Gang der Handlung zu verlangsamen, um das Publikum zu zwingen, über das Geschehen auf der Bühne nachzudenken, während Feuchtwanger die Geschwindigkeit der Handlung forciert, um ihr echtes Leben zu verleihen. Feuchtwangers Theorie ist wesenhaft expressionistisch, insofern nämlich, als hier das Drama als die plastische Darstellung jener Kräfte gesehen wird, ›die in dem Helden wirken und ihn verbrennen‹. Feuchtwangers Held wird darüber hinaus als Teil eines Ganzen gesehen, und dieses Ganze ist ›zu sehr voll Widerspruch, zu hart und weich, zu farbig‹, es ›kriecht mit zu viel Beinen, fliegt mit zu viel Flügeln, lebt zu sehr, ist zu sehr da‹, als daß es auf einen einzelnen, persönlichen Konflikt reduziert werden könnte. Das Leben in seiner Fülle, wie es Feuchtwanger sieht, ›wirbelt so übers Maß schnell ineinander, daß gesitteter epischer Gang in hinkendem Kontrast stünde zu so gehetztem Geschehen‹.«[231]

Natürlich haben weder Brecht noch Feuchtwanger das epische Theater »erfunden«. Auch Georg Kaiser zum Beispiel setzte sich mit dieser im Grunde sehr alten Form der Bühnendarstellung auseinander und entwickelte sie weiter. Es soll in unserem Zusammenhang nur unterstrichen werden, wie bemerkenswert Feuchtwangers Verdienste an der modernen Umsetzung des epischen Theaters gewesen sind. Nicht nur Brecht, sondern auch andere Schriftsteller seiner Zeit haben das erkannt. 1923, drei Jahre nach Erscheinen des dramatischen Romans *Thomas Wendt*, hat Alfons Paquet sein Drama »Fahnen« veröffentlicht, das von Feuchtwangers Stück stark beeinflusst ist. Und Alfred Döblins bekanntester Roman, »Berlin Alexanderplatz«, der 1929 erscheint, zeigt in seinem Aufbau manches von dem, was Feuchtwanger ein knappes Jahrzehnt vorher für den dramatischen Roman gefordert hat. Für die Geschichte des deutschen Theaters im 20. Jahrhundert jedenfalls ist die fruchtbare Freundschaft, die Brecht und Feuchtwanger über knapp vier Jahrzehnte verbunden hat, überaus folgenreich gewesen. »Ohne Übertreibung kann man behaupten, daß Brechts Theorie und Praxis ohne Feuchtwanger nicht möglich geworden wäre.«[232]

Hans Dahlke hat in seiner Darstellung der Aufführungsgeschichte der Feuchtwanger-Stücke zwei zeitliche Höhepunkte hervorgehoben. Seinen Durchbruch in München erlebt der Dramatiker Lion Feuchtwanger in den Jahren zwischen 1915 und

1918. Dahlke berichtet, dass Feuchtwanger bis zu den Tagen der Novemberrevolution von 1918 der meistgespielte Dramatiker Münchens gewesen sei. »Wie der Aufführungskalender zeigt, stand Feuchtwangers Name in der Zeit zwischen April 1917 und April 1918 an mindestens sechs Spielabenden gleichzeitig auf dem Programm des Schauspielhauses wie auf dem der Kammerspiele.«[233] Mit seinen frühen Theaterarbeiten trifft seine Hinwendung zu den östlichen Philosophien und seine vorsichtig formulierte, doch nicht zu überhörende Gegnerschaft zu dem die Wirklichkeit verleugnenden Getöse der wilhelminischen Militär- und Hofeliten offensichtlich sehr genau die Stimmung vieler Theaterbesucher. Der Krieg ist für die Menschen längst zu einem nicht enden wollenden Schrecken geworden, und an der Heimatfront wird der Alltag von wachsenden Versorgungsnöten heimgesucht. Feuchtwangers Humanismus, die Skepsis, mit der er das »Tun« seiner nach den Lehren des Abendlandes handelnden Figuren begleitet, weist den Zuschauer auf eine geistige Welt hin, deren Ursprünge er im Morgenland erkennt und die in dem gewaltbeherrschten Europa unterzugehen droht. Es ist denn auch kaum erstaunlich, dass in den Kriegsjahren fast alle seine Dramen auf offizielle Ablehnung stoßen und die staatliche Zensur mehrere Feuchtwanger-Aufführungen verbietet.

Mit dem Kriegsende, den revolutionären Wirren der ersten Friedensjahre und dem Kampf um das Überleben der Weimarer Republik beherrschen neue Themen und eine radikalere Aufführungspraxis die Theaterszene. Der Dramatiker Feuchtwanger kann zunächst nicht an die Münchner Erfolge anknüpfen. Aber mit den Aufführungen seines Schauspiels *Kalkutta, 4. Mai* (eine Neufassung des Schauspiels *Warren Hastings*) 1927 in Königsberg und in Hamburg und vor allem mit der umjubelten Inszenierung (Regisseur Erich Engel) des mit Brecht erarbeiteten Stückes im Juni 1928 im Berliner Schauspielhaus finden seine Dramen wieder ihren Platz im Repertoire vieler deutscher Theater. Nach dem sensationellen Wahlerfolg der Nationalsozialisten vom September 1930 weichen auch die Intendanten und Direktoren der deutschen Theater frühzeitig und ängstlich vor dem Ansturm der radikalen Demokratiegegner und Antisemiten zurück. Nicht nur Feuchtwangers Dramen verschwinden vor der Etablierung von Hitlers germanisierter Kulturdiktatur aus den Spielplänen.

In München und Berlin haben zuvor namhafte Regisseure wie Otto Falckenberg, Jürgen Fehling, Erich Engel und Leopold Jessner die Feuchtwanger-Stücke inszeniert. Elisabeth Bergner, Lucie Mannheim, Lotte Lenya, Maria Koppenhöfer, Sybille Binder, Rudolf Forster, Albert Florath, Werner Krauß treten in Feuchtwanger-Rollen auf. Die Kritiken – wie sollte es auch anders sein – sind unterschiedlich, aber die ehemaligen Kollegen in den Feuilletonredaktionen der Zeitungen und Zeitschriften lassen ihm alles in allem Gerechtigkeit widerfahren. Siegfried Jacobsohn, der alte Chef, schreibt anlässlich der Berliner Aufführung von *Warren Hastings* (1916) in seiner unnachahmlichen Art: »Trotzdem Lion Feuchtwanger mein Mitarbeiter ist, bin ich entschlossen, an seinem Schauspiel ein gutes Haar zu lassen.«[234] Das aber wiederum tut der hochberühmte Kritiker Alfred Kerr ganz und gar nicht: »Herr F. bot nur den Abendfüller eines kaum Beteiligten.«[235]

Der sprachmächtige Alfred Kerr kann jedoch nicht verhindern, dass Feuchtwanger-Premieren im Berlin der 1920er Jahre zu künstlerischen und gesellschaftlichen Ereignissen werden. Das »Berliner Tageblatt« schreibt 1928 anlässlich einer Aufführung der *Petroleuminseln* im Staatstheater: »Großes Publikum, auch Stresemann wieder auf seinem gewohnten Platz. Ein erheblicher Teil der Zuschauerschaft gibt starken Beifall, mit Hervorrufen von Darstellern und Autor.«[236] Aber in den »Westfälischen Neuesten Nachrichten« ist 1924 unter der Überschrift »Zur Uraufführung des Thomas Wendt« zu lesen: »Der Wanderwart des ›Jungdeutschen Ordens‹ versendet an seine Wanderbrüder nachstehende Aufforderung: Liebe Wanderbrüder! Am Sonnabend soll die Uraufführung des Dreckstückes ›Thomas Wendt‹ von Feuchtwanger im hiesigen Stadttheater erfolgen … Ich ersuche alle Wanderbrüder in Wanderkleidung (umgeschnallt) an der Erstaufführung teilzunehmen.«[237] Noch sind dies Einzelfälle, neun Jahre später wird dieser Geist die deutsche Kulturpolitik beherrschen. Im November 1958 schreibt Feuchtwanger, auf den Weg seiner Schauspiele zurückblickend: *Die Schicksale der Stücke … waren unterschiedlich. Eines haben sie alle gemein: sie wurden oft und gründlich mißverstanden … Auch das äußere Geschick der Stücke war und ist merkwürdig. Ein jedes war irgendwann verboten. Ein jedes wurde irgendwann und in irgendeinem Land sehr bejubelt, in einem andern abgelehnt.*[238]

Die Proben und Aufführungen seiner Werke begleitet er häufig mit tätiger Spannung, nicht immer zur Freude der beteiligten Theaterleute. In seinen Erinnerungen berichtet der Schauspieler Rudolf Forster davon. Am Tag der Berliner Premiere von *Kalkutta, 4. Mai* bittet der Autor den Hauptdarsteller zu einer letzten Aussprache. »Anstatt … mich ausschließlich auf meine Arbeit zu konzentrieren«, schreibt Forster sarkastisch, »sollte ich noch die Schmerzen eines Autors vernehmen, das sogenannte kleine Geschmuse wegen untergeordneter Kamellen.« Man trifft sich also an diesem Junimorgen des Jahres 1928 im Grunewald, und dort »begann er seinen Salm. Wir schritten fürbaß, er offenbarte Sanftmut und Weisheit eines Buddhisten. Mit stoischer Akribie brachte er völlig unwichtige Dinge vor, langsam vernebelte sich meine Aufnahmebereitschaft … Die Langeweile wurde immer vernehmbarer, unerträglicher.«[239] Als der angespannte Forster am Abend seine Garderobe betritt, findet er »Leitprinzipien« des Autors vor. Er liest die beiden Seiten verständlicherweise nicht.

Wenn Feuchtwanger sich schließlich Anfang der 1920er Jahre allmählich dem Roman zuwendet, so auch deshalb, weil ihn die Aufführungen seiner Stücke immer weniger befriedigen. Er fühlt die Grenzen seiner Darstellungsmöglichkeiten im Drama, spürt zunehmend, wie wenig er auf der Bühne das auszudrücken vermag, was er deutlich machen will, leidet unter den besonderen Bedingungen einer Schauspielinszenierung, die immer Teamarbeit ist, dem Autor also die Alleinherrschaft über sein Werk nimmt. Nicht ohne Bitterkeit rät er den Theaterbesuchern 1929: *Löschen Sie bitte, wenn Sie eine Aufführung gesehen haben sollten, den Ein-*

druck von der Lektüre aus. Mehrere ausgezeichnete Regisseure haben die beiden Stücke inszeniert, eine Reihe vortrefflicher Darsteller die Rollen gespielt. Leider hatten die meisten dieser Spielleiter eine Auffassung, einige, bevor sie das Stück gelesen hatten. … Es bleibt mißlich, in einer Zeit, in der es schwer ist, sich mit einem einzelnen über die einfachsten Dinge zu verständigen, erst auf dem Umweg über 30 oder 40 Helfer an den Empfänger zu gelangen.[240]

Als Lion Feuchtwanger 1918 die Geschichte des württembergischen Finanzrats Süß Oppenheimer dramatisiert, wird die Unzufriedenheit mit Stück und Aufführung zum entscheidenden Auslöser. Drei Jahre später schreibt er in der Münchner Staatsbibliothek eine epische Fassung des *Jud Süß*. Der Roman wird seinen Namen um die Welt tragen. Und dieses Beispiel soll der deutschen Literatur sogar noch ein weiteres wichtiges Romanwerk schenken. Denn der Erfolg von *Jud Süß* veranlasst Arnold Zweig, sein Grischa-Drama, das seit Jahren unaufgeführt in der Schublade liegt, in einen Prosatext umzuarbeiten. Ein fünfbändiges Epos – beginnend mit dem Band »Der Streit um den Sergeanten Grischa« – entsteht, das zur bedeutendsten deutschsprachigen Antikriegsliteratur des 20. Jahrhunderts gehört.

Feuchtwangers Interesse am Theater bleibt, aber der Dramatiker wird jetzt zunehmend zum Anreger für den Epiker. Wie das Stück *Jud Süß* ist künftig manche Arbeit für die Bühne nur noch experimentelles gedankliches Vorspiel für die dem Autor wesentlich wichtigere Romanfassung. Oder umgekehrt, bei der intensiven Beschäftigung mit den historischen Hintergründen seiner Romanthemen fällt gelegentlich noch eine Dramatisierung des Stoffes ab. So ist in dem Schauspiel *Wird Hill amnestiert?* die Rahmenhandlung des vier Jahre später begonnenen Romans *Erfolg*, der Kampf einer Frau um die Rehabilitierung eines Verurteilten, bereits vorgezeichnet. In dem Stück *Die Petroleuminseln* kehrt Feuchtwanger wieder zu einer Grundkonstellation seines Romans über Margarete von Tirol zurück, dem Kampf des Hässlichen gegen das Schöne. 1937 entwirft er den Plan zu einem Stück »Berthold Oppenheim«, das auf seine 1934 erschienenen *Geschwister Oppenheim* (später *Geschwister Oppermann*) zurückgreift, *Der*

Zauberer ist ein Schauspielvorhaben, das dem Roman *Die Brüder Lautensack* vorangeht. Dem gemeinsam mit Brecht geschriebenen Schauspiel *Die Gesichte der Simone Machard* folgt unmittelbar sein Roman *Simone* (1943), der die Geschichte aus dem Frankreich in den Tagen der Besetzung durch die Nazis episch aufgreift. *Waffen für Amerika* wird zunächst dramatisiert, dann entsteht der gleichnamige Roman, der unter dem Titel *Die Füchse im Weinberg* bekannt wird und zur Zeit der amerikanischen Revolution am Hofe Ludwigs XVI. spielt. Später greift Feuchtwanger noch einmal auf die jahrelangen Vorarbeiten für diesen Roman zurück und schreibt ein Schauspiel über die letzten Wochen der unglücklichen Witwe Capet, einst Marie Antoinette, Königin von Frankreich.

Natürlich hat auch der große literarische und finanzielle Erfolg der ersten Romane Feuchtwanger darin bestätigt, dass die Arbeit für den belletristischen Lesermarkt seinem Talent als Schriftsteller, seinem künstlerischen Wollen stärker entgegenkommt als die für die Bühne. Aber dass er in einem bestimmten Sinn doch immer Dramatiker bleibt, zeigen diese Romane deutlich: im Sprachduktus, im Handlungsablauf besitzen sie viel von den Verkürzungen und Zuspitzungen des Dramas.

Wie sehr Lion Feuchtwanger an seinen für das Theater geschriebenen Werken hing, wie stark ihn das Aufführungsschicksal seiner Bühnenspiele beschäftigte, machen Anmerkungen deutlich, die er einen Monat vor seinem Tod niederschrieb. Es ist sicher Zufall, aber doch bemerkenswert, dass eine seiner letzten veröffentlichten Äußerungen über das literarische Werk seine Schauspiele betrifft: *Als im Jahre 1936 eine zweite deutsche Ausgabe der fünf ersten Stücke erschien, schloß ich das kurze Vorwort: In Deutschland sind jetzt alle diese Stücke verboten. Aber der Autor ist sicher, daß er selber und die meisten seiner Leser sie wieder auf deutschen Bühnen sehen werden. Diese Voraussage ist nur zum Teil Wirklichkeit geworden. Ich warte darauf, daß sie sich ganz erfüllt.*[241]

Feuchtwangers Hoffnungen haben sich nicht erfüllt. 1972 schrieb Eckhard Schulz: »Er ist als Stückeschreiber eigentlich nicht mehr gefragt. Kein großes Theater in Deutschland hat sich …

seit vierzig Jahren entschlossen, Feuchtwanger zu spielen.«[242] An diesem misslichen Zustand hat sich auch in den nächsten vierzig Jahren nichts geändert.

Nachdichtungen

Lion Feuchtwanger hat insgesamt sieben Nachdichtungen hinterlassen. Sie sind auch ein Zeugnis für seine großen literarischen Kenntnisse, seine hohe Sprachbegabung und seine Fähigkeit, sich in die Geisteswelt anderer Kulturen einzufühlen. Seine seit frühester Jugend betriebenen Sprachstudien wurden dabei zur entscheidenden Stütze. Er beherrschte vier moderne Sprachen, drei alte – Hebräisch, Griechisch und Latein – und konnte sehr gut Sanskrit und etwas Arabisch lesen.

Einige seiner Nachdichtungen blicken auf eine erfolgreiche Rezeption zurück. Von den Frühwerken, die er für das Theater schreibt, wird seine Bearbeitung des Protestantendramas »Ein' feste Burg ist unser Gott« von Arthur M. Müller am häufigsten gespielt. Aber auch die indische Nachdichtung *Vasantasena* bringt es in wenigen Spielzeiten auf mehrere hundert Aufführungen.

Kein Zufall, dass sich Feuchtwanger in den Kriegsjahren 1914 bis 1918 besonders intensiv mit fremden Stücken auseinandersetzt. Danach reizt ihn nur noch einmal ein fremder Text zur Bearbeitung für das Theater: Calderóns *Der Frauenverkäufer*. Feuchtwanger reagiert, wie wir gesehen haben, skeptisch und unwillig auf die nach dem 1. August 1914 massiv einsetzende Feindpropaganda in der deutschen Öffentlichkeit, die auch vor den bedeutenden kulturellen Leistungen der Nachbarn nicht haltmacht. Besonders empört ihn, dass alles, was mit dem bis dahin von vielen literatur- und kunstbegeisterten Deutschen sehr geschätzten englischen Leben, Denken und Handeln zu tun hat, plötzlich unter die Rubrik »perfides Albion« fällt. So beginnt er sich erneut mit der englischen Literatur zu beschäftigen und findet in den Essays des Politikers und Historikers Thomas Babington Macaulay über die englische Kolonialgeschichte neuen Zugang zur indischen Literatur und Geschichte. Auch die Übersetzungen früher indischer Bühnenwerke von Otto Böhtlingk (»Das irdene Wägelchen«) und Hermann Camillo Kellner (»Vasantasena«) fesseln den Sanskritkenner Feuchtwanger. Die Ernte dieser Studien ist beachtlich: Zwei indische Nachdichtungen, das *nach dem Englischen des siebzehnten Jahrhunderts* bearbeitete Trauerspiel *Appius und Virginia* und das eigene Stück *Warren Hastings* werden dadurch angeregt.

Es lockte schlechter Freunde schlimmer Rat

Zunächst aber ist es eine griechische Tragödie, die ihm geeignet scheint, der undifferenzierten Feindpropaganda deutscher Patrioten entgegenzutreten: *Die Perser des Aischylos.* In seiner Neuübersetzung hat Feuchtwanger die Übertragungen von Johann Heinrich Voß, Johann Gustav Droysen und anderen benutzt. Am 20. Oktober 1914, unmittelbar nach Fertigstellung, beginnt die »Schaubühne« mit dem vollständigen Abdruck, der bis zum 31. Dezember erscheint. Der Verlag der Zeitschrift druckt 1917 auch die erste Buchausgabe. Einzelne Teile dieser Neubearbeitung übernimmt Maximilian Harden in seine berühmte Zeitschrift »Die Zukunft«. Diese Veröffentlichung macht Feuchtwanger mit einem Schlag über Münchens Grenzen hinaus bekannt. Maximilian Harden, ein bis 1914 konservativer Publizist, Bewunderer Bismarcks und Gegner Wilhelms II., dessen Regime er 1907 durch seine Veröffentlichungen über die Homosexualität des politisch einflussreichen Kaiserfreundes Fürst Eulenburg einen peinlichen Skandal beschert hat, ist ein viel beachteter Journalist. Der Teilabdruck der Feuchtwanger-Übersetzung in der »Zukunft« weckt daher auch die Aufmerksamkeit des Münchner Schauspielhauses. Am 20. Januar 1917 ist Premiere, Eduard Scharrer-Santen führt Regie. Weitere Aufführungen in verschiedenen Städten folgen. Nach jahrzehntelanger Pause gibt es die bislang letzte Neuinszenierung am 16. März 1963 in Stuttgart.

In seiner Einleitung zur Textausgabe hebt Feuchtwanger ausdrücklich hervor, dass der Grieche Aischylos den Feind, die Perser, nicht schmäht, *es ist nirgends vom perfiden Persien die Rede: im Gegenteil, sie sind tapfer … Es ist kein trunkenes Hurra-Schreien in dem Stück, sondern überall starkes, stolzes, selbstverständliches Vertrauen in die Fügung der Götter … Dieses Werk … ist vom Anfang bis zum Ende erfüllt vom Leidensüberschwang der Besiegten.*[243]

Aischylos und Feuchtwanger führen ihre Zuschauer an den Hof des Perserkönigs Xerxes kurz nach der Seeschlacht von Salamis. Das Volk und die Mutter des Königs warten mit wachsender Spannung auf Nachricht vom Verlauf des Feldzugs gegen Athen. Ein Bote bringt die furchtbare Nachricht von der Niederlage der Perser. Die gesamte Flotte, fast das gesamte Heer sind vernichtet worden, und Xerxes ist gezwungen, die Flucht zu ergreifen. In die lauten Klagerufe des Chores fällt Atossa, die Mutter des Königs, mit ein. Dem aus der Unterwelt kommenden Schatten ihres Gemahls Dareios ruft sie zu: *Es lockte schlechter Freunde schlimmer Rat/Den Allzukühnen. Du, so sagten sie,/Du habest Reichtum deinem Haus erkämpft,/Mit Schwertesschärfe; er indes, unmännlich,/Sei Krieger nur im eigenen Palast/Und laß an Vaters Schätzen sich's genügen./So häuften sie ihm Schmach, bis ihn ihr Hohn/Zu diesem Heereszug gegen Hellas trieb.*[244]

Der aktuelle Zeitbezug, den Feuchtwanger hier im Herbst 1914 herstellt, ist nicht zu überhören. Litten nicht der prahlende, ständig seine Männlichkeit hervorkehrende Kaiser und die neureiche laute Oberschicht seines Reiches unter den großen politischen und militärischen Taten Bismarcks und des alten Moltke? Stürzten sie sich nicht auch deswegen leichtfertig in ein kriegerisches Abenteuer, weil sie das Über-Ich des Reichsgründers und des ihm zur Seite stehenden genialen Militärstrategen endlich zu überwinden hofften, so wie der unglückselige Xerxes sich von der Größe seines Vaters Dareios zum verhängnisvollen Feldzug gegen die Griechen verführen lässt? *Gehäufte Tote zeugen stummes Zeugnis/Dem Blick der Enkel bis ins dritte Glied,/Daß Übermut dem Sterblichen nicht ziemt.*[245] Feuchtwangers *Perser*-Übertragung ist seine erste, sehr politische Antwort auf die Ereignisse dieser Monate.

In der »Schaubühne« wird das Stück ihres Münchner Kulturkorrespondenten nach der Uraufführung mit freundlicher, aber auch etwas hochmütiger Nachsicht beurteilt: »Feuchtwanger gab dem alten Leib ein neues (Gesellschafts-)Kleid, in Schnitt, Form und Farbe eben ganz recht; mehr und andres ist von dieser Übersetzung, die bald feierlich, bald nervös-artistisch schillert, nicht wohl zu sagen.«[246] Die meisten Kritiker und ein Teil des bürgerlichen Publikums loben das »patriotische Werk« und missverstehen es damit gründlich. Sie identifizieren sich nicht mit den geschlagenen Persern, sondern mit den siegreichen Griechen, in denen sie den Kampf und den erwarteten Triumph der wilhelminischen Armeen feiern. Sie überhören die Warnung, die Aischylos und Feuchtwanger in der Totenklage der Perser anklingen lassen und in der der Übermut der Mächtigen in deutlicher Analogie zum Zeitgeschehen beschworen wird. Nur Kurt Eisner, Kritiker der linken »Münchener Post«, erkennt und beschreibt Feuchtwangers eindringliche Deutung der deutschen Hybris, die sich auf Europas Schlachtfeldern so tragisch verwirklicht.

Der Held hat sich den Fuß verstaucht

Der Erfolg der Aischylos-Übersetzung und die sich immer deutlicher abzeichnende Kriegskatastrophe mag Feuchtwanger dazu veranlasst haben, sich im Winter 1916 noch einmal dem griechischen Theater zuzuwenden. Diesmal sind es zwei Komödien des Aristophanes, »Die Acharner« und »Der Frieden« (»Eirene«), die er sich vornimmt. In der »Schaubühne« erscheint im August 1917 ein drei Seiten umfassender Teilabdruck. Im Vortext – den der Dramatiker selbst verfasst hat – heißt es: Die *Bearbeitung* wolle *die »Acharner« und die »Eirene« aus dem Geist des Aristophanes zu einem wirksamen, lesbaren und sprechbaren Bühnenstück zusammenfügen, das ein deutsches Publikum von heute ohne philologische Vorbereitung und ohne kommentierende Randglossen verstehen und genießen kann.*[247] Die Buchausgabe legt der Münchner Georg Müller Verlag im Frühjahr 1918 vor.

Aus den beiden Stücken des Aristophanes wird bei Feuchtwanger das burleske Spiel *Friede.* Wiederum, noch deutlicher als in den *Persern des Aischylos,* ist es eine Auseinandersetzung mit dem kriegerischen Geist dieser Jahre. Während sich die wilhelminische Führung und mit ihr große Teile der über die wirkliche Kriegslage nur wenig informierten Bevölkerung einen Frieden ohne bedeutende Annexionen nicht vorstellen können, schreibt Lion Feuchtwanger ein Stück, dessen witzig-deftige Knittelverse vom Segen des Friedens und der Dummheit des Krieges erzählen. Diesmal allerdings so unumwunden, dass eine Aufführung von der Zensur sofort verboten wird.

Feuchtwanger ahnt, dass es Schwierigkeiten geben könnte, und erklärt in einer Vorbemerkung zum Stück: *Peinlich habe ich mich bemüht, nirgendwo gewaltsam zu aktualisieren.*[248] Was natürlich nicht stimmt. Nicht nur die von ihm benutzten modernen Begriffe wie *Kriegshetzerlein!* oder *Siegschwätzerlein!*[249] weisen auf die martialische Gegenwart hin. Seinem »Helden« Lamachos legt Feuchtwanger zudem Worte in den Mund, die den Zeitungslesern des Jahres 1917 leider nur allzu bekannt sind: *Ich bleibe bei meiner politischen Richtung. Ich predige Krieg! Krieg bis zur Vernichtung.*[250]

Es ist die Geschichte vom pfiffigen attischen Bauern Dikaiopolis und vom törichten Feldherrn Lamachos. Während der schlaue kriegsmüde Bauer mit dem Feind, den Spartanern, einen Separatfrieden schließt und den Vertrag mit einem bacchantischen Fest der Sinnenfreuden feiert, zieht der plumpe Lamachos in die sinnlose Schlacht. Ein Stück von barocker Szenenkraft, angefüllt mit ironischen aktuellen Anspielungen. Ein Antikriegsstück gewiss, das dem deutschen Publikum einen Spiegel vorhalten soll: *Denn, oh! ich kenne unser Publikum. / Es ist so dumm, so schrecklich dumm! / So einer ehrlich zu ihm spricht, / Nach Recht verteilet Nacht und Licht, / Am Freund das Schlechte wagt zu schelten, / Am Feinde läßt das Gute gelten, / Dann schimpft und höhnt ihn jung und alt, / Kommt mit Zensur und Staatsanwalt.*[251]

Am Ende bejubelt das freudetrunkene Volk den Frieden, und für die »Heldentaten« des Feldherrn bleiben nur noch Hohn und Spott: *Dieweil er tapfer vorwärts drang / Und über einen Graben sprang – / Hört und in ein Meer des Jammers taucht! –, / Der Held hat sich den Fuß verstaucht.*[252]

Vor allem die sehr freie Aristophanes-Bearbeitung stellt sicherlich keinen bedeutenden dramatischen Wurf dar. Es ist eine Satire – der Helmbusch wird als Fliegenwedel, der Kriegshelm als Nachttopf missbraucht –, ein Schwank, in dessen Mittelpunkt eine traditionelle Kasperle-Figur steht. *Friede* wurde erst im Jahre 1954 im Potsdamer Hans Otto Theater uraufgeführt und brachte es immerhin auf 22 Abende. In den 1920er und 1930er Jahren beschäftigte sich Feuchtwanger mehrfach mit einer Neubearbeitung, wobei er mit dem Gedanken spielte, den Text zu einer »Revue« zu verarbeiten.

Aktuell sind diese beiden Nachdichtungen aus der griechischen Theaterliteratur insofern geblieben, als die Welt auch im 21. Jahrhundert an vielen Orten mit Krieg und Gewalt konfrontiert wird, Nationalismus und aggressiver Patriotismus, religiöser Fanatismus und der »Krieg der Kulturen« die Schlagzeilen der Medien füllen und der Kampf um Öl und Wasser zu neuen blutigen Schlachten geführt hat. Zudem ist der Zweifel der Wähler an der Klugheit und moralischen Integrität ihrer Politiker und Feldherren gewiss nicht kleiner geworden.

Jenseits von Wollen und Begehren. Zwei indische Dramen

Europas Intellektuelle – wenigstens einige unter ihnen – spüren um die Wende vom 19. zum 20. Jahrhundert die große Krise, die von den wirtschaftlichen und politischen Umbrüchen der letzten Jahrzehnte ausgeht. Manche wenden sich ab von der europäischen Kulturwelt, enttäuscht und auch angeekelt von der heraufziehenden Massenzivilisation, die geistige Nivellierung und politische Brutalisierung zu bringen scheint. Sie beginnen in den Weisheiten Asiens neue Werte für das eigene Weltempfinden zu entdecken. Die Lehren Buddhas, die Anerkennung des »Nichttuns«, das Streben nach der »Leere«, die Rückkehr zum natürlichen Leben, das Europa aus ihrer Sicht endgültig aufgegeben hatte, die verfeinerte Lebensweise des erträumten Orients bewegt sie und öffnet ihnen neue künstlerische, philosophische Wege.

Schon 1819 erscheint der erste Band von Arthur Schopenhauers »Die Welt als Wille und Vorstellung«. Der zweite Band folgt 1844. Im letzten Drittel des 19. Jahrhunderts beginnt dieses monumentale Werk, das die westliche Aufklärungsphilosophie eines Lessing und Kant zu überwinden glaubt, das Denken der westeuropäischen Geistes- und Künstlereliten zu fesseln. »Keine Wahrheit ist also gewisser ... als diese, daß Alles, was für die Erkenntniß da ist, also die ganze Welt, nur Objekt in Beziehung auf das Subjekt ist, Anschauung des Anschauenden, mit Einem Wort, Vorstellung.«[253] Schopenhauers vom Buddhismus entscheidend beeinflusste Denkwelt findet in den Thesen von der »Verneinung des Willens zum Leben« eine der zentralen Aussagen seiner Philosophie. Richard Wagner oder Thomas Mann – die Werke dieser europäischen Künstlerheroen sind ohne ihre Begegnung mit den Schriften Schopenhauers nicht denkbar. Paul Gauguins Flucht aus der Zivilisation in die exotische Welt der Südsee, seine leuchtenden Bilder, eine Mischung aus Archaischem und höchstem Raffinement, deuten diese Entwicklung ebenso an wie der Impressionismus des Henri de Toulouse-Lautrec. In New York feiert etwas später der Theaterschriftsteller David Belasco mit seiner im japanischen Milieu angesiedelten Tragödie »Madame Butterfly« einen großen Publikumserfolg, Puccinis Opernbearbeitung wird nach der Uraufführung 1904 ein Renner auf den Musikbühnen der Welt. In Paris entstehen die durchsichtigen, von bis dahin selten gehörter Stille getragenen orientalisch-hellenischen Kompositionen von Claude-Achille Debussy. Die Sensation, die die Uraufführung der »Salome« 1905 in der Dresdner Semperoper auslöst, beruht nicht nur auf der neuen, revolutionären Klangwirkung, die Richard Strauss seinem jubelnden oder entsetzten Publikum bot, sondern sie hat auch etwas mit der dekadenten Atmosphäre, dem »orientalischen« Hintergrund dieses Dramas zu tun, dessen Text von Oscar Wilde stammt.

Wie in der verschlungenen Pflanzenornamentik des Jugendstils, so war vieles lediglich Dekoration, ästhetisches Spiel mit Form, Farbe und Klang. Aber auch Symptom für die Suche einer Minorität, die sich abwendet von der europäischen Sachlichkeit. Wie sehr die orientalisch-indische Literatur die Europäer nach der Jahrhundertwende fasziniert, zeigt schließlich nicht zuletzt die große Popularität, die die Werke des in Bombay geborenen britischen »Dschungelbuch«-Autors Rudyard Kipling (Literaturnobelpreis 1907) und des bengalischen Dichters Rabindranath Tagore (Literaturnobelpreis 1913) gefunden haben.

In zahlreichen Schöpfungen der deutschen Literatur ist diese Hinwendung von Europa nach Asien ebenfalls deutlich erkennbar. Hermann Hesse reist 1911 nach Indien, und die Romane, die er nach seiner Rückkehr schreibt, lassen viel von der Begegnung mit dem Geist des Buddha oder des Konfuzius verspüren. Alfred Döblin veröffentlicht 1915 einen chinesischen Roman, »Die drei Sprünge des Wang-lun«.

Bereits seit Ende des 18. Jahrhunderts gilt der Blick der europäischen Dichter und Denker mit neu erwachter Intensität dem Osten. Die Indologie findet zunächst ihre wichtigsten Vertreter in Großbritannien, dessen indische Kolonie das Interesse und die Fantasie angelsächsischer Gelehrter und Schriftsteller auf neue Bahnen lenkt. Horace Hayman Wilson wird der erste Professor für Sanskrit in Oxford. Die Schriften von Herder, Georg Forster, Friedrich Schlegel, Novalis, Adalbert Stifter oder Heine weisen ebenfalls schon früh auf eine Tradition hin, die dann im Laufe des 19. Jahrhunderts durch die zahllosen Übersetzungen von Indologen oder Orientalisten besonders auch in Deutschland eine frühe Blütezeit erlebt. August Wilhelm Schlegel wird 1818 in Bonn Inhaber der ersten deutschen Sanskritprofessur. Wobei nicht zu übersehen ist, dass der sich seit den Befreiungskriegen (1812/13) immer lauter artikulierende Nationalismus bei dem wachsenden deutschen Interesse an der Indologie eine nicht unerhebliche Rolle spielt. »Aus den neuentdeckten indoeuropäischen Sprachverwandtschaften bauten die Wortführer der deutschen Nation eine kultursprachliche Genealogie auf, deren Entwicklung von

Indien über Griechenland ging, um dann ihr höchstes Stadium in der deutschen Sprache und Kultur zu erreichen.«[254]

Die Hinwendung von Europas Intellektuellen zur östlichen Denkwelt erfasst natürlich nur ein Stück des Lebens und der Kulturtraditionen Indiens oder Chinas. Die politische und gesellschaftliche Wirklichkeit der Welt des Ostens ist bis heute entscheidend mitbestimmt von Krieg, Gewalt und religiösem Fanatismus. »Der Orient ist für das Abendland all das, was es selbst nicht ist«, hält der französische Philosoph Michel Foucault fest, »obwohl es im Orient das suchen muß, was seine ursprüngliche Wahrheit darstellt.«[255] Die Faszination der Religionsphilosophien des Buddhismus und des Hinduismus beruht also jenseits aller folkloristischen, dekorativen oder philosophischen Sehnsucht nach dem Fremden, dem »Anderen« (Shaswati Mazumdar) nicht zuletzt auf dem Gedanken, dass im Osten die Wiege der abendländischen Zivilisation liegt.

Auch Lion Feuchtwanger gehört zu den Intellektuellen, denen das Denken Asiens sehr nahesteht. Wie viele seiner Zeitgenossen hat ihn das Werk Schopenhauers fasziniert. Die » buddhistischen Weisheitsthesen« dieses Philosophen finden sich bei ihm in vielfachen Wiederholungen und Variationen. »Hieraus können wir abnehmen«, heißt es in »Die Welt als Wille und Vorstellung«, »wie sälig das Leben eines Menschen seyn muß, dessen Wille nicht auf Augenblicke, wie beim Genuß des Schönen, sondern auf immer beschwichtigt ist, ja gänzlich erloschen, bis auf jenen letzten glimmenden Funken, der den Leib erhält und mit diesem erlöschen wird. Ein solcher Mensch, der, nach vielen bitteren Kämpfen gegen seine eigene Natur, endlich ganz überwunden hat, ist nur noch als rein erkennendes Wesen, als ungetrübter Spiegel der Welt übrig. Ihn kann nichts mehr ängstigen, nichts mehr bewegen: denn all die tausend Fäden des Wollens, welche uns an die Welt gebunden halten, und als Begierde, Furcht, Neid, Zorn, uns hin- und herreißen, unter beständigem Schmerz, hat er abgerissen.«[256] Dieser Gedanke besitzt enormen Stellenwert auch im Werk Feuchtwangers.

Neben der Schopenhauer-Lektüre sind es die hebräischen Studien, die Texte der Bibel, die Beschäftigung mit dem Sanskrit, die Feuchtwanger schon in frühen Jahren zu den jahrtausendealten Philosophien und Religionen der Menschheit führen. Sie lassen ihn schließlich zum stoischen Skeptiker werden. Eine Haltung, die ihm später helfen wird, zahlreiche politisch-künstlerische Kontroversen und manche gefährliche Lebenssituation weitgehend mit Gleichmut und Gelassenheit zu überstehen. Vor allem aber wird der Schriftsteller Feuchtwanger die Gegensätze von *Nichttun und Tun,* den Widerspruch von *Tatmenschen und geistigem Menschen* zu einem zentralen Thema machen. Schon seine Auffassung von der Rolle des Judentums als Mittler zwischen Europa und Asien zeigt, wie stark gerade ihn die Gedanken des Buddha und Lao-Tse, der Veda, der heiligen Schriften des Hinduismus, und der prophetischen Bücher von Jesaja bis Maleachi bewegen. Süß Oppenheimer oder Margarete von Tirol, Flavius Josephus oder Deborah Gray, die Herrin der Petroleuminseln, der Jude Jehuda Ibn Esra oder Israels Führer Jefta – sie alle gehen den Weg von *Europa nach Asien,* sie alle sind Tatmenschen, die, als der Erfolg sie verlässt, *nach innen schauen … nach (ihrer) Seele jagen.* Am Ende ihres eitlen, ruhmsüchtigen, kämpferischen, ihres so menschlichen Lebens ersehnen sie das Nichts. *Mit einem matten Verlangen wünschte sie nur eines: immer so bleiben, immer so dahindämmern in dem brütenden Sommer, schlaff, still verdunsten wie das besonnte Wasser.*[257] Und Jefta, am Ziel seines Lebenstraumes Richter von Israel: *Und während sein Ruhm betäubend hinauf in den Himmel tönte, spürte er scharf und spöttisch die Eitelkeit dieses Ruhmes. Und er spürte qualvoll die Einsamkeit des Gipfels und seine klare, schneidende, tödliche Kälte.*[258] Warren Hastings, Englands Gouverneur, der seinen Sieg über die Gegner, die Erhaltung seiner Macht in Indien *mit seinem Menschenglück bezahlt und errungen hat,* hört in seiner Einsamkeit die *stille, uralte, gleichmütige Weisheit: »Jenseits von Lust und Wunsch, jenseits von Wollen und Begehren.«*[259]

Die trotz allen Tuns unaufhaltsame Einsamkeit des Menschen, das Weltendasein als kurze Wegstrecke, der Mythos von Sisyphos

– die Geschichte des Sterblichen, der von den Göttern verurteilt wird, ununterbrochen einen Felsblock hinaufzuwälzen, der, kaum ist der Berggipfel nach unendlichen Mühen erreicht, wieder hinunterrollt –, das Tragische des Sinnlosen in der menschlichen Existenz, dies alles ist der Weltbetrachtung Feuchtwangers nah.

Aber das Scheitern des Einzelnen, des Menschen, der »handelt«, steht dem gesellschaftlichen Fortschritt oder der geforderten Hilfe für den Mitmenschen nicht entgegen. Warren Hastings baut gegen den Widerstand seiner Feinde die Straße, die den Transport von Nahrungsmitteln in die indischen Hungergebiete ermöglicht. Johanna Krain kämpft um die Befreiung Martin Krügers und, als dieser vor der Entlassung aus dem Gefängnis stirbt, um die Wahrheit *(Erfolg)*. Sepp Trautwein erreicht durch seine Zähigkeit, dass die Nazis den verschleppten Journalisten Friedrich Benjamin aus ihren Händen geben müssen *(Exil)*. Jefta, der Vereinsamte, hat Israel zum Wohl der Stämme geeinigt, Jehuda Ibn Esra dem Spanien Alfonsos doch immerhin eine Zeit des Friedens bewahrt *(Die Jüdin von Toledo)*; Süß Oppenheimer verhilft mit seinem bekenntnishaften Sterben den gedemütigten Judengemeinden zu neuer Selbstachtung; das Mädchen Simone setzt mit ihrer scheinbar sinnlosen Tat ein Signal für den französischen Widerstand gegen die faschistischen Eroberer. Sie alle »handeln« und haben »Erfolg«, auch wenn sie dafür persönlich einen hohen Preis zahlen müssen.

Feuchtwanger ist beides, ein Sohn der europäischen Aufklärung und gleichzeitig erfüllt von der Sehnsucht asiatischer Philosophien nach der Ruhe der Seele. Er bejaht Europas technische Zivilisation, fordert aber, dass deren Auswüchse durch die alten asiatischen Denktraditionen in Grenzen gehalten werden. 1930 schreibt er in einem Essay über die Juden: *Sehr viele unter den Weißen haben erkannt, daß es für uns alle ebenso vorteilhaft, ja vielleicht sogar nützlicher sein könnte, diese Völker kulturell statt sie materiell auszubeuten. Es gibt Leute von Urteil, die sich die Höherentwicklung der Art versprechen von der Verbindung der technisch wohlgerüsteten weißhäutigen Barbaren mit den technisch so übel, aber kulturell so gut bestellten alten farbigen Völkern. Sie versprechen sich davon eine zweite Renaissance, fruchtbarer als die erste.*[260]

Wie sehr ihn dieser Gedanke gerade in den Kriegsjahren bewegt hat und welche Hoffnung er in ihn setzte, zeigen einige Sätze aus seiner 1916 geschriebenen Kritik über Döblins schon erwähnten chinesischen Roman, ein Buch, das Feuchtwanger beeinflusst und angeregt hat: *Und während allerorten geschäftige Kärrner an der Arbeit sind, Grenzwälle aufzuwerfen zwischen Nation und Nation, legt hier ein Dichter eine Bresche in die chinesische Mauer, die das geistige Europa von der östlichen Welt schied.*[261]

Der Humanist Feuchtwanger hat sich – außer im Kampf gegen den deutschen Faschismus – in seinem Werk keineswegs für Gewalt ausgesprochen. Er hat sie – im Hinblick auf die Stalin-Ära zweifellos irrigerweise – dort gebilligt, wo der Historiker Feuchtwanger die Revolution unter bestimmten gesellschaftlichen Bedingungen als fortschrittliche Lösung erkannt zu haben glaubt. Aber nur der abwägend Handelnde, der auf seine Zeit warten kann, der zwischen den möglichen Wegen jenen wählt, der der Sache am meisten dient und dem Menschen am wenigsten schadet – nur der wird das Denken Europas und Asiens in sich tragen. Nicht Jefta, der Leidende, der das Heer der Efraimiter in einem Anfall von Neid und Eifersucht vernichten lässt. Aber der kluge Benjamin Franklin, der am Hof Ludwigs XVI. auf seine Chance zu warten weiß und die vom revolutionären Amerika gewünschte Allianz mit dem royalistischen Frankreich schließlich erfolgreich herbeiführt und damit dem Fortschritt – in diesem Fall sind es die in der amerikanischen Verfassung festgeschriebenen Menschenrechte und der Weg zu einer demokratisch organisierten Gesellschaft – dient (*Die Füchse im Weinberg*). Selbst in jenen Jahren, in denen der deutsche Faschismus triumphiert und der Exilschriftsteller Lion Feuchtwanger keine Zweifel hat, dass Hitler auch mit Gewalt entgegengetreten werden muss, findet er Romantitel, die eine geduldige Zuversicht im Sinne der Synthese von Europa und Asien unterstreichen. Die große Trilogie, die die Zeit von Hitlers Aufstieg und Diktatur beschreibt, nennt er *Der Wartesaal,* das letzte *Josephus*-Buch, das er 1939 beenden wird, trägt den Titel: *Der Tag wird kommen.*

Wir steigen, fallen, werden fortgeweht

Natürlich hat der Erste Weltkrieg den wieder in München lebenden Lion Feuchtwanger besonders nachdrücklich auf die europäische Kulturkrise hingewiesen. Es ist daher wenig verwunderlich, dass seine wichtigsten Theaterstücke aus diesen Jahren um die tiefen Zweifel der Europäer am Sinn ihres Handelns kreisen, die Situation des »Tatmenschen« tragisch beschreiben. *Vielleicht bedeutet dieser Krieg nichts anderes als einen Schritt weiter auf dem Weg Europas zu Buddha,* schreibt er 1916 nachdenklich.[262]

Zunächst beschäftigt sich Feuchtwanger im Frühjahr 1915 mit einem indischen Schauspiel, auf das er bei seinem Studium der englischen Kolonialgeschichte und der Kultur Indiens stößt: »Das irdene Wägelchen«, das im 3. oder 4. Jahrhundert n. Chr. geschrieben wurde und wahrscheinlich aus der Feder des indischen Dichters Bhasa stammt; manche sahen auch König Sudraka als Verfasser. *Es gibt kein europäisches Drama, das das Leben so vielfarbig abglänzt wie dies indische Schauspiel, keines, das so voll inniger Freude die launisch sinnlose Buntheit der Welt bestaunt, belächelt, beweint, bespiegelt. Auf immer neue Art offenbart sich, wie Sinn Unsinn, Glück Unglück, Unheil Segen wird. Wie eitel alles menschliche Planen, wie gewichtig folgenschwer eitle Launen sind.*[263] Er meint, es sei *doch um kein Quentchen weniger lebendig* als die Komödien des William Shakespeare.[264] Er nennt seine Bearbeitung nach der Hauptfigur Vasantasena und schwärmt mit poetischem Enthusiasmus, ihre *harmonische Schönheit* sei *so wenig zu fassen oder gar in Worten auszuschöpfen wie die Schönheit besonnten Meeres, ihr Reichtum so unbegreiflich wie der Reichtum tropischen Urwaldes.*[265]

Und tatsächlich, es ist ein hübsches, leichtes Spiel voller sprachlicher Schönheit, das sich da in sieben Bildern darbietet. Vasantasena, die schöne, kluge und reiche Bajadere, nur zu vergleichen mit einer von Athens geistvoll-anmutigen Hetären, liebt den durch seine Güte und Hilfsbereitschaft verarmten Kaufmann Tscharudatta. Nach vielen Kabalen und Verwirrungen, herrlichen Auftritten deftig und schlitzohrig argumentierender Diener, eines schurkischen Prinzen, gutmütig-grausamer Henker, eines auserwählten Königsmörders, zahlloser Richter und Schöffen, Sklavinnen und Soldaten endet alles im Glück, im Sieg des Guten und der Verdammung des Bösen. *Wir steigen, fallen, werden fortgeweht. / Den Eimern gleichen wir am Brunnrand. / Das Schicksal füllt den einen, leert den andern, / Zieht hoch und senkt und kettet Feindliches, / Sich Streitendes zusammen, launisch, bunt, / Ein spielend Kind. Sein Spielzeug ist die Welt.*[266]

Wie seine beiden griechischen Nachdichtungen, wenn auch auf eine indirektere Weise, ist Feuchtwangers *Vasantasena* gegen Krieg und Völkerhass gerichtet. Er setzt dem die Schönheit seiner Sprache, die menschliche Güte und Liebe seiner Figuren entgegen. »Das Schauspiel Vasantasena zeugt von buddhistischen Grundüberzeugungen Lion Feuchtwangers. Es lehrt, daß das Glück des einzelnen nur gewährleistet ist, wenn gerechte Verhältnisse herrschen, daß Liebe und Vernunft über Dummheit und Haß siegen, und daß ›die Welt lediglich Schein und Tand‹ ist.«[267]

Feuchtwanger hat die Übersetzungen von Otto Böhtlingk und Hermann Camillo Kellner benutzt. Seine Bearbeitung zeigt sich vor allem in den verschiedenen Kürzungen und Streichungen des Ursprungstextes. Er ändert die Reihenfolge von Szenen und nimmt »sprachliche Änderungen (vor), deren Annäherung an das ursprüngliche indische Idiom ihm kraft seiner eigenen Sanskrit-Kenntnisse besser zu gelingen scheint«[268]. Seine indischen Nachdichtungen und seine überaus kenntnisreichen Äußerungen über ihre Entstehung und ihren kulturellen Hintergrund dokumentieren, wie gründlich sich Feuchtwanger in diesen frühen Schaffensjahren mit der indischen Literatur und ihrer Reflexion durch die europäischen Indologen auseinandergesetzt hat. Wobei der politische Nebeneffekt dieser Arbeiten – seine Kritik am Wahnsinn des Krieges – heute von besonderem Interesse ist.

Vasantasena, am 4. März 1916 am Mannheimer Nationaltheater unter der Regie von Carl Hagemann uraufgeführt, wird vom Publikum geschätzt und ein Theatererfolg. In kurzer Zeit kommt es an zahlreichen anderen Bühnen heraus, auch hier begeistert beklatscht. Selbst die Kritik – Alfred Kerr natürlich ausgenommen – gibt sich gnädig. In den Weimarer Jahren wird die indische Nachdichtung auch vom Berliner und vom Westdeutschen Rundfunk als »Sendespiel« ausgestrahlt. Nach einer Premiere im Wiener Burgtheater im Jahr 1926 lässt Alfred Polgar allerdings kaum ein gutes Haar an der Vorlage:: »Vor der Not dieses Humors wird der Erwachsene verlegen. Niemand freut sich, Niemand lacht ... Doch hätte wohl auch kein Andrer als Lion Feuchtwanger, der ein Literat von Wert und Rang ist, die museale Dichtung für das lebende Theater retten können.«[269] 1960 gibt es in der DDR eine Neuinszenierung im Berliner Maxim-Gorki-Theater. »Der Erfolg war außergewöhnlich. ›Vasantasena‹ stand während vier Spielzeiten bis 1963 auf dem Spielplan und wurde in etwa achtzig Vorstellungen gezeigt.«[270] Einstudierungen in Güstrow (1962) und Gera (1973) folgen.

Das heiterste Spiel aller Literaturen

An diesen Erfolg kommt seine zweite Bearbeitung eines indischen Dramas, die er 1917 ausführt, nicht heran. *Der König und die Tänzerin* aus dem 5. Jahrhundert stammt von dem klassischen indischen Dichter Kalidasa. Ein Schriftsteller des »goldenen Zeitalters« Indiens, den Lion Feuchtwanger ganz besonders geschätzt hat. Er nennt dieses Hofdrama das *heiterste Spiel aller Literaturen*[271] und lässt seine Leser wissen*: Kein Volk hat so umständliche, umfängliche Lehrbücher der Liebeskunst geschrieben wie das indische: aber keines Volkes Liebesdichtung ist so naiv-naturnah geblieben wie die seine.*[272] Ebenso wie bei *Vasantasena* gelingt es ihm auch in dieser Bearbeitung, die sprachliche Schönheit und die leise Melancholie, die das Originalwerk Kennern zufolge auszeichnen, zu erhalten. Und wenn im letzten Bild der von seiner Liebe tief berührte König die schöne Tänzerin schließlich mit Einwilligung seiner Frau zu sich nimmt, löst sich auch dieses Spiel in heitere Weisheit und verstehende Güte auf. Ein Männertraum natürlich, den der Erotiker Lion Feuchtwanger ein Erwachsenenleben lang für sich verwirklichte.

Dem Krieg, der die Monate überschattet, in denen er an dem Schauspiel arbeitet, setzt Feuchtwanger die »Zartheit und Reinheit des indischen Eros und die beispielhafte Lebensweisheit des weltlichen Genusses«[273] entgegen. Die Uraufführung findet im März 1917 in den Münchner Kammerspielen statt. 1921 folgt das Schauspielhaus Königsberg mit einer Inszenierung. Dann verschwindet dieses *Spiel in vier Akten* für die folgenden, inzwischen fast 100 Jahre von den Bühnen.

Nur noch zwei Bearbeitungen von Werken anderer Dichter sollte Feuchtwanger danach vornehmen. 1917 übersetzt er John Websters Trauerspiel *Appius und Virginia* und 1923 schließlich Calderóns mit leichter Hand geschriebenes Schauspiel *Der Frauenverkäufer,* eine ironische Auseinandersetzung mit Spaniens berühmten Mantel-und-Degen-Stücken. Mit der Arbeit an einem elisabethanischen Drama – Webster starb um 1634 in London – mitten im Krieg erweist sich Feuchtwanger ein weiteres Mal als Gegner eines platten Freund-Feind-Denkens, wie es in diesen Jahren in der deutschen Öffentlichkeit propagiert wird. Websters Römerdrama beruht auf historischen Ereignissen des Jahres 449 v. Chr., und in Feuchtwangers Bearbeitung werden der Hunger und die Not der von ihren politischen Führern im Stich gelassenen römischen Soldaten besonders eindringlich geschildert. *Geht's gut, / Dann teilt der Offizier den Ruhm, die Beute. / Doch schlägt was fehl, wer trägt allein die Schuld? / Wir, der gemeine Mann!* Die einfachen Soldaten wissen, dass das, was die Offiziere an *Kriegsmaschinen, Schwertern, Gäulen (verdienen), / Viel teurer ist als der Soldaten Leben!*[274]

Am 13. März 1772 wurde in Braunschweig das heute wohl berühmteste Drama uraufgeführt, das sich mit dem schon in der Antike und hier auch von Feuchtwanger beachteten Virginia-Thema beschäftigt. In Gotthold Ephraim Lessings »Emilia Galotti« tötet der Vater – wie in der Webster-Feuchtwanger-Tragödie der Feldhauptmann Virginius – seine Tochter, um sie vor dem wollüstigen Zugriff des Prinzen Gonzaga zu schützen. Aber während Lessings Schauspiel über die »bürgerliche Virginia«[275] auf den Bühnen präsent geblieben ist, liegt Feuchtwangers Trauerspiel bis heute in den Schubladen der Intendanten.

Eigene Theaterstücke

Neben der Bearbeitung fremder Werke schreibt Feuchtwanger in den Kriegsjahren vier eigene Theaterstücke. Die zwei wichtigsten sind das englische Kolonialdrama *Warren Hastings* und die Dramatisierung eines jüdischen Schicksals im Zeitalter des Absolutismus, sein Schauspiel *Jud Süß*. Am unmittelbarsten setzt sich das Stück *Die Kriegsgefangenen* mit dem Kriegsgeschehen auseinander; ein rückwärtsgewandtes Stück dieser Schaffensperiode ist das Trauerspiel *Julia Farnese*. Drei von diesen vier Theatertexten werden von der Militärzensur ganz oder zeitweise verboten. Bis zum Jahre 1928 folgen fünf weitere Dramen bzw. Komödien. Dann wendet sich Feuchtwanger endgültig dem Roman zu, und die in den späteren Jahrzehnten verfassten Theaterarbeiten sind – bis auf das in Amerika entstandene Drama *Wahn oder Der Teufel von Boston* – Nebenwerke, dramatische Variationen von Romanfabeln, an denen er gerade arbeitet.

Julia Farnese

Das Renaissancedrama um die schöne Borgia-Geliebte Julia Farnese ist noch ganz im Stil und mit den Empfindungen des Ästhetizismus der Vorkriegsjahre geschrieben. Insofern erstaunlich, als Feuchtwangers innere Entwicklung längst über diese Schaffensperiode hinaus ist, sich schon aus dem sieben Jahre früher entstandenen Schauspiel *Der Fetisch* viel deutlicher seine Distanz zum L'art pour l'art ablesen lässt als aus diesem Künstlerdrama. Aber offenbar waren die Entwürfe zum Stück auf der Italienreise so weit gediehen, dass die endgültige Fassung ohne großen Zeitaufwand geschrieben wurde. Ein wenig mag auch noch die Stimmung, in die ihn die Begegnung mit der Renaissance während des Italienaufenthaltes versetzt hatte, bei der endgültigen Niederschrift des Schauspiels mitgeschwungen haben.

1915 jedenfalls liegt es gedruckt vor und wird in Hamburg aufgeführt, nachdem das Münchner Schauspielhaus seine Aufführungszusage »mit Rücksicht auf den konfessionellen Burgfrieden« auf Betreiben der Behörden zurückziehen musste. Die Premiere wird ein Achtungserfolg. Später aber meint Feuchtwanger: *Auch schrieb ich ein wirksames Drama, darstellend einen Maler der Renaissance, … und eine überaus dämonische Dame aus der Gesellschaft der Borgia. Es war nicht einmal ein schlechtes Stück, aber ich habe zu dem Manne, der es schrieb, heute absolut kein Verhältnis mehr.*[276]

An einem heißen Sommertag des Jahres 1503 betritt die schöne Geliebte des Borgia-Papstes Alexander, Julia Farnese, das Atelier des bekannten Malers Benvenuto. Der stolze, verwöhnte und leichtfertige Mann begehrt die Frau, die ihm Erfüllung seiner Wünsche andeutet, wenn er sich zu großer Tat fähig erweist. Sie fordert, dass er sein Bild von der Kreuzigung nach einem naturgetreuen Modell malt, um das vollendete Kunstwerk zu schaffen. *Ein Menschenleben ist keine sehr große Sache, Meister Benvenuto. Oder glaubt Ihr, ein gutes Bild wiege weniger als ein Menschenleben? … Muß nicht dem großen Künstler jedes Mittel recht sein, das zu seinem Zweck paßt?*[277] Benvenuto opfert seinen Lieblingsschüler, um die Kreuzigung zu malen. Der Mord wird ruchbar, der Maler verhaftet und gefoltert. Seine Frau rettet ihm das Leben nur dadurch, dass sie sich dem mächtigen Kardinal von Este hingibt. Danach verlässt sie ihren Mann. Julia erscheint, verweigert sich dem Maler und eilt nach Rom an das Totenbett des Papstes, ihres Geliebten. Kalt sind die letzten Worte, die sie für den Maler findet: *Ich bin nicht geschaffen zum Mitleid.*[278] Benvenuto bleibt gebrochen an Leib und Seele zurück. Das Bild ist vom erbosten Pöbel zerstört worden.

Feuchtwangers Trauerspiel erinnert stark an seinen fünf Jahre vorher veröffentlichten ersten Roman, *Der tönerne Gott*. Seine Menschen, ihre Sprache, ihr Denken sind dem verspielten, aber auch zynischen Weltempfinden Oscar Wildes nah, haben ihre Vorbilder in jenen Romanen Heinrich Manns, die kurz nach der Jahrhundertwende erschienen waren. Die Hauptfiguren seines Schauspiels sind ohne Bindungen; die innere Leere durch einen snobistischen, elitären Ästhetizismus verdrängend, reizt sie nur noch der Schauer des Außergewöhnlichen. Im Nachhinein bleibt die Verwunderung, dass Lion Feuchtwanger angesichts der fürchterlichen Realität der Zeit, in der er dieses Stück niederschreibt, noch einmal an eine literarische und geistige Tradition anknüpft, die er längst überwunden hat.

Warren Hastings/Kalkutta, 4. Mai

Erheblich wichtiger ist das ebenfalls 1915 entstandene Schauspiel *Warren Hastings*. Denn es ist schon ganz erfüllt von Feuchtwangers Suche nach dem bereits mehrfach angesprochenen Weg zwischen Europa und Asien, Nietzsche und Buddha. Es ist das Drama des Tatmenschen, des Handelnden, »der immer gewissenlos ist«. Es erzählt vom schicksalhaften Zwang, das Richtige zu wollen, aber dafür auch das Böse tun zu müssen. Es ist, von Feuchtwanger in dieser Deutlichkeit zum ersten Mal angesprochen, das Drama des Politikers oder, mit dem Pathos der Zeit formuliert, das Drama der großen, die Geschichte bewegenden Männer. Und es ist wieder ein englischer »Held«, der im Zentrum seines Schauspiels steht, als in Deutschland das »Gott strafe England« an jeder Straßenecke zu hören ist. Die britische Nüchternheit und der Geschäftssinn der englischen Imperialisten imponieren Feuchtwanger in den kommenden Jahren erheblich mehr als das gefährliche Schwadronieren eines sich überhebenden deutschen Nationalismus. *Nicht deklamieren, Cowper! Sie schwärmen. Ich will möglichst weite Gebiete für die Handelsgesellschaft ausnützen. Das ist alles. Geld machen, nüchtern ausgedrückt.*[279]

Den Stoff zu dem Schauspiel findet Feuchtwanger bei seiner

Beschäftigung mit den Werken des englischen Historikers Thomas Babington Macaulay. Vor allem dessen Essay über die Memoiren Hastings', in denen von seiner indischen Gouverneurszeit berichtet wird, fesselt ihn. Im Tagebuch weist er zudem ausdrücklich auf die Lektüre von George Bruce Mallesons »Life of Warren Hastings« als wichtigstes Material für seine dramatische Bearbeitung des Stoffs hin. Er habe das Stück geschrieben, so wird er später seinen Lesern mitteilen, um sich *klar zu werden über das imperialistische England.*[280] Das ist nur eine Teilwahrheit, geprägt von einem politischen Postulat, das ihm beim Entstehen des Schauspiels noch weitgehend fremd gewesen ist.

Das Stück spielt im Kalkutta des Jahres 1775. Warren Hastings, Englands Generalgouverneur in Indien, ist den wirklichen Herren der Kolonie, den Direktoren der Ostindischen Kompanie, zu selbstständig und zu unbequem geworden. Eine vierköpfige Delegation der Gesellschaft, aus England angereist, untersucht Hastings' Politik und wirft ihm in 34 Anklagepunkten Verfehlungen vor. Als Zeugen präsentieren sie den Maharadscha Nenkomar, einen Feind des Gouverneurs. Hauptvorwurf der Gegner Hastings': Er habe mit seinen Anweisungen mehrfach gegen die »Humanität« verstoßen. Der Grundkonflikt wird sichtbar: Die ehrbaren englischen Kaufleute wollen zwar einen hohen Gewinn aus Indien herauspressen, Englands Ruf dabei aber nicht in Gefahr bringen. Hastings erkennt sehr genau, was da gespielt wird: *Seien Sie human, schreiben die Direktoren, aber schaffen Sie Geld!*[281] Im Kampf um die Macht in Indien setzt der »Politiker« Hastings schließlich alle Mittel ein, um seine Position zu halten und einen drohenden Prozess abzuwehren. Er lässt seinen indischen Feind, Maharadscha Nenkomar, aus fadenscheinigen juristischen Gründen hinrichten und opfert das unschuldige Volk der Rohilla, weil deren Gegner ihm für seine militärische Hilfe einen Millionenbetrag zahlen. Dieses Geld schickt er nach England. Ein überzeugendes Argument, denn die Direktoren werden nun alle Bedenken gegen ihn fallen lassen. Er hat über seine Feinde gesiegt. Der Preis allerdings ist hoch: Der Jugendfreund und bewundernde Biograph verlässt ihn; die Geliebte, Baronin

Imhoff, hat törichterweise ein Bestechungsgeschenk angenommen und damit Hastings' »Realpolitik« gefährdet. *Ich rüste eine Tat, stahlhart und furchtbar, die Vernichtung eines ganzen schuldlosen Volkes, eine Tat, die nur zu entschuldigen ist mit ihrem großen Zweck, die nur zu entschuldigen ist, weil sie allein meine Macht in Indien retten kann, und weil ich der einzige bin, der berufen ist, vor Gott und der Welt berufen, in Indien zu herrschen, Europa und Indien zu versöhnen. Meine Tat wird sinnlos – blutige Barbarei, wenn man ihr den großen, heiligen Antrieb nimmt. Du hast ihn ihr genommen für die Meinung der Welt.*[282] Hastings schickt die geliebte Frau nach Europa. Zurück bleibt ein einsamer Sieger, den Zettel lesend, den ihm der Maharadscha wenige Minuten vor seiner Hinrichtung geschickt hat: *Erinnere Dich, mein Bruder, daß Ruhen besser ist als Gehen, Schlafen besser als Wachen, Totsein besser als Lebendigsein. Denn der Tod führt hin, wo keine Qual mehr ist und nur die Seligkeit der ewigen Ruhe im Schoße des Brahma.*[283]

In seiner Selbstanzeige, die am 22. Oktober 1916 in der »Vossischen Zeitung« erscheint, schreibt Feuchtwanger, ihm sei es in diesem Stück nicht um das Einzelschicksal des Helden gegangen, *sondern um das Erlebnis: Indien und Europa, Tatmensch und geistiger Mensch, Büßer und Soldat, Buddha und Nietzsche.*[284] Hastings' Niederlage, der Verlust des persönlichen Glücks, sei der Triumph seines eigentlichen Gegenspielers, des indischen Maharadschas. Dessen Leib konnte Hastings zerstören, aber nicht dessen Geist.

Die Aufführung des *Warren Hastings* wird von der Zensur zunächst mit der Begründung »zu englandfreundlich« abgelehnt. Mit Hilfe einiger einflussreicher Schriftsteller kommt es am 23. September 1916 doch am Münchner Schauspielhaus, unter der Regie von Ignaz Georg Stollberg, zur Uraufführung. *Warren Hastings* wird in Feuchtwangers Heimatstadt ein starker Publikumserfolg. Nicht nur Alfred Kerr glaubt – dem Zeitgeist der Kriegsjahre folgend – in dem Stück eine Anklage gegen die britische »Plutokratie« zu erkennen.[285] Bis zum Mai 1918 erreicht das Schauspiel 39 Aufführungen. Die Berliner Premiere findet am

21. Oktober 1916 statt. Aber das Echo in der Reichshauptstadt bleibt mäßig. Die professionelle Kritik ist zurückhaltend. Noch einmal aus Alfred Kerrs Rezension: »Ich will nicht von meinem Standpunkt sprechen, sondern von Feuchtwangers ... Hat er einen?«[286] Siegfried Jacobsohn ist wesentlich freundlicher, widerspricht aber Feuchtwangers Meinung, der Osten habe den Westen geistig »unterjocht«. »Herrschte über uns Buddha«, so schreibt er in der »Schaubühne« vom 31. Oktober 1916, »es wäre nicht Krieg.«[287] Trotz des Erfolges in München notiert Feuchtwanger am 22. Oktober 1916 lakonisch im Tagebuch: *Die Presse miserabel. Die Depression rasch überwunden.*

Knapp zehn Jahre später, 1925, arbeitet Lion Feuchtwanger das Schauspiel gemeinsam mit Bertolt Brecht um. Es hat unter dem Titel *Kalkutta, 4. Mai* nach der Uraufführung in Krefeld und einer Inszenierung in Königsberg am 12. Juni 1928 Premiere in Berlin. Die Fabel ist, mit starken Korrekturen und erheblichen Kürzungen, die gleiche geblieben, aber im persönlichen Kampf Hastings' treten nun die gesellschaftlichen und ökonomischen Bezüge stärker in den Vordergrund. Eine vom Gouverneur gegen heftigen Widerstand gebaute Straße in das indische Hinterland, die in Hungerszeiten den raschen Transport von Nahrungsmitteln ermöglicht, und die von den Einheimischen boykottierten Reissendungen, auf die Hunderttausende hungernder Inder warten, lassen sein brutales Durchgreifen in einem etwas anderen Licht erscheinen als in der ersten Fassung. Aus der deutschen Baronin Imhoff wird jetzt die sehr viel farbigere englische Lady Marjorie Hike, und es gibt ein »Happy End«. Zwar nimmt auch die Lady von den Einheimischen ein Bestechungsgeschenk an und gefährdet damit Hastings' Position, aber diesmal schlägt er, im Gegensatz zur ersten Fassung, mit einer Intrige zurück und behält beides – die Macht und die Frau.

Doch auch in *Kalkutta, 4. Mai,* in dem der Geist Buddhas nicht mehr wie im Stück von 1915 die vorrangige Rolle spielt, bleibt Hastings letztlich der zynische Machtmensch. *... in zehn Jahren wird sich manches ausgezeichnet überschauen lassen. Man wird genau erkennen, was wir gut gemacht haben, und die Fehler* *werden schon nicht vergessen werden. Viele Leute, die wir vor dem Hunger gerettet haben, werden gestorben sein, ebenso wie jene, die wir schuldlos, aber nicht grundlos aufgehängt und erschossen haben. Die Erinnerung an die Getöteten wird länger bleiben, aber auch nicht ewig.*[288] In der zweiten Fassung rechtfertigt Feuchtwanger also ebenfalls keineswegs die Gewalt als notwendigen Preis für eine neue Gesellschaftsordnung, wie es in der Darstellung eines DDR-Autorenkollektivs aus dem Jahr 1975 zu lesen ist.[289] Das Stück bleibt die Tragödie des Handelnden, der zu unmenschlichen Mitteln glaubt greifen zu müssen, um andere vom egoistischen Tun abzuhalten. Ein ewiger Kreislauf. Aber schon der Titel weist daraufhin, dass Feuchtwanger in der Überarbeitung jetzt nicht nur ein persönliches Schicksal dramatisiert, sondern auf einen exakten historischen Moment hinweist. »Der Hastings der Zweitfassung strahlt den Geist des kapitalistischen Zeitalters aus. … Er spürt keinen Widerspruch zwischen Herz und Hirn; die Befriedigung seiner privaten Bedürfnisse und die Ausführung seiner öffentlichen Aufgaben weiß er immer in Einvernehmen zu halten. Der große Mann hat sowohl Geschäftssinn wie auch die anderen Eigenschaften, die dazu nötig sind: Ehrgeiz, eine starke geistige Konstitution, die er mit der regelmäßigen Lektüre der Sportseite der Tageszeitung in Übung hält, und die Fähigkeit, jede Krise mit Erfolg zu überstehen.«[290] Als wär's ein Stück von Brecht.

Tatsächlich ist Brechts Anteil an der Bearbeitung erheblich. Seine enge Mitarbeiterin und Geliebte Elisabeth Hauptmann notiert am 13. März 1926 in ihrem Tagebuch sogar, Brecht arbeite »jeden Tag … an Hastings 3 Stunden. Gestern war Feuchtwanger da. Ich hörte durch die Tür wie Brecht diktiert und Feuchtwanger schreibt. Brecht macht alles, alle Ideen und Formulierungen, aber er läßt sich in keine großen Diskussionen ein, weil es ihm zu langweilig ist.«[291] Nach Hauptmanns Zeitzeugenschaft folgt der an dem Sujet desinteressierte Brecht bei dieser Arbeit widerwillig dem Drängen Feuchtwangers. Ganz anders Marta Feuchtwanger. Sie berichtet 50 Jahre nach der Umarbeitung, es sei Brecht gewesen, der ihren Mann dazu veranlasst habe, sich erneut mit dem Hastings-Schauspiel zu beschäftigen.[292] Feuchtwanger selbst hält kurz vor seinem Tod fest: *Dieses Stück überarbeitete ich im Jahr 1925 gemeinsam mit Bertolt Brecht.*[293]

Feuchtwanger ist bei dieser Zusammenarbeit sicher nicht – wie die damals Brecht-vernarrte Elisabeth Hauptmann behauptet – nur Statist und Sekretär gewesen. Umgekehrt ist der Anteil Brechts bei dieser zweiten gemeinsamen Arbeit zweifellos bedeutend. Nicht nur die Zwischentitel, die jede Szene einleiten, erinnern an sein episches Verfahren. Auch die geraffte, lakonische Sprache und die innere Kühle der Figuren sind zweifellos von ihm formuliert und gestaltet worden. Als Hastings' Gegner den Gouverneur mit dem Vorwurf der Bestechlichkeit konfrontiert, heißt es beispielsweise ganz in Brecht'scher Manier: *Er hat geglaubt, einen Genickschlag landen zu können. Aber jetzt wird er disqualifiziert.*[294] Carl Wege hält zu Recht fest: »Der Einfluß, den Bertolt Brecht auf das Hastings-Projekt nimmt, läßt sich im einzelnen an den im Stück verwendeten Motiven, Metaphern und Idiomen ›ablesen‹.«[295] Auch das »Happy-End« kam auf sein Drängen zustande. »… Brecht wanted to have a happy ending«, berichtet Marta Feuchtwanger Jahrzehnte später.[296] Unbestritten ist, dass der Song »Surabaya Johnny«, den Lady Marjorie singt, vom Dichter der »Dreigroschenoper« und vom »Mahagonny«-Autor stammt. Wenn die Literaturwissenschaft und die Kritik darauf hinweisen, mit welcher »Sachlichkeit« Feuchtwanger seinen Warren Hastings dargestellt hat, so wird hier in erster Linie die »Neue Sachlichkeit« angesprochen, mit der in den 1920er Jahren das nachexpressionistische Zeittheater seinen Gattungsnamen erhält. Aber eine solche Einordnung trifft erheblich stärker auf Brecht als auf Feuchtwanger zu.

Den historischen Bezug – der sicher ebenfalls auf Drängen Brechts in die Arbeit eingeflossen ist – macht Feuchtwanger noch einmal in seinen 1958 verfassten Anmerkungen zu dem Stück deutlich. Er erinnert seine Leser an die *Verwandtschaft* seines Hastings mit den britischen und deutschen Kolonialisten Cecil Rhodes und Carl Peters. *Aber wenn das Tun dieser späten Imperialisten einer Moral entstammte, die damals schon veraltet und verkommen war, so dachten Daniel Raule* (die Hauptfigur in dem Dreiakter *Der holländische Kaufmann,* dem zweiten Kolonialstück des Autors – WS) *und Warren Hastings ihrer Zeit voraus, und was sie taten, war für ihre Zeit progressiv. Ich habe mit meinem Freunde Brecht, als ich mit ihm … »Warren Hastings« überarbeitete, lange Debatten gerade über diese Frage geführt, und wenn wir in vielem nicht übereinstimmten, darin waren wir einig.*[297]

Die Premiere im Berliner Staatstheater (12. Juni 1928) mit Rudolf Forster in der Hauptrolle, Erich Engel als Regisseur, Caspar Neher als Bühnenausstatter und der Musik von Hanns Eisler wird ein großer Erfolg. Brecht lässt Helene Weigel jedoch enttäuscht wissen: ›Kalkutta‹ war eine furchtbare Aufführung, Forster ganz miserabel, ein exzentrischer Kommis – aber scheint's gute Kasse!«[298] Max Herrmann-Neiße urteilt ähnlich ablehnend. Er lobt die Inszenierung und – im Gegensatz zu Brecht – Rudolf Forster, aber »*Kalkutta, 4. Mai* blieb trocken, zäh, ließ mich kühl«.[299] Immerhin, bis Oktober 1932 wird *Kalkutta, 4. Mai* an 52 deutschsprachigen Theatern aufgeführt. Es wird zum meistgespielten Stück Feuchtwangers. Auch nach 1945 erlebt es von allen seinen früheren Schauspielen die stärkste Resonanz. Sechs Theater- und eine Fernsehinszenierung in der DDR, zwei in der Bonner Republik. Nur das 1946 in Amerika geschriebene Stück *Wahn oder Der Teufel in Boston* wurde nach dem Krieg noch häufiger aufgeführt.

Das Stück lässt sich heute nicht ohne Widerspruch lesen. Schon nach der Uraufführung gab es Kritik am politischen und ideologischen Hintergrund der Feuchtwanger/Brecht-Arbeit. In *Kalkutta, 4. Mai* übergehen die beiden Autoren in ihrer Darstellung des Kampfes der großen Männer weitgehend die Schattenseiten des kolonialen Imperialismus, der sowohl in Indien als auch in Afrika (das in Feuchtwangers 1921 verfasstem Schauspiel *Der holländische Kaufmann* die Rolle von Hastings' Indien einnimmt) auf Ausbeutung und Versklavung der einheimischen Bevölkerung beruht. Nach der Premiere merkt Herbert Ihering an: »Feuchtwanger nimmt die Kolonisation Indiens als gegebene Tatsache, ohne Kritik hin. Er sieht keine Zusammenhänge und stellt keine

Verbindungsbrücken zu unserer Zeit her.«[300] Und in der »Roten Fahne«, dem Parteiblatt der Kommunisten, heißt es mit Blick auf Hastings' Kampf um die Lebensmittellieferungen an die hungernden Inder: »Viel Lärm um seine Hilfe für die Hungernden! Als wäre es ihm nicht um die Erhaltung der Steuer- und Arbeitsfähigkeit der indischen Bevölkerung gegangen.«[301] Schon nach der Premiere der Erstfassung schreibt Siegfried Jacobsohn 1916 in der »Schaubühne«: »Man setze Hastings gleich Kitchener, des Einen Indien gleich des Andern Ägypten.«[302] Lord Herbert Kitchener, Feldmarschall und Politiker, war um die Jahrhundertwende einer der brutalen Kolonialeroberer, die das britische Weltreich auf seine letzten imperialen Höhen führten.

Wichtige und richtige Hinweise der Kritik sind das also. Bertolt Brecht nimmt in den 1920er Jahren generell eine schillernde und missverständliche Haltung zum Thema historische Größe und Taten der Eroberer ein: »Das Übel der großen Männer … besteht darin, daß es zu wenige gibt. Es müßte eine Masse davon geben, sagen wir: ein Proletariat.«[303] Brechts Kenntnisse über Indien stammen überwiegend aus seiner Lektüre der Werke des von ihm gelobten Autors Rudyard Kipling, der ein begeisterter Anhänger und Propagandist des britischen Kolonialreiches gewesen ist. Auch Feuchtwanger schätzt diesen Autor. Als er bei einem Englandbesuch in den 1920er Jahren von den Reportern gefragt wird, »welche modernen englischen Schriftsteller er besonders schätze, nannte er als ersten Rudyard Kipling. Dies wurde mit eisigem Schweigen aufgenommen. Lion war es nie zu Bewußtsein gekommen, wie konservativ Kipling in seinen Schriften war. Für ihn waren ›Kim‹ und andere seiner Romane schöne Märchen.«[304]

Der weniger von der Vernunft als vom Gefühl geprägte Zeitgeist führt nach dem Ersten Weltkrieg auch zu einer Hinwendung zum American Way of Life und zu einer kurzfristigen Heroisierung einer von hoch technologisierter Massenproduktion und gnadenlosem Konkurrenzkampf geprägten Gesellschaftsordnung (das Bild vom Boxkampf findet sich in diesem Zusammenhang nicht nur bei Brecht). Auch Feuchtwangers Denken wird davon beeinflusst, wenngleich erheblich weniger als das seines Freundes. Es ergeben sich dabei bedenkliche Parallelen zwischen linksliberal, linksradikal, aber auch rechts und rechtsradikal argumentierenden Autoren. Das Kriegserlebnis und der moralisch-materielle Zusammenbruch der Nachkriegsgesellschaften haben auch bei vielen Intellektuellen zu einer Verrohung des Denkens geführt. Aufklärung und Humanismus – wichtige Stichworte für Feuchtwangers Werk – werden in der Literatur von einer häufig aggressiven Sprache und von inhumanen Weltbildern übertönt. Sie spiegeln sich im von der linken Propaganda gefeierten Kampf der Klassen ebenso wider wie im Elitedenken eines Gottfried Benn oder Ernst Jünger. Gipfeln wird dieses leichtfertige Gedankenspiel um Gewalt und Massenbeglückung in den rassistischen und totalitären Visionen der Volk-ohne-Raum-Apologeten oder im millionenfachen Elend der stalinistischen Gulags. Als alle Barrieren gefallen sind und in Deutschland die Herrschaft der modernen Barbaren beginnt, schreibt der aus dem Land vertriebene Brecht 1935 selbstkritisch an den Exilgefährten Ernst Bloch: »Wir haben die Güte verlacht, die Humanität durch den Kakao gezogen. Das war *vor* der Niederlage. Jetzt stoßen wir ein Geheul aus und betteln um Demokratie als um ein Almosen.«[305]

Feuchtwanger ist nach den nervenaufreibenden Autoren-Diskussionen von dem Ergebnis der gemeinsamen Umarbeitung seines englischen Kolonialstückes wohl doch ein wenig enttäuscht. Zu viel neusachlicher, zynischer Brecht, zu wenig humanistisch-bürgerliches Aufklärungsdenken à la Feuchtwanger. Im Roman *Erfolg* wird er die in der Sache schwierigen Auseinandersetzungen mit Brecht noch einmal literarisch – und nicht ohne ironische Seitenblicke – thematisieren. Sein Alter Ego in dem Roman, der Schriftsteller Jacques Tüverlin, umschreibt in den politischen Debatten mit dem Ingenieur Kaspar Pröckl – das ist Brecht – seine Position mit dem sehr grundsätzlichen Bekenntnis: *Das Schwierige für mich ist, … daß ich zwischen den Klassen stehe. Ich bin nämlich Schriftsteller.*[306] Pröckl wiederum macht seinem Gesprächspartner deutlich, er *könne sich nicht in die Betrachtung chinesischen Porzellans vertiefen, während rings um ihn die Maschi-*

nengewehre tickten. Und höhnisch fügt er hinzu: *Der Zusammenstoß Asiens mit Europa sei ein Thema für ästhetische Tees. Der andere Kampf, der wirtschaftliche, sei für jeden aktuell, sei da, an jedem Ort und zu jeder Stunde um sie herum.*[307] Erst in den Jahren des Exils und der Bedrohung Europas durch die Armeen Hitlers wird Feuchtwanger die gesellschaftspolitische, von der marxistischen Theorie stark mitgeprägte Haltung Brechts in milderem Licht sehen. Der Einfluss des Freundes wird dann dazu beitragen, dass der bürgerliche Humanist in der Sowjetunion den entschiedensten Gegner des Faschismus zu erkennen glaubt und im Marxismus eine diskussionswürdige Alternative zu dem von Krieg und Krise gezeichneten Kapitalismus sieht.

Möglicherweise ist in dem Unbehagen über die Neufassung auch der Grund zu sehen, dass Feuchtwanger das Thema 1931 ein drittes Mal aufgreift und die Erzählung *Marianne in Indien* veröffentlicht. Auf wenigen Seiten erzählt er die Vor- und die Nachgeschichte des Dramas. Die deutsche Baronin Imhoff lernt auf der gemeinsam mit ihrem Ehemann und ihrem Kind unternommenen Überfahrt nach Indien Warren Hastings kennen. Der künftige Gouverneur von Madras beschließt, so selbstsicher und eigenwillig um die Gunst der Baronin zu werben, wie er dann die politischen Geschicke Indiens lenkt. Er *erzählte von Madras und Bengalen. Sehr anders als Herr von Imhoff. Er sprach von Ziffern, Zöllen, Steuern, Verwaltungsmaßnahmen. Die Baronin hörte lächelnd freundlich zu.*[308] Geschäftsmäßig einigt er sich mit dem Ehemann über die Scheidung der Imhoff, und die Baronin lebt in den nächsten Jahren als Geliebte und Ehefrau an seiner Seite in Indien. Die Erzählung endet auf dem englischen Landsitz des nach einem langen Prozess rehabilitierten Ex-Gouverneurs. *Sir Warren Hastings, dreiundsiebzigjährig, gegen die Mode in schlichtem, kaffeebraunem Rock, ging allein durch die sorglich gepflegten Gärten seiner Herrschaft Daylesford. Es war ein Junimorgen, sehr früh, Daylesford House lag weiß, still, stattlich zwischen seinen weiten Parks über dem freundlichen See.*[309] In der schmalen Erzählung kehrt Feuchtwanger atmosphärisch zurück in die Welt der ersten

Fassung. Der Gouverneur wird in dem Prosatext nicht – wie in *Kalkutta, 4. Mai* – als der harte Eroberer und Geschäftsmann dargestellt, sondern er ist wieder ganz eine Figur des bürgerlichen Schriftstellers Feuchtwanger. *Er hatte … Freude an Poesie. Arbeitete an der Übertragung eines kleinen indischen Epos. Auch an seinen beschäftigtsten Tagen widmete er den Musen mindestens zwanzig Minuten. Aber er trennte säuberlich Dichtung und Geschäft, und seine Verehrung indischer und persischer Verse hinderte ihn nicht, die Interessen der Handelsgesellschaft gegen Hindus und Mohammedaner scharf wahrzunehmen.*[310]

Der holländische Kaufmann

1921 wendet sich Feuchtwanger erneut einem Kolonialstück zu, dem Schauspiel *Der holländische Kaufmann*. Ähnlich wie Warren Hastings hat die Titelfigur dieses Dramas, Daniel Raule, einen großen Traum, um dessen Verwirklichung sie mit ungeheurer Willenskraft und Energie gegen alle Widerstände kämpft. Raule will Handelsschiffe nach Afrika schicken, um für den brandenburgischen Kurfürsten neue Kolonien und für sich selbst neue Reichtümer zu gewinnen. Auch er »siegt« schließlich über seine ängstlichen, zögernden Widersacher, denen der schnelle, gierige Gewinn näher ist als die große, gewagte Vision des Fortschritts, den Feuchtwanger in Raules Aufbruch zu neuen Kontinenten darstellen will. Raules Traum erfüllt sich, der Kurfürst ist für seinen Plan gewonnen, aber wieder muss der »Tatmensch« seinen Erfolg mit wachsender Vereinsamung bezahlen. Die beiden einzigen Menschen, für die der harte, manchmal brutale Kaufmann eine innere Zuneigung empfindet, verraten bzw. verlassen ihn.

Daniel Raule – Vorbild ist die historische Figur des Direktors der brandenburgisch-afrikanischen Compagnie, Benjamin Raule (1634–1707) – kommt wie Hastings aus dem nach oben drängenden Bürgertum. Persönlicher Ehrgeiz und die Vision einer großen Tat werden auch bei ihm zur Triebfeder seines Handelns. *Wir stecken brandenburgische Fahnen an die Küste von Mohren-*

land. Wir bauen Gummi und Gewürz. Wir handeln mit Gold und schwarzen Sklaven und Straußfedern und Elfenbein.[311] Aber aus dem gebildeten, belesenen Hastings ist ein roher, zur Brutalität neigender Emporkömmling geworden: *Saufen ist was, huren ist was.*[312]

Der holländische Kaufmann, so meint Feuchtwanger später, *bedeutet im Werdegang des Autors nach einem vergeblichen Versuch, in den Gefühlen der Masse unterzutauchen* (gemeint ist hier das Revolutionsstück *1918*), *die Rückkehr und das Bekenntnis zu dem Individualismus, von dem er ausging.*[313] Am 5. Januar 1923 wird das dreiaktige Schauspiel im Münchner Residenztheater aufgeführt, die Regie hat Kurt Stieler. Seitdem ist es nur noch einmal in einer Rundfunkbearbeitung (1960) gespielt worden. Feuchtwanger schreibt dazu: *Die Erstaufführung des Dramas … fiel in die Zeit, da die nationalsozialistische Bewegung, vor allem in Bayern, ein bedrohliches Aussehen annahm. Das Bayrische Staatstheater gab den Drohungen der Nationalsozialisten nach und setzte das Stück nach wenigen erfolgreichen Aufführungen ab.*[314] Später wollten einige Regisseure das Stück aufführen, aber der Autor ließ dies nach eigenem Bekunden nicht mehr zu. Die politische Entwicklung lege die Befürchtung nahe, man würde das Stück gegen die Republik ausnutzen. Feuchtwanger wollte nicht ausschließen, dass das sehr diktatorische Handeln und Auftreten von Daniel Raule angesichts des wachsenden Führerkults in der deutschen Rechten zu Fehldeutungen verleiten würde. Allerdings schreibt Hans Dahlke wohl zu Recht: »Diese Erklärung läßt Fragen offen. Die Besorgnis, die individualistische Tendenz des Stückes könnte politisch zugunsten unerwünschter Diktatoren ausgedeutet werden, will nicht so recht einleuchten.«[315]

Ein in seinen Aussagen für die Zeit überaus mutiges Werk hatte Feuchtwanger noch im Kriegsjahr 1917 begonnen: *Die Kriegsgefangenen.* Das fünfaktige Stück, an dem einige Theater sofort Interesse zeigten, wurde allerdings von den Zensurbehörden verboten. Der Druck erfolgte erst 1919. In diesem modernen Romeo-und-Julia-Drama schildert Feuchtwanger die Liebe zwischen der jungen Mechthild von Hensingen und dem französischen Kriegsgefangenen Gaston Conti. Es ist Krieg, und Baron von Hensingen, Vater Mechthilds und Vertreter des preußischen Militarismus, lässt auf seinem Gut von dafür abgestellten Kriegsgefangenen einen Kanal bauen. Conti wird, nachdem ein Mitgefangener das Bauwerk gesprengt hat, von Mechthilds Verlobtem erschossen. Die heimliche Liebe wird zum Skandal in der Familie, als sich Mechthild öffentlich zum *Feind* bekennt und als Vater und Verlobter den erschossenen Geliebten als *Lumpen* bezeichnen, dem sie das Kriegsgericht gegönnt hätten. Ein Drama über die Humanität in einer unmenschlichen Zeit, in dem Feuchtwanger einmal mehr versucht, den Gegner gerecht, menschlich und verständnisvoll zu beschreiben, und in dem er sich empört über die Dummheit und den Hass der alldeutschen Kriegstreiber. In der Erstfassung des Stückes steht ein Motto, das der »Antigone« von Sophokles entnommen ist: »Nicht mitzuhassen, mitzulieben bin ich da.«

Das Schauspiel wird das erste deutsche Theaterstück sein, das nach dem Krieg ins Französische übersetzt wird. Ab Dezember 1921 können es die westlichen Nachbarn im »Journal de Peuple« als Fortsetzungsabdruck lesen. Auf den Bühnen ist das Stück nicht zu sehen, die Novemberrevolution von 1918 und die leidenschaftlichen Debatten um die Versailler Friedensverträge beherrschen jetzt die Köpfe der Deutschen. Später im Exil wird Feuchtwanger über die Arbeit an diesem Stück schreiben: *Es drängte den Autor, seinen Ekel an der Mentalität des Krieges Wort werden zu lassen.*[316]

Es bleibt erstaunlich, wie sehr Feuchtwangers Äußerungen über die antifaschistische Sowjetunion in den späten 1930er Jahren und sein – zweifellos diskussionswürdiger – Moskau-Besuch im Jahr 1936/37 die Gemüter bis weit in die Zeit nach dem Zweiten Weltkrieg erregt haben, wie hart die Verdammungsurteile über seine politische Haltung klangen und wie wenig demgegenüber darüber gesprochen und geschrieben wurde, welch aufgeklärte humanistische Position er im Ersten Weltkrieg in seinen Theaterstücken einnahm. Nur wenige europäische Autoren fanden damals angesichts des massenhaften Kriegschauvinismus den

Mut und die denkerische Unabhängigkeit, öffentlich gegen den Wahn dieser Zeit anzuschreiben.

Zwischen 1921 und 1923 verfasst Feuchtwanger noch drei weitere Stücke. Sie sind vor allem deswegen beachtenswert, weil sie zeigen, dass sich auch ihr Schöpfer intensiv mit der Amerikanisierung der europäischen Gesellschaft in diesen Jahren auseinandersetzt. War die Suche des Weges von Europa nach Asien in den Vorkriegs- und Kriegsjahren noch von einer Minorität angestrebt worden, beginnt jetzt die »exotische« Sehnsucht eine Massenempfindung zu werden. Die Südseeromane von Herman Melville, die indischen Dschungelbücher von Rudyard Kipling, Jack Londons, B. Travens oder Somerset Maughams Erzählungen aus fremden Welten, die Reisebücher von Armin T. Wegner und die Asienreportagen von Egon Erwin Kisch erreichen auf dem deutschen Buchmarkt auffallend hohe Auflagen.

Die Intellektuellen aber erleben in den Nachkriegsjahren noch eine ganz andere Kulturrevolution. Ihre Wurzeln liegen im Westen: Mit Charlie Chaplin und Buster Keaton, den Beine schwingenden Tiller Girls oder der farbigen Revueschönheit Josephine Baker, den dunklen Rhythmen der Jazzer oder der primitiven Männlichkeit der Box-Idole überrollt sie ein neues Weltgefühl. Die Technik, das Fließband, die Massenfabrikation verdrängen romantische Verinnerlichung. Das Kino wird zur Massenunterhaltung, die »Traumfabrik Hollywood« zum amerikanischen Opium für das europäische Volk. Mit dem Radio entwickelt sich der – rasch von den Politikern missbrauchte – wichtigste Informationsträger der neuen Kultur, »die Kunst ist sozialisiert … der Künstler ist ein so öffentlicher Mensch wie der Staatsmann«[317], und der Sport wird zum Mythos einer neuen Generation. Inflation und Weltwirtschaftskrise fegen die alten Tugenden von Sparsamkeit und Pflicht, Vorsorge und Opferbereitschaft hinweg. Hausse und Baisse, Angebot und Nachfrage, Dollar und Devisenkurs sind die neuen Zauberworte. Die Schlachthöfe von Chicago oder die Managerbüros der Wall-Street-Konzerne werden zu Schauplätzen der Literatur. Auf dem Buchmarkt spricht man vom Bestseller. Der Schriftsteller muss sich den Marktmechanismen anpassen. Ohne Werbung, ohne Reklame wie bei der Seife oder der Nähmaschine können die Verleger nur noch selten hohe Auflagen beim Kunden absetzen. Der Status des autonomen Künstlers, zwei Jahrhunderte ehrfürchtig geachtetes Privileg, wird sich in den Jahren von Weimar auflösen.

Erwin Piscator fragt, den Expressionismus verdammend: »Was soll uns in einer Welt, in der die wahren Erschütterungen von der Entdeckung eines neuen Goldfeldes, von der Petroleum-Produktion und vom Weizenmarkt ausgehen, die Problematik von Halbverrückten.«[318] Und Thomas Mann meint ein wenig verwirrt: »Etwas wild und demokratisch atmet es her aus dieser Welt abenteuerlicher Modernität … Rümpfen wir nicht esoterisch die Nase.«[319] Stefan Zweig sieht 1925 diese Welt – »von Amerika kommt jene furchtbare Welle der Einförmigkeit«[320] – bereits von der »Monotonisierung« bedroht: »Dieser Prozeß ist schon lange im Gange …, aber nie war dieser Niedersturz in die Gleichförmigkeit der äußeren Lebensformen so rasch, so launenhaft wie in den letzten Jahren.«[321] Der pessimistische Wiener Großschriftsteller sieht die elitäre Position des Intellektuellen in der Gesellschaft gefährdet: »Wir sind … allen diesen Massenfreuden und Massenleidenschaften und damit dem Geist der Epoche furchtbar fremd geworden, wir, denen geistige Kultur Lebensleidenschaft ist, wir, … die wir keine Totschlagapparate brauchen für die Zeit und keine Amüsiermaschinen, weder Tanz noch Kino, noch Radio, noch Bridge, noch Modenschau.«[322] Friedrich Sieburg lästert über die »Anbetung der Fahrstühle« und über den Typus des Amerikaners: »Was in aller Welt treibt einen Teil der Berliner Literatur dazu, diese Leute zu bewundern, Millionärsdramen zu schreiben, Faustkampfgloriolen aufzuführen, kanadische Holzhändler zu problematisieren, … über stählernen Rhythmus zu quatschen, vor der General Motor Company auf den Knien zu liegen?«[323]

Aber es gibt auch andere. »Der Avantgarde um Brecht, Feuchtwanger und Döblin galt Deutschlands anti-westlicher, klassisch-romantischen Kunstgesetzen folgender Sonderweg in der Kultur als Sackgasse. Sie plädierten statt dessen für den Anschluß Deutschlands an die kulturelle Modernität westlicher Prägung …«[324] Alle drei werden die »Amerikanisierung« in ihren Büchern umsetzen, die neue Sprache, das andere Weltgefühl, die bewusste Hinwendung zum 20. Jahrhundert in ihren Werken deutlich machen. Das Kino wird sie zu ganz neuen Bildmontagen, einem anderen Rhythmus im Szenenablauf ihrer literarischen Produkte anregen. Für alle drei von beachtlichem Einfluss ist der geniale sowjetische Filmregisseur Sergej Eisenstein. Auch zahlreiche Künstler und Intellektuelle in der jungen Sowjetunion standen der Dynamik der »Amerikanisierung« bewundernd gegenüber. Das gilt selbst für Teile der bolschewistischen Parteielite. Stalin erklärte 1924, die Revolutionierung der sowjetischen Produktion solle mit »amerikanischer Sachlichkeit« durchgeführt werden. Und Alexej Gastew, Gründer des Moskauer Zentralinstituts für Arbeit, appelliert an den »neuen Menschen«: »Nehmen wir den Sturm der Revolution in Sowjetrußland, vereinigen wir ihn mit dem Puls des amerikanischen Lebens und tun wir unsere Arbeit wie ein Chronometer.«[325]

Brecht schreibt die »Dreigroschenoper« und »Aufstieg und Fall der Stadt Mahagonny«, Feuchtwanger den Roman *Erfolg,* Döblin »Berlin Alexanderplatz«. Diese Theaterstücke oder Romane entstehen nach 1926, und keines dieser Werke wäre ohne den amerikanischen Einbruch in die europäische Welt denkbar. In einem Aufsatz nimmt Lion Feuchtwanger 1927 eindeutig Stellung zu dem, was bald der »Amerikanismus« genannt wird: *Die Literatur der weißhäutigen Völker, seit etwa zwanzig Jahren sinn- und zwecklose Spielerei, ohne Zusammenhang mit dem Leben, Beschäftigung für Zeittotschläger, beginnt allmählich, die Inhalte aufzunehmen, die Krieg, Revolution, gesteigerte Technik ins Licht rücken. Produzierende und Konsumenten haben formalistischen, ästhetisch tändelnden Kram ebenso satt wie alles Ekstatische, gefühlsmäßig Überbetonte. Was Schreibende und Leser suchen, ist nicht Übertragung subjektiven Gefühls, sondern Anschauung des Objekts: anschaulich gemachtes Leben der Zeit, dargeboten in einleuchtender Form. Erotisches rückt an die Peripherie, Soziologisches, Wirtschaft-*

liches, Politisches in die Mitte. Don Juan in seinen endlosen Varianten hat abgewirtschaftet, an seine Stelle tritt der kämpfende Mensch, Politiker, Sportler, Geschäftsmann. Den Schreiber und den Leser fesselt Gestaltung des unmittelbar Greifbaren: Sitten und Gebräuche des heraufkommenden Proletariats, die Institutionen Amerikas, Fabriken, Konzerne, Autos, Sport, Petroleum, Sowjetrußland.[326]

Angelsächsische Stücke

Wir sind etwas vorausgeeilt in die Jahre der ersten deutschen Republik, in die Zeit, für die Germanisten und andere, die gern einordnen, den Begriff »Neue Sachlichkeit« erfunden haben. Die *angelsächsischen Stücke*, die Lion Feuchtwanger seit 1921 schreibt, haben schon viel von den Kulturströmungen vorausgespürt und aufgenommen, die jetzt bald Europa erfassen. Sie zeigen Menschen, die bis zum Kriegsende auf deutschsprachigen Bühnen so nur ganz selten zu hören und zu sehen waren. Das vorher entstandene Drama *Warren Hastings* spielt auch in der angelsächsischen Welt, aber es hatte kaum etwas von den neuen, aufregenden Erscheinungen des »Amerikanismus« in sich aufgenommen.

Das erste der angelsächsischen Stücke ist zwar in Form und Sprache sehr wenig davon beeinflusst, aber es hat dieses Kulturereignis schon sehr früh thematisiert. Es erscheint 1921 und heißt *Der Amerikaner oder Die entzauberte Stadt*. Es ist die Geschichte von Filippo, dem armen italienischen Jungen, der nach Amerika auswandert, reich wird und in seine Heimat zurückkehrt. Dort, im verträumten Süden Italiens, scheint die Zeit stillgestanden zu haben. Allerdings, die einst feudal über die Region herrschende Familie des Marchese Cortevecchia ist inzwischen verarmt, ihr hoch verschuldeter Besitz kaum noch zu retten. Der heimgekehrte »Amerikaner« plant, den Adelsbesitz – natürlich einschließlich der Tochter des Hauses – zu kaufen. Ohne Sinn für die Schwermut der Tradition, der sich die junge Marchesa beim Anblick der alten Ruinen eines Dionysostempels hingibt, will Filippo aus diesem von der Welt vergessenen Ort eine Touristenattraktion machen, will er ihn »entzaubern«.

Feuchtwanger nennt sein Stück *eine melancholische Komödie in drei Akten.* Es erinnert in Stimmung und Inhalt an Anton Tschechows Schauspiel *Der Kirschgarten,* ein Stück, das Feuchtwanger außerordentlich schätzte. Einige Jahre vorher hatte er darüber geschrieben: *Aber dieses handlungsarme Stück ist das Reichste und Reifste, Süß und Bitterste, Weiseste, was Tschechow je geschrieben.*[327] Wie der Besitz eines verarmten Marchese soll bei Tschechow der geliebte alte Kirschgarten der heruntergekommenen Familie Garjew verkauft und abgeholzt werden. Käufer ist ein geschäftstüchtiger ehemaliger Leibeigener der Familie, so wie Feuchtwangers zurückgekehrter amerikanischer Businessman früher »Untertan« des Aristokraten Cortevecchia gewesen war. Tschechow und Feuchtwanger schildern den Einbruch der neuen Zeit in die »Idylle« einer längst abgedankten Gesellschaftsschicht. Der Geschäftstüchtigkeit der Emporkömmlinge stellen beide Dichter die Resignation der Menschen aus einer verlorenen Zeit gegenüber. Aber es gibt im Stück Feuchtwangers einen entscheidenden neuen Aspekt: Filippo nämlich will mit seinem geschäftlichen Angebot nicht zerstören, sondern Altes, Überliefertes, die Tempelruinen, retten. Ein Hinweis darauf, dass Feuchtwanger auch das Fortschrittliche, Aufbauende des »Amerikanismus« schon sehr früh sieht. Die Uraufführung findet am 7. Dezember 1920 statt.

In der ersten Hälfte der zwanziger Jahre entstehen die beiden anderen angelsächsischen Stücke, *Die Petroleuminseln* und *Wird Hill amnestiert?* Das Spiel um die hässliche Herrin der Petroleuminseln, die »Äffin«, wie sie in den Spottliedern genannt wird, ist eines der bühnenwirksamsten Stücke Feuchtwangers geworden. Der Einfluss von Brecht ist in diesem Schauspiel wieder unübersehbar. Nach der Premiere spottet der Kritiker Herbert Ihering: »Feuchtwanger trägt Brecht und begibt sich in diesem Kostüm auf den Bühnenball.«[328]

Die einzelnen Szenen werden mit großen Textprospekten eingeleitet; an einer entscheidenden Stelle tritt – was sonst bei Feuchtwanger nirgendwo geschieht – ein »Erklärer« auf; rhythmische Sprechgesänge sind in verschiedenen Szenen eingebaut; die knappe Sprache aus den Etagen der Konzernbosse dient zur Milieucharakterisierung. In der »Weltbühne« weist Feuchtwanger im Zusammenhang mit seinen *Petroleuminseln* denn auch ausdrücklich auf den Freund hin: *Ein gewisser Bertolt Brecht macht in seinem Berliner und in seinem Augsburger Laboratorium vielversprechende Experimente ...*[329]

Das Stück spielt in der Gegenwart und schildert den unerbittlichen Kampf zweier Frauen um Männer und Macht. Deborah Gray, harte und ungemein geschäftstüchtige Präsidentin der Petroleuminselgesellschaft, beherrscht durch ihr Monopol und ihre Skrupellosigkeit die Insel und den Ölmarkt. Am Tage regiert sie die Welt der Geschäfte, nachts kauft sie sich Männer, die nicht selten spurlos verschwinden. Die Inselbewohner bestaunen ängstlich-bewundernd ihre Kraft und ihren Geschäftssinn, dichten Spottlieder über ihre Hässlichkeit.

Wer kommt, ist gesund, und wer geht, ist geschwächt. / Die Äffin regiert in Bett und Fabrik. / Die Äffin hat Geld, und die Äffin hat recht. / Und das Mannsvolk pariert in Bett und Fabrik.[330]

Ihre Gegenspielerin ist die auffallend schöne und von den Männern begehrte Charmian Peruchacha. Sie hasst die Äffin, deren Geschäftssinn die einst idyllische Insel zu einer nach Petroleum stinkenden hässlichen Wohnstätte gemacht hat. Als eine sowjetische Gesellschaft im Kampf um Ölkonzessionen das Geschäft von Deborah Gray zu gefährden droht, sieht die Gegenspielerin ihre Chance gekommen, die Äffin zu vernichten. Als Frau tief gekränkt durch die Beleidigung des einzigen Mannes, zu dem sie sich hingezogen fühlt, herausgefordert durch eine gefährliche Intrige von Charmian Peruchacha, greift Deborah Gray zum letzten Mittel: Sie verjagt den Mann und lässt die Konkurrentin ermorden. Wieder bleibt in einem Feuchtwanger-Stück der »Tatmensch« siegreich, aber einsam zurück. Deborah Grays letzte Worte im Spiel zeigen zwar keine Resignation, der bittere Trotz der Gezeichneten, der Außenseiterin ist jedoch unüberhörbar. *Es werden noch mehr Leute finden, daß es nicht gut riecht in meiner Nähe. Sie haben recht. Die ganze Insel riecht nicht gut. Es ist eine barbarische Insel. Aber mir gefällt sie.*[331]

Das Schauspiel *Die Petroleuminseln* erzählt von Menschen im Zeitalter des Kapitalismus. Aber die Wall-Street-Philosophie über Monopole und Gewinnmaximierung oder die 1923/24 – in dieser Zeit beginnt Feuchtwanger mit der Arbeit an dem Stück – einsetzenden Diskussionen über die »Dollarsonne, die über Deutschland aufging«,[332] sind nicht Zentrum, sondern Gerüst, machen die Atmosphäre, das Milieu dieses Schauspiels aus, treffen nicht seinen Kern. Feuchtwanger selbst hat dies sehr deutlich formuliert: *Mich stört es nicht, wenn man etwa das Stück in New York mit kapitalistischer, in Berlin mit proletarischer Tendenz spielt. Wenn man mir nur vorne den Kampf der Frau richtig und unverrückt bringt, wie ich ihn sehe.*[333]

Dieser Konflikt ist ihm wichtig. Es gibt dafür noch einen weiteren Beleg. Denn als Feuchtwanger *Die Petroleuminseln* zu schreiben beginnt, arbeitet er an den Schlusskapiteln seines Romans *Die häßliche Herzogin*. Er versucht, im Schauspiel noch einmal das Thema dieses Romans zu variieren: den Kampf der hässlichen gegen die schöne Frau, den *Kampf einer starken, begabten Frau … gegen das häßliche Gesicht, das ihr auf ihren Weg mitgegeben ist*[334], die Folgen physischer Hässlichkeit für die psychische Entwicklung eines Menschen. Dass ihm dabei eine kluge Teilanalyse der Anarchie, der Kälte und der Gleichmacherei des Kapitalismus gelingt, widerspricht dem nicht. Beachtenswert auch, wie früh Feuchtwanger die Parallelen von Kapitalismus einerseits und den Entwicklungen beim Aufbau des sowjetischen Wirtschaftssystems andererseits sieht. *Moskau ist sachlich,*[335] lässt er in der Fassung von 1927 Deborah Gray mit Blick auf den Kampf um die Ölkonzessionen nüchtern analysieren. In der DDR wurden diese direkten Hinweise, die die Sowjetunion als eine kapitalistisch agierende Macht zeigen, offensichtlich nicht gerne gesehen. In der Ausgabe der *Stücke in Prosa* (1959) und dem Abdruck des Schauspiels im zweiten Dramenband (1984) wird aus Moskau unverbindlich der »Osten« und der sowjetische Konkurrent beim harten Ölpoker zum »iranischen« Agenten. Die Szenen 5 und 6 im 2. Akt sind entsprechend umformuliert worden. Die Herausgeber berufen sich auf eine von Feuchtwanger gebilligte Fassung des Schauspiels, die 1936 erschien, in dem Jahr also, in dem die Volksfrontdebatte im deutschen Exil ihren Höhepunkt erreicht hatte. Feuchtwanger, der den gemeinsamen Kampf der europäischen Linken gegen die Bedrohung durch den deutschen Nationalsozialismus und den spanischen Faschismus befürwortete, will zu diesem Zeitpunkt jede Diskreditierung der Sowjetunion vermeiden.

Die Uraufführung findet 1927 im Hamburger Schauspielhaus statt, wenig später folgt das Berliner Staatstheater. Dort führt Jürgen Fehling Regie, Maria Koppenhöfer spielt die hässliche Deborah Gray, Lotte Lenya die schöne Gegenspielerin. Die Kritik ist gespalten. Der Rezensent des sozialdemokratischen »Vorwärts« schimpft, »etwas Kindischeres lässt sich gar nicht ausdenken«, und im kommunistischen Parteiblatt »Rote Fahne« spottet der Kritiker: »Wie sich der kleine Lion das große Ringen der Sowjetunion mit dem ausländischen Kapital vorstellt.«[336] Man fühlt sich im linken Lager der Weimarer Republik vom neuesten Werk des liberalen Autors sichtbar getroffen. Die großen bürgerlichen Blätter mäkeln in erster Linie am künstlerischen Gehalt des Schauspiels herum. Einige Theater übernehmen das Stück nach der Berliner Aufführung – Kiel, Bochum und Duisburg. Nach dem Krieg gibt es im Dessauer Landestheater eine Neuinszenierung des »erotisch-ökonomischen Melodramas«, und 1972 versuchen sich das Mannheimer Nationaltheater und der Regisseur Jürgen Flimm mit der einzigen bundesdeutschen Aufführung.

Die Komödie *Wird Hill amnestiert?* ist das letzte eigene Stück, das Feuchtwanger bis 1946 schreiben wird. Sie erzählt vom zähen Kampf der tapferen Aileen Blodget um die Rehabilitierung ihres Freundes Harris Hill. Als hoher Kolonialbeamter hat er bei einem Eingeborenenaufstand in Afrika nicht eingegriffen. In einem Prozess wird Hill wegen »Disziplinlosigkeit« verurteilt. Als es Aileen Blodget schließlich auf verschlungenen Wegen gelingt,

Hills Ehre wiederherzustellen, zeigt sich, dass er weder Märtyrer noch Held ist. Das entscheidende Telegramm seiner Vorgesetzten, das ihm den Truppeneinsatz gegen die Aufständischen befahl, war nie in seine Hände gelangt. Alles bleibt offen, denn Hill meint: *Ich weiß nicht, ob ich mich für Disziplin entschieden hätte oder für Menschlichkeit.*[337] Eine unheroische Komödie, die unübersehbar an Bernhard Shaws Schauspiel »Helden« erinnert, das Feuchtwanger sehr schätzte. Scherz (der nicht immer gelingt) und Ironie prägen das Schauspiel. Gefängnisurteile gegen Intellektuelle wie Erich Mühsam, Ernst Toller oder Felix Fehrenbach und der Kampf um eine Amnestie der von einer politischen Justiz verfolgten Männer der deutschen Linken sind ein leidenschaftlich diskutiertes Thema der frühen Weimarer Jahre. In seinem Stück greift Feuchtwanger diese Debatte auf, entkleidet sie aber aller pathetischen Kostümierung.

Entscheidend ist in diesem Stück jedoch nicht die Figur des Harris Hill, sondern der Kampf der Aileen Blodget mit ihrer Umwelt und die gesellschaftlichen Einblicke, die Feuchtwanger seinen Zuschauern und Lesern in einem skeptischen, leichten Ton eröffnet. Fünf Jahre später wird er die Rahmenhandlung, den Kampf einer Frau um die Ehre eines zu Unrecht Verurteilten, in seinem Roman *Erfolg* wieder aufnehmen.

Entstanden ist die Komödie 1923/24. Aufgeführt wird sie erst am 24. April 1930 am Staatlichen Schauspielhaus in Berlin. Regie führt Leopold Jessner, die Rolle der Aileen Blodget hat Lucie Mannheim übernommen. Die Kritik ist verhalten. Die Inszenierung wird 14-mal gezeigt. Im Februar 1931 folgt eine Neueinstudierung im Kleinen Theater Kassel. Dann ist das Stück bis heute aus den Spielplänen verschwunden.

Späte Stücke

Mit dem letzten seiner *angelsächsischen* Schauspiele beendet Lion Feuchtwanger weitgehend seine Arbeit für das Theater, die ihn seit 1907 intensiv beschäftigt hat. Zwar arbeitet er zwei Schauspiele noch einmal um, und nach dem Krieg erscheinen drei weitere Theaterstücke von ihm, aber diese Werke entstehen nur als Nebenprodukte. *Waffen für Amerika* erscheint 1946, er schreibt den Zweiakter während seiner Vorarbeiten für den gleichnamigen Roman (heute *Die Füchse im Weinberg*). Die Handlung in Schauspiel und Roman ist weitgehend deckungsgleich, die Dramatisierung rückt die Figur Marie Antoinettes etwas stärker in den Vordergrund.

1946/47 entsteht der Dreiakter *Wahn oder Der Teufel in Boston*. Es ist Feuchtwangers Reaktion auf die zunehmende Verhärtung der amerikanischen Innenpolitik gegenüber den Linksintellektuellen im Land. Der Kalte Krieg zwischen den einstigen Verbündeten USA und Sowjetunion ist schon bald nach dem Sieg über den Hitlerfaschismus und dem Tod Roosevelts ausgebrochen. Amerika wird von einer antikommunistischen Welle überrollt, die rasch hysterische Züge annimmt. Auch viele Künstler aus Hollywood, die eine politisch unabhängige oder linke Position vertreten, müssen vor Komitees erscheinen und sich peinlichen Verhören unterziehen. Nicht wenige verlieren ihre Arbeit, manche müssen ins Gefängnis, und einige treibt die infame Hetze in den Selbstmord. Auch der schon seit einigen Jahren in Kalifornien lebende Lion Feuchtwanger wird vom FBI beobachtet. Es beginnt in Amerika die Zeit der Hexenjagd – die nach dem damaligen republikanischen Senator von Wisconsin benannte McCarthy-Ära bricht an. Bereits in den 1930er Jahren wurde der Begriff »Red witch hunting« (Jagd auf rote Hexen) in der amerikanischen Presse häufig verwendet. Mit dem Tod Roosevelts 1945 radikalisiert sich die amerikanische Innenpolitik.

Feuchtwanger beweist ein besonders gutes Gespür für die Entwicklung. Sein Stück *Wahn* entsteht zu einem Zeitpunkt, als der Ausschuss zur Untersuchung »unamerikanischen Verhaltens« seine Verhöre noch gar nicht begonnen hat. Aber das Klima ist schon vergiftet, der aus Deutschland vertriebene Exilschriftsteller kennt diese Stimmung, er hat in seinem Leben mehrfach solche politischen Stimmungswechsel erlebt: im München der frühen 20er Jahre, als sich der Nationalsozialismus auf der Straße bemerkbar macht, im Berlin vor der Machtergreifung Hitlers, im Frankreich von 1940, als der Faschismus sein Gastland spaltet. So ist dieses Stück, über das sich der Autor ungewöhnlicherweise kaum äußert, auch eine Verarbeitung der massenpsychologischen Phänomene, die die Atmosphäre der Hitlerdiktatur geprägt haben. Das tragisch-katastrophale Wechselspiel von Verdächtigung, Denunziation und Hysterie, das Opfer und Täter dieses Schauspiels umtreibt, weist möglicherweise auch auf den stalinistischen Terror der 1930er Jahre hin, den Feuchtwanger aus der Sicht seiner Kritiker so lange verdrängt oder verschwiegen hat.

Wahn oder Der Teufel in Boston greift auf die Frühzeit der modernen amerikanischen Geschichte zurück, und die Fabel beruht auf einer tatsächlichen Begebenheit, die sich 1692 in Salem/Massachusetts ereignet hat. Auf das Thema stößt Feuchtwanger bei seinen Studien zu seinem Roman *Die Füchse im Weinberg*, in dem Benjamin Franklin, eine der Hauptfiguren, Vernunft und Aufklärung vertritt. In seiner Autobiographie hat der amerikanische Diplomat und Staatsmann die Hexenprozesse von Salem dargestellt. Die umfangreichen Schriften der puritanischen Eiferer Increase Mather und seines Sohnes Cotton, die in der Zeit der britischen Kolonialgeschichte von Massachusetts eine bedeutende Rolle spielten, hat Feuchtwanger nach eigenen Bekundungen intensiv gelesen und verwendet.

Cotton Mather, Pastor in Boston, gehört zu einer harten, strenggläubigen Oberschicht, die seit drei Generationen über das neu besiedelte Land herrscht. Kirche und Politik sind in einer Hand, die Menschen werden mit puritanischer Strenge und bigottem Fanatismus bevormundet. Als die Tochter des Pastors von Salem-Village, Hanna Parrish, über Hexen- und Teufelserlebnisse berichtet, in gespielten Anfällen von Besessenheit einige Namen von Mitbürgern nennt, die im Bund mit den dämonischen Herrschern der Unterwelt stehen sollen, kommt es in Boston zu einer Welle grausamer Hexenprozesse und Verurteilungen. Der unerbittlichste Verfolger ist Cotton Mather. Mit dessen Handeln will Feuchtwanger jedoch nicht nur religiösen Fanatismus zeigen, sondern auch die Strategie eines politischen Machtmenschen, der durch die Verbreitung von Furcht und Schrecken tiefe Ängste auslöst, die zur Unterwürfigkeit des Volkes führen. Sein Gegenspieler, der aufgeklärte Arzt und Wissenschaftler Thomas Colman, spricht es aus: *Du* mußt *Hexen entdecken. Die Kolonie hat zu wählen zwischen euch und uns. Du mußt ihr zeigen, wie unentbehrlich ihr Mathers seid im Kampf gegen den Teufel.*[338] Als sich das Volk schließlich nach der Hinrichtung eines besonders beliebten Pfarrers empört, bricht das theokratische System zusammen. Die Männer um Thomas Colman, die für Fortschritt, Vernunft und Demokratie eintreten, übernehmen die Führung.

Die Parallelen zur Gegenwart der USA in der zweiten Hälfte der 1940er und zu Beginn der 1950er Jahre (aber auch zur Situation in der von Stalin regierten Sowjetunion) sind deutlich. Der Fanatismus der amerikanischen Antikommunisten, die Hexenjagd auf die Intellektuellen, die Versuche der Politik, Vernunft und unvoreingenommenes kritisches Denken zu ersticken, kennzeichnen einen Teil der inneramerikanischen Wirklichkeit. Sieben Jahre später, 1953, greift der amerikanische Dramatiker Arthur Miller noch einmal den gleichen Stoff auf, um die in ihrer Wirkung dann schon voll zu überblickende McCarthy-Ära ebenfalls anzuprangern. Sein Stück »Hexenjagd« wurde erheblich erfolgreicher als Feuchtwangers *Wahn*. Während dieser vor allem den Kampf zwischen Vernunft und Aberglauben, zwischen Fortschritt und reaktionärem Beharren in überlebten Machtstrukturen in den Mittelpunkt stellt, will Miller in erster Linie Entstehung und Wirkung einer Massenhysterie zeigen.

Feuchtwangers *Wahn oder Der Teufel in Boston* wird am 15. März 1949 im Frankfurter Theater im Zoo uraufgeführt. Es folgt zehn Tage später das Deutsche Theater in (Ost-)Berlin. Über die völlig misslungene Inszenierung im Nürnberger Lessing-Theater schreibt der Kritiker der »Süddeutschen Zeitung« am 20. Mai 1949 zornig: »Die Vorstellung wirkte wie eine bewußte Sabotage gegen einen deutschen Dichter, der Jude ist und emigrieren mußte.«[339] Feuchtwanger selbst liest die ihm zugesandten Rezensionen über die deutschen Aufführungen mit gemischten Gefühlen. Helene Weigel lässt er im Mai 1949 wissen: *Ganz klug bin ich daraus nicht geworden; übrigens zeichnen sich die Rezensionen über die westdeutschen Aufführungen des Stückes auch nicht eben durch Klarheit aus.*[340] Aber *Wahn* bleibt bisher das meistgespielte Stück des Dichters in der Zeit nach dem Zweiten Weltkrieg. Zahlreiche weitere Bühnen in der Bundesrepublik und der DDR brachten es heraus. Der Westdeutsche Rundfunk strahlte 1965 eine recht erfolgreiche Fernsehproduktion aus.

1947 schreibt Feuchtwanger sein letztes Theaterstück, *Die Witwe Capet.* Es entsteht auf Anregung der Hollywood-Schauspielerin Ingrid Bergman, mit der das Ehepaar Feuchtwanger befreundet ist. Das Schauspiel ist eine weitere literarische Frucht der jahrelangen Beschäftigung des Autors mit der Zeit der Französischen Revolution. Zunächst plante Feuchtwanger sogar, das Schicksal der zum Tode verurteilten Marie Antoinette in einem Roman zu verarbeiten. Der Dreiakter schildert die letzten Tage der im Tour de Temple gefangen gesetzten Königin, jetzt Witwe Capet genannt. Das Schauspiel *stellt das Schicksal einer nicht eben bedeutenden Frau dar, die das Unglück hat, Königin zu sein, und die in dieser Funktion, ohne es zu wollen, viel Schuld auf sich lädt. Sie glaubt, unschuldig zum Schafott zu gehen, und erkennt bis zuletzt nicht, daß sie zu Recht verurteilt ist.*[341] Ein Jahrhundertthema spricht Feuchtwanger in diesem Dreiakter an: die politischen Prozesse, mit denen die Gesellschaften in allen politischen Systemen der ideologisch geteilten Welt konfrontiert werden. *Was mich an dem Gegenstand reizte, war gerade dieser Gegensatz zwischen subjektiver Unschuld und objektiver Schuld: die Dialektik, die das Wesen so vieler politischer Prozesse ausmacht.*[342] Der Prozess, den Generalrat und Wohlfahrtsausschuss von Paris der Witwe Capet machen, steht – im Stück Feuchtwangers – juristisch auf wackligen Füßen, wird mit bedenklichen Beweisstücken geführt. Der Spruch ist ein »politisches« Urteil, vom Überlebenskampf der Republik diktiert.

Die Witwe Capet ist insofern ein interessantes Werk, als es deutlich den Zwiespalt zeigt, den Feuchtwanger als Intellektueller in einer Welt verspürt, die zunehmend von der politischen Dialektik der Machtsysteme beherrscht wird. Er lässt eine Aufführung des Stückes zunächst untersagen, weil er befürchtet, dass es in der verdunkelten *politischen Situation hierzulande* – gemeint ist das Amerika des Kalten Krieges – Missdeutungen unterliegt. Er hat das richtige Gespür. Denn das persönliche Drama der Königin berührt den Zuschauer oder Leser erheblich stärker als die Dialektik der Revolutionäre, die Feuchtwanger hier sehr bemüht darstellt. Der Humanist und Schriftsteller hat das tragische Schicksal Marie Antoinettes so packend, so verständnisvoll geschildert, dass demgegenüber die mit kühlem Verstand entwickelten Argumente des Saint-Just, die das Todesurteil rechtfertigen sollen, blass wirken. Es bleibt das Dilemma seiner künstlerischen, seiner geistigen Existenz: Die Revolution als Rechtfertigung für die Vernichtung von Menschen ist in der Theorie leicht zu verteidigen – und von gewissenlosen Machtmenschen skrupellos zu verwirklichen, wie es die Diktatoren des 20. Jahrhunderts vielfach bewiesen haben. Den Künstler und aufgeklärten Moralisten jedoch stürzt die Wahl zwischen Tun und Nichttun, zwischen der Entscheidung für die Revolution und damit der Ermordung zahlloser unschuldiger Menschen und der Verweigerung revolutionären Handelns, das Unterdrückung und Ausbeutung verhindern könnte, in einen unlösbaren Konflikt. Lion Feuchtwanger hat dieses Thema in seinen Büchern und vielen persönlichen Äußerungen immer wieder berührt. Wo er die »Objektivität« des geschichtlichen Fortschritts zu beschwören versucht, gewinnt die künstlerische und humanistische Gegenposition immer wieder das Übergewicht. *Die Witwe Capet* ist ein weiterer Versuch Feuchtwangers, das Trauma der politischen Prozesse, die er in Bezug auf den Stalinismus zwiespältig gedeutet hatte, künstlerisch-intellektuell zu verarbeiten.

Thomas Wendt

Das für ihn wichtigste Theaterstück, *Thomas Wendt,* 1918/19 geschrieben und 1934 in seinem französischen Exilwohnort Sanary unter dem Titel *Neunzehnhundertachtzehn* neu bearbeitet, ist ganz vom Zwiespalt des Intellektuellen geprägt, der zwischen den

Fronten steht. Wir wollen es am Ende der Betrachtungen seiner dramatischen Arbeiten kurz darstellen, weil es in die Monate führt, in denen der Krieg beendet und die deutsche Republik ihren ersten schweren Belastungsproben ausgesetzt ist. *Thomas Wendt,* der *dramatische Roman,* ist ohne die bayerische Revolution, ohne die Ereignisse in München zwischen November 1918 und Mai 1919 nicht zu verstehen.

Dieses vielleicht beste, aber wegen seiner epischen Dialoge und mancher dramaturgischer Brüche nur schwer aufführbare Stück Feuchtwangers berichtet vom Weg des Schriftstellers Thomas Wendt, eines Intellektuellen, der als betrachtender Künstler ein Werk über den römischen Sklavenführer und Rebell Spartakus schreibt. Ein Idealist im Handeln und im Denken, lehnt es Wendt zunächst ab, an den politischen Wirren seiner Zeit handelnd teilzunehmen. Aber die Zweifel am Sinn seines Schreibens sind von Anbeginn da: *Was ist erreicht, wenn in hundert Jahren drei Ästheten sich freuen an der Schönheit meiner Szene? Wird ein Schlafender geweckt davon? Wird ein Hungernder satt davon? Kommt ein Quentchen Gerechtigkeit mehr in die Welt?*[343]

Nach einer begeisterten Aufnahme seines Spartakus-Stückes, das vom Publikum bejubelt, aber nicht verstanden wird, ist Wendt tief enttäuscht: *Ich wollte Menschen sehend machen, ich wollte die Welt verwandeln … : und ich hatte einen »Erfolg«.*[344] Er erkennt, dass nicht der Schriftsteller, sondern nur der aktiv handelnde Politiker die Zustände ändern kann. Er schließt sich, vom menschenverachtenden Handeln der Herrschenden seiner Zeit zunehmend betroffen, linken Kreisen an, redigiert eine Zeitschrift, stellt sich, vom Kriegserlebnis erschüttert, der Revolution als wortmächtiger, massenwirksamer Führer zur Verfügung. *Die Welt wird nicht besser durch das Geschwätz der Parlamente.*[345]

Aber immer wieder muss Wendt die brutalen Auswüchse der Revolution miterleben, das häufig gemeine Verhalten der Revolutionäre. Seinem verzweifelten Satz *Ich kämpfe gegen Ideen, nicht gegen Menschen*[346] hält ein revolutionärer Genosse kalt entgegen: *Sie werden immer wieder Menschen treffen müssen, wenn Sie Ideen treffen wollen. Sie müssen ungerecht sein, Thomas Wendt, um der*

Gerechtigkeit willen.[347] Ein anderer Gewaltbefürworter formuliert einen Satz, der nicht nur die Politik der Revolutionäre des 20. Jahrhunderts mitbestimmt hat: *Ein paar Menschen zählen nicht, wenn es um die Sache geht.*[348] Nach dem Sieg der Revolution wird Wendt Ministerpräsident. Aber seine Rede auf der Revolutionsfeier macht auch seiner Umgebung klar, dass er ein Idealist geblieben ist, schon längst von der Alltagswirklichkeit der Revolution widerlegt. Die Genossen halten ihn für einen Träumer, wenn er seinen Zuhörern bei einer Revolutionsfeier verkündet: *Den verfaulten alten Geist in Trümmer zu schlagen war erst das vorletzte Ziel. Das letzte Ziel ist, alle die zu gewinnen, die guten Willens sind. Güte von Mensch zu Mensch, Glück für alle, das ist der Sinn unserer Revolution, der neuen Zeit, unserer Zeit.*[349] Seine Freunde werden misshandelt, das wankelmütige Volk jubelt schon dem Kriegsgewinnler und Großindustriellen Gustav Lebrecht Schulz aus Mühlheim zu, der sich auf die Siegerseite schlägt, wenn es um den Profit geht.

Thomas Wendt erkennt die Einsamkeit des Handelnden, die Vergeblichkeit des Tuns: *Da sitze ich. Throne gestürzt, Blut verströmt, meine Kunst lebendig verscharrt, mein Ich vergewaltigt. Lärm, ungeheurer Lärm: und nichts gewirkt. Überall Kompromisse. Alles brüchig. Von allen Seiten wimmeln sie gefräßig heran, und die Freiheit ist ihnen, was dem Vieh der Trog.*[350] Als von ihm immer härteres Vorgehen, schließlich die Unterschrift unter einen Exekutionsbefehl gefordert wird, bricht er zusammen: *Ich kann nicht mehr. Ich trag es nicht mehr. Ich habe geglaubt, Revolutionär sein sei: menschlich sein. Ich habe geglaubt, Revolution sei Menschlichkeit für alle, und jetzt soll ich die strafen, die Menschen sind, und den Verkommenen die Zügel lösen.* Er schreit: *Laßt mich. Ich will nicht mehr. Ich will keine Politik mehr. I c h will ich sein, i c h.*[351] Während Thomas Wendt in die Einsamkeit der Künstlerschaft zurückkehrt, wird der zynische, korrupte und wendige Gustav Lebrecht Schulz als neuer Führer der »revolutionären« Regierung gefeiert. Seine Glaubenssätze passen in jedes System: *Da kann man die Dinge mit Begeisterung machen und mit Menschlichkeit und allen möglichen schönen Abstrakten. Aber in der Wirklichkeit muß man mit den gegebenen Faktoren rechnen: Wirtschaft, Export, Import, Valuta.*[352] Sagt das ein Kapitalist oder ein Marxist?

Das Schauspiel *Thomas Wendt* enthält eine Vielzahl von Figuren und Charakteren, durch die Feuchtwanger die Zeit des politischen und gesellschaftlichen Vakuums nach dem Zusammenbruch der Monarchie glänzend erfasst: die Schieber und Gewinnler, die Betrogenen und die Betrüger, die aufrechten Sozialisten, die anständigen Konservativen und die opportunistischen Windhunde der politischen Konjunktur, die zögernden und ihre Klasse dadurch verratenden Sozialdemokraten, die zynischen Dialektiker der Revolution, die für jede Untat, die sie begehen, das große ferne Ziel beschwören, und das schwankende Volk, zwischen »Hosianna« und »Kreuzigt ihn« hin und her gerissen, schließlich immer dem zuneigend, der Härte und nicht Milde, der Kampf und nicht Versöhnung predigt. Einer Thematik, die Feuchtwanger in Ernst Tollers Drama »Die Wandlung«, entstanden 1917/18, bereits begegnet war.

Während Feuchtwanger an diesem Stück schreibt, lernt er Brecht kennen, beide Schriftsteller beginnen in diesen Monaten ihren lebhaften Gedankenaustausch. Vieles deutet darauf hin, dass der junge schüchterne, aber in Diskussionen stürmische Brecht den Älteren schon bei dieser Arbeit beeinflusst hat. Feuchtwanger dachte sogar zeitweise daran, das Stück »Spartakus« zu nennen – ein Titel, den Brecht für sein zweites Schauspiel gewählt hatte, das dann aber auf Rat von Marta Feuchtwanger als »Trommeln in der Nacht« herauskommt. Zunächst erwägt Feuchtwanger, seinem Stück und seinem Helden den Namen *Thomas Brecht* zu geben.

Als sensibler Augenzeuge der revolutionären Monate in München dürfte Feuchtwanger beim Schreiben seines *Thomas Wendt* zweifellos an die Intellektuellen Gustav Landauer, Erich Mühsam, Ernst Toller und Kurt Eisner gedacht haben, deren politischer Idealismus sie für kurze Zeit an die Spitze der bayerischen Räterepublik getragen hatte. Ihr grausames Scheitern wurde in seiner ganzen Dimension erst sichtbar, als Feuchtwanger sein Stück bereits beendet hatte. Der Ruf nach der »Brüderlichkeit aller Menschen«

endete im Mordrausch der weißen Garden. Feuchtwanger hält später fest, dass sein *Thomas Wendt in seinem vorgeahnten Detail von der Wirklichkeit schmerzlich bestätigt*[353] worden sei. Das überarbeitete Stück von 1934 – entstanden unter dramatisch veränderten politischen Bedingungen – veröffentlicht er unter dem Titel *Neunzehnhundertachtzehn, weil es über die Person des Helden hinaus Anschauungen und Gefühle fotografisch treu wiedergibt, von denen die deutschen Intellektuellen gegen Ende des Krieges und während der ersten Monate der deutschen Republik erfüllt waren, wirklichkeitsfremde, idealistische Anschauungen, die leider auf die deutsche Revolution bestimmend einwirkten und an ihrem Scheitern einen erheblichen Teil der Schuld tragen.*[354] Eine These, mit der Feuchtwanger die Wirklichkeit der bayrischen Revolution von 1918/19 doch sehr ungenau wiedergibt. Hans Dahlke, Herausgeber der Feuchtwanger-Dramen in der DDR, vertritt in seiner Kommentierung des Stückes von 1984 Feuchtwangers Ansicht und folgt damit dem offiziellen marxistischen Geschichtsverständnis: »Bei aller persönlichen moralischen Integrität und allen guten Bemühungen verfehlten die kleinbürgerlichen Intellektuellen an der Spitze der revolutionären Bewegung in Denken und Handeln die objektiven Erfordernisse der Geschichte. Ihre idealistischen und utopischen Vorstellungen hinderten sie, die Revolution bewußt politisch zu führen und die ihnen zugefallene Macht konsequent für die Verwirklichung der gesellschaftlichen Interessen der Arbeiterklasse und der werktätigen Massen des Volkes zu nutzen.«[355] So bewertete die SED-Ideologie generell Werke »bürgerlicher« Intellektueller und Künstler, die nicht den Standpunkt der Arbeiterklasse einnahmen. Feuchtwanger lässt seine Bearbeitung des Stückes aus dem Jahr 1934 mit einer Szene enden, in der ein Kinobesucher Thomas Wendt hochleben lässt. Ein vom Revolutionsverlauf enttäuschter Arbeiter entgegnet ihm erbost: *Halten Sie die Klappe, sage ich. Ihr Intellektuellen seid überhaupt an allem schuld. Ihr Intellektuellen habt die Revolution vermasselt.*[356] Wobei die DDR-Germanistik bei ihren Bewertungen des Stückes allerdings den Hinweis vergaß, wer denn die »Revolution vermasselt« hatte, auf die sich ihr Arbeiter-und-Bauern-Staat berief.

In der Erstfassung hat Feuchtwanger trotz der starken innerlichen Umbrüche, die der Krieg für ihn bedeutete, mit der Figur des Dichters Holthausen an seine lebensphilosophischen Ideen von der Vergeblichkeit des menschlichen Handelns angeknüpft. Holthausen schreibt an einem Stück, das im Kern um den Gedanken »Und all sein Tun ist eine Spur im Schnee« rankt. Diese Figur ist in der Fassung von 1934 gestrichen, aber es finden sich auch dort noch deutliche Spuren indischer Weisheit: *Tun macht die Seele schmutzig, Betrachtung allein ist gut*[357], meint ein fremder Herr, als er mit Thomas Wendt über den Sinn einer Revolution diskutiert.

Das Aufführungsschicksal des *Thomas Wendt* wird, wie das Stück selbst, weitgehend von der Politik bestimmt. Die für Oktober 1919 geplante Premiere in den Münchner Kammerspielen muss zunächst verschoben werden, und der Kapp-Putsch vom März 1920 verhindert die Realisierung eines schon geplanten neuen Aufführungstermins. Die Uraufführung am 22. November 1924 im Stadttheater Bielefeld erlebt lautstarke Störer im Publikum, was zur raschen Absetzung des Stücks führt. Aber Feuchtwanger hat es dem Initiator dieser Inszenierung, dem späteren Exilgefährten Alfred Kantorowicz, nicht vergessen, dass er sich in diesen schwierigen Jahren zu seinem dramatischen Roman bekannt hatte. Noch 1950 schreibt er ihm: *Ich denke noch oft und gern an den Mut und an die Mühe, mit der Sie als einziger »Thomas Wendt« aufgeführt haben.*[358]

Eine von dem Regisseur Einar Schleef bearbeitete Fassung *Neunzehnhundertachtzehn* kam am 14. Januar 1990 in Frankfurt auf die Bühne. In einer faszinierenden, aber sehr verfremdeten Inszenierung blieb sie ohne Echo. Es waren die Monate der »Wende«, Folge einer endlich einmal erfolgreichen und zudem noch gewaltlosen deutschen Revolution, die durch den Massenprotest der Bürger der DDR zum Untergang des Honecker-Regimes und zur Wiedervereinigung führte. Schleef stellte die humanistische Seite der Wende-Revolution, d.h. ihren unblutigen Verlauf, in das Zentrum seiner Bearbeitung. Aber er »hat im Grunde die Feuchtwanger'sche Vorlage nur benutzt, um seine eigene Vision zu inszenieren«.[359] Am 8. Februar 1998 wird das Stück unter dem einst von Feuchtwanger angedachten und dann verworfenen Titel »Thomas Brecht« im Stadttheater von Augsburg, der Geburtsstadt Bertolt Brechts, aufgeführt.

Die Rolle des Schriftstellers, des intellektuellen Künstlers in der Gesellschaft bleibt für Lion Feuchtwanger seit den deutschen Ereignissen von 1918/19 eine thematische Konstante in seinem literarischen Werk. Von den 16 Romanen, die er danach schreibt, werden zehn das Leben von Künstlern schildern, die zwischen Handeln und Betrachten stehen. Jacques Tüverlin in *Erfolg* und Gustav Oppermann (*Die Geschwister Oppermann*), Sepp Trautwein in *Exil* und Oskar Lautensack (*Die Brüder Lautensack*), Flavius Josephus (*Der jüdische Krieg, Die Söhne, Der Tag wird kommen*) und Francisco Goya (*Goya*), Pierre Caron de Beaumarchais in *Die Füchse im Weinberg* oder Jean-Jacques Rousseau in *Narrenweisheit* – Schriftsteller, Maler, Musiker, Hellseher und Philosophen, die alle von der tiefen Wahrheit berührt sind, die Feuchtwanger als Goethe-Motto auch vor das *Zweite Buch* seines *Thomas Wendt* stellt: »Der Handelnde ist immer gewissenlos. Es hat niemand Gewissen als der Betrachtende.« Und sie alle, wenn auch auf unterschiedliche Weise, gelangen auf ihrem Weg zu der Erkenntnis Chamforts, die Feuchtwanger dem *Dritten Buch* seines dramatischen Romans voransetzt: »Lebt man, sieht man die Menschen, zerreißt das Herz oder es vereist.«

Sosehr Feuchtwanger bald bereit ist, in Aufsätzen und Diskussionen Agitation zu betreiben, sosehr er oftmals aus dem Tagesgeschehen heraus polemisch und einseitig argumentieren kann, sosehr seine Sympathien zweifellos dem Sozialismus (im bürgerlichen Sinn) gelten – in seinen literarischen Werken, also den Dramen und Romanen, und in seiner privaten Korrespondenz bleibt er ein skeptischer Betrachter der Welt, ein »frei schwebender« Intellektueller, verpflichtet nur der eigenen Wahrheit. Frei von Irrtümern allerdings ist sie nicht gewesen.

KAPITEL 11

Ich kenne ihn gut, diesen Typ des Schriftstellers und Revolutionärs

Feuchtwanger und die Revolution 1918/19

Der 29. September 1918 ist einer der wichtigsten Tage der jüngeren deutschen Geschichte. Die deutschen Historiker haben das lange verdrängt, vernebelt oder zerredet. Es ist der Tag, an dem die Oberschicht des wilhelminischen Reiches ihre offizielle Bankrotterklärung abgibt, nachdem sie das deutsche Volk vier Jahre lang belogen und betrogen hat. Bis zu diesem 29. September tönen Heeresleitung und vaterländische Chauvinisten, für das Reich könne es nichts anderes als einen »Siegfrieden« geben. Noch am 7. April 1917 beschließen das Kriegsministerium und das preußische Ministerium für Handel und Gewerbe, »schon jetzt Maßnahmen zu treffen, die Deutschland die wirtschaftliche Ausnutzung der Türkei im Frieden sichern«.[360] In Brest-Litowsk haben die Deutschen der Welt bewiesen, dass sie es nicht bei Resolutionen belassen werden. Im Friedensvertrag vom März 1918 muss der junge, von inneren Unruhen erschütterte Sowjetstaat auf die russischen Gebiete in Polen, auf die Hoheitsrechte in Litauen und Estland verzichten. Finnland und die Ukraine werden selbstständige Staaten. Lenin nennt diesen Frieden eine »Atempause«. Er sollte recht behalten, denn mehr sollte es nicht sein.

Im Mai hat Ludendorff erneut eine Großoffensive im Westen befohlen und Hunderttausende sinnlos in den Tod geschickt. Denn spätestens seit dem 6. April 1917, als Amerika in den Krieg eintritt, ist das Schicksal des deutschen Heeres besiegelt. Die mächtigste Militärmaschine der Welt wird gegen das Reich in Bewegung gesetzt. Seit dem Frühjahr 1918 beginnt sich das zunehmend auszuwirken.

Vier Tage nachdem das Deutsche Reich parlamentarisch-konstitutionelle Monarchie geworden ist, am 30. Oktober 1918, soll die deutsche Hochseeflotte zur letzten Seeschlacht die Heimathäfen verlassen. Ein pathetisches, sinnloses Signal, das Tausenden von Seeleuten den sicheren Tod gebracht hätte, ohne irgendetwas an der Lage zu verändern. Noch einmal Wagner-Oper, diesmal auf hoher See. Allerdings nicht die Regierung des Prinzen Max von Baden in Berlin, sondern die Admiralität hat den Befehl ausgegeben. Die Mannschaften auf der »Thüringen« und der »Helgoland« verweigern den Gehorsam. Die Marineführung greift hart durch, die Besatzungen werden verhaftet, aber die Flotte läuft nicht aus. Die Matrosen der übrigen Schiffe solidarisieren sich. Am 4. November besetzen die Matrosen die Stadt Kiel. Die deutsche Revolution hat begonnen. In wenigen Tagen rast sie wie ein Sturmwind von Stadt zu Stadt durch das ganze Reich. Überall bilden sich Soldaten- und Arbeiterräte, und nahezu ohne Blutvergießen werden die alten Autoritäten für kurze Zeit entmachtet. Fast ohne Gegenwehr geschieht dies, denn der wilhelminische Staat weicht rasch zurück und kapituliert. Der Mann, der der abgelaufenen Epoche seinen Namen gab, verschwindet still und heimlich aus der Geschichte.

In München ist der 7. November 1918 ein schöner, warmer Tag. Die Menschen sind erregt, noch immer ist der Friede nicht geschlossen, aber jeder weiß, er steht unmittelbar bevor. Aus dem preußischen Norden kommen Nachrichten von Aufruhr und Meuterei, in der deutschen Marine dienen auffallend viele bayerische Bauernsöhne. Tausende wandern an diesem Tag hinaus auf die Theresienwiese. Es soll eine Demonstration für den Frieden werden. Am Nachmittag sind es schließlich 50 000, die die Forderung nach einer Vereidigung des Heeres auf die Verfassung, nach dem Ausbau Deutschlands zu einem demokratischen Staat, nach Annahme der Waffenstillstandsbedingungen, nach einem achtstündigen Arbeitstag hören.

Einer der Redner auf der Theresienwiese ist Kurt Eisner. Ein kleiner, schmaler Mann, ein Intellektueller, der an diesem Tag Revolution machen will. Ende Januar 1918 hat er bereits einen Arbeiterstreik in verschiedenen Münchner Waffenfabriken organisiert. Damals beteiligen sich nur knapp 10 000 Arbeiter. Wohl auch deshalb, weil sich bereits in diesen Wochen das künftige Dilemma der organisierten Arbeiterbewegung in Deutschland abzeichnet. Die weitaus stärkste Parteigruppierung im linken Lager, die Mehrheitssozialdemokraten, ist gegen spontane, »ungesetzliche« Aktionen. Die 1917 gegründete Partei der Unabhängigen Sozialdemokratie, deren unbestritten führender Mann in München Kurt Eisner ist, befürwortet Streiks und Demonstrationen auch dann, wenn die Partei sie nicht organisiert hat. Eine bolschewistische Revolution lehnen Eisner und die Unabhängigen strikt ab. Ihr neigt schon stärker die dritte, kleinste Gruppierung zu, die sich dann vor allem ab November bemerkbar macht, die Spartakusgruppe um Rosa Luxemburg und Karl Liebknecht.

Der Konflikt innerhalb der deutschen Sozialisten ist auch in den revolutionären Herbsttagen auf der Theresienwiese zu spüren. Erhard Auer, neuer Führer der bayerischen Sozialdemokraten, versucht zu beschwichtigen. Tage vorher, am 30. Oktober, umschrieb er die Position der bayerischen SPD mit der Forderung, die »Überführung des Obrigkeitsstaates in den Volksstaat« müsse »gesetzlich und auf dem Verwaltungswege verankert werden«.[361]

Die Demonstranten auf der Theresienwiese sind ohnehin friedlich. Rote Fahnen sieht man nur bei einer kleinen Gruppe, einer Schar von Soldaten. Nach den Reden will der Demonstrationszug unter Führung von Erhard Auer zum Friedensengel im Osten der Stadt marschieren, dann soll die Versammlung aufgelöst werden. Kurt Eisner aber will mehr. Er fordert die Soldaten, die sich um ihn geschart haben, zum Handeln auf. Neben ihn tritt der fast blinde bayerische Bauernführer Ludwig Gangdorfer (er wird drei Tage später bei einem Autounfall ums Leben kommen) und verkündet: Bayerns Bauern lassen die Arbeiter und Soldaten nicht im Stich. Felix Fechenbach, Journalist, Kriegsteilnehmer, Sozialdemokrat und rechte Hand von Eisner, formuliert schließlich den entscheidenden Satz: »Soldaten! auf in die Kasernen! Befreien wir unsere Kameraden! Es lebe die Revolution!«[362] Die bayerische Revolution beginnt, die Münchner Kasernen werden fast ohne Widerstand übernommen, die Soldaten laufen in Scharen zu den Aufständischen über.

Im Mathäser-Bräu am Stachus wird Kurt Eisner zum ersten Vorsitzenden des Arbeiterrates gewählt. Der Wittelsbacher Ludwig III. flieht, der erste der deutschen Könige und Landesfürsten ist gestürzt, am Abend ist München in der Hand der Revolutionäre. Erhard Auer erklärt in der Nacht, die SPD lehne die gewaltsame Umwälzung ab, und fordert von der Regierung die Wiederherstellung der Ordnung. Am Morgen des 8. November ruft Eisner die SPD auf, den Streit zu beenden, bietet Auer das Innenministerium an. Es wird eine provisorische Regierung gebildet, an der SPD, Bauernbund, Liberale und die Unabhängigen Sozialdemokraten beteiligt sind. Eisner wird Ministerpräsident.

Für etwas mehr als 100 Tage wird er es bleiben. Am 21. Februar 1919 um zehn Uhr vormittags beenden zwei Revolverschüsse in den Hinterkopf das Leben von Kurt Eisner. Nur wenige Minuten später wollte er nach den deutlich verlorenen Parlamentswahlen dem Landtag seinen Rücktritt als Ministerpräsident anbieten.

Im Plenarsaal des Landtags aber ist nach Bekanntwerden der Ermordung Eisners ein Tumult ausgebrochen. Der 32-jährige Metzger Alois Lindner, marxistisches Mitglied des revolutionären Arbeiterrates, schießt wild um sich, zwei Menschen werden getötet. Eisners sozialdemokratischer Gegenspieler Auer wird schwer verletzt. Erst jetzt fließt Blut in dieser bayerischen Revolution, und es wird noch viel schlimmer kommen, wenn die Weißen Garden in München einmarschieren und die Revolution in einem Massaker ersticken. Die entscheidenden beiden Schüsse, die diese Tragödie eröffnet und Eisner getötet haben, feuerte der 22-jährige Leutnant Graf Arco-Valley ab, Mitglied eines alten österreichischen Adelsgeschlechts. Auf seinem Schreibtisch findet sein Zimmermädchen am Mordtag die letzten Aufzeichnungen: »Eisner strebt nach der Anarchie, er ist Bolschewist, er ist Jude, er ist kein Deutscher, er fühlt nicht deutsch, er untergräbt jedes deutsche Gefühl, er ist ein Landesverräter.«[363] Zeilen, die zeigen, wie sehr der Mörder Eisners auch Opfer der antisemitischen Hasspropaganda der deutschen Rechten geworden ist. Eisners Leibwächter schießen Graf Arco bei der Mordtat nieder, Ferdinand Sauerbruch, der berühmte Chirurg, rettet durch eine schnelle Notoperation sein Leben.

Zweieinhalb Monate später, am Nachmittag des 1. Mai, erlischt der letzte Widerstand der Revolution. 800 Arbeiter und Rotarmisten werden auf dem Gelände des Münchner Schlachthofes ermordet, nachdem die meisten von ihnen zuvor schwer misshandelt wurden. Eugen Leviné, Führer der Münchner Kommunisten, wird zum Tode verurteilt und erschossen. Ernst Toller, der 26-jährige Schriftsteller und Vorsitzende des Zentralrates der Münchner Räterepublik, wird ebenso wie der expressionistische Dichter und Anarchist Erich Mühsam zu einer langjährigen Haftstrafe verurteilt. Gustav Landauer, der begabte Massenredner, idealistische Sozialist, Shakespeare-Kenner und Verfasser zahlreicher literaturwissenschaftlicher und philosophischer Essays, wird von der Soldateska grausam erschlagen. Eine Woche haben die Freikorps in München gewütet, ohne dass ihnen die von den Mehrheitssozialdemokraten geführte Berliner Regierung oder ihre militärische Führung Einhalt gebietet.

Eine linke bayerische Republik zu etablieren, in der die Macht der unheiligen gesellschaftlichen Allianzen der untergegangenen Monarchie gebrochen werden sollte, bleibt der einzige revolutionäre Versuch im Deutschland dieser Jahre, der zumindest einige Monate lang erfolgreich verlief. Es ist eine Revolution der »Intellektuellen«, die die Führung der Massen übernehmen. Ernst Toller, Erich Mühsam, Gustav Landauer, Georg Kaiser, Ernst Niekisch, Ermanno Wolf-Ferrari, Alfred Wolfenstein, Georg Schrimpf und auch ein Mann aus Düsseldorf, der sich Ret Marut nennt und später unter dem Pseudonym B. Traven ein weltberühmter Schriftsteller wird. Führender Kopf aber ist zweifellos Kurt Eisner gewesen. Ein galizischer Jude aus Berlin, jahrelang als Journalist bei der »Hessischen Landeszeitung«, dem »Vorwärts« und der »Münchener Post« tätig, wo er politische Artikel, aber auch Theaterkritiken schreibt. Eisner wird schon sehr früh radikaler Pazifist, protestiert gegen die Zustimmung seiner Partei, der SPD, bei den Abstimmungen über die Kriegskredite, gehört ab 1916 zu den Unabhängigen Sozialdemokraten, sitzt nach den Januarstreiks in München monatelang im Gefängnis. Als er ermordet wird, schreibt Kurt Tucholsky (unter dem Pseudonym Kaspar Hauser) in der »Weltbühne« vom 27. Februar 1919: »Da war ein Mann, der noch an Ideale glaubte und tatkräftig war. In Deutschland ist das tödlich.«[364]

Der Schriftsteller Lion Feuchtwanger hat diese Monate der bayerischen Revolution aus unmittelbarer Nähe miterlebt. Ihre Hoffnungen, ihre Illusionen, ihre blutige Unterdrückung. Die wichtigsten Akteure kennt er persönlich, sie kommen aus der geistig-politischen Welt, der er seit den Kriegsjahren selbst angehört. Allerdings, er betrachtet ihr Wirken mit der ihm eigenen Distanz. Er ist bei vielen Versammlungen und Sitzungen dabei, die diese hektischen Wochen ausfüllen, aber er bleibt der zurückhaltende Beobachter. Vor allem nach Eisners Tod wachsen seine Zweifel, ob die führungslos gewordene, mehr und mehr im Chaos versinkende Revolution eine realistische Überlebenschance hat. Trotzdem verlässt er immer wieder den Schreibtisch, an dem in diesen Monaten sein dramatischer Roman *Thomas Wendt* entsteht, wenn Gerüchte aufkommen, Demonstrationszüge spontan oder organisiert durch München ziehen. Er sieht, wie die losgelassene Soldateska Menschen auf der Straße totprügelt oder erschießt, erlebt die Straßenkämpfe zwischen den Räterepublikanern und den eindringenden Freikorps, darunter die berüchtigte Brigade Erhardt, aus deren Reihen die brutalen Mörder von Rosa Luxemburg und Karl Liebknecht gekommen sind. Seine Wohnung wird durchsucht, die Eindringlinge finden im Schreibtisch das Manuskript von Brechts Stück mit dem hochverdächtigen Titel »Spartakus«. Nur der Zufall, dass einer der Soldaten mit dem Namen Feuchtwanger den Autor des Schauspiels *Warren Hastings* verbindet, das er einst in Düsseldorf gesehen und bewundert hat, rettet den Schriftsteller vor möglicherweise schlimmen Folgen.

Mancher Flüchtling sucht und findet bei den Feuchtwangers in der Georgenstraße Hilfe, darunter ein Graf Coudenhove-Kalergi, der bald durch seinen leidenschaftlichen Einsatz für ein vereintes Europa berühmt wird. Es sind Wochen, die sich Feuchtwanger tief einprägen. Seine Haltung zur Rolle des Intellektuellen in der Politik, sein Misstrauen gegenüber der rechten Sozialdemokratie, sein Gespür für die unberechenbare Reaktion der Massen, seine so früh erwachte Abwehr gegen den Ungeist und die Untaten der deutschen Rechten sind ohne das Erlebnis des Münchner Umsturzes kaum denkbar.

Wie viele Intellektuelle Münchens hat Lion Feuchtwanger die Revolution begrüßt, ist er ein Anhänger des »neuen« Deutschland, von dem auch er hofft, dass es die abgewirtschaftete Politik des wilhelminischen Reiches ablöst. Aber wie die meisten seines Kreises, die den Krieg und die Not, die er mit sich brachte, als Folge der verfehlten Politik einer kleinen unkontrollierten Minderheit erkennen, ist Feuchtwanger kein radikaler Revolutionär oder Spartakist, sondern ein Liberaler. Freie Wahlen und eine freie Presse, Verbot der Zensur, eine Wirtschaftspolitik, die rasch die fürchterlichen Versorgungsnöte beseitigt, unter denen Millionen Menschen leiden – das ist es, was diese Intellektuellen vor allem fordern. So interessiert sie die bolschewistische Revolution in Russland auch beobachten, ihre politischen Hoffnungen richten sich auf die demokratisch-parlamentarischen Vorbilder in Amerika oder Frankreich. Woodrow Wilson und nicht Lenin ist in diesen Monaten der Politiker, auf den Feuchtwanger hofft, dessen Haltung zu einer europäischen Friedensordnung er unterstützt.

Eine Position, der auch der Politische Rat geistiger Arbeiter, München, dessen Vorsitzender Heinrich Mann ist, nahesteht. Der Abstand zwischen den deutschen Kommunisten und den Intellektuellen um Heinrich Mann oder Lion Feuchtwanger ist in diesen Jahren groß.

Lion Feuchtwanger hat sich in diesen Monaten öffentlich kaum geäußert. Er gehört nicht zu den Mitbegründern des Politischen Rats geistiger Arbeiter, teilt aber zweifellos weitgehend die Haltung dieser Gruppierung. Er trifft mit Kurt Eisner zusammen – Heinrich Mann, Bruno Frank, Georg Kaiser, Albert Steinrück, Max Halbe sind dabei –, um über die künftige Kulturpolitik der Münchner Theater zu sprechen. Dabei erlebt er die Eitelkeit der intellektuellen Revolutionäre Toller, Mühsam, Kaiser oder Niekisch, die stundenlang unrealistische, fantastische Zukunftsprojekte diskutieren können, während draußen das Volk der Bayern, vor allem die Stadtbewohner, nach Brot und Fleisch ruft. Als auf der Theatersitzung mit Eisner der Stückeschreiber Kaiser fordert, das revolutionäre Theater dürfe keine Klassiker, sondern nur noch neue, avantgardistische Schauspiele aufführen, und der Ministerpräsident ihn fragt, was denn gespielt werden solle, antwortet der Dramatiker: Georg Kaiser.

Recht gehässig schreibt in diesen Tagen die Theaterzeitschrift »Der Merker« über die Rolle des in München viel gespielten Bühnenautors Lion Feuchtwanger. Zu Max Halbes gescheiterter Idee, einen Rat dramatischer Autoren zu gründen, heißt es dort: »Ich glaube, diesen Plan hat ihm Lion Feuchtwanger eingegeben – man bedenke, Lion Feuchtwanger ist im Nationaltheater noch nicht uraufgeführt worden! … und Lion Feuchtwanger muß damit zufrieden sein, an einem Abend bloß in den ›Kammerspielen‹, dem ›Schauspielhaus‹ und ›Volkstheater‹ uraufgeführt zu werden. Sicherlich wird auch bald das ›Neue Theater‹, die ›Figuren-Bühne‹ und Papa Schmids ›Marionetten-Theater‹ dazukommen.«[365]

Die unmittelbare Reaktion Feuchtwangers auf die Ereignisse in München schlägt sich in seinem *Thomas Wendt* nieder. Er beginnt das Stück Mitte 1918 und beendet es kurz vor der Niederschlagung der Revolution im Mai 1919. Der Weg des Schriftstellers vom Künstler zum Revolutionär, sein schließliches Resignieren vor den »Taten«, die er zu verantworten hat, enthält viel vom Schicksal Ernst Tollers oder Gustav Landauers. Aber das Stück zeigt auch den Zwiespalt, den sein Autor in sich spürt. Es ist die alte und immer wieder neu gestellte Frage nach der Rechtfertigung von Gewalt gegenüber Andersdenkenden, wenn es um den Versuch geht, eine gerechtere und menschenwürdigere Welt zu errichten.

Knapp 20 Jahre später kommt Lion Feuchtwanger in seinem Bericht *Moskau 1937* noch einmal auf diese Zeit und die Revolution der Intellektuellen zurück. Die Antwort, die er aus dem Abstand der Jahre und unter dem Eindruck des politischen Sieges der Nationalsozialisten in Deutschland findet, ist eindeutiger und sehr viel »marxistischer« als im *Thomas Wendt*: *Ich kenne ihn gut, diesen Typ des Schriftstellers und Revolutionärs, wenn auch nur in kleinem Format. Gewisse Führer der deutschen Revolution, die Kurt Eisner und Gustav Landauer, hatten vieles mit Trotzki gemein, freilich in Miniaturausgabe. Das starre Festhalten an einem Dogma, die Unfähigkeit, sich veränderten Verhältnissen anzupassen, kurz das Fehlen praktischer politischer Psychologie, machte diese Theoretiker und Doktrinäre nur für kurze Zeit tauglich zu politischem Handeln. Die größere Zeit ihres Lebens waren sie gute Schriftsteller, keine Politiker. Sie fanden nicht den Weg zum Volk. Sie verstanden zu wenig von Volks- und Massenpsychologie. Sie fühlten sich den Massen, aber die Massen sich nicht ihnen verbunden.*[366]

Zumindest Kurt Eisner gegenüber ein ungerechtes Urteil. Vor allem wenn man den Zusammenhang sieht, in den Feuchtwanger diese Sätze stellt: einen Vergleich der Leistungen Trotzkis, des »geborenen Schriftstellers« (der in Moskau eine Unperson geworden war), und Stalins, des Realpolitikers. Welche Fehler Eisner auch immer gemacht haben mag – Stalins jahrelange blutige Herrschaft ist nicht in die Kategorie Schriftsteller oder Politiker, Betrachtender oder Handelnder einzuordnen. Der tiefe Schock des drohenden Untergangs Europas im Faschismus hat dazu geführt, dass der engagierte Chronist Lion Feuchtwanger in der zweiten Hälfte der 1930er Jahre die bayerische Revolution und ihre Führer in einem verzerrten Licht sah. Das gilt fast ausschließlich für seine tagespolitischen Anmerkungen und Schriften und nicht für sein literarisches Werk. In den Romanen dieser und der späteren Jahre bleibt er der distanzierte Intellektuelle, der aufgeklärte Historiker. Im Roman *Die Füchse im Weinberg* spricht der amerikanische Botschafter in Paris, Benjamin Franklin, von der großen Utopie, auf die 150 Jahre später auch die revolutionären bayerischen Literaten hofften: *Ich träume von einer Zeit, da nicht nur die Liebe zur Freiheit, sondern auch ein tiefes Gefühl für die Menschenrechte in allen Nationen der Erde lebt.*[367]

Zu den verhängnisvollen Irrtümern der Männer um Kurt Eisner gehörte, dass sie München mit Bayern, die aufrührerische Stimmung im Volk mit dem Wunsch der Massen nach einer sozialistischen Regierung verwechselten. Eine sozialistische oder gar kommunistische Republik wollte nur eine Minderheit. Bayern bestand auch nach dem Krieg vor allem aus einer ländlich strukturierten, monarchistisch gesinnten, tief im Katholizismus verwurzelten Bevölkerung. Die Unzufriedenheit, die schließlich auch die organisierte Bauernschaft an die Seite der Münchner Revolutionäre trieb, beruhte fast ausschließlich auf Kriegsmüdigkeit, auf dem Zorn über die Versorgungsnot, die immer stärker um sich griff, und auf den tief verwurzelten Ressentiments gegen die Eingriffe Berlins in die bayerischen Angelegenheiten. Die »Revolution« – viele Linksintellektuelle, so Ernst Toller, werden dies erst entdecken, wenn es zu spät ist – bedeutet in der Vorstellung der meisten Bayern keinen Umsturz der gesellschaftlichen Ordnung, sondern lediglich eine Befreiung von der Not und der Last des Krieges und seiner Folgen. Als die Räterepublik in Chaos und Blut versinkt, erwachen sehr bald die alten bürgerlichen Ängste vor Zerstörung von Besitz und Ordnung. Bayern und auch die Hauptstadt München schwenken radikal um, aus dem »Rätestaat« wird ein »Mekka der Gegenrevolution«[368]. Die Bayerische Volkspartei, konservativ-christlich und im katholischen Bauerntum verwurzelt, wird im Landtag und im Münchner Stadtrat zur entscheidenden politischen Kraft der Weimarer Jahre. Auch sie kann und will nicht dem Vormarsch der völkischen Gruppierungen, ihrer immer wilderen Propaganda, dem öffentlich bekundeten Hass auf die Republik, die Demokraten und die Juden, den zunehmenden Rechtsbrüchen entgegentreten. Und die Mehrheitssozialdemokraten? Sie sind bald gelähmt, der Pakt, auf den sie sich in Berlin und München eingelassen haben, bleibt nicht folgenlos. Ihre für viele nur schwer zu verstehende Haltung in den Wochen der Räteregierung, ihre Mitschuld am Rachefeldzug der Freikorps in den ersten Maiwochen, ihr zögernder Widerstand gegen die Übergriffe der alten Kräfte in Reichswehr und Justiz führen zu einer mächtigen Abwanderung ihrer enttäuschten Wähler. Im Januar 1919 erreichte die SPD bei den Landtagswahlen in München noch 47 Prozent, bei den Gemeindewahlen im Juni stimmten nur noch 18 Prozent der Münchner für sie.

Justiz und Polizei in München sympathisieren mit den erzkonservativen bayerischen Regionalisten der Bauernpartei oder nationalen Trommlern, die sich in immer größeren Scharen um den schreienden Adolf Hitler sammeln, der die Psyche der Massen geschickt erfasst. Sie verfolgen die sich mehrenden Straftaten und Gewaltaktionen der rechten Schlägertrupps mit lässiger Nachsicht, heimlich den »nationalen Geist« und die unmenschliche Sprache der völkischen Führer bewundernd. Der unbekannte einstige Postkartenmaler und Bewohner Wiener Männerheime, Adolf Hitler, wird zu einer politischen Figur. »In München konzentrierte sich der Sumpf aus Okkultismus, Antisemitismus und Nationalismus, von den Geheimbünden bis zur Thule-Gesellschaft, die den Nährboden für den Faschismus Hitlers boten.«[369]

Sicher, die Umstände sind dem unlauteren politischen Geschäft des Adolf Hitler günstig. Der Versailler Frieden empört auch den einsichtigen Bürger. Seine demütigenden Formulierungen sind Wasser auf den Propagandamühlen der nationalistischen Rattenfänger, seine materiellen Forderungen, vor allem die Reparationszahlungen, werden zu Untergangsfantasien hochstilisiert. Die Not ist groß. Im Dezember 1923 sind 28 000 Münchner arbeitslos, 140 000 Einwohner, also 23 Prozent der Gesamtbevölkerung, nehmen die öffentliche Fürsorge in Anspruch. Am 22. November 1923 ist der Preis für einen Dollar auf 4,2 Billionen Mark angestiegen. Hugo Stinnes kauft ein gigantisches Wirtschaftsimperium zusammen. Millionen Familien verlieren alles – das für ihr Alter Angesparte oder über Generationen Geschaffene wird vom Moloch Inflation in rasender Geschwindigkeit vernichtet.

Da klammern sich viele in ihrem ohnmächtigen, hilflosen Zorn an die Verkünder der alleinseligmachenden Weltrevolution oder an die verführerischen Propheten der Wiedererweckung des deutschen Wesens, das – so hämmern sie es Tag für Tag ihren Zuhörern ein – von den Juden, den Bolschewisten oder den Schwätzern in den demokratischen Parlamenten unterdrückt, ausgebeutet, vernichtet wird. Da übersieht man schon gern, dass die Liste der meuchlings Ermordeten im Land immer länger wird: Rosa Luxemburg, Karl Liebknecht, Kurt Eisner, Hugo Haase, Matthias Erzberger, Walther Rathenau und die vielen Namenlosen. Im März 1924 erscheint eine Broschüre des Heidelberger Statistikers Emil Julius Gumbel, der die Fememorde dieser Jahre untersucht hat. Die Täter, so schreibt er, »stammen aus den Freikorps, den Studentenverbindungen, der Reichswehr, also aus den mit den Geheimbünden liierten Gesellschaftskreisen. In der vom Reichsjustizministerium … vorgelegten Denkschrift sind 281 Fälle aufgezählt, in denen das Verfahren durch Freispruch oder geringfügige Verurteilung der Täter zum Abschluß kam. Rechnet man dazu noch die Fälle, in denen das Verfahren noch schwebt, so kommt man auf mindestens 339 offiziell anerkannte Fälle, wo Republikaner von Rechtsstehenden umgebracht wurden.«[370] Später, die wenigen Weimarer Sonnenjahre sind schon wieder vorbei, die Republik ist reif zum Fall, da liest man im »Heidelberger Tageblatt«: »3500 in der Stadthalle versammelte Bürger und Studenten der Universitätsstadt Heidelberg erheben ihren flammenden Protest dagegen, daß Gumbel noch immer Professor an der Heidelberger Universität und Erzieher der deutschen Jugend sein kann.«[371] Am 5. August 1932 wird Gumbel die Lehrberechtigung entzogen. Fünf Monate bevor die Nazis die Macht übernehmen, erledigen deutsche Hochschulkonvente schon deren Arbeit. Die aktiven Mitglieder der deutschen Jugend wählen die Revolution: sie schlossen sich entweder den Kommunisten oder den Völkischen im Umkreis der Hitler-Partei an. Beide Richtungen fordern den totalen Umsturz der alten Verhältnisse.

Der republikfeindliche Geist aber herrscht von der ersten Stunde an, vor allem in der Justiz. Fast genau ein Jahr nach Kurt Eisners Tod, im Januar 1920, steht sein Mörder, Graf Arco-Valley, vor den Schranken des Landgerichts München I. Der Staatsanwalt formuliert zeitgemäß: »Wahre, tiefe, innerlich wurzelnde Vaterlandsliebe war es, die den Angeklagten zu seiner Tat veranlaßte, und ich stehe nicht an, hinzuzufügen: Wäre unsere Jugend insgesamt von solch glühender Vaterlandsliebe beseelt, wie hätten Hoffnung, mit hoher Zuversicht der Zukunft unseres Vaterlandes entgegenzusehen …«[372] Und der Verteidiger erklärt: »Der bayerische Adel kann stolz darauf sein, einen Mann wie Graf Arco zu seinen Mitgliedern zu zählen.«[373] Der Eisner-Mörder wird zum Tode verurteilt, 18 Stunden später begnadigt, nach fünf Jahren ist er ein freier Mann. Die bürgerlichen Ehrenrechte werden ihm – im Gegensatz zu Ernst Toller bei dessen Verurteilung zu fünf Jahren Haft – trotz des Todesurteils belassen. Im Begnadigungsbeschluss des Ministerrates heißt es lapidar: »Von einer Aberkennung der bürgerlichen Ehrenrechte konnte natürlich keine Rede sein, weil die Handlungsweise … nicht niedrigster Gesinnung, sondern der glühendsten Liebe zu seinem Volke und Vaterland entsprang.«[374] So verständnisvoll ging man in Bayerns Justiz – und nicht nur dort – mit rechtsradikalen Mördern um.

Der Vorsitzende des Gerichts, Georg Neithardt, hat im März 1924 den Vorsitz in jenem Richterkollegium, das dem Putschisten Adolf Hitler ausreichend Gelegenheit geben wird, seine republikfeindlichen Thesen vor den Gerichtsschranken zu verkünden. Und auch den Parteiführer der Nationalsozialisten trifft die Milde der bayerischen Justiz und ihres Richters Neithardt, auf die man sich in diesen Jahren immer dann besinnt, wenn es um die Aburteilung von Verbrechen rechter Fanatiker geht. Im Urteil wird Hitler als ein Mann bezeichnet, »der … deutsch denkt und fühlt, … der sich durch hervorragende Tapferkeit vor dem Feinde hohe Kriegsauszeichnungen erworben hat«.[375] Sein Marsch am 9. November 1923 zur Münchner Feldherrnhalle hat immerhin 14 Tote und zahlreiche Schwerverletzte gefordert, und er ist ein – auch vor Gericht nicht geleugneter – Versuch gewesen, die Republik zu zerstören und an ihre Stelle eine faschistische Diktatur zu setzen.

Der Ungeist, der Bayern nach der Revolution erfasst, macht natürlich nicht vor der Kulturpolitik halt. München, die liberale »Kunststadt«, verfällt zunehmend. Als Bürgermeister Karl Scharnagl sein Amt antritt, fordert er die »Hochhaltung alter Bräuche, die Verdrängung neumodischer und demoralisierender Gewohnheiten und Lebensäußerungen durch Pflege bodenständiger, wahrhaft volkstümlicher Überlieferung«.[376] Er sagt damit nur, was längst als Kulturaufgabe in der rechtsbürgerlichen oder völkischen Presse gefordert wird – mit scharfen Formulierungen, in denen die Worte »Juden«, »Bolschewisten« und »Intellektuelle« am häufigsten auftauchen. Für Münchens Theater, besonders für Otto Falckenbergs Kammerspiele, kommt sehr rasch wieder die Zeit der – diesmal inoffiziellen – Zensur. Aufführungen werden gestört oder von der Polizei wegen angeblicher Gefährdung der öffentlichen Ordnung verboten; vor den Theatern demonstrieren die Völkischen gegen undeutsche, »entartete« Stücke; im Stadtparlament verlangen die Nationalsozialisten, Zuschüsse für die Bühnen nur noch zu gewähren, wenn damit ein Kontrollrecht über die Spielpläne gesichert sei. Besonders negativ für die Entwicklung der Münchner Kulturszene wirkt sich der Verkauf der bekanntesten und besten Zeitung Süddeutschlands, der liberalen »Münchner Neuesten Nachrichten«, an die rheinische Schwerindustrie aus. Sie wird von 1920 an zu einem »Bollwerk für nationale Erneuerung gegen Sozialismus und republikanische Politik«.[377] Damit schwenkt das Blatt auch in der Kulturpolitik radikal um.

Die Folgen dieser Entwicklung werden bald sichtbar. Stücke von Wedekind (»Schloß Wetterstein«) oder Karl Kraus (»Traumstück«), Ferdinand Bruckner (»Verbrecher«) oder Friedrich Wolf (»Cyankali«), Carl Zuckmayer (»Der fröhliche Weinberg«) oder Alfred Döblin (»Die Ehe«) werden entweder kurz vor der Premiere oder nach wenigen Aufführungen verboten, oder die Theaterleitungen ziehen sie nach lautstarken Protesten freiwillig zurück. Ein nationalsozialistischer Stadtrat nennt die Stücke von Hauptmann, Wedekind und Schnitzler öffentlich eine »künstlerische Versauung des Volkes«[378]. Der Widerspruch der Münchner Mehrheitsparteien bleibt aus. Ein expressionistisches Kruzifix des Bildhauers Ludwig Gies führt 1922 zu einem Münchner Kunstskandal, die rechte Kulturkritik schäumt, es wird wieder entfernt.

Auch Lion Feuchtwanger gehört zu den von den Nationalisten scharf angegriffenen Künstlern. Sein *Thomas Wendt* wird auf einer Münchner Bühne bereits einstudiert, als der Kapp-Putsch die politischen Verhältnisse in der bayerischen Hauptstadt noch ein Stück weiter nach rechts rückt, an eine Aufführung nicht mehr zu denken ist. Sein *Holländischer Kaufmann* wird nach wenigen Abenden vom Spielplan des Staatstheaters abgesetzt, der Kunstverstand der Direktion weicht dem Druck der Hitlerpartei, die lärmend protestiert und kurz vor ihrem Putsch steht.

Noch entscheidender für München aber wird der Exodus vieler führender Künstler und Intellektueller, der nach der Niederwerfung der Revolution einsetzt. Der völkische Sumpf beginnt zu stinken in dieser Stadt, sein Geruch lässt gerade die Sensiblen unter den Schriftstellern, Malern und Musikern an Abwanderung denken. Berlin, die offene, laute, sich dem neuen Jahrhundert zuwendende Lichterstadt, lockt, wird jetzt endgültig zur unbestrittenen Kulturmetropole der jungen Republik. Bertolt Brecht geht und Ricarda Huch, Ödön von Horváth und später auch Heinrich Mann. Und es verlässt 1925 der gerade vom Ruhm berührte Lion Feuchtwanger seine Heimatstadt, angeekelt vom Antisemitismus und den Anpöbelungen des nationalsozialistischen Mobs, politisch alarmiert von der nahezu völlig fehlenden Gegenwehr des Münchner Bürgertums. Paul Klee geht und Wassily Kandinsky; nicht in München, sondern in Weimar und Dessau wird der Bauhaus-Stil entwickelt. Süddeutschlands namhaftester Architekt, Theodor Fischer, dem die bayerische Hauptstadt die Professur verweigert, wird von der Stuttgarter Hochschule mit einem Lehrstuhl begrüßt. Bruno Walter geht nach zehn erfolgreichen Jahren als Opernchef, bei ihm allerdings ist auch Privates im Spiel.

Es bleibt der »Vernunftrepublikaner« Thomas Mann, es bleiben Hans Carossa, Richard Billinger und Georg Britting. Es bleibt der große Theatermann Otto Falckenberg. Es bleiben auch die, die das völkische Getobe zwar reichlich niveaulos finden, aber die Republikfeindlichkeit, das germanische Geraune, diese Mischung aus dümmlicher Siegfried-Pose und verlogenem Pathos, als Werte deutscher Kultur empfinden: Oswald Spengler, Ludwig

Klages, Ernst Bertram, Hans Pfitzner. Es bleibt auch die Münchner Zeitschrift »Der Zwiebelfisch«, die Anfang 1926 verzweifelt-sarkastisch eine Rundfrage an prominente Künstler richtet, wie denn diese Stadt wieder geistig gestaltet werden könnte. Die »Münchener Post« hatte zuvor bereits ihre wenig hoffnungsvolle Zustandsbeschreibung veröffentlicht: »München war vor dem Krieg ein europäisches Zentrum; es ist im Begriff, eine deutsche Provinzstadt zu werden.«[379]

Lion Feuchtwanger wird – zwei Jahre nachdem er München verlassen hat – seinen großen Roman über die *bayrische Hochebene* schreiben. Und dort blickt der Fabrikant Paul Heßreiter, die Welt und ihre Umtriebe nicht mehr verstehend, auf seine Stadt: *Früher hatte die schöne, behagliche Stadt die besten Köpfe des Reichs angezogen. Wie kam es, daß die jetzt fort waren, daß an ihrer Stelle alles, was faul und schlecht war im Reich und sich anderswo nicht halten konnte, magisch angezogen nach München flüchtete?*[380] Heinrich Mann äußerte in einem Brief ähnliche Empfindungen: »Ich habe die Überzeugung, daß München derzeit die von der gesamten deutschen Bildung und anständigen Gesinnung verachtetste Stadt ist. … Man kann an fortziehen denken.«[381]

Die Schatten, die über München liegen, werden bald auch für das übrige Reich sichtbar. Die bürgerlichen Gruppierungen und die Rechtsparteien in Bayern nehmen offen eine staats- und republikfeindliche Haltung ein. Nach dem Scheitern des Kapp-Putsches, der durch einen reichsweiten Generalstreik abgewendet wird, geht Bayern vollends ins Lager der Republikgegner über. Bestürzt schreibt das »Berliner Tageblatt« im Januar 1923: »In Bayern allein fand die nationalsozialistische Bewegung nicht bloß die Atmosphäre, die ihrem Aufkommen günstig war, sondern auch wohlwollende Duldung und Unterstützung durch den Staat.«[382] Zum Ausbruch der Krise zwischen dem Reich und dem »Freistaat« kommt es, als die Regierung Stresemann im September 1923 den passiven Widerstand gegen die Ruhrbesetzung durch französisches Militär aufgibt. Eine Welle des Hasses und der Verleumdung schlug über der Reichsregierung zusammen,

Links- und Rechtsradikale übertreffen sich in Schmähungen und Verwünschungen gegen die Republik, auch die bürgerlichen Parteien reagieren mit schweren Anschuldigungen. In Bayern ruft das Kabinett den Ausnahmezustand aus und ernennt ohne jede Absprache mit Berlin den ehemaligen Ministerpräsidenten Gustav von Kahr zum Staatskommissar. In Thüringen und Sachsen treten nach einem Wink aus Moskau kommunistische Minister in die Landesregierungen ein; im Rheinland sehen die Separatisten ihre Chance gekommen; Hamburg steht kurz vor einem Aufstand der Kommunisten um Ernst Thälmann. Die Republik wankt. In Bayern kommt es zum offenen Abfall, als sich der dortige Reichswehrchef von Lossow – im Einvernehmen mit Kahr – weigert, einem Befehl aus Berlin zu folgen und Hitlers Hetzblatt, den »Völkischen Beobachter«, wegen Diffamierung der Republik zu verbieten. Als sich die Lage in den anderen Regionen zugunsten der Berliner Zentralregierung geklärt hat, lenken Kahr und Lossow ein und verhindern damit den Einmarsch der Reichswehrverbände des Generals von Seeckt.

Nur einer, der schon glaubte, nun habe die Vorsehung seine Stunde bestimmt, spielt verrückt. In der Nacht vom 8. auf den 9. November 1923 trommelt Hitler seine Verbände zusammen, dringt mit dem Revolver in der Hand in den Bürgerbräukeller ein, wo Kahr gerade eine Versammlung abhält. Mit einem Schuss in die Luft und hysterischer Stimme verkündet Hitler die nationale Revolution, er fordert Kahr und den ebenfalls anwesenden General von Lossow auf, sich mit ihm an die Spitze dieses Umsturzes zu stellen. Zum Schein gehen beide darauf ein, aber am nächsten Morgen muss der Betrüger erkennen, dass er diesmal selbst der Betrogene ist. Trotzdem, in der blinden Hoffnung, das Unmögliche zu erzwingen, in einem grotesken Aufbegehren gegen die tatsächlichen Machtverhältnisse marschiert Hitler am 9. November an der Spitze seiner Anhänger durch München. An seiner Seite, in Generalsuniform, der unbelehrbare Erich Ludendorff, wieder dabei, wenn es darum geht, sein Land ins Unglück zu stürzen. Im Maschinengewehrfeuer der Polizei endet auf dem Odeonsplatz diese schauerliche Politkomödie. 14 Menschen sterben, Hitler flieht, die »nationale Revolution« überlebt nicht einmal 20 Stunden.

Vier Jahre später stellt der Schriftsteller Lion Feuchtwanger in seinem Roman *Erfolg* diese Münchner Ereignisse dar. Es wird eines der wichtigsten Bücher über die ersten, so entscheidenden Jahre der Republik. Mit sicherem Gespür für die dunklen Ängste des deutschen Kleinbürgers, der bald auf dem Weg der radikalen Verneinung der Demokratie ist und dessen Hinwendung zum Blut-und-Boden-Mythos der Völkischen, aus äußerer Not und innerem Moralverfall geboren, kaum aufzuhalten ist, wird Lion Feuchtwanger zum frühen Deuter der Untergangssymptome der ersten deutschen Demokratie. Hellsichtig wie wenige seiner Zeitgenossen erkennt er die dramatische Symbolik des lächerlichen, gefährlichen Putsches der Nationalsozialisten, wird das Hakenkreuz für ihn schon zu Beginn der 1920er Jahre zum Zeichen einer neuen, modernen Barbarei. Als Jude und Intellektueller doppelt betroffen, gelingt ihm mit seinem literarischen Bericht über *Drei Jahre Geschichte einer Provinz* – so der Untertitel von *Erfolg* – ein Meisterwerk. Seine Gegner werden es 1930, wenn es erscheint, in blinder Wut ein »Buch des Hasses«[383] nennen.

KAPITEL 12

Brecht da. Im Grund sehr frech

Freunde und Weggefährten

Bei der Abfassung seines Münchner Romans werden allerdings schon zwei andere umfangreiche Prosawerke Feuchtwangers (*Jud Süß* und *Die häßliche Herzogin*) vorliegen, die ihn weltbekannt gemacht haben und die das bedeutendste literarische Ergebnis der letzten Jahre in seiner Heimatstadt gewesen sind. In den Jahren 1919 bis 1925 beginnen auch die Freundschaften mit Bertolt Brecht und Arnold Zweig, werden die Beziehungen zu Heinrich Mann und Bruno Frank vertieft. Feuchtwanger lebt im Zirkel der Münchner Intellektuellen, deren Namen auf den Theaterspielplänen, in den Ausstellungskatalogen oder unter den Leitartikeln der Zeitungen zu finden sind.

Der junge Augsburger Brecht zieht nach München, lebt recht provisorisch zeitweise in der Nähe der Georgenstraße, und er ist häufiger Gast bei den Feuchtwangers. Ein Rebell, der die Provokation liebt, mit seinen Freunden Caspar Neher und Arnolt Bronnen das etablierte Theater verhöhnt und dessen erste eigene Aufführungen in München und Berlin bei einem kleinen Kreis von Kennern Begeisterung auslösen. »Die ganze Welt kennt Klaus Mann, den Sohn von Thomas Mann. Wer ist übrigens Thomas Mann?«, schreibt er später einmal bösartig in einer Glosse für die Wochenschrift »Das Tage-Buch«[384], und die Hälfte des Kleist-Preises, die ihm Freund Bronnen nach dem Erfolg seines Dramas »Vatermord« abgeben will, weist er zurück: Ein Brecht nimmt nur den ganzen Lorbeer des Ruhmes. Auf den Faschingsfesten oder Premierenfeiern in der Georgenstraße hockt er in der Ecke, hager, kantig, abweisend, singt mit rauer Stimme und zur Gitarre seine Balladen. Die Frauen sind fasziniert von ihm, er gebraucht sie recht häufig und gleichgültig. Feuchtwangers Wohnung wird zum Treffpunkt des Brecht-Kreises, der erheblich Ältere genießt die »andere Welt«. Klatsch kann diese Freundschaft nicht trüben.

Es gibt jedoch auch gelegentliche Verstimmungen. Etwa über die Autorennennung bei gemeinsamen Stücken. So schreibt Brecht im Frühjahr 1924, kurz vor der Premiere von *Leben Eduards des Zweiten von England*, hilfesuchend an Herbert Ihering: Feuchtwanger »lehnt es ... ab, irgendeine Nennung seines Namens zuzulassen, durch die seine Mitarbeit herabgewürdigt wird / Etwa auch die von mir vorgeschlagene zweite Buchseite: Dieses Stück entstand in Zusammenarbeit mit L. Feuchtwanger / Eine Widmung lehnt er als ihn schädigend energisch ab«[385] Und in seinem letzten, nicht mehr vollendeten Werk schildert der alte Schriftsteller Lion Feuchtwanger noch einmal und nicht ohne Humor, wie heftig es bei den gemeinsamen Diskussionen und Arbeiten zwischen ihnen zugehen konnte: *Ich erinnere mich einer Debatte mit Bertolt Brecht ... Es ging um ein scheinbar Geringes, ein Komma, das Brecht durchaus nicht setzen wollte. Dieses fehlende Komma aber machte den Satz schlechthin unverständlich. Ich wies hin auf die vielen grotesken Mißverständnisse, welche fehlende oder falsche Interpunktion der Bibel und der klassischen antiken Dichtung hervorgerufen habe. Brecht hob die Stimme, er geriet ins Schreien, er geriet leicht ins Schreien beim Debattieren, das regte ihn an; auch ich, der ich leises Reden bevorzuge, hob die Stimme. Draußen fragte das Dienstmädchen, ob man nicht unterbrechen solle, bevor die Herren sich schlügen. Nachts, nach zwölf Uhr, kam Brecht an meiner Wohnung vorbei, pfiff mich ans Fenster und erklärte: »Sie haben recht. Ich setze das Komma.«*[386]

Wichtig ist beiden die gegenseitige Anregung, ihr Gespräch über Politik, über das Theater oder die Stücke, an denen sie gerade gemeinsam oder für sich arbeiten. Und dass der in den frühen 1920er Jahren schon einflussreiche Lion Feuchtwanger zu den entscheidenden Förderern des jungen Brecht gehört, ist literaturgeschichtlich sicher mehr als eine Fußnote wert. Auf einem der Premierenfeste in der Wohnung des Schriftstellers gibt der Hausherr dem Chef der Kammerspiele, Otto Falckenberg, das

Manuskript von Brechts »Trommeln in der Nacht«, das ursprünglich den Titel »Spartakus« trug. Falckenberg erzählt: »Ich las es natürlich nicht. Es vergingen Tage und Wochen, Feuchtwanger rief an, schrieb Briefe, hielt mich auf der Straße an und erinnerte mich daran, aber ich schwieg immer weiter. Ich las das Stück einfach nicht. Wer es dann las? Es war meine Frau, Sybille Binder. Sie hatte eine Fußverrenkung, lag zu Haus, hatte nichts zu lesen, was sie interessierte, und griff daher nach dem herumliegenden Manuskript. Plötzlich schrie sie auf: ›Das ist ein fantastisch gekonntes Stück, das *mußt* du lesen!‹ Dann las ich es auch, nahm es an und inszenierte den ersten Brecht.«[387] Sicher ist das mehr Selbststilisierung als lautere Wahrheit, aber doch eine schöne Legende. Einer der großen Dramatiker des 20. Jahrhunderts ist jedenfalls in diesen Monaten entdeckt worden, denn das Stück wird ein Erfolg. Er wird Dramaturg bei Falckenberg, inszeniert dort, chaotisch, doch schon mit genialen Einfällen, Feuchtwangers und sein *Leben Eduards des Zweiten* geht 1924 nach Berlin, dem großen Ruhm entgegen, der mit der von ihm selbst wenig geachteten »Dreigroschenoper« kommt. Die Freundschaft bleibt in Berlin, dann im Exil, wo Brecht zweimal Gast bei Feuchtwangers im südfranzösischen Sanary und später für einige Jahre auch ihr Nachbar in Kalifornien ist.

Brecht hat Lion Feuchtwanger immer wieder angezogen und auch gelegentlich abgestoßen, wie manche Tagebucheintragung zeigt: *Brecht und die Weigel da. Nicht sehr angenehm.* (5. September 1931) *Brecht, der mich um 1000 M angepumpt hat, läßt nichts von sich hören.* (22. September 1931) *Brecht da. Im Grund sehr frech.* (24. Juni 1935) Sein unkonventionelles Auftreten, sein auch in der äußeren Form unbürgerliches Verhalten, seine unzweifelhaft genialischen Züge imponieren jedoch dem schüchternen, disziplinierten Sohn des Großbürgertums immer aufs Neue. Marieluise Fleißer, die beiden in den Münchner Jahren sehr nahesteht und die von ihnen entdeckt und gefördert wird, schreibt in ihren Erinnerungen: »Es war geradeso, als ob Feuchtwanger an irgendeinem Menschen auslassen mußte, was in ihm rumorte. Denn dieser Brecht rumorte in ihm. Er war auf Anhieb genial, frech wie ein junger Gott und eines Maschinenzeitalters liebstes Kind.«[388] »Onkel Feuchtwanger«, wie ihn der Jüngere manchmal spöttisch-liebevoll nennt, fühlt sich natürlich vor allem vom großen Künstler Brecht angezogen. Wie sehr umgekehrt auch Brecht ihn als geistigen Partner schätzt, zeigt – neben vielen persönlichen Äußerungen – sein »Me-ti / Buch der Wendungen«, wo der Schriftsteller Fe-hu-wang mehrmals als herausfordernder intellektueller Gegenpart auftritt. »Warum sind die Kopfarbeiter nicht für die Umwälzung? fragte Fe-hu-wang. Me-ti sagte: Sie stellen sich zu ihr nicht als Köpfe, sondern als Bäuche.«[389] Brechts früher Tod im August 1956 trifft Feuchtwanger schwer und lässt ihn die wachsende Vereinsamung im fernen Amerika doppelt spüren.

Die zweite große Künstlerfreundschaft beginnt ebenfalls Anfang der 1920er Jahre. Arnold Zweig und Lion Feuchtwanger treffen sich das erste Mal im Faschingskostüm in der Schwabinger Hinterstube des Buchhändlers Steinicke, wo in Notzeiten manche Feste gefeiert werden. Zweig lebt zu diesem Zeitpunkt in Starnberg. Beide verbindet ein ähnlicher künstlerischer Werdegang: der Weg vom Schriftsteller des Ästhetizismus zum Intellektuellen, für den der Krieg zur künstlerischen Lebenswende wird. Zweig allerdings verbringt im Gegensatz zu Feuchtwanger zwei Jahre als einfacher Soldat an der Front und durchleidet das Grauen des Stellungskrieges von Verdun. Beide sind Juden, beide neigen in ihren späteren Jahren dem Sozialismus zu. Feuchtwanger hat schon vor dem ersten Zusammentreffen Zweigs im Krieg geschriebene Novelle »Die Bestie« gelesen. Obwohl die Geschichte von nationalem Chauvinismus geprägt ist, beeindruckt sie ihn literarisch. Arnold Zweig wird vom Romanerfolg des *Jud Süß* bewogen, sein Grischa-Schauspiel in eine epische Fassung umzuschreiben. »Meine ersten Romanversuche gingen verloren und meinen Glauben an den deutschen Roman«, schreibt Zweig am Ende seines Lebens, »mußte ich erst erhärten, als ich an Feuchtwangers *Jud Süß* ein vollgültiges Beispiel dafür in Händen hielt.«[390] Feuchtwanger wiederum nennt den Roman »Der Streit um den Sergeanten Grischa«, den Zweig 1927 veröffentlicht, *das erste große Epos unseres Krieges*[391]. Beide teilen nach dem Untergang der Weimarer Republik das Schicksal des Exils. In ihren Berliner Jahren treffen sie sich noch fast täglich, diskutieren miteinander über Werk, Politik und Frauen. »Es war eine Zeit, wo wir jeden Tag telefonierten«, erinnert sich Zweig auf der Gedenkfeier zu Feuchtwangers Tod in Ostberlin, »es war eine Zeit, wo er von Dahlem herüberkam oder ich von Eichkamp, und wo wir schriftstellerische Fragen und die Fragen der Grammatik und die Fragen des Stils in allen Einzelheiten erörtern konnten und wo sein Aufbau des Romans und meine Arbeiten an der Fortsetzung meines großen Weltkriegswerkes uns so beschäftigten, als wären wir nur in dem engsten Kaffeehaus-Kontakt, und dabei waren wir beide keine Kaffeehausmenschen …«[392] In der Fremde sind sie dann über Tausende von Kilometern getrennt. Zweig findet nach seiner Flucht aus dem nationalsozialistischen Deutschland eine Wohnstatt in Palästina und ab 1949 in Ostberlin. Feuchtwanger hält sich ab 1933 in Südfrankreich auf und wird die letzten 18 Jahre seines Lebens in Kalifornien wohnen. Bis zum Beginn des Zweiten Weltkriegs unternimmt Zweig noch jedes Jahr eine Europareise und trifft Feuchtwanger im französischen Sanary oder in Paris. Dann versperren die Kriegsereignisse für Zweig den Weg nach Europa, und es wird sie nur noch ein kontinuierlicher, von Vertrautheit und gegenseitigem Respekt geprägter Briefwechsel verbinden. Es sind Briefe der kollegialen Kritik und Ermunterung, Werkstattgespräche zweier Schriftsteller, ein Dialog zwischen Gleichgesinnten.

Gereiztheit bleibt nicht aus: *Bei Zweig, der unter sehr unangenehmen Begleitumständen aus einem schlechten Roman vorliest.* (23. August 1931) *Zweig redet Unsinn über einen Roman.* (26. August 1931) Zweig hält nach Feuchtwangers Tod fest: »Wir waren in sehr vielen Dingen anderer Meinung, sehr lange, ich war beispielsweise im Lager der Zionisten zu Hause, er in gar keiner Weise, aber er war andererseits wieder im Lager der jüdischen Geschichte zu Hause und ich wieder nicht, und so ging zwischen uns hin und her eine dauernde Atmosphäre von freundschaftlichen Kontroversen, die niemals ausarten konnten in irgend etwas wie Konflikt …«[393]

Diese unterschiedliche Haltung zum Zionismus spiegelt sich auch in einer gemeinsam veröffentlichten Streitschrift, *Die Aufgabe des Judentums,* wider. Sie entsteht, als Zweig kurz vor seiner Umsiedlung nach Palästina mehrere Monate in Sanary ist, und ihren Hintergrund bildet die tiefe Sorge der beiden Schriftsteller um das wieder bedrohte Schicksal der europäischen Juden. In den beiden Aufsätzen – der erheblich umfangreichere Essay *Nationalismus und Judentum* stammt von Feuchtwanger – wird ihre unterschiedliche Position deutlich. Feuchtwanger meint damals noch, dass die Juden keine Nation bilden können.

Beide sind sehr aktiv in den Exilorganisationen tätig. Die Namen Feuchtwanger und Zweig stehen unter dem 1936 verfassten Aufruf für die deutsche Volksfront. Zweigs Bücher werden zwar in viele Sprachen übersetzt, aber seine materielle Lage wird in den Jahren des Exils immer schwieriger. Ein schweres Augenleiden behindert ihn bei der täglichen Arbeit. Feuchtwanger unterstützt ihn mit regelmäßigen Geldsendungen, er setzt sich dafür ein, dass über die Hilfsfonds der Exilorganisationen Geld nach Palästina gelangt, um Zweigs Lage zu erleichtern. Er kümmert sich um Übersetzungen und Neudrucke von Zweigs Romanen. Auch in diesem Fall erweist sich Feuchtwanger als hilfreicher und treuer Freund, wenn ihn Hilferufe erreichen. »… ich bin in eine arge Depression eingetaucht«, erfährt Marta Feuchtwanger in einem Brief Zweigs vom Februar 1937, »und weiß noch nicht, wie wieder heraustauchen. Dabei ist bei uns alles in Ordnung, soweit man das heute verlangen kann. Aber der ökonomische Standard läßt sich nicht halten. … Und wir fürchten, wieder auswandern zu müssen, … und das macht uns müde.«[394]

Seit den Jahren des Ersten Weltkriegs hat sich die Beziehung zu Heinrich Mann vertieft. Der Autor des »Untertan« und von »Professor Unrat«, der große politische Essayist und Republikaner wird von Feuchtwanger seit den Jugendjahren verehrt. Immer wieder hat er auf den starken Einfluss hingewiesen, den Manns frühe Bücher für seine schriftstellerischen Arbeiten besaßen: *Heinrich Mann hat meine Diktion verändert*[395]. Neben Brecht und Döblin war es vor allem dieser zeitgenössische deutschsprachige Dichter, zu dem er sich stets dankbar bekannt hat. In den Münchner Jahren entwickelt sich zwischen beiden eine Künstlergemeinschaft, stets vom Respekt des Jüngeren und der etwas »würdevollen« Haltung des Lübeckers ein wenig auf Distanz gehalten. Vor allem in den 1920er Jahren aber – der Zeit, in der Heinrich Mann auf dem Höhepunkt seiner Anerkennung als Schriftsteller steht – finden sie in der politisch-geistigen Auseinandersetzung um den Bestand der Republik eine gemeinsame Plattform. Feuchtwanger ist 1931 am 60. Geburtstag Heinrich Manns der Festredner bei dem großen Essen, das der P. E. N.-Club zu Ehren des Jubilars veranstaltet. »Feuchtwanger hielt eine gute Rede«, schildert Max Herrmann-Neiße die Szene im Haus der Presse, »eine herrliche auf Heinrich Mann …«[396] Später, im französischen Exil, lebt Heinrich Mann in Nizza und damit nicht allzu weit entfernt von Sanary. Beide sind häufig in Paris, wo die Spaltung unter den Exilanten immer deutlicher wird und wo Heinrich Mann, wie Alfred Kantorowicz schreibt, »bei Emigranten aller politischen und weltanschaulichen Überzeugungen – Liberalen, Demokraten, Sozialisten, Kommunisten, Pazifisten – hohe Achtung genoß«[397]. Beide gehören zu den Mitbegründern der Deutschen Freiheitsbibliothek, die die in Deutschland verbrannten Bücher führt und zeitweise zu einem geistigen Zentrum der deutschen Exilliteratur in Frankreich wird. Sie sind sehr aktive Mitglieder im Schutzverband deutscher Schriftsteller.

Als Hitlers Truppen in Frankreich einfallen, flieht das Ehepaar Heinrich Mann gemeinsam mit Franz und Alma Werfel und Golo Mann über die Pyrenäen nach Spanien. Sie reisen dann weiter nach Lissabon. Ein gefährliches und für den alten Mann strapaziöses Abenteuer. *Ich mußte ihm, immer in Eile und in vagen Umrissen,* so erinnert sich Feuchtwanger später an diese Tage, in denen auch sein Fluchtweg über die Pyrenäen führt, *von einem abenteuerlichen Fluchtprojekt erzählen, das große Ansprüche stellte an die Nerven und an die physische Kraft derjenigen, die es unternahmen. Ich mußte … fragen: »Sind Sie bereit, alles, was Sie haben, im Stich zu lassen, einen Rucksack mit dem Allernotwendigsten auf die Schulter zu nehmen, 30 Kilometer durch die Nacht zu marschieren …« Der neunundsechzigjährige Heinrich Mann, ohne sich eine Sekunde zu bedenken, sagte ja.*[398]

Im kalifornischen Exil werden sie, wie in München und Berlin, wieder Nachbarn. Es sind die schlimmen Jahre, in denen der alternde Heinrich Mann vereinsamt. Nach dem Freitod seiner zweiten, alkoholkranken Frau, einer Fischerstochter aus Niendorf an der Ostsee, stehen ihm vor allem die Familie des Bruders Thomas, die inzwischen ebenfalls in Kalifornien lebt, und das Ehepaar Feuchtwanger finanziell und menschlich zur Seite. Er ist häufig bei Lesungen und Geburtstagsfeiern Gast im schönen Haus der Feuchtwangers. Neben der Schwägerin Katia Mann kümmert sich besonders Marta Feuchtwanger um den weltfremden Greis, der seinen Alltag kaum noch meistern kann. Einer der bedeutendsten deutschen Dichter des 20. Jahrhunderts, aus seinem Vaterland verjagt, lebt in den letzten Jahren seines Wirkens fast unbekannt und ungelesen an der amerikanischen Pazifikküste.

Und als er endlich nach 17 Jahren Exil zurück in die Heimat wollte – die DDR hatte ihm Wohnsitz und hohe Ehrung angeboten –, da tritt der Tod dazwischen. Kurz vorher löst ein gemeinsames Telegramm von Feuchtwanger und ihm in der Bundesrepublik noch einmal Ärger aus, geboren aus Intoleranz und einer politischen Bevormundung, die die Nachkriegsjahre kennzeichnen: Heinrich Mann und Lion Feuchtwanger nämlich schicken einen Glückwunsch zur Gründung der Deutschen Demokratischen Republik an Wilhelm Pieck. Auf dem Friedhof von Santa Monica stehen die Grabsteine dieser beiden Schriftsteller nur knapp zehn Meter voneinander entfernt. Beide haben ihre Heimat nach 1933 nie wiedergesehen.

Ein Lebens- und politischer Leidensgefährte bleibt der jüdische Schriftsteller Bruno Frank, der einzige Duzfreund. Er kennt ihn seit den Stammtischabenden in der »Torggelstube«. Auch Frank hat durch das Erlebnis des Ersten Weltkrieges als Schriftsteller eine tiefgreifende Wandlung erfahren. Zunächst ein Lyriker im

Rilke-Stil, schreibt er bereits 1915 seinen ersten Roman (»Die Nachtwache«). Es folgen in den 1920er und frühen 1930er Jahren viel gespielte und gelesene Dramen und Komödien (»Das Weib auf dem Tiere«, »Sturm im Wasserglas« oder »Nina«), Novellen (u.a. »Tage des Königs«, »Politische Novelle«) und Romane (»Trenck«, »Der Reisepass«, »Die Tochter«). Frank wird leidenschaftlicher Republikaner, bleibt bis 1933 in München, wo ihn die Freundschaft zu Thomas Mann fesselt, dem Schriftsteller, den er verehrt und bewundert wie keinen anderen. Einen Tag nach dem Reichstagsbrand verlässt er Deutschland zusammen mit seiner Frau Liesl, Tochter des berühmten Operettenstars Fritzi Massary. Wie Thomas und Heinrich Mann, wie Lion Feuchtwanger hat auch Bruno Frank in der letzten Phase von Weimar vor der politischen Katastrophe der Republik gewarnt, hat er als Schriftsteller und politischer Essayist dagegen angeschrieben. Frank ist kein sympathisierender Sozialist wie Lion Feuchtwanger oder Arnold Zweig, aber sein humanistisches Weltbild hat ihn davor bewahrt, gegenüber den Schwächen des Bürgertums blind zu werden. So gehört er im November 1918 zu den Mitbegründern des Politischen Rats geistiger Arbeiter in München, und er steht in den Jahren der Weimarer Republik an der Seite derer, die vor den immer stärker werdenden antidemokratischen und antisemitischen Kräften warnen. Über Österreich, die Schweiz, Frankreich und England geht er schließlich 1939 in die USA, wird dort Mitglied der großen deutschen Exilgemeinde in Kalifornien.

Lion Feuchtwanger hat Bruno Frank als Schriftsteller zweifellos nicht so hoch eingeschätzt wie die Brüder Mann, Bertolt Brecht oder Alfred Döblin. Aber er würdigt den drei Jahre jüngeren Freund in einem ungedruckten Nachruf mit freundlichen Worten: *Bruno Frank wollte ein Diener am deutschen Wort sein, er wollte die Fackel weitergeben. Gerade weil mit dem Einbruch der Barbarei in Deutschland die Tradition jäh abriß, war er mit zweifacher Liebe bestrebt, diese Tradition fortzusetzen. Im Exil, umgeben von den Lauten fremder Sprachen, kämpfte er darum, die Reinheit und den Adel des deutschen Wortes zu wahren. Mit kom-*

promißloser Energie mühte er sich, die großen überkommenen Werte, das Erbe der Sprache in seinem Werk zu retten.[399]

Feuchtwanger fühlt sich besonders von dem großzügigen, weltmännischen Charakter Franks angezogen. Gemeinsam ist ihnen beiden die nie ganz zu besiegende Spielleidenschaft. Schon in seinen frühen Jahren verspielte auch der Bankierssohn Frank am Roulettetisch in Monte Carlo hohe Summen, die ihn lange finanziell belasteten. Auch mag der Gegensatz zur eigenen Psyche den Reiz dieser Freundschaft ausgemacht haben. Es ist aber auch eine Beziehung, die ihre Krisen hat. Frank ist empfindlich, er kann Brechts Person und Werk nicht ausstehen, fordert von Feuchtwanger eigensinnig die Wahl: Brecht oder er. Das ist Anfang der 1920er Jahre, als der junge Brecht noch durch München wirbelt und die »Etablierten«, zu denen auch Bruno Frank zählt, mit sarkastischen Bemerkungen erbost. Hinzu kommt, dass Brecht und Thomas Mann sich fremd bleiben, Frank wiederum zum engsten Kreis des »bürgerlichen Repräsentanten« vom Herzogpark gehört. Als Feuchtwangers Roman *Erfolg* wütende Reaktionen auslöst, natürlich vor allem in Bayern, da meint der Freund Frank, wie undankbar Feuchtwanger sei, weil er München und Bayern so heruntergemacht habe. Später hat er diese Bemerkung selbst als töricht empfunden.

In den Monaten, in denen Frank in Sanary lebt, schreibt er seinen Roman »Cervantes«, und es gibt manche Diskussion über Stoff und Form dieses Buches mit dem Nachbarn Lion Feuchtwanger. Als der amerikanische Verleger Ben Huebsch von der Viking Press im Frühjahr 1934 Feuchtwanger in Südfrankreich aufsucht, gibt dieser ihm das noch unvollendete Manuskript. Huebsch bietet Frank daraufhin einen Vertrag für die amerikanische Übersetzung an, der Roman erscheint 1935 in den Vereinigten Staaten und wird dort »Buch des Monats«. Später in Hollywood, wo Bruno und Liesl Franks Haus in Beverly Hills zu einem gesellschaftlichen Zentrum des Exils wird, setzen beide gemeinsam ihren Autorenruhm ein, um das Schicksal vieler deutscher Exilanten zu erleichtern.

Bruno Franks Dasein wird jedoch zunehmend von politischen

und künstlerischen Sorgen verdunkelt. Am Grabe Ernst Tollers, der sich in totaler Vereinsamung 1939 in seinem New Yorker Hotelzimmer erhängt hatte, meint er: »Um die ganze Wahrheit zu sagen – er hat sich nicht selbst getötet. Er ist ermordet worden, und sein Mörder ist Hitler.«[400] Fünf Wochen nach Kriegsende stirbt Bruno Frank, erst 58-jährig, in Kalifornien. Das Ehepaar Feuchtwanger kümmert sich um die Witwe, die der Tod des Ehemanns in eine tiefe seelische Krise stürzt. Sein Freund und Nachbar hat ihn *einen Glücklichen* genannt, denn *selbst das Böse, das ihm begegnete, nahm er mit Freuden hin, weil es ihm half, das Gute doppelt zu schätzen.*[401]

Ganz anders als zu Bertolt Brecht, Arnold Zweig, Heinrich Mann oder Bruno Frank sind die Beziehungen Feuchtwangers zu einem Kollegen, dem er an verschiedenen Stationen seines Lebensweges immer wieder begegnet ist. Thomas Mann lebt wie er in München, in den Exiljahren kurz in Sanary und in Kalifornien. In der Zeit, in der sie in München wohnen, bleiben sie sich fremd. Der damals schon berühmte Schriftsteller Thomas Mann lebt in anderen gesellschaftlichen Kreisen der bayerischen Metropole als der seine künstlerischen Ziele noch suchende Theaterkritiker und -autor aus der Schwabinger Boheme. Man trifft sich auf Dichterlesungen, bei Theaterpremieren oder einer Vernissage, manchmal auch auf privaten Faschingsfesten, aber ein näherer Kontakt kommt nicht zustande. Immerhin, im Tagebuch findet man einen freundlichen Eintrag vom 18. Juli 1920: *Angenehmer Abend mit Thomas Mann und Frau.* Im Streit der beiden Brüder Mann während der Jahre des Ersten Weltkriegs steht Lion Feuchtwanger ganz auf der Seite des »Zivilisationsliteraten« Heinrich Mann, lehnt die damals elitär-konservative Haltung von Thomas Mann ab, wie sie in seinen alles in allem doch fatalen »Betrachtungen eines Unpolitischen« zutage tritt. Auch in den ersten Nachkriegsjahren kommt es nicht zu engeren Beziehungen. Feuchtwanger steht auf der Seite der Revolution, Thomas Mann schaudert vor ihr zurück. Der Autor des »Zauberbergs« macht es sich zunächst nicht leicht, die Republik zu bejahen – im Gegensatz zu Lion Feuchtwanger, der schon in der Kaiserzeit die Schwächen und

Fehlentwicklungen von Monarchie und Bürgertum erkannt hatte. Als Feuchtwanger in Berlin lebt, treffen sich beide hin und wieder – nun auch der Jüngere schon beinahe so etwas wie ein Repräsentant – auf öffentlichen Veranstaltungen.

Später, aus Deutschland vertrieben, begegnen sie sich häufig, werden ihre Gespräche persönlicher, lernen sie sich menschlich schätzen. Thomas Mann wohnt von Mai bis September 1933 in Sanary. Es sind Monate innerer Verwirrung und des sich verzweifelt Zurechtfindenmüssens in einer für den Bürger Thomas Mann völlig neuen Situation. In diesem Sommer erkennt er in Feuchtwanger nicht nur den Künstlerkollegen, sondern auch den Leidensgefährten. 1940 gelingt es dem Ehepaar Feuchtwanger, auch durch die Hilfe Thomas Manns, sich nach Amerika zu retten, wo sie in Pacific Palisades ihr neues Heim finden. Im April 1941 kommt Thomas Mann ebenfalls in die Region von Los Angeles, und die nächsten elf Jahre leben die Familien wieder als Nachbarn zusammen.

Aber es bleibt auch in dieser Zeit stets eine Distanz zwischen beiden, die nie überschritten wird. Lion Feuchtwanger hat den Schriftsteller Thomas Mann seit seiner ersten Begegnung mit dessen Werk hoch geschätzt. Die »Buddenbrooks«, 1901 erschienen, sind für ihn einer der bedeutenden Romane seines Jahrhunderts. Er hat Thomas Mann wohl als den größten zeitgenössischen deutschen Autor anerkannt. Gerade deswegen hält der stets schüchterne, auf sympathische Art zurückhaltende Lion Feuchtwanger zeitlebens respektvollen Abstand. Umgekehrt ist er in Bezug auf das eigene Schaffen sehr selbstbewusst, neigt also nicht – wie mancher in der Umgebung Thomas Manns – zu euphorischer Unterwerfung. Der Lübecker schätzt vor allem in den späteren Jahren seines Lebens die vom disziplinierten Tagewerk ablenkende, aber doch »gebildete« Unterhaltung, wenn er in Gesellschaft ist. Und er braucht seine Zuhörer. In Feuchtwanger findet er stets einen aufmerksamen Partner. »Die vielen Abende kamen bei ihm oder bei uns«, so schreibt Thomas Mann in einem Artikel zu Feuchtwangers 70. Geburtstag mit liebevoller Ironie, »mit ernsten und heiteren Gesprächen, Erinnerungen, Weltbetrachtungen, gegenseitigen Vorlesungen … Ich habe den ›kleinen Meister‹, wie wir ihn wohl nannten, sehr gern. Außerordentlich gebildet, ein gelehrter Philolog und firmer Historiker, hat er einem viel zu geben. Sein Gespräch, anheimelnd münchnerisch gefärbt, wie es geblieben, sei es literarisch, politisch oder rein menschlich, ist belebend und belehrend, sein Lachen warm und ansteckend, sein Urteil über Welt und Menschen lieber humoristisch als streng.«[402]

In seinen »amerikanischen« Tagebüchern findet der Leser zahlreiche Hinweise auf diese Begegnungen mit dem Nachbarn Feuchtwanger, die von wachsender Zuneigung zeugen: »Feuchtwanger sehr behaglich und sympathisch« (12. 2. 1951)[403]; »Feuchtwanger, zwar alt und spitz aussehend, gefiel mir gut durch Artigkeit und Wohlbehagenheit« (6. 6. 1951)[404]; »Zum Abendessen Feuchtwangers. Wieder gefiel er mir in seiner behaglichen Heiterkeit, Interessiertheit, Belesenheit« (30. 10. 1951)[405].

Natürlich nimmt Thomas Mann auch in Kalifornien wieder eine ganz besondere Position ein. Ludwig Marcuse, ebenfalls Exilant in Los Angeles, sieht das ganz richtig: »Er war Kaiser aller deutscher Emigranten, ganz besonders Schutzherr des Stammes der Schriftsteller. Von ihm wurde alles erwartet, ihm wurde alles verdankt, er wurde für alles verantwortlich gemacht.«[406] Wenn allerdings Bertolt Brecht und Thomas Mann in Hollywood zufällig auf der gleichen Party sind – was selten genug vorkommt, denn die Gastgeber wissen, was sich gehört –, dann ergreift beide tiefes Unbehagen. Feuchtwanger weiß durch seine Freundlichkeit und Rücksichtnahme allzu große Peinlichkeiten zwischen ihnen zu verhindern. Aber auch in der eigenen Beziehung zu Thomas Mann gibt es während der Exiljahre, vorrangig in den sie alle bedrängenden politischen Fragen, Differenzen. Nicht in der grundsätzlichen, von tiefer Abscheu getragenen Haltung gegenüber dem Faschismus, sondern in der Einschätzung der Situation oder wenn es darum geht, öffentlich zu den politischen Ereignissen Stellung zu beziehen. Das gilt vor allem für die ersten beiden Jahre nach der nationalsozialistischen Machtübernahme. Thomas Mann steht unter Schock, braucht Zeit, um sich öffentlich von

Hitler und seinem Regime zu distanzieren. Am 6. Juli 1933 schreibt er in einer Tagebucheintragung nach einem Gespräch mit seinem Bruder Heinrich und Lion Feuchtwanger über die Lage in Deutschland: »Mein Glaube an ein rasches Hinweggefegt werden ist leider weit geringer als der von Heinrich und Feuchtwanger, die an baldigen wirtschaftlichen Zusammenbruch und Revolution glauben.«[407] Und nach dem Erscheinen von Feuchtwangers Reisebericht über seine Erlebnisse in der Sowjetunion heißt es im Tagebuch: »Feuchtwangers Buch ›Moskau 1937‹. Ist doch merkwürdig zu lesen.«[408] Trotzdem, gemeinsam bleibt der Kampf gegen den Faschismus, bleibt ihre republikanische Einstellung. Unterschiede zeigen sich bei der Beurteilung der Rolle des Kommunismus für Europas Zukunft. Am 30. Oktober 1951 notiert Thomas Mann: »Diskussion über Verbundenheit von Kapitalismus und katholischer Kirche und die Zukunft beider, die er zu kurzfristig sieht, obgleich die Axt an ihre Wurzeln gelegt ist. Glaubt das Amerikas kalter (Krieg?) nicht mehr länger als zwei Jahre dauern kann, ohne zum Kriege oder zu einer wirtsch. Katastrophe zu führen, die den Sozialismus mit sich bringt. Sehr zweifelhaft.«[409] Oder am 1. März 1952 nach einem gemeinsamen Essen bei Eva Herrmann: »Mit Feuchtwanger über Krieg oder Orwell-Frieden. Seine kommunistische Gedankenlinie scheint mir nicht verläßlich.«[410]

Thomas Mann hat sehr viel stärkere Skrupel als Lion Feuchtwanger, politische Resolutionen zu unterschreiben, die beispielsweise die Zusammenarbeit mit den Kommunisten im Exil fordern. Aber ebenso wenig wie dieser wird sich Thomas Mann nach dem Krieg von Deutschland West oder von Deutschland Ost politisch vereinnahmen lassen. Er stimmt nicht in den lauten antikommunistischen Chor ein, der im Westen die Schlagzeilen beherrscht. Seinen letzten Wohnsitz wählt er in der Schweiz, und die Schiller-Gedenkrede kurz vor seinem Tod hält er sowohl in Stuttgart als auch in Weimar.

Dem schriftstellerischen Werk Feuchtwangers steht Thomas Mann nicht ohne Vorbehalte gegenüber. Er schätzt den Erfindungsreichtum und Unterhaltungswert der Romane, aber wenn er vom »kleinen Meister« spricht, dann klingt eine gute Portion Mann'scher Ironie mit. Im Tagebuch findet sich sogar am 28. Mai 1939 nach einem Familiengespräch am Abendbrottisch die Notiz: »Über die Schriftsteller Zweig, Ludwig, Feuchtwanger u. Remarque. Welchem die Palme der Minderwertigkeit zu reichen.«[411] Aber es gibt auch den hübschen Satz, den er in einem Brief vom April 1944 an Feuchtwanger schreibt: »In England hab ich's selbst gehört: Wenn einer etwas sehr loben wollte, so sagte er: ›It's nearly as good as Feuchtwanger.‹«[412]

Sie sind beide »Großschriftsteller«, vom Erfolg verwöhnt, lieben sie den großbürgerlichen Lebensstil und können ihn dank ihrer Einnahmen auch leben. Doch während Thomas Mann – seine Tagebücher zeigen dies auf erschreckend-tragische Weise – zeit seines Lebens ein Zerrissener bleibt, findet Feuchtwanger zur Haltung des Stoikers. Vielleicht staunt Thomas Mann deswegen häufig über »Glück und Erfolg« des anderen. Denn es entging ihm natürlich nicht, dass »der kleine Meister« mit seinen Romanen erheblich höhere Auflagen erzielte als er selbst. Ein bisschen Neid floss daher sicher in das künstlerische Urteil des elitären Dichters der Joseph-Geschichte oder des »Doktor Faustus« über Feuchtwangers Werk mit ein.

Schließlich soll noch von Alfred Döblin gesprochen werden. Nicht etwa weil der geniale, schwierige Zeitgenosse besonders freundschaftliche Gefühle für Feuchtwanger empfunden hätte. Im Gegenteil, Döblin wird in den 1940er Jahren manch bitteres Wort über den erfolgreichen Schriftsteller Lion Feuchtwanger notieren. Er gehört vielmehr deshalb in die Reihe der Weggefährten, weil er neben Heinrich Mann und Bertolt Brecht der dritte zeitgenössische deutsche Schriftsteller ist, von dem Feuchtwanger sagt, dass er auf sein Werk gewirkt habe: ... *Döblin* hat *meine epische Form* verändert.[413] Rezensionen, die Feuchtwanger über verschiedene Romane des Berliner Arztes veröffentlicht hat, zeigen, dass es vor allem der barocke, oft übersteigerte Sprachrhythmus ist, der ihn fesselt. Deutliche Spuren hat dieses Vorbild besonders in den beiden frühen Romanen *Jud Süß* und *Die häßliche Herzo-*

gin hinterlassen. Manche Formulierungen in einer Kritik von Döblins Roman »Wallenstein«, die Feuchtwanger im Mai 1921 in der »Weltbühne« veröffentlicht, klingen wie ein programmatisches Bekenntnis: *Es ist kein bleiches, abstraktes Wort in den zwei Bänden. Die Eindringlichkeit, die Blutfülle seiner Worte zwingt auch dem Widerstrebenden das Aug des Dichters auf. Kritikaster mögen die Brauen hochziehen über die barocke Häufung, mit der Döblin seine Worte schichtet. Diese Häufung, dieser Drang, sich, und sei es noch so farbig, nicht mit einem Wort zu begnügen, ist nicht Armut, ist nicht Gestammel, ist überlaufende Fülle. Die Bilder Döblins toben mit der fanatischen Wucht biblischer Geschichte auf den Leser ein.*[414] Zwei Monate nach der Veröffentlichung dieser Zeilen beginnt Lion Feuchtwanger mit der Niederschrift des Romans *Jud Süß*, einem Buch, auf das zutrifft, was er selbst über Döblins »Die drei Sprünge des Wang-lun« schreibt: *alles Farbe, Gestalt, Bewegung, Verve, Leben*[415]. Wie in Döblins »chinesischem« Roman, dessen asiatische Einflüsse dem Denken Feuchtwangers sehr nahekommen, so anerkennt er auch beim »Wallenstein«, dass dies *etwas durchaus Neues, Andres, Abwegiges* ist[416]. Allerdings, bei Feuchtwangers frühen Romanen bleibt die Sprachfülle disziplinierter, ufert die epische Form nicht so aus, wie es bei Döblin häufig der Fall ist.

Im Alter betrachtet Feuchtwanger das Werk Döblins nicht mehr mit dem Enthusiasmus der früheren Jahre. 1957 schreibt er über den »Wallenstein«: *Allein in dem riesigen Fresko Döblins gewahre ich jetzt leere Stellen. In dem riesigen Gewimmel fehlen die Bauern, die Kleinbürger der Städte, es fehlen die Durchschnittsmenschen. Döblin interessierte sich nur fürs Interessante. Das ist seine Stärke, und das ist seine Schwäche.*[417] Erstaunlich, dass Feuchtwanger in diesem Zusammenhang Döblins geschlossenstes Werk »Berlin Alexanderplatz« *ein verhältnismäßig unbedeutendes Buch*[418] nennt. Dennoch kommt er 1957 in seinen unvollendeten Betrachtungen über den historischen Roman zu dem Resümee: *Alfred Döblin war ein großer Dichter, er sah die Dinge neu, er hatte echte Visionen, und er schuf seine Menschen und Situationen aus der Anschauung heraus, sie sind farbig empfangen, nicht hinterher angestrichen.*[419]

Döblin steht Feuchtwangers Romanwerk sehr viel skeptischer gegenüber. Vor allem in den für ihn schwierigen, einsamen, ruhmlosen Jahren im kalifornischen Exil findet er harte Worte. »Ich verkaufe mich nicht«[420], meint er verbittert mit Blick auf die »Großschriftsteller« Thomas Mann und Lion Feuchtwanger, denen er vorwirft, für Geld ihre literarischen Prinzipien zu verraten. Zu verstehen ist diese Position nur aus der persönlichen Lage Döblins in Kalifornien. Er ist dort ein nahezu unbekannter Autor, seine Bücher werden in Amerika nicht veröffentlicht. Nach einem Jahr verliert er den ungeliebten Job als Drehbuchschreiber bei MGM in Hollywood; er ist auf die finanzielle Unterstützung von Schriftstellerkollegen oder des »Writers Fund«, zu dem auch Feuchtwanger stark beiträgt, und das wöchentliche Arbeitslosengeld von 18 Dollar angewiesen. Seine »Strindberg-Ehe« und die Sorge um den in Europa verschollenen Sohn führen zu schweren Depressionen.

Auch politisch wächst die Distanz zwischen beiden. Zu Beginn des Exils, am 7. Juli 1934, schreibt Döblin recht optimistisch in seinem Geburtstagsbrief an Feuchtwanger: »... Entlarvung auf allen Seiten, die falschen Bundesgenossen sind weg, jetzt können wir zeigen, daß wir sind, was wir sind, niemandes Schleppenträger, aber Diener einer Sache. Es heißt im Meer schwimmen. Es wird sich zeigen, ob wir Muskeln haben.«[421] Sieben Jahre später, am 21. Juli 1941, in einem Brief an Hermann Kesten klingt das anders, reagiert Döblin verbittert: »Hoffnungen äußert hier nur Feuchtwanger. Das ist ein Ultraoptimist. Confus. Als ich ihm neulich sagte, dass ich jede Diktatur ablehne, und die von links nicht weniger als die von rechts, da meinte er, ich brauche nichts zu fürchten, im Links-Deutschland würden Hein(rich) Mann und er – L. F., bestimmen, was gedruckt würde und was nicht.«[422] Lion Feuchtwanger als linker Kulturdiktator, das ist eine abstruse Vorstellung, die durch nichts – weder durch Briefanmerkungen noch durch seine literarischen Schriften – zu belegen ist. Döblins Brief an Kesten zeigt, wie misstrauisch er inzwischen auf seine Umwelt reagiert. Wie schrecklich die Zeit des amerikanischen Exils für ihn war, zeigen die Zeilen, die er im August 1945, kurz vor seiner Rückkehr nach Europa, schreibt: »Was mein Résumée für Amerika anlangt, so bin ich die ganzen fünf Jahre hier eine Null gewesen und bin es geblieben. Keine Zeile von mir wurde gedruckt, mit keinem Wort wurde ich erwähnt.«[423]

Döblins Haltung zu Feuchtwanger bleibt bis zu seinem Tod im Juni 1957 reserviert. Ohnehin ein schwieriger Mann, haben die Demütigungen der langen Exiljahre ihn verhärtet. Und er hat dies in den Jahren danach nicht vergessen können. Im Nachkriegsdeutschland sucht er vergebens Anerkennung und Wirkung. Seine »Flucht« in den Katholizismus trug sicher zur Entfremdung zwischen ihm und dem Kosmopoliten Feuchtwanger bei.

Viele Namen wären noch zu nennen, wollte man den Kreis der Dichter und Intellektuellen ganz erfassen, in dem Feuchtwanger gelebt hat. Klaus und Erika Mann, René Schickele, Ernst Toller, Hermann Kesten, Ludwig Marcuse, Hanns Eisler, Rudolf Olden, Leopold Schwarzschild, Helene Weigel, Ingrid Bergman, Charles Laughton – die Liste ließe sich beliebig verlängern. Hilfsbereit, freundlich, durch Martas große und umsichtige Gastfreundschaft gesellschaftlich entlastet, zwingt ihn die Arbeit, sich häufig von der Welt in seine paradiesischen Häuser zurückzuziehen. Aber er bleibt ein angesehenes, vielfach um Rat und Hilfe gefragtes Mitglied der künstlerischen Elite der Weimarer Jahre und der Zeit des Exils. Es ist nicht überraschend, dass seine großen Auflagenerfolge Neid unter den weniger begünstigten Kollegen ausgelöst haben. Ein wenig ging er ihnen auch durch seine naive Eitelkeit auf die Nerven, wie beispielsweise der scharfzüngige Legendenstifter des deutschen Literaturzirkels, Hermann Kesten, nach einem Besuch bei Feuchtwanger in dessen Villa in Sanary berichtet hat. Als ihn der Hausherr in seine Bibliothek führt, will sich Kesten zunächst eines der wertvollen Bücher ansehen, da ruft ihn Feuchtwanger in eine andere Ecke des Raumes, um ihm eine kroatische Ausgabe des *Jud Süß* zu zeigen. »Ich wandte mich enttäuscht einem anderen interessanten Schmöker zu, da rief er mich wieder, etwas Besonderes, es war die spanische Ausgabe der ›Häßlichen Herzogin‹, so ging es noch zweimal oder dreimal, und ich sah nichts als die Ausgaben seiner Übersetzungen …«[424] Eine andere Feuchtwanger-Anekdote Kestens spielt ebenfalls in den Exiljahren. »Ich ging mit meinem Nürnberger Schulfreund … spazieren …, als wir plötzlich Feuchtwanger trafen, der eine Stunde lang zu meinem Freund in Zahlen redete, in den Auflagezahlen von Feuchtwangers Werken, 130 000 die ›Häßliche Herzogin‹, 240 000 der ›Jud Süß‹, 350 000 Exemplare der ›Erfolg‹, wie hoch die Tantiemen waren, wie viele Monate er auf der Bestsellerliste gestanden, und die albanische Ausgabe, oder die vierte andalusische, oder neunte koptische Ausgabe, oder die Literary Guild und der Book of the Month Club, … 790 000 und 34 000 Dollar, oder Pfund? Als mein georgianischer Schulfreund und ich, alleingeblieben, dem Dichter nachblickten, wie er immer kleiner wurde, unter den Ölbäumen und zwischen den Weinfeldern, stand mein Freund bleich und betreten da und fragte: ›Ist das ein großer Dichter?‹ ›Ein sehr berühmter, sehr erfolgreicher‹, sagte ich. Die Ziffern stimmten.«[425] Er selbst weiß um seine Schwäche. Am 1. Januar 1931 notiert er im Tagebuch: *Silvester bei Rowohlt. Schrecklich viele Leute. Mich mittelmäßig aufgeführt. Nicht so großspurig wie manchmal früher, aber doch zu beflissen, mich ins Licht zu setzen. … Des Morgens im ›Tagblatt‹ etwas blöde neckische ›conference‹ über mich, über meine Eitelkeit, eine Sache, die mich ärgert, weil sie mich trifft.* Im Umgang mit der Welt und ihren umtriebigen, den Klatsch und die Intrige schätzenden Bewohnern oft von naiver Unbesonnenheit, liebte es Feuchtwanger, von seinen Erfolgen zu erzählen. Auch wenn Eitelkeit und Selbstbezogenheit in Künstlerkreisen (und anderswo) keineswegs außergewöhnliche Charaktereigenschaften darstellen, hat gerade Feuchtwanger dafür manch hämischen Spott ertragen müssen. »Er hatte hinter seiner großen Brille verschmitzte Augen und war gründlich naiv und auf naive Weise gründlich. Er war sehr intelligent, aber er vergaß es keinen Augenblick.«[426]

KAPITEL 13

… gegen Dummheit und Gewalt …

Der Meister des historischen Romans

Kehren wir noch einmal zurück in das München der Zeit nach dem Ersten Weltkrieg. Die letzten Jahre, die der Schriftsteller Lion Feuchtwanger in seiner Heimatstadt lebt, sind trotz der dramatischen äußeren Geschehnisse vor allem harte Arbeitsjahre. Allein der Umfang des in dieser Zeit hervorgebrachten Werkes macht dies deutlich. Zwischen November 1918 und Februar 1925, wenn Feuchtwanger nach Berlin übersiedelt, entstehen zwei Romane, vier Schauspiele, zwei Theaterarbeiten mit Brecht, einige Kurzgeschichten, Teile seiner amerikanischen *Wetcheek*-Balladen, die das »Berliner Tageblatt« veröffentlicht, zwei Essays über jüdische Fragen und mehrere Aufsätze für die »Weltbühne« oder andere Blätter. Die literarische Produktion rückt endgültig ins Zentrum seines Alltags.

Natürlich gibt es weiterhin die Gespräche mit den Freunden, die politischen und literarischen Diskussionen, die Faschingsfeste, die Dichterlesungen in der Caspari-Galerie, die Theaterproben und Premierenabende, es gibt die erotischen Abenteuer. Und doch, der Rhythmus dieses Lebens ist jetzt ganz der schriftstellerischen Arbeit untergeordnet. In den Monaten, in denen die großen epischen Werke entstehen, lässt er sich nicht ablenken, ist alles auf das Schreiben konzentriert.

Der graue Nachkriegsalltag muss weitgehend von Marta bewältigt werden. Sie berichtet in ihren Erinnerungen von vielen mühsamen Gängen zum blühenden Münchner Schwarzmarkt, von nächtlichen Ausflügen zur Margarinefabrik der Feuchtwangers in Haidhausen, wo der Schwager Fritz ihr heimlich etwas Speiseöl zusteckt, vom Naturalientausch Fleisch gegen Freikarten fürs

Theater. Lions empfindlicher Magen verträgt vieles nicht, Marta muss nachts ein besonderes Brot für ihn backen, tagsüber reicht das zugeteilte Gas nicht aus. Sie selbst ist durch den ständigen Nahrungsmangel gesundheitlich angeschlagen. Eine längere Reise an die jugoslawische Adriaküste bringt beiden eine notwendige hilfreiche Abwechslung.

Die Inflation wütet bis zum 15. November 1923, rafft alles hinweg, was an Barem ausbezahlt wird. Lion Feuchtwangers Theaterstücke werden jetzt zwar recht häufig gespielt, die Tantiemen fließen und könnten ein finanziell gesichertes Leben gewährleisten. Aber wenn diese Zahlungen den Autor erreichen, sind sie nichts mehr wert. Der Monat, der in der Regel zwischen Aufführung und Auszahlung liegt, hat längst die Zahl der Nullen auf den Geldscheinen vermehrt. Aus Berlin kehrt er einmal nach einer Premiere mit zwei Koffern zurück, die prall gefüllt sind mit Geldscheinen. Kaufen kann er sich dafür fast nichts mehr.

Aber was noch viel schlimmer ist, Lion und Marta Feuchtwanger beginnen den zunächst noch dumpf brütenden, nur von einigen völkischen Radikalen öffentlich geschürten Antisemitismus zu spüren. Aufführungen von Feuchtwanger-Stücken lösen Proteste der nationalen Rechten aus, bösartige Artikel im »Völkischen Beobachter«, doch auch in den konservativ gewordenen »Münchner Neuesten Nachrichten« diffamieren den »jüdisch-bolschewistischen« Schriftsteller. Der politische Mob wirft nach einer Feuchtwanger-Premiere Fensterscheiben im Haus in der Georgenstraße ein. In der Nacht vom 8. auf den 9. November 1923 ruft der Münchner Korrespondent des »Berliner Tageblatts« und Freund der Feuchtwangers, Leonhard Adelt, an, warnt vor einer möglichen Verhaftung durch die Sturmabteilungen Hitlers und rät zur raschen Flucht. Feuchtwanger schläft weiter, nichts geschieht, der Putsch am nächsten Tag scheitert. Aber der Anruf zeigt, wie vergiftet die Atmosphäre bereits ist, wie wenig übertrieben ein von Marta überlieferter Satz aus dieser Zeit ist: »Wer hier lebt, ist immer mit einem Fuß im Gefängnis.«[427]

Auch die bayerischen Behörden sind vom ansteigenden Fieber des Rassenwahns schon erfasst, das das deutsche Bürgertum auf der von psychologischen Massenverdrängungen begleiteten Suche nach dem Schuldigen für den politischen und wirtschaftlichen Niedergang schüttelt. Das Finanzamt fordert von Feuchtwanger Nachzahlungen über wertlose Inflationseinkünfte, meint sarkastisch, wenn er und seine Frau nicht geborene Münchner wären, man wüsste schon, was zu tun sei: Man würde die jüdischen Intellektuellen aus Bayern ausweisen. Es gibt sogar Zeiten, da wird das Haus in der Georgenstraße unter behördliche Beobachtung gestellt.

Wie illusionslos Lion Feuchtwanger schon in den Anfängen der Republik die Dummheit und die Gefährlichkeit des wiederaufflammenden deutschen Antisemitismus durchschaut, zeigen die beiden größeren Aufsätze über jüdische Themen, mit denen er 1920 an die Öffentlichkeit tritt. *Die Verjudung der abendländischen Literatur* ist eine ironische Auseinandersetzung mit dem polemisch-rassistischen Schlagwort von der »internationalen jüdischen Literatur«. Der zweite Aufsatz, *Gespräche mit dem Ewigen Juden*, wird in dem vom Georg Müller Verlag herausgegebenen Sammelband »An den Wassern von Babylon. Ein fast heiteres Judenbüchlein« veröffentlicht. Feuchtwanger lässt in dieser Satire den Ewigen Juden im Nachkriegs-München auftreten, voller Sorge, dass der Antisemitismus in Deutschland womöglich im Sinken begriffen sein könnte. Er hält – in ironischer Umkehrung – dem deutschen Bürgertum den Spiegel vor: *Mein Zweck ist, nachzuweisen, daß alles Unheil, das jemals in der Welt passiert ist, die Kreuzigung Christi, die Einschleppung der Philosophie und der Syphilis in Europa, die Erfindung der Sozialdemokratie und des Kapitalismus, die Entstehung des Weltkriegs und des Pazifismus, kurz, daß alles Schlechte in der Welt von den Juden angestiftet wurde.*[428] Und von den so häufig durchsichtigen Motiven des modernen Judenhasses heißt es dort: *Worauf stößt man denn, wenn man mit Antisemiten debattiert? Am Ende ist es immer die Wut der Untüchtigen auf die Konkurrenz der Begabten. Oder es stecken gar Leute dahinter, die die Erbitterung über ihre Fehler und Schurkereien auf andere ablenken wollen.*[429] Auch lässt Feuchtwanger in diesem frühen Stadium – die NSDAP ist zum Zeitpunkt der Niederschrift des Essays noch nicht gegründet – keine Zweifel, dass für ihn das Hakenkreuz das Symbol des neuen Antisemitismus in Deutschland ist.

Sarkastisch und treffend beschreibt Lion Feuchtwanger die Reaktion seiner Landsleute an der Isar auf die wachsende geistige Verrohung: *Wir können gar nicht hereinfallen, denn wir merken nichts, wir kümmern uns nicht darum. Sehen Sie, wir haben hier schon so viel gegründet: die Stilbühne und den Achtstundentag, die Renaissance des Kunstgewerbes, die Elf Scharfrichter und die Salzbrezeln, das Neue Pathos und das helle Bier. Aber der Münchener hat von alledem nichts gemerkt, nur die Salzbrezeln und das helle Bier. Und ich glaube, so wird es auch mit Ihrer antisemitischen Zeitung gehen. Der Münchener wird einfach nichts merken.*[430] Und doch sind beide Aufsätze, gemessen an dem, was über die deutschen Juden dann bald hereinbricht, noch mit leichter Hand geschrieben.

Im Juli 1921 beginnt Lion Feuchtwanger mit der Niederschrift seines Romans *Jud Süß*. Im September 1922 liegt das Manuskript fertig vor. Unmittelbar danach schreibt er das nächste größere Prosawerk, *Die häßliche Herzogin*, das im April 1923 beendet wird. Beide Romane erreichen rasch hohe Auflagen und finden auch im Ausland – zunächst vor allem in Großbritannien und in den Vereinigten Staaten – einen sehr guten Absatz. Lion Feuchtwanger ist 1925, dem Jahr, in dem er München verlässt, ein berühmter Mann. Die Kritik und mancher Kollege nennen ihn bald den »Meister des historischen Romans«. In den nächsten 33 Jahren werden noch vierzehn weitere umfangreiche epische Werke erscheinen. Aus dem Dramatiker Feuchtwanger ist ein Romancier geworden.

Vernachlässigt man das Jugendwerk *Der tönerne Gott,* so hinterlässt der Schriftsteller Lion Feuchtwanger 16 Romane. Es sind keineswegs nur historische Romane – ein ohnehin nicht sehr glücklicher, ungenauer Gattungsbegriff –, die in den folgenden Jahren entstehen. Fünf Bücher sind in erster Linie Zeitromane: *Erfolg, Die Geschwister Oppermann, Exil, Die Brüder Lautensack, Simone.* Ihre Handlung spielt in der Gegenwart, sie nehmen direkten Bezug auf den Aufstieg und die Folgen des deutschen Faschismus. Die Rahmenhandlung von vier Romanen (die *Josephus*-Trilogie: *Der jüdische Krieg, Die Söhne, Der Tag wird kommen* und *Der falsche Nero*) verlegt Feuchtwanger in das römische Kaiserreich des ersten nachchristlichen Jahrhunderts, eine Zeit, die ihn viel beschäftigt hat. Beide Romane besitzen starke Gegenwartsbezüge, die *Josephus*-Trilogie ist eine politische Auseinandersetzung mit der neuen, nationalistischen Welle, die Europa in den 1920er und 1930er Jahren überrollt und der er seinen großen Traum vom Weltbürgertum gegenüberstellt, der *Falsche Nero* ist eine Parabel auf das Dritte Reich. Drei Romane (*Die Füchse im Weinberg, Goya, Narrenweisheit* oder *Tod und Verklärung des Jean-Jacques Rousseau*) nehmen Figuren und Geschehen aus dem unmittelbaren Umfeld der Französischen Revolution, mit der sich Feuchtwanger in den 1940er Jahren eingehend auseinandersetzt. Der Untergang einer Gesellschaft, einer geistig-politischen Weltordnung, wie sie die Jahre 1760 bis 1830 bringen, die große Utopie der Aufklärung, die Feuchtwanger verstärkt nach 1945 beschwört, fesseln ihn. Die Parallelen zum eigenen Jahrhundert des Übergangs, der Zerstörung und des Fortschritts werden gezogen. Die beiden letzten Bücher *(Die Jüdin von Toledo, Jefta und seine Tochter)* kehren zu den Anfängen zurück. Wie *Jud Süß* und *Die häßliche Herzogin* sind es Werke, die dem Begriff »historischer Roman« noch am nächsten kommen – Geschichten, die weniger von »Politik« oder gesellschaftlichen Prozessen (beides spielt natürlich auch in diesen Romanen eine wichtige Rolle) sprechen, als vielmehr die Entwicklung von Menschen erzählen, die der Weg von Europa nach Asien, vom Tun zum Nichttun, von Nietzsche zu Buddha führt.

Gemeinsam ist allen Romanen, dass sie in einer historischen Umbruchepoche spielen. Da ist das erste nachchristliche Jahrhundert, in dem der jüdische Schriftsteller Flavius Josephus und der Töpfer Terenz, der falsche Nero, leben. In seiner zweiten Hälfte beginnt – für die Zeitgenossen noch kaum bemerkbar – Roms langer Abstieg. Der die Antike Jahrhunderte beherrschende Einfluss des römisch-griechischen Denkens wird in einem langen

Prozess von neuen Lehren und Ideen allmählich zurückgedrängt. Dann das dunkle 14. Jahrhundert der Margarete Maultasch, in dem nicht enden wollende Kriege und die mörderische Pest Europa heimsuchen, ganze Landstriche und Städte entvölkern, die Überlebenden zu Witwen, Waisen oft zu Vagabunden machen, zu Menschen, deren tiefer Glaube an die festgefügte Welt des Mittelalters erschüttert wird. Und das 18. Jahrhundert, in dem die Intellektuellen in Frankreich, England, in den amerikanischen Kolonien, aber auch in Deutschland Bücher veröffentlichen, die von der »natürlichen« Rechtsgleichheit aller berichten, vom Recht des Menschen auf Glück und Würde, vom Gesellschaftsvertrag, den der mündige Bürger zur Gründung des idealen Staates abschließt. Rousseau, Voltaire, Beaumarchais, Benjamin Franklin oder auch der Maler Francisco Goya stehen am Anfang der amerikanisch-französischen Revolutionen, die die absolutistische Welt des württembergischen Herzogs Karl Alexander oder des Bourbonen Ludwig XVI. zerstören. Und sie alle bevölkern die Romane Feuchtwangers.

Schließlich das 20. Jahrhundert, in dem fünf Feuchtwanger-Romane spielen und in dem der Autor selbst den großen Umbruch seiner Zeit erlebt hat, die Bedrohung des Bürgertums, das sich zunächst am wilhelminischen Imperialismus berauscht und dann fast kampflos dem Hitlerfaschismus hingibt. Und ist nicht selbst die Epoche des israelischen Richters und charismatischen Helden Jefta, der rund 1300 Jahre vor unserer Zeitrechnung das Jordantal erobert, eine neue Zeit, in der Israels Kinder ihr Nomadenleben aufgeben und sesshaft werden, später sogar Staatsgründer und Gesetzesmacher? Es sind immer »wesentliche« Zeiten, die den Schriftsteller Lion Feuchtwanger angezogen haben, er *sucht in der Geschichte nicht die Asche, er sucht das Feuer!*[431]

Feuchtwanger hat sich häufig über den historischen Roman und die Geschichtsschreibung geäußert. Seine Gedanken zu diesem Thema sind in zwei größeren Arbeiten zusammengefasst: in dem Vortrag *Vom Sinn und Unsinn des historischen Romans*, der 1935 gedruckt erscheint, und im Fragment gebliebenen letzten Werk, *Das Haus der Desdemona,* das mit Hilfe Marta Feuchtwangers 1961, drei Jahre nach seinem Tod, in der DDR veröffentlicht wird. Seine Stellung zur wissenschaftlichen Geschichtsschreibung ist zurückhaltend, teilweise ablehnend. *Was ist denn ein Historiker? Ein Mann, der an der Hand von Fakten Gesetze der Entwicklung der Menschheit aufzuzeichnen sucht. … Dabei ist die Wissenschaftlichkeit dessen, was man heute Geschichtsschreibung nennt, äußerst fragwürdig.*[432]

Mehrfach hat Feuchtwanger in seinen Betrachtungen über die Geschichtswissenschaft auf Nietzsche und Theodor Lessing hingewiesen, deren Auffassungen ihn in dieser Frage anregten, sein Denken beeinflussten. »Nur soweit die Historie dem Leben dient, wollen wir ihr dienen«, schreibt Nietzsche im zweiten Stück seiner »Unzeitgemäßen Betrachtungen«, das er »Vom Nutzen und Nachteil der Historie für das Leben« nennt.[433] Geschichte ist nicht Vernunft, sondern Zufall. Geschichtsschreibung täuscht Objektivität vor – sie ist, wie Lessing meint, »Sinngebung des Sinnlosen«. Er schreibt: »Keineswegs wird durch Geschichte ein verborgener Sinn, ein Kausalzusammenhang, eine Entwicklung in der Zeit per se offenbar; sondern Geschichte ist Geschichtsschreibung, das heißt die Stiftung dieses Sinnes, die Setzung dieses Kausalzusammenhangs, die Erfindung dieser Entwicklung. Sie vorfindet nicht den Sinn der Welt, sie gibt ihn.«[434] Theodor Lessing verurteilt daher die Versuche der Wissenschaft, die Hegel'sche »Geschichtslogik« zu legitimieren: »Verrat am Geist nenne ich den Idealismus der deutschen Geschichtsschreiber und Geschichtsphilosophen, welche die selbstgerechte Reichsgeschäftsalgebra der alleinseligmachenden Politik oder am Ende gar die Chronik ihrer Fürstenhöfe für Angelegenheiten halten, um die eine Weltvernunft sich zu bemühen habe.«[435]

Feuchtwanger spricht mehrfach vom Zufall, der die *Hauptrolle in unser aller Leben*[436] spiele. In einem Aufsatz über seinen Roman *Erfolg* schreibt er 1931: *Ich bin weder Fatalist noch Marxist, der glaubt, daß einzig ökonomische und materielle Gesetze die Welt machen. Ich bin auch kein Individualist, der meint, daß jeder Mensch Herr seiner Zukunft sein kann. Diese drei Theorien bilden jedoch, objektiv gefaßt, das Schicksal. Der Zufall sowie die Bedürfnisse der*

Menschheit, die sozialen, agrarischen, industriellen, spielen ebenfalls eine große Rolle. … Das Leben? Der Mensch im Kampf gegen seine Bedürfnisse, Spielball des Zufalls, der ihm hilft oder etwas Unüberwindliches in den Weg wirft: das ist das Leben![437]

Geschichte so gestalten, dass »sie dem Leben dient« – das ist für ihn die Aufgabe des historischen Romans. Er lehnt den Kostümschinken ab und die vordergründige Abenteuerstory um Liebe, Intrigen und auch ein bisschen Politik – Feuchtwanger nennt als Beispiele dafür die einst viel gelesenen Prosawerke »Ben Hur« und »Quo vadis?« –, ebenso den biederen, belehrenden Professorenroman im Stile Felix Dahns oder Gustav Freytags. Der Autor historischer Romane hat nach Feuchtwanger die Aufgabe, *die natürliche klare Beziehung von Leben und Historie herzustellen, das Vergangene, die Geschichte, für die Gegenwart und die Zukunft fruchtbar zu machen.*[438] In diesem Punkt erkennt er auch das Gemeinsame von Wissenschaft und Kunst: *Sowohl der Historiker wie der Romandichter sieht in der Geschichte den Kampf einer winzigen, urteilsfähigen und zum Urteil entschlossenen Minorität gegen die ungeheure, kompakte Majorität der Blinden, nur vom Instinkt Geführten. Urteilslosen.*[439]

Für Feuchtwanger hat der historische Roman nicht das Ziel, eine frühere Epoche besonders wirklichkeitsecht darzustellen. *Echte Dichter,* so meint er, *haben auch in ihren Schöpfungen, die Historie zum Gegenstand hatten, immer nur Zeitgenössisches aussagen wollen, ihr Verhältnis zur eigenen Zeit, ihr erlebtes Erkennen, wieviel von der Vergangenheit in der eigenen Zeit atmet.*[440] Dass die Dichtung im historischen Gewand auftritt, obwohl sie von der Gegenwart berichten will, dafür nennt Feuchtwanger mehrere Gründe. So die Möglichkeit, *politische Inhalte vor allem und gewagt erotische* ohne Gefahr auszudrücken.[441] Im Fragment *Das Haus der Desdemona* führt er eine Fülle von Beispielen dafür an: die Autoren der Bibel, die den Mächtigen ihrer Zeit Wahrheiten sagten, die sie – ohne Schaden zu nehmen – nur in Berichten von der Vergangenheit verdeutlichen konnten. Shakespeare, Racine, Voltaire, Diderot flüchteten in die Geschichte, um die Mängel ihrer Zeit offenzulegen. Andere wie Jean de La

Fontaine wählten die Fabel. Noch ein Motiv nennt Lion Feuchtwanger für die Wahl eines historischen Stoffes: *Manchmal … gelingt es mir nicht, Teile meiner Handlung nach Wunsch zu stilisieren; sie bleiben, lasse ich sie mit zeitgenössischem Gewand, Rohstoff, sie bleiben Bericht, Erwägung, Gedanke, werden nicht zum Bild. Oder ich habe, wenn ich das Milieu der Gegenwart setze, das Gefühl des mangelnden Abschlusses. Die Dinge sind noch im Fluß …*[442] Tolstoi in »Krieg und Frieden« oder August Strindberg in seinen historischen Dramen seien nur in die Vergangenheit ausgewichen, um für die Auseinandersetzung mit der Gegenwart eine bessere Perspektive zu gewinnen, *in der Überzeugung, daß man die Linien eines Gebirges aus der Entfernung besser erkennt als mitten im Gebirge.*[443]

Feuchtwanger hat den historischen Hintergrund seiner Romane jeweils bis ins Detail recherchiert. Seine Sekretärin Lola Humm-Sernau berichtete dem Verfasser, dass sie beispielsweise während der Entstehung des Romans *Erfolg* Zahlen, Fakten und Ereignisse in alten Zeitungsbänden genau nachprüfen musste. Verwendet hat sie Feuchtwanger dann so, wie sie ihm dramaturgisch in sein Konzept passten. *Ja, ich habe oft die mir genau bekannte aktenmäßige Wirklichkeit geändert, wenn sie mir illusionsstörend wirkte.*[444]

Viele Kritiker haben Feuchtwanger gerade dies vorgeworfen. Der Alltag im Nazideutschland habe ganz anders ausgesehen, als er ihn in den *Geschwistern Oppermann* beschreibt. Josef Süß Oppenheimer, der Finanzrat des Herzogs Karl Alexander, stamme in der historischen Wirklichkeit keineswegs von einem christlichen Feldherrn aus höchstem Adelsgeschlecht ab. Die Herzogin von Alba sei nie die Geliebte des plebejischen Malers Francisco Goya gewesen, und Jean-Jacques Rousseau sei auch nicht von seiner Lebensgefährtin Thérèse Levasseur umgebracht worden. Dies alles ist sicher richtig, nur sagt es überhaupt nichts über die Qualität der historischen Romane Lion Feuchtwangers aus. *Ich kann mir nicht denken, daß ein ernsthafter Romandichter, der mit geschichtlichen Stoffen arbeitet, in den historischen Fakten etwas anderes sehen könnte als ein Distanzierungsmittel, als ein Gleichnis, um sich selber sein eigenes Lebensgefühl, seine eigene Zeit, sein Weltbild möglichst treu wiederzugeben.*[445] Wäre es anders, der historische Roman erschiene überflüssig, die Geschichtsschreibung würde ausreichen.

Die historischen Romane von Feuchtwanger, Heinrich Mann, Alfred Döblin oder Arnold Zweig besitzen zudem eine politische Dimension, die nichts von ihrer Aktualität verloren hat. Diese Autoren deuten die Entwicklungen ihrer Zeit mit dem Stilmittel der Analogie. Sie erzählen vom Gestern und meinen das Heute. Sie warnen vor aktuellen gesellschaftlichen Fehlentwicklungen und unserem Scheitern, indem sie von vergangenen Epochen und ihren Menschen erzählen. Ein wichtiger Sinn ihres Rückgriffs auf die teilweise Jahrhunderte zurückliegenden Ereignisse und Personen ist nicht zuletzt, die Verantwortung des Intellektuellen in der Gesellschaft durch Beispiele aus der Geschichte zu untermauern. Als Lion Feuchtwanger seinen Roman *Jud Süß* konzipiert, denkt er an Walther Rathenau, der das tragische Wechselspiel von Geist und Macht wie kaum eine andere im Fegefeuer der öffentlichen Diskussion stehende Figur seiner Epoche verdeutlicht. Die Beschreibung eines Lebensweges wird zur Deutung und zum Programm: *Ich für mein Teil habe mich, seitdem ich schreibe, bemüht, historische Romane für die Vernunft zu schreiben, gegen Dummheit und Gewalt, gegen das, was Marx das Versinken in die Geschichtslosigkeit nennt.*[446] Der historische Roman ist für den Intellektuellen Lion Feuchtwanger die *Waffe*, die ihm im Kampf für den Fortschritt am besten geeignet scheint.

Jud Süß

Lion Feuchtwanger ist 37 Jahre alt, als er seinen Roman *Jud Süß* beginnt. Es ist, auch aus politischen Gründen, sein bekanntestes Buch geworden. Bis heute wurden weit über drei Millionen Exemplare verkauft, es gibt wahrscheinlich – genau lässt sich dies kaum feststellen – Übersetzungen in 23 Sprachen. Der *Jud Süß* ist so etwas wie ein Weltbestseller des 20. Jahrhunderts. Rekordzahlen bedeuten natürlich nicht automatisch das Anrecht auf einen Platz in der Weltliteratur, aber die deutsche Kritik hat – von wenigen Ausnahmen abgesehen – sehr bald den Umkehrschluss gezogen. Denn mit dem Erscheinen des *Jud Süß*, dem entscheidenden Schritt Feuchtwangers in die literarische Öffentlichkeit, beginnt für einen langen Zeitraum seine fahrlässige Herabsetzung als Schriftsteller bei vielen Berufskritikern seiner Heimat. Das Buch, das den historischen Roman wieder populär machte und das zahlreiche Autoren, vor allem in der angelsächsischen Welt, zur Nachahmung reizte, hat sich in Deutschland zunächst gegen die Verleger und dann gegen die Kritik durchsetzen müssen. Noch am 11. November 1981 ist in einer Rezension der FAZ von Klaus Harpprecht zu lesen: »Die Schwächen des Buches … : das fatale Gemisch von aufgedonnerter Reportage, Kostümfilm, Märchen, Weihespiel und Oper.«[447]

Jud Süß, obwohl praktisch der erste Roman seines Autors – *Der tönerne Gott* zählt da nicht mit –, ist jedoch ein geschlossenes und reifes Kunstwerk. Es strömt in Form und Stil Sicherheit aus, ist trotz aller expressionistischen Anklänge ein sehr individuell geschriebenes Buch. Es weist bereits all das auf, was später in vielen Variationen in den Romanen Lion Feuchtwangers wiederkehrt: die expressive Sprache, in der sich Adjektive und Verben jagen; die Leitmotive, die Romanfiguren ankündigen und charakterisieren; die an den Beginn der einzelnen Kapitel gesetzten Betrachtungen über den historischen Hintergrund, denen dann rasche dramatische Handlungen folgen, atemlos aneinandergereiht wie Filmszenen; die inneren Monologe, die in Feuchtwangers Romanen häufig zum dramaturgischen Zentrum der Handlung werden und die den äußeren Geschehensablauf in den Hintergrund drängen, um die Entwicklungsstufen seiner Figuren erkennbar zu machen.

Im Gegensatz zu manchem seiner Aufsätze oder einigen Dialogen in den Theaterstücken, wo die Sprache hin und wieder ins Pathetische abgleitet, wo der Schriftsteller mit veralteten Begriffen, breiten Satzkonstruktionen arbeitet, bleiben seine Romane erregende, aktuell-zeitlose Geschichten vom Glück und von der Tragik des Menschen, dargestellt in einer sehr eigenen Sprache. In den beiden ersten historischen Romanen *Jud Süß* und *Die häß-*

liche Herzogin neigt er gelegentlich zu einer Überhäufung der Bilder und Worte, durch die er einen Einklang zwischen äußerer Handlung und innerem Empfinden seiner Figuren herstellen will. Etwa wenn der alte Herzog Eberhard Ludwig darüber nachdenkt, wie seine Umwelt auf den Bruch mit seiner im Volk verhassten Mätresse reagieren wird: *Er hörte, hörte, wie das Land aufatmete, er sah die fetten Bürgerkanaillen seines Parlaments, wie sie triumphierend grunzten, breitmäulig, sich die Schenkel schlagend, er sah die nüchternen, steifleinenen, korrekten Verwandten der Herzogin und ihren magern, sauern, höhnischen Jubel.*[448] Ein weiteres Beispiel dafür ist Feuchtwangers Beschreibung des Lebens auf den württembergischen Landstraßen des 18. Jahrhunderts: *Das alles trieb vorwärts, rückwärts, querte sich, staute sich, hetzte, stolperte, trottete gemächlich, fluchte über die schlechten Wege, lachte, erbittert oder behaglich spottend, über die Langsamkeit der Post, greinte über die abgetriebenen Klepper, das gebrechliche Fuhrwerk. Das alles flutete vor, ebbte zurück, schwatzte, betete, hurte, lästerte, bangte, jauchzte, atmete.*[449]

Das mag manchem des Guten zu viel sein. Klaus Harpprecht schreibt, diese Sprache »streift die Grenze zum Unerträglichen«[450]. Und Marcel Reich-Ranicki meint: »Seine Schreibweise hat etwas Penetrantes: Sie ist bisweilen eindringlich und zugleich aufdringlich.«[451]

Solche Hinweise übersehen die erzählerische Kraft, mit der Feuchtwanger bis heute seine Leser fasziniert. Er setzt die Sprache als visuelles und psychologisches Medium ein und variiert damit den Rhythmus des Handlungsablaufs, in dem breite, beschreibende Szenen mit hetzenden, kurzen, flatternden Metaphern wechseln. Mit biblischer Sprachkraft werden Bilder gemalt, die der dramatischen Wucht des Geschehens angepasst sind. *Es ächzte das Land, wand sich unter dem würgenden Druck. Korn wuchs, Wein wuchs, Gewerbefleiß rührte sich, schuf. Der Herzog lag darauf mit seinem Hof und seinen Soldaten, das Land trug ihn. Zweihundert Städte, zwölfhundert Dörfer, sie seufzten, bluteten. Der Herzog sog an ihnen, sog durch den Juden. Und das Land trug ihn und den Juden.*[452]

Charakteristisch auch die hin und wieder auftauchenden süddeutschen Sprachwendungen – *Ich bin in hundert Schlachten gestanden*[453] – oder die Hinweise auf die Spracheigentümlichkeiten des Jahrhunderts, in dem sein Roman spielt: *Ich bin desolat, daß der Demoiselle Tochter der Akzident zustößt …*[454] Vor allem aber fallen im *Jud Süß* und in der *Häßlichen Herzogin* die immer wiederkehrenden Dreiergruppen der Adjektive auf: *Der Jude sah das jovial brutale, massige Gesicht des Gaisberg, das feine, höhnische, hakennasige des Schütz, das harte, grausame, hagere des Pflug, das des jungen Götz sogar, sonst leer, fad, rosig, schien belebt von Haß, Rache, Triumph.*[455] Um Szenen dramatischer zu gestalten oder die Charakterzüge seiner Figuren deutlicher zu zeichnen, scheut Feuchtwanger weder vor eigenen Wortschöpfungen – *zerlachen, zerwälzt, zertrümmt, angehaßt, übergraust* – zurück noch vor oft gelungenen Satzverkürzungen: *Was war also zu tun? Logik! Logik! Er dachte nach. Soff. Dachte nach. Erhellte sich. Grinste. Gab dem Burschen zu trinken. Quäkte. Schlief.*[456]

Äußeres Geschehen wird von Feuchtwanger – auch durch die veränderte Sprachmelodie – aus der Innensicht seiner Figuren beschrieben: *Und jetzt war er in Neßlach, polterte gegen sie mit bäurisch groben Späßen. Nein, nein! Warten? Unsinn. Sie wäre erstickt an längerem Zusehen. Nicht einmal für die Karosse hatte sie Geduld genug. Befehle in rasender Hast: Intendant, Sekretär, Zofen, Lakaien sollten folgen. Sie selber, nur mit einem Reitknecht, flog zu Pferde nach Neßlach, gönnte sich nicht die Zeit zum Essen, ritt wie ein Dragoner des Satans.*[457] Wut, Panik, Angst, die verzweifelte Stimmung der alternden verjagten Geliebten des Herzogs Eberhard Ludwig wird in diesen Sätzen auf fesselnde Weise spürbar – Sätze, die vordergründig nur beschreiben, wie sie zum letzten Versuch aufbricht, den Herzog doch noch umzustimmen.

Feuchtwangers Sprache wird später ruhiger, der expressionistische Einfluss beginnt zurückzuweichen, die Überfülle der Bilder wird eingeschränkt, seine Prosa abgewogener, konzentrierter. Im Exil muss er zudem verstärkt an die Übersetzbarkeit seiner Bücher denken, die Sprachdichte wird etwas zurückgenommen. Der Autor schreibt in einem Brief vom 1. Oktober 1956 an Walter A. Berendsohn, er habe sich bemüht, *ein Deutsch zu schaffen, das volkstümlich war und nicht banal, von der Umgangssprache distanziert und nicht künstlich raffiniert.*[458]

In der Geschichte über das Leben des Josef Süß Oppenheimer finden sich die Grundthemen, die das Denken Feuchtwangers immer bewegen werden und die zum Teil bereits in seinen dramatischen Arbeiten angeklungen sind. Süß Oppenheimer ist der Mensch, der den Weg von Europa nach Asien geht, der den Gipfel der Macht ersteigt und erst im Sturz das Zeichen des »Shin« erkennt, das Zeichen des Wissenden. Er ist der Einzelgänger, der Jude unter den Christen, der Karrierist unter den Juden. Er ist der Mensch, der von seinen Trieben gehetzt wird, *gierig, sich aus dem Kuchen Welt sein mächtig Teil herauszufressen.*[459] Zwei Stellen im *Jud Süß* zeigen die Pole dieses Lebens: *Mit geblähten Nüstern, wohlig, schnupperte Süß die Luft der Macht, in der er jetzt lebte. Seit seinen glücklichen Maßnahmen zur Auffüllung des Heeres war er der eigentliche Herrscher im Herzogtum. Er war sehr hoch, er war nah am Gipfel, es überrieselte den Rücken wie laues Wasser, sah man hinunter, wo es kribbelte und sich abzappelte, um heraufzuklimmen. … Oh, es war süß, süß und herrlich war es, Macht zu haben unter den Menschen.*[460]

Und in der grauen, feuchten Zelle des Gefängnisses, der Weg der Erkenntnis ist fast durchschritten, fiel ihn *eine grenzenlose Mattigkeit … an. Nie in seinem Leben war er so ausgehöhlt von dinghafter, leibhafter Schwäche und Müdigkeit gewesen. So mußte es sein, in lauem Bad sitzen und aus geöffneten Adern, ganz langsam, das Leben entströmen lassen. Dieses Schmelzen, Weichwerden, Zusammenstürzen in ihm. Dieser süße, ziehende, lüstige, alle Glieder pressende, reibende, lösende Schmerz. Dieses Sichaufgeben, Stürzen, Getragensein. Dieses Nichtwollen, dieses zum ersten Mal Sichtreibenlassen, dieses selige, willenlose Vergleiten, Verströmen. Als entfließe sein Blut und mit ihm aller Drang und alle Sucht, fühlte er sich sinken in glückhafter, schmerzhafter, grenzloser Erschlaffung.*[461]

In den späteren Romanen wird die Frage nach Macht und Verantwortung erweitert, es treten vor allem die gesellschaftlichen Momente in den Vordergrund. Jacques Tüverlin *(Erfolg)* oder

Gustav Oppermann, Benjamin Franklin *(Die Füchse im Weinberg)* oder Francisco Goya anerkennen stärker als Josef Oppenheimer die Forderung, sich für die Gesellschaft, für den Fortschritt einzusetzen, ihr individuelles Wollen zurückzustellen. Es wird, wie bei dem jüdischen Schriftsteller Flavius Josephus, die Suche nach der eigenen Rolle in einer sich immer mehr den Ideologien hingebenden Gesellschaft, die kosmopolitische Stellung des Intellektuellen herausgehoben. Immer wieder taucht sie auf, diese Sehnsucht nach der Ruhe, dem Schlafen, dem Nichts. Sie wird gleichsam zum utopischen Gegenpol zu der so eindringlich beschriebenen Tatwelt: *Es trieb ihn, es jagte ihn. Neue Frauen, neue Händel, neue Pracht, neue Sitten. Amsterdam, Paris, Venedig, Prag. Wirbel. Leben.*[462]

Es ist ein schmales Bändchen, das Lion Feuchtwanger erstmals ernsthaft auf den Juden Joseph Süß Oppenheimer aufmerksam macht: die 1874 erschienene Biographie des württembergischen Pfarrers und Historikers Manfred Zimmermann. In der Frühzeit seiner Beschäftigung mit dem Stoff hat zudem Alfred Döblin seinen »asiatischen« Roman »Die drei Sprünge des Wang-lun« veröffentlicht (1915), dessen Sprache und Dramaturgie Feuchtwanger sehr bewundert hat. Für die Anregung zur vertiefenden Bearbeitung des Süß-Stoffes hat er zwei Gründe angegeben. 1929 schreibt er: *Es ergab sich ein Schicksal wie das Unzähliger, kaum dazu angetan, die Seele eines Menschen von 1920 länger zu beschäftigen. Bis ich auf eine nebensächliche und nebensätzliche Anmerkung des Biographen stieß, Josef Süß, der es im übrigen mit den rituellen Vorschriften durchaus nicht genau genommen habe, habe sich geweigert, zum Christentum überzutreten, trotzdem er dadurch wahrscheinlich sein Leben hätte retten können. … ich sah … plötzlich den Weg und das Bild des Mannes, Zentrum und Gleichnis seines Lebens. Nicht daß er einem Bekenntnis treu blieb, … zog mich an und erhellte mir sein Schicksal. Sondern es war dies, daß ich sah, wie er sich fallen ließ. Ich begriff sein Glück und seinen Sturz in einem.*[463]

Sechs Jahre später nennt er ein anderes Motiv: *Vor Jahren …*

lag mir einmal daran, den Weg eines Mannes zu zeigen vom Tun zum Nichttun, von der Aktion zur Betrachtung, von europäischer zu indischer Weltanschauung. Es lag nahe, diese Idee der Entwicklung eines Mannes aus der Zeitgeschichte zu gestalten: Walther Rathenau.[464] Das Rathenau-Motiv liegt tatsächlich nahe. Der AEG-Chef, hochgebildet und sensibel, gehörte zu den bedeutendsten Männern seiner Zeit. Als Jude innerlich zerrissen, wurde er Mitglied der Machtelite des wilhelminischen Reiches und Anfang der 1920er Jahre Außenminister der jungen Republik. Reich, kultiviert und doch ein Leidender, vom Vater-Sohn-Konflikt und dem zeitlebens gespürten Außenseitertum als Intellektueller und Jude überschattet. Im Juni 1922 schossen ihn seine Mörder auf offener Straße nieder. Da war einer aus dem Volk der Juden dank seiner großen geistigen und organisatorischen Begabung aufgestiegen zu höchsten Ämtern, in einer ihm und seinen Glaubensgenossen feindlichen Welt. Und wie im absolutistischen Württemberg der Jud Süß Opfer des Hasses wurde, so musste im republikanischen Weimar auch der Jude Rathenau seinen Erfolg mit dem Leben bezahlen.

Feuchtwanger kannte natürlich Wilhelm Hauffs Novelle »Jud Süß« aus dem Jahr 1827. Der Württemberger Hauff hatte eine besondere Beziehung zu dem mächtigen Günstling des Herzogs Karl Alexander. Das Grundstück seines Großvaters lag neben dem des Joseph Süß Oppenheimer. Die Novelle ist ein schwächeres Werk dieses vor allem durch seine Märchen bekannt gewordenen Erzählers. Die Figur des Süß tritt hinter einer etwas rührseligen Liebesgeschichte, die sich zwischen Lea, der Schwester des mächtigen Finanzjuden, und dem jungen christlichen Gustav Lanbek abspielt, zurück, und sie ist nicht frei von antijüdischen Zügen. Für Hauff ist Süß ein schurkischer Bösewicht und entspricht damit dem allgemeinen Bild, das sich das 19. Jahrhundert von dem jüdischen Finanzmann gemacht hatte. Einige Motive von Hauff finden sich in dem 100 Jahre später veröffentlichten Roman wieder. Feuchtwanger merkt jedoch skeptisch an: *Die naiv-antisemitische Darstellung Wilhelm Hauffs wurde zwar viel gelesen; aber ich finde kein Zeugnis, daß sie, wie es etwa die Märchen des gleichen Er-*

zählers taten oder die knabenhafte Romantik seines »Liechtenstein«, Wirkungen hervorgebracht oder irgend jemanden ernsthaft ergriffen hätte.[465]

Einfluss auf den Roman hatte auch die Novelle »Der Heilige« von Conrad Ferdinand Meyer, in der es zwar nicht um den württembergischen Finanzrat geht, die aber Motive enthält, die Feuchtwanger in seinem *Jud Süß* aufnahm. Meyer erzählt in dieser Novelle die Geschichte von Thomas Becket, Kanzler von Englands König Heinrich II. und später Bischof von Canterbury. Auch hier entwickelt sich ein Konflikt zwischen zwei Männern, die das Schicksal geheimnisvoll aneinandergekettet hat. Mancher Charakterzug von Meyers Heinrich II. findet sich bei Feuchtwangers Karl Alexander wieder. Höhepunkt der Tragödie ist der Tod von Beckets liebreizender Tochter, den der wollüstige, naive und brutale König verschuldet hat – so wie Naemi, die geliebte Tochter des Josef Süß Oppenheimer, Opfer Karl Alexanders wird. Becket stirbt auf dem Schafott, schuldig-unschuldig wie Süß am Galgen. Der englische Kanzler ist ebenfalls ein Außenseiter, nicht Jude, aber er wächst als Sohn eines Angelsachsen und einer Sarazenin in einer hochmütigen normannischen Hofgesellschaft auf.

Das Tochter-Motiv findet sich auch in anderen Werken der Weltliteratur, die Feuchtwanger seit seinen frühen Lesetagen kennt und in deren Zentrum das Schicksal jüdischer Figuren steht. So lassen sich bei der so menschlichen und liebenswerten Naemi deutliche Parallelen zu Shylocks Tochter Jessica (»Der Kaufmann von Venedig«) oder zu Recha, der angenommenen Tochter von Lessings Nathan, erkennen. Nicht zu übersehen ist ebenfalls, dass Feuchtwanger in dem Roman auch an die Geschichte der biblischen Königin Esther denkt, der Adoptivtochter des in der persischen Diaspora lebenden Juden Mordechai und Retterin ihres vom Untergang bedrohten Volkes.

Der Stoff aus der württembergischen Geschichte des 18. Jahrhunderts fesselt Feuchtwanger sehr früh. 1916 schreibt er innerhalb weniger Monate das Schauspiel *Jud Süß*. Aber er erkennt bald, dass die dramatische Form der Stoffbearbeitung ihn unbefriedigt lässt. Der Aufführungserfolg des *Jud Süß* hat ihn nicht umstimmen können. Marta Feuchtwanger berichtet, wie unzufrieden sich der Autor nach der Premiere am 13. Oktober 1917 im Schauspielhaus München über das Werk geäußert habe. Vor allem gelingt es ihm in der dramatischen Fassung nicht, die psychologische Entwicklung seiner Hauptfiguren deutlich zu machen, die großen inneren Monologe des Romans sind im Schauspiel langatmig geratene Auftritte.

Als Lion Feuchtwanger den Roman beginnt, ist ihm dieser Abschnitt der Geschichte Württembergs also schon durch die Vorarbeiten für sein Schauspiel bestens vertraut. Joseph Süß Oppenheimer wird 1698 oder 99 in Heidelberg geboren. Viel weiß man über seine Jugend nicht. Die Mutter Michele stammt aus Frankfurt, der Vater Süßkind Oppenheimer, Vorsänger und später »Steuereinnehmer der Pfälzer Landjudenschaft im Oberamt Heidelberg«[466], stirbt, als Joseph sieben oder acht Jahre alt ist. Er ist ein recht wohlhabender Mann, der es sich immerhin leisten kann, ein Haus in Heidelberg zu erwerben. Gerüchte, dass er aus einer Liebschaft seiner Mutter mit dem christlichen Feldmarschall Georg Eberhard von Heydersdorf stammt, werden immer wieder angedeutet, aber sie sind nie bewiesen worden. Mit 18 Jahren beginnt er seinen abenteuerlichen Lebensweg als jüdischer Finanzmann, gründet durch häufig risikoreiche Geschäfte in Frankfurt, Amsterdam, Prag, Wien, am kurpfälzischen Hof und durch den Verkauf der hessisch-darmstädtischen Münze sein Vermögen. 1732 führt ihn der einflussreiche Finanzmann Isaac Landauer in Wildbad mit Karl Alexander, dem späteren Herzog von Württemberg, zusammen. Auf ihn setzt Süß, und als er im Dezember 1733 als enger Berater des neuen Herrschers in Stuttgart einzieht, beginnt der schwindelerregende Aufstieg des bald berühmtesten Hofjuden jener Zeit.

In wenigen Monaten wird er neben dem absolutistisch herrschenden Herzog einer der mächtigen und wohlhabenden Männer in Württemberg. Mit dem für einen ungetauften Juden in seiner Zeit einmaligen Titel »Geheimer Finanzrat« ausgestattet, verschafft er dem Herzog riesige Summen, der damit seine Mätressen und Soldaten bezahlen kann. In seinem prächtigen Stuttgarter Palais feiert Süß rauschende Feste, dirigiert er die Finanzen des Landes, plant er die immer pressenderen Steuer- und Abgabenverordnungen, verführt er, der elegante, schöne Mann, die Frauen der württembergischen Hofgesellschaft. Wie stark sein politischer Einfluss auf die Entscheidungen des Herzogs wirklich war, ist nur schwer zu beurteilen. Seine Gegner werden seine politische Rolle später bewusst aufbauschen. Knapp vier Jahre nur dauert die Regierung Karl Alexanders, dann erliegt er – seine restaurativen Staatsstreichpläne sind gescheitert – einem »Schlagfluß«. Auf Süß Oppenheimer wartet noch in derselben Nacht die Verhaftung. Sein Vermögen wird beschlagnahmt, und es wird ihm der Prozess gemacht. Man hält ihn in einer düsteren, feuchten Zelle auf dem Hohenasperg gefangen. Um ihm ein Geständnis zu entreißen, peinigen ihn seine Richter: Er wird »›lang geschlossen‹, das heißt der rechte Arm eng an den rechten Fuß gekettet«.[467] Seine Richter, fast alle Gegner des einstigen Günstlings ihres Herrschers, können ihn in monatelangen Verhören aber nicht überführen. Alle ihm vorgeworfenen Verfehlungen, insgesamt zehn Anklagepunkte, sind ausdrücklich vom verstorbenen Herzog gedeckt worden. Selbst seine Liebschaften mit christlichen Frauen, nach alten Gesetzen bei Todesstrafe verboten, dienen nur als vorgeschobene Klagepunkte, die juristisch nicht haltbar sind. Der Regent Karl Rudolf unterzeichnet das Todesurteil. Der Schriftsteller Kurt Elwenspoek überliefert in seiner Süß-Biographie die von Feuchwanger im Roman übernommene Bemerkung des Regenten: *Das ist ein seltenes Ereignis, daß ein Jud für Christenschelmen die Zeche zahlt.*[468] Elf Monate währt das Martyrium, ein Selbstmordversuch scheitert. Am 4. Februar 1738 wird Joseph Süß Oppenheimer auf der Tunzenhofer Steige bei Stuttgart in einem eisernen Käfig erhängt. Alle Bekehrungsversuche der eifernden pietistischen Pfarrer, die ihn auf seinem letzten Gang begleiten, gleiten an ihm ab. »Vier Henkersknechte ziehen und schieben ihn die Leiter hinauf, dem Käfig entgegen: ein ständiger Kampf der vier kräftigen Männer gegen die skelettähnliche Gestalt. Als das Menschenknäuel die Mitte der Leiter erreicht hat, flattern Süß' Hut und Perücke zu Boden. Während des ganzen Ringens ruft Süß sein ›Schma Jisrael‹.«[469]

Kaum eine Gestalt des 18. Jahrhunderts hat die Zeitgenossen und ihre Nachgeborenen so fasziniert wie Süß Oppenheimer. Seinem Sturz folgt eine Flut von Broschüren, Flugblättern, »Totengesprächen« und dramatischen Bearbeitungen, die die Gestalt des – nun mit diffamierender Absicht so genannten – Jud Süß schauerlich mystifizieren, ihn weitgehend zu einem Symbol des Judenhasses werden lassen. Der moderne Antisemitismus greift den Stoff erneut auf und erreicht in Veit Harlans Verfilmung während der Nazijahre einen weiteren, äußerst wirksamen propagandistischen Höhepunkt. »Das Außergewöhnliche der Persönlichkeit und Laufbahn dieses Juden registrierten sämtliche ›Jud Süß‹-Texte, oft mit von vornherein negativem Akzent.«[470] Schon die Sprache, die seine christlichen Kritiker dabei wählten, weist auf die tiefenpsychologischen Motive ihres Hasses und Neides hin. So heißt es etwa in einer Flugschrift: »In der Wollust welzete sich dieser Jud täglich wie eine Sau im Koth … Er verblendete mit seinem verdammten Gelde nicht nur unverheyrathete Weibs-Personen, sondern auch Eheweiber.«[471] Ein Kupferstich des Süß Oppenheimer aus dem Jahr 1738 trägt den Text: »Wer Großer Herren Gunst mißbraucht / durch bösen Rat, / Wie dieser freche Jud Süß Oppenheimer that / Wen Geiz und Übermut auch Wollust eingenommen / Der muß wie Haman dort zuletzt an Galgen kommen.«[472] (Haman ist im biblischen Buch Esther ein hoher Regierungsbeamter am Hofe des Perserkönigs Xerxes.) Die antijüdischen Stereotypen der christlichen Völker und Kirchen – »Geldjude«, »blutsaugender Vampir«, »Schänder christlicher Jungfrauen« – spiegeln sich in den Süß-Pamphleten ebenso häufig wider wie der Neid auf den Aufstieg eines »jüdischen Parias« an einem absolutistischen Hof.

Gerade weil es dem Emporkömmling gelingt, sich der höfischen Sitten und Prestigefragen so vollendet zu bedienen, fühlen sich seine Feinde in ihren Flugschriften und Pamphleten auf besondere Weise herausgefordert: »Niemand wird leugnen, daß dieser Kerl außerordentlich hochmütig gewesen. Sein ganzer Staat,

Bediente, Kleidung, Meublen, Stall, Küche und Keller zeigten solches nicht nur zur Genüge, sondern sein Bezeigen gegen die ehrlichsten Leute bestätigen dasselbe. Wer nicht von seiner Bande war, der war in seinen Augen eine elende Kreatur, er mochte übrigens seyn wer er wolte. Er druckte selbst einige von Adel so lange, bis sie ihn dafür erkannten, der er seyn wolte.«[473] Hinter dem Hass auf den Hofjuden stehen auch handfeste politisch-wirtschaftliche Interessen. »Der Fall Süß ist dazu benutzt worden, dem zeitgenössischen Publikum die Norm ständischer Verharrung einzuschärfen.«[474]

Süß Oppenheimer ist keineswegs der einzige Hofjude im absolutistischen Zeitalter. An zahlreichen Höfen bedienen sich die stets in Geldnot befindlichen Herrscher des Geschicks und der grenzüberschreitenden Beziehungen von Juden. Als gesellschaftliche Außenseiter, schutzlos und immer unter der Bedrohung der Verfolgung stehend, lassen sie sich bequem als »Handlanger des Absolutismus« gebrauchen. Die Karriere Oppenheimers löst nicht nur deshalb ein so negatives und breites Echo aus, weil er auch für einen Hofjuden besonders erfolgreich ist, sondern weil er sich im Gegensatz zu den meisten seiner »Kollegen« das höfische Denken seiner Zeit zunutze gemacht hat, also nicht bereit ist, im Hintergrund zu agieren. Er stellt seine Position selbstbewusst heraus. Er fordert nicht nur Gewinn, sondern auch gesellschaftliche Achtung, er ist nicht nur Hoffaktor und hochbegabter Finanzmann, sondern auch ein brillanter politischer Kopf. Wobei er natürlich ein Kind seiner Zeit ist. Der Absolutismus kennt keine Menschenrechte oder Mitleid mit der von Armut und Unterdrückung gepeinigten Mehrheit der Bevölkerung. Das Streben Oppenheimers nach Nobilitierung – von seinem Herzog schließlich bewilligt, vom Wiener Hof abgelehnt – erscheint seiner ständischen Umgebung als unglaubliche Überhebung. So wird denn der Jude Süß in den zahllosen Schmähschriften, die schon zu seinen Lebzeiten erschienen sind, als »After-Geburt des Satans« verdammt.

Lion Feuchtwanger hat in seinem Roman die historische Wirklichkeit weitgehend beachtet. Mit Recht konnte er sieben Jahre nach der Vollendung des Buches unter Hinweis auf eine neu erschienene Süß-Biographie schreiben: *Es ist mittlerweile eine gründliche Darstellung des Süß erschienen, gestützt auf die bisher unveröffentlichten Akten seines Prozesses, übersichtlich gegliedert und erzählt von Kurt Elvenspoek. … ich freue mich …, daß die Geschehnisse, wie ich sie im Verfolg der intuitiv gefaßten Kurve gestaltete, sich mit der hinterher aktenmäßig belegten historischen Realität fast zum Erschrecken genau deckte.*[475] Der Schriftsteller Elwenspoek konnte als erster Biograph des württembergischen Hofjuden auf die 1919 freigegebenen Akten des Süß-Prozesses zurückgreifen.

Wissenschaftlich wesentlich bedeutender als das Buch von Elwenspoek ist allerdings die 1929 erschienene Süß-Biographie der jüdischen Historikerin Selma Stern. In ihrer Arbeit zeichnet sie ein überaus positives Bild von Joseph Süß. Feuchtwanger veröffentlicht im »Berliner Tageblatt« eine Rezension, die dem Werk keineswegs gerecht wird. *Die monumentale Biographie der Selma Stern verzichtet von vornherein auf alle Reize der Darstellung,* lässt der berühmte Romancier seine Leser wissen. *Diese Forscherin trägt … mit dem Ameisenfleiß vieler Monate Dokumente und Hinweise zusammen, die auf den Finanzmann und Politiker Süß Bezug haben – es gibt nichts Unwesentliches für sie.*[476] Die Autorin zeige in der Biographie *ausschließlich Braten und gar keine Soße.* Der Meister des historischen Romans argumentiert da nicht ohne Hochmut gegenüber einer bedeutenden Darstellerin des Hofjudentums im Zeitalter des Absolutismus. Diese ging mit dem berühmten Autor erheblich fairer um. »In seinem großen erfolgreichen Roman über den ›Jud Süß‹«, schreibt Selma Stern in ihrem Buch, »hat Lion Feuchtwanger mit der Freiheit, die dem Dichter gestattet ist, die Peripetie des Dramas in einer jäh aufflammenden Feindschaft zwischen Karl Alexander und Süß gesehen. Das Motiv ist erfunden. Aber die dichterische Intuition hat etwas Wahres erschaut.«[477]

Neben den neu aufgenommenen, »erfundenen« Motiven – etwa der Tochter Naemi und ihrem tragischen Tod oder der Gestalt des Rabbi Gabriel, des im Gegensatz zu Süß *Wissenden* – hat Feuchtwanger die äußere Wirklichkeit nur dort verändert, wo es besondere dramaturgische Akzente notwendig machte, um Ablauf und Aussage im Sinne des Autors noch zu verdeutlichen. Beispielsweise lässt Feuchtwanger die Erbfolgechancen Karl Alexanders beim ersten Zusammentreffen mit Süß 1732 viel unrealistischer erscheinen, als es in Wirklichkeit der Fall war. Der Thronfolger war bereits 1731 gestorben, und trotz der späten Versöhnung mit seiner lange vernachlässigten Gemahlin hatte der alternde Herzog Eberhard Ludwig nur wenig Chancen auf einen weiteren Sohn. Aber gerade das fast Unmögliche gibt der Voraussage des Süß, als sie dann eintrifft und Karl Alexander tatsächlich Herzog wird, ihre mystische Bedeutung für das künftige Verhältnis zwischen beiden. Auch die Frage, ob Würzburgs Fürstbischof Karl von Schönborn den katholischen Staatsstreich als treibende Kraft geplant hat, ist nicht so eindeutig zu beantworten, wie das in Feuchtwangers Roman geschieht. Schließlich erhält die gelegentlich suggerierte Abstammung Süß Oppenheimers von einem christlichen Feldmarschall bei Feuchtwanger eine überragende Bedeutung. Erst der Verzicht, durch den Hinweis auf seine christliche Geburt sein Leben zu retten, macht den Süß des Romans zur tragischen, geläuterten Figur. Historisch ist dies sicher höchst zweifelhaft: Sein Leben war nicht zu retten, er musste aus politischen Gründen geopfert werden, damit andere ihr staatsfeindliches Handeln in der Regierungszeit Karl Alexanders vertuschen konnten. Im Übrigen war seine Mutter Jüdin, was nach jüdischem Gesetz bedeutet, dass er – unabhängig vom Glauben des Vaters – Jude ist. Die Historiker sind sich schließlich auch nicht darüber einig, ob der Hofjude nicht doch die Finanzlage des Landes sehr geschickt konsolidierte, also das Volk der Württemberger nicht nur, wie im Roman, zu des Herzogs oder zum eigenen Vorteil ausgebeutet hat.

Aber dies sind Randnotizen, völlig unerheblich für das, was der Autor nahebringen will: die Lebensgeschichte einer historischen Gestalt im Zeitalter des Absolutismus und eines zeitlosen Antijudaismus, die Geschichte eines Mannes, der als Außenseiter die höchsten Stufen der Macht erklimmt, auf diesem Weg zynisch, unmenschlich, lebensgierig voranschreitet und der erst im Sturz erkennt, wie vergeblich, wie lächerlich sein verzweifeltes Tun gewesen ist. … *es geht mir in dem Buche »Jud Süß« ja nicht darum, etwa den Mann Josef Süß zu retten oder eine antisemitische Legende zu zerstören, sondern was ich machen wollte, das war: den Weg des Menschen weißer Haut zu zeichnen, den Weg über die enge europäische Lehre von der Macht über die ägyptische Lehre vom Willen zur Unsterblichkeit bis hin zu der Lehre Asiens vom Nichtwollen und Nichttun.*[478]

Es ist auch ein Buch über sein Volk. Feuchtwanger erzählt vom Leiden, von den Verfolgungen, von der Not der Juden. Das grausame Schicksal des unschuldigen Reb Seligmann, der durch die Beschuldigungen eines betrunkenen Landstreichers, die der vom Judenhass besessene Mob sofort gierig aufgreift, des Mordes verdächtigt, gefoltert wird und der, obwohl durch Süß gerettet, ein Geschlagener bleibt – dieses Schicksal wiederholt sich hunderttausendfach in Europa. *Aber in Deutschland saßen sie klein und kümmerlich. Im vierzehnten Jahrhundert waren sie hier in mehr als dreihundertundfünfzig Gemeinden erschlagen, ertränkt, verbrannt, gerädert, erdrosselt, lebendig begraben worden. … Seitdem saßen sie spärlich im Römischen Reich. Auf sechshundert Deutsche kam* ein *Jude. Unter raffinierten Plackereien des Volkes und der Behörden lebten sie eng, kümmerlich, dunkel, hingegeben jeder Willkür.*[479] Und doch bleiben sie auch in diesem Roman für Lion Feuchtwanger die durch Not wissenden, den Geist Asiens in sich spürenden Flüchtlinge zwischen den Welten: *Aber im Blut stak es allen, im innersten Gefühl, es war da: das tiefe, heimliche, sichere Bewußtsein von der Sinnlosigkeit, der Wandelbarkeit, dem Unwert der Macht. Sie waren solange klein und gering gesessen unter den Völkern der Erde, zwerghaft, lächerlich in Atome verspellt. Sie wußten, Macht üben und Macht erleiden ist nicht das Wirkliche, Wichtige. Zersplitterten nicht einer um den anderen die Kolosse der Gewalt? Aber sie, die Gewaltlosen, hatten der Welt ihr Gesicht gegeben.*[480]

Es ist aber keineswegs ein Buch, das die Juden idealisiert. Die Hauptfigur Süß Oppenheimer wird als kalter, berechnender, grausamer Geldeintreiber und devoter, biegsamer Untertan dargestellt. Sympathien kann er nur schwer wecken; später, als Süß ins Elend gestoßen wird, bleibt beim Leser wohl allenfalls Mitleid zurück. Der distanzierte Intellektuelle Lion Feuchtwanger – und dies macht die Größe dieses Romans aus – weiß die Schattierungen im bunten Gewimmel seiner Charaktere sehr differenziert zu setzen. Protestanten und Katholiken, Pietisten und Juden, Adlige und Emporkömmlinge, Stuttgarter und Esslinger – es sind Menschen, getrieben von ihren Wünschen und Ängsten, ihren Instinkten und Lüsten, immer bereit zur Untat, nur selten zum Guten fähig. Was Feuchtwanger über die mächtigen Nachbarn sagt, die Württemberg belauern, um seinen Reichtum einzusäckeln, gilt für jeden: *Sie alle saßen, warteten im Kreis, beschielten sich mißtrauisch, warfen ihre großen, stummen Schatten über das Land.*[481]

Und noch eines wird in diesem Roman sichtbar. Lion Feuchtwanger hat sich mit den Lehren seines Zeitgenossen Sigmund Freud beschäftigt, den er sehr verehrt. Die Psychoanalyse hat auch in die späteren Romane Eingang gefunden. Nicht der Eros, sondern in erster Linie der Sexus beherrscht die Figuren Feuchtwangers. Sinnlich-gierig suchen sie sich, geben sie sich hin, genießen sie sich. Josef Süß Oppenheimers Machtrausch erfüllt sich erst ganz, wenn er auch über die Frauen am Hofe Karl Alexanders triumphiert, sie besessen hat. Flavius Josephus verfällt zeitweise bis zur Hörigkeit der hochmütigen Ägypterin Dorion; der Flavier Titus sieht nur den Gang der schönen jüdischen Königstochter Berenike und verliert sich an sie (*Josephus*-Trilogie). Johanna Krain schläft mit dem »windigen«, wenig sympathischen Erich Bornhaak, einem ihr selbst nicht erklärbaren Zwang gehorchend *(Erfolg)*. Selbst die liebreizende zarte Tochter des Jehuda Ibn Esra, die schöne Raquel, gibt sich Alfonso, ihrem König, in tiefer Sinnlichkeit hin *(Die Jüdin von Toledo)*.

Feuchtwangers »Emporkömmlinge« wähnen ihr Lebensziel häufig erst erreicht, wenn sie Frauen der oberen Gesellschaftsschicht erobert haben. Das gilt für Süß, für Flavius Josephus, der die Tochter des berühmtesten Malers im Römischen Reich begehrt, es gilt für die Beziehung des Plebejers Goya zur Herzogin von Alba, und selbst der alternde Demokrat Benjamin Franklin fühlt sich von seinen Flirts mit Damen der Oberschicht geschmeichelt, erhoben. So wird die Sexualität bei Feuchtwanger auch zu einem Mittel der Selbstbestätigung.

Formal ist der Roman *Jud Süß* klar gegliedert: fünf fast gleich lange Kapitel, deren Überschriften – *Die Fürsten, Das Volk, Die Juden, Der Herzog, Der Andere* – weniger den Handlungsablauf als den Hintergrund des Geschehens thematisieren. Der Roman ist zunächst umfangreicher, Ende der 1920er Jahre hat Feuchtwanger einige Kürzungen vorgenommen, die in allen späteren Auflagen beibehalten werden. Er hat das Buch nach 13 Monaten beendet. Das Manuskript ist handgeschrieben, ebenso das des folgenden Romans. Marta Feuchtwanger hat das am Tag Geschriebene nachts in die Schreibmaschine getippt. Feuchtwanger arbeitet in diesen Monaten sehr viel konzentrierter als bei der Niederschrift seiner dramatischen Werke. Fast jede Ablenkung wird vermieden, er lebt in Klausur. Und er hat Schwierigkeiten mit dem Stoff, will schon aufgeben, bis der Roman schließlich doch in einem Zuge zu Ende geschrieben wird.

Zwei Jahre lang findet sich kein Verleger für das dann so viel gelesene Buch. Sie schicken es mit den fast immer gleichen Begründungen zurück: Es sei nicht die Zeit für historische Romane, und ein jüdisches Thema passe angesichts des völkischen Getümmels erst recht nicht. Überhaupt, die distanzierte Haltung, mit der in diesem Roman die Vergangenheit und ihre Menschen beschrieben werden, der leidige Konflikt zwischen Protestanten und Katholiken, nein, das Vaterland hat doch Sorgen genug in diesen demütigenden Zeiten der außenpolitischen Ohnmacht und des innenpolitischen Verfalls. Wer will denn da etwas lesen vom Weg zu Buddha, vom Scheitern des Handelns?

Einer immerhin ist fasziniert von dem Manuskript. Ein Außenseiter im Verlagsgeschäft. Der Industrielle Robert Achenbach hat den ersten deutschen Buchclub, den Volksverband der Bücherfreunde, gegründet und sucht attraktive Manuskripte. Er fragt seinen Freund Leonhard Adelt, Münchner Korrespondent des »Berliner Tageblatts«, der für ihn Werke des Amerikaners Sinclair

Lewis ins Deutsche übersetzt hat. Adelt schickt ihn zu Bruno Frank, der aber nichts fertig hat und – Zufall für die Literaturgeschichte – auf Lion Feuchtwanger hinweist, der seinen Roman *Jud Süß* gerade beendet. Achenbach macht Besuch in der Georgenstraße, nimmt das Manuskript mit, liest es in einem Zug durch, ist begeistert. Aber auch er scheut vor dem jüdischen Thema zurück. Immerhin, der Amateurverleger hat erkannt, welchem Talent er begegnet ist. Er schlägt Feuchtwanger vor, für den Buchclub einen neuen Roman zu schreiben. Die Themenauswahl steht ihm frei, nur darf es nicht ein Buch über Juden werden und den Umfang von 320 Seiten nicht überschreiten. Feuchtwanger akzeptiert und schreibt den Roman *Die häßliche Herzogin*, der dann auch in beachtlicher Auflage erscheint. Der *Jud Süß* aber liegt immer noch in der Schublade.

Noch ein Zufall. Lion Feuchtwanger hat einen Vertrag mit dem Drei Masken Verlag abgeschlossen, der ihn verpflichtet, ausländische Theaterstücke zu lesen und sie auf ihren Übersetzungs- und Aufführungswert für Deutschland hin zu prüfen. Er liest fleißig und gründlich, findet aber nichts. Der Vertrag ist gut dotiert. Feuchtwanger einigt sich mit dem Verlag, die Verpflichtungen mit dem Druck des *Jud Süß* vorzeitig abzulösen. Ohne große Erwartungen geht der Theaterverlag ans Werk, im März 1925 erscheinen 6000 Exemplare. Im gleichen Jahr gibt es noch zwei Auflagen. An einen Erfolg will der Drei Masken Verlag allerdings noch immer nicht so recht glauben.

In Schweden macht der mächtige amerikanische Verleger Benjamin (Ben) Huebsch, Chef der Viking Press, in diesen Wochen Familienurlaub. Er liest den *Jud Süß* und ist hingerissen. Er telegraphiert Feuchtwanger und erwirbt die Rechte für Amerika. Im Oktober 1926 erscheint der Roman unter dem Titel *Power* und wird ein großer Erfolg. Einen Monat später kommt die englische Ausgabe *Jew Süss* bei Martin Secker in London heraus. Im ersten Jahr folgen allein in England 23 weitere Auflagen. Entscheidend für den Durchbruch ist eine enthusiastische Kritik des bekannten englischen Schriftstellers und Kritikers Arnold Bennett im »Evening Standard«. Der angelsächsische Erfolg wird schließlich auch in Deutschland bemerkt. *Jud Süß* beginnt schwindelerregende Auflagenzahlen zu erreichen. Bis Juli 1931 sind 100 000 Exemplare allein in Deutschland verkauft.

Der Romanerfolg reizt zur Bearbeitung. 1929 schreibt der englische Bühnenautor und Theaterleiter Ashley Dukes sein Drama *Jud Süß*, und es gelingt ihm mehr als nur ein Saisonerfolg. Paul Kornfelds deutsche Dramatisierung wird am 7. Oktober 1930 mit Ernst Deutsch in der Titelrolle im Theater am Schiffbauerdamm uraufgeführt. Sie findet ein geringes Echo. Allerdings, die Nazis haben sich den Mann gemerkt. Der expressionistische Dichter und Autor des Romans »Blanche oder Das Atelier im Garten« wird 1942 im KZ Łódź umgebracht. In Tel Aviver Habima Theater wird 1933 eine Dramatisierung des Romans von Moshe Avi Shaul aufgeführt. Insgesamt gibt es 58 Vorstellungen.[482] Shaul hatte den Roman bereits 1929 ins Hebräische übersetzt. Ebenfalls 1933 veröffentlicht Erich Ortner eine weitere dramatische Bearbeitung (Vorlage ist die Hauff-Novelle) und 1937 Karl Otto Schilling eine Radio-Oper.[483]

In den 1930er und 1940er Jahren wird der Stoff zweimal verfilmt. Am 4. Oktober 1934 findet im Londoner Tivoli-Theater die Uraufführung des Kinostreifens »Jew Süss« statt. Hergestellt und finanziert hat ihn die Gaumont-British-Picture Corp. Unter der Regie des in Deutschland geborenen und schon 1926 ausgewanderten Lothar Mendes spielt der bekannte deutsche Schauspieler Conrad Veidt die Hauptrolle. Grundlage für das Drehbuch ist Feuchtwangers Roman. In der Ankündigung der Filmzeitschrift »Paimans Filmlisten« heißt es: »Das Sujet sieht den Stoff unter dem Gesichtspunkt des unterdrückten Judentums.«[484] Es ist also eine Literaturverfilmung, die auch als eine Antwort der englischen Filmindustrie auf die Ereignisse im Dritten Reich gesehen werden kann. Denn in Berlin wird schon wenige Wochen nach Hitlers Machteroberung die rassistische Ideologie der Nationalsozialisten gegenüber der jüdischen Bevölkerung in die Tat umgesetzt. Künstlerisch und mit Blick auf die Vorlage und den biographischen Hintergrund des historischen Joseph Süß sicher ein schlichter Film. Feuchtwanger, der 1934 zur Uraufführung nach London reist, äußert sich freundlich, soll aber später angeblich auch von einem *Scheißfilm*[485] gesprochen haben. Im Tagebuch notiert er: *prunkvoll, mittelmäßig* (29. November 1934). In Deutschlands Kinos ist der Streifen nicht zu sehen. Die Nazis verbieten ihn. Begründung: Es handele sich um einen jüdischen Propagandafilm.

Joseph Goebbels schaut sich am 27. Juni 1940 »den Judenfilm ›Jud Süß‹ mit Conrad Veidt an. Hier haben die Juden aus der Finanzhyäne einen Heiligen gemacht. Das können sie. Aber uns beschwindeln sie nicht mehr.«[486] Der Kinofan gibt eine deutsche Jud-Süß-Produktion in Auftrag. Er lässt dem Stab um den Regisseur Veit Harlan – wie Lothar Mendes einst ein Schüler Max Reinhardts – die englische Version vorspielen.

Veit Harlans antisemitisches Gräuelstück *Jud Süß* ist ein Musterbeispiel der Nazipropaganda, das die deutschen Kinobesucher fasziniert. Inwieweit dieser Film den Judenhass im Dritten Reich noch weiter geschürt hat, ist nur schwer zu sagen. Aber das Interesse an dem Film weist zumindest auf den in Deutschland weit verbreiteten Antisemitismus hin. »Bis 1944 lockte *Jud Süß* mehr als 20 Millionen Zuschauer in die Kinos und wurde so zum erfolgreichsten antisemitischen Film der NS-Zeit überhaupt.«[487] In vielen Vorstellungen kommt es zu antisemitischen Zwischenrufen. Zu Recht haben Historiker betont, dass die deutsche Verfilmung aus der Vorgeschichte des Holocaust nicht wegzudenken ist.[488] Barbara Gerber hält in ihrer 1990 erschienenen Studie über die Rezeption des Jud-Süß-Stoffes fest: »Der ›Jud Süß‹ des nationalsozialistischen Films, den noch heute trotz Aufführungsverbots an die dreizehn Prozent der Bundesbürger kennen sollen, ließ sich so leicht nicht mehr beiseiteschieben. Monumental überragte er sogar seinen Feuchtwangerschen Romanvorgänger.«[489]

Harlan biegt den Handlungsablauf willkürlich um, lässt den Joseph Süß Oppenheimer zu einem menschlichen Scheusal werden, das christliche Frauen zum Beischlaf zwingt, was im Nazijargon »Rassenschande« meint. Mit suggestiver Kameraeinstellung und Massenszenen wird dem Zuschauer das dumpfe Vorurteil vom »jüdischen Untermenschen« hemmungslos dargeboten. Hochbegabte Schauspieler wie Ferdinand Marian, der den Süß spielt, Werner Krauß, der in verschiedenen, den jüdischen Charakter primitiv karikierenden Rollen auftritt, oder Heinrich George als Herzog Alexander tragen zum Propagandaerfolg bei. Lion Feuchtwanger schreibt in einem Nachwort zur Romanausgabe von 1959 über diesen Film: *Er war politisch überaus wirksam, geistig überaus leer.*[490]

Harlan hat später immer wieder betont, nicht Feuchtwangers Roman, sondern Wilhelm Hauffs Novelle sei die Vorlage für seinen Film gewesen. Abgesehen davon, dass dies völlig gleichgültig für die fürchterlichen Folgen ist, die Harlans Machwerk mitverschuldet hat, bleibt es nicht nur moralisch ein fragwürdiges Bekenntnis. So weit sich die Filmhandlung auch von Feuchtwangers Buch entfernt – Goebbels hat zweifellos vor allem an den großen Erfolg dieses Romans gedacht, als er die Geschichte des Hofjuden für die propagandistische Vorbereitung der Judenvernichtung ausgewählt hat. Nach dem Krieg wird der Nazistreifen verboten, Veit Harlan jedoch von einem bundesdeutschen Gericht unter dem Beifall der Zuhörer vom Vorwurf freigesprochen, mit dem Film etwas Böses bezweckt zu haben. Hätte er Goebbels' »Befehl« nicht Folge geleistet, wäre sein Leben bedroht gewesen, argumentiert der »Gesinnungsakrobat« (Erich Kästner) – die Wahrheit auf den Kopf stellend – in der Öffentlichkeit. Die jahrelangen juristischen Auseinandersetzungen weisen auf ein besonders typisches Kapitel der bundesdeutschen Vergangenheitsbewältigung hin. Harlan dreht weiter Filme, bleibt für viele Jahre für die Mehrheit der Nachkriegsdeutschen ein zu Unrecht Verfolgter und bietet Tätern und Mitläufern ein gern akzeptiertes Alibi für ihr eigenes Versagen. Werner Krauß erhält 1954 das Bundesverdienstkreuz. Ferdinand Marian, mit einer Jüdin verheiratet, stirbt nach dem Krieg durch einen Autounfall.

Auch die Diskussion um Harlans Film zeigt, was Alexandra Przyrembel generell festhält: »Die Geschichte des Württembergischen Hofjuden Joseph Süß Oppenheimer ist in den zentralen Medien des 20. Jahrhunderts vor und nach 1945 präsent.«[491] Kornfelds Drama wird 1983 auf dem Bonner Marktplatz und 1988 in Nürnberg neu inszeniert, in Bremen kommt 1999 Detlev Glanerts Oper »Jud Süß« auf die Bühne, und zwei Monate später ist im Staatstheater Stuttgart die Uraufführung einer (wenig geglückten) Jud-Süß-Dramatisierung von Klaus Pohl zu sehen, Regie Stephan Kimmig. Die »Frankfurter Rundschau« schreibt: »Die Stadt setzt sich mit ihrer Vergangenheit auseinander: notwendig, lobenswert, aber auch brav, bieder und korrekt.«[492] 2011 und 2012 inszeniert Dieter Wedel bei den Wormser Nibelungenfestspielen zwei Jud-Süß-Fassungen. »Insgesamt entstand ... der Eindruck, dass nach dem Risiko, sich des Stoffs angenommen zu haben, pure Risikominimierung betrieben wurde. ... Es fällt schwer, das Ergebnis ein Theaterstück zu nennen.«[493]

Siebzig Jahre vorher schreibt der im amerikanischen Exil lebende Lion Feuchtwanger einen offenen Brief an die Hauptdarsteller des Harlan-Films. Es ist eine bittere, entlarvende Anklage gegen das opportunistische Verhalten großer Künstler in der Nazizeit, die im April 1941 in der Zeitschrift »Atlantic Monthly« erscheint: *Meine Herren, ich lese im »Völkischen Beobachter«, daß Sie die Hauptrollen gespielt haben in einem Film »Jud Süß«, der in Venedig preisgekrönt worden ist. Der Film zeigt, berichtet das Blatt, das wahre Gesicht des Judentums, seine unheimliche Methodik und vernichtende Zielsetzung ... Kurz, wenn ich das geschwollene, am Bombast des »Führers« geschulte Geschwafel ins Deutsche übersetze, dann bedeutet es: Sie haben, meine Herren, aus meinem Roman »Jud Süß« mit Hinzufügung von ein bißchen Tosca einen wüst antisemitischen Hetzfilm im Sinne Streichers und seines »Stürmers« gemacht.*[494] Feuchtwanger erinnert daran, dass fünf von ihnen in Bühnenaufführungen seines Stückes mitgewirkt, mit ihm über das Buch und seine Bedeutung diskutiert haben, dem Werk und seiner Aussage Bewunderung zollend. Er zeigt in diesem Brief tiefe Betroffenheit. Werner Krauß, Heinrich George, Albert Florath und Eugen Klöpfer, ein begeisterter Nazi, waren ihm freundschaftlich und künstlerisch verbunden gewesen. Er beendet den Brief mit dem Satz: *Und wenn Sie sich verändert haben, meine Herren, ich werde Ihnen entgegentreten können als Ihr alter Lion Feuchtwanger.*[495]

Fast unmittelbar nach dem *Jud Süß* beginnt Lion Feuchtwanger seinen zweiten historischen Roman. Diesmal als Auftragsarbeit. In einem Brief vom 17. Oktober 1951 an den Literaturwissenschaftler Wolfgang Berndt heißt es: *Da mir der Maultasch-Stoff geläufig war und da es mich reizte, nach dem Jud Süß nochmals die Geschichte einer »Abnormität« darzustellen, schlug ich dem Volksverband* (das ist der Buchclub des Verlegers Achenbach – WS) *»Die häßliche Herzogin« vor, und sie waren ohne weiteres einverstanden.*[496] Er schreibt den Roman in knapp zehn Monaten, vom November 1922 bis September 1923.

In diesem Werk zeigt Feuchtwanger ein weiteres Mal, dass er den geschichtlichen Hintergrund sehr gut gekannt hat. Nahezu alle Figuren spielen in diesem Werk jene Rolle, die ihnen auch die Geschichtswissenschaft zugewiesen hat. Tirol ist dem bayerischen Schriftsteller durch manche Reise bekannt, er weiß um die regionalen Besonderheiten dieser Berglandschaft. Im Übrigen wurde der Sohn von Margarete Maultasch, Herzog Meinhard III., im Jahr 1362 von Niederbayerns Herzog Stephan auf Schloss Feuchtwangen belagert. Vielleicht ist der Autor im Zuge früherer Beschäftigung mit der eigenen Familiengeschichte schon auf die unglückliche Herzogin von Tirol gestoßen.

Der Roman spielt in der ersten Hälfte des 14. Jahrhunderts, Kriege, Pest und Kirchenschisma erschüttern die mittelalterliche Welt. Es ist die Zeit des Machtkampfes der Luxemburger, Wittelsbacher und Habsburger um die Herrschaft im Heiligen Römischen Reich Deutscher Nation. Kaiser- und Königsthrone werden ebenso verschachert wie die Kardinalshüte; die Papstkirche liegt in Avignon in Fesseln; die Wahl ihres Oberhauptes ist fast nur noch eine Frage der politischen Opportunität. Frankreich, England, Spanien, Böhmen, Österreich, Brandenburg, Bayern, das zerrissene Italien – überall gieren die Fürsten und Herzöge, die Kurfürsten und Kardinäle, die Ritter und Burgherren nach Geld und Land. Der Tod eines Thronfolgers löst Krisen und Kriege aus, die Verbindung zweier Herrscherhäuser durch Heirat erschüttert das machtpolitische Gleichgewicht, kann riesigen Landbesitz bringen und für die Völker oft über Nacht neue Herren.

Um das Jahr 1350 schreibt der Florentiner Francesco Petrarca: »Es gab ein glücklicheres Zeitalter, und es wird vielleicht noch eines geben. In der Mitte, in unserer Zeit, sieht man Niedertracht und Schande vereint.«[497] Es ist das Lebensgefühl einer Zwischenzeit, das nicht nur der große Humanist und Dichter Petrarca immer stärker empfindet. Die alte christliche Weltordnung wankt; der Mensch des späten Mittelalters fordert Autonomie, Selbstbestimmung; die fähigsten Köpfe entdecken voller Überraschung den hellen, lebenszugewandten Geist der griechischen und römischen Antike; die Wissenschaft löst sich von den Gesetzen der scholastischen Kirchenväter; die Städte verlangen Handels- und Zunftfreiheit, drängen die feudalen Landesherren zurück, reißen Reichtum und Macht an sich.

Margarete Maultasch wird 1318 geboren. Tochter des schwachen Herzogs Heinrich von Kärnten und Tirol, steht ihr Leben ganz im Zeichen der territorialen Machtkämpfe zwischen dem Wittelsbacher Ludwig, seit 1328 nach einer heftig umstrittenen Wahl Kaiser, dem Luxemburger Johann, König von Böhmen, und dem Habsburger Albrecht II.. Tirol und Kärnten sind begehrtes Land. Es sind reiche Regionen und die Brücke zur Lombardei, dem Einfallstor nach Italien. Als Heinrich stirbt, gehen zunächst die Pläne des Luxemburgers Johann auf, der seinen Sohn Johann Heinrich fünf Jahre vorher, 1330, mit Margarete verheiratet hat. Ludwig, vorerst leer ausgegangen, schachert mit dem Habsburger; der wiederum einigt sich nach kurzen militärischen Auseinandersetzungen mit dem Tiroler Herzog: Kärnten den Habsburgern, Tirol den Luxemburgern. Aber die holen aus ihrem Königreich Böhmen hochmütige, geldgierige Herren, die das Land auspressen, den heimischen Adel aus der Verwaltung drängen. Zwei Adelsaufstände, von Margarete unterstützt, verjagen ihren Luxemburger Ehemann. Sie lässt sich wegen Johann Heinrichs »Eheunfähigkeit« von ihm scheiden. Die Stunde des Wittelsbachers kommt. Er verheiratet seinen Sohn, Landgraf Ludwig von Brandenburg, mit der geschiedenen Herzogin. 19 Jahre regiert er in Tirol, stirbt dann plötzlich und noch keineswegs alt. Margaretes und Ludwigs Sohn, Herzog Meinhard III., ist unfähig, gerät bald in die Hände eines skrupellosen Adelskreises und stirbt, erst 20-jährig, nur zwei Jahre nach seinem Vater. Das Haus Habsburg greift zu: Da Margarete das herrenlose Tirol nicht allein regieren kann, überschreibt sie das Erbland Rudolf IV., dem Chef des Hauses Habsburg. Anschließend lebt sie bis zu ihrem Tod 1369 in Wien. Ein verwirrender Ablauf und doch fast alltäglich für die Herrschergeschlechter dieses Jahrhunderts, besonders wenn ihr Territorium eine so bedeutende Grenzlage zwischen mehreren mächtigen Nachbarn einnimmt.

Margarete von Tirol war hässlich, mehrere Überlieferungen weisen ausdrücklich darauf hin. Ihr wenig schmeichelhafter Beiname Maultasch ist ebenfalls in Dokumenten und Schriften erwähnt. In einer Geschichte Tirols, 1872 von Joseph Eggers veröffentlicht, heißt es: »Margarete wird von Sagen- und Geschichtsschreibern körperlich und geistig sehr ungünstig geschildert. War sie auch nicht ein Ausbund an Häßlichkeit – den Preis der Schönheit jedenfalls verdiente sie nicht, denn glaubwürdigen Nachrichten zufolge verunstaltete ihr Gesicht ein großer, breiter Mund, von dem sie, nach mancher Überlieferung, den Beinamen ›Maultasche‹ bekommen haben soll.«[498] Ob sie allerdings für ihre Epoche besonders ausschweifend und grausam gewesen ist, wie mancher Zeitgenosse zu berichten weiß, sei dahingestellt.

Lion Feuchtwanger hält sich weitgehend an die geschichtlichen Tatsachen. Er geht frei mit ihnen um, wo es der psychologischen Deutung seiner Hauptfigur oder der dramatischen Entwicklung seines Romans nützlich ist. Vor allem hat er seine Margarete Maultasch stark idealisiert. Historisch blieb sie unbedeutend, ein Handelsobjekt ihrer männlichen Umwelt. Ihre Leistung als Herrscherin, die Feuchtwanger mit großer Sympathie beschreibt, ist mit der Wirklichkeit kaum in Übereinstimmung zu bringen. Denn schon vier Tage nach dem Tod ihres Sohnes wurde die historische Herzogin entmachtet, hatte der Landesadel die Herrschaft an sich gerissen. Bis der Habsburger kam.

Manche wichtige Figur des Romans ist von Feuchtwanger neu

eingeführt worden, historisch ist dann allenfalls der Name, aber nicht die vom Dichter beschriebene Person. Etwa der Jude Mendel Hirsch, den Margarete nach Tirol holt, oder sein Konkurrent, der christliche Geldleiher Messer Artese aus Florenz. Auch Agnes von Flavon, die schöne Gegenspielerin der hässlichen Herzogin, ist historisch nicht nachweisbar.

Feuchtwanger hat mehrfach auf das Hauptmotiv seines Romans hingewiesen. *Ich wollte darstellen,* so schreibt er beispielsweise in einem Brief vom 27. November 1951, *wie eine Frau durch ihre Häßlichkeit gezwungen wird, alle schlummernden Begabungen zu entfalten.*[499] Und wirklich, Feuchtwanger malt ein gräuliches Bild von seiner Romanheldin: *Über einem dicklichen Körper mit kurzen Gliedmaßen saß ein großer, unförmiger Kopf. Wohl war die Stirn klar und rein, und die Augen schauten klug, rasch, urteilend, spürend; aber unter einer breiten, platten Nase sprang der Mund äffisch vor mit ungeheuren Kiefern, wulstiger Unterlippe. Das kupferfarbene Haar war hart, spröde, stumpf, ohne Glanz, die Haut kalkig grau, bläßlich, unrein, lappig.*[500]

Sie sucht Ersatz im politischen Geschäft, regiert nach dem Tod des Vaters neben ihren Männern, zunächst dem jähzornigen, kindlichen Luxemburger Johann, dann nach dessen Vertreibung neben dem ernsten, nüchternen Ludwig von Brandenburg. Aber die Hässlichkeit liegt wie ein Fluch auf ihr, vertreibt jedes persönliche Glück. Die Männer lieben sie nicht, allenfalls gewinnen sie ihrer staatspolitisch klugen Haltung zeitweise Respekt ab. Das Volk – *dumm, instinktlos … Jedes Tier war klüger und hatte mehr Instinkt*[501] – schiebt alles Unglück, das über das Land kommt, auf die hässliche Herrscherin, die so sichtbar gezeichnet ist. Wie jubelt es, wenn die schöne Agnes von Flavon durch das Land reist, die verhasste Gegnerin, der alles so leicht gelingt, deren Lächeln die Männer betört, den Tirolern glückliche Zeiten zu verheißen scheint. Was hilft alle Staatskunst, alle Klugheit, alle Zuneigung zum Lande Tirol und seinen Menschen, wenn die physische Beschaffenheit dies alles wegfegt, es unwichtig macht. *Ja, ja, ja! Mistfahren lieber den langen Tag, aber wohlgeschaffen, als so im Schloß, als mit diesem Mund, mit diesen Zähnen, diesen Backen!*[502]

Agnes wird zur Todfeindin, zum Gegenprinzip einer hellen, lichten, leichten Welt, die Margarete verschlossen bleibt. Denn ihr Weg ist gepflastert mit Enttäuschungen. Ein von ferne geliebter Ritter wird nach einem misslungenen Aufstand hingerichtet, der Luxemburger Johann mit ihrer Hilfe vertrieben, der Wittelsbacher Ludwig mit ihrem Wissen vergiftet, die letzte Hoffnung, der Sohn Meinhard, kaltblütig ermordet. Auch das Land verliert sie. Und selbst um die Hinrichtung der Feindin wird sie betrogen – Agnes von Flavon ist vorher vergiftet worden. Sie erstarrt, verkrustet: *Mit einem matten Verlangen wünschte sie nur eines: immer so bleiben, immer so dahindämmern in dem brütenden Sommer, schlaff, still verdunsten wie das besonnte Wasser.*[503]

Die Geschichte der hässlichen Herzogin ist unübersehbar von den Lehren Freuds und Darwins beeinflusst, mit denen sich Feuchtwanger nach dem Ersten Weltkrieg auseinandersetzt. Die physische Konstitution als natürliche Benachteiligung und ihre Auswirkung auf die psychische Entwicklung sind ein Kernmotiv des Romans. Margaretes seelische Verkümmerung, die schließlich zu einer pathologischen Fresssucht führt, ihr unerfülltes Liebesbedürfnis, das sie eine kalte, auch zum Mord fähige Machtpolitikerin werden lässt, zeigen Feuchtwanger als gelehrigen Schüler Freuds. Auch Biographisches spielt da noch mit. Feuchtwanger, der jüdische Intellektuelle, hat die Außenseiterposition seiner Romanfigur möglicherweise bis hin zur »Unschönheit« mitempfunden. Als der Jude Mendel Hirsch bei der Herzogin ist, erfährt sie einiges von den unbekannten Sitten seines Volkes: *Sie hörte von seinen seltsamen Gebräuchen, Gebetmantel, Gebetriemen, anderer Kost. Sie fragte ihn nach Einzelheiten. Er wich höflich und entschieden aus. Dies gefiel Margarete. Er war häßlich und besonders. Er war umkrustet. Sie war die Maultasch, er der Jud.*[504] Weitere Motive hat er bereits mit unterschiedlichem Nachdruck im *Jud Süß* gestaltet. Der historische Hintergrund wird in der *Häßlichen Herzogin* allerdings erheblich stärker in die Handlung einbezogen als in der Geschichte von Joseph Süß Oppenheimer. Die Übergangszeit des 14. Jahrhunderts – das Ende des feudalen Rittertums, das Aufblühen der Städte, des Handels und des Geldwesens – rückt ins Zentrum. Margarete ist eine moderne Herrscherin, die Juden ins Land holt, um den Handel zu fördern und die Städte zu stärken, die Zukunft gehört dem Materialismus: *An die Stelle der Burg trat die Stadt, an Stelle des kräftigen einzelnen die Organisation. Wenn der fahrende Ritter Herberge verlangte, Speis und Trank, forderte man von ihm – Gotts Marter! – Bezahlung. Nicht ihm gehörte die Zukunft, sondern dem Bürger, nicht der Waffe, sondern der Ware, dem Geld.*[505] Das schreibt Feuchtwanger in den Monaten der Inflation, kurz bevor der Dollarstrom die Republik von Weimar für wenige Jahre stabilisiert. Er hat sich ein wenig mit Marx beschäftigt; der »Amerikanismus«, den er schon so früh erspürt, lenkt ihn auf neue Denkbahnen, macht ihm Parallelen zwischen der Zeit der Maultasch und seinem eigenen Jahrhundert deutlich.

In der *Häßlichen Herzogin* taucht wieder das Thema Asien – Europa auf. Margarete erlebt die Vergeblichkeit des Tuns, scheitert mit ihren Plänen, erstarrt im Nichttun. Am Ende des Romans sitzt sie am Ufer des Chiemsees: *Aus dem niedern, gelblichgrauen, besonnten Fischerhaus kam ihr dürres Fräulein, holte die Herzogin zum Essen. Margarete stand auf, reckte sich träg, ging mit ihrem schweren, schleifenden Schritt dem Haus zu. Der Mund wulstete sich äffisch vor, die Backen hingen schlaff, riesig, unförmig herab, die Schminke konnte die Warzen nicht verdecken. Das dürre Fräulein, still, demütig, öffnete die ungefüge, niedere Tür vor ihr. Wolkig drang der Geruch gebratener Fische heraus. Margarete schnupperte ihn behaglich ein, ging ins Haus.*[506] Aber auch Johann, dem König von Böhmen und ersten Schwiegervater der Maultasch – diesem leichtsinnigen Abenteurer, an dem die neue Zeit abzuprallen scheint, in der Geld und Ware statt der Jagd nach Waffenglück und begehrenswerten Frauen den Lauf des Lebens bestimmen, und dessen wirbelndes, vertanes Dasein Lion Feuchtwanger mit so viel Sympathie schildert –, zerrinnt alle Macht und aller Ruhm. Blind und sinnlos stürzt er sich in den Schlachtentod. *Der tote König lag allein. Krähen und Raben kreisten.*[507]

Und auch in diesem Roman tauchen – offenbar gegen den Wunsch des Verlegers – die Juden auf, von Margarete ins Land geholt, fleißig, isoliert, gehasst und schließlich wieder verjagt oder ermordet. *Von Italien dann kroch es herauf in die Täler Tirols, schleimig, immer weiter, Geraune erst, dann immer festere Gewißheit: die Juden machen die Pest. Die Pest hört nicht auf, solang man die Juden im Land läßt. Es ballte sich zusammen. Hetze, Anschläge.*[508] Der Judenhass, im 14. Jahrhundert vielfach nachgewiesen, bleibt im 20. Jahrhundert ein dominierendes Thema für den Schriftsteller.

Der Roman ist leichter, distanzierter geschrieben als der *Jud Süß*. Feuchtwanger ist mehr Betrachter, nüchterner Chronist. Die Sprache bleibt zwar voll barocker Fülle, aber die Prosa ist nicht mehr so breit, was schon der erheblich geringere Umfang bedingt. Die klare Gliederung in drei Bücher folgt den Herrschaftsverhältnissen in Tirol: Im ersten Buch sind es die Luxemburger, im zweiten die Wittelsbacher, im dritten die Habsburger, die im Land die Macht besitzen.

Im Herbst 1923 erscheint die erste Auflage, also 19 Monate vor dem *Jud Süß*. Der Erfolg ist beachtlich. Auch Jahrzehnte nach der Erstveröffentlichung findet der *Herzogin*-Roman in der Kritik Zustimmung, wobei Feuchtwangers Sprache die Rezensenten nach wie vor irritiert. Bei Hans Mayer heißt es beispielsweise 1957: »Man liest den Roman …, ärgert sich zunächst über eine offensichtlich stark und bewußt stilisierte Schreibweise … und ist dann, nach wenigen Augenblicken, wieder völlig im Bann dieser Geschichte und ihres Erzählers.«[509] Und eine Generation später, 1989, schreibt Ralph Kohpeiss: »Hans Mayers Ärger über Feuchtwangers stark stilisierte Schreibweise scheint begründet. Stark beeinflußt von Döblins ›Wallenstein‹, in dem Bestreben, die atemlose Dynamik dieses ersten deutschen Epos seit Klopstocks *Messias* nachzuahmen, gelangt Feuchtwanger zu einem manierierten Stakkato abgehackter Sätze. Durch Verb- und Adjektivhäufungen, asyndetische Reihungen, gedrängte Partizipialkonstruktionen, Ellipsen und Syntaxverstellungen erzielt der Autor Dynamik und Tempo … Erzähltechnisch zeigt sich der Autor der *Häßlichen Herzogin* ansonsten durchaus auf der Höhe seiner Zeit.«[510]

Besonderes Glück im Erscheinungsjahr, dass die »Frankfurter Zeitung« eine außergewöhnlich umfangreiche und positive Kritik veröffentlicht, obwohl *Die häßliche Herzogin* zunächst in einem Buchclub erscheint, üblicherweise also keine Besprechung zu erwarten ist. Bis Ende 1932 sind rund 632 000 Exemplare in 19 Sprachen verkauft. Die englische Ausgabe, wieder bei Martin Secker, folgt 1927, die amerikanische bei der Viking Press 1928. In beiden Ländern ist im Gegensatz zu Deutschland vorher bereits der *Jud Süß* erschienen; Feuchtwanger besaß daher in Großbritannien und den USA als Romanautor schon einen gewissen Bekanntheitsgrad.

Beide Romane werden zu Recht als Einheit gesehen. Sprachlich und thematisch weisen sie starke Gemeinsamkeiten auf. Sie sind im eigentlichen Sinne historische Romane. Mit ihrer Veröffentlichung ist diese Literaturgattung vor allem in der angelsächsischen Welt wieder populär geworden, hat Lion Feuchtwanger den historischen Roman von den Zwängen konservativer, pathetischer Historienporträts befreit. Natürlich nicht er allein. In diesen Jahren erscheinen im deutschsprachigen Raum auch die viel gelesenen neuen Werke von Alfred Döblin, Arnold oder Stefan Zweig. *Jud Süß* und *Die häßliche Herzogin* schließlich haben den Ruhm ihres Schöpfers begründet, ihn materiell unabhängig gemacht. Der Schriftsteller Lion Feuchtwanger hat sich mit ihrer Veröffentlichung seinen Platz im Literaturgetriebe der Weimarer Republik erobert.

KAPITEL 14

Der heutige Mensch ist durch den Film rascher geworden.
Die Berliner Jahre

»Berlin war mehr als eine Messe wert«, schreibt Carl Zuckmayer in seinen Lebenserinnerungen, wenn er auf die 1920er Jahre zurückblickt. »Diese Stadt fraß Talente und menschliche Energien mit beispiellosem Heißhunger, um sie ebenso rasch zu verdauen, kleinzumahlen und wieder auszuspucken. Was immer in Deutschland nach oben strebte, saugte sie mit Tornado-Kräften in sich hinein, die Echten wie die Falschen, die Nullen wie die Treffer …«[511] Das preußische Berlin wird zur politischen und kulturellen Metropole der Republik. Die Goldenen Zwanziger – merkwürdig verklärend nennen viele diese Zeit später so, und sie meinen damit vor allem die Hauptstadt: Berlin hat die besten Theater, es zieht die großen Künstler der Epoche wie ein Magnet an. Die bedeutenden Verlage sind hier, Ullstein, Fischer, Kiepenheuer, und die bedeutenden Zeitungen, »Berliner Tageblatt«, »Vossische Zeitung«. Die mächtigsten Theaterkritiker befehden sich in Berlin: Alfred Kerr und Herbert Ihering. Sie schreiben über die größten Schauspieler der Republik, die natürlich auf den Bühnen der Hauptstadt spielen. Berliner Theaterinszenierungen werden zum Ereignis: Leopold Jessner erstaunt mit der ersten Treppe auf der Bühne; Erwin Piscator schwört auf Brecht und das politische Theater; Erich Engel führt die »Dreigroschenoper« zum Triumph; Max Reinhardt, Wanderer zwischen Salzburg und Berlin, erschafft das Große Welttheater. Bruno Walter und Otto Klemperer – der eine stärker der Tradition, der andere in der Kroll-Oper der Moderne verbunden – führen Berlins Musiktheater zu neuen Höhen.

Die großen Alten Max Liebermann, Lovis Corinth und Max

Slevogt malen in Berlin ihre impressionistischen Bilder, dem Realismus zugewandt. An der Akademie lehrt Max Pechstein, einst Mitbegründer der Berliner Sezession und Mitglied des berühmten Brücke-Expressionismus. Karl Schmidt-Rottluff und Emil Nolde haben Ateliers in Berlin, Dada ist 1925 schon passé. George Grosz geißelt mit seinen entlarvenden Zeichnungen die geld- und renomeesüchtige Bourgeoisie, zeigt die brutale Wirklichkeit, die hinter dem längst schon wieder gesellschaftsfähig gewordenen Militarismus droht. Auf dem Reißbrett des großen Architekten Mies van der Rohe entstehen strenge, sachliche Konstruktionen.

Berlin, das sind gewagte, verrissene, glänzende Theateraufführungen, das sind Sechstagerennen und Avusgedröhne, Boxkampf und Modenschauen, das ist Flitter und Betäubung, sexuelles Ausleben und Flucht in den Rausch, das ist politisches Kabarett und eine ironische, grausame Sensationspresse. Es ist die Stadt einer »lost generation«, illusionslos, zynisch, diesseitig. Talent hat Chancen, die Sensation noch mehr. Berlin ist liberal, keineswegs dumpf. Die Stadt der »nationalistischen Bewegung« wird München, die Stadt des »Amerikanismus«, der Sachlichkeit ist Berlin. Goebbels muss auf Massenarbeitslosigkeit und die Intrigen des Hindenburg-Kreises warten, um die Stadt im Lärm seiner wüsten Angriffe auf die Republik allmählich überwältigen zu können.

Berlin ist 1925 mit 4 Millionen Einwohnern nach New York und London die drittgrößte Stadt der Erde. 56 Dörfer und 29 Gutsbezirke sind eingemeindet und in 20 Verwaltungsbezirke eingeteilt worden. 1925 gibt es in Berlin 115 730 Arbeitslose und 55 000 »Notstandsarbeiter«, 47 071 Geburten, 133 612 Verurteilungen wegen krimineller Vergehen. Berlin erlebt 1919 den Spartakus-Aufstand und ist 1920 das Zentrum des Kapp-Putsches. In Berlin werden Rosa Luxemburg und Karl Liebknecht ermordet. Auch Walther Rathenau.

Am Aschermittwoch des Jahres 1925 verlässt Lion Feuchtwanger München. Er kennt Berlin, hat dort, als die Stadt noch die

Hohenzollern beherbergte, einige Semester studiert, ist in den frühen 20er Jahren bei Theaterproben oder Aufführungen seiner Stücke an der Spree. Auch bei den Premieren des Freundes Brecht. Zuletzt in den turbulenten Tagen der Proben ihres *Eduard des Zweiten,* an dem Regisseur Jürgen Fehling fast verzweifelte. Seine Schwester Franziska lebt in Berlin, Gattin des jüdischen Unternehmers Eduard Diamant, dessen Charakter manches zur Figur des Kaufmanns Jacques Lavendel in *Die Geschwister Oppermann* beigetragen hat. Ihre Wohnung bietet dem Bruder und Schwager in den ersten schwierigen Inflationsjahren häufig Unterkunft.

Feuchtwanger liebt Berlin, lebt gerne dort. Aber er wird nie mit der preußischen Stadt so tief verwurzelt sein wie mit München, der bayerischen Heimat. Fast acht Jahre wohnt er in der Hauptstadt der unruhigen Republik, bis ihn das Vaterland endgültig verjagt. Zwei Romane schreibt und veröffentlicht er in diesen Jahren, mehrere Kurzgeschichten, Teile seiner amerikanischen Balladen. Noch stärker als nach der bayrischen Revolution entwickelt er sich zu einem politischen Liberalen, einem kritischen Anhänger der republikanischen Verfassung.

Die Jahre zwischen 1925 und 1933 sind Arbeits- und Reisejahre. Wenn ein neues Werk im Entstehen ist, lebt Feuchtwanger sehr zurückgezogen. Erholung findet er in ausgedehnten, oft mehrmonatigen Reisen, die ihn nach Italien, Frankreich, Spanien, Großbritannien, Skandinavien oder in die Vereinigten Staaten führen. Ein Drittel des Jahres ist er unterwegs, entdeckt neue Länder, neue Städte, neue Themen. Er ist ein berühmter Autor geworden. Zum Zeitpunkt des Umzugs wird der *Jud Süß* veröffentlicht, englische und französische Journalisten und Literaten kommen nach Berlin, um ihn zu interviewen oder mit dem Kollegen über seine Werke zu plaudern: Sinclair Lewis, John Galsworthy, Theodore Dreiser, Paul Valéry. Die großen Verlage – Fischer, Ullstein, Kiepenheuer – bieten Verträge; er wird allmählich wohlhabend, kann die vielen Reisen gut finanzieren, Marta einen Fiat, dann einen schönen Buick schenken, 1931 schließlich im Grunewald ein Haus bauen. Er kann sich, was seine Arbeitstechnik einschneidend verändert, eine ständige Sekretärin leisten.

Die Freundschaft zu Brecht bleibt in Berlin eng, war er es doch, der Feuchtwanger besonders drängte, in die »Großstadt« nachzukommen. Brecht sucht die Zusammenarbeit. Die gegenseitigen künstlerischen und politischen Anregungen vertiefen sich. Allerdings, im politischen Denken vollzieht Feuchtwanger Brechts wachsende, dann besonders von Helene Weigel beeinflusste Hinwendung zum Marxismus nicht mit. Er steht dem historischen Materialismus skeptisch, sogar ablehnend gegenüber. Aber er teilt Brechts großstädtischen Enthusiasmus, seine Leidenschaft für den Film oder für lärmende Sportveranstaltungen, hört interessiert zu, wenn der Augsburger von seinen Besuchen in zwielichtigen Lokalen berichtet, wo Huren und Zuhälter Stammgäste sind. Und er lächelt nicht, wenn Brecht für Sportillustrierte oder Modehefte schreibt. Brecht veröffentlicht in diesen Jahren wichtige Werke, den Text zu Kurt Weills Oper »Aufstieg und Fall der Stadt Mahagonny« oder »Die heilige Johanna der Schlachthöfe«, Feuchtwanger seine Romane *Erfolg* und *Der jüdische Krieg*.

Arnold Zweig wohnt einen halbstündigen Fußmarsch von Feuchtwangers Grunewaldhaus entfernt. Oft begleiten sie sich nach einem Besuch, gehen zweimal von Haustür zu Haustür, ins Gespräch über Werk und Politik vertieft. Für beide gewinnt das jüdische Thema eine neue, wichtige Bedeutung. Denn der in den letzten Jahren der Republik mit neuer Wucht ausbrechende Antisemitismus trifft sie tief. Zweigs bedeutender Roman »Der Streit um den Sergeanten Grischa« erscheint 1927, vom Freund Feuchtwanger im »Berliner Tageblatt« begrüßt: *Da kommt nun dieser deutsche Schriftsteller Arnold Zweig, ... und schreibt als erster einen Kriegsroman ganz großen Formats.*[512]

Heinrich Mann sieht er in der Berliner Zeit seltener, der große Repräsentant der deutschen Literatur in den Weimarer Jahren lebt privat in seiner eigenen Welt, den Theatern, Kabaretts und dem spartanischen Schreibzimmer. In dieser Zeit ist er ganz von der Leidenschaft zur Schauspielerin Trude Hesterberg gefesselt, und die Premiere der »Professor Unrat«-Verfilmung im Frühjahr

1930 macht ihn über den Kreis der Literatur-Interessierten hinaus bekannt. »Der blaue Engel«, von Josef von Sternberg gedreht und mit Marlene Dietrich und Emil Jannings glänzend besetzt, wird ein Welterfolg.

Es sind die Jahre, die die Literaturgeschichte mit dem Begriff »Neue Sachlichkeit« bezeichnet. Lion Feuchtwanger hat mehrfach auch in die literarische Diskussion dieser Zeit eingegriffen. Es erscheinen in knapper Folge Aufsätze, in denen er die eigene Position beschreibt. Wobei auf eine wichtige Bemerkung von Marta Feuchtwanger hingewiesen sei, die sie 1976 mit Blick auf den Roman *Erfolg* gemacht hat: »Lion Feuchtwanger gehörte nie einer Moderichtung an; so betrachtete er sich auch nicht als zur Neuen Sachlichkeit gehörend. Wahrscheinlich lag aber die Neue Sachlichkeit in der Luft.«[513]

Bei der Betrachtung seiner Theaterstücke ist schon auf Feuchtwangers Thesen in seinem Aufsatz *Die Konstellation der Literatur* von 1927 eingegangen worden, auf seinen Hinweis, dass die Literatur neue Inhalte in den Vordergrund rückt: *Krieg, Revolution, gesteigerte Technik ... Fabriken, Konzerne, Autos, Sport, Petroleum.*[514] In einem Aufsatz von 1928 befasst er sich in diesem Zusammenhang mit dem wachsenden Einfluss der angelsächsischen Schriftsteller. *Der Angelsachse verlangt von seinen Schreibern, daß sie im wirklichen Leben Bescheid wissen. Er sieht es lieber, wenn seine Schriftsteller sich auf Experimente, Statistiken, Akten berufen als auf Seele. Er findet lieber in einem Buch Material, Information als die Ansichten des Schreibers, Angeschautes lieber als Anschauung.*[515] Das Dokumentarische, Reportagehafte drängt in den Vordergrund, löst den »sentimentalen« Subjektivismus der französischen Literaten ab. Feuchtwanger verschweigt in diesem Aufsatz nicht die großen Sympathien, die er den englischen und amerikanischen Autoren entgegenbringt: *Die Weltgeltung der Literaturen entspricht der Art, wie sie die vielverspottete Forderung nach Sachlichkeit erfüllen. Am vollkommensten genügt dieser Forderung das angelsächsische Buch, sodann das russische, sehr viel weniger das deutsche, gar nicht das romanische.*[516]

Wer Sinclair Lewis gelesen habe, so meint Feuchtwanger, der

wisse mehr über Amerika als nach dem Studium umfangreicher Fachzeitschriften. Shaw, Galsworthy oder Bennett würden über das England von heute besser informieren als ganze wissenschaftliche Bibliotheken. Allerdings, die Sachlichkeit darf nicht Selbstzweck sein, sie bleibt ein bewusst eingesetztes Kunstmittel des Schriftstellers: *Wer verkündet, der heutige Roman strebe an, den Leser über äußere Tatbestände, soziologische oder psychologische Fragen zu informieren, wer das verkündet, der ist ein Schwindler. Der heutige Roman überläßt das mit der gleichen Seelenruhe wie der frühere der Wissenschaft und dem Bericht des guten Reporters.*[517]

Feuchtwanger hat – wie Brecht und manch andere Autoren dieser Jahre – die Rolle des Films für die Literatur früh erkannt, die Prinzipien dieses Mediums dem modernen Roman empfohlen. *Der heutige Mensch ist durch den Film rascher in der Auffassung geworden, wendiger in der Aufnahme schnellwechselnder Bilder und Situationen. Das heutige Prosaepos macht sich das zunutze. Es hat vom Film gelernt. Es wagt mit Erfolg, eine viel größere Fülle von Gesichten zwischen zwei Buchdeckel zusammenzupressen als das frühere. Der heutige Roman wagt sich daran, die endlose Vielfalt der Welt in ihrer Gleichzeitigkeit darzustellen. Er gibt oft nicht eine oder zwei oder drei Handlungen, sondern zwanzig oder fünfzig … Wie das Elisabethanische Drama die Einheit des Ortes und der Zeit sprengte, so durchbricht das heutige Prosaepos, sehr oft mit Erfolg, das Gesetz von der Einheit der Handlung.*[518]

Die literarischen Werke, die Lion Feuchtwanger in dieser Zeit schreibt, sind von solchen theoretischen Anschauungen mitgeprägt. Nicht nur für den großen Roman *Erfolg*, der ihn drei Jahre intensiv beschäftigt und 1930 erscheint, gilt das, sondern auch für die wenigen kleinen Erzählungen aus dieser Periode und – vor allem mit Blick auf den Amerikanismus Feuchtwangers – die *Wetcheek*-Balladen, die während seiner Berliner Zeit veröffentlicht werden.

Zwischen 1925 und 1932 schreibt Feuchtwanger mehrere Kurzgeschichten. Es sind literarische Miniaturen, Szenendarstellungen oder knappe Ereignisabrisse, in sachlicher Sprache geschildert. Drei davon – *Stierkampf*, *Polarfahrt* und *Panzerkreuzer*

1 Geschäftsmann, bayerischer Patriot und Bücherfreund: Sigmund Feuchtwanger, der Vater des Schriftstellers (1854–1916).

2 Hausfrau, Kleinbürgerin und strenge Glaubenserzieherin: Johanna Feuchtwanger, die Mutter des Schriftstellers (1864–1926).

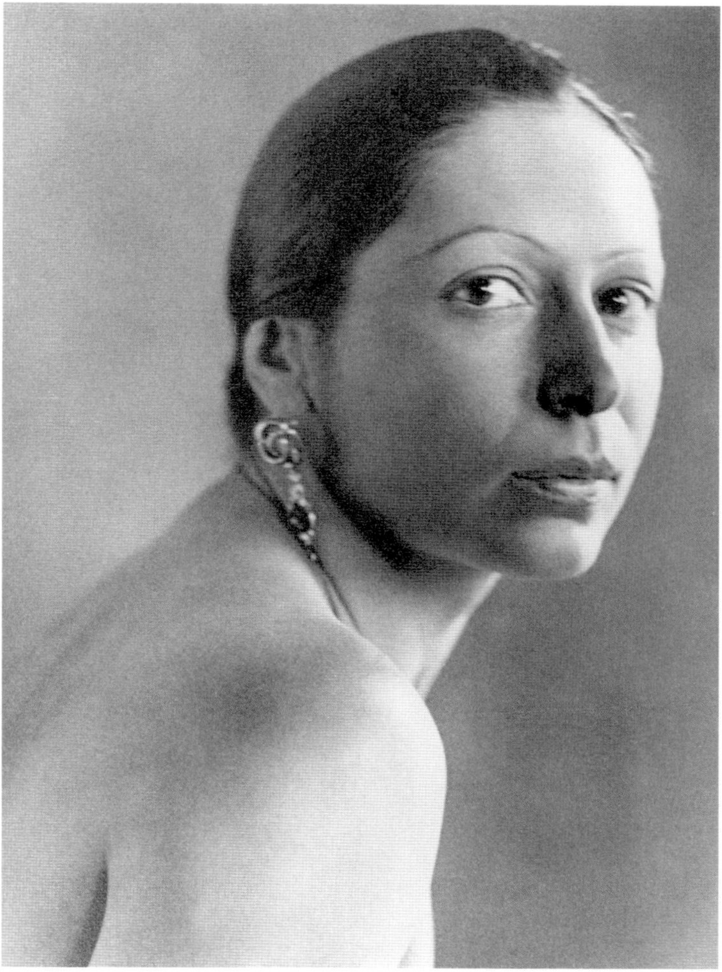

3 Mondäne Schönheit: Marta Feuchtwanger, Ende der 1920er Jahre in Berlin.

4 »The golden Twenties« im Berliner Lunapark, etwa 1927.
Bertolt Brecht, Frank Warschauer, Lion Feuchtwanger, Eduard Diamant (von links)
Lions Schwester Franziska, Marianne Brecht, Marta Feuchtwanger (von links).

5 Engagierte Republikaner: Carl von Ossietzky (Mitte links), der 1931 vom Reichsgericht zu eineinhalb Jahren Gefängnis verurteilt wurde, verabschiedet sich von den ihn geleitenden Berliner Schriftstellern und Journalisten im Mai 1932 vor der Strafanstalt in Berlin Tegel.
Vorn links Lion Feuchtwanger.

6 Früchte des Erfolges: das Berliner Haus in der Mahlerstraße 8 (1932).

7 Treffen im Exil: Bertolt Brecht und Marta Feuchtwanger, Schweiz, Lugano, 1933.

8 Eva van Hoboken.

9 Lola Humm-Sernau.

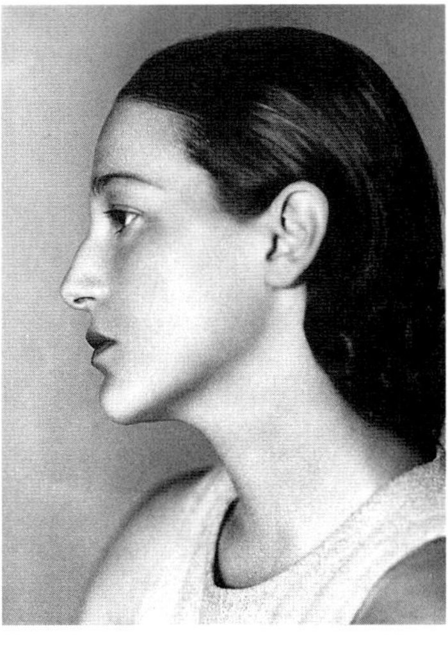

10 Eva Hermann, Sanary 1934 (Foto: Walter Bondy).

11 Maria Osten in Berlin, 1929/30.

12 Umgeben von Bücherwänden: Lion und Marta in der Bibliothek der Villa Valmer, Sanary, Juni 1934 (Foto: Walter Bondy).

13 Arnold Zweig, 1928/29.

14 Heinrich Mann, 1931.

15 Bruno Frank, um 1933.

16 Thomas Mann, 1946.

17 Der Schriftsteller als »Staatsbesucher«: Lion Feuchtwanger beim Treffen mit Stalin im Januar 1937.

18 Beim Teufel in Frankreich: Lion Feuchtwanger 1940 im französischen Internierungslager Les Milles (links Friedrich Wolf). Das von einem Unbekannten aufgenommene Foto gelangte nach Washington ins Weiße Haus zu den Roosevelts.

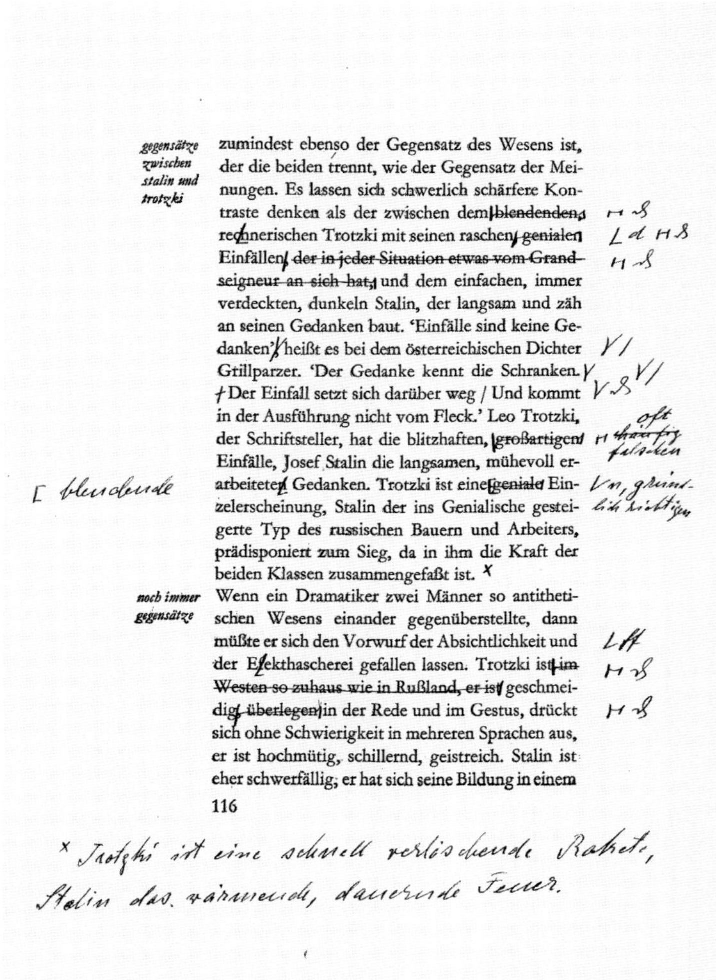

gegensätze zwischen stalin und trotzki

zumindest ebenso der Gegensatz des Wesens ist, der die beiden trennt, wie der Gegensatz der Meinungen. Es lassen sich schwerlich schärfere Kontraste denken als der zwischen dem blendenden, rednerischen Trotzki mit seinen raschen, genialen Einfällen, der in jeder Situation etwas vom Grandseigneur an sich hat, und dem einfachen, immer verdeckten, dunkeln Stalin, der langsam und zäh an seinen Gedanken baut. 'Einfälle sind keine Gedanken', heißt es bei dem österreichischen Dichter Grillparzer. 'Der Gedanke kennt die Schranken. / Der Einfall setzt sich darüber weg / Und kommt in der Ausführung nicht vom Fleck.' Leo Trotzki, der Schriftsteller, hat die blitzhaften, großartigen Einfälle, Josef Stalin die langsamen, mühevoll erarbeiteten Gedanken. Trotzki ist eine geniale Einzelerscheinung, Stalin der ins Genialische gesteigerte Typ des russischen Bauern und Arbeiters, prädisponiert zum Sieg, da in ihm die Kraft der beiden Klassen zusammengefaßt ist. ×

noch immer gegensätze

Wenn ein Dramatiker zwei Männer so antithetischen Wesens einander gegenüberstellte, dann müßte er sich den Vorwurf der Absichtlichkeit und der Effekthascherei gefallen lassen. Trotzki ist im Westen so zuhaus wie in Rußland, er ist geschmeidig, überlegen in der Rede und im Gestus, drückt sich ohne Schwierigkeit in mehreren Sprachen aus, er ist hochmütig, schillernd, geistreich. Stalin ist eher schwerfällig, er hat sich seine Bildung in einem

116

× Trotzki ist eine schnell verlöschende Rakete, Stalin das wärmende, dauernde Feuer.

19 Das leichtfertige Buch: Moskau 1937, Druckfahne des Querido Verlags, Amsterdam, mit handschriftlichen Korrekturen Feuchtwangers.

20 Das »Schloß am Meer«: die Villa Paseo Miramar in Pacific Palisades, Kalifornien.

21 Die Mühen des Alltags: Lion Feuchtwanger bei der von Marta eingeforderten täglichen Gymnastik (1950).

22 Streitbare Lebens- und Künstlerfreunde: Bertolt Brecht (links) und Lion Feuchtwanger auf der Terrasse der Villa Paseo Miramar. Die Aufnahme von Ruth Berlau, Brechts Mitarbeiterin, entstand 1947 bei der letzten Zusammenkunft der beiden Schriftsteller.

23 Neue Bücher sind eingetroffen: das Ehepaar Feuchtwanger in der Villa Paseo Miramar während der 1950er Jahre.

24 Im Angesicht des Todes: Lion Feuchtwanger im November 1958. Das Foto stammt von Lotte Walter, der Tochter des Dirigenten Bruno Walter.

Potemkin – werden als Einzelkapitel in den Roman *Erfolg* aufgenommen. *Marianne in Indien* entsteht – wie erwähnt – bei der Neubeschäftigung mit dem *Warren Hastings*-Thema. *Nachsaison, Höhenflug* und *Die Geschichte des Gehirnpsychologen Dr. Bl.* sind eigenständige Erzählungen. Sie werden erst 1934 in dem Erzählungsband *Marianne in Indien. Und sieben andere Erzählungen* im Pariser Merkur-Verlag veröffentlicht. Die Geschichte *Nachsaison* berichtet vom Sterben des alternden Dichters Robert Wickersberg. Während der Nachsaison in einem Kurort genießt er seine Anonymität, verliebt sich in ein nichtssagendes junges Mädchen, und um ihr zu imponieren, unternimmt er einen sportlichen Kraftakt, der Krankheit und Tod auslöst. Trotz der sprachlichen Nüchternheit eine melancholische Erzählung, nicht ohne ironischen Seitenblick auf Thomas Manns damals schon seit 16 Jahren berühmten »Tod in Venedig« geschrieben.

Die Leser des »Berliner Tageblatts« freuen sich seit 1924 – jedenfalls, wenn sie satirische Balladen reizvoll finden – auf die Sonntagsbeilage dieser großen Zeitung. Denn dort erscheinen eine Zeitlang jede Woche die Gedichte eines J. L. Wetcheek, der vom sehr amerikanischen Leben des Mister B. W. Smith, Dachziegel und Verwandtes, erzählt. Niemand weiß, wer der Balladendichter ist, bis ein findiger Leser den Verfassernamen übersetzt und das Geheimnis lüftet: Wetcheek ist ein Pseudonym Feuchtwangers (wet = feucht, cheek = Wange). 1928 erscheinen diese Gedichte bei Kiepenheuer in einem Sammelband unter dem Titel. *J. L. Wetcheeks amerikanisches Liederbuch,* illustriert vom Brecht-Freund Caspar Neher. Die Widmung in diesem schmalen lesenswerten Bändchen lautet: *Für den guten Amerikaner Sinclair Lewis in Verehrung und Kameradschaft.* Eine Zueignung, die gleichzeitig programmatische Ankündigung ist. Die *Wetcheek*-Balladen nämlich sind Feuchtwangers direkteste Auseinandersetzung mit dem in dieser Zeit aktuellen »Amerikanismus«. Feuchtwanger hat ihn früher als mancher seiner Zeitgenossen gespürt und in seinen Arbeiten umgesetzt.

Er steht dem American Way of Life in diesem Lebensabschnitt, aber auch später sehr aufgeschlossen gegenüber. Das Nüchterne, Vernunftbetonte, Fortschrittliche des technischen, des »amerikanischen« Zeitalters liegt ihm. Im Roman *Erfolg* ist es der amerikanische Konzernboss Daniel Washington Potter, der kühl, unkompliziert und mit *einer großen Anzahl Dollars* die Welt und die Menschen bewegt. Dieser Amerikaner kennt bei Feuchtwanger keine Ideologien, sondern nur Geld und Geschäft, Profit und ökonomische Macht. Er vertritt eine Weltanschauung, von der Lion Feuchtwanger in den 1920er Jahren erheblich stärker überzeugt ist als von den Lehren des Marxismus. Das wird später angesichts der faschistischen Gefahr anders, aber auch dann bleibt Feuchtwanger von Amerika, wo er ab 1941 lebt, beeindruckt.

Als die *Wetcheek*-Balladen und *Erfolg* entstehen, setzen viele auf den amerikanischen Kapitalismus. Die Republik hat die furchtbare Inflationsphase durch das »Wunder der Rentenmark« überwunden; die Dollaranleihen, die der Dawes-Plan über den Ozean bringt, stabilisieren ab 1924 die Verhältnisse. Weimars kurze, politisch etwas ruhigere Zeit beginnt. Sie dauert bis zum Mai 1931, als der Zusammenbruch der angesehenen Österreichischen Creditanstalt endgültig das Ende des »Wirtschaftswunders« der Weimarer Republik einläutet, das Kartenhaus der Dollarillusionen zusammenkracht, die Weltwirtschaftskrise nicht nur den ökonomischen Liberalismus, sondern auch die demokratische Staatsform in Frage stellt, sie schließlich sogar vernichtet.

Aber das ist für die meisten noch nicht erkennbar. Zunächst wird die deutsche Industrie neu aufgebaut, nimmt der Außenhandel, vor allem der Export, rasch zu. Die Arbeitslosenzahlen sinken zwar nicht auf den Vorkriegsstand, aber immerhin im besten Konjunkturjahr 1927 unterschreiten sie für einige Monate die Millionengrenze. Die verzwickte Situation, in der die öffentlichen Hände, die Banken und Sparkassen, die großen Konzerne stecken – wer kann, wer will sie schon erkennen?

Von den etwa 25 Milliarden Goldmark, die in den Jahren 1924 bis 1930 seitens der öffentlichen Körperschaften und der Banken aus dem Ausland geliehen werden, besteht fast die Hälfte aus kurzfristigen Anleihen. Und als dann am 24. Oktober 1929, dem

»schwarzen Donnerstag«, der New Yorker Börsenkrach die ersten Warnsignale setzt, als die Überproduktion der amerikanischen Farmer einen Preisverfall in der deutschen Landwirtschaft auslöst, als schließlich das Auslandskapital, das der deutschen Volkswirtschaft den Sauerstoff zum Überleben bietet, abgezogen wird, als die Zahl der Arbeitslosen innerhalb von vier Jahren – von 1928 bis 1932 – von 7 auf fast 31 Prozent ansteigt, als die Dollarsonne also am Horizont verglüht und als die Hoffnungen auf den »weißen Sozialismus« schwinden, den Henry Ford damals mit seiner auch in Deutschland viel gelesenen Autobiographie suggeriert – da ist es zu spät, ist die Flut nicht mehr zu stoppen.

Die *Wetcheek*-Balladen, die vom Geld und vom Geschäft erzählen, sind Gedichte eines kritischen Liberalen, geschrieben, als die Republik von Weimar noch Zukunft versprach. Sie karikieren den homo americanus – so wie ihn der deutsche Amerikanismus zu entdecken glaubte –, seine in den Versen häufig angesprochene kapitalistische Denkweise, ihre Auswirkungen auf die Kultur des weißen Mannes. Vorbild – Lion Feuchtwanger hat dies ausdrücklich betont – ist die Hauptfigur in Sinclair Lewis' 1922 erschienenem, sehr erfolgreichem Roman »Babbitt«. George F. Babbitt, wohlhabender, aktiver, optimistischer Immobilienhändler aus einer Stadt im Mittelwesten, sieht in seinesgleichen, im amerikanischen Geschäftsmann, den modernen Helden, das Rückgrat der fortschrittlichen Gesellschaft. Er versteht nichts von Philosophie oder Religion, von Literatur oder Geschichte, aber er weiß alles über seine Immobilien, und damit glaubt er die Welt und das Leben voll zu erfassen. Der Konformist Babbitt, der satte, selbstzufriedene Kleinbürger im amerikanischen Gewand, ist der Vater von Feuchtwangers *B. W. Smith, Dachziegel und Verwandtes:*

Er brauchte wenig Schlaf und war 57 Jahre,
sein Magen war schlecht, sonst eigentlich war er ganz gesund,
auch hatte er noch 26 Zähne, gute, schwer zerstörbare;
höchstens um die Taille war er etwas rund.[519]

Und warum der Balladensänger seine Gedichte PEP nennt, darüber klärt er seine Leser recht fröhlich auf:

Das Wort »Pep« dürfte sich von pepper = Pfeffer herleiten
und bedeutet »Stimmung! Kopf hoch! Hurra! Kurasche!« und dergleichen.
Der Amerikaner pflegt damit seine Tätigkeit zu begleiten,
insbesondere wenn ihm mulmig wird und seine Energie beginnt aufzuweichen.

700 Worte hat ein Durchschnittsamerikaner, Frauen 800,
ein Chauffeur (infolge Fluchens) 900, Präsident Coolidge keines,
W. Shakespeare 14 000, G. B. Shaw 3700.
Aber in Wirklichkeit notwendig ist nur Eines: Pep![520]

Schon die »Gebrauchsanweisung«, die dem Liederbuch beigegeben ist *(Sonst kommen Sie nie auf den richtigen Geschmack)*, lässt wenig Zweifel an J. L. Wetcheeks satirischem Vorhaben, aber auch an seinen stillen Sympathien für das so ironisch betrachtete Amerika:

Vergessen Sie nicht, wenn Sie diese Gedichte lesen,
daß an fast allen großen Männern kleine Schwächen hafteten und haften.
Moses war jähzornig, Brutus berechnete unfaire Zinsen und Spesen.
Sogar an H. Ford und Th. Edison bemerken Sie einzelne weniger sympathische Eigenschaften.

Es ist erlaubt, daß einen die kleinen Schwächen großer Männer lächern.
Einige lachen selbst mit, *einige sehen* sauer, *wenn man sie neckt.*
Den großen Mann zu necken, *bleibt gutes Recht des Schwächern,*
hat er nur vor der wahren Qualität *den erforderlichen Respekt.*

Amerika ist gut, Amerika ist groß, Amerika zahlt 100 Prozent.
Bemerken Sie wohl, während Sie hier seine kleinen Pickel beachten,
daß diese Pickel, die jeder kennt,
sogleich unsichtbar *werden, wenn Sie das Land* total *betrachten.*[521]

Und dann werden in vier Abschnitten Weltanschauliches, Soziales, Kunst oder kleine Erlebnisse und Ergebnisse aus dem Leben und Denken des amerikanischen Mittelwestlers B. W. Smith dargeboten. Vor allem natürlich sind es seine Geschäfte, die ihn bewegen:

Mir hat einmal Mister G. Eathorn einen schadhaften Petroleumkübel
für einen neuen Benzinbehälter angedreht.
Ich nahm es nicht Mister Eathorn, sondern nur mir übel;
denn für solche Geschäfte war meine Jahreszeit schon reichlich spät.

Seh ich jetzt Mister Eathorn, sag ich »Hallo, alter Junge!« und hecke
still weiter an meinen Plänen, man sieht mich weder jadegrün noch lackrot strahlen.
Aber ob einer noch soviel Pappwand zwischen mich und Mister Eathorn stecke,
ich vergesse schwerlich, *und* einmal *wird Mister Eathorn zahlen.*[522]

Der Satiriker Feuchtwanger arbeitet auch in seiner PEP-Lyrik häufig mit den inneren Monologen, lässt den Geschäftsmann B. W. Smith durch Erlebnisse, die sein festgefügtes heiles Weltbild durcheinanderbringen könnten, zum verdrängenden Kleinbürger werden, der nicht nur im amerikanischen Mittelwesten zu Hause ist. Erschütterungen dringen nicht in diese geordnete, konforme Denkwelt, und wenn doch, dann geschieht Außerordentliches:

Als Herr B. W. Smith im Ostexpress mit einem Gegenzug zusammengetroffen war,
wobei er mit 17 % der Passagiere unverletzt das Feld räumte,
geschah ihm, was ihm selten geschah,
daß er nämlich zwei Nächte hindurch unangenehm träumte.[523]

Feuchtwangers PEP-Lyrik ist nicht antiamerikanisch. Die Gedichte sind eine sehr persönliche Auseinandersetzung mit dem

Amerikanismus, nicht von wehleidiger Kulturkritik oder mystischer Verklärung der vortechnischen Zeit getragen, sondern von ironischer Nüchternheit, augenzwinkerndem Verstehen, intellektueller Distanz. Sein Dichterkollege Max Herrmann-Neiße findet in seiner im Januar 1928 erschienenen Besprechung für »Die neue Bücherschau« die *Wetcheek*-Balladen »erfreulich und nützlich … soweit es als Gegengewicht gegen die übliche, bedingungslose Schwärmerei für Amerika in Betracht kommt. Und das geschieht oft ganz wacker, wenn die Devise des Normal-Yankees: ›Immer praktisch, sonst hat's keinen Zweck!‹ in allen ihren Auswirkungen attackiert wird.« Auch dies merkt er an: »Im Grunde wiegen die Gedichte, meinem Gefühl nach, überhaupt zu leicht, ist alles ein wenig zu selbstgefällige Spielerei, zu groß aufgezogener Bierulk …«[524] Aber diese Balladen wollen wohl aus der Sicht des Autors vor allem ein großer Spaß sein, an dem sich ihr Schöpfer beim Schreiben nicht weniger amüsiert als die Abonnenten des »Berliner Tageblatts« beim Lesen.

Erfolg

Das Hauptwerk dieser ersten Berliner Jahre ist der Roman *Erfolg*. Feuchtwanger beginnt mit der Niederschrift wahrscheinlich Ende 1927 und schließt das Manuskript im Mai 1930 ab. Nach Aussage seiner Sekretärin Lola Humm-Sernau hat sich Feuchtwanger bereits 1925 mit dem Roman beschäftigt. Marta wiederum erinnert sich, dass ihr Mann 1926 nach Rückkehr von einer Spanienreise die ersten Manuskriptseiten diktiert hat. Wichtiger als die genaue Datierung ist die Tatsache, dass Feuchtwanger seinen neuen Roman in einer Zeit entwirft und schreibt, in der er bereits in Berlin lebt, die *Geschichte einer Provinz* also jetzt mit der nötigen räumlichen Distanz schreiben kann. 1925, im Jahr des Umzugs, arbeitet er mit Brecht seinen *Warren Hastings* um und beendet das Schauspiel *Die Petroleuminseln*. Er steht in der Mitte des Lebens. Berühmt und finanziell unabhängig, konzipiert er sehr selbstbewusst ein mächtiges Epos über die Geschichte des Landes Bayern in den Jahren 1921 bis 1924. Der große Erzähler des *Jud Süß* und der *Häßlichen Herzogin* bleibt in diesem Werk deutlich erkennbar, aber er geht auch neue Wege. Die Auseinandersetzung mit seiner Zeit, ihren Ideen und ihren politischen Lenkern wird jetzt direkt.

Erfolg ist ein historischer Roman, ein Zeitroman, ein Schlüsselroman, ein Roman, in dem viele Elemente der Neuen Sachlichkeit verarbeitet sind, ein politischer Roman. Es ist ein ganz und gar individuell komponiertes Buch, die literarischen Strömungen der Zeit aufnehmend, manch historisches Vorbild bewusst zu erkennen gebend, beides aber dem eigenen Stil, der eigenen Dramaturgie untergeordnet. Schließlich: *Erfolg* ist das erste große Prosawerk, das sich mit dem Aufkommen des modernen Barbarentums, der nationalsozialistischen Bewegung, auseinandersetzt, ihre Hintergründe ausleuchtet, ihre Lächerlichkeit, ihre Gefährlichkeit, ihre Unmenschlichkeit anprangert. Dem Leser der späten zwanziger Jahre des vorigen Jahrhunderts ist der von Feuchtwanger geschilderte geschichtliche Hintergrund unmittelbar präsent. Er hat die dramatischen ersten Nachkriegsjahre – Revolution, Kapp-Putsch, Fememorde, Ruhrbesetzung, Hyperinflation, Hitler-Putsch usw. – selbst miterlebt, ihre Folgen am eigenen Leibe verspürt. Die politischen Ereignisse, die der Autor in seiner Geschichte darstellt, liegen beim Erscheinen des Romans nur wenige Jahre zurück

Die Handlung ist vielfältig verknüpft, läuft auf den unterschiedlichsten Ebenen ab, wird von dokumentarischen Montagen unterbrochen. Es gibt keine individuellen Helden in dieser Geschichte, sondern nur eine bunte Vielfalt von Typen und einen kollektiven Hauptdarsteller, das Land Bayern und seine Bewohner. Erzählerisch verbunden werden die Ereignisse durch ein krasses Unrechtsurteil gegen den Museumsdirektor Martin Krüger, der in einem »politischen« Prozess zu zwei Jahren Zuchthaus verurteilt wird. Meineid wird ihm vorgeworfen und falsch bezeugt; seine unkonventionelle, moderne Einstellung zur Kunst aber ist es, die die Mächtigen, die Konservativen im Lande Bayern an dem Kunsthistoriker stört, die ihn vernichtet. Das Buch schildert den

Kampf zahlreicher Menschen für oder gegen die Befreiung und Rehabilitierung Martin Krügers, der schließlich kurz vor seiner Begnadigung im Gefängnis stirbt.

Erfolg erzählt von den wirtschaftlichen, sozialen, politischen Strömungen der frühen Weimarer Jahre, von einer politisch korrumpierten Justiz (*In der oberbayrischen Hochebene vor allem war es nicht sehr klug, an die Vernunft der Volksrichter zu appellieren: rechnen mußte man vielmehr mit ihrer dumpf musischen Einstellung*[525]), von den wenigen Mächtigen, die aus dem Hintergrund die Geschichte des Landes Bayern und seiner Menschen nach ihrem Willen und für ihre Interessen bestimmen (*Die Politiker hielten Reden: gelenkt wurden sie aus den Arbeitszimmern der Geschäftsmänner*[526]), von den Intellektuellen, die zwischen Tun und Nichttun, zwischen politischem Handeln und Elfenbeinturm den argen Weg der Erkenntnis durchschreiten: *Sich ethisch hinstellen … kann nach einem bißchen Übung jeder Lump. Vor sich und vor der Welt. Ich für meine Praxis bin lieber fair als ethisch.*[527] Der Roman erzählt von Mutigen und Feigen, Sympathischen und Verachtenswerten. Auch dies: vom Aufstieg und nur scheinbaren Fall der *Wahrhaft Deutschen* und ihres Führers Rupert Kutzner. *Die materiell Minderbemittelten waren zumeist in den Linksparteien, die geistig Minderbemittelten in den Rechtsparteien organisiert.*[528]

Es ist ein Zeitroman, ein politischer Roman. Denn es sind die Monate der bayerischen Revolution und ihrer brutalen Niederschlagung, die das Panorama des Buches bilden, das Anwachsen der völkischen Bewegung, die in München ihr Zentrum findet und zu der auch Adolf Hitler und seine Nationalsozialisten gehören, und ihr gescheiterter Putschversuch vom 9. November 1923. Es sind die Jahre, in denen Arbeitslosigkeit und Inflation Deutschland erschüttern, schließlich die Rentenmark und die Dollaranleihen eine Scheinstabilität herstellen. Es ist die Zeit, in der Bayern immer stärker einem reaktionären Konservatismus verfällt, sich gegen die Reichszentrale in Berlin auflehnt. Wirtschaftlich brechen die herkömmlichen Strukturen zusammen, Inflationsgewinner ist die Großindustrie, die weniger in Bayern, sondern an der Ruhr sitzt. Verlierer sind die kleineren und mittleren Unternehmer, die Kleinbürger: Sie ertrinken in den von nicht erkennbaren Mächten gelenkten Geldströmen. Gewinner sind auch die Bauern, denn die Ernte wächst und die Städter hungern. Die Vertreter der Justiz und der Verwaltung sind monarchistisch, sie lehnen die Republik ab, sehen ihre Privilegien gefährdet und ihr Vermögen, ihr Einkommen von der Inflation dahingerafft. Sie kämpfen gegen das Neue, den Hass auf die Demokraten, die »Novemberverbrecher« und die Intellektuellen im Herzen, nach Erfolg zappelnd, Recht zu Unrecht machend, den Mächtigen hörig, hoffend, vom großen Kuchen, der verteilt wird, einen Krümel zu erhalten. Von alledem wird im Buch *Erfolg* berichtet.

Es soll wie ein historischer Roman wirken. Denn der Autor schreibt aus der Perspektive des Zurückblickenden. Er arbeitet mit der Fiktion, das Geschehen der frühen 1920er Jahre werde von einem Erzähler im Jahre 2000 berichtet. Ein Trick, der wenig einsichtig erscheint und vor allem in unseren Tagen völlig wirkungslos bleibt. Außer den etwas standardisiert wiederkehrenden Formulierungen *in jenen Zeiten* oder *in jenen Jahren* erhält der Leser kaum Hinweise auf diese Zeitperspektive; er vermisst sie nicht, sie trägt auch nichts zur dramaturgischen Verbesserung des Romans bei. Feuchtwanger hat sehr bald offensichtlich selbst Ähnliches empfunden: *Vielleicht war ich zu überheblich, als ich mir bei der Konzeption von »Erfolg« vornahm, den Roman so zu halten, als schriebe ihn ein Autor des Jahres 2000.*[529]

Die Ereignisse – die *Drei Jahre Geschichte einer Provinz,* so der Untertitel von *Erfolg* –, über die Feuchtwanger berichtet, folgen der tatsächlichen Entwicklung dieser Zeit. Insofern also doch ein historischer Roman. Erstaunlich dabei: Feuchtwangers Darstellung vom Aufstieg der *Wahrhaft Deutschen* (Nationalsozialisten) und ihres Führers Rupert Kutzner (Adolf Hitler) sowie die Schilderung vom Verlauf des Novemberputsches sind von der späteren Geschichtsforschung bis ins Detail bestätigt worden. Auch die psychologische Ausdeutung der Auftritte von Kutzner-Hitler ist von bedeutenden Biographen des »Führers« ein halbes Jahrhundert nach der Veröffentlichung von *Erfolg* untermauert worden.

Die nach bester Bühnenmanier inszenierten Präsentationen entsprechen im Roman voll den Erwartungen seiner wachsenden Anhängerschaft. Zunächst dem von Krisenstimmungen tief verunsicherten Kleinbürgertum: Kutzners Schauspielerattitüden, die er bei dem alternden Mimen und Anhänger Konrad Stolzing – nicht zufällig erinnert Feuchtwanger an Wagners so deutschen Meistersinger, den Ritter Walther von Stolzing – einstudiert, werden vom Autor zwar häufig spöttisch karikiert, aber auch sie haben ihre historischen Parallelen im Leben Adolf Hitlers. *So hatte er gelächelt,* erinnert sich Stolzing im Roman glücklich während eines umjubelten Auftritts Kutzners, *vor fünfundzwanzig Jahren, in der Rolle des Prinzen Hamlet von Dänemark, einer Figur des Bühnendichters Shakespeare.*[530] Hitler ein Schauspieler? Auch das war er ganz sicher, und sein Erfolg bei den Massen hat viel mit diesen einstudierten Auftritten zu tun. *Ungeheurer Beifall knatterte hoch. Viele hatten Tränen in den Augen. Begeistert schauten sie auf Rupert Kutzner, voll des gleichen Gefühls wie in der beliebten Oper Lohengrin, wenn auf silbernem Schwan einer hereinzieht, um im letzten Augenblick Erlösung aus allen Nöten zu bringen.*[531]

Der Politiker als Darsteller einer Rolle – im Fernsehzeitalter ruft dies kaum noch Widerspruch hervor.

Im Grund habe sich der Kleinbürger immer nach einer Autorität gesehnt, nach jemandem, dem er andächtig gehorchen dürfe, erklärt der Unternehmer Herr von Reindl seinen Stammtischbrüdern. *Im Herzen sei er niemals Demokrat gewesen. Jetzt gehe mit dem Wert seines Geldes seine demokratische Tünche vollends dahin. In der steigenden Not repräsentiere der Kutzner den letzten Fels und Hort, des Kleinbürgers Idol: den Helden, den strahlenden Führer, dem man nun aufs großartige Wort wollüstig gehorcht.*[532]

Den Vorwurf, Feuchtwanger habe die völkische Bewegung in *Erfolg* nicht in ihrer unheimlichen, tödlichen Konsequenz erkannt, sondern durch Ironie verharmlost, wird nur der oberflächliche Leser teilen können. Denn im Gegenteil, die Dummheit und Dumpfheit, das Menschenverachtende und Barbarische des Faschismus wird in *Erfolg* schonungslos, aber mit den Mitteln des Schriftstellers und nicht in der Tonlage des Historikers, Soziologen oder Agitators dargestellt. Dies wird nicht nur bei der Schilderung des brutalen Fememordes an einem politisch völlig desinteressierten Dienstmädchen deutlich, sondern auch an der tragischen Figur des sozialdemokratischen jüdischen Rechtsanwalts Siegbert Geyer. Schon früh ahnt Feuchtwanger, dass die deutsch-jüdische Symbiose, an die viele aufgeklärte und national empfindende Juden noch bis 1935 glauben sollten, eine Illusion geblieben ist. *Und plötzlich fühlte sich der Anwalt Dr. Geyer sonderbar allein. ... über alle politischen Antipathien hin gehörten der reaktionäre Minister, der reaktionäre Schriftsteller und die oppositionellen Abgeordneten zusammen, vier Söhne der bayrischen Hochebene, und der jüdische Anwalt saß fremd, störend, feindlich dazwischen.*[533]

Auch die ökonomischen Hintergründe des Romans – der unsichtbare Einfluss der Großindustrie (Andreas von Reindl, Sebastian von Grueber, der Amerikaner Daniel W. Potter) oder der Bauernführer (Geheimrat Bichler) auf die politischen Entwicklungen – entsprechen der historischen Wirklichkeit, sind heute weitgehend unbestritten, selbst wenn die Gleichung, Großindustrie schuf Hitler, in der Schlichtheit, wie sie vor allem von der marxistischen Geschichtswissenschaft vertreten wurde, nicht zutrifft. Sie zeigen Feuchtwangers damalige Einschätzung, die das Buch wie ein roter Faden durchzieht. *Aber hätte jemand behauptet,* so schreibt er über den amerikanischen Konzernboss Daniel W. Potter, *der unscheinbare Herr ... habe in das Schicksal der Stadt München mehr dreinzureden als etwa Rupert Kutzner, so hätte die ganze Stadt über einen solchen spinnerten Tropf schallend gelacht.*[534] Und doch sind es Männer wie Potter oder der Chef der Bayerischen Motoren Werke, Baron von Reindl, die die Geschicke des Landes Bayern lenken, die die Kabinettspolitiker Klenk und Flaucher wie Marionetten tanzen lassen.

Schließlich ist da noch die Inflation, die diese Zeit prägte und an die Feuchtwanger immer wieder mit nüchternen, dokumentarischen Auflistungen leitmotivisch erinnert: *Denn schon kostete der Dollar 1665 Mark, für einen Zentner Kartoffeln mußte man 1100 Mark anlegen, der schofelste Wintermantel war nicht unter*

1270 Mark zu kriegen.[535] Dass die Industrie in diesen turbulenten Geldzeiten, in den Jahren der Preistreiberei ihren Profit sucht und findet, daran lässt Feuchtwanger keinen Zweifel: *Die ganz Großen … tauchten aus der Wirrnis mit großem Gewinn.*[536] Viele bleiben aber auf der Strecke in dieser mörderischen Zeit. Der kleinbürgerliche biedere Möbelhändler Cajetan Lechner, dem der Traum vom Rentierdasein, vom Kauf des gelben Hauses buchstäblich zerrinnt: … *Cajetan Lechner ist ein Schlauer, er verlangt unerhörte Preise. Aber das Schicksal, Cajetan Lechner, ist noch schlauer, und steigerst du deine Preise von einem Tag zum andern um das Dreifache, so ist das Geld, das du kriegst, in dieser Zeit um das Vierfache entwertet.*[537] Es bleiben auch jene auf der Strecke, die in Feuchtwangers Gesellschaftspanorama der Zwischenkriegszeit praktisch überhaupt nicht auftreten, die Arbeiter. *Die deutsche Arbeitskraft war billig, ermöglichte den Unternehmern einträgliche Auslandsgeschäfte,*[538] heißt es da allenfalls einmal lapidar.

Die reporthafte Darstellung des politisch-wirtschaftlichen Hintergrundes der frühen Weimarer Jahre, den Feuchtwanger in *Erfolg* wie in einem Zeitungsartikel analysiert, weist auf die »neusachlichen« Elemente in diesem Roman hin. Er handelt von *einem neuen Zeitalter und einer Moderne (Fabriken, Konzerne)*, die den zeitgenössischen Leser in den Weimarer Jahren bewegen, wie Feuchtwanger 1927 in seinem Aufsatz *Die Konstellation der Literatur* verkündet hatte.[539] *Erfolg* ist sicher kein Roman der Neuen Sachlichkeit, aber sie hat ihn mit beeinflusst. Der Autor schreibt drei Jahre nach der Veröffentlichung: *Selbstverständlich konnte ich mich dieser Strömung nicht ganz entziehen. Krieg, Revolution, die Entwertung des deutschen Geldes mit all ihren grotesk-schauerlichen Begleiterscheinungen lehrten uns alle, überaus sachlich zu denken und zu werten.*[540]

Es ist ein Schlüsselroman. Die zahlreichen Figuren, die in *Erfolg* auftreten, haben zu einem erheblichen Teil in der Geschichte des Landes Bayern ihre Vorbilder gehabt. In vielen Untersuchungen ist Feuchtwangers Personenkatalog nachgegangen worden, meldeten Germanisten, Historiker und Journalisten Ergebnisse ihrer Spurensuche. Tatsächlich taucht in *Erfolg* manche Person der bayerischen Zeitgeschichte wieder auf: die Schriftsteller Ludwig Thoma (Lorenz Matthäi) und Ludwig Ganghofer (Josef Pfisterer), der Komiker Karl Valentin (Balthasar Hierl) und der Dramatiker Bertolt Brecht (Kaspar Pröckl), die Politiker Erich Ludendorff (General Vesemann), Gustav von Kahr (Franz Flaucher) und Christian Roth (Otto Klenk). Johanna Krain hat manches von Marta Feuchtwanger, und der Schweizer Schriftsteller Jacques Tüverlin trägt unverkennbar autobiographische Züge. Die Reihe ließe sich fortsetzen, und die Monographien über den Roman tun dies auch ausgiebig. Allerdings, so richtig und interessant die Verschlüsselungsthese auch ist, vor ihrer Überschätzung sei gewarnt. Feuchtwanger ist Schriftsteller, nicht Historiker, er hat nur einzelne Charakterzüge der geschichtlichen Vorbilder in seine Figuren aufgenommen, aber sie ansonsten weitgehend frei gestaltet. Bei Hitler-Kutzner – und ein Stück auch bei Brecht-Pröckl – ist die Übereinstimmung der historischen Personen mit den Romanfiguren am deutlichsten.

Es gibt im *Erfolg* eine zweite Verschlüsselungsebene, auf der Feuchtwanger historische und literaturgeschichtliche Anspielungen macht, die seine Darstellung, seine Aussagen verdeutlichen. Das Kapitel etwa, in dem Martin Krüger an einem Herzanfall in seiner Zelle stirbt, heißt *De profundis*, trägt also die gleiche biblische Überschrift wie Oscar Wildes erschütternder Brief aus dem Gefängnis von Reading, in das ihn die Scheinmoral der viktorianischen Gesellschaft gebracht hatte. So wie Martin Krüger Opfer der bayerischen Doppelmoral geworden ist. Der brutale Fememord am Dienstmädchen Amalia Sandhuber, eine tatsächliche Begebenheit aus diesen Jahren, wird im Kapitel *Caliban* geschildert. In Shakespeares »Sturm« ist Caliban ein besonders barbarischer Unhold. So primitiv, wie Feuchtwanger den rechten Mordmob einschätzt. Wenn der vom Marxismus überzeugte Ingenieur Kaspar Pröckl auf Drängen seines Chefs Reindl, dem er in einer merkwürdigen Hassliebe verbunden ist, seine aufrührerischen Balladen vorsingt, nennt Feuchtwanger dieses Kapitel *David spielt vor König Saul*. Der Kommunist Pröckl (David) geht schließlich nach Russland, der Kapitalist Reindl (Saul) hat für den Andersdenkenden eine ihm schwer erklärliche Sympathie. In der Bibel schickt König Saul den jungen David bekanntlich zu den Philistern. Nicht ohne Hoffnung, damit einen von Gott erwählten, vom Volk geliebten Konkurrenten loszuwerden. Natürlich weiß der Bibelkenner Feuchtwanger, wie die Geschichte zwischen den beiden endet: David wird König. Ein solches Ende allerdings gibt es in *Erfolg* nicht. Pröckl ist keineswegs beliebt – im Gegenteil, der heftige, kantige Mann stößt viele ab, und wenn der Marxist »König« werden sollte, dann allenfalls im Land seiner Träume, im kommunistischen Russland. Und doch reizt es Feuchtwanger offenbar, durch diese literarischen Anspielungen Entwicklungen offenzulassen. Wobei er dem Kommunismus zumindest auf der individuellen Ebene mit ironischem Skeptizismus begegnet. Die Freundin des Kommunisten Pröckl hatte *sich nämlich ein bißchen höhnische Verwunderung nicht verkneifen können, daß einer, der nicht einmal mit der Lösung seiner eigenen Angelegenheiten zu Rand kam, mit solcher Sicherheit feststellen wollte, was für alle praktisch sei. … Sie finde nun einmal, wenn einer behaupte, es gebe wissenschaftlichen Kommunismus, so sei das nicht weniger ein Gespinne …, als wenn einer behaupte, die Lehre von der unbefleckten Empfängnis oder der Unfehlbarkeit des Papstes sei Wissenschaft.*[541]

Schließlich: Jacques Tüverlin gibt seinem »Buch Bayern«, in dem das Unrechtsurteil gegen Martin Krüger erfolgreich öffentlich angeprangert wird, den Untertitel »Jahrmarkt der Ungerechtigkeit«. Eine unübersehbare Anspielung auf William M. Thackerays berühmten Roman »Vanity Fair« (»Jahrmarkt der Eitelkeit«), der 1848 erschien. Feuchtwanger hat dieses Buch des Zeitgenossen von Charles Dickens nicht nur sehr geschätzt, sondern der Kenner der Literaturgeschichte wusste auch, dass Thackerays Roman eines der berühmtesten und meistgelesenen Bücher des 19. Jahrhunderts war. Der selbstbewusste Tüverlin-Feuchtwanger strebt – so darf vermutet werden – mit seinem »Buch Bayern« nichts Geringeres an.

Ein knappes Jahrzehnt vor dem Roman *Erfolg* hatte Lion Feuchtwanger in seinem Schauspiel *Thomas Wendt* den Künstler zwischen Tun und Nichttun, zwischen Handeln und »Dichten«

gezeigt, der schließlich am revolutionären Alltag scheitert. *Erfolg* greift dieses Thema nun erneut auf. Im Schriftsteller Jacques Tüverlin beschreibt Feuchtwanger die eigene Position, die seit den Tagen der bayerischen Revolution eine Wandlung erfahren hat. Der Intellektuelle Feuchtwanger verlässt in den Weimarer Jahren endgültig den »Elfenbeinturm« der Kunst, meldet sich in der gesellschaftspolitischen Auseinandersetzung zu Wort. Tüverlin, der zunächst in erster Linie aus *Spaß* schreibt, wird durch den Fall Krüger zu einem kämpferischen Schriftsteller, der mit seinem »Buch Bayern« dazu beiträgt, dass der Tote nicht, wie die Mächtigen es fordern und hoffen, *sein Maul hält.* Auf dem Weg zu diesem Buch zeigen die Auseinandersetzungen zwischen dem liberalen, vernunftgläubigen Tüverlin (Feuchtwanger) und dem recht doktrinären Marxisten Kaspar Pröckl (Brecht) die Entwicklungsstufen, die Tüverlin durchläuft. Streitgespräche, die möglicherweise im »Zauberberg«-Dialog der Thomas-Mann-Protagonisten Naptha und Settembrini ihr Vorbild hatten. Pröckl konfrontiert Tüverlin mit seiner Forderung nach Klassenkampf, in dessen Dienst sich auch der Künstler zu stellen habe: *Hatte es Sinn, während der gewaltigen Umstellung der Welt läppische, kleine Gefühlchen einer sterbenden Gesellschaft festzuhalten? Sanatoriums-, Winterkurortpoesie zu machen, während der Planet zerrissen wurde vom Klassenkampf?*[542] Fragen des heftigen Pröckl an Tüverlin, und der sie ihm in den Mund gelegt hat, denkt ebenfalls an die »Zauberberg«-Epik Thomas Manns, der bei Pröckl-Brecht schon immer auf tiefe Abneigung gestoßen war. Tüverlins Entgegnung aber zeigt Feuchtwangers Haltung zu dieser Frage: *Ihm, Tüverlin, zum Beispiel scheine der Zusammenstoß der alten asiatischen Kulturen mit der jungen, barbarischen Europas, die durch den erleichterten Verkehr bewirkte neue Völkerwanderung mit all ihren Begleiterscheinungen viel wesentlicher als die soziologische Umschichtung Europas.*[543] Vor allem aber ist es Feuchtwangers großes Bekenntnis zur Vernunft, das Tüverlin immer wieder, in manchen Passagen fast beschwörend, ausspricht: *Ein großer Mann …, den Sie nicht leiden können, ich übrigens auch nicht, er heißt Karl Marx, meinte: die Philosophen haben die Welt erklärt, es kommt darauf an, sie zu ändern. Ich für meine Person glaube, das einzige Mittel, sie zu ändern, ist, sie zu erklären. Erklärt man sie plausibel, so ändert man sie auf stille Art, durch fortwirkende Vernunft. Sie mit Gewalt zu ändern, versuchen nur diejenigen, die sie nicht plausibel erklären können. ... Große Reiche vergehen, ein gutes Buch bleibt. Ich glaube an gutbeschriebenes Papier mehr als an Maschinengewehre.*[544] Im zweiten Band der *Josephus*-Trilogie *(Die Söhne)* wird es einmal heißen: *Es ist nichts. Nichts als ein Buch: Pergament, Tusche, Tinte. Aber dieses höchst gebrechliche Material ist gleichzeitig der härteste Stoff der Welt ... Denn nichts Größeres gaben die Götter uns Menschen als das geschriebene Wort.*[545]

Manche haben dieses Credo Feuchtwangers nachher, als der Faschismus scheinbar bewiesen hatte, dass nicht Papier, sondern Maschinengewehre die Welt beherrschen, belächelt, haben es als naiv, politisch blind bezeichnet. Richtig ist, dass Feuchtwanger seine aufklärerische Position in den Werken nach 1933 insofern revidiert hat, als seine Ablehnung gegenüber dem Marxismus erheblich abnahm. Angesichts der Weltbedrohung des Hitler-Faschismus forderte er die solidarische Verteidigung der Vernunft und der Zivilisation durch die Volksfront der Hitler-Gegner – wenn es sein musste, auch mit den Mitteln der Gewalt. Aber verlassen hat sie ihn nie, diese tiefe Überzeugung vom Sieg des Geistes über die Dummheit, des Arguments über die Faust. Es ist eine Haltung, die in der Geschichte schon immer ohne akzeptable Alternative geblieben ist. Nicht der Krieg, sondern der menschliche Geist hat den Fortschritt gebracht; nicht die noch raffiniertere Nuklearrakete wird die Menschheit vor dem Untergang bewahren, sondern nur die Vernunft. Bisher hat die Geschichte jedenfalls nicht Voltaire oder Kant oder Feuchtwanger widerlegt, sondern die von den Mächtigen immer wieder beschworene »Realpolitik«. Feuchtwangers Roman *Erfolg* ist auch deswegen aktuell geblieben, weil er ein Plädoyer für den Aufstand des Menschen gegen die nicht ausgestorbene Dummheit ist.

Welch zentrale Bedeutung Feuchtwanger der Aufklärung im Roman beimisst, macht er auch in der Darstellung seiner Hauptfiguren deutlich. Viele von ihnen setzen sich intellektuell-künstlerisch mit den politischen Vorgängen oder dem eigenen, meist sehr unterschiedlich motivierten Handeln auseinander. Jacques Tüverlin schreibt das »Buch Bayern«, und Johanna Krain, die Martin Krüger im Gefängnis heiratet und Tüverlin liebt, dreht einen Film über sein Schicksal. Beide Arbeiten widerlegen die »Realpolitik« durch Erklären. Siegbert Geyer sitzt an seiner »Geschichte des Unrechts im Lande Bayern«, Otto Klenk verfasst von Hass- und Rachegedanken getragene Erinnerungen. Martin Krüger verändert durch das Leiden der Gefängniszeit seine bürgerlich-spielerische Künstlerhaltung. Er *versäumte die Pflichten, die seine Begabung ihm auflegte*[546] – und findet in seiner Zelle die Kraft für die Niederschrift einer revolutionären, aufklärerischen Goya-Studie. Kaspar Pröckl dichtet seine provozierenden Balladen, der Komiker Balthasar Hierl entlarvt mit seiner »Handschuh«-Parabel die gewalttätige Dummheit der Rechtsradikalen. Wie die Kinobesucher des »Panzerkreuzers Orlow« – 1925 beeindruckt Sergej Eisensteins Stummfilm »Panzerkreuzer Potemkin« auch die westlichen Zuschauer – hingerissen, von der Botschaft des Regisseurs überzeugt werden, so wollen auffallend viele Figuren in diesem Roman »erklären«, im Guten wie im Bösen. Jacques Tüverlin und Johanna Krain, insofern endet das Buch optimistisch, haben dabei »Erfolg«.

Wobei Feuchtwangers Roman keineswegs mit einer platten Utopie endet. Tüverlins Buch und Johanna Krains Film werden erst möglich, als der amerikanische Kapitalist, der *Dollarscheißer*[547] Daniel Washington Potter, auftaucht und seine Geldscheine die Türen bei den bayerischen Reaktionären öffnen. Er und nicht Tüverlin oder Rechtsanwalt Geyer oder Johanna Krain erreicht die – zu spät kommende – Begnadigung des Martin Krüger. *Sie* (Johanna Krain) *mag sich bemühen oder nicht, es ist gänzlich gleichgültig. Äußere Mächte, die nichts mit dem Mann zu tun haben, entscheiden sein Schicksal für ihn.*[548] Geld und Politik, das weiß auch der Schriftsteller Lion Feuchtwanger, regieren die Welt. Wenn der *Dollar schaut ins Land*[549], das kalifornische Mammut Potter sachlich-kühl und rechnend seine Angebote macht, dann verhandelt dort *einer von jenen dreihundert, die mitzuentscheiden hatten, ob Krieg oder Friede sein soll, und wie weit man das russische, das indische, das chinesische Experiment ungestört ließ.*[550]

Dem Leser geht es wohl so wie den Zuhörern des Gesprächs zwischen dem Kommunisten Pröckl und dem Kapitalisten Potter, denn *so bezaubernd manchmal der Fanatismus Kaspar Pröckls wirken konnte, die trocken hervorgekauten Sätze des Amerikaners schlugen ihn*[551]. Jean Améry schreibt in diesem Zusammenhang über *Erfolg:* »Allemal triumphiert die bürgerliche Vernunft – der ›kritische Rationalismus‹, würde man heute in philosophischer Fachterminologie sagen – über den Marxismus.«[552] Feuchtwanger bleibt auch im Roman *Erfolg* der freischwebende Intellektuelle, der Betrachter, der Erzähler und wird nicht zum Doktrinär einer Lehre. »Feuchtwanger ist etwas gegeben«, schreibt Améry, »dessen nur wenige deutsche Romanciers sich rühmen dürfen: eine Objektivität, die aus der Fähigkeit erwächst, Subjekte mit Empathie zu erfassen. Er ist das strikte Gegenteil eines Tendenzschriftstellers … Nichts ist nachtschwarz und nichts schneeweiß.«[553]

Daraus erklärt sich auch eine häufig missverstandene Einstellung Feuchtwangers zu seinen Romanfiguren. Er zeichnet sie fast ausnahmslos mit einem hohen Grad an Objektivität, kaum ein Charakter in *Erfolg* – und das gilt auch für die anderen Romane –, der nicht auch sympathische oder doch zumindest zu bemitleidende Züge trägt, selbst wenn sein Handeln verachtenswert, unmenschlich, zynisch erscheinen muss. Beispielhaft zeigt sich dies in der Darstellung des Justizministers Otto Klenk. Er arbeitet nur für seine Karriere, sieht in der Justiz allein ein Instrument der Macht und nicht der Gerechtigkeit, schließt sich, um für seinen politischen Sturz Rache zu nehmen, den *Wahrhaft Deutschen* an, obwohl er deren menschenverachtende Gedanken sehr genau erkennt. Trotzdem schildert ihn Feuchtwanger mit verblüffender Sympathie, mit einem besonderen Verständnis für Klenks tiefe Verwurzelung im bayerischen Milieu, zeigt seine fast sportliche Fairness im politischen Kampf, kurz: Da tritt ein Mensch und keine Schwarzweißfigur auf. Feuchtwanger begründet diese Einstellung später noch einmal ausdrücklich: *Ich durfte zum Beispiel die Sympathie nicht erdrücken, die ich für einzelne meiner Menschen spüren mochte, auch wenn meine Vernunft erkannt hatte, daß alles, was diese Menschen dachten, taten, lebten, waren, der Gesamtheit Schaden bringen mußte.*[554] Da mag im Übrigen auch der verehrte englische Kollege aus dem 19. Jahrhundert, William M. Thackeray, nicht ohne Einfluss geblieben sein. Die Gestalten auf dem *Jahrmarkt der Eitelkeit* nämlich sind trotz aller Ironie unparteiisch dargestellt.

Erfolg schildert zwar *Drei Jahre Geschichte einer Provinz,* ist aber kein Heimatroman. *Das Land Bayern ist der eigentliche Held meines Romanes. Hier liegt ein Konflikt: Bayern ist die Agrarprovinz eines großen Industriestaates, Gegensätze ergeben sich zwischen Stadt und Land. … Sachlichkeit wird den gemütlichen, unsachlichen Bayern aufgezwungen.*[555] Feuchtwanger schreibt über die Konflikte einer Provinz, und da er diese Epoche in Bayern selbst durchlebte, geben das Land und seine Menschen Atmosphäre, Kolorit, Hintergrund der Geschichte ab. Dennoch finden sich in diesem Roman keine harmonischen Idyllen, sondern hier wird die harte Wirklichkeit einer Umbruchzeit vorgeführt, ihre brutale, manchmal vernichtende Wirkung auf die Menschen. So beschreibt Feuchtwanger sehr realistisch den Zuchthausalltag, greift dabei auf die Aufzeichnungen von Ernst Toller, Erich Mühsam und Max Hölz zurück, die eindringlich von ihrer Leidenszeit in den Gefängnissen der Republik berichtet haben.

Erfolg ist – allen Protesten aus dem Land Bayern zum Trotz – kein antibayerischer Roman. Feuchtwangers zeitkritische Darstellung dieser Jahre und ihrer Menschen ist durchzogen von großer Liebe zu seiner Heimat und ihren Bewohnern. Nur haben die meisten von ihnen es bis zum heutigen Tag nicht so recht bemerkt, obwohl er seine Liebe doch immer wieder durchblicken lässt: *Kaspar Pröckl, nun er wußte, daß er München bald und für immer verlassen werde, beschaute die Stadt mit neuem Blick. Er war in München geboren, niemals weit aus dieser Stadt herausgekommen. Alle Flüsse waren ihm wie der Fluß Isar, alle Natur wie der Englische Garten, aller Verkehr wie das Leben am Stachus, der Umkreis der Frauentürme war seine Welt. Er wußte, daß München eine Bauernstadt war, verknorpelt im Alten, übel reaktionär. Aber dieses Wissen war nur in seinem Hirn, ins Blut war es ihm nie gedrungen. Jetzt mühte er sich, seine Vaterstadt klein zu sehen, schäbig, verächtlich, sie messend an gigantischen Phantasiebildern. Es gelang nicht recht.*[556] Oder der Schriftsteller Jacques Tüverlin: *Er sieht gut das Läppische der großspurigen Stadt: aber gerade so wie sie ist, liebt er sie.*[557] Der Intellektuelle Lion Feuchtwanger hat bei der Betrachtung von Leben und Treiben im Land Bayern das Hirn nie ausschalten können, er hat scharf und pointiert den moralischen Verfall beschrieben – dies dumpfe *bauen, brauen, sauen*[558], dies gefährliche Verdrängen der fürchterlichen Ereignisse der Zeit, *solang die grüne Isar durch die Münchner Stadt gehe, so lang hört die Gemütlichkeit in der Münchner Stadt nicht auf*[559]. Und trotzdem: *Tüverlin erkennt genau den Menschen der Hochebene in allen seinen Mängeln; allein sein Herz hängt an ihm. Er liebt diesen Menschen …*[560]

Der Roman *Erfolg* erscheint 1930 bei Kiepenheuer in Berlin, das umfangreiche Manuskript ist in zwei Bände aufgeteilt, die Erstauflage umfasst 40 000 Exemplare. Feuchtwangers Bericht über das Land Bayern erregt die Gemüter und wird vor allem von den Nationalsozialisten scharf angegriffen. Im »Völkischen Beobachter« heißt es im Oktober 1931: »Nach dieser Leistung bleibt dem Löb Feuchtwanger wohl nur noch zu bescheinigen, daß er sich einen zukünftigen Emigrantenplatz reichlich verdient hat.«[561] Die bürgerliche Kritik begegnet dem Buch mit gemischten Urteilen, die Gesinnung des Linksrepublikaners wird in diesen Besprechungen stärker unter die Lupe genommen als das literarische Ereignis. In Bayern wird *Erfolg* als »Nestbeschmutzung« empfunden, die »Münchner Neuesten Nachrichten« nennen es »ein Buch des Hasses«[562]. Der Dichter Max Herrmann-Neiße – man kennt sich aus Münchner Tagen – lässt einen Freund dagegen wissen: »Ich lese jetzt mit viel Vergnügen Feuchtwangers Bayern-Roman *Erfolg*, darin sogar, allerdings ohne Namensnennung, eine Verszeile von mir zitiert wird … und viel auch von uns beiden ähnlich Formuliertes über Bayern gesagt wird.«[563] Brecht wiederum reagiert zunächst verärgert über seine Charakterisierung in der Gestalt des Kaspar Pröckl. Marta erzählt später, er sei »sehr unglücklich über die eine Figur, den Pröckl, weil er sich in ihr erkannt hatte. Lion tat das damals schon leid; der Pröckl war eine kleine Rache für den Verrat, den Brecht in München an ihm begangen hatte.«[564] Feuchtwangers Witwe spielt mit ihrer Bemerkung auf ein viel kolportiertes Gerücht an, nach dem der junge Brecht einst durch Münchens Künstlerkneipen gezogen sei und erklärt habe, »er betrachte seine Freundschaft zu Feuchtwanger nur als Sprungbrett. Er nütze ihn einfach aus, sein Werk sei ihm völlig gleichgültig.«[565]

In der »Weltbühne« merkt Carl von Ossietzky am 11. November 1930 an, dass »Lion Feuchtwangers zweibändiger Bayernroman … im allgemeinen eine herzlich schlechte Presse gefunden« habe. Der Kritiker führt die bescheidenen Verkaufszahlen auf den inzwischen gewandelten Zeitgeist zurück: »Die soziale Anklage sinkt im Kurs, die Aktien von Narciss & Goldmund (Roman von Hermann Hesse – WS) steigen.« Der Roman wirke wie ein »Nachzügler«, konstatiert der Chefredakteur der »Weltbühne«.[566] Entscheidend ist sicher, dass *Erfolg* in einer Zwischenphase der Weimarer Jahre entsteht. Die Nationalsozialisten sind seit 1923, den Tagen des gescheiterten Münchner Putsches, zur Bedeutungslosigkeit herabgesunken. Bei den Reichstagswahlen vom 20. Mai 1928 erreichen sie ganze 2,6 Prozent der Wählerstimmen. Die Gefahr, die Feuchtwanger aufgezeigt hat, scheint also für viele gebannt. Als das Buch aber dann erscheint, hat andererseits die Weltwirtschaftskrise bereits mit Wucht eingesetzt, und bei den Wahlen im September 1930 wachsen Hitlers Anhänger auf 18,3 Prozent an. Feuchtwangers Ironie gegenüber Kutzner-Hitlers Auftreten wirkt nun für andere wiederum verharmlosend.

Erfolg war in den Jahren nach dem Zweiten Weltkrieg gleichwohl jener Feuchtwanger-Roman, der von Kritik und Wissenschaft am intensivsten beschrieben, untersucht, gedeutet und auch gelobt wurde. Harald Weinrich ging in seiner Kritik vom 4. Dezember 1980 in der »Frankfurter Allgemeinen Zeitung« besonders auf die Darstellung der frühen Nazibewegung ein: »Feuchtwangers Klarsicht und Erkenntniskraft bleibt erstaunlich genug ..., und es darf der deutschen Literatur zur Ehre gereichen, daß diese warnende Analyse aus der Feder eines Schriftstellers gekommen ist.«[567] Marcel Reich-Ranicki, ein nach seiner Emigration aus Polen reservierter Betrachter des Feuchtwanger-Opus, meinte mit einer guten Prise Hochmut: »Nur ein einziges Werk von Feuchtwanger war, glaube ich, für die Geschichte der deutschen Literatur in unserem Jahrhundert von Bedeutung – und es ist eben nicht ein historischer, sondern ein zeitkritischer Roman: das zunächst überaus kühl aufgenommene Buch ›Erfolg‹.«[568] Hans Mayer, der Feuchtwanger spöttisch den »Ersatzklassiker« zu nennen pflegte, ihn auf die Dauer »langweilig und monoton« fand, sprach von einem »der besten Romane«[569]. Die DDR-Germanistik schließlich stand diesem Buch sehr zwiespältig gegenüber. Feuchtwangers Ironie, mit der er auch den Kommunismus und seine Anhänger in dem Roman beschreibt, passt ihr bei diesem ansonsten so »fortschrittlichen« Schriftsteller nicht ins Konzept. Und so wurden denn – mit Zustimmung des Autors – einige (wenige) Passagen in den DDR-Ausgaben gestrichen, die nicht der offiziellen Lehre entsprachen.[570] Manipulationen, die leider auch die bundesdeutschen Lizenzausgaben enthielten.

Feuchtwanger ordnet *Erfolg* später als ersten Band einer Trilogie ein, der er die Überschrift *Der Wartesaal* gibt. Im Nachhinein, als die Vertreibung der Demokratie aus Deutschland und die faschistische Unterdrückung Wirklichkeit geworden sind, fühlt sich der Autor als Chronist einer viel tief greifenderen »Übergangszeit«. In den ersten Monaten des französischen Exils schreibt er als zweiten Band *Die Geschwister Oppermann*, ein Buch, das den brutalen, rechtlosen und vor allem für die Juden gefährlichen Alltag im Hitlerdeutschland der ersten Monate schildert. 1939 erscheint der letzte Band der *Wartesaal*-Trilogie, der Roman *Exil*. Er berichtet über das Leben und das Leiden der deutschen Flüchtlinge in Paris. Im Nachwort zu diesem Roman heißt es: *Inhalt des Roman-Zyklus sind die Geschehnisse in Deutschland zwischen den Kriegen von 1914 und 1939, das heißt, der Wiedereinbruch der Bar-*

barei in Deutschland und ihr zeitweiliger Sieg über die Vernunft.[571] Ein vierter Band, von dem Feuchtwanger 1939 spricht – *Ich bin überzeugt, daß mir der Ausgang dieses Krieges die Rückkehr nach Deutschland erlauben und mir die Möglichkeit geben wird, den Roman-Zyklus ›Der Wartesaal‹ mit einem Epilog ›Rückkehr‹ zu beschließen*[572] –, wird nicht geschrieben. Der vertriebene Schriftsteller kehrt nicht mehr zurück.

Jud Süß und *Erfolg* sind die beiden Schlüsselromane für das Verständnis des Werkes von Lion Feuchtwanger. In ihnen sind die Grundzüge seines Weltbildes niedergelegt: seine Suche nach einer Symbiose zwischen westlichem und östlichem Geist, sein Glaube an den Fortschritt, den Vernunft und Aufklärung bewirken, seine Haltung zur gesellschaftspolitischen Aufgabe des Schriftstellers, sein tiefes Empfinden für die Situation des Außenseiters, die er als Jude spürt. In beiden Büchern zeigt er sich bereits als skeptischer Optimist, distanzierter Erzähler, unabhängiger Intellektueller. Seine Geschichtsauffassung und seine Bewertung der großen Ideologien der Zeit werden in diesen Romanen deutlich. Die späteren Werke variieren manche Position, zum Beispiel seine Haltung gegenüber dem Marxismus *(Exil)*, arbeiten einiges stärker heraus, wie etwa seine kosmopolitische Einstellung, sein Weltbürgertum oder seine Beurteilung des Zionismus (*Josephus*-Trilogie). Aber sein Bild von der Welt und ihren wirren Ereignissen, zumindest das Grundmuster, ist im *Jud Süß* und in *Erfolg* vorgezeichnet. Beide Bücher sind auch im Hinblick auf Feuchtwangers Sprache, den dramaturgischen Handlungsaufbau seiner Romane grundlegende Werke. Schließlich bilden sie die beiden Gattungspole, die ihn berühmt machten als Schöpfer des historischen und des Zeitromans. Heinrich Mann sprach mit kollegialer Hochachtung vom »Roman ›Typ‹ Feuchtwanger«.[573]

Bei der Niederschrift seines Romans *Erfolg* hat Lion Feuchtwanger seine Arbeitstechnik geändert. Wurden die Manuskripte von *Jud Süß* und *Die häßliche Herzogin* noch mit der Hand geschrieben, ist *Erfolg* weitgehend diktiert worden. In einem Berliner Salon lernt Lion Feuchtwanger 1926 die damals 30-jährige Lola

Sernau kennen. Sie wird bis 1940 für ihn als Sekretärin arbeiten. In Amerika übernimmt dann Hilde Waldo diese Aufgabe im Hause Feuchtwanger. Lola Sernau und auch andere haben seine im Freundes- und Kollegenkreis häufig diskutierte und manchmal belächelte Arbeitsweise ausführlich beschrieben. Feuchtwanger diktierte während der Arbeit an einem Roman ungeheuere Seitenmengen und sammelte oft – scheinbar ohne Zusammenhang – Gedanken und Fakten, die dann vielfach auch wieder verworfen werden. Zunächst musste das Diktierte auf rosa Papier in die Maschine geschrieben werden, die nächste Fassung auf gelbem, die dritte auf grünem, die vierte auf blauem Papier. Glaubte Feuchtwanger, ein Kapitel habe seine Endfassung erreicht, schrieb die Sekretärin es noch einmal auf weißem Papier ab in der Annahme, dass dieser Teil des Romans nun »stehe«. Lola Sernau berichtet: »Das traf aber nur in den seltensten Fällen zu; vor allem, wenn L. F. schlecht geschlafen hatte, erklärte er mir am Morgen nach der Begrüßung, daß diese oder jene handelnde Person völlig umgeändert werden oder gar ausfallen müsse, und dann begann ein großer Teil der Arbeit von neuem. Er prüfte noch einmal alles von den verschiedensten Gesichtspunkten aus. … Das Ganze kam mir oft wie ein Schachproblem vor.«[574] Marta Feuchtwanger erzählte dem Verfasser, dass ihr Mann sich nachts häufig stenographische Notizen machte, die dann am nächsten Tag wieder in den Roman eingearbeitet wurden. Jede endgültig fertige Seite, so schätzt die Sekretärin, »war ein Destillat aus vielleicht 20 Seiten«. Später, in den Jahren des Exils, erfolgt die Reinschrift des Manuskripts in der Regel in zahlreichen Exemplaren, denn die ausländischen Verleger und ihre Übersetzer warten bereits auf »den neuen Feuchtwanger«.

»Er diktierte ohne Vorlage«, berichtet Lola Sernau, »meist saß er dabei neben mir an dem langen Arbeitstisch, nur selten stand er auf und diktierte einige Sätze im Auf- und Abgehen.«[575] Feuchtwanger arbeitete langsam, genau und gewissenhaft. Umso erstaunlicher ist der enorme Umfang seines Lebenswerkes. Zu leisten war dies nur durch eine restlose Hinwendung zur schriftstellerischen Arbeit. Als er sich ab 1930 seine eigenen Bibliotheken einrichtet, stehen in den Regalen seines Arbeitszimmers häufig 200 bis 300 Bücher, die Thema, Hintergrund oder statistische Fakten des gerade im Entstehen befindlichen Romans beleuchten.

Das ungewöhnlich breite Wissen und sein herausragendes kulturhistorisches Verständnis, das alle Bücher und Aufsätze Feuchtwangers auszeichnet, ist die Frucht eines lebenslangen intensiven Lesens. Die Welt der Bücher hat diesen Mann von Jugend an gefesselt. Ist er in Berlin und dann in Sanary schon ganz auf das Werk konzentriert, so verlässt er in den letzten 18 Lebensjahren das herrliche Haus, die über dreißigtausendbändige Bibliothek und den schönen Garten hoch über dem kalifornischen Pazifik nur noch ganz selten. Einige wenige Arbeitsbesuche in New York sind die einzigen größeren Unterbrechungen in den letzten beiden Jahrzehnten dieses Schriftstellerlebens. Aber nur mit dieser hohen Arbeitsdisziplin war es wohl möglich, die ungeheure Stofffülle zu bewältigen, die für die Vorarbeiten seiner Romane studiert werden musste.

Feuchtwanger hat oft über seine Arbeitsweise gesprochen, er verstand sich – ähnlich wie Brecht – als Literaturproduzent. Weil seine Arbeitstechnik sachlich-nüchtern war, verspottete er den Geniekult, der noch aus dem 18. und 19. Jahrhundert in seine Zeit ragte. Klaus Modick beschreibt dieses frühere Dichterdenken recht anschaulich: »Die Produktion von Kunst galt nicht als intellektuelle Arbeit; vielmehr präsentierte sich das produzierende Subjekt als ausführendes Organ metaphysischer Eingebung, auserwähltes Sprachrohr eines nicht begreifbaren Göttlichen.«[576] Wie anders zeigt sich da der sich selbst immer ein wenig kokett stilisierende Autor von *Erfolg: Der Schriftsteller L. F. konnte in der Stunde bis zu 7 Seiten Schreibmaschine schreiben, bis zu 30 Zeilen schriftstellern und bis zu vier Zeilen dichten. Während der Stunde Dichtens nahm er um 325 Gramm ab.*[577]

Manchmal ging es beim Dichten vielleicht sogar so turbulent zu, wie im Roman *Erfolg* aus Jacques Tüverlins Schriftstellerwerkstatt berichtet wird. Nicht ohne Selbstironie schildert Feuchtwanger die Szene: *Jacques Tüverlin diktierte einer saubern, blitzblanken Sekretärin einen Essay zum Fall Krüger. … Der Lautsprecher des Rundfunks gellte einen Tanz, eine Freundin Jacques Tüverlins beschwerte sich am Telefon, daß er sie im Restaurant habe sitzenlassen … Der Bote eines Verlags forderte dringend Korrekturfahnen ein. Er wich nicht aus dem Vorzimmer, er hatte Auftrag, nicht ohne die Korrekturen abzuziehen. Jacques Tüverlin liebte Lärm beim Arbeiten. Die Sekretärin wartete geduldig, er diktierte weiter. … Ein Schneider kam zur Anprobe des neuen Smokings, der Bote des Verlags wartete, der Lautsprecher schrillte und quäkte, ein Sporthaus rief an, die neuen Schneeschuhe seien angekommen.*[578]

Am 21. November 1928 lässt Feuchtwanger die Leser des »Berliner Tageblatts« in einer Zusendung unter dem Titel *Handschrift oder Schreibmaschine?* wissen, dass in seiner Dichterklause die Muse recht alltäglich daherkommt: *Es tut mir leid, ich kann Ihnen die Handschrift des Buches nicht überlassen, auch wenn Sie mehr dafür bieten, als ich für die Urheberrechte von allen meinen Verlegern bekommen habe. Die Handschrift existiert nämlich nicht. Das Buch ist mit Maschine geschrieben. Sie sind enttäuscht? Entrüstet? Ich kann es nicht wunderlich finden, daß einer mit der Maschine – setzen wir es hin: dichtet … Sie fragen mich, etwas höhnisch, sogar ein bißchen gekränkt, ob ich also Verse in die Maschine tippe, Visionen mit der Maschine festhalte. Sie fragen wörtlich: ›Gestatten Sie mir eine blöde Frage: Dichten Sie also mit der Maschine?‹ Gestatten Sie mir eine blöde Antwort: Ja.*[579] Der Künstler als Handwerker im besten Sinne, so versteht der Schriftsteller Lion Feuchtwanger seine Arbeit. So wie der große Johann Sebastian Bach sich stets als Meister und nicht als Genie gefühlt hat, als fleißiger, unermüdlicher Arbeiter, der – wie Goethe es einmal formulierte – seine 10 Prozent Talent mit 90 Prozent Fleiß für die Hervorbringung seines mächtigen Werkes zum Tragen brachte. Dazu gehört, dass der Künstler als Aufklärer Einblicke in seine Werkstatt zulässt, sich nicht geheimnisvoll gibt, sondern nachvollziehbar schafft. Aus diesem Denken heraus sind auch Feuchtwangers zahlreiche Interpretationen seiner Arbeiten zu erklären, seine häufigen Nachworte oder Werkberichte.

Und der »Autor als Produzent« (Walter Benjamin) hat Verträge zu schließen, über Tantiemen und Übersetzungen, Copyrightfragen und Filmrechte zu verhandeln. Lion Feuchtwanger macht dies mit Fleiß, und er ist stolz auf sein kaufmännisches Talent, sein Verhandlungsgeschick, das auch manchem in diesen Fragen weniger talentierten Freund und Kollegen zugutekommt. Dennoch rümpfte da mancher die Nase im Glauben, dass Armut und Weltfremdheit erst die wahre Kunst ermöglichen. Feuchtwanger dagegen hat einen gut ausgehandelten Buchvertrag stets als notwendige Grundlage für seine schriftstellerische Unabhängigkeit gesehen. In den schweren Exiljahren, die bald nach dem Erscheinen von *Erfolg* kommen sollten, wurde die materielle Absicherung wichtiger denn je – ohne sie wäre an ein kontinuierliches Schreiben nicht zu denken gewesen.

Da der »Produzent« Lion Feuchtwanger häufig und gerne von dem Erfolg seiner Produkte und der Art ihrer Entstehung sprach, rankte sich bald manche Werkstattlegende um den erfolgreichen, wohlhabenden Autor. Aus Thomas Manns Worten hört man das ironische Erstaunen geradezu heraus, das den in strenger Zurückgezogenheit und starrer Disziplin, mit einem stets korrekt zurechtgelegten Schreibinstrument arbeitenden Autor des *Zauberbergs* oder der *Joseph*-Geschichten beim Betrachten von »Freund Feuchtwanger« erfasst: »Das Studierzimmer aber, im Oberstock, auch mehr ein Saal als ein Zimmer, ist nach Möbel und Gerät die dienlichste, bestorganisierte literarische Werkstatt, die mir je vorgekommen. Dort arbeitet er mit seiner Sekretärin nach eigentümlichen, ja wunderlichen Methoden …«[580] Wer es sich später anschaut, dieses von Thomas Mann angesprochene letzte Arbeitszimmer Feuchtwangers im kalifornischen Haus, der findet es hübsch und für die dort zu verrichtende Arbeit praktisch und angemessen. Sie haben – nicht nur Thomas Mann, sondern auch andere – da wohl etwas überhöht von den »Merkwürdigkeiten« berichtet. Manche, wie Hermann Kesten, meinten sogar spitzzüngig, es sei doch recht lächerlich, wie es da im Arbeitszimmer Feuchtwangers zuging: »Er diktierte grundsätzlich seiner Sekretärin, und zwar stundenlang, alles, was ihm durch den Kopf ging, die Pläne zu einem neuen Roman …, was Feuchtwanger gerne zum Abendbrot bekäme und seine Meinung übers Wetter und

Verse und Dialogfetzen und politische Befürchtungen.«[581] Und Heinrich Mann wird von Kesten nach einem gemeinsamen Besuch, bei dem Feuchtwanger beiden von seiner Arbeit berichtete, mit den Worten zitiert: »Ein wirklich kurioser Autor, der Dr. Feuchtwanger, sehr kurios!«[582] Nun, wir wollen über Kestens Pointenzwänge nicht rechten.

Festzuhalten bleibt, dass Feuchtwanger seine Rolle als Schriftsteller in den 1920er Jahren distanziert und unpathetisch sieht. Während er sich in seinen Romanen immer wieder mit der Verantwortung des Künstlers im Kampf um Fortschritt und Aufklärung auseinandersetzt, fordert er vom Autor des 20. Jahrhunderts eine sachliche und nüchterne Haltung gegenüber der eigenen Arbeit. Im April 1934 wird Walter Benjamin im französischen Exil in seinem Vortrag »Der Autor als Produzent« – er beschwört hier ganz im Zeichen der ideologischen Auseinandersetzungen dieser Jahre das Bündnis von linker Intelligenz und Proletariat gegen den »Geist« des Faschismus – »dem Schriftsteller nur eine Forderung präsentieren, die Forderung *nachzudenken,* seine Stellung im Produktionsprozesse sich zu überlegen«[583]. Feuchtwanger hat diese »Forderung« schon lange vorher beherzigt. Darauf weisen nicht nur seine zahlreichen Aufsätze, Vorworte und Artikel hin, in denen er sich über seine Arbeitsmethoden und seine Position als Schriftsteller äußert, sondern auch manche Passage in seinen Romanen: *Herr Tüverlin war ein leidenschaftlicher Arbeiter,* heißt es in *Erfolg. Er hatte keinen Respekt vor dem Werk, arbeitete aus bloßer Freude am Basteln, am Bessermachen. … Tüverlin und Pröckl hatten Interesse an den technischen Möglichkeiten der Arbeit, nicht an der Wirkung, am Erfolg.*[584] Seit der Arbeit am *Erfolg* bleibt Feuchtwangers Technik, seine »kuriose« Art, Bücher zu schreiben, unverändert. Immerhin entstehen nach dem Buch über das Land Bayern auf diese Weise noch elf beachtliche Romane. Und es gilt für diesen Autor immer: »L. F.s Konzept der Literatur als Gebrauchswert und Bedarfssache verzichtete freilich nie auf die universale Geste der großen Romanentwürfe.«[585]

Die Arbeit an *Erfolg* wird durch große Reisen, aber auch zwei schwere Erkrankungen unterbrochen. Eine komplizierte Blinddarmoperation erfordert eine lange Erholungspause, eine Magenerkrankung muss überwunden werden. Der Mittvierziger wird durch seine Frau Marta in dieser Zeit mit dem Sportlehrer Karl Schröder zusammengebracht, der ihm zur körperlichen Ertüchtigung ein eigenes Trainingsprogramm ausarbeitet. Die morgendliche Gymnastik und der tägliche Dauerlauf werden nun bis ins hohe Alter einen festen Platz im Alltagsleben des Schriftstellers einnehmen. Beides hilft ihm, die Folgen der Krankheiten zu überwinden, später die enorme Anstrengung der Arbeit ohne allzu heftige körperliche Beschwerden durchzuhalten.

Es sind streng geregelte Arbeitstage. Nach dem morgendlichen Spaziergang mit Marta, dem Gymnastik, Lauf und Frühstück vorausgegangen sind, arbeitet er von 10 bis 14 Uhr mit Lola Sernau. Nach dem Mittagessen geht er meist wieder spazieren, trinkt dann Tee mit Marta und diktiert von 17 bis etwa 19 Uhr weiter. Die Teestunde wird allerdings auch häufig den – manchmal lästigen – Gästen gewidmet. Nicht selten nutzt er sie zum Zusammentreffen mit einer schönen interessanten Frau, zur erotischen Begegnung. Der Abend gehört dem Lesen oder der Musik. Feuchtwanger, in dessen Werk im Gegensatz beispielsweise zu Thomas Manns Prosa die Tonkunst praktisch keine Rolle spielt – der Komponist Sepp Trautwein in *Exil* ist eine Ausnahme –, liebt besonders Mozart und Beethoven, »hörte Wagner-Opern, Strauss- und Offenbachoperetten, Kurt Weills Dreigroschenoper und Hanns Eisler«[586].

Viele Eindrücke, die er auf den meist wochenlangen Reisen dieser Jahre gewinnt, finden in *Erfolg* und natürlich auch in den späteren Büchern ihren Niederschlag. 1926 ist er erstmals in Paris, sieht im Louvre Bilder des spanischen Malers Francisco Goya. Wenige Wochen später begegnet er ihnen erneut im Madrider Prado-Museum, wird von ihnen gefesselt, empfängt dadurch unvergessene Einblicke in die Epoche des revolutionären Europas im 18. Jahrhundert. Das Goya-Erlebnis prägt sich ihm tief ein: Das erste literarische Echo ist in *Erfolg* zu erkennen, wo Martin Krüger sich in der Gefängniszelle durch seinen Essay über den spanischen Maler innerlich befreit. 24 Jahre später entsteht dann

Feuchtwangers großer *Goya*-Roman, die Geschichte des plebejischen Hofmalers, der auf dem *argen Weg der Erkenntnis* zu einem revolutionären Intellektuellen reift. Auf seiner Spanienreise ist er in Toledo und Sevilla – Orten, die die Größe ihrer maurischen Vergangenheit noch deutlich erkennen lassen. Bilder, Atmosphäre, Kultur dieser Städte, ihrer historischen Blütezeit tauchen wieder auf in seinem vorletzten Romanwerk, in der Geschichte von der schönen Jüdin Raquel und dem achten König Spaniens, der den Namen Alfonso trägt *(Die Jüdin von Toledo)*.

1927 besucht er London, einer offiziellen Einladung folgend. Dort ist Feuchtwanger ein unumstrittener, viel gelesener Autor. Auf dem Bahnhof drängen sich bei der Ankunft die Menschen, der Ruhm zeigt sich von seiner anstrengenden, aber auch heiteren Seite. Empfänge, Lesungen, große Galadiners, auch Londons Aristokratie fühlt sich geehrt. Als Feuchtwanger wegen einer schweren Erkältung alle Besuche absagen muss, meldet sich in seinem Hotel der führende Labour-Politiker und Expremier Ramsey MacDonald zum Krankenbesuch an und bleibt zwei Stunden. Bernard Shaw trifft ihn mehrmals und diskutiert leidenschaftlich Sprachprobleme mit ihm, staunt über sein miserables Englisch. John Galsworthy meldet sich, H. G. Wells lädt ein. England, wahrhaftig nicht allzu deutschfreundlich, seit Wilhelm II. Schlachtschiffe baute und englische Soldaten auf flandrischen Schlachtfeldern starben, ehrt den Autor von *Jew Süß* außergewöhnlich. Seine alte angelsächsische Vorliebe wird ihm bestätigt.

Auch das geliebte Italien, Rom, Amalfi, besucht er in den nächsten Jahren. Skandinavien bittet um Lesungen und feiert ihn. Aus Stockholm kommen Signale, dass im Umkreis des Nobelpreiskomitees der Name Feuchtwanger gefallen sei. Angeblich soll allerdings ein deutscher Kollege sein Veto eingelegt haben. Es wird gemunkelt, doch nie bestätigt, der Preisträger von 1929, Thomas Mann, habe ein negatives Urteil nach Stockholm gesandt.

1932 bezieht er sein neues Haus in der Mahlerstraße 8 – reizvoll gelegen im Grunewald, inmitten herrlicher Bäume, in der Nähe eines kleinen Waldsees, in dem er schwimmen kann. Er hat das Haus im Rohbau erstanden, baut es dreistöckig aus, kann endlich die langersehnte eigene Bibliothek zusammenstellen. Schon bald sind es annähernd 10 000 Bände, die ihn umgeben. Im Rückblick ein erstaunliches Unternehmen. Der kritische Beobachter der politischen Entwicklung, der schon im Dezember 1930 sehr hellsichtig äußert, *Berlin ist voll von lauter zukünftigen Emigranten*,[587] baut sich, 15 Monate vor dem Machtantritt der Faschisten, sein Haus, kauft eine prächtige Bibliothek zusammen, den bürgerlichen Grundinstinkten nach Geborgenheit, nach Sicherheit folgend.

Politisch wächst das öffentliche Engagement Feuchtwangers. 1925 unterzeichnet er einen Aufruf, der sich gegen die vielfältigen Einschüchterungsversuche in der Kulturszene wendet; 1927 fordert er gemeinsam mit Heinrich Mann und Alfred Kerr die Freilassung politischer Gefangener, zum Beispiel des Kommunisten Max Hölz. Er gehört dem Scheringer-Komitee an, das einen ehemaligen Armeeleutnant unterstützt, der sich für einen marxistischen Arbeiter eingesetzt hat und deswegen in Schwierigkeiten bei seinen Vorgesetzten geraten ist. 1932 ist er bei der kleinen Gruppe der Freunde und Mitarbeiter von Carl von Ossietzky, die den Chef der »Weltbühne« bis zum Tor des Gefängnisses von Tegel begleiten, wo er aufgrund eines politischen Urteils des Leipziger Reichsgerichts eine Haftstrafe antreten muss. Feuchtwangers politische Haltung in diesen Jahren ist eindeutig: Er kämpft gegen die Einäugigkeit der Weimarer Justiz, gegen Versuche, den Ungeist des Faschismus über die Kulturpolitik entscheiden zu lassen, er streitet für ein bürgerlich liberales und demokratisches Deutschland.

Die Versuche, Feuchtwangers damalige Position für den Marxismus zu reklamieren, gehen an der Wirklichkeit vorbei. Joseph Pischels ansonsten sehr kenntnisreiche Biographie bemüht sich an vielen Stellen, solche Verbindungen nachzuweisen: »War es ihm in den zwanziger Jahren noch vorrangig um die Verteidigung der letzten demokratischen Freiheiten in seinem ureigensten Schaffens- und Lebensbereich, in Kunst und Literatur, gegangen, so engagiert er sich jetzt immer entschiedener in politischen

Grundfragen wie Krieg und Frieden, Faschismus oder Demokratie, und nach dem Ausbruch der großen Krise und der offenen Verschärfung der Klassenkämpfe bringt er auch immer häufiger seine Sympathien mit der kämpfenden Arbeiterbewegung zum Ausdruck.«[588] So richtig diese Darstellung in ihrem ersten Teil ist, der Hinweis auf Feuchtwangers »Sympathien mit der kämpfenden Arbeiterbewegung« suggeriert einen politischen Standort, den der Schriftsteller nicht einnimmt. Daran ändert auch die Tatsache nichts, dass sich Feuchtwanger in den letzten Weimarer Krisenjahren nicht nur in bürgerlichen Zeitungen zu den Problemen des Tages äußert, sondern auch in linken und kommunistischen Blättern, wie etwa der »Welt am Abend«. Die Forderung nach Aufklärung macht für ihn nicht vor Blättern halt, die sich selbst ideologisch definieren. Seine Marxismuskritik in *Erfolg* weist auf ein Weltbürgertum hin, zu dem er sich in seinem Mitte 1932 abgeschlossenen Roman *Der jüdische Krieg* erneut so eindrucksvoll bekennt. In beiden Büchern – und das gilt auch für die folgenden Werke – spielt die Arbeiterschicht keine Rolle. Überhaupt werden die Massen vom Intellektuellen Feuchtwanger fast immer mit Distanz beschrieben – ihre Verführbarkeit betrachtet er nicht ohne Misstrauen. Im Schauspiel *Waffen für Amerika* äußert sich Beaumarchais-Feuchtwanger beispielsweise voller Argwohn gegenüber den Pariser Volksmassen. Sie *sind klug und beweglich wie die Frauen und wie die Kinder. Heute hassen sie Versailles, morgen freuen sie sich an seinem Glanz und an seinen strengen und farbigen Zeremonien.*[589] Dem Großbürger Lion Feuchtwanger ist die Welt des Arbeiters zeitlebens fremd geblieben. Marta Feuchtwanger erzählte dem Verfasser, dass Feuchtwanger und sie bei den Reichspräsidentenwahlen im März und im April 1932 Hindenburg wählten und nicht Ernst Thälmann. Der kritische Republikaner Feuchtwanger betrachtete den kommunistischen Kandidaten offenbar nicht als wählbare Alternative.

In den letzten Weimarer Jahren beschäftigt sich Lion Feuchtwanger erneut mit einem historischen Roman, in dessen Mittelpunkt er seine Gedanken über die Zukunft des plötzlich wieder so massiv bedrohten Judentums stellt und der sich mit jenem nationalen Egoismus auseinandersetzt, der nicht nur in Deutschland, aber dort mit unverkennbar hysterischen Tönen von den Nationalsozialisten und, kaum weniger gedämpft, von der bürgerlichen Rechten gepredigt wird. Die *Josephus*-Trilogie, deren erster Band, *Der jüdische Krieg,* 1932 erscheint und von der das Manuskript des zweiten und – so war es jedenfalls zunächst geplant – letzten Teiles bei der Machtergreifung Hitlers fast beendet ist, wird eines seiner persönlichsten Werke. In der Gestalt des jüdischen Historikers Flavius Josephus spiegelt Feuchtwanger die Tragödie des intellektuellen Juden, sein tief gespürtes Außenseitertum, sein verzweifeltes Streben, in einer Welt der Vorurteile, der Gewalt und der menschlichen Blindheit eine vermittelnde, aufklärerische Rolle zu übernehmen. Dieser Romanzyklus mag für manchen Leser – der Verfasser zählt sich dazu – einer der gelungensten, »modernsten« Beiträge Feuchtwangers zur europäischen Ideengeschichte sein: das Bekenntnis zum Weltbürgertum, das Überwinden des engen, chauvinistischen, für die Geschichte so häufig von furchtbaren Folgen begleiteten Nationalismus. Verkleidet in die historische Kulisse des antiken Roms, werden hier Gedanken entwickelt, die ähnlich nicht nur bei den deutsch (österreichisch)-jüdischen Schriftstellern Richard Beer-Hofmann und Jakob Wassermann schon früh auftauchen. Auch andere – jüdische und nichtjüdische – Intellektuelle reagieren sensibel auf die wachsende politische Radikalität ihres Jahrhunderts, das sich mehr und mehr vom Rausch eines völkischen Rassismus überwältigen lässt. Der tiefe Bruch, den das Jahr 1933 für das europäische Judentum heraufbeschwören wird, spiegelt sich auch in Feuchtwangers drei *Josephus*-Romanen. Ist im ersten Band noch die utopische Hoffnung eines Weltbürgertums unüberhörbar, wächst in den folgenden nach Hitlers Machtübernahme geschriebenen Bänden die Skepsis, dass der Nationalismus in einer angeblich aufgeklärten Gesellschaft überwindbar sei.

Beschäftigt hat ihn die Geschichte der Zerstörung des Tempels von Jerusalem, dieses für die Entwicklung des jüdischen Volkes so einschneidende Ereignis, schon lange. Das Bild von den römischen Legionären, die das heilige Gerät aus dem brennenden Tempel tragen, hat ihn nicht mehr losgelassen, seit er es damals 1912 während der langen Italienreise auf dem Triumphbogen des Titus entdeckte. Und die Zeit der Flavier-Kaiser, die für das jüdische Volk mit einer Katastrophe begann – wies sie nicht auch manche Parallelen auf zu den dunklen Tagen Spätweimars? Die Wirren des Dreikaiserjahres, die 69 n. Chr. auf Neros Tod folgten. Der nationale Wahn der Bewohner von Judäa. Die Zerrüttung der römischen Staatsfinanzen. Die wachsende Macht des Militarismus, die sich nicht zuletzt in der Ausrufung der Kaiser durch die Rhein- und Asienlegionen zeigte. Und da war auch das Aufkommen der neuen Lehre einer kleinen Gruppe, die sich Christen nannte und die schon in ihren Anfängen unübersehbar erste fanatische Züge aufwies, den Anspruch absoluter Wahrheit erhob.

Der Roman *Der jüdische Krieg* enthält viele Antworten Feuchtwangers auf das äußere Geschehen seiner Zeit. Auf den Zionismus, der Anfang der 1930er Jahre neue Nahrung erhält, und seinen Gegenpol, den Antisemitismus. Das pragmatische, ökonomisch durchorganisierte römische Weltreich spiegelt in diesem Roman auch manches von Daniel W. Potters technisch-kapitalistischem Amerika der 1920er Jahre wider.

In den beiden abschließenden Bänden – *Die Söhne* (1934/35) und *Der Tag wird kommen* (1939–1941) – rücken die Entwicklungen in Deutschland seit 1933 in den Vordergrund. Die Herrscherzeit des Judenhassers und Despoten Domitian, des letzten Kaisers aus dem Geschlecht der Flavier, weist in der Darstellung Feuchtwangers Parallelen zum Hitlerfaschismus auf. Unterdrückung, Terror und strenge Zensur kennzeichnen die Schreckensherrschaft Domitians ebenso wie rund 1850 Jahre später das Dritte Reich des »Führers«. *Aber jetzt sieht man sich besser einen jeden genau an, mit dem man Worte wechselt, nicht nur darauf, ob einmal etwas gegen ihn vorgelegen hat, sondern auch, ob einmal in Zukunft etwas gegen ihn vorliegen könnte.*[590] Aber *knirschend mußten die Senatoren einräumen: das Volk … liebte seinen Herrn und Gott Domitian.*[591] Vielleicht hat Feuchtwanger auch an die Entwicklungen im stalinistischen Russland gedacht, denn manche Formulierung und Beschreibung ähnelt den Berichten und Reden, die aus dem bolschewistischen Riesenreich in den Westen gelangen. »*Nimm dich in acht, mein Jude! … bleib dir bewußt, daß wir ein Aug auf dir halten.« Josef war kein furchtsamer Mann, dennoch zitterten ihm die Glieder, … und der Gaumen war ihm trocken.*[592] Micha Brumlik, der diese Passage als Beleg für die Stalin-Parallele zitiert, meint zu Recht, »Feuchtwanger wusste wie sein Freund Brecht, warum er nicht in der Sowjetunion blieb, sondern in die USA ging«[593]. Er hatte mit eigenen Augen 1936/37 die Wirklichkeit der Stalindiktatur gesehen und sie öffentlich sehr »beschönigend« beschrieben. War der letzte Band der *Josephus*-Trilogie möglicherweise die ehrlichere, künstlerischere Reflexion der sowjetrussischen Realitäten?

Auch in der *Josephus*-Trilogie erweist sich Feuchtwanger als Kenner der historischen Hintergründe. Die Fabel hält sich eng an das tatsächliche Geschehen der Jahre 64 bis etwa 100 n. Chr., der Regierungszeit der drei Flavier-Kaiser und des Beginns der Herrschaft von Trajan. Die Ereignisse bei der Ausrufung Vespasians zum Kaiser, seine Charakterisierung als bäurisch-schlauen, scharf kalkulierenden, ökonomisch denkenden Imperator ist in den historischen Werken ebenso zu finden wie die Schilderung der Beziehungen des Sohnes und Nachfolgers Titus zur jüdischen Königstochter Berenike oder das Verhältnis zwischen den beiden Söhnen Vespasians. Verlauf und Ende des Jüdischen Krieges sind weitgehend dem Bericht des Geschichtsschreibers Flavius Josephus entnommen worden. Domitian ist sicher negativer gezeichnet, als es den Tatsachen entspricht, aber der Ruf des jüngsten und am längsten regierenden Flaviers ist auch bei vielen Historikern nicht der beste.

Der geschichtliche Flavius Josephus ist 37 oder 38 n. Chr. geboren, in Jerusalem aufgewachsen und als junger Mann für den Priesterberuf ausgebildet worden. 64 n. Chr. wird Doktor Josef Ben Matthias, Priester der Ersten Reihe, zu Verhandlungen nach Rom geschickt, macht dort die Bekanntschaft der Kaiserin Poppaea, hat möglicherweise den großen Brand aus der Zeit Neros miterlebt. Später dann betrauen ihn die Führer Jerusalems mit der Leitung der Provinz Galiläa. Er selbst schreibt, er habe beim großen jüdischen Aufstand gegen die römische Herrschaft, der 66 n. Chr. ausbricht, zunächst auf der Seite der mäßigenden Kräfte gestanden. Von Vespasians Legionen bedrängt, zieht sich Josef auf die Festung Jotapata zurück, die nach 47-tägiger Belagerung fällt. Der Rest der Verteidiger versteckt sich in den Zisternen, und die meisten suchen den Freitod. Josef, einer der letzten Überlebenden, stellt sich dann doch den Römern und rettet sein Leben durch die Prophezeiung, der Flavier Vespasian werde bald Herr des römischen Imperiums sein. Josef Ben Matthias nennt sich nach seiner Freilassung, dem neuen Herrscherhaus dienend, Flavius Josephus und schreibt »Die Geschichte des Jüdischen Krieges«, eine ganz aus der Sicht der Römer verfasste Darstellung des Aufstands und der Zerstörung des Tempels, zum Ruhme der Flavier und mit Hilfe der kaiserlichen Archive erstellt. Für sein Volk, die Juden, ist Josephus ein Verräter und Opportunist, daher bleiben seine im Auftrag der Römer vor den Mauern des belagerten Jerusalem unternommenen Vermittlungsversuche erfolglos. Als Favorit der neuen Dynastie erhält er Land in Palästina und volle Bürgerrechte. Am Ende seines Lebens wendet er sich wieder seinem Judentum zu, schreibt die »Jüdischen Altertümer« und eine Polemik gegen den alexandrinischen Judenfeind Apion, verfasst schließlich eine Autobiographie, die als Antwort auf eine andere jüdische Darstellung der Aufstandsperiode, das Buch des Justus von Tiberias, gedacht war und aus der Feuchtwanger viele Einzelheiten für sein biographisches Werk entnommen hat. Flavius Josephus starb nach 100 n. Chr., das genaue Datum ist unbekannt.

Feuchtwangers Roman sieht den Weg dieses Flavius Josephus als den eines Menschen zwischen Rom und Judäa, zwischen West und Ost. Leidvoll muss der Jude erfahren, wie seine Rolle als Mittler, der den »Geist des Ostens« mit der »Technik des Westens« vereinen will, an den politischen Realitäten scheitert. *Eine große Kälte fiel ihn an, alles war von ihm abgeblättert, Schmerz und Hochmut. Er gehörte nicht zu den Römern und nicht zu den Juden, die Erde war wüst und leer wie vor der Schöpfung, er war allein, um ihn war nichts als Hohn und Gelächter.*[594] Der Jude und Intellektuelle Josephus bleibt ein unverstandener Rufer: Der Tempel wird zerstört; Nationalismus, Machtgier und Verblendung führen in die Katastrophe. Er muss erkennen, dass fast alles, was er unternimmt, zum Unheil ausschlägt, für sein Volk vernichtende Auswirkungen hat. Der »Psalm des Weltbürgers«, den er dichtet, bleibt noch eine große Utopie: *Lobet Gott und verschwendet euch über die Länder. / Lobet Gott und vergeudet euch über die Meere. / Ein Knecht ist, wer sich festbindet an ein einziges Land. / Nicht Zion heißt das Reich, das ich euch gelobte, / Sein Name heißt: Erdkreis.*[595] In seinem 1935 veröffentlichten Aufsatz *Vom Sinn und Unsinn der Geschichte* hat Feuchtwanger die zentrale Aussage dieses ersten Bandes verdeutlicht: *Ein Thema, das mich seit je von Grund auf bewegt hat, ist der Konflikt zwischen Nationalismus und Internationalismus in der Brust eines Mannes.*[596]

Die beiden folgenden *Josephus*-Bücher zeigen dann den Einfluss, den die politischen Entwicklungen in Deutschland, das inzwischen dem Faschismus verfallen ist, auf Feuchtwanger genommen haben. Deutlich verschieben sich jetzt die Motive, tritt das Hohelied des Weltbürgertums hinter einer realistischeren Einschätzung der Lage im Rom des Domitian und im Berlin des Adolf Hitler zurück. Josephus vereinsamt zunehmend, persönliche Misserfolge und familiäre Tragödien überschatten sein Leben. Er erkennt, was sein geistiger Gegner, Justus von Tiberias, ihm schon immer vorgeworfen hat, dass nämlich seine historischen Darstellungen, gemessen an der Wirklichkeit, *höfisch-konziliant* und *kosmopolitisch-lau* sind. Und der ehemalige Führer der jüdischen Aufständischen in Jerusalem, Johann von Gischala, weist mit seinem Urteil über Josefs Buch auf Feuchtwangers nun sehr materialistische Deutung seiner Zeit hin: *»Es ging damals …*

nicht um Jahve und nicht um Jupiter: es ging um den Preis des Öls, des Weins, des Korns und der Feigen. Hätte euere Tempelaristokratie in Jerusalem … nicht so gemeine Steuern auf unsere mageren Produkte gelegt, und hätte Ihre Regierung in Rom … uns nicht so niederträchtige Zölle und Abgaben aufgebrummt, dann wären Jahve und Jupiter noch lange ausgezeichnet miteinander ausgekommen.«[597]

Josephus kehrt nach Palästina zurück. Ein alter Mann ist er geworden, der mit seiner Schrift gegen den Judenverleumder Apion und seinem mutigen Auftritt vor dem Diktator Domitian die Sympathien seines Volkes zurückgewonnen hat. Er beteiligt sich an einem neuen Aufstand – *Beinah siebzig hat er werden müssen, ehe er so weise wurde, unweise zu sein*[598] – und endet, von römischen Legionären zu Tode geschleift, auf einer staubigen Straße im Lande Galiläa. Aber Feuchtwanger macht auf den letzten Seiten des dritten Bandes dennoch deutlich, dass die Idee des Weltbürgertums, das hohe Motiv des ersten Buches, nicht widerlegt, nicht aufgegeben ist. *Er hatte die Welt gesucht,* heißt es dort, *aber gefunden hatte er nur sein Land; denn er hatte die Welt zu früh gesucht.*[599]

Das dreibändige Werk, dessen Grundthesen hier nur knapp skizziert worden sind, enthält eine Fülle von Motiven und Deutungsversuchen, aber auch zahlreiche Neuorientierungen des Autors. Etwa zum Zionismus, den er im *Psalm des Weltbürgers* des ersten Bandes ablehnt, nach den Judenverfolgungen im Dritten Reich aber anzuerkennen beginnt. Im *Jüdischen Krieg* heißt es noch: *Was ist der wehende Atem Gottes? Lehre und Gesetz. Man kann uns nicht auseinanderreißen, solange wir Zungen haben oder Papier für das Gesetz.*[600] In *Der Tag wird kommen* klingt das anders. *Gesetze und Bräuche sind gut und Gott wohlgefällig,* schreibt er jetzt, *aber sie bleiben Geschwätz, wenn sie nicht die Vorbereitung sind eines selbständigen Staates mit Polizei und Soldaten und souveräner Gerichtsbarkeit.*[601] Wulf Köpke konstatiert in seiner Betrachtung der *Josephus*-Romane: »Josephus beschreibt das Ende des alten jüdischen Staates. Fordert Feuchtwangers Trilogie dazu auf, einen neuen zu errichten? Auch hier ist es schwer, eine definitive Antwort zu geben, obwohl der Schluß des Romans in diese Richtung zu deuten scheint.«[602]

Oder seine Haltung zur Darstellung der Geschichte, die sich ebenfalls im zweiten Band gewandelt hat, sogar frühere Äußerungen widerruft: *Ich habe Ihr Buch sehr aufmerksam gelesen, Doktor Josef: Preise und Wirtschaftsziffern habe ich keine darin gefunden. … Ihr Buch mag ein Kunstwerk sein, aber wenn man es gelesen hat, weiß man über das Warum und Wieso des Krieges keinen Deut mehr als vorher.*[603] Feuchtwangers Überzeugung, dass Legenden die stärkste Wirkung auf die Geschichtsüberlieferung besitzen, taucht an mehreren Stellen der Trilogie ebenso auf wie die sehr aktuelle Forderung an die Intellektuellen, die Wahrheit zu suchen und zu sagen: *Heil dem Manne, den du nicht zwingen kannst, / Zu sagen, was nicht ist. / Denn er nimmt es auf sich, das Schwerste. / Sehend, mitten im nüchternen Tag, / Winkt den Tod er herbei und spricht zu ihm: komm! / Für ein körperloses Wort / Steht er dem Tode, / Es zu verweigern, wenn es seine Lüge ist, / Es zu bekennen, wenn es seine Wahrheit ist. // Heil dem Manne, / Der dafür dem Untergang steht. / Denn das ist der Mut, / Zu dem Gott ja sagt.*[604]

Auch die alten Weisheiten früherer (und späterer) Werke finden sich in der Roman-Biographie über den jüdischen Schriftsteller Flavius Josephus wieder. Feuchtwanger zitiert den von ihm immer schon äußerst geschätzten Prediger Salomo: »Alles ist Eitelkeit. Alles ist Haschen nach Wind.« Der greise Großdoktor Jochanan Sakkai aber deutet das Leben – ebenso wie Gustav Oppermann in Feuchtwangers erstem Roman, den er dann im Exil schreiben wird – im Sinne von Camus' Sisyphos-Mythos: »Es ist uns nicht gegeben, das Werk zu vollenden, aber es ist uns auferlegt, nicht davon abzulassen. Das ist es, wozu wir auserwählt sind.« Am Ende der Trilogie – es wird geschrieben, als die Welt schon in Flammen steht und der Krieg gegen Hitler für die Miterlebenden noch nicht entschieden ist – überwältigen den fortschrittsgläubigen Autor auch pessimistisch-philosophische Ahnungen: *Und weiter sah ich, wie es unter der Sonne zugeht: wo Milde sein sollte, war Bosheit, und wo Gerechtigkeit sein sollte, Un-*

recht. Da dachte ich in meinem Herzen, das ist von Gott der Menschen wegen so eingerichtet, damit sie einsehen, daß sie nicht mehr wert sind als das Vieh. Denn es geht dem Menschen wie dem Vieh, und sie haben ein *Geschick. Wie dieses stirbt, so stirbt jener. Einen Odem haben sie, und der Vorzug des Menschen vor dem Vieh ist ein Nichts, und alles ist eitel. An* einen *Ort geht alles: aus Staub ist es geworden, und es kehrt zurück in den Staub.*[605]

Seine besondere Aktualität behält Feuchtwangers Joseph-Geschichte nicht nur für das Weltjudentum, das sich zu Beginn des 21. Jahrhunderts zwischen Weltbürgertum und Nationalbekenntnis bewegt. Denn die viel beschworene Globalisierung, die das Zusammenleben der Völker dramatisch zu verändern beginnt, stellt die nationale Frage generell vor Herausforderungen, in denen auch christliche oder islamische Gesellschaften eine neue Identität finden müssen.

Der erste *Josephus*-Band erscheint 1932 im Propyläen Verlag. Die Aufnahme des Buches zeigt das nach wie vor vorhandene Interesse für den historischen Roman; es erregt aber verständlicherweise nicht so viel Aufsehen wie zwei Jahre vorher *Erfolg*. Das Manuskript des zweiten Teils ist fast beendet, als Hitlers Machtantritt Feuchtwanger die Rückkehr von einem USA-Aufenthalt nach Deutschland unmöglich macht. Als SA-Horden im März 1933 sein Haus plündern, wird die Niederschrift vernichtet. *Den verlorenen Teil in der ursprünglichen Form wiederherzustellen,* schreibt er 1935 im Nachwort von *Die Söhne, erwies sich als unmöglich. Ich hatte zu dem Thema des »Josephus«: Nationalismus und Weltbürgertum, manches zugelernt, der Stoff sprengte den früheren Rahmen, und ich war gezwungen, ihn in drei Bände aufzuteilen.*[606] 1935 erscheint der zweite Teil, das dritte, abschließende Buch 1942, zunächst in einer englischen Übersetzung, dann 1945 die deutsche Ausgabe. Mit langen Unterbrechungen, in denen er sich anderen Werken zuwendet, wird sich Feuchtwanger über zehn Jahre mit dem Schicksal seines Josephus und der Geschichte seines Volkes in der Zeit der drei Flavierkaiser Vespasian, Titus und Domitian beschäftigen. Auch das Manuskript des dritten Bandes stand kurz vor dem Abschluss, als Lion Feuchtwanger zum zweiten Mal auf der Flucht vor den Mordbanden Hitlers war.

Der jüdische Krieg entsteht in den Jahren des langen, qualvollen Niedergangs der ersten deutschen Republik. Mit dem Ausbruch der Weltwirtschaftskrise gewinnen die radikalen Kräfte sehr rasch Oberwasser, verfallen die Weimarer Koalitionsparteien einer hilflosen Lethargie, erweisen sie sich – Sozialdemokraten, Zentrum, Linksliberale – als zu kraftlos, um der Gefahr energisch entgegenzutreten. Die Konservativen um Hugenberg und von Papen, die Reichswehr- und Wirtschaftsführer glauben in törichter Überheblichkeit, sie würden den politischen Mob, der jetzt auf der Straße wütet, schon bändigen können. Einer von vielen Irrtümern, die das Handeln der Führungsschichten im Deutschland dieser Jahre kennzeichnen. Am 30. Januar 1933 haben es »Fränzchen« von Papen, Oskar von Hindenburg und Staatssekretär Otto Meißner geschafft, der greise Reichspräsident Hindenburg akzeptiert Adolf Hitler als Regierungschef. Die Republik ist tot, Deutschland hat einen Diktator.

Am 27. Februar brennt der Reichstag, die Gefängnisse füllen sich, die ersten provisorischen Konzentrationslager werden errichtet. Zunächst für die Kommunisten, dann für die Sozialdemokraten und Gewerkschafter, dann für die bekennenden Christen und natürlich auch für die Juden. Am 23. März lässt sich Hitler seine Diktatur durch das »Ermächtigungsgesetz« im Reichstag absegnen, nur die Sozialdemokraten sagen mutig nein. Am 10. Mai errichten Studenten und ihre Professoren auf öffentlichen Plätzen Scheiterhaufen, auf die sie unter lauten Hassgesängen die Bücher der bedeutendsten deutschen Schriftsteller werfen. Auch Feuchtwangers Werke werden Opfer der Flammen. Mehr als fünf Jahre später, am 9. November 1938, brennen dann die Synagogen. Deutschland versinkt in der Finsternis.

Viele hatten gewarnt, wenige nur das ganze Ausmaß der Gefahr erkannt. Auf einem SPD-Parteitag im Juni 1931 meinte Rudolf Breitscheid noch optimistisch: »Auf die Dauer kann der Faschismus in Deutschland nicht triumphieren.«[607] Im Sitzungsprotokoll des SPD-Vorstandes vom 31. Januar 1933, dem Tag nach der Machtergreifung, wird Otto Braun mit der Bemerkung zitiert, ihm scheine doch, dass die ostelbische Herrenklasse, die sehr maßgebend Einfluss hätte, den Malergesellen nicht an die Macht lassen wolle. Blind in ihrem Kampf gegen die SPD bleiben auch die Kommunisten. KP-Chef Ernst Thälmann im September 1932: »Im jetzigen Stadium der fortschreitenden Faschisierung wird jede Abschwächung unseres prinzipiellen Kampfes gegen die Sozialdemokratie ein schwerer Fehler.«[608] Walter Ulbricht, KP-Reichstagsabgeordneter aus Sachsen, im Januar 1933: »Nach wie vor müssen wir den Hauptstoß gegen die Partei führen, wo die entscheidenden Schichten des Proletariats oder Teile von ihnen vom revolutionären Kampf abgehalten oder gar gegen den revolutionären Kampf eingesetzt werden. Das ist die Sozialdemokratie.«[609]

Aber auch die linksliberalen Intellektuellen, die Schriftsteller, Journalisten und Künstler, haben die Entwicklung oft falsch eingeschätzt. Immerhin, im Gegensatz zu vielen ihrer Kollegen im rechtsbürgerlichen Spektrum, die den Mangel an demokratischer Überlieferung in Deutschland auch in den Weimarer Jahren beweisen, bekennen sie sich eindeutig zur Republik. Die Universitäten – Studenten und Professoren – verfallen dagegen den völkischen Leerformeln, dem modernen Barbarentum schon früh und in großem Umfang. Frank Trommler spricht von dem »Krisengefühl der Intelligenz«, das entscheidend zum Verfall Weimars beigetragen habe: »Ganz offensichtlich vermochten die politischen Freiheiten, die die Weimarer Republik gewährte, das Gefühl ökonomisch-sozialen Niedergangs, das die Intelligenz nach 1919 empfand, nicht aufzuwiegen.«[610]

Unterschätzt werden Hitler und der Nationalsozialismus im Lager der linken Intellektuellen. Carl von Ossietzky meint am 3. Februar 1931 in einem Aufsatz in der »Weltbühne« unter dem Titel »Brutus schläft«: »Eine einzige Bundesgenossin nur hat die Arbeiterschaft, hat das verteidigungsgewillte Republikanertum überhaupt: das ist die Unfähigkeit Hitlers, einem Zufallssieg mit oder ohne Gewalt Form und Dauer zu verleihen.«[611] Zwei Jahre später wird Ossietzky seinen fundamentalen Irrtum am eigenen Leib verspüren und dann bald mit dem Leben bezahlen. Auch Ignaz Wrobel (Kurt Tucholsky) schreibt im April 1932 als »Hellseher« recht blind in der gleichen Zeitschrift: »Die Hitlerleute? – Halb so schlimm. Furchtbar viel Geschrei; Brutalitäten; Freude an organisiertem Radau; … halb so schlimm. Vorspann – wenn sie den ersten Ruck gegeben haben, wird man sie bremsen, die armen Kerle.«[612]

Es gibt aber auch andere, die schon sehr viel schärfer blicken. Thomas Mann beispielsweise im »Berliner Tageblatt« vom 8. August 1932 nach Ausschreitungen der Nazis in Königsberg: »Werden die blutigen Schandtaten von Königsberg den Bewunderern der seelenvollen ›Bewegung‹, die sich Nationalsozialismus nennt, … endlich die Augen öffnen über die wahre Natur dieser Volkskrankheit, dieses Mischmasch aus Hysterie und vermuffter Romantik, dessen Megaphon-Deutschtum die Karikatur und Verpöbelung alles Deutschen ist?«[613]

Lion Feuchtwanger hat zu den Mahnern gehört, nicht nur in seinem schriftstellerischen Werk, sondern auch in tagespolitischen Beiträgen. Am 21. Januar 1931 veröffentlicht die linke Berliner Zeitung »Welt am Abend« eine Antwort Feuchtwangers auf ihre Umfrage: »Wie bekämpfen wir das Dritte Reich?« Da sie seine Auffassung in diesen letzten Jahren Weimars sehr gut kennzeichnet, wird sie hier vollständig und stellvertretend für viele ähnliche Äußerungen wiedergegeben:

Der Krieg hat die barbarischen Instinkte des einzelnen und der Gesamtheit gelöst in einem Maße, das vorher unvorstellbar war. Der Nationalsozialismus hat diese Barbarei kunstgerecht organisiert. Er heißt bei den Intellektuellen OBD: Organisierte Barbarei Deutschlands.

Seinem Wesen und seiner Ideologie nach antilogisch, antigeistig, will der Nationalsozialismus die Vernunft absetzen und preist an ihrer Stelle das Gefühl, den Trieb, eben das Barbarische. Schon dadurch, daß Geist und Kunst übernational sind, sind sie dem Nationalismus im tiefsten verdächtig und verhaßt. Knebelung des Geistes und der Kunst ist einer seiner wichtigsten Programmpunkte, und da von den Zielen, die er verkündet, diese Aufgabe am gefahrlosesten durchzusetzen ist, hat er hier seine stärksten Erfolge.

Als der Nationalsozialismus zur Macht gelangte, hat er sich mit besonderem Fanatismus gegen alles Geistige und alles Künstlerische gewandt.

So gut wie kampflos hat das liberale Bürgertum alle kulturellen Positionen vor ihm geräumt. Abgesehen von ein paar Arbeiterbühnen wagt kein Kino und Theater mehr ein Stück zu spielen, das den Nationalsozialisten nicht genehm ist: Schriftsteller, die eine Haltung einnehmen, die der OBD nicht paßt (und das sind mit einer einzigen Ausnahme alle deutschen Schriftsteller von Rang), werden mit Drohbriefen überhäuft. Seit einem Jahrhundert war der Geist in Deutschland nicht so unfrei wie heute.

Was also die Intellektuellen und Künstler zu erwarten haben, wenn erst das Dritte Reich sichtbar errichtet wird, ist klar: Ausrottung. Das erwarten denn auch die meisten, und wer irgend unter den Geistigen es ermöglichen kann, bereitet heute seine Auswanderung vor. Man hat, wenn man unter den Intellektuellen Berlins herumgeht, den Eindruck, Berlin sei eine Stadt von lauter zukünftigen Emigranten.

Es ist also ein Gebot nackter Selbsterhaltung für alle Geistigen, mit ganzer Seele und ganzem Vermögen gegen das Dritte Reich zu kämpfen. Solange es in Deutschland noch einen Winkel gibt, wo die Kunst den Mund auftun darf, wollen wir es unmißverständlich aussprechen und in die Schädel hämmern: Das Dritte Reich bedeutet Ausrottung der Wissenschaft, der Kunst, des Geistes.[614]

Die Nazis schäumten und antworteten in ihrer Zeitung »Der Angriff«: »Heil und Sieg, Herr Feuchtwanger, und gute Reise. Sie sind ein blendender Prophet.«[615]

Aber auch Lion Feuchtwanger will letztlich nicht an den Untergang glauben – die Vorstellung, Deutschland könnte zum Spielplatz der antisemitischen Hitlerhorden werden, verdrängt er. Er baut sein Berliner Haus. Nach den Novemberwahlen 1932, die für die Nationalsozialisten einen Rückschlag bringen, meint er gegenüber amerikanischen Reportern optimistisch: *Hitler is over*[616]. Als er das sagt, ist er schon auf seiner Vortragsreise durch die USA, nicht ahnend, dass er die Heimat nie wiedersehen wird. Marta Feuchtwanger wird später festhalten: »Er hat's nicht wahrhaben wollen das Ganze. ... Mein Mann nahm das nicht ernst: Das wird höchstens ein Jahr dauern!«[617] Ähnliches weiß der Schriftsteller und Publizist Alfred Kantorowicz, Gefährte im französischen Exil, zu berichten: »Erinnert man ihn ... in freundlicher Gesinnung an diesen Widerspruch zwischen Vorauswissen und Handeln, so kam ein Lächeln in seine klugen Augen hinter den dicken Brillengläsern, lief über sein runzeliges Eulengesicht, und mit einem fast unhörbaren, nach innen gekehrten Glucksen antwortete er: ›Was wollen Sie? – So ist der Mensch!‹«[618]

Fast alle Menschen, die er in diesen letzten Jahren im »Romanischen Café«, beim Austernessen im mondänen »Restaurant Kempinski« oder in der Weinstube »Lutter & Wegner«, deren Gäste schon der skurrile preußische Beamte E. T. A. Hoffmann und seine Serapionsbrüder waren, trifft, wird er bald im Exil wiedersehen. Brecht, Arnold Zweig, Heinrich, Thomas und Klaus Mann, Bruno Frank, Carl Zuckmayer, Erich Maria Remarque, Vicki Baum, die schon 1931 nach Hollywood geht. Anderen wie Arnolt Bronnen oder dem Schauspieler Eugen Klöpfer, die sich am »neuen« Deutschland begeistern, begegnet er mit freundlich-ablehnender Nachsicht, nimmt ihr Engagement nicht ernst.

Ein halbes Jahr vor dem Untergang Weimars locken im Sommer 1932 die Vereinigten Staaten. Eine Agentur bietet eine große Vortragstournee quer durch den riesigen Kontinent an, und sein Verleger Ben Huebsch ist davon sehr angetan. Feuchtwanger jedoch zögert mit der Zusage. Er hasst öffentliche Auftritte, ist mit der englischen Sprache nicht sehr vertraut, hat kein Talent für Vorlesungen. Die Stimme dringt nicht durch; der Charme, die Dynamik, die Kraft seiner Bücher, die seine Leser so faszinierten – kaum etwas davon ist zu spüren, wenn der schmale, kleine, schüchterne Mann vor einem größeren Auditorium daraus liest. Seine Zuhörer sind in der Regel enttäuscht, im angelsächsischen

Raum verstehen sie wenig vom bayerisch gefärbten Englisch des Schriftstellers.

Schließlich aber sagt er doch zu, Amerika hat ihn schon immer gefesselt. B. W. Smith, Dachziegel und Verwandtes, oder George F. Babbitt, Kleinbürger aus dem Mittelwesten, und der *Dollarscheißer* Daniel Potter ziehen den Balladendichter J. L. Wetcheek an. Er nimmt tapfer Englischstunden, und an einem grauen Novembertag steigen Lion und Marta Feuchtwanger am Bahnhof Zoo in den Zug. Brecht bleibt winkend auf dem Bahnsteig zurück. Es ist, er weiß es nur noch nicht, Lion Feuchtwangers endgültiger Abschied von Berlin.

Zunächst geht es nach London, das ihn – und nun auch Marta – wieder ehrt und feiert. Es kommt zur letzten persönlichen Begegnung mit seinem englischen Verleger Martin Secker, der später in große finanzielle Schwierigkeiten gerät; bei einem Diner sitzt er dem Führer der zionistischen Bewegung, Chaim Weizmann, gegenüber, ist fasziniert von der großen Persönlichkeit des späteren ersten Präsidenten des Staates Israel. Winston Churchill, damals gerade politisch kaltgestellt, erscheint auf einem der Empfänge; König Georg V. lädt nach Windsor ein, um dem Schriftsteller ein Gemälde der hässlichen Herzogin Margarete von Tirol zu zeigen. Aber die Zeit drängt, Feuchtwanger muss absagen, in Southampton wartet das Schiff.

Während Marta Feuchtwanger nach Deutschland zurückkehrt, überquert der Autor den Atlantik. Am 17. November erreicht er an Bord der »Europa« New York. Ein Reporterschwarm empfängt ihn; sie fragen nach dem *Josephus*-Roman, nach der Lage in Deutschland und was Mr. Feuchtwanger von Amerika halte. Er antwortet knapp und präzise, aber es gibt auch, wie so häufig, wenn Journalisten Aussagen verkürzt wiedergeben, Missverständnisse. Der Schriftsteller sieht Amerika stark unter dem Blickwinkel seiner Babbitt-Lektüre, soll laut »New York Times« angesichts des Broadway-Flitters von einer »unliterarischen Nation« gesprochen haben. Ganz sicher ist der Gast nicht richtig zitiert worden: Feuchtwanger verehrt nach wie vor die amerikanische Literatur, schätzt Mark Twain, Theodore Dreiser, Sinclair Lewis, F. Scott

Fitzgerald, Dos Passos, John Steinbeck, dessen erste Bücher gerade erscheinen, den frühen Hemingway.

Er wohnt im Waldorf Astoria, feiert Weihnachten bei Theodore Dreiser, der sich betrinkt, trifft mit Franklin D. Roosevelt und dessen Frau Eleanor zusammen. Damals ist der Schöpfer des New Deal noch Gouverneur von New York, aber schon auf dem Sprung ins Weiße Haus, in das er 1933 für zwölf Jahre einziehen wird. Eine wichtige Begegnung, denn acht Jahre später wird Eleanor Roosevelt an der Rettung Feuchtwangers vor Hitlers Gestapo entscheidend beteiligt sein, die Flucht aus Europa ermöglichen. Anfang Januar 1933 geht es durch das weite Land nach Boston, Atlanta, Los Angeles, San Francisco, Washington. Lesungen, Interviews, Empfänge. Der Ruhm zeigt sich von seiner schönen, aber auch lästigen Seite.

Auf einer dieser Veranstaltungen lernt er den deutschen Botschafter Baron Prittwitz kennen, der ihm am Abend des 30. Januar die Hiobsbotschaft übermittelt: Hitler ist in Berlin Kanzler geworden. Der Diplomat warnt vor einer Rückkehr. Feuchtwanger ist zunächst ratlos. Ein Schriftsteller, von seinen Lesern, seinen Sprachwurzeln getrennt? Und doch weiß er im Grunde schon, dass es für ihn keine Alternative zum Exil gibt.

Das deutsche Vaterland lässt in den kommenden Monaten keine Zweifel daran aufkommen, was ihn bei einer Heimkehr erwarten würde. Im März dringt eine kleine SA-Truppe auf der Suche nach dem Schriftsteller in der Mahlerstraße 8 ein, verprügelt die Dienstboten, verwüstet das Haus, vernichtet zurückgebliebene Manuskripte. Am 26. April erscheint sein Name auf der »Braunen Liste verbrennungswürdiger Literatur«, am 10. Mai verbrennen seine Bücher auf dem Scheiterhaufen, am 13. Mai nennt das »Börsenblatt« ihn und 11 weitere deutschsprachige Autoren Künstler, die das deutsche Ansehen schädigen. Am 23. August schließlich veröffentlicht der »Reichsanzeiger« die erste Ausbürgerungsliste. An sechster Stelle steht der Name Lion Feuchtwanger. Es ist eine Ehrenliste: Die Schriftsteller Heinrich Mann, Kurt Tucholsky, Alfred Kerr findet man dort, die Journalisten Leopold Schwarzschild, Georg Bernhard, die Politiker Rudolf Breitscheid,

Philipp Scheidemann, Otto Wels. Auch die verfolgten Kommunisten Max Hölz, Wilhelm Münzenberg und Wilhelm Pieck. Insgesamt sind es 33 Personen, denen die Faschisten in dieser Veröffentlichung die deutsche Staatsangehörigkeit aberkennen und deren Vermögen sie beschlagnahmen. Feuchtwanger antwortet sarkastisch: *Hitler hat mir das Bürgerrecht weggenommen, doch nicht wegnehmen konnte er mir meinen bayrischen Dialekt.*[619]

Er bleibt bis Anfang März in Amerika. In der »New York Times« ist am 2. März unter dem Titel »Dr. Feuchtwanger sails« zu lesen, er sei der Meinung, Deutschland brauche seine Intellektuellen, um es gegen Hitlers Verstöße gegen die Grammatik (»literary rule«) zu verteidigen. Eine ironische Bemerkung, die für viele offenlässt, ob er nach Deutschland zurückkehren wird oder nicht. Aber ein anderer aus diesen Wochen überlieferter Satz Feuchtwangers zeigt, dass er sich innerlich längst entschieden hat. Als der deutsche Botschafter ihm von der nationalsozialistischen Machtergreifung berichtet, meint Feuchtwanger: *Hitler means war.*[620]

KAPITEL 15

Sitze hier augenblicklich gänzlich ohne Geld

Flucht nach Frankreich

In Deutschland beginnt der Terror. Die ersten Verhaftungen erfolgen bereits am Abend des 30. Januar, während die SA ihre Fackeln durch die Berliner Wilhelmstraße trägt und die »neue Zeit« martialisch feiert. Am 27. Februar brennt der Reichstag, und die neuen Herren nutzen dies, um die Sondergesetze zur politischen und vielfach auch physischen Vernichtung ihrer Gegner zu erlassen. Am 28. Februar 1933 wird die »Verordnung des Reichspräsidenten zum Schutz von Volk und Staat« veröffentlicht. Zur »Abwehr kommunistischer, staatsgefährdender Gewaltakte« werden wichtige Verfassungsrechte außer Kraft gesetzt, die Gegner der Nationalsozialisten werden recht- und schutzlos. 4000 Funktionäre der KPD und zahlreiche Mitglieder der SPD verschwinden in Gefängnissen oder Lagern, ihre Zeitungen werden verboten. Trotzdem erreicht die NSDAP eine Woche später bei den Wahlen nur 43,9 Prozent der Stimmen. Es kümmert Hitler wenig. Am 24. März stimmt der Reichstag dem »Ermächtigungsgesetz« zu: »Reichsgesetze können außer in dem in der Reichsverfassung vorgesehenen Verfahren auch durch die Reichsregierung beschlossen werden … Die von der Reichsregierung beschlossenen Reichsgesetze können von der Reichsverfassung abweichen …«[621]

Am 22. Juni wird die SPD verboten, am 14. Juli erscheint im Reichsgesetzblatt das »Gesetz gegen die Neubildung von Parteien«: »In Deutschland besteht als einzige politische Partei die Nationalsozialistische Deutsche Arbeiter-Partei.«[622] Am 30. Juni 1934 bricht Hitler die Vormachtstellung der SA, der Röhm-Putsch wird auch zur Abrechnung mit zahlreichen alten Gegnern genutzt. Etwa 200 Menschen lässt der Führer kaltblütig umbringen. Ex-Kanzler Kurt von Schleicher und seine Frau werden in ihrer Wohnung niedergeschossen, ebenso der einstige parteiinterne Gegner Gregor Strasser. Auch der alte Gustav von Kahr, der im November 1923 beim Münchner Putschversuch Hitlers nicht mitmachen wollte und vor der Feldherrnhalle die Polizei auf die marschierenden Demokratiefeinde hatte schießen lassen, wird meuchlings niedergemacht. Drei Tage später erlässt Hitler das »Gesetz über Maßnahmen der Staatsnotwehr«. Einziger Artikel: »Die zur Niederschlagung hoch- und landesverräterischer Angriffe am 30. Juni, 1. und 2. Juli vollzogenen Maßnahmen sind als Staatsnotwehr rechtens.«[623] Der Mord ist in Deutschland legalisiert.

Begleitet werden diese Ereignisse von einem immer stärker anschwellenden Flüchtlingsstrom. Schließlich sind es über 100 000 deutsche Bürger, die aus dem tödlichen Machtkreis der Faschisten fliehen. Meist ohne große Vorbereitung, gerade mit dem Notwendigsten ausgestattet, häufig ohne finanzielle Absicherung, gehen sie über die Grenze. Es sind Kommunisten, Sozialdemokraten, Konservative, Protestanten, Katholiken, Juden, Wissenschaftler, Schriftsteller, Schauspieler, Wirtschaftsführer, Arbeiter. Eine bunt gewürfelte Schar, die häufig nur eines miteinander verbindet: die Angst und die Abscheu vor den Faschisten. Es gibt nicht das deutsche Exil. Es gibt nur viele Tausende, die das nackte Leben retten wollen oder es nicht mehr ertragen, Deutschland in den Krallen der Nationalsozialisten entehrt zu sehen. Viele schaffen es nicht, entscheiden sich zu spät zur Flucht. Sie werden erschossen, erschlagen oder in Lager geschleppt, jahrelang gefoltert, zu Tode gequält. Andere kommen nach Monaten oder Jahren wieder frei, zermürbt, vom Erlebten für immer gezeichnet.

»Jeder Intellektuelle in der Emigration«, schreibt Theodor W. Adorno, »ohne alle Ausnahme ist beschädigt ... Enteignet ist seine Sprache und abgegraben die geschichtliche Dimension, aus der seine Erkenntnis die Kräfte zog.«[624] Etwa 2500 deutschsprachige Schriftsteller leben in den Jahren des Dritten Reiches – ganz oder zeitweise – im Exil. Viele von ihnen sind Juden, fast alle gehörten in den Weimarer Jahren zur kritisch-demokratischen Intelligenz. Zunächst suchen sie Zuflucht in der Nähe, hoffend, manche auch fest glaubend, der fürchterliche Spuk sei bald vorüber. Glücklich, wer einen Besitz im Ausland hat oder sein Vermögen mitnehmen kann. Das sind nur verschwindend wenige. Die anderen kommen mittellos, entwurzelt, häufig nach Jahrzehnten eines bürgerlich-geregelten Alltags. Und wo sie sich ermattet, verstört niederlassen, werden sie bald wieder aufgeschreckt, weitergetrieben. Exil, das ist in der Regel immer nur Durchgangsstation.

Sie kommen und fliehen in Wellen. Die Ersten nach dem Reichstagsbrand und dem Röhm-Putsch. Der Anschluss Österreichs 1938 und die Zerschlagung der Tschechoslowakei treiben sie weiter. Der deutsche Überfall auf Holland, Belgien, Norwegen und Frankreich löst den nächsten Flüchtlingsstrom aus. Sich dem Zugriff der Mörder zu entziehen fordert immer größere Distanz. Die Vereinigten Staaten, Südamerika, China (Shanghai) versprechen Sicherheit, aber bleiben für viele unerreichbar. Karl Wolfskehl vereinsamt in Neuseeland. Wo sie hinkommen, sind sie Fremde.

Nach Hitlers Machtantritt kommen etwa 25 000 Flüchtlinge aus Deutschland nach Frankreich. Wie alle zunächst bevorzugten Fluchtorte ist es schnell erreichbar, liegt in unmittelbarer Nachbarschaft zum Reich. Viele Deutsche, vor allem die Künstler und Schriftsteller, haben eine besondere Vorliebe für die französische Kultur, sind mit dem romanischen Geist eng vertraut. Frankreich ist für sie das Land der Aufklärung, das Land der großen bürgerlichen Revolution, die Europa vom Absolutismus befreite. Heinrich Mann oder Bruno Frank, der Österreicher Joseph Roth oder der Elsässer René Schickele beispielsweise sind schon seit Jahrzehnten innerlich tief verbunden mit dem Land, aus dem Voltaire und Rousseau, Gustave Flaubert und Émile Zola kommen.

Es gab im Frankreich der 1930er Jahre drei Zentren des Exils: Paris, Nizza und das Fischerdorf Sanary-sur-Mer. In Paris wurde der »Schutzverband deutscher Schriftsteller im Exil« gegründet und die »Deutsche Freiheitsbibliothek«, dort fand 1935 der Erste Internationale Schriftstellerkongress zur Verteidigung der Kultur statt. In Paris erscheint die Emigrantenzeitschrift »Das Neue Tage-Buch«, das Leopold Schwarzschild herausgibt; das »Pariser Tageblatt« ist die renommierteste Zeitung des deutschen Exils in Frankreich. In Paris trinkt sich Joseph Roth zu Tode, versucht Alfred Döblin seinen wachsenden Pessimismus zu besiegen, sitzt Anna Seghers im Café und schreibt unbeirrt ihre Romane, lebt völlig unbekannt Walter Benjamin. Thomas und Heinrich Mann, Ludwig Marcuse, Klaus Mann, Erich Maria Remarque, Arnold und Stefan Zweig, Bruno Frank, Ödön von Horváth, der auf den Champs-Elysées von einem herabfallenden Ast erschlagen wird, und auch Lion Feuchtwanger tauchen häufig auf. Welche Bedeutung Paris für die deutschen Flüchtlinge hatte, machen auch die Exilromane dieser Zeit deutlich. Viele Autoren wählen die französische Hauptstadt als Schauplatz der Handlung. Heinrich Mann in seinem »Henri Quatre«, Klaus Mann im »Vulkan«, Erich Maria Remarque in »Arc de Triomphe«, Anna Seghers in »Transit«, Joseph Roth in der »Legende vom heiligen Trinker« und Lion Feuchtwanger in *Exil*.

Aber Paris ist teuer, im Süden des Landes lebt es sich erheblich billiger. Heinrich Mann, René Schickele, zeitweise Hermann Kesten und gelegentlich Joseph Roth wählen als Aufenthaltsort Nizza. Heinrich Mann schreibt dort sein zweibändiges meisterhaftes Alterswerk über Heinrich von Navarra.

In Sanary westlich von Toulon, jenseits des auch schon damals von Fremden und Einheimischen überlaufenen mondänen Teils der französischen Riviera, treffen sich in diesen Jahren mehr deutsche Schriftsteller als in den besten Zeiten der Weimarer Republik auf dem Kurfürstendamm. Von der »Hauptstadt der deutschen Literatur« spricht mit einer gehörigen Prise Ironie Ludwig Marcuse.[625] »Zwischen 1933 und 1942 lebten etwa 410 deutsche, österreichische und andere Exilierte im Department Var, mehr als achtzig Prozent von ihnen in Sanary und den Nachbarorten Bandol und La Lavandou, in einer Luftlinie von etwa vierzig Kilometern.«[626]

Sanary hat damals knapp 4000 Einwohner, lebt vom Fischfang, von der Landwirtschaft und vom Kleinhandel, träumt in der warmen Sonne des Mittelmeers vergnügt, geruhsam und noch nicht zersiedelt vor sich hin. Auch schon vor 1933 kommen Künstler aus den USA, England, Deutschland oder Österreich in den versteckten Ort, vom Klima, von den Olivenhainen, von den herrlichen mittelmeerischen Farben, von den stillen, lauen Abenden am Hafen oder in den Bergtavernen angelockt. Katherine Mansfield, D. H. Lawrence und Aldous Huxley gehören zu diesem Kreis der Entdecker des französischen Südens. »In dieser kleinen Bucht«, schwärmt Ludwig Marcuse, »an einem der ausrangiertesten Gleise des Weltgeistes, vergaß ich an den glücklichen Tagen, daß ich hier nicht geboren war.«[627] Und der britische Erfolgsautor William Somerset Maugham, der viele Jahrzehnte seines Lebens in Südfrankreich lebte, spricht in einem seiner Romane von dem »anspruchslosen Badeort an der Riviera zwischen Bandol und Toulon … für Maler und Schriftsteller, die keinen Wert auf die Maskerade von St. Tropez legen.«[628]

Noch heute spürt der Besucher den besonderen Reiz dieses Ortes. Noch immer kann er im Café »La Marine« und im Café »Le Nautique« sitzen, den damaligen Treffpunkten der deutschen Exilanten, auf die bunten Fischerboote blicken, auf das Hôtel de la Tour, wo viele Flüchtlinge erst einmal abgestiegen sind, und die engen, zeitlosen Gassen.

Noch immer lächeln die beiden Steindamen, die Statuen Agriculture und Marine, freundlich auf den Hafenbesucher hinab. Gestiftet hatte sie vor über hundert Jahren ein glücklicher Bürgermeister, dem der Indienhandel äußerst segensreich ausschlug. Sicher, der Quai Victor Hugo heißt nun Quai Charles de Gaulle, die Marmortische des Café La Marine sind Plastikattrappen gewichen, und im Hafen liegen die Motor- und Segeljachten der Reichen. Und es gibt jetzt über 16 000 Einwohner, viel mehr Häuser und viel mehr Motorräder in Sanary. Aber die Winter sind immer noch kurz und die Sommer wie ein endloser Frühling.

Anfang März 1933 ist Lion Feuchtwanger wieder in Europa. Er fährt nach Österreich, wo er in St. Anton seine Frau trifft. Sie ist dort seit einigen Wochen im Skiurlaub, hat den 30. Januar also nicht in Deutschland erlebt. Sie wohnen im Grand Hotel. Brecht kommt, die Freundin Eva van Hoboken (Boy) mit ihrem Mann. Eine Rückkehr nach Deutschland ist ausgeschlossen. Feuchtwanger ist als Jude und als Schriftsteller, der die neuen Machthaber, vor allem auch ihren »Führer« seit Jahren mit Hohn und Spott überschüttet hat, lebensgefährlich bedroht. Lion und Marta, die in St. Anton den Austrofaschismus bereits spüren, sich unsicher fühlen, fahren zunächst in die Schweiz, treffen in Bern die Sekretärin Lola Sernau. Eine Freundin Marta Feuchtwangers aus England findet sich ebenfalls dort ein. Sie reist mit Vollmachten nach Deutschland, um zu versuchen, etwas von seinem Vermögen zu retten. Aber weder in München, wo der größte Teil seines Geldes auf einem Konto des Bankhauses Feuchtwanger deponiert ist, noch in Berlin hat sie Erfolg.

Marta fährt noch einmal zum Skifahren, Lion nach Locarno. Anfang April treffen beide in Lugano wieder zusammen. Sonja Friedmann-Wolf, die mit ihren Eltern ebenfalls im Tessin eine erste Zuflucht gefunden hat, hält in ihren Erinnerungen eine treffende Momentaufnahme des Schriftstellers aus diesen bewegten Tagen fest: »Im Speisesaal sah ich (ihn) wieder. Er saß an einem der guten Fensterplätze. Er widmete sich fast ausschließlich dem Inhalt seiner Teller, schenkte der lieblich vor ihm ausgebreiteten Natur sowie den vielen Menschen um ihn herum, die schwatzend, lachend und flirtend mit ihren Bestecken klapperten, nur mäßige Beachtung. Er kaute, schluckte, arbeitete konzentriert und emsig mit Gabel und Messer. Mir schien, dass er sich beeilte.«[629] Feuchtwanger wird Jahre später für die in die Sowjetunion fliehende Sonja Friedmann-Wolf noch eine wichtige, lebensrettende Rolle spielen.

Marta und Lion fassen bald den Entschluss, nach Marseille zu reisen. Am 22. April fährt Marta mit dem Zug nach Bandol. In der Nähe des Badeortes entdeckt sie das direkt am Strand gebaute kleine Hotel La Réserve. Lion Feuchtwanger kommt nach, auch

Lola Sernau trifft ein, sie sind die einzigen Gäste. Der Schriftsteller stürzt sich sofort in die Arbeit, versucht den zweiten Band des *Josephus*-Romans vorzubereiten, dessen in Berlin gebliebenes Manuskript er verloren gibt. Ein für ihn typischer Wesenszug zeigt sich hier. Selbst in den extremsten Lebenssituationen – in den unsicheren ersten Tagen des Exils oder später in einem Versteck in Marseille vor der Flucht nach Amerika – schreibt er konzentriert und offensichtlich ohne Unruhe an dem gerade in Arbeit befindlichen Werk. Ludwig Marcuse kommentiert diese Haltung mit Verblüffung: »Mir fiel am Nachbar Feuchtwanger zuallererst seine Unerschütterlichkeit auf, in aufgeregtester Zeit. An einem regnerischen Abend des Jahres 1934 wurden der französische Außenminister Barthou und Alexander von Jugoslawien in Marseille ermordet. Wir hörten Radio, sprachen erregt, erfuhren wilde Gerüchte, stellten Vermutungen an, ich wurde auf der Landstraße Six-Fours verhaftet – Feuchtwanger lag um neun Uhr abends im Bett und las Plutarchs Abhandlung ›Philosophen und Regenten‹.«[630]

Sie haben kaum Geld, die Lage ist nicht einfach. Aus Marseille erreicht Lola Sernau im April 1933 die Botschaft: *Außerdem habe ich durch den Dollarsturz, da ich unmittelbar vorher für 3000 Dollar noch travellerschecks laufte (!), ungefähr 15.–20 000 Mark verloren und sitze im Augenblick hier gänzlich ohne Geld, da die Schecks nicht in Zahlung genommen werden.*[631] Aber Feuchtwanger bleibt – und das gilt für seine gesamte Zeit im Exil – vom Schlimmsten verschont. Er schreibt seinen ausländischen Verlegern. Sein amerikanischer Verleger Ben Huebsch von der Viking Press schickt sofort einen Vorschuss, aus England kommt bald etwas Geld für ein Drehbuch, von dem noch zu sprechen sein wird. Während Lion Feuchtwanger es unter großem Zeitdruck verfasst, sucht Marta nach einem eigenen Quartier. Zwischen Bandol und Sanary findet sie hoch über dem Meer ein hübsches, allerdings spartanisch eingerichtetes Haus. Beide sind begeistert, die Villa Lazare wird recht preiswert von einem Rechtsanwalt aus Toulon gemietet. »Das Haus ist nicht eingerichtet und sehr primitiv: keine Küche, nur ein Wohnraum mit einer offenen Feuerstelle, wo ich auf einem Grill über Holzfeuer kochte, so gut es ging.

Sonst gab es neben den drei kleinen Schlafzimmern nur noch einen langgestreckten Arbeitsraum mit einer großen Terrasse. … Lion und ich fanden alles großartig, denn da war ja das Meer. Man konnte von der Klippe auf beiden Seiten in tiefblaue Buchten sehen, im Hintergrund lag eine Insel. Außerdem gab es einen Privatstrand zu dem man über die Felsen hinunterkletterte … Wo gab es ein Meer, Felsen und einen Privatstrand in Berlin-Grunewald? Wir vermissten nichts, auch nicht die Bequemlichkeit unseres Hauses, den gepflegten Garten, nicht einmal den Buik.«[632] Die erste Bleibe ist gefunden, mit 49 Jahren beginnt der Schriftsteller Lion Feuchtwanger ein neues Leben.

Er wird fast genau sieben Jahre in Südfrankreich wohnen, bis Hitler ihn erneut vertreibt. Es ist für ihn trotz der katastrophalen politischen Entwicklungen, mit denen die Exilanten konfrontiert werden, eine gute Zeit. Er richtet sich in seiner Bücherwelt ein (»Als er die schönen Bücher sah, die seltenen Erstausgaben mit ihren Holzschnitten und Stahlstichen, kam die Sammelleidenschaft über ihn.«[633]), genießt das Klima und die Frauen, die mit ihm leben, schwimmt im Meer und »spielt wie ein kleiner Bub mit unseren zwei jungen grauen Katzen, eine ist besonders verliebt in ihn«[634]. Brecht erreichen im Januar 1934 die behaglich-selbstironischen Zeilen: … *ich sitze nackt in der Sonne, es ist sehr warm, und ich bin gräßlich faul. … Apropos Eldorado: Es ist ein proletarisches Vorurteil, daß sorgfältig zubereitetes Essen, luftige Räume und eine gut besonnte Landschaft der Erkenntnis der Wirklichkeit abträglich seien.*[635] Am Ende seiner französischen Jahre blickt er mit einem freundlichen und literarischen Blick auf diese Zeit zurück: *Ich habe während der sieben Jahre meines Aufenthalts an der französischen Küste des Mittelmeers die Schönheit der Landschaft und die Heiterkeit des Lebens dort mit allen Sinnen genossen. Wenn ich etwa, von Paris mit dem Nachtzug zurückkommend, des Morgens das blaue Ufer wiedersah, die Berge, das Meer, die Pinien und Ölbäume, wie sie die Hänge hinaufkletterten, wenn ich die aufgeschlossene Behaglichkeit der Mittelmeermenschen wieder um mich fühlte, dann atmete ich tief auf und freute mich, daß ich mir diesen Himmel gewählt hatte, unter ihm zu leben.*[636]

Allerdings ist Feuchtwanger in diesen Jahren alles andere als faul gewesen. Er schreibt in Sanary den zweiten Teil *(Die Söhne)* und die erste Fassung des dritten Bandes *(Der Tag wird kommen)* der *Josephus*-Bücher und drei weitere Romane *(Die Geschwister Oppermann, Der falsche Nero, Exil)*, einen Bericht über seine Reise nach Moskau, mehrere Essays und zahlreiche Zeitungs- und Zeitschriftenaufsätze. Der Aufenthalt in Südfrankreich gehört zu den künstlerisch produktivsten Jahren Feuchtwangers. Er wird zu einem sehr aktiven Mitglied der verschiedenen Exilorganisationen. Er ist ein leidenschaftlicher Befürworter der Volksfrontpläne, die von Stalin und der Kommunistischen Internationale propagiert und von vielen Sozialdemokraten und Liberalen unterstützt werden. Bei aller Freundlichkeit im persönlichen Umgang wird Feuchtwanger in der Sache ein streitbarer, gelegentlich überaus polemischer Interpret der Tagesereignisse. Seine skeptische Haltung gegenüber den westlichen Demokratien – deren Versuche, sich mit Hitler zu arrangieren, er scharf verurteilt – und seine zunehmend positiven Äußerungen über die Sowjetunion schaffen ihm manchen Feind, tragen ihm böse öffentliche Angriffe ein. Leopold Schwarzschild, inzwischen zu einem scharfen Kommunistenkritiker geworden, beschimpft ihn im Zusammenhang mit der Veröffentlichung seines »Reiseberichtes« *Moskau 1937* als »Laureatus unter den deutschen Sowjet-Agenten«[637]. Alfred Kantorowicz, der bis zu seiner Flucht nach New York Nachbar Feuchtwangers in Südfrankreich war, schreibt 30 Jahre später, dies sei »nicht nur eine Lüge, sondern auch eine bemerkenswerte Niedertracht«[638] des Herausgebers der Wochenschrift »Das Neue Tage-Buch« gewesen.

Auch Klaus Mann empört sich in seiner Autobiographie über Schwarzschilds völlig überzogene Angriffe: Er »hatte die Stirn mich öffentlich als einen ›alten Sowjet-Agenten‹ zu bezeichnen. … Ich war nicht der einzige, den er verleumdet hatte.«[639] Es ist eine der unschönsten Seiten des Exils, der sich auch Feuchtwanger zeitweise nicht entzieht: Obwohl ohne Einfluss und Macht, streiten sich die politischen Gruppierungen verbissen, meist sehr kleinkariert und trotz der furchtbaren Katastrophe, die über sie und die europäischen Völker hereingebrochen ist, nahezu unbelehrbar.

Zunächst jedoch steht auch für Feuchtwanger die persönliche Situation im Vordergrund. Ende 1933 sind die größten finanziellen Sorgen überwunden, die Autoreneinnahmen fließen wieder in beruhigender Höhe. »Feuchtwanger war damals unter uns Unsteten und Flüchtigen der Nabob.«[640] Er unterstützt zahlreiche Freunde und Kollegen, denen das Schicksal jetzt keine größeren Buchhonorare mehr beschert. Viele Menschen, die von seinem »Reichtum« hören, wenden sich um Hilfe an ihn. Am 23. Januar 1934 schreibt er bedrückt in einem Brief an Lola Sernau: *Mindestens 200 Leute wollten Geld und Empfehlungen von mir.*[641] Die Notrufe werden zeitweise zu einer nur schwer erträglichen Last. Marta berichtet Arnold Zweig, den ihr Mann ebenfalls über Jahre hinweg materiell unterstützen wird: »Lion wird von allen Seiten angepumpt, wenn er schüchtern mahnt, sind die Leute empört. Aber er kann's nicht lassen, das Verleihen mein ich.«[642] Der weltbekannte Schriftsteller setzt immer wieder seine Beziehungen und Kontakte ein, um Flüchtlingen zu helfen, ihnen Papiere zu besorgen, sie bei einflussreichen Bekannten zu empfehlen, wenn sie mittellos in einem Land oder in einer Stadt irgendwo auf der Welt gestrandet sind. Manch Gehässiges, Neidisches ist über Feuchtwangers hohe Einnahmen, sein großbürgerliches Leben in Sanary oder in Kalifornien geredet und geschrieben worden. Wenige nur haben vermerkt, mit welcher Großzügigkeit, mit welcher Hilfsbereitschaft er sich in diesen Jahren für andere eingesetzt hat. Man hat es ihm selten vergolten. Ähnliches im Übrigen trifft für einen anderen »Großschriftsteller« zu, für Thomas Mann. Robert Neumann immerhin hält in seinen Erinnerungen mit Blick auf Feuchtwanger fest: »Er war von ungewöhnlicher Großzügigkeit, wo es um Hilfe für Kameraden ging. Als der Nazi kam und ihm eine abenteuerliche Flucht nach den USA gelang, ließ er eine große Summe … zurück, … der Rettungsanker für viele Ertrinkende.«[643]

Im Frühjahr 1933 füllt sich Sanary. Thomas Mann kommt im April nach Bandol, mietet sich dann für den Sommer in Sanary in der Villa La Tranquille ein; Arnold Zweig und Brecht erscheinen im Sommer. Der streitbare intelligente Ludwig Marcuse mietet ein kleines Häuschen und schreibt unverzagt seine schönen Bücher, die lange nicht so viele Leser finden wie die von Nachbar Feuchtwanger. Bruno Frank und seine Frau Liesl lassen sich in der Villa Fayette nieder, und es entstehen hier große Teile seines Romans »Cervantes«. Franz und Alma Werfel wählen Sanary als Aufenthaltsort, als sie nach dem »Anschluss« Österreichs 1938 vertrieben werden, und wohnen bis zur Flucht über die Pyrenäen im alten Sarazenerturm. Der Starkritiker Alfred Kerr, der Theatermann Erwin Piscator, die Schriftsteller und Publizisten Friedrich Wolf, Wilhelm Herzog, Leopold Schwarzschild, René Schickele, Heinrich Mann, seine Neffen Klaus und Golo Mann, Ernst Toller, Ernst Bloch, die englischen Schriftsteller Aldous Huxley und Arthur Koestler, der amerikanische Autor, Globetrotter und Alkoholiker William Seabrook – sie alle wohnen in Sanary, die einen nur für Tage oder Wochen, andere über Jahre. Zwei Orte weiter, in Saint-Cyr, lebt und stirbt der alte Kunsthistoriker Julius Meier-Graefe, auf der anderen Seite, in dem kleinen Bormes, schreibt Alfred Kantorowicz sein »Spanisches Tagebuch«.

Man trifft sich zum Tee am Strand oder in einem der Cafés. Es gibt gemeinsame Wanderungen durch die blühenden Weinberge und Olivenhaine, hinauf in die Tavernen der Bergdörfer. Aber sie leben für sich, die deutschen Exilanten, haben wenig Kontakt zu den Einheimischen. Die Fischer spielen am anderen Ende des Hafens Boule, kaum ahnend, dass vorn auf der Promenade ein beachtlicher Teil der Autoren der Weltliteratur klatschend und disputierend Kaffee trinkt. Und wer es sich leisten kann, reist häufig nach Paris, Zentrum des deutschen Exils und willkommene Abwechslung von den manchmal sehr ruhigen Tagen in der Provinz.

Dennoch, es ist keine Idylle, von der hier erzählt wird. Die politischen Sorgen lassen keinen von ihnen los, der tägliche Überlebenskampf fällt den meisten bitter schwer. Auch Feuchtwanger durchlebt wie erwähnt zunächst harte Monate. Ein schwerer Unfall Martas überschattet das erste Jahr in Sanary zusätzlich. Als an einem Oktoberabend Arnold Zweig, Bert Brecht und Feuchtwangers von der Villa Lazare den steilen Weg zum Meer hinuntergehen wollen, lösen sich die Bremsen von Martas altem Renault. Sie springt auf den Wagen, versucht durch das Fenster die Bremse zu ziehen, muss aber, um die Männer nicht zu überrollen, das Steuerrad herumreißen, das Auto überschlägt sich und überfährt sie. Komplizierte Beinbrüche werden monatelang unter größten Schmerzen auskuriert. Für beide eine belastende Zeit. Lion verbringt sie teilweise in Paris und London, Marta erholt sich in Bandol.

Das Haus auf den Klippen wird nicht weiter gemietet. Ohne Heizung ist es an stürmischen Wintertagen zu kalt, zudem kann sich Lion Feuchtwanger nicht entscheiden, ob er im Winter nach Palästina reisen soll oder nicht. Marta sucht ein neues Haus und findet es schließlich am Rande von Sanary, auf einem Hügel, der sich Gorguette nennt, wieder mit einem herrlichen Blick auf das Meer und auf die Inseln Raveau und Les Embiez, die vor der Bucht liegen. Es ist dreistöckig, hat genug Platz für die nun schon wieder in beachtlichen Mengen angesammelten Bücher und einen schönen Garten. Sie greifen zu, immer noch im Glauben, nur ein Provisorium überstehen zu müssen. »Ich hab schrecklich viel Arbeit damit«, schreibt Marta am 10. April 1934 an Arnold Zweig, »es müssen viele Veränderungen vorgenommen werden, die Tapeten sind z. T. zu grell und bunt, Bücherregale anschaffen für 2000 Bücher – und alles nur vorübergehend.«[644] Sechs Jahre werden sie in der Villa Valmer leben.

Eine Schriftstellerwerkstatt wird aufgebaut. Wieder umgibt Feuchtwanger sich mit Tausenden von Büchern, jetzt, fern von jeder öffentlichen Bibliothek, noch wichtiger als in Berlin. Sein Arbeitszimmer liegt im obersten Stock, der Schreibtisch steht am Fenster über dem Meer. Stunde um Stunde diktiert er hier Lola Sernau, die in einer kleinen Pension wohnt, seine Bücher. Frühstück und Nachmittagstee gibt es auf einer großen Terrasse, täglich schwimmt er mit Marta in der Bucht, macht er seine Dauerläufe. Im Garten zwischen Agaven, Pinien, Olivenbäumen und Kakteen tummeln sich Katzen und Schildkröten. Er leidet an der Welt, an den Strapazen der Arbeit, aber die Götter meinen es – nehmt alles nur in allem – gnädig mit ihm.

Das Haus liegt abseits vom Zentrum und ist für Gäste nicht allzu leicht erreichbar. Wer zu ihm will – und das sind nicht wenige –, dem wird von »Kennern« geraten, sich vorher vom Hafen aus telefonisch anzumelden. Es könne sonst passieren, dass der Zutritt von der in dieser Frage oft strengen Herrin des Hauses verwehrt wird. Mit Recht, denn vor allem im Sommer herrscht Betrieb in Sanary, und viele brauchen Geld oder hoffen auf Rat. Andere suchen das Gespräch mit dem berühmten Mann, der in Sanary Mittelpunkt der deutschen Exilkolonie ist. In den Promenadencafés sitzt er selten, er lebt, ist er nicht auf Reisen, zurückgezogen. Wie immer in diesem Schriftstellerleben gehört die weitaus meiste Zeit der Arbeit. Als der Verfasser 40 Jahre später eine freundliche alte Dame, die vor langer Zeit aus der Schweiz nach Sanary gekommen war und seitdem dort lebt, nach Lion Feuchtwanger fragt, sagt sie spontan: »Ach ja, der Chinese.« Der kleine Mann mit dem jetzt schon etwas zerknitterten gelblichen Gesicht fällt auf in dem kleinen Ort.

Die Jahre in Sanary sind von häufigen Reisen unterbrochen. Oft ist er in Paris, mehrmals auch in London, Ende 1936 wird er zwei Monate in Moskau sein. Verlags- und Übersetzungsverhandlungen führen ihn in der Regel auf die britische Insel, Veranstaltungen der Exilorganisationen in die französische Hauptstadt. Er genießt diese Wochen, auch wenn sie recht anstrengend sind, voller Verpflichtungen, manchmal von den ungeliebten öffentlichen Auftritten begleitet. Aber wieder in einem Pariser Feinschmeckerlokal bei Austern und Champagner zu sitzen, möglicherweise mit einer reizvollen Frau, bietet Entschädigung, hat er doch manchmal in seinem stillen Garten über dem Meer davon geträumt.

Feuchtwanger ist in diesen ersten Emigrantenjahren auch kulturpolitisch aktiv. Er gehört zu den Gründungsmitgliedern des

»Schutzverbandes Deutscher Schriftsteller im Exil«, der im Sommer 1933 als Reaktion auf die Bücherverbrennungen in Deutschland entsteht. Bis zum November 1938 veranstaltet der Verband über 100 Lesungen, Vorträge und Diskussionsabende in Paris. Ludwig Marcuse, Alfred Kerr, Bruno Frank, Klaus Mann, Robert Musil, Max Brod, Ernst Bloch, Johannes R. Becher, Heinrich Mann, Alfred Döblin, Stefan Zweig – es ist eine lange prominente Namensliste deutscher Literatur, die bei den Veranstaltungsankündigungen des Verbandes auftaucht. Lion Feuchtwanger spricht mehrfach an solchen Abenden, beispielsweise zum Thema *Der historische Stoff als Waffe im Kampf um die deutsche Freiheit*. Die Treffen finden im Souterrain des Café Mephisto am Boulevard Saint-Germain statt, 50 bis 100 Besucher finden sich jeweils ein.

Im Mai 1934 gibt es eine zweite Reaktion auf die Scheiterhaufen, auf die ein Jahr zuvor deutsche Professoren und Studenten die Werke der bedeutendsten deutschsprachigen Schriftsteller warfen. In Paris wird die »Deutsche Freiheitsbibliothek« gegründet. André Gide, Romain Rolland, H. G. Wells, damals Präsident der internationalen Schriftstellervereinigung P. E.N, die Kommunisten Willi Münzenberg und Alfred Kantorowicz, ferner Heinrich Mann und Lion Feuchtwanger haben sie ins Leben gerufen, sie unterstützt und gefördert. Die Deutsche Freiheitsbibliothek veranstaltet Dichterabende, sammelt antifaschistische Literatur, gibt ein Mitteilungsblatt heraus, fertigt manchmal auch illegale Schriften und Broschüren an, die ins Hitlerreich geschleust werden.

Die Kongresse und Treffen von Exilorganisationen dieser Jahre haben vielen Emigranten materiell und moralisch geholfen. Sie tragen – wenn auch nur zu einem sehr bescheidenen Teil – dazu bei, die Welt aufzurütteln, die Forderung wachzuhalten, das Unrecht, die Unterdrückung in Deutschland nicht zu verdrängen.

Die vielleicht wichtigste, sicher aber spektakulärste politische Aktion Feuchtwangers in diesen Jahren ist sein erwähnter Moskau-Besuch Ende 1936. Er wird ihm eine Menge Ärger, ein seltsames Bekenntnisbuch und bis heute einen lädierten Ruf als »Lügner« und »Märchenerzähler« eintragen.

Im April 1933 legt Feuchtwanger den *Josephus* zunächst einmal beiseite und wendet sich einem anderen Thema zu. Der Anstoß kommt von außen. Die britische Regierung möchte einen antifaschistischen Film fördern, um vor der neuen deutschen Gefahr zu warnen. Premierminister Ramsey MacDonald erinnert sich an sein Gespräch mit dem von ihm so geschätzten Autor des *Jew Süß* und schickt einen Vertrauten nach Südfrankreich. Feuchtwanger nimmt die Idee sehr positiv auf, auch weil ihm einer der erfahrensten Skriptschreiber des englischen Films, Sidney Gilliat, zur Seite steht. Beide arbeiten in Bandol in kürzester Zeit einen Entwurf aus, die Geschichte einer jüdischen Familie, die von Hitlers Machtergreifung überrollt und deren Existenz in Deutschland vernichtet wird.

Aber das Projekt zerschlägt sich. Bei einem Besuch in London muss Feuchtwanger erkennen, dass der politische Wind sich hier zu drehen beginnt, In der britischen Regierung gewinnen die Kräfte die Oberhand, die zunehmend auf »Appeasement« setzen, auf Verständigungspolitik mit den neuen deutschen Machthabern. Ein Antinazifilm passt nicht mehr ins Konzept der britischen Diplomatie. Feuchtwanger kehrt zurück nach Bandol und macht aus dem Drehbuch einen Roman. In sechs Monaten – von April bis September 1933 – entstehen *Die Geschwister Oppermann,* sein erstes Prosawerk im Exil und der erste deutschsprachige Roman überhaupt, der die Alltagswirklichkeit im Dritten Reich darzustellen versucht. »Dieser Autor wusste genau, welches Thema jetzt in der weiten Welt am stärksten interessieren würde«, hält Golo Mann in seinen Erinnerungen an die Exiljahre in Frankreich fest.[645]

Das Buch erzählt in drei Kapiteln – *Gestern, Heute, Morgen* – die Geschichte der drei Brüder Oppermann, die aus einer alteingesessenen jüdischen Familie in Berlin stammen. Die Handlung spielt zwischen November 1932 und Sommer 1933, den entscheidenden Monaten für die deutsche Politik. Gustav ist Schriftsteller, er arbeitet an einer Lessing-Biographie; Martin leitet das große

Möbelhaus der Familie, Grundlage ihres Vermögens; Edgar ist hoch angesehener Arzt an einer Klinik. Im Zentrum der Erzählung steht Gustav. Der Roman setzt mit der Feier seines 50. Geburtstages ein. Keiner der Brüder nimmt die Schatten der Spätphase von Weimar besonders ernst, Politik soll nicht eindringen in diese Sphäre von Wohlhabenheit, humanistischer Bildung und Vernunftgläubigkeit. *Nichts mehr von Politik*, schwört sich Gustav Oppermann nach ihn lähmenden und ärgernden Diskussionen im Familienrat. *Schluß mit dem ganzen läppischen, überflüssigen Gequassel.*[646] Und Geheimrat Lorenz, der aus politischen Gründen eine Arztstelle nicht mit dem dafür hochbegabten jüdischen Kollegen besetzen kann, flucht: *Alle Politik ist ein Saustall. Wenn man nicht unbedingt anders muß, soll man sie einfach ignorieren.*[647]

Die drei Brüder Oppermann aber werden in den dramatischen Wochen, in denen in Deutschland der Nationalsozialismus siegt, unbarmherzig in den Sog der Zeitereignisse gezogen. Martin zwingen die Nationalsozialisten, sein Möbelhaus an seinen schärfsten »arischen« Konkurrenten unter demütigenden Umständen abzugeben. Edgar wird von einem antisemitischen SA-Mob, der in die Klinik eindringt, jählings aus seinem Elfenbeinturm der Wissenschaft gerissen und emigriert nach Palästina. Gustav muss nach dem Reichstagsbrand und dem ihm folgenden Terror erkennen, dass seine am Goethe(Vor-)bild und aufklärerischen Lessing-Ideal hängende Haltung ein tragischer Lebensirrtum war. *Dies Deutschland von 1933,* so erkennt sein Bruder Martin, *ist nicht mehr das Deutschland unserer Jugend. Es hat nichts zu tun mit dem Deutschland Goethes und Kants, daran muß man sich gewöhnen. Aus dem »Faust« kann er wenig über dieses Deutschland lernen, da muß er schon das Buch »Mein Kampf« studieren.*[648] Und Gustav bekennt, dass er sich getäuscht und weggesehen habe. Deutschland habe sich verändert. Martins Sohn Berthold zerbricht an der neuen Zeit. Der Versuche des Nazilehrers Vogelsang, den jüdischen Gymnasiasten vor der Klasse zu demütigen, ihn moralisch zu vernichten, obwohl der junge Oppermann tiefer vom deutschen Idealismus geprägt ist als die meisten seiner Mitschüler, treiben ihn in den Selbstmord. Auch in der von den eigenen Sorgen überwältigten Familie stößt Berthold bei seinem Kampf, anständig zu bleiben, auf wenig Verständnis. *Alle werden wir Schweine und gemein durch diese Zeit.*[649]

Die drei Brüder treffen sich zum letzten gemeinsamen Passahfest, bevor sie aus der Hölle des Dritten Reiches fliehen. Es sind Geschlagene, die dort zusammensitzen: *Sie waren kräftige Männer, tüchtig ein jeder auf seinem Gebiet, wohlgeeignet, einem Feind, einem harten Schicksalsstoß standzuhalten. Aber jetzt saßen sie ohne Zuversicht, in schwerer Betrübnis; denn was ihnen jetzt bevorstand, das, sie spürten es in allen Gliedern, war nicht der Angriff einzelner Feinde und nicht ein einzelner Schicksalsstoß. Es war ein Erdbeben, eine jener großen Meutereien der konzentrierten, meertiefen Dummheit der Welt, und was nützt vor einem solchen Elementarereignis die Kraft und die Klugheit des einzelnen?*[650] *... Ihre Heimat, ihr Deutschland, hat sich als Betrügerin erwiesen. So fest war man auf dieser Heimat gestanden, seit Jahrhunderten, und plötzlich glitt sie einem unter den Füßen fort.*[651] Gustav kehrt zurück nach Deutschland, er will Material sammeln, um die Untaten der Nationalsozialisten dokumentieren zu können. Immer noch setzt er auf die Kraft der Aufklärung. Aber nicht die Biographie eines großen Mannes (Lessing), die ihm angesichts der deutschen Wirklichkeit nutzlos erscheint, sondern das Erstellen eines Dokuments des Terrors, nicht die Ästhetik, sondern die historische Wahrheit ist für ihn jetzt Aufgabe und Ziel. Er wird verhaftet, leidet im KZ und stirbt wenige Wochen nach seiner Entlassung an den Folgen der körperlichen Strapazen im Lager. Es war mutig, bestätigt ihm der Widerstandskämpfer Frischlin, *für das Richtige und Nützliche* zu kämpfen. Aber es war nicht klug, denn er habe *nur gesehen, was ist, und keinen nützlichen Rat gewußt, was zu tun sei. Er habe einen Marathonlauf gemacht, um eine Meldekapsel zu überbringen: leider nur sei keine Botschaft in der Kapsel gewesen.*[652]

Zentrales Motiv Feuchtwangers für die Abfassung dieses Romans ist die Absicht, der westlichen Welt die Augen zu öffnen, was seit dem 30. Januar 1933 in Deutschland wirklich geschieht.

Von außen sah das Land aus wie immer. Die Straßenbahnen, die Autos fuhren, Geschäfte, Restaurants, Theater, zu einem großen Teil gezwungen, hielten ihren Betrieb aufrecht, die Zeitungen hatten die gleichen Köpfe, die gleichen Lettern. Aber innerlich verwilderte, verlumpte, verfaulte, verkam das Land von Tag zu Tag mehr, Roheit und Lüge fraßen an ihm, das ganze Leben wurde übelriechende Schminke.[653] Während sich die europäischen Demokratien bereits darauf einrichten, mit Hitler zu leben, und auch die Sowjetunion vor allem an den eigenen politischen und wirtschaftlichen Profit denkt, füllen sich im Dritten Reich die Gefängnisse und Konzentrationslager, und der Strom der Exilanten wächst. Feuchtwangers Blick auf das Dritte Reich und seine Machthaber ist illusionslos: *Lüge, was sie sagten und was sie verschwiegen. Mit der Lüge standen sie auf, mit der Lüge legten sie sich nieder. Lüge war ihre Ordnung, Lüge ihr Gesetz, Lüge ihr Urteil, Lüge ihr Deutsch, Lüge ihre Wissenschaft, ihr Recht, ihr Glaube. Lüge war ihr Nationalismus, ihr Sozialismus, Lüge ihr Ethos und ihre Liebe. Lüge alles, und echt nur eines: ihr Haß.*[654]

Auch die Eile, mit der Feuchtwanger die Fertigstellung des Manuskripts vorantreibt, weist darauf hin, dass Aufklärung sein Hauptmotiv ist. Sonst ein langsamer und gründlicher Arbeiter, diktiert er den Text diesmal unter unerhörtem Zeitdruck. Es geht ihm jetzt weniger um Literatur als um den Kampf gegen Hitler. Im Nachwort heißt es: *Mir lag daran, das Lesepublikum der Welt möglichst schnell über das wahre Gesicht und über die Gefahren der Naziherrschaft aufzuklären.*[655] Am 31. Juli 1933 teilt er Brecht mit: *Ich arbeite hier scharf. Was ich mache, ist in der Konzeption fast so mager wie Ihr Brief, aber wahrscheinlich ist es nützliche Arbeit. Wichtig ist nur, daß das Buch noch heuer erscheinen kann. Das zwingt mich, bis zu zehn Stunden am Tag zu produzieren.*[656]

Feuchtwanger will das Grundsätzliche der Terrorherrschaft darstellen. *Kein einziger von den Menschen dieses Buches,* heißt es in einer Notiz am Ende des Romans, *existierte aktenmäßig innerhalb der Grenzen des Deutschen Reichs in den Jahren 1932/33, wohl aber ihre Gesamtheit. … Der Roman »Die Geschwister Oppermann« gibt nicht wirkliche, sondern historische Menschen.*[657]

Die Geschwister Oppermann ist auch ein Versuch, das Versagen des deutschen Bürgertums in der Endphase der Republik offenzulegen. Die politische Haltung der Oppermanns, das Scheitern ihrer humanistischen Ideale angesichts des Ansturms der modernen Barbaren, ihr viel zu spätes Reagieren auf den Nationalsozialismus wird von Feuchtwanger unzweideutig und selbstkritisch angeprangert. Wobei er nicht nur die Schriftsteller anklagt, sondern die gesamte Intelligenz. Martin kommt aus der Geschäftswelt, Edgar ist Naturwissenschaftler. *Die Wirtschaft quittierte die Ernennung des Führers zunächst mit einem gewissen Optimismus. Der Führer, urteilslos nachplappernd, was man ihm suggerierte, war fest in der Hand des Großkapitals. … Die Großagrarier und die Herren von der Großindustrie, die seinerzeit und so lange die viel klügeren Sozialisten einzuwickeln verstanden, werden mit den täppischen Hakenkreuzlern mühelos fertig werden. Sie wissen schon, warum sie sie an die Macht gelassen haben. Keine Bange. Vorne wird großes Theater gemacht, hinten Geschäfte wie immer.*[658] Gustav Oppermann will die Wirklichkeit nicht an sich heranlassen: *Im Golfklub, im Theaterklub hatte man Gustav auseinandergesetzt, es sei dabei keine große Gefahr; durch den Einfluß der gemäßigteren, vernünftigeren Kabinettsmitglieder sei der Führer lahmgelegt. … Gustav hörte das, glaubte es gern.*[659]

Als Quellen für sein Buch dienen Feuchtwanger ausländische Zeitungsberichte, Aussagen von Besuchern, die Deutschland erst später verlassen haben, Informationen seiner Sekretärin Lola Sernau oder Briefe ehemaliger Hausangestellter. Vor allem aber benutzt er das »Braunbuch über Reichstagsbrand und Hitlerterror«, das aus Berichten von Flüchtlingen, Journalisten, entlassenen KZ-Häftlingen und Untergrundgruppen zusammengestellt worden ist und während der Entstehung des Romans erscheint. Diese von der Exil-KPD herausgegebene und in Flüchtlingskreisen viel beachtete Dokumentation wird in einem von Willi Münzenberg geleiteten Pariser Verlag veröffentlicht.

Das Bild, das Feuchtwanger aus der Ferne über Nazideutschland zeichnet, wirkt in manchen Details für damalige Leser überspitzt. Auch gibt er sich mit Blick auf den Widerstand im Reich und über die Haltung der Mehrheit des Volkes gegenüber Hitler Illusionen hin. Aber die Darstellung der politischen Hintergründe und die Beschreibung des Bürgertums in den letzten Jahren der Weimarer Republik sind von einer hellsichtigen und mutigen Haltung des Autors geprägt. Was Feuchtwanger in diesem Roman über Terror und Lüge der Nazidiktatur berichtet, wird später von der Geschichtsschreibung bestätigt.

Der Roman erzählt schließlich von der mit der Kanzlerschaft Hitlers beginnenden neuen Tragödie der deutschen Juden. Er ist Feuchtwangers endgültiger Abschied von der großen Utopie einer jüdischen Assimilation in Deutschland, an die nicht nur er – immer von Skepsis begleitet – bis zur Machtergreifung der Nationalsozialisten zu glauben bereit war. Auch diese Perspektive der Erzählung macht das Werk achtzig Jahre nach der Veröffentlichung immer noch zu einem bedeutenden literarischen Zeugnis der Epoche des Untergangs und des Verfalls. Kaum ein anderes Prosawerk, das in den Jahren des Dritten Reiches veröffentlicht worden ist, hat – neben Anna Seghers' Roman »Das siebte Kreuz« von 1942 – das Innenleben Deutschlands so bewegend und so schonungslos dargestellt wie Feuchtwangers Geschichte über das Schicksal der Geschwister Oppermann.

Kurz vor dem Erscheinen des Romans im Herbst 1933 bei Querido lässt Feuchtwanger den Titel in *Die Geschwister Oppenheim* umändern. Sein noch in Halle lebender Bruder Martin wird von einem hohen SA-Führer namens Oppermann mit schweren Repressalien bedroht, falls der »beleidigende« Roman den Namen Oppermann trägt. Lion Feuchtwanger schützt den Bruder, aber die späteren Auflagen erscheinen wieder mit dem Ursprungstitel.

Der Roman stößt rasch auf großes Interesse. Brecht erhält am 27. Januar 1934 die Nachricht: *Die »Oppermanns« sind kein ganz großer, aber ein recht ansehnlicher Erfolg und tun zweifellos ihre Wirkung.*[660] Im Sommer 1934 hat das Buch schon eine Gesamtauflage von 257 000 Exemplaren erreicht und ist in mehrere Sprachen übersetzt worden. Aus London hatte sich Feuchtwanger im April – kurz vor der Veröffentlichung der englischen Übersetzung – gegenüber Lola Sernau sehr skeptisch über die Aussichten des neuen Werkes geäußert: *hier sind secker und how* (seine britischen Verleger – WS) *sehr zuversichtlich, die vorbestellungen sind sehr gut. ich bin nicht so zuversichtlich, die zeitungen sind überaus vorsichtig in allem, was deutsche dinge anbelangt.*[661]

Die Kritik ist überwiegend positiv, nimmt allerdings weitgehend nur auf die antifaschistische Position des Autors und die aufklärerische Wirkung des Werks Bezug. Der literarische Wert dagegen wird unterschiedlich beurteilt. Tucholskys knurrige Ablehnung wurde schon zitiert; kommunistische Zeitschriften werfen Feuchtwanger mehrfach seine »romantische« Darstellung der Widerstandsbewegung vor oder sein Unvermögen, »historisch zu denken«. Daran sei, so schreiben marxistische Kritiker, »seine konsequente und leidenschaftliche Ablehnung des dialektischen Materialismus« schuld.[662] Bruno Frank, Klaus Mann, Arnold Zweig, überhaupt die Mehrheit der Emigranten und ihrer Presse aber begrüßen das Buch.

Der falsche Nero

In der Zeit von 1934 bis Mitte 1935 steht die Arbeit am *Josephus* im Vordergrund. Die Honorare für die *Geschwister Oppermann* erleichtern die finanzielle Situation; die Bibliothek in der Villa Valmer ist gewachsen, Feuchtwanger kann sich wieder intensiv mit der römischen Geschichte im ersten Jahrhundert nach Christus auseinandersetzen. Als das Manuskript *Die Söhne* druckfertig ist, hat sich die Hitler-Diktatur unübersehbar stabilisiert. Die Hoffnung vieler Emigranten, bald sei das Regime am Ende, die Rückkehr in die Heimat möglich, erweist sich als trügerisch. Bei vielen Verfolgten und Flüchtlingen lösen die jüngsten politischen Entwicklungen in Deutschland und Europa Depressionen aus. Lion Feuchtwanger aber verfasst eine Satire, einen historischen Roman, der Aufstieg, doch auch (den erhofften) Fall des Dritten Reiches im Kostüm der römischen Antike beschreibt. Im Herbst 1935 beginnt er mit dem Diktat seines Romans *Der falsche Nero*. Am 24. Oktober 1936 teilt er Brecht mit, dass er das Werk beendet habe, und im Spätherbst erscheint das Buch im Querido-Verlag. Der Umschlagentwurf stammt von Eva Herrmann.

Der mächtige römische Senator Varro, der sich wegen einer Steueraffäre über den ehemaligen Schulkameraden und jetzigen Gouverneur von Syrien ärgert, leitet wenige Jahre nach dem Tod von Kaiser Nero ein Betrugsmanöver ein, das große Folgen hat. Er lässt im Osten des Reiches, in Mesopotamien, seinen früheren Leibeigenen, den Töpfer Terenz, der dem verstorbenen Kaiser verblüffend ähnlich sieht, als Nero auftreten. Das Volk, über die hohen Abgaben erbost, die ihm die in Rom regierenden Flavier abfordern, durch die äußerliche Ähnlichkeit getäuscht und ohnehin leichtgläubig und verführbar, jubelt dem wiedererschienenen Nero zu. Nero-Terenz errichtet mit Unterstützung seiner Gehilfen Knops und Trebon eine Schreckensherrschaft, die schließlich durch die Misswirtschaft des Trios und das militärische Eingreifen Roms gestürzt wird. Terenz, Knops und Trebon enden jämmerlich am Kreuz. Varro, der Regisseur dieser Politsatire, taucht im fernen Reich der Parther unter.

Falsche Neros sind in der römischen Geschichte mehrfach aufgetreten. Feuchtwanger weist am Ende seines Romans ausdrücklich auf die Quellen hin, die er benutzt hat, auf Tacitus, Sueton und andere. Er schreibt – ganz im Sinne seiner Deutung des historischen Romans – eine Geschichte aus der Vergangenheit, die dem Leser gleichnishaft die Gegenwart erklären soll. In seinem Vortrag über *Sinn und Unsinn des historischen Romans*, den er auf dem Pariser Schriftstellerkongress im Juni 1935 hält, bekennt er: *… ich habe, wenn ich das Milieu der Gegenwart setze, das Gefühl des mangelnden Abschlusses. Die Dinge sind noch im Fluß, die Annahme, ob eine gegenwärtige Entwicklung vollendet sei und wie weit, bleibt immer willkürlich, jeder gesetzte Schlußpunkt ist zufällig.*[663]

Nach den Romanen *Erfolg* und *Die Geschwister Oppermann* beschäftigt sich Feuchtwanger zum dritten Mal mit der Figur Hitlers. Im teuflischen Gespann Terenz, Knops und Trebon werden Hitler, Goebbels und Göring karikiert, in den – erstaunlich sympathisch geschilderten – Hintermännern des Geschehens unterstreicht Feuchtwanger erneut die von ihm und den Sozialdemokraten und Kommunisten vertretene und historisch ungenaue These von der Unterstützung der Nationalsozialisten durch die Großindustrie. Auch die von Hitler so viel beschworene »Vorsehung« kehrt in diesem Roman wieder: *Aber am Ende verbürgt in der Politik nicht der Verstand den Erfolg, sondern die Intuition, und die letzte, reinste Schau verleihen die Götter nur ihren Erwählten, den Trägern der Majestät …* [664] In der Schilderung des äußeren Geschehens nimmt Feuchtwanger immer wieder Bezug auf die Zeitgeschichte. Der falsche Nero lässt die Stadt Apamea auf Rat seines Staatssekretärs Knops überschwemmen, um die Schuld an dieser Katastrophe den Christen zuschieben zu können. Und wie Hitler nach dem Reichstagsbrand die Kommunisten, so verfolgt Terenz-Nero die kleine unbeliebte Sekte. *Daß die Christen Umstürzler waren, wußte alle Welt. Sie feindeten das Eigentum und die Familie an, jede Schandtat war ihnen zuzutrauen.*[665] Die Nacht der langen Messer, das Gerichtsverfahren gegen Joannes von Patmos – der damalige Leser war sich bewusst, dass hier vom allgegenwärtigen Naziterror, vom Röhm-Putsch oder vom Reichstagsbrandprozess die Rede ist. In der Ermordung und Verfolgung der Gegner des falschen Nero spiegelt sich die Naziherrschaft in Deutschland wider.

Feuchtwangers optimistischer Schluss, der Sturz des Terenz oder seine Darstellung des humanen, widerständigen Joannes von Patmos sollen den Verfolgten und Flüchtlingen deutlich machen, dass auch Hitlers Regime einmal überwunden sein wird. Der mutige Kampf der Emigranten um eine menschliche Zukunft werde also nicht vergeblich sein. Als Joannes vor Gericht steht, prophezeit er Knops-Goebbels: *Eine Welt, … in der Wesen zu Gerichte sitzen wie du und dein Herr, das armselige Abbild des großen Untiers, eine solche Welt muß untergehen.*[666] Und auch dies will Feuchtwanger den verzweifelnden deutschen Exilanten zeigen: Geschichte ist ewige Wiederkehr des Gleichen. Sein dem Roman vorangestelltes Motto nimmt er aus dem Buch des Predigers Salomo, das die Juden den »Kohelet« nennen: »Was gewesen ist, das gleiche wird sein, und was geschehen ist, das gleiche wird geschehen, und es geschieht nichts Neues unter der Sonne. Und geschieht auch etwas, von dem man sagt: Siehe, das ist neu, ist's doch zuvor auch geschehen in den Zeiten, die vor uns gewesen sind.«[667]

Der falsche Nero löst bei seinem Erscheinen ein sehr unterschiedliches Echo aus. Die ökonomischen, soziologischen Hintergründe des Faschismus, so lautet der Hauptvorwurf, seien überhaupt nicht oder unzureichend dargestellt. Georg Lukács tadelt: »Das Rätsel dieser Massenbewegung, das Rätsel dieser Schmach für Deutschland enthüllt der satirische Roman Feuchtwangers nicht. Es wird in ihm als eine einfache Tatsache hingestellt, daß das Volk zeitweilig auf die plumpeste Demagogie hereinfällt.«[668] Auch Arnold Zweig schreibt Feuchtwanger in einem langen, den Roman zwiespältig beurteilenden Brief vom 7. Februar 1937: »Künstlerisch … haben Sie kaum etwas Besseres gemacht als den Aufbau dieser Handlung, ihre Ökonomie, die Vertiefung der Charaktere, ihr Sich-Steigern und Sich-Überschlagen …« Aber: »Ihr Buch … ist mir einfach zu willkürlich und zu individualistisch angefaßt. … mir erscheint ein schriller Mißton die Verkoppelung jenes Varro und seines ›Spiels‹ mit den furchtbaren Geschehnissen, die zum Dritten Reich führten und das Dritte Reich darstellen.«[669] Feuchtwanger antwortet postwendend am 24. Februar: *Ich wollte in möglichst typischer Form die Entwicklung eines Menschen darstellen, der, ohne großes Format, dazu berufen wird, die Schicksale vieler Millionen Menschen zu lenken und zu bestimmen. Ob die politischen Hintergründe des »Falschen Nero« denen des heutigen Deutschland ähnlich waren oder gänzlich konträr, hat mich wenig gekümmert und schiert mich heute nicht.*[670] Brecht gegenüber erläutert Feuchtwanger am 30. Mai 1937 noch einmal seine Intention: *Ich habe mich bemüht, Hitler so trocken und leidenschaftslos wie möglich darzustellen, d. h. zu zeigen, wieso ein kleiner Fisch so sehr stinken kann.*[671]

Die Individualisierung und damit die Verharmlosung des Hitlerphänomens erscheinen allerdings in der Tat als Schwäche der *Nero*-Konzeption Feuchtwangers. Brecht bewegte diese Geschichtsdeutung Feuchtwangers, die er ablehnte, noch in späteren gemeinsamen Gesprächen in Kalifornien. Am 28. Februar

1942 notiert er im »Journal«: »Feuchtwanger zum Abendessen hier. Thema wieder *Ist Hitler ein Hampelmann*? Feuchtwanger und der meisten Hitlergegner Konzeption, nach der Hitler ein völlig unbedeutender Mime ist, den die Reichswehr engagiert hat, ihre Geschäfte zu besorgen. Hauptargument: Der Stil ist der Mann. Kein Plan, keine originelle Idee, Feindschaft gegen Denken usw. Nun ganz abgesehen davon, daß Hitler mir als großer Mann durchaus willkommen ist, d. h. daß mir eine Revision der bürgerlichen Vorstellung von *großem Mann* (also von bürgerlicher Größe, von dem, was ein großer bürgerlicher Politiker ist oder sein kann) akut zu sein scheint, weshalb ich ohne weiteres bereit bin, Hitler als großen bürgerlichen Politiker zu behandeln – scheint mir die Feuchtwangersche Konzeption, die eben die bürgerliche ist, weder vom propagandistischen noch vom historischen Standpunkt aus sinnvoll. Man bekämpft Hitler nicht, wenn man ihn als besonders unfähig, als Auswuchs, Perversität, Humbug, speziell pathologischen Fall hinstellt und ihm die andern bürgerlichen Politiker als Muster, unerreichte Muster, vorhält …«[672] Während der unmittelbaren Lektüre lobt der Freund das Werk: »Den ›Nero‹ lese ich eben mit großem Vergnügen.«[673]

So bedenkenswert die Einwände von Lukács, Zweig und anderen Kritikern damals sicher waren, der heutige Leser wird das Buch wieder stärker unter den Aspekten sehen, die Feuchtwanger in seinem Brief an Arnold Zweig anspricht.

KAPITEL 16

… zu dem man von Herzen ja, ja, ja sagen kann

Die Reise nach Moskau

Neben der schriftstellerischen Arbeit rückt in diesen Jahren das politische Engagement Feuchtwangers in den Vordergrund, und es beginnt die Epoche in seinem Leben, die das Bild des Schriftstellers für seine Kritiker bis heute verdunkelt hat. Es ist die Periode der Volksfrontbemühungen, die im Kreis der deutschen Exilliteraten leidenschaftlich und erbittert diskutiert werden. Feuchtwanger ist in dieser Auseinandersetzung knappe zwei Jahre sehr aktiv; er bekennt sich, wie viele seiner Kollegen, eindeutig zum Volksfrontgedanken. Er sieht in einem Bündnis aller antifaschistischen Kräfte eine Chance, Hitler zu widerstehen. In der Sowjetunion erblickt er Mitte der 1930er Jahre zudem die entscheidende Kraft, die es mit dem Kampf gegen den deutschen Faschismus wirklich ernst meint. Er beteiligt sich an Aufrufen und Aktionen, besucht im Sommer 1935 den wichtigen Schriftstellerkongress »zur Verteidigung der Kultur« in Paris, schreibt Grußworte an die Teilnehmer der Schriftstellertagungen in Moskau (1934), Madrid und Valencia (1937), reist nach Moskau und veröffentlicht schließlich 1937 eine schmale Broschüre voller Ungereimtheiten und Irrtümer über die gesellschaftliche und politische Lage im Reich Stalins.

Schon unmittelbar nach der von Lenin geführten Russischen Revolution beginnt in der 1919 gegründeten »Kommunistischen Internationale« (Komintern) der ideologische Streit über die Frage, ob die erwartete bolschewistische Weltrevolution im Bündnis mit der Sozialdemokratie und der europäischen Linken verwirklicht werden soll oder die Kommunisten einen scharfen Trennungsstrich zwischen sich und den »Sozialfaschisten« ziehen müssen.

Lenin, sein Sprachrohr Karl Radek, der Parteiliebling Nikolai Bucharin und zeitweise auch Trotzki plädieren in den Programmdiskussionen für den Versuch eines Bündnisses. Spätestens nach dem Scheitern der 1923 von der Moskauer Führung leichtfertig ausgelösten kommunistischen Aufstände in Sachsen und Thüringen und mit der Niederlage Trotzkis im Machtkampf mit Stalin ist die Illusion von einer baldigen Weltrevolution verflogen und der zunehmend von Stalin bestimmte Kurs der Komintern verurteilt die ausländischen Kommunisten weitgehend zu Statisten. Der »demokratische Kommunismus«[674] verlor in diesen Jahren nicht nur eine Schlacht, sondern er fiel endgültig aus der Geschichte. Lenins Tod, Radeks Entmachtung, Trotzkis Verbannung und Bucharins parteiinterner Machverlust führten zu Stalins unaufhaltsamem Aufstieg und damit zur Politik vom »Aufbau des Sozialismus in einem Land«.

Ihre Wiedererweckung und Blütezeit erlebt die Volksfrontidee nach der nationalsozialistischen Machtübernahme in Deutschland. Sie währt allerdings nur kurz, dauert kaum fünf Jahre. Der Hitler-Stalin-Pakt stürzt dann selbst eingeschriebene Parteimitglieder in tiefe Zweifel. Nachdem Nikita Chruschtschow auf dem XX. Parteitag der KPdSU 1956 in seiner berühmten Rede Verbrechen seines Vorgängers enthüllt hat, wird der stalinistische Terror einer breiteren Öffentlichkeit bekannt. Die Berichte der Überlebenden des Gulag und der Folterkeller des sowjetischen Geheimdienstes (NKDW), die Romane und Dokumentationen von Alexander Solschenizyn (»Der Archipel Gulag«, 1974) und die Öffnung der Moskauer Archive nach 1989 zeigen, dass der Stalinismus dem Totalitarismus der nationalsozialistischen Herrschaft durchaus entsprochen hat.

Der Mann, dem Feuchtwanger am 8. Januar 1937 im Kreml gegenübersitzt, hat die neuerlichen Gewaltorgien während des »Großen Terrors« (1937/38) ausgelöst und gelenkt. Täglich unterschreibt er lange Listen mit den Namen der Todeskandidaten, fordert in persönlichen Anweisungen die Tschekisten, den »bewaffneten Arm der Diktatur des Proletariats«, auf, seine einstigen Gefährten – hochrangige Funktionäre, Militärs und Direktoren –

zu demütigen und zu foltern. »Für Stalin und seine Handlanger war Gewalt schon immer eine attraktive Handlungsoption gewesen, von der sie skrupellos Gebrauch machten. Niemand in der Parteiführung nahm an der Deportation von Bauern oder der Ermordung von Regimegegnern Anstoß, weil überhaupt nicht in Zweifel stand, daß die Macht der Elite ihrer Fähigkeit entsprach, grausam und rücksichtslos zu strafen.«[675] In den »Schauprozessen« Ende der 1930er Jahre lässt Stalin auch die bolschewistische und militärische Führung Russlands vernichten. Schwere Folter und die Drohung, auch die Familien der Festgenommenen zu verhaften, erzwingen die in der Regel absurden Geständnisse und Selbstanklagen. Wie ein kaukasischer Bandit oder Mafiaboss kann Stalin nur in Gewalt- und Machtkategorien denken und handeln. Die stalinistische Diktatur zerstört die sowjetische Gesellschaft, deren Mitglieder über Jahrzehnte in einem Ausnahmezustand leben müssen, auch psychisch. Erst mit dem Tod dieses Massenmörders im Jahre 1953 beginnt sich in einem langsamen Prozess eine Abkehr vom totalitären Staatsterror abzuzeichnen. Aber bis heute wirkt dieser Alptraum in den einstigen Ländern der Sowjetunion nach.

Mitte der 1930er Jahre sind die stalinistischen Verbrechen in ihrer furchtbaren Dimension für sehr viele Menschen noch nicht erkennbar. Auch bürgerlich-liberale Schriftsteller wie etwa Thomas Mann oder Ludwig Marcuse unterstützen die von Moskau propagierte Volksfront. Unter einem Aufruf der deutschen Volksfrontgruppierung vom 14. Januar 1937 stehen neben den Namen deutscher Kommunisten auch die Unterschriften von Sozialdemokraten wie Rudolf Breitscheid und Hans Hirschfeld oder von Schriftstellern wie Heinrich Mann, Arnold Zweig und Lion Feuchtwanger. In dem Appell heißt es: Die Unterzeichner hätten sich zusammengefunden, »sicher der Zustimmung unserer Gesinnungsgenossen in der Heimat. Allen Gegnern des blutigen Schandregimes rufen wir zu: Sucht Verbindung untereinander und mit uns! Schlagen wir in einer Front den, der unser aller Feind ist«.[676] Es gibt viele Resolutionen der verschiedenen Volksfrontgruppen in diesen Jahren, und wer sie unterzeichnet, ist nicht automatisch ein Anhänger der kommunistischen Revolution oder der innenpolitischen Entwicklungen in der Sowjetunion. Auch der in Norwegen lebende Emigrant und Gegner des internationalen Herrschaftsanspruchs der Bolschewisten, Willy Brandt, unterschreibt entsprechende Aufrufe, was ihm später in der Bundesrepublik übel angekreidet wird. Für die deutsche Emigration hat der Kampf gegen die faschistische Bedrohung Priorität. Erst spät dämmert es vielen, dass Stalin auch die Volksfrontidee seinem Machtwillen unterwirft und für seine innen- wie außenpolitischen Pläne einsetzt.

Heute kaum noch vorstellbar ist die Wirkung des Spanischen Bürgerkriegs, der im Sommer 1936 beginnt und im Februar 1939 mit einem Sieg der Franco-Faschisten endet, auf die Intellektuellen dieser Zeit. Der Amerikaner Frederick R. Benson schreibt: »Weder der Erste noch der Zweite Weltkrieg haben die Gefühle der Menschen so sehr aufgewühlt wie die Ereignisse in Spanien von 1936 bis 1939. Mehr als jede andere Krise des Jahrhunderts hat das Ringen in Spanien die Wurzeln der politischen Anschauungen und humanitären Hoffnungen einer höchst sozial denkenden Generation zutage gefördert.«[677] Im Kampf um die Zukunft Spaniens sind für viele Emigranten aus dem Lager der Linken die Freund-Feind-Fronten nach den vielen theoretischen Auseinandersetzungen der vergangenen Jahre endlich klar. Auch das macht ihr persönliches Engagement für die republikanische Seite so besonders leidenschaftlich.

Zahlreiche prominente Künstler und Politiker kämpfen freiwillig auf der Seite der Gegner Francos oder unterstützen durch Aufrufe, Artikel und Sammlungen das republikanische Spanien. Von den deutschen Exilanten sind es in erster Linie die Kommunisten, die in die republikanischen Brigaden eintreten – Ludwig Renn, Alfred Kantorowicz, Egon Erwin Kisch, Gustav Regler, Friedrich Wolf, Arthur Koestler, Willi Bredel gehören dazu. Auch prominente Schriftsteller und Publizisten aus anderen Ländern kommen nach Spanien, kämpfen an der Front oder berichten als Kriegsreporter für ihre heimischen Zeitungen: Ernest Hemingway, John Dos Passos, George Orwell, Martha Gellhorn, Ilja Ehrenburg, Georges Bernanos, Louis Aragon, André Malraux. Sie schreiben aufrüttelnde Berichte oder machen den Bürgerkrieg zum Gegenstand ihrer künstlerischen Arbeiten. Lion Feuchtwanger unterschreibt Aufrufe und Resolutionen, hält vor allem im viel gehörten »Deutschen Freiheitssender 29,8« Radioansprachen, um die spanische Sache zu unterstützen.

Während die westlichen Demokratien strikte Neutralität verkünden, schickt Mussolini mehrere Divisionen und Hitler die Legion Condor, um Franco zu unterstützen. Stalins Eintreten für die Republikaner, die Entsendung russischer »Freiwilliger« an die iberische Front bestätigt viele deutsche Flüchtlinge in ihrer Auffassung, dass nur die Sowjetunion dem Faschismus in Europa entgegentritt. Im Spanienkrieg verwirklicht sich für sie der Volksfrontgedanke, stehen Kommunisten und linksliberale Republikaner – sogar einige Konservative wie Hubertus Prinz zu Löwenstein – gegen den gemeinsamen Feind. Aber die spanischen Volksfronterfahrungen führen auch bei vielen zu einem bitteren Erwachen. Stalin lässt seine politischen Kommissare rücksichtslos gegen die Kritiker der Moskauer Prozesse und einer vom Kreml gelenkten Volksfront in den Reihen der gegen Franco kämpfenden spanischen »Trotzkisten« und Anarchisten vorgehen.

Zwei Jahre vor dem Ausbruch des Spanischen Bürgerkrieges findet vom 17. August bis zum 1. September 1934 ein für die sowjetische Kulturpolitik überaus wichtiger Schriftstellerkongress statt. 600 sowjetische und 40 ausländische Autoren tagen unter der Präsidentschaft von Maxim Gorki und definieren die Stellung des Schriftstellers in der Gesellschaft neu. Es wird der sowjetische Schriftstellerverband gegründet und der »sozialistische Realismus« ausgerufen. Zunächst bedeutet diese Wende für die sowjetischen Autoren eine Befreiung von der Dominanz der Russischen Assoziation Proletarischer Schriftsteller (RAPP), die seit Ende der 1920er Jahre immer militanter agierte. Bei den Volksfrontbefürwortern im Westen lösen die Debatten und Entscheidungen des Kongresses Hoffnung aus.

Neben kommunistischen deutschen Autoren wie Johannes R. Becher, Egon Erwin Kisch, Gustav Regler, Anna Seghers oder Friedrich Wolf kommen parteilose Intellektuelle, etwa Klaus Mann und Oskar Maria Graf. Die Franzosen André Malraux und Louis Aragon geben dem Treffen zusätzliches Profil. Maxim Gorki hält eine endlose Begrüßungsrede, und Klaus Mann notiert am 20. August im Tagebuch: »Bemerkenswert: das starke Zurückgehen auf die klassische Literatur; Betonung des ›Erbes‹. Wie auch in der Architektur. Überwindung der revolutionären Kinderkrankheiten.«[678] Einen Tag später angesichts des Aufmarsches der verschiedenen gesellschaftlichen Gruppierungen hält er fest: »die Deutschen in Verzückung«.[679] Nicht gekommen oder nicht eingeladen allerdings sind bedeutende Exilschriftsteller wie Thomas Mann, Stefan Zweig, Joseph Roth oder Alfred Döblin. Heinrich Mann und Lion Feuchtwanger schicken Grußtelegramme. Krankheit und Arbeitsüberlastung halten Feuchtwanger von einer Reise ab.

Entscheidend für die Volksfrontidee ist dieser Kongress, weil im Zentrum der Reden der kommunistischen Teilnehmer das Angebot einer kulturellen »Einheitsfront« gegen den Faschismus steht. Johannes R. Becher ruft den Delegierten unter der Überschrift »Das große Bündnis« zu: »Wem die großen Namen und Werke der Vergangenheit teuer sind – Goethe, Lessing, Hegel, Hölderlin, Schiller, Büchner, Heine … – Wer das große Erbe retten und reinigen will vor der faschistischen Beschmutzung«, der müsse der »gemeinsamen Front« beitreten. »In diesem Zeichen strecken wir den humanistischen Schriftstellern, den literarischen Vertretern der realistischen Vernunft, allen Suchern der Wahrheit, die Hand entgegen.«[680] Klaus Mann schreibt treffend an die Mutter: »Man ist sehr aus auf ›Sympathisierende‹, das hängt mit dem Einheitsfront-Bestreben zusammen.«[681] Es geht nicht mehr um »Rotfront« sondern um die Volksfront, nicht mehr um den Kampf »Klasse gegen Klasse«, sondern um »Kultur oder Barbarei«. Die Kommunistische Internationale entdeckt wieder das »Volk« und das bürgerlich-literarische »Erbe«.[682]

Die kulturelle Öffnung, die dieser Kongress signalisierte, hält nur eine sehr kurze Zeit der Wirklichkeit stand. Die Komponisten Dmitri Schostakowitsch oder Sergej Prokofjew, die Schriftsteller Anna Achmatowa, Michail Bulgakow, Boris Pasternak oder später Alexander Solschenizyn und viele andere sowjetische Künstler mussten in den kommenden Jahren immer wieder erleben, wie ein Wink des Diktators und seiner Kulturfunktionäre nicht nur die Aufführungen oder Veröffentlichungen ihrer Werke gefährdete, sondern auch ihre physische Existenz. Der Lyriker Ossip Mandelstam wurde nach der Veröffentlichung seines Gedichtes »Wir Lebenden spüren den Boden nicht mehr« (in dem er Stalin kritisierte) verhaftet, und nach einer neuerlichen Festnahme starb er 1938 im Lager. Isaak Babel wurde im Januar 1940 erschossen. Wer nicht den engen ideologischen und ästhetischen Vorstellungen Stalins folgte oder ihn gar kritisierte, der lebte auch nach 1934 gefährlich.

Noch wichtiger für die deutsche Exilgemeinde als das Moskauer Treffen ist der Schriftstellerkongress zur »Verteidigung der Kultur« ein Jahr später in Paris. »Für die engagierten Intellektuellen hat keine Bewegung in den dreißiger Jahren größere symbolische Bedeutung erlangt als dieser Kongreß …«[683] Hauptredner sind André Gide und Heinrich Mann. Zur Eröffnung am 21. Juni 1935 im Kongresszentrum Palais de la Mutualité erscheinen fast tausend Teilnehmer, darunter 250 Autoren aus 37 Ländern. An fünf Nachmittagen und Abenden diskutieren die Schriftsteller über »Das kulturelle Erbe«, »Humanismus« und vor allem über das Thema »Nation und Kultur«. Es gibt ergreifende Szenen, so wenn der 65-jährige Heinrich Mann das Podium betritt, sich alle schweigend erheben, um das »Symbol« des deutschsprachigen Exils in Frankreich minutenlang mit Beifall zu begrüßen. Etwa 20 deutschsprachige Autoren sind dabei: Robert Musil und Max Brod, Leonhard Frank und Rudolf Leonhard, Bertolt Brecht, Anna Seghers und Johannes R. Becher, Klaus Mann und Ludwig Marcuse, Egon Erwin Kisch und Walter Benjamin gehören dazu. Lion Feuchtwanger spricht zum Thema *Vom Sinn und Unsinn des historischen Romans* und erklärt, er habe sich *bemüht, histori-*

sche Romane für die Vernunft zu schreiben, gegen Dummheit und Gewalt[684].

Er ist nervös während dieser Tage in Paris, fühlt sich bedrängt von vielen Besuchern, reagiert gereizt. Im Tagebuch heißt es am 24. Juni 1935: *Überhaupt nicht geschlafen wegen des Französisch* (gemeint ist sein Vortrag auf dem Kongress – WS). *Brecht da. Im Grunde sehr frech. An dem französischen Manuskript gearbeitet mit 2 Übersetzerinnen. Nachmittags kommt noch eine dritte Sekretärin. Mit Huebsch zu Mittag gegessen. Nichts rechtes. Dann zu dem Kongreß gegangen. Lampenfieber. Außerordentlich übermüdet. Ich bin um ½9 da, komme aber erst gegen 12 Uhr zum Sprechen. Ich spreche gut, aber alles verpufft infolge schlechten Arrangements. Unzählige Leute gesprochen. Die Russen besonders angenehm zu mir. Babel, A. Tolstoi, auch sonst. Zahllose Frauen. Heinrich Mann. Dann mit Lilo* (Dammert – WS) *aus. Schwarzschild getroffen.*

Der Kongress ist ein Erfolg. Kurzfristig fassen die verjagten, geflüchteten Schriftsteller Mut, dass es eine »kulturelle« gemeinsame Front gegen den Faschismus gibt. Sie schöpfen Kraft, die vertriebenen, geächteten, jetzt häufig ungelesenen Schriftsteller, wenn Heinrich Mann ihnen zuruft: »Erstaunlich wäre es, … wenn Meisterwerke dort auftauchten, wo Wahrheitsliebe mißfällt und überhaupt nicht hervor darf.«[685]

Es bleiben natürlich die politisch-ideologischen Verkrampfungen. Heinrich Mann übersieht das Übergewicht der kommunistischen Teilnehmer nicht, lässt aber den Bruder Thomas wissen: »Ich sage mir indessen, dass ohne den russischen Rückhalt das westliche Europa verloren wäre.«[686] Ein Gedanke, der auch Feuchtwangers Haltung in diesen Jahren sehr gut beschreibt. Klaus Mann wiederum notiert melancholisch, dass ihm »der Kongreß, als Ganzes, missglückt«[687] zu sein schien. Und Brecht spottet nach seiner Rückkehr ins dänische Svendborg in einem Brief an George Grosz: »Ich kann Dir jedoch eine wichtige Mitteilung machen: wir haben soeben die Kultur gerettet. Es hat 4 (vier) Tage in Anspruch genommen und wir haben beschlossen lieber alles zu opfern, als die Kultur untergehen zu lassen.«[688] Im Grunde ist Brecht auf dem Kongress der einzige Redner, der der

Volksfrontbewegung und ihrer kulturellen Berufung auf den abendländischen Humanismus und das literarische »Erbe« mit Skepsis begegnet. »Der Zorn ist da, der Gegner ist bezeichnet; aber wie bringt man ihn zu Fall?«, fragt der Marxist Brecht die Delegierten.[689] Es sei nicht die »Roheit«, die den Nationalsozialismus hervorgebracht habe, sondern »die Wurzel aller Übel (sind) unsere Eigentumsverhältnisse. ... Viele von uns Schriftstellern, welche die Greuel des Faschismus erfahren und darüber entsetzt sind, haben diese Lehre noch nicht verstanden ...«[690] Dieses Thema wird auch zwischen Feuchtwanger und Brecht immer wieder kontrovers diskutiert.

Dass es auf dem Kongress auch zu hässlichen Szenen der versuchten Vertuschungen und Lügen gekommen ist, lässt sich den Erinnerungen des russischen Schriftstellers Victor Serge entnehmen. Serge hat zur linken Opposition um Trotzki gehört und ist nach dessen Sturz ins Fadenkreuz Stalins geraten. Beobachtet, verfolgt und verbannt, kann er 1936 – Romain Rolland hat sich bei einem Treffen mit Stalin für seine Ausreise eingesetzt – die Sowjetunion verlassen. Auf dem Pariser Kongress – dem Serge nicht persönlich beiwohnt, da er zu diesem Zeitpunkt noch in Russland festgehalten wird – fordert ein italienischer Delegierter zum Ärger der sowjetischen Delegierten, man dürfe nicht nur über die Verfolgungen in Deutschland, Italien oder Spanien reden, sondern müsse »jede Art von Unterdrückung« kritisieren. Dabei fällt auch der Name Victor Serge. »Gide war erstaunt, daß man hartnäckig versuchte, eine Debatte zu unterbinden ...«[691]

Die Volksfrontpläne werden bis zum Hitler-Stalin-Pakt im August 1939 besonders unter den deutschen Flüchtlingen heftig diskutiert. Im Zentrum des Versuchs, eine parteiübergreifende deutsche Volksfrontgruppe zu gründen, stehen Heinrich Mann und die Frage, wie man es mit dem Einfluss der Kommunisten in dieser Bewegung halten soll. Feuchtwanger beginnt sich nach seinen für ihn wichtigen Begegnungen mit sowjetischen Kollegen auf dem Pariser Schriftstellerkongress für die Volksfrontidee zu engagieren. Er sagt Unterstützung und Hilfe zu, belässt es allerdings schon bald bei theoretischen Erörterungen. Heinrich Mann dagegen entwirft nicht nur inhaltliche und organisatorische Konzeptionen für die deutsche Gruppierung, sondern kämpft auch dann noch mit verzweifelter Energie für die Rettung dieses Bündnisses, als Moskau schon neue politische Wege einschlägt.

Feuchtwanger bleibt in der Rolle des Ratgebers. So diskutiert er mit Heinrich Mann und Arnold Zweig, welchen Namen die deutsche Gruppe tragen soll. Mann spricht von einer »Gruppe oder Vereinigung intellektueller und bürgerlicher Anhänger eines befreiten Deutschlands«,[692] Feuchtwanger antwortet: *Der Name »bürgerlich-intellektuelle Gruppe der Volksfront« scheint mir nicht sehr glücklich. Wird nicht bürgerlich als Gegensatz von sozialistisch empfunden? Vielleicht könnte man statt »bürgerlich« – »parteilos« setzen oder »unabhängig«.*[693] Einige Monate später schlägt er als Namen *Bund parteiloser Sozialisten* vor.[694] Als Heinrich Mann ihm den Programmentwurf für die deutsche Gruppe zuschickt, schreibt ihm Feuchtwanger am 25. August 1937: *Wesentlich scheint mir vor allem, daß man in zwei oder drei Sätzen die wichtigsten Programmpunkte zusammenfaßt, auf die sich die Mitglieder der zu bildenden Gruppe durch ihre Unterschrift festlegen müßten. Es wäre dies die Unabhängigkeit von einer politischen Partei und das Bekenntnis zu praktischer Politik. Dieser zweite Punkt der praktischen Politik müßte so formuliert werden, daß er die Anhänger der albernen Anti-Sowjet-Politik als Utopisten ausschlösse.*[695] Gemeint war damit eine von Leopold Schwarzschild gegründete Vereinigung, die im Laufe der leidenschaftlichen Debatten immer mehr auf Konfrontationskurs zur Volksfrontpolitik ging. Im gleichen Brief heißt es: *Zu meiner Freude, lieber und sehr verehrter Herr Heinrich Mann, erklären Sie: die Volksfront wird schon jetzt nicht kommunistisch geführt. Ich wäre sehr froh, wenn unsere zu bildende Gruppe dann in jeder Hinsicht auch materiell vollkommen unabhängig von den Kommunisten gemacht werden könnte. Ja, es erscheint mir dies als das Grundproblem.*[696] Solche Sätze sprechen nicht von einer besonderen Zuneigung Feuchtwangers für das Bestreben Moskaus, die Volksfront im Alleingang zu steuern.

Mehrfach kommt Feuchtwanger in diesen Monaten darauf zurück. Seine damaligen und seine heutigen Kritiker sehen in solchen Bemerkungen eine in erster Linie taktisch gemeinte Haltung, da er gewusst habe, dass die liberalen »Sympathisanten« nur dann zu gewinnen waren, wenn die Führungsrolle der Kommunisten nicht allzu plakativ herausgestellt wurde. Allerdings zeigen private Äußerungen aus dieser Zeit ziemlich genau, wie sehr ihn im Gegensatz zu dem veröffentlichten Buch über seine Moskau-Reise die Entscheidungen in der Sowjetunion bestürzen oder doch zumindest nachdenklich machen. So erreicht Eva Herrmann die Botschaft: *im übrigen machen sie in moskau wieder sachen, mit denen man sich nur schwer abfindet, der film von eisenstein z. b. darf nicht gezeigt werden, da er zu antikünstlerisch sei. der verantwortliche filmmann hat in der prawda einen artikel gegen eisenstein geschrieben, bei dem sich einem der magen umdreht, und das ZK hat einen scharfen beschluß gegen eisenstein, den film und die frau, die uns damals den film gezeigt hat, gefaßt ... ich hoffe, daß ich kolzow jetzt wirklich zu sehen kriege, er ist doch der weitaus vernünftigste von denen dort oben, und ich möchte gerne etwas für eisenstein tun. auch sonst ist zur zeit wieder die Verständigung mit moskau recht schwierig, bei aller beflissenheit vonseiten der moskauer.*[697] Am 23. Juni 1937, während eines Aufenthaltes in Paris, notiert er im Tagebuch: *Münzenberg da. Er ist nach Moskau berufen und hat furchtbare Angst, er werde abgefaßt oder verhaftet.* Willi Münzenberg war schon in den Jahren der Weimarer Republik der Medienmogul der kommunistischen Presse. Unter seiner Regie erschienen Blätter wie die »Welt am Abend«, »Berlin am Morgen« oder die »Arbeiter Illustrierte Zeitung«. Diese Rolle nimmt er auch – wenn natürlich in wesentlich geringerem Umfang – während seiner Exiljahre in Paris ein. Münzenberg ist wie erwähnt Mitautor des berühmt gewordenen »Braunbuchs über den Reichstagsbrand und den Hitler-Terror«. Er gründet 1938 zusammen mit Arthur Koestler und Heinrich Mann die Zeitschrift »Zukunft«, für die auch Lion Feuchtwanger Beiträge liefert. 1936 äußert er interne Kritik an den Moskauer Prozessen, was ihn für die Stalinisten in den Reihen der deutschen Kommunisten sofort verdächtig macht. Bis Frühjahr 1937 arbeitet Münzenberg im Volksfrontausschuss und meidet aus Sorge um sein Leben eine Reise nach Moskau, zu der Walter Ulbricht, ein orthodoxer Hardliner und ehemaliger sächsischer KPD-Reichstagsabgeordneter, ihn drängt. 1939 tritt Münzenberg aus der KPD aus und wird nach der Besetzung Frankreichs auf der Flucht unter mysteriösen Umständen im Juni 1940 umgebracht.

Die Volksfrontdebatte beginnt Feuchtwanger zunehmend zu nerven, innerlich zieht er sich zur Enttäuschung Heinrich Manns von dem Projekt zurück. *Alles in allem finde ich hier leider die Dinge der Volksfront noch verworrener, als ich geglaubt habe,* schreibt er am 28. Oktober 1937 aus Paris an Mann. *Jeder zerrt nach einer anderen Seite, keiner will den andern anhören, und wenn man ein praktisches Programm vorschlagen will, bekommt man nichts zu hören als verblasenes, ideologisches Gerede.*[698]

Moskau hat inzwischen Walter Ulbricht nach Frankreich geschickt. Er soll die deutsche Volksfrontgruppe überwachen und ideologisch disziplinieren. Heinrich Mann reagiert verbittert. »Das Dringlichste ist«, heißt es in seinem Brief vom 29. Oktober 1937 an Feuchtwanger, »den Ulbricht loszuwerden. Er ist nach Schwarzschild der zweite, der sich bemüht, den Volksfront-Ausschuß zu sprengen. … Er ist ein vertracktes Polizeigehirn, sieht über seine persönlichen Intrigen nicht hinaus, und das demokratische Verantwortungsgefühl, das jetzt erlernt werden muß, ist ihm fremd.«[699]

Die Versuche, mit den Kommunisten doch noch eine gemeinsame Position zu finden, werden fortgesetzt, die Illusionen der Gruppierung um Heinrich Mann sind dabei unübersehbar. Feuchtwanger erkennt die Situation wohl sehr viel realistischer, obwohl auch er die kalte Machtpolitik Stalins in dieser Frage unterschätzt. *Die Denkschrift Professor Marcks* (zum Programmentwurf Heinrich Manns – WS) *habe ich mit größtem Interesse gelesen,* schreibt er am 6. Dezember 1937 an Mann. *Viele Formulierungen erscheinen mir besonders glücklich, aber ernstliche Bedenken habe ich gegen den Schlußabsatz. Wenn ich ihn recht verstanden habe, dann läuft er darauf hinaus, daß man zwar eine Bundesgenos-*

senschaft mit den Kommunisten trotz der Moskauer Prozesse noch für möglich hält, daß man sich aber nicht das Recht nehmen lassen will, gegen solche Ereignisse anzukämpfen, wenn auch in fairer Form. Ich fürchte, die Kommunisten werden ohne richtigen Burgfrieden nicht sehr geneigt sein, eine solche Bundesgenossenschaft hoch einzuschätzen.[700]

Feuchtwanger lehnt es mit wachsender Ungeduld ab, sich auf weitere Aktivitäten – Kongressbesuche, Reden, etc. – einzulassen. Die Arbeit dient als willkommene Ausrede für den Rückzug, den er Heinrich Mann im gleichen Brief ankündigt: *Es stellt sich aber jetzt endgültig heraus, daß ich die Arbeit an meinem Emigrantenroman* (gemeint ist der Roman *Exil* – WS) *nicht unterbrechen kann, ohne sie ernstlich zu gefährden. Ich muß also, so leid mir das tut, davon absehen, an der Konferenz der neuen Gruppe teilzunehmen.*[701]

In den Jahren zwischen 1935 bis Mitte 1937 nähert Feuchtwanger sich der Sowjetunion stärker als je zuvor oder nachher in seinem Leben. Die Gründe dafür liegen in der tiefen Abscheu, mit der er den Vormarsch des Faschismus beobachtet, und in seiner Einschätzung der Politik Moskaus. Feuchtwanger klammert sich an die – für ihn – einzige Hoffnung, die Europa vor der Finsternis bewahren kann. Dabei droht er in seinen öffentlichen Einwürfen zur politischen Entwicklung in der Sowjetunion zeitweise jene skeptisch-distanzierte Position zu verlieren, die er sonst gegenüber Ideologien oder staatlichen Machtansprüchen einnimmt. Deutlich wird dies bei verschiedenen Gelegenheiten – doch *Moskau 1937*, sein Artikel gegen André Gides kritisches Buch über die Sowjetunion und die Mitarbeit an der Zeitschrift »Das Wort« bieten dafür die stärksten Hinweise. Ein zentrales Thema vieler seiner Romane und Dramen ist auch schon in den Jahren vor 1933 die Frage, welche Rolle der Künstler, der Intellektuelle in einer aus den Fugen geratenen Welt einzunehmen hat, welchen Wert sein Denken und Handeln noch besitzt, wenn die Waffen sprechen. Die Bedrohung durch den Faschismus ist also auch mit Blick auf sein Werk zu einer ganz persönlichen Herausforderung geworden. Er nimmt sie an, und seine Antworten in diesen Jahren irritieren auch viele seiner Bewunderer. Vor allem die im Schutz demokratischer Freiheiten und mit dem umfassenden Wissen um das damalige politische Geschehen urteilenden Nachgeborenen schießen da mit verbalen Kanonenkugeln auf Männer und Frauen, die in Zeiten, deren Gewaltausbrüche sie persönlich zu verschlingen drohten, Alternativen suchen und Bekenntnisse formulieren mussten. Es gilt, was Albrecht Betz für diese dämonischen Jahre festhält: »Die dreißiger Jahre, Jahrzehnt des offenbar unaufhaltsamen Aufstiegs Hitlers und des Faschismus, führten – in ganz anderer Dimension als die bereits wenig goldenen Zwanziger – Situationen herauf, die eine *Stellungnahme* unausweichlich machten. Viele der deutschen Autoren schienen von ihrem Selbstverständnis her keineswegs dazu disponiert …« Dies erfuhren sie »als ›Zwang zur Politik‹«, schreibt Betz, Thomas Mann zitierend.[702]

Nicht nur Feuchtwanger fühlt in diesen Jahren den Druck, als »Bekenner« öffentlich aufzutreten. Der politisch konservative Joseph Roth antwortet auf eine Umfrage des »Pariser Tageblatts« im Dezember 1934: »Die Aufgabe des Dichters in unserer Zeit ist – um Ihre Frage ganz präzise zu beantworten: der unerbittliche Kampf gegen Deutschland …«[703] Alfred Döblin schreibt Thomas Mann im Mai 1935: »Heute ›dichten‹ wollen heißt kneifen.«[704]

Um Feuchtwangers Haltung zur Sowjetunion in der Zeit der Niederschrift seines Moskau-Buches zu bewerten, ist es unumgänglich, an die Monate und Jahre zu erinnern, in denen er seine Bekenntnisse und Urteile veröffentlicht. Zwischen 1935 und 1939 erlebt Hitler seine großen Vorkriegstriumphe, überzeugt er die Welt bis weit in die bürgerlichen und demokratischen Kreise der europäischen Nachbarn hinein von seiner Politik. Im Januar 1935 stimmen nicht nur zum Entsetzen der Exilanten 90,5 Prozent der Wähler im Saarland für einen Anschluss an das nationalsozialistische Deutschland. Ohne jeden Widerstand der Westmächte verkündet Hitler am 16. März 1935 die Wiedereinführung der allgemeinen Wehrpflicht, und ein Jahr später schauen

London und Paris ebenfalls nur zu, als Berlin seine Soldaten in das bis dahin entmilitarisierte Rheinland einmarschieren lässt. Beide Ereignisse lösen bei den sich so viele Jahre von ihren Nachbarn in ihrem nationalen Stolz gedemütigt fühlenden Deutschen Begeisterung aus. Die Olympischen Sommerspiele 1936 in Berlin werden für die Nazidiktatur zu einem weltweiten Prestigeerfolg. Alle Illusionen, Hitlers Auftritt in der Geschichte werde nur eine Frage von Monaten sein, verfliegen in diesen Wochen endgültig.

Auch die von den meisten Flüchtlingen aus Deutschland und Spanien begeistert begrüßte französische Volksfrontregierung unter Führung des Sozialisten Léon Blum gerät sehr rasch unter den Druck der immer stärker werdenden nationalistischen und faschistischen Kräfte im Umfeld der »Action française« und des »Croix de Feu«. London ist inzwischen gegenüber Hitler auf einen opportunistischen Appeasement-Kurs eingeschwenkt, der seinen traurigen Höhepunkt mit dem Münchner Abkommen vom September 1938 – Anfang des Endes der Tschechoslowakei – erreicht. In der britischen Aristokratie findet Hitler zahlreiche Anhänger. Lloyd George, ehemaliger Premierminister, nennt den »Führer« nach einem einstündigen Gespräch in Berchtesgaden 1936 »den größten lebenden Deutschen«[705], und selbst Winston Churchill meint 1937 mit bewunderndem Unterton, »was man auch über die Erfolge denken mag, sie gehören doch zu den bemerkenswertesten der gesamten Weltgeschichte«[706]. Bereits 1933 hat er im Unterhaus erklärt: »Die Geschichte dieses Kampfes (gemeint ist Hitlers Aufstieg zur Macht – WS) kann man nicht ohne Bewunderung für den Mut, die Ausdauer und die Vitalität lesen, die diesen Mann befähigten, die Gewalten und Widerstände, die ihm in den Weg traten, herauszufordern und zu überwältigen.«[707] Und im schon erwähnten Spanischen Bürgerkrieg drängt Franco mit Hilfe Hitlers und Mussolinis die Republikaner immer stärker in die Defensive.

Während Feuchtwangers Moskau-Aufenthalt verkündet Stalin zudem am 1. Dezember 1936 die schon in den Monaten zuvor breit diskutierte neue Verfassung des Sowjetstaates. In ihr werden die Menschenrechte ebenso garantiert wie freie und geheime Wahlen. Ein propagandistisch gewaltig aufgeblähtes Täuschungsmanöver, das lediglich Moskaus Image bei den westlichen Demokratien aufpolieren und der eigenen Bevölkerung angesichts der ökonomischen Lage Sand in die Augen streuen soll. In der Realpolitik bleibt Stalins Sowjetunion ein totalitärer Staat, in dem bis 1938/39 blutige »Säuberungsaktionen« die Gesellschaft erschüttern. Die europäische Linke jedoch, unzureichend informiert und angesichts der existentiellen Bedrohung durch die wachsende Macht der faschistischen Staaten mehr vom Wunsch als von nüchterner Analyse geleitet, setzt große Hoffnungen auf diesen sich demokratisch gebenden Gesetzestext. Auch Feuchtwanger. Er bezeichnete die Verfassung als *Realisierung eines Ideals, an dessen Verwirklichung die besten Staatstheoretiker der Menschheit seit mehreren tausend Jahren arbeiten*[708]. Große pathetische Worte, die der Wirklichkeit nicht im Ansatz standgehalten haben.

Zudem erfahren die Exilanten immer furchtbarere Details über den Terror des Berliner Regimes. Diese Gewalttaten stabilisieren die Macht der Nationalsozialisten ebenso wie ihre nicht zuletzt der Vorbereitung des Krieges dienenden wirtschaftlichen Maßnahmen. Eine die deutsche Gesellschaft überflutende nationalistische Propaganda und die volkswirtschaftliche Scheinblüte überzeugen die Mehrheit der Deutschen von ihrem »Führer« und seiner Politik. In den Gefängnissen und Konzentrationslagern aber wird gefoltert und gemordet. 1935 verkünden die Nationalsozialisten die Nürnberger Rassengesetze. Sie bedrohen auch die in Deutschland zurückgebliebenen Verwandten und Freunde Feuchtwangers. Sie werden ihres Vermögens beraubt, zwei seiner Brüder sind zeitweise inhaftiert. Er erlebt die vielfachen Demütigungen der Exilanten in seiner Umgebung, denen Leser und Verleger in Ländern jenseits ihrer alten Wirkungsstätte nicht so hold entgegentreten wie ihm. Nicht nur der sein Moskau-Buch diktierende Schriftsteller und Jude Lion Feuchtwanger fragt sich, wer jenseits der Sowjetunion diesem scheinbar unaufhaltsamen Vormarsch der Nationalsozialisten etwas entgegenzusetzen hat.

Feuchtwangers Hinwendung zur Sowjetunion ist ohne den Blick

auf die Zeitgeschichte also nicht erklärbar. Wer ihm vorwirft, sich mit dem Teufel verbündet zu haben, sollte zumindest nicht unerwähnt lassen, dass bald auch demokratische Staatsmänner wie Franklin D. Roosevelt, Winston Churchill oder Charles de Gaulle ein Bündnis mit Stalin schlossen, um sich erfolgreich Hitlers Vernichtungskrieg entgegenstemmen zu können. Wie sie sah auch Feuchtwanger im Nationalsozialismus die für Europa und die Welt bedrohlichste Kraft.

Persönliches kommt hinzu. Hochmut, Eitelkeit und ein gesunder Geschäftssinn bleiben für seine Reise nach Moskau nicht ohne Bedeutung. Hochmut: Der »Meister des historischen Romans« schätzt es, die Gegenwart mit Gleichnissen der Vergangenheit zu konfrontieren und das Werden der Gesellschaften aus der Vogelperspektive des die Jahrhunderte überschauenden Historikers zu deuten. Das leuchtende Morgen der Vernunft, so meint er, sich allwissend gebend, habe seine Fundamente in den großen europäischen Revolutionen. Und dazu zählt für ihn die Oktoberrevolution von 1917, die er als »Fortsetzung« der bürgerlichen Zeitenwende von 1789 deutet. Wir wissen heute, welch ein fundamentaler Irrtum dies gewesen ist.

Eitelkeit: Die Sowjetunion wirbt um den weltbekannten Autor schon in den Jahren vor seiner Reise. Während des zweimonatigen Aufenthaltes in Moskau wird er bei Fabrikbesuchen, Lesungen oder in den Gesprächen mit russischen Intellektuellen umjubelt. Fabrikarbeiter bitten um die Signierung seiner Bücher (die sie angeblich begeistert lesen), russische Intellektuelle suchen seine Nähe, loben das Werk und den Mann. Stalins Funktionäre bauen eifrig Potemkinsche Dörfer auf, um den berühmten Besucher zu betören und zu blenden. Schon beim Grenzübergang wird er wie ein hoher Staatsgast empfangen. Höhepunkt ist der Besuch bei Stalin, der keineswegs eine Selbstverständlichkeit ist, sondern als besondere Auszeichnung gilt. Feuchtwanger, ohnehin ein eitler Mann, lässt sich instrumentalisieren. Neben allen Beschwerlichkeiten auf dieser Reise genießt er es, umworben und gefeiert zu werden. Wie die Tagebuchaufzeichnungen, einige Briefanmerkungen und die Protokolle seiner ihm zur Seite gestellten Dolmetscherin Dora Karawkina zeigen, sieht er jedoch den grauen und bürokratisierten sowjetischen Alltag mit kritischer Aufmerksamkeit, lässt sich keineswegs so vollkommen blenden, wie seine öffentlichen Äußerungen während des Aufenthaltes und sein Buch es vermuten lassen. Diese sind – wertfrei gedeutet – aus Feuchtwangers Sicht taktischer Natur, um die Front gegen Hitler zu stärken.

Geschäftssinn: Feuchtwangers Bücher erreichen in der Sowjetunion hohe Auflagen. Während seines Moskau-Besuches bereitet der Staatsverlag eine vierzehnbändige Gesamtausgabe seiner Werke vor. *geld habe ich hier reichlich*, berichtet er nach Sanary, *etwa 120 000 bis 150 000 rubel, und es nimmt täglich zu.* Für die geplante Verfilmung des Oppermann-Romans *bekomme (ich) jetzt 35 000 fr in valuta und 30 000 rubel und wenn ich das manuskript gutgeheissen habe weitere 15 000 fr außerdem 1 und einhalb prozent tantiémen.*[709] Teile seines Guthabens in russischer Währung überlässt er Menschen, die ihn um Hilfe gebeten haben. So erhalten Maria Osten und Bertolt Brecht Rubelüberweisungen, die sie dringend brauchen.

Schon auf dem »1. Schriftstellerkongress zur Verteidigung der Kultur« 1935 in Paris ist der Plan zur Herausgabe einer neuen deutschen Emigrantenzeitschrift erörtert worden. Die Idee wird ein Jahr später in Moskau realisiert. Feuchtwanger gehört zu den Herausgebern der Zeitschrift »Das Wort«. Sie ist für Feuchtwanger ein wichtiges Instrument, um sein politisches Engagement zu unterstreichen. Alles in allem sind es also auch die »Geschäftsbeziehungen«, die für den in Russland viel gelesenen Autor von Bedeutung sind. Was zunächst einmal legitim ist. Schriftsteller leben von ihren Honoraren und nicht von den Idealen, die eine in den eigenen Belangen überaus geschäftstüchtige Nachwelt von ihnen erwartet.

Im Sommer 1936 besuchen der »Prawda«-Korrespondent Michail Kolzow und seine politisch ebenfalls engagierte Geliebte Maria Osten Feuchtwanger in Sanary. Die beiden Gäste sind auf dem Weg zur spanischen Front, um von dort zu berichten. »Michail

Kolzow gehörte als ›Erster Journalist des Landes‹, als Schriftsteller, Verleger, Kulturpolitiker und Spanienemissär zu den einflussreichsten Intellektuellen seiner Zeit.«[710] Er ist Leiter der Auslandskommission des sowjetischen Schriftstellerverbandes und damit auch für die Anknüpfung und Aufrechterhaltung internationaler Kulturkontakte eine entscheidende Figur in der Sowjetunion. Kolzow ist es, der André Gide und Lion Feuchtwanger nach Moskau eingeladen und damit zwei bald in Emigrantenkreisen lebhaft diskutierte Reisen veranlasst hat. Ein brillant argumentierender Intellektueller ist dieser Mann. Anne Hartmann zitiert einen Zeitgenossen mit den Worten, »seine Ungezwungenheit und Beweglichkeit sowie seine Art, über Menschen und Dinge freimütig zu sprechen, machen ihn zu einer angenehm mondänen Erscheinung«.[711] Der amerikanische Schriftsteller Ernest Hemingway lernt Kolzow in Spanien kennen, und er ist von seinem russischen »Kollegen« so fasziniert, dass er ihn als sowjetischen Korrespondenten Karkow in seinem Spanien-Roman »Wem die Stunde schlägt« auftreten lässt.

Kolzow ist zu intelligent und durch seine Westkontakte zu aufgeklärt, um ein primitiver Zulieferer für den NKDW zu werden. Aber seine Rolle in Spanien und auch in Moskau bleibt im Zwielicht. Er hat zeitweise nahezu unbeschränkte finanzielle Mittel zur Verfügung, um Einladungen, Zeitschriftenpläne oder Buchveröffentlichungen zu fördern, die im Sinne der sowjetischen Politik agitieren und wirken. Auf dem Höhepunkt seines Einflusses hat er auch Zugang zu Stalin, und es erscheint doch zweifelhaft, dass er nicht Aufträge des Diktators entgegengenommen hat, die ihn zum Täter gemacht haben. Am Ende erleidet er das Schicksal so vieler Mitglieder der stalinistischen Elite: Im Dezember 1938 wird er als »Trotzkist« verhaftet und am 1. Februar 1940 zum Tode verurteilt und erschossen.

Bei seinem Besuch in Sanary berichtet er Feuchtwanger vom Tod Maxim Gorkis, der am 18. Juni gestorben war und dessen Werk der deutsche Kollege bewundert hat. Hauptzweck seines Besuches ist aber die Überbringung einer neuerlichen Einladung des sowjetischen Schriftstellerverbandes. Ein Vorhaben, das ganz auf der Linie der sowjetischen Kulturpolitik liegt, denn viele nicht parteigebundene Künstler werden in diesen Jahren von Moskau im Sinne der Volksfrontpropaganda umworben. So kommt George Bernard Shaw 1931 nach Moskau, 1934 ist H. G. Wells dort Gast, 1935 Romain Rolland, und 1936 reist André Gide in die Sowjetunion. Umworben werden sie alle, ihre Reaktion auf das, was sie erlebt haben, ist unterschiedlich.

Viele Äußerungen Feuchtwangers zeigen, wie sehr er Michail Kolzow und Maria Osten geschätzt hat, ihren Rat sucht und achtet. Ihr Einfluss ist von großer Bedeutung für seine Entscheidung, nach Moskau zu reisen. Auch er ist von dem redegewandten und gebildeten Russen beeindruckt. Wann immer der Name Kolzow in Feuchtwangers Briefen auftaucht, wird seine Person mit lobenden und zugeneigten Worten bedacht.

Maria Osten besucht Feuchtwanger mehrfach in Sanary, und auch ihre Meinung und Haltung schätzt der Schriftsteller sehr. Von den intimen Beziehungen zu Maria ist schon gesprochen worden. 1932 ist die deutsche Kommunistin und spätere Sowjetbürgerin zu Kolzow nach Moskau gezogen und arbeitete dort als Journalistin. 1936 wird sie an der Planung der Zeitschrift »Das Wort« beteiligt, und sie ist es, die Feuchtwanger davon überzeugt, als Mitherausgeber aufzutreten. In Spanien berichtet sie auf der Seite der Republikaner für die in Moskau erscheinende »Deutsche Zentral-Zeitung«. Als sie in Paris 1938 von der Verhaftung Kolzows erfährt, von dem sie inzwischen getrennt lebt, glaubt sie an einen »Irrtum« und reist allen Warnungen zum Trotz nach Moskau, um für ihn auszusagen. Dort erleidet sie das Schicksal ihres ehemaligen Geliebten. Vor ihrer Verhaftung kümmert sie sich um die todkranke Geliebte Brechts, Margarete Steffin. Diese ist in Moskau zurückgeblieben, weil sie für die weitere Flucht des Dramatikers und seiner »Großfamilie« wegen ihrer schweren Tuberkulose zu schwach war.

Über das Schicksal dieser beiden Weggefährten schweigt Feuchtwanger später weitgehend. Ob er über die genauen Umstände ihrer Ermordung informiert war, ist fraglich. Am 1. März 1947 schreibt er an Lola Humm-Sernau: … *maria osten ist nach berich-*

ten aus moskau während des krieges an typhus gestorben.[712] Sicher ist, dass Kolzow und Maria Osten mit Blick auf die Volksfrontpolitik und die Politik der Sowjetunion zu Feuchtwangers wichtigsten politischen Diskussionspartnern gehört haben.

Bereits im Juni 1935 teilt Feuchtwanger dem Freund Arnold Zweig mit, er habe auf dem Schriftstellerkongress in Paris *die Einladung der Russen, auf zwei Monate nach Rußland zu kommen, definitiv angenommen.*[713] Arbeit und gesundheitliche Probleme standen damals diesem Plan entgegen. Im November 1936 aber reist Lion Feuchtwanger über die Tschechoslowakei und Polen nach Moskau. Die Freundin Eva Herrmann begleitet ihn, auch der Mitemigrant in Sanary, Ludwig Marcuse, dessen Frau Sascha und Maria Osten. An der russischen Grenze werden sie von einer Schriftstellerdelegation unter Führung von Willi Bredel feierlich begrüßt. Über die Ankunft in der Hauptstadt schreibt er Marta: … *großartiger Empfang an der Bahn. Hunderte von Menschen. Interviews, Pelzmantel, Reden, Photographen.*[714] Feuchtwanger ist ein willkommener Gast. »Überhaupt scheuten die sowjetischen Gastgeber weder Kosten noch Mühen, um Feuchtwangers Aufenthalt so angenehm wie möglich zu gestalten …«[715] Die Sorge, der berühmte Mann würde möglicherweise kritisch über die sowjetischen Zustände berichten, beherrscht das Handeln seiner Gastgeber. Sie sind gewarnt: In Frankreich ist gerade das Russland-Buch André Gides erschienen, in dem der berühmte Schriftsteller kritisch von seinen Reiseeindrücken berichtet, die er während seines Besuches in der Sowjetunion gesammelt hatte. Eine Schrift, die auch Feuchtwanger noch viel Ärger einbringen wird.

Die Rapporte von Feuchtwangers Begleiterin und Dolmetscherin Dora Karawkina spiegeln eindrucksvoll wider, wie sorgsam das Befinden des berühmten Mannes beobachtet wird. »Er hat sich über etliche Unzulänglichkeiten – allesamt Kleinigkeiten – beschwert: Beleuchtung, Möbel usw. Da ich mich davon überzeugt hatte, dass das alles über Scheinina allzu langsam voran geht und ich ihn nicht in einem gefährlichen Zustand der Unzufriedenheit zurücklassen wollte, habe ich eine lange Liste mit all seinen Beanstandungen zusammengestellt, bin zum Geschäftsführer gegangen und habe mit Entschiedenheit gefordert, dass alles unverzüglich in Ordnung gebracht wird. Gegen Abend war alles erledigt, und Feuchtwangers Laune besserte sich erheblich.«[716] Diese Berichte Karawkinas sind für den offiziellen Organisator von Feuchtwangers Reise gedacht, die »Allunionsgesellschaft für kulturelle Verbindungen mit dem Ausland (WOKS)«. Dass sie auch auf dem Schreibtisch der zuständigen Geheimdienstabteilungen gelandet sind, ist angesichts der Bedeutung Feuchtwangers mit Sicherheit anzunehmen.

In der »Deutschen Zentral-Zeitung« berichtet Feuchtwanger den Lesern, was er für Pläne während seines Aufenthaltes hat: *In Moskau will ich mich mit den Szenarien der Drehbücher meiner Romane »Erfolg« und »Die Geschwister Oppenheim« befassen. Außerdem will ich aktiv an der Herausgabe der Zeitschrift »Das Wort« teilnehmen. Schließlich will ich mit Übersetzern und Redakteuren meiner Bühnenstücke Fühlung nehmen. Vor allem aber will ich mich bemühen, mit führenden Personen und den Massen der Sowjetunion in unmittelbaren Kontakt zu kommen.*[717]

Feuchtwanger lebt im Hotel Metropol oder in einem für sowjetische Verhältnisse luxuriösen Ferienheim für Architekten, um sich für einige Tage von den Strapazen seines Aufenthaltes zu erholen. Er besucht Fabriken und Theater, bewundert das Reißbrettmodell des zukünftigen Moskau und diskutiert an vielen Abenden mit seinen Gastgebern oder den in Moskau lebenden deutschen Emigranten Johannes R. Becher, Friedrich Wolf, Willi Bredel und gibt Rundfunkinterviews. Seine Dolmetscherin meldet unter dem Datum vom 11. Dezember 1936: »Alle möglichen Leute rufen an und kommen vorbei: Viele Zeitungen wollen einen Artikel, ein Interview usw. … Dauernd kommen Einladungen zu Gesprächen, Leserkonferenzen etc. von Betrieben, Organisationen und Institutionen (Lehrerverband, Literatursektion des Hauses der Gelehrten, Ordshonikidse-Werk, Kugellagerfabrik, Literaturhochschule u. a.).«[718] Am 13. Dezember folgt die Mitteilung: »Folgende Objekte stehen in der nächsten Zeit auf seinem Programm: Kombinat ›Prawda‹, das Stalin-Werk, die Rembrandt-Ausstellung, ein Empfang im Schriftstellerverband, die ›Aristokraten‹ im Wachtangow-Theater, die ›Fontäne von Bachtschissaraj‹ im Bolschoi, ein Empfang bei Maria Osten, wo er Wilhelm Pieck treffen wird.«[719] In einem Brief an Lola Sernau vom Januar 1937 klagt er: *um mich herum ist nach wie vor ein irrsinniger betrieb, tausende von leuten wollen etwas von mir, und ich komme nicht zum atmen … alles in allem habe ich hier hundert geschäfte angefangen, von denen ich keines recht zu ende bringen werde. Sicher ist, dass ich den ganzen sommer mit der bewältigung der aufträge zu tun habe, die ich hier angenommen habe.*[720]

Sonja Friedmann-Wolf schildert in ihren Erinnerungen einen dieser öffentlichen Auftritte Feuchtwangers. Während eines Konzerts des Sängers Ernst Busch im Säulensaal des Moskauer Gewerkschaftshauses richtet er ein paar Worte an die Besucher: »Da stand er auch schon, von hilfsbereiten Händen auf die Bühne gezogen, mein alter Bekannter. Er hatte sich gar nicht verändert. Genauso wie damals in Lugano zerfältete sich das mit geschlossenen Lippen lächelnde Gesicht. Und genauso wie damals unter den heißen Strahlen der Tessiner Sonne erglänzte, vom Rampenlicht beleuchtet, sein volles, glattes Haar. … ›Meine geliebte deutsche Heimat!‹, krähte der Schriftsteller hell, laut, optimistisch. ›Ich rufe dir zu: Auf Wiedersehen!‹ Und das Publikum, zum größten Teil deutsche Politemigranten, raste vor Beifall.«[721]

Bei seinen öffentlichen Auftritten äußert er sich loyal und verständnisvoll über den sowjetischen Alltag, aber die Tagebuchnotizen und die Aufzeichnungen seiner dolmetschenden Begleiterin berichten immer wieder von den Unbequemlichkeiten, die seine Besuchstage begleiten und über die sich der verwöhnte Westreisende beschwert. Über den oben erwähnten Abend im Gewerkschaftshaus hält er fest: *Umständlich nach Moskau gefahren. Die Zimmer sind immer noch scheußlich. Abends rezitiert Ernst Busch. Sehr viel Publikum. Ich werde wild gefeiert, muss sprechen. Mach es ganz gut. Hernach langweiliges Zusammensein mit vielen Menschen* (10. Dezember 1936). Seine Begleiterin hält in diesen Tagen fest: »Seit den frühen Morgenstunden erging sich Feuchtwanger in endlosen Gesprächen über die Unbequemlichkeiten des Lebens in der Sowjetunion, beklagte sich über den Service im Hotel, die schlampige Postzustellung und eine ganze Reihe weiterer Missstände.«[722] Mit der Dolmetscherin Dora Karawkina spricht er nicht nur über die von ihm beklagten Mängel im Moskauer Alltag, sondern auch über Fragen der Demokratie. »Feuchtwanger zufolge darf man die westeuropäische Demokratie nicht mit der sowjetischen vergleichen. Dort versteht man unter Demokratie ›absolute Freiheit des Wortes und absolute Wahlfreiheit‹. Das bedeutet, dass jeder Mensch das Recht hat, zu kandidieren und einen Wahlkampf zu bestreiten. In der Sowjetunion gibt es das nicht, folglich versteht man hier unter dem Begriff ›Demokratie‹ etwas völlig anderes. Aber was denn eigentlich?«[723] Am 3. Januar 1937: »Heute fragte er mich plötzlich: ›Stimmt es, dass Pasternak in Ungnade gefallen ist‹, weil sein Werk ›nicht mit der Generallinie der Partei übereinstimmt‹?«[724] Vielfach reagiert er nervös und verärgert, weil ihn zahllose Termine wegen ihrer Belanglosigkeit in Zorn versetzen. »Man holte ihn zur Zeitung ›Kino‹ zu einem Freundschaftstreffen mit Filmleuten. Schließlich sah er sich dort von 10–12 Mitarbeitern der Zeitung umringt, die ihm eine lange Liste mit Interviewfragen vorlegten und ihn nötigten zu antworten, obwohl er seinen Unmut deutlich zum Ausdruck brachte. Er war sehr aufgebracht und erbost über ein solches ›Freundschaftstreffen‹. Der Abend im Klub der Meister hat auf ihn einen ebenso beklemmenden Eindruck gemacht. … Er war unzufrieden und sehr müde.«[725]

Im Januar 1937 besucht Feuchtwanger den zweiten der berüchtigten stalinistischen Schauprozesse gegen führende Altbolschewiki. Die als »Großer Terror« in die Geschichtsbücher eingegangene Verhaftungswelle beginnt im Herbst 1936 und dauert bis Ende 1938. Etwa 1,5 Millionen Menschen werden in diesem Zeitraum Opfer der Verfolgungskampagne, die vom NKWD unter Leitung von Nikolai Jeschow durchgeführt wird.

Der Schriftsteller nimmt an vier Prozesstagen teil. Weitere Gerichtsbesucher sind an diesen Tagen der dänische Schriftsteller Martin Andersen Nexö und der österreichische Kommunist Ernst Fischer. Auf der Anklagebank sitzen u. a. Karl Radek und der Altrevolutionär Georgi Pjatakow. Die Anklage vertritt Stalins zynischer Generalstaatsanwalt Andrej Wyschinski. Nach monatelanger Untersuchungshaft, in der sie stundenlangen Verhören unterworfen waren, bekennen Radek und die anderen Mitangeklagten als »Trotzkisten« ihre »Schuld«. Nur wenige Tage nach Feuchtwangers Gerichtsbesuch wird Pjatakow erschossen. Radek, der in den Weimarer Jahren auch in Deutschland eine bekannte politische Figur gewesen ist, war einst enger Vertrauter Lenins und Verbündeter Trotzkis bei dessen Auseinandersetzungen mit Stalin. Während der Revolutionstage 1918/19 und den Aufständen in Sachsen und Thüringen ist er wichtigster Verbindungsmann Moskaus zu den deutschen Kommunisten. Schon 1927 wird er aus der Partei ausgeschlossen und nach Sibirien verbannt. Nach seiner »Selbstkritik« arbeitet er als Journalist und trägt mit seinen Artikeln zur »Vergöttlichung« Stalins bei. Radek ist zeitlebens ein Opportunist gewesen, der auch nicht vor Denunziationen zurückschreckte, wenn es um seine politische Karriere ging. »Radek wurde auf Geheiß Stalins ermordet. Dennoch stellt sich die Frage, ob er nicht doch mehr Täter als Opfer war, eine ›Triebkraft des Bösen‹ ...«[726] Am 16. September 1936 wird er erneut verhaftet und angeklagt. Über zwei Monate widersteht er tage- und nächtelangen Verhören, dann legt er ein »Geständnis« ab und wird als »Trotzkist« zu zehn Jahren Lagerhaft verurteilt. Eine mit Stalin abgesprochene Selbstanklage und der Verrat von Genossen haben ihn zunächst vor einem Todesurteil bewahrt. 1940 lässt ihn der Diktator von einem kriminellen Mithäftling erschlagen.

Nicht zu Unrecht werfen seine späteren Kritiker Feuchtwanger vor, über den Prozessbesuch in seinem Moskau-Buch mit kaum zu verstehender Oberflächlichkeit geurteilt zu haben. »Der deutsche Schriftsteller Lion Feuchtwanger, der Zeuge des schrecklichen Schauspiels war, sah auch später keinen Grund, an der Aufrichtigkeit der Anklage zu zweifeln. ›Das glich weniger einem hochnotpeinlichen Prozeß als einer Diskussion.‹ Feuchtwanger hätte es besser wissen können, aber er log, weil ihm das Lob des Diktators mehr galt als die Liebe zur Wahrheit.«[727] Radeks Biograph Wolf-Dietrich Gutjahr schreibt: »Mit einem Höchstmaß an Verblendung besorgte Feuchtwanger Stalins Geschäft. Als persönlicher Gast des Diktators hatte er mit kalter Faszination aus seiner Ehrenloge verfolgt, wie die Angeklagten Verbrechen gestanden, die sie nie begangen hatten.«[728] Karl Kröhnke spricht davon, dass Feuchtwanger »in der Sprache des Kinderbuchs« über ein »Märchenland« geschrieben habe.[729]

Es ist in der Tat nicht zu übersehen, dass Feuchtwanger besonders in seiner Beschreibung des Prozessbesuches das Verständnis der Zeitumstände und seines antifaschistischen Engagements überstrapaziert hat. *Es ist läppisch, diese Prozesse, den Sinowjew- und Radekprozeß, simpel auf Stalins Herrschsucht und Rachgier zurückzuführen,* schreibt er, die Wirklichkeit auf den Kopf stellend, am Anfang des Kapitels über die »Trotzkistenprozesse«. Dann die fatalen Sätze: *Sie haben die Angeklagten gesehen und gehört: hatten Sie den Eindruck, daß ihre Geständnisse nach Erpressung klangen? Diesen Eindruck hatte ich wahrhaftig nicht. Die Männer, die da vor Gericht standen, waren keineswegs gemarterte, verzweifelte Menschen vor ihren Henkern. … Die Angeklagten selber waren gutgepflegte, gutgekleidete Herren von lässigen natürlichen Gebärden, sie tranken Tee, hatten Zeitungen in den Taschen und schauten viel ins Publikum. Das Ganze glich weniger einem hochnotpeinlichen Prozeß als einer Diskussion, geführt im Konversationston, von gebildeten Männern, die sich bemühten festzustellen, welches die Wahrheit war …*[730] Ein Prozess auf Leben und Tod als philosophisch-politische Idylle – da hat ein Schriftsteller sich in einer Theaterkulisse verirrt, die der Wirklichkeit hohnsprach. Immerhin und mit vielen Relativierungen: *Ich muß gestehen, daß, obwohl mich der Prozeß von der Schuld der Angeklagten überzeugt hat, ihr Verhalten vor Gericht mir trotz der Argumente der Sowjetleute nicht bis ins letzte klar geworden ist.*[731] Am Ende dieses Kapitels lässt Feuchtwanger aber doch durchblicken, mit welchem Dilemma er sich in seinen Bündnisträumen konfrontiert sieht: *Die Sowjet-Union hat zwei Gesichter. Das Gesicht der kämpfenden Union ist die grausame Strenge, mit welcher sie jede Opposition niedertritt. Das Gesicht der bauenden Union ist die*

Demokratie, die sie in ihrer Verfassung als ihr letztes Ziel manifestiert hat.[732]

Seine Tagebuchnotizen sind emotionslos: *Dann bei dem Prozeß Pjatakow-Radek. Ungeheuer anstrengend … Ich mache etwas unvorsichtige Äußerungen einer amerikanischen Journalistin gegenüber. Sehr gewagte für die russische Presse.* (23. Januar) *Wieder beim Prozeß. Die dumme Annenkowa, die schlecht übersetzt, stört sehr. Gewinne einen besseren Eindruck.* (24. Januar) *Vormittags im Prozeß, ziemlich fad.* (26. Januar) *In der Frühe beim Prozeß. Nicht sehr interessant.* (27. Januar) *Beim Radek-Prozeß. Sehr viele Menschen. Ewige Warterei. Reden der Angeklagten eindrucksvoll … Ewiges Warten auf das Urteil in der Nacht … Dann das Urteil. Die Begnadigung Radeks macht alles zweifelhaft und zur Farce.* (29. Januar) Am 30. Januar erscheint in der »Prawda« eine Stellungnahme Feuchtwangers zu den Prozessen, die im Westen mit Erstaunen, Kritik und scharfer Ablehnung zur Kenntnis genommen wird: *Es ist keine Frage, daß die Schuld der Angeklagten eindeutig bewiesen ist. Wer nicht bösen Willens ist, muß darüber hinaus zugeben, daß die ideelle und zum großen Teil auch die faktische Urheberschaft ihrer Taten Trotzki zukommt.*[733] Im Prozess-Kapitel des Moskau-Buches wartet er auf peinliche Weise mit einem Zitat des Sokrates auf: *Was ich verstanden habe, ist vortrefflich. Daraus schließe ich, daß das andere, was ich nicht verstanden habe, auch vortrefflich ist.*[734] Und auch dies teilt er seinen Lesern mit: *Wenn das gelogen war oder arrangiert, dann weiß ich nicht, was Wahrheit ist.*[735] Der kritische Schriftsteller als ideologischer Nachbeter. Hier steht er jedoch wieder nicht allein. Brecht notiert: »Die Prozesse haben auch nach der Meinung erbitterter Gegner der Sowjetunion und ihrer Regierung mit aller Deutlichkeit das Bestehen aktiver Verschwörungen gegen das Regime erwiesen …«[736] Allerdings weigert sich Brecht ohnehin, öffentlich in dieser Frage gegen die Sowjetunion Stellung zu beziehen. Eine solche Haltung, befürchtet er, müsste sich automatisch »in eine Haltung gegen das heute vom Weltfaschismus mit Krieg bedrohte russische Proletariat und seinen im Aufbau begriffenen Sozialismus verwandeln«.[737] Ein Gedanke, der Feuchtwanger keineswegs fremd ist.

Die Situation bei den Prozessbesuchen des deutschen Schriftstellers ist absurd. Feuchtwanger versteht über weite Strecken nicht, was Ankläger und Angeklagte stundenlang diskutieren. Seine Übersetzer helfen da nur wenig. Teilweise erstrecken sich die Verhandlungen bis weit in die Nacht hinein, der Besucher ist völlig übermüdet. Auch das gilt es zu sehen, wenn dem Leser in Feuchtwangers Moskau-Buch viel Dichtung und wenig Wahrheit über diese Gerichtsverfahren begegnen.

Wie nachdenklich und skeptisch Feuchtwanger wirklich über das denkt, was er von den Prozessen hört und im Gericht selbst beobachtet hat, zeigen einige Passagen in den Tagebüchern des Kommunisten Georgi Dimitroff, die im Jahr 2000 veröffentlicht wurden. Sein mutiger Auftritt beim Reichstagsbrand-Prozess vor dem Leipziger Reichsgericht hatte Dimitroff zum »Helden« im antifaschistischen Lager werden lassen. 1934 kam er als Emigrant nach Moskau und wurde zum Generalsekretär der Kommunistischen Internationale gewählt. Für die kommunistischen Exilanten in Moskau blieb der Bulgare eine wichtige Anlaufstelle. Nach dem Krieg bestimmte er als Ministerpräsident und Diktator von Stalins Gnaden bis zu seinem Tod im Juli 1949 die Politik Bulgariens. Feuchtwanger, verunsichert über die ersten Prozessberichte, drängt auf ein Gespräch mit dem Komintern-Generalsekretär und besucht ihn zweimal während seines Moskau-Aufenthaltes. In diesen Stunden hat er sehr offen seine Zweifel und Bedenken gegen die »Schauprozesse« geäußert. Unter dem Datum 18. Dezember 1936 – Feuchtwanger hat noch keinen Gerichtsbesuch absolviert – notiert Dimitroff: »*Feuchtwanger* und Maria Osten bei uns. Über den Prozeß: 1) unverständlich, warum die Angeklagten solche Verbrechen begangen haben; 2) unverständlich warum *alle* Angeklagten *alles* gestehen und dabei wissen, daß ihnen dies das Leben kosten wird; 3) unverständlich, warum außer dem Geständnis der Angeklagten keine Beweise vorgelegt wurden; 4) unverständlich, warum derart harte Strafen gegen politische Gegner, wo doch das sowjetische Regime so mächtig ist, daß ihm von denen, die im Gefängnis saßen, keine Gefahr drohte. – Die Protokolle des Prozesses sind nachlässig zusammengestellt, voller Widersprüche und nicht überzeugend.«[738] Bei seinem zweiten Besuch am 2. Februar 1937 – inzwischen ist er im Gerichtssaal gewesen – spricht Feuchtwanger nach Dimitroffs Aufzeichnungen zwar davon, Spionage und Terror der Angeklagten seien bewiesen, auch dass »Trotzki inspiriert« habe, aber belastend sei der »Eindruck, den die unflätige Beschimpfung der Angeklagten hervorruft«. Und überhaupt: »Warum solch ein Lärm um den Prozeß. – Unklar. In der Bevölkerung ist eine Atmosphäre außerordentlicher Unruhe entstanden, gegenseitige Verdächtigungen, Denunziationen usw. Der Trotzkismus ist tot, wozu eine solche Kampagne?«[739] Die Gespräche mit Dimitroff zeigen deutlich, dass Feuchtwanger tiefe Zweifel an dem hegt, was er gehört und gesehen und was ihm die Propaganda während dieser Reise zu suggerieren versucht hat.

Hatte Feuchtwanger zunächst noch längere Zeit abgewogen, ob er überhaupt etwas über diese Reise veröffentlichen sollte, lässt er die Prawda am 6. Februar 1937 wissen: *Ich kam, ich sah, ich werde schreiben.*[740] Bei allem Verständnis für die Zeitumstände und die Bedrohungen, unter denen die Welt angesichts der faschistischen Eroberungspolitik in diesen Jahren leben muss: Diesmal sollten sich seine Redseligkeit und seine Bekenntniswut als besonders folgenreich erweisen.

Äußerer Höhepunkt des Moskau-Besuchs ist ein mehrstündiges Gespräch mit Stalin. Das Treffen kommt nach Aussagen von Marta Feuchtwanger auf Wunsch des Kreml-Chefs zustande. Er selbst notiert nach einer Unterhaltung mit Boris Tal, dem Leiter der Abteilung Presse: *Ich soll Stalin, Woroschilow und Kaganowitsch sprechen …* [741] Die Niederschrift dieses Treffens, die in den Archiven inzwischen entdeckt wurde, ist wenig aussagekräftig. Angefertigt hat sie Tal, der an dem Gespräch teilgenommen hat. Diese Mitschrift ist wohl teilweise nachträglich mit einigen Streichungen und Korrekturen versehen worden. Stalin spielt den verständnisvollen, jovialen und sich demokratisch stilisierenden Generalsekretär.[742] Die beiden ungleichen Partner sprechen über die Rolle des Schriftstellers, den Personenkult um Stalin, den Feuchtwanger skeptisch erwähnt und Stalin mit der Bemerkung, »die

Leute geraten wegen Nichtigkeit in Ekstase«, abtut. Er erlaube es nicht, schwadroniert der Diktator, dass die unzähligen Grußadressen veröffentlicht würden.[743] Sie sprechen über die Geständnisse in den Schauprozessen und über die »Trotzkisten«. »Warum bekennen sie ihre Verbrechen? Weil sie den Glauben an die Richtigkeit ihrer Position verloren haben, ringsum Erfolg sehen«[744], erklärt Stalin seinem Gast die wahnwitzigen Geständnisse der gefolterten und gedemütigten Angeklagten. Es geht in diesem Gespräch so harmlos zu wie im Kurs einer Volkshochschule. Der eine gibt sich als Wolf im Schafspelz, der andere tritt mit höflicher Zurückhaltung auf. In *Moskau 1937* wird das Gespräch dann teilweise zu einer gemütlichen Unterhaltung verklärt: *Stalin spricht langsam, mit leiser, etwas dumpfiger Stimme. Er liebt keinen Dialog mit kurzen, bewegten Fragen, Zwischenreden, sondern zieht es vor, langsame, überlegte Sätze aneinanderzureihen. Er spricht druckreif, manchmal, als ob er diktierte. Er geht, während er spricht, gerne hin und her, kommt dann plötzlich auf einen zu, einen Finger der schönen Hand gegen einen ausgestreckt, deutend, dozierend.*[745] Seinen Lesern präsentiert er zudem einen überaus schiefen historischen Vergleich: *War Lenin der Cäsar der Sowjet-Union gewesen, so wurde Stalin zu ihrem Augustus …*[746] Im Tagebuch notiert der Schriftsteller am Abend des Stalin-Besuches Sätze, die die Wirklichkeit dieses Gesprächs besser treffen als dann später sein Buch: *Ich spreche drei Stunden mit Stalin, erst gewundenes Zeug über die Freiheit des Schriftstellers, schwierig auch durch Übersetzung, dann über den Stalinkult, dann über ›Demokratie‹, dann über den Prozeß. Dann fahre ich erschöpft zurück.* Einen Tag später*: gestern war ich also bei stalin. Ich habe fast vier stunden mit ihm gesprochen … heute bringen alle zeitungen riesige bilder von stalin und mir. … da ich stark erkältet war und kratzen im hals hatte, war es recht anstrengend, aber es war ungeheuer interessant.*

Wichtig in diesen Moskauer Tagen sind auch die Diskussionen über die Zeitschrift »Das Wort«. Die erste Nummer ist bereits im Juli 1936 erschienen. Die Auflage liegt zwischen 5000 und 7000

Exemplaren, der Umfang beträgt pro Heft etwa 100 Seiten. Sie erscheint im Jourgaz-Verlag, dessen Leiter Michail Kolzow ist. Mit rund 500 Angestellten ist Jourgaz der größte Zeitschriftenverlag der Sowjetunion.[747] Herausgeber sind Bertolt Brecht, Feuchtwanger und Willi Bredel. Im Vorwort des ersten Heftes heißt es: »Noch nie bedurfte eine Zeitschrift so wenig der Begründung ihres Erscheinens wie ›Das Wort‹, denn noch nie waren die wesentlichen Vertreter einer großen Literatur in einer Lage wie heute die meisten zeitgenössischen deutschen Schriftsteller; ja selbst viele deutsche Klassiker. Übersetzt in alle Weltsprachen, Zeugin eines Vierteljahrhunderts dramatischster Schicksale der Gesellschaft wie des einzelnen, seit über drei Jahren im Exil – hat diese so hart bedrängte Literatur zwar ihre Verlage, aber keine einzige Zeitschrift.« Sicher ist das nur eine Teilwahrheit, denn es gibt auch andere Exil-Zeitschriften. Es wird an die Bücherverbrennung in diesem Vorwort erinnert, an die Verfolgung der größten deutschen Schriftsteller, und es wird dazu aufgerufen, die Kräfte zu verbinden, um den Frieden und »den Bestand der großen Kulturerrungenschaften … zu sichern«.[748] Die Zeitschrift erscheint bis März 1939 mit insgesamt 30 Heften. Bekannte Namen bürgerlicher Autoren stehen im Inhaltsverzeichnis: Alfred Döblin, Max Herrmann-Neiße, Thomas und Heinrich Mann, Ludwig Marcuse, Arnold und Stefan Zweig. Feuchtwanger selbst veröffentlicht insgesamt elf Beiträge, einige davon sind Auszüge aus seinem Prosawerk. Nachdem Klaus Manns »Sammlung« in Amsterdam und die von Wieland Herzfelde herausgegebenen »Neuen Deutschen Blätter« in Prag am Geldmangel gescheitert sind, wird »Das Wort« für die exilierten deutschen Schriftsteller zu einer wichtigen Veröffentlichungsquelle, zumal der Jourgaz-Verlag seine Honorare auch in Valuta zahlen kann. Feuchtwanger hat nur zögernd zugestimmt, als Mitherausgeber zu fungieren. *Ich möchte unter keinen Umständen für irgendetwas verantwortlich zeichnen, das ich nicht zu sehen bekomme,* teilt er der drängenden Maria Osten und Bredel mit.[749] Nach einer internen Verlagsdiskussion beruhigt ihn Maria Osten mit dem Vorschlag: »Wir werden Ihnen an dem Tage, wo das Material für die abgeschlossene Nummer in Satz geht, ein vollständiges Schreibmaschinenexemplar zusenden. Sie sehen es durch, telegrafieren hierher: einverstanden oder nicht einverstanden mit Ihren Bemerkungen. … Jedenfalls gebe ich Ihnen das Versprechen, Sie werden die Möglichkeit haben, alles rechtzeitig vorher zu sehen, was hier gedruckt wird.«[750]

Selbst bei gutem Willen gestaltet sich die Kooperation zwischen den im Westen lebenden Herausgebern und der Redaktion in Moskau schwierig. Konflikte gibt es vor allem wegen unterschiedlicher Standpunkte über die literaturpolitische Ausrichtung der Zeitschrift, wegen Beschwerden der Autoren und Vertriebsproblemen. Als Willi Bredel im Frühjahr 1937 nach Spanien geht und Fritz Erpenbeck an seine Stelle tritt, nehmen die Spannungen zu. Das gilt besonders für Brecht. Einer der Punkte, die ihn zu einem erbitterten Gegner Erpenbecks machen, ist die sogenannte Expressionismusdebatte, die 1937/38 ihren Höhepunkt erreicht und im »Wort« ein breites Echo findet. Der ungarische Kommunist und Literaturwissenschaftler Georg Lukács löste 1934 mit seinem Artikel »Größe und Verfall des Expressionismus« diese leidenschaftlich und äußerst ideologisch geführte Literaturfehde unter den Marxisten aus. Der Expressionismus, so Lukács, sei ein Vorläufer des Faschismus gewesen und als »formalistisch« (bald ein zentraler Diffamierungsbegriff in der marxistischen Kunstpolitik) abzulehnen. Diese These und der von Lukács als Gegenideal gepriesene »literarische Realismus«, der den Roman des 19. Jahrhunderts ausgezeichnet habe, stößt bei Brecht und anderen marxistischen Intellektuellen (so bei Ernst Bloch und Anna Seghers) auf heftigen Widerspruch. »Das Wort« bringt 1938 einen Artikel von Lukács (»Es geht um den Realismus«), der die Haltung des Komponisten Hanns Eisler in dieser Diskussion scharf angreift. Eisler sieht im Expressionismus eine zwar bürgerliche, aber doch avantgardistische Kunstform. Brecht fühlt sich durch diesen aus seiner Sicht ungerechtfertigten Angriff auf seinen Freund Eisler persönlich und sachlich herausgefordert. Erpenbeck verweigert jedoch nicht nur den Abdruck einer »Kleinen Berichtigung«, die Brecht in dieser Sache an die

Redaktion geschickt hat, sondern auch eine Erwiderung (»Antwort an Lukács«) des empörten Hanns Eisler, der der Redaktion mitgeteilt hatte: »Ich brauche Euch wohl nicht zu erklären, daß es absolut unstatthaft wäre, wenn Ihr mir keine Chance gäbet, auf die ungewöhnlichen Anpöbelungen von Seiten Lukács' zu erwidern.«[751] Erpenbeck beeindrucken solche Einwürfe nicht. Die Expressionismus-Debatte sei abgeschlossen, erklärt er lapidar dem erbitterten Duo Eisler und Brecht. Eislers Stellungnahme wird dann am 15. Dezember 1937 in der »Neuen Weltbühne« veröffentlicht. Brecht antwortet 1938 mit dem Aufsatz »Volkstümlichkeit und Realismus«, der aber erst 1958 in »Sinn und Form« veröffentlicht wird. Der Augsburger Dramatiker lehnt darin den Realismusbegriff, wie ihn Lukács definiert, als »zu eng« ab. »Literarische Werke können nicht wie Fabriken übernommen werden, literarische Ausdrucksformen nicht wie Fabrikationsrezepte. ... Wir würden, die Schreibweise dieser Realisten (Balzac und Tolstoi – WS) kopierend, nicht mehr Realisten sein.«[752]

Brecht ärgert sich auch heftig über die »Moskauer Clique«, zu der er Erpenbeck zählt, die Julius Hays Schauspiel »Haben« über »den grünen Klee lobt«. Er spottet: »Das ist echter sozialistischer Realismus. Neu, weil alt.«[753] Aber auch Freund Feuchtwanger hat im Juli 1937 im »Wort« Hays Schauspiel mit höchstem Lob bedacht und dabei noch ausgerechnet Brecht erwähnt: *Seitdem ich das erste Manuskript von Brecht gelesen habe, hat kein Stück eines zeitgenössischen Deutschen solchen Eindruck auf mich gemacht.*[754] Ein Jahr später notiert Brecht immerhin im »Journal«: »Feuchtwanger bestätigt, daß für Hay der Marxismus ›nicht nur Gedanke geblieben ist, sondern vielmehr sein ganzes Wesen, sein Gefühl bis tief in die Schächte des nicht mehr Bewußten erfüllt‹. Wobei die Hauptsache natürlich ist, daß er eben kein Gedanke geblieben oder, besser gesagt, geworden ist. Das Stück ist ›von innen her durchtränkt mit Marxismus‹. Also gefärbt ...«[755]

Im Dezember 1938 teilt ihm Maria Osten mit, dass Kolzow verhaftet worden ist, was Brecht »sehr erschreckt« hat. In seiner Antwort beschwert er sich erneut über den Moskauer Redaktionsverwalter: »Ihre Balladen sind mir vom ›Wort‹ niemals zugeschickt worden. Ich habe sie jetzt bei Erpenbeck reklamiert und mich darüber beschwert. Und dabei werden die Hefte immer inhaltsloser und formloser. Es ist eine Schande, was aus dem schönen Gedanken gemacht wurde.«[756] Schon bei seinen beiden Treffen mit Feuchtwanger in diesen Jahren in London (April 1936) und Sanary (Oktober 1937) ist der Ärger über Erpenbeck und die Entwicklung des Heftes ein zentrales Thema. Brecht kritisierte im Sommer 1938 in einem Brief an den Mitherausgeber Bredel, dass »eine kleine Clique, anscheinend geführt von Lukács und Hay«, die Zeitschrift immer mehr in eine Front gegen alles dränge, was sich ihrem »den bürgerlichen Romanciers des vorigen Jahrhunderts abgezogenen Formideal nicht anpasst«[757]. Er fühlte sich auch als Autor ausgegrenzt.

Nicht weniger verbittert reagieren die westlichen Herausgeber auf das Ende. Mit der Verhaftung Kolzows und den politischen Veränderungen des Jahres 1939 verliert Moskau das Interesse an der Literaturzeitschrift. Bereits seit Juli 1938 erscheint sie in der Verlagsgenossenschaft ausländischer Arbeiter, der mächtige Jourgaz-Verlag war aufgelöst worden. Am 31. März 1939 wird den Lesern mitgeteilt, dass das »Wort« mit der »Internationalen Literatur« verschmolzen wird. Am 25. Juli beschwert sich Brecht bei Erpenbeck über die »grobe und verstimmende Art, wie den Herausgebern die Liquidierung der Zeitschrift ›mitgeteilt‹ wurde (Feuchtwanger schrieb mir einen schwer verstimmten Brief darüber)«.[758] Da Parteiinstanzen in Moskau über die inhaltliche Ausrichtung entschieden haben, bleibt es bis zur Einstellung der Zeitschrift zwischen den westlichen Herausgebern und der Moskauer Redaktion ein schwieriges Miteinander. Feuchtwanger hat darunter wohl etwas weniger gelitten als der in Dänemark zürnende Brecht.

Anfang Februar 1937 verlässt Feuchtwanger die Sowjetunion wieder. In der Tschechoslowakei, wo er seine Reise unterbricht, um einen Vortrag zu halten, wird ihm signalisiert, der Druck der Henleinfaschisten sei inzwischen so stark geworden, dass ein öffentliches Auftreten des berühmten Hitlergegners in Prag nicht mehr gewagt werden könne. Der Vortrag wird abgesagt. An Brecht schreibt er am 27. März 1937: *Ich hatte den Pragern seit Jahren einen Vortrag versprochen. Als ich dann hinkam, wurde mein Vortrag verboten und ich selber von den Zeitungen wüst angepöbelt und von Regierungsleuten und Publikum sehr gefeiert.*[759] Er ärgert sich, ist schwer erkältet und kehrt nach Sanary zurück. Im März-Brief zieht er Brecht gegenüber eine etwas zwiespältige Reisebilanz: *Es war eine wüste Zeit, anstrengender als meine Militärzeit und meine Amerikareise, aber es war der Mühe wert. Übrigens haben mir die hundert Zeilen, die ich über Moskau schrieb – achtzig über Gide und zwanzig über den Prozeß –, mehr Angriffe eingebracht als »Erfolg« oder die »Oppermanns.«*[760]

Der Reisebericht *Moskau 1937* ist zweifellos nicht nur das umstrittenste, sondern auch das schwächste Buch, das Feuchtwanger veröffentlicht hat. Nicht nur wegen seiner prosowjetischen Einstellung, mit der er in diesen Jahren nicht allein steht und die angesichts des millionenfachen Zuspruchs, den der Faschismus in Europa erfährt, nicht verwundern kann. Schlecht, unliterarisch, ein intellektueller Verzicht ist dieser Bericht, weil er sich bis in die Sprache hinein der offiziellen Darstellung des »realen Sozialismus« anpasst, weil Feuchtwanger Thesen, Statistiken und Verschleierungen der Sowjetpropaganda zumindest öffentlich übernimmt. Feuchtwanger hat eine Propagandabroschüre veröffentlicht. Da, wo er Kritik, Skepsis anmeldet – und das geschieht an mehreren Stellen des Buches –, relativiert er dies wieder, verweist – wie es die Funktionärsschicht in den am Ende des 20. Jahrhunderts untergegangenen sozialistischen Staaten stets zu tun pflegte – auf die herrliche Zukunft. Immer wieder stößt der Leser in *Moskau 1937* auf Passagen wie diese: *So genau die Moskauer wissen: der Zug nach Leningrad geht um soundso viel Uhr, so genau wissen sie: in zwei Jahren werden wir Kleider haben, welche und soviel wir wollen, und in zehn Jahren Wohnungen, welche und soviel wir wollen.*[761] Der scharfe, hellsichtige Analytiker des Landes Bayern in den 1920er Jahren wird in Moskau zum naiven, schwärmerischen Betrachter: *Wer Augen hat zu sehen, wer Ohren hat für den echten oder unechten Klang menschlicher Rede, der spürt auf Schritt und Tritt, daß es nicht leere Phrasen sind, wenn überall im Land die Leute erzählen, »von ihrem glücklichen Leben«.*[762] Mit nicht geringerer Qual liest man seine Darstellung der sowjetischen Jugend: *Wie beglückend ist es nach solchen Erfahrungen, jenen jungen Menschen zu begegnen, welche die ersten Früchte der Sowjeterziehung pflücken durften, jungen Intellektuellen bäuerlichen und proletarischen Ursprungs. Wie fest, zuversichtlich, ruhevoll stehen sie im Leben, wie fühlen sie sich als organische Glieder eines sinnvollen Ganzen.*[763] Verklärter liest es sich auch nicht in den Propagandabroschüren des Sowjetapparates.

Trotz solch schlichter Passagen kann nicht übersehen werden, dass die kritische Feuchtwanger-Rezeption die 110-seitige Broschüre häufig in einer Weise diskutiert hat, als biete sie innerhalb seines vieltausendseitigen Werkes den zentralen Schlüssel zum Verständnis des politischen Denkens dieses Dichters. Nahezu in allen Betrachtungen, Polemiken und Darstellungen wird das Büchlein sehr pauschal – und natürlich nicht zu Unrecht – abgelehnt und Feuchtwangers Anmerkungen über Stalin, die »Schauprozesse« oder seine ohne wirklichen Beleg bleibenden Schwärmereien über den »Aufbau« der Sowjetunion breit zitiert. Seine kritischen Reflexionen oder seine »hintergründige« Wortwahl finden kaum Beachtung, werden als »taktisch« oder »bedingungslos loyal vorgetragene Beanstandungen« abgetan.

Es darf aber nicht unterschlagen werden, was Feuchtwanger im Vorwort ausdrücklich betont: Es ist *nicht meine Absicht …, ein genaues, objektives Bild zu geben; nach einem Aufenthalt von zehn Wochen wäre ein solches Unterfangen absurd. Ich will vielmehr lediglich meine persönlichen Eindrücke aufzeichnen für meine Freunde …*[764] Im Folgenden weist er dann auf seine *Befürchtungen und Erwartungen* vor Beginn der Reise hin, aber auch auf seine auf *Urteil und Vernunft* beruhenden Sympathien. *Es war indes diese meine Sympathie von Anfang an gemischt mit Zweifeln. Praktischer Sozialismus konnte nur errichtet werden mittels der Diktatur einer Klasse, und die Sowjet-Union war denn auch ein Diktaturstaat.*[765] Auch wenn Feuchtwanger dieses Buch sicher nicht geschrieben hat, um unverbindlich seine »persönlichen Eindrücke« zum Besten zu geben, so sollte nicht überlesen werden, dass er am Anfang des Berichts sehr klar und deutlich verneint, ein »objektives Bild« über die Lage und das Leben im Stalinstaat vermitteln zu wollen.

In den einzelnen Kapiteln stehen zwischen falschen Pauschalierungen und unkonkreten Beschreibungen der schönen, heilen Welt des Stalinsozialismus auch recht eindeutige, zumindest für den wissenden Leser inner- und außerhalb der Sowjetunion kritische Sätze. *Der Mangel auch anderer Dinge des täglichen Gebrauchs fällt auf, wenn man aus dem Westen kommt. An Papier jeder Art zum Beispiel ist die Auswahl gering, und man bekommt es in den Geschäften nur in kleinen Quantitäten; auch an medizinischen und kosmetischen Artikeln fehlt es. Geht man durch die Läden, dann fällt einem manches Geschmacklose auf.*[766] Oder: *Zwar funktionieren die öffentlichen Verkehrsmittel gut, und der naive Stolz der Lokalpatrioten auf ihre Untergrundbahn ist berechtigt; sie ist wirklich die schönste und bequemste der Welt. Aber die Straßenbahnen sind noch häufig überfüllt, und ein Taxi zu bekommen ist eine schwierige Aufgabe.*[767] Oder: *Auch der Bürokratismus trägt das Seine dazu bei, den Moskauern das Leben sauer zu machen. Für die Mietung von Wohnungen, für Reisen, für die Beschaffung von Betriebsstoffen fürs Auto, für das Betreten vieler öffentlicher Gebäude, für viele sonstige Angelegenheiten braucht man Ausweise und Bescheinigungen; »Propusk«, Erlaubnisschein, ist eines der ersten russischen Worte, das der Ausländer erlernen muß.*[768] Oder: *Am drückendsten aber ist die Wohnungsnot.*[769] Oder: *Allmählich aber ist in der Bevölkerung eine richtige Schädlingspsychose entstanden. Man hat sich angewöhnt, alles, was schiefgeht, mit Sabotage zu erklären, während sicherlich ein großer Teil der Mängel schlicht und einfach auf Unfähigkeit zurückzuführen ist.*[770]

Diese Hinweise sollen nichts beschönigen, zumal Feuchtwanger seine Kritik schon in den nächsten Sätzen häufig relativiert und in Vergangenheitsform setzt. Aber wer nur ein wenig Gespür für die in dieser Zeit tobenden Ideologiekämpfe besitzt, nicht ganz vernachlässigt, wie viel zwischen den Zeilen zu lesen war, auch – wie vielfach gerade seine Rezensenten in den anderen Werken nachzuweisen bemüht sind – beim »listigen« Feuchtwanger, sollte dies zumindest nicht lediglich mit einer Fußnote oder einer spöttischen Anmerkung abtun. Wenn *Moskau 1937* in der Sowjetunion und später in der DDR keine weiteren Auflagen erlebte, bis 1993 niemals nachgedruckt wurde, dann mag das vielerlei Gründe gehabt haben, aber so ganz »geschmeckt« hat dieser *Reisebericht für meine Freunde* den kommunistischen Funktionären von einst wohl doch nicht.

Und über Stalin trifft der Leser auf einen Satz wie diesen*: Vor allem aber hat Stalin Humor, einen umständlichen, verschlagenen, behaglichen, manchmal grausamen Bauernhumor.*[771] Robert Conquest, der Feuchtwangers Bericht als »überschäumende Dummheit« bezeichnet, urteilt in seiner 1991 erschienenen, äußerst kritischen Stalin-Biographie über diese Beschreibung des Reisenden von 1937: »Obwohl diese Schilderung deutlich die Bewunderung ihres Autors für Stalin durchklingen läßt, ist sie zweifellos zutreffend.«[772] Stalin hatte zwei Gesichter, und viele Berichte und Artikel aus der Zeit zeigen, dass es der Diktator ganz offensichtlich verstand, seine Besucher zu beeindrucken und eine aus heutiger Sicht kaum vorstellbare Wirkung hervorzurufen. So schrieb der Schriftsteller H. G. Wells, der Stalin 1934 besuchte: »Nie bin ich einem ehrlicheren, offeneren und ehrenhafteren Mann begegnet … Bevor ich ihn erlebt habe, hatte ich angenommen, er habe diese Position erlangt, weil die Menschen ihn fürchteten, doch ich habe begriffen, daß er sie dem Sachverhalt verdankt, daß niemand ihn fürchtet und alle ihm vertrauen.«[773] Ein anderer Kreml-Besucher, Emil Ludwig, notiert 1931: »Wenn er spricht, läßt Stalin die Silben fallen wie schwere Hammerschläge. Seine Antworten sind kurz und klar, nicht die eines Mannes, der die Dinge vor einem großen Publikum übermäßig vereinfacht, sondern die eines logischen Denkers, dessen Gehirn langsam und ohne die geringste Gemütsregung arbeitet.«[774] Lion Feuchtwanger stand also nicht allein mit seinem Urteil, war nicht der Einzige, dem Stalin etwas vorgaukelte.

Bemerkenswert ist, dass Feuchtwanger in der Gegenüberstellung des Paares Stalin – Trotzki zwar Helden- und Schurkenrolle deutlich herausstellt, aber seltsamerweise für die Beschreibung des Geächteten vielfach Formulierungen wählt, die mehr von einer heimlichen Bewunderung zu zeugen scheinen als vom angestrebten und dem Leser auch suggerierten Verdammungsurteil. So nennt er Trotzki einen *ausgezeichneten Schriftsteller,* einen *tragischen Menschen,* einen *guten Redner, vielleicht der beste unter den Lebenden, er fasziniert.*[775] Und wenn Feuchtwanger auch Trotzki entgegenhält, er sei widerlegt, Stalin und nicht er habe recht behalten, so findet er in seiner Begründung Formulierungen, die aufhorchen lassen: *Er hielt hinreißende Reden, schrieb blendende Artikel, Broschüren, Bücher, legte dar, daß die Wirklichkeit Stalins nur Schein sei, da sie sich seinen Theorien nicht fügte. Trotzki störte. Der Parteitag erklärte sich gegen ihn, und schließlich schickte man ihn in die Verbannung, wies ihn aus dem Land.*[776] Die Attribute, mit denen Feuchtwanger den verfemten Trotzki belegt, finden sich auch bei vielen seiner aufklärerischen Romanhelden, Stalin dagegen wird in einer recht flachen, propagandistischen Sprache charakterisiert.

In den Kapiteln, in denen Feuchtwanger die Situation der Schriftsteller und Intellektuellen in Moskau berührt, ist er am distanziertesten. *Liest und hört man überaus häufig Einwände gegen einzelnes, so ist Kritik an der Generallinie der Partei allerdings nirgends zu hören. Hierin ist man »konform«, das stimmt. Da gibt es keine Abweichung, oder wenn es sie gibt, wagt sie sich nicht zu äußern.*[777] An anderer Stelle schreibt er: *An sich ist ... der einmütige Optimismus der Sowjetleute nicht weiter verwunderlich. Freilich drückt er sich in einem Vokabular aus, das durch seine Gleichförmigkeit rasch banal wirkt. ... Ernstlich beeinträchtigt werden durch diesen standardisierten Optimismus die Literatur und das Theater; Faktoren also, die am meisten mit dazu beitragen könnten, persönlichkeitsbildend zu wirken.*[778] Einige Seiten später: *Angesichts dieser Toleranz befremdet umsomehr die Politik der Planwirtschaft, die man den zeitgenössischen Sowjetautoren gegenüber befolgt. Zwar unterdrückt man nicht geradezu jene Schriftsteller, die von der »Generallinie« abweichen, aber man bevorzugt sichtlich jene, die das Leitmotiv des heroischen Optimismus in allen ihren Werken so oft und so unverkennbar wie möglich anschlagen.*[779]

Auch diese Anmerkungen sind umrankt mit »positivem Optimismus« des Lion Feuchtwanger über die Lage der Kultur. Er schwärmt von den riesigen Auflagen, dem verständigen Lesepublikum, der Qualität der Bühnen und des Films, und doch endet dieses Kapitel mit der Anmerkung: *Nicht hinlänglich aber erklärt sie* (gemeint ist die Feuchtwanger immer wieder auf seine Fragen vorgehaltene Kriegsbedrohung durch Hitler – WS) *meiner Meinung nach die Gängelei und Bevormundung der Künstler durch den Staat. Mag der Staat dem Künstler Aufgaben stellen. Aber ich halte es nicht für nützlich, wenn er den Künstler durch mehr oder minder sanften Druck zur Übernahme dieser Aufgaben und zur Einhaltung der Generallinie zwingt. Ich bin überzeugt, daß der Künstler am besten diejenige Aufgabe löst, die er sich selber stellt.*[780]

Die in seinem Bericht angesprochene »Lösung« der Judenfrage in der Sowjetunion ist ebenfalls von Verdrängungen und Illusionen getragen. *Begünstigt somit die Wirtschaftsentwicklung die Assimilierung der Sowjetjuden,* schreibt er, *so hat andernteils die Union die These von »der schädlichen Illusion eines jüdischen Volkstums« jetzt endgültig liquidiert und ihren Juden die Möglichkeit gegeben, ihre Nationalität zu bewahren. ... Die Errichtung des nationalen jüdischen Staates Birobidschan stieß zunächst auf berghohe Schwierigkeiten, und das Projekt wurde von den Gegnern der Union, und nicht nur von ihnen, als ein ebenso freches und aussichtsloses Unternehmen angesehen wie der Aufbau der sozialistischen Wirtschaft in Einem Land. ... Nun, heute steht im Gebiete von Birobidschan eine richtige Stadt, mit Schulen, Krankenhäusern, Regierungsgebäuden, einem Theater, und man kann von Moskau im direkten Wagen des Expreß hinfahren. ... Ich habe aus Birobidschan viele Briefe erhalten, und ich habe ziemlich viele Leute gesprochen, die unmittelbar von dort kamen. Das Leben dort, das leugnet niemand, ist noch hart. Aber es leugnet auch niemand mehr, daß das Schwierigste getan und daß aus der angeblichen Utopie Wirklichkeit geworden ist. Die jüdische sozialistische Republik Birobidschan existiert.*[781]

Von einem armseligen Flecken Erde erzählt er hier, einem propagandistischen Coup Stalins, der verdecken sollte, dass der Antisemitismus in der Sowjetunion immer präsent gewesen ist. Wie in den Jahrhunderten der Zaren werden im revolutionären Russland Juden diskriminiert und verfolgt. Die jüdischen Schriftsteller Ossip Mandelstam und Isaak Babel, die Feuchtwanger kannte und schätzte, werden – wie schon berichtet – wenige Jahre nach seinem Moskau-Besuch Opfer der stalinistischen »Säuberungswellen« wie so viele andere Juden aus allen gesellschaftlichen Bereichen. Stalin ist – viele Äußerungen und Fakten weisen darauf hin – bis in seine letzten Lebensmonate hinein ein Judenhasser. Noch kurz vor seinem Tod ordnet der Diktator die »Aufdeckung« einer »Ärzteverschwörung« an, die zu Verhaftungen und Hinrichtungen führt. Unter den völlig grundlos verfolgten Medizinern sind auffällig viele Juden.

Der Hinweis, Feuchtwanger habe trotz seiner Verharmlosung manchen vom Stalinismus Verfolgten zu helfen versucht, ist richtig, aber auch hier gibt es Schatten. Von seinem Schweigen in den Fällen Kolzow und Maria Osten wurde bereits gesprochen. Als Zenzl Mühsam, Witwe des von den Nazis ermordeten Anarchisten und Schriftstellers Erich Mühsam, die Feuchtwanger aus Münchner Tagen kennt und schätzt, Repressalien erleiden muss und sich während seines Moskau-Aufenthaltes nach monatelanger Gefängnishaft um Hilfe an ihn wendet, reagiert er ablehnend und ärgerlich. Er wolle sich nicht in ihre »trotzkistische Affäre« verwickeln lassen, erklärte er laut seiner Dolmetscherin.[782] Die Schauspielerin und Brecht-Freundin Carola Neher, die früher häufig in den Stücken der beiden Autoren aufgetreten war, verschwindet im sowjetischen Straflager (dort stirbt sie 1942). Ende November 1937 schreibt Brecht aus Svendborg nach Sanary: »Was können wir wirklich machen für die arme C(arola) N(eher)? Ich weiß nicht, ob K(olzow), wenn er zurückkehrt, aus dem Ausland kommend und mit vielem beschäftigt, etwas machen kann? Vielleicht sollten Sie doch ein Telegramm erwägen?«[783] Nach allem, was wir wissen, hat Feuchtwanger sich nicht für sie eingesetzt. Auch nicht für Karl Radek, dessen »Geständnisse« er im

Gerichtssaal staunend und zweifelnd hörte. Die häufig zitierte Rettung des ehemaligen Berliner Schauspielers Alexander Granach durch Feuchtwanger war mehr einem Zufall zu verdanken. Da sich Feuchtwanger in Moskau nicht von Granach verabschieden kann, schreibt er ihm nach seiner Rückkehr aus Sanary. Diesen Brief – so die Legende – finden Granachs Kerkermeister in seiner Tasche, und der Name Lion Feuchtwanger lässt es ihnen geraten erscheinen, dem Häftling die Freiheit zu schenken. Julius Hay begegnet Granach kurze Zeit später, und der erzählt ihm: »Dein Feuchtwanger hat mich gerettet. Ein Brief, den er an mich geschrieben hat … aus Frankreich … Weil wir uns nicht verabschieden konnten …«[784] Anderen hilft er aktiv. So berichtet Sonja Friedmann-Wolf, Feuchtwanger habe einen Brief an Stalins obersten Ankläger Wyschinski geschrieben, um sich für ihren völlig grundlos verhafteten (und zu diesem Zeitpunkt schon erschossenen) Vater einzusetzen. Welchen Stellenwert solche Interventionen häufig hatten, können Sonja Friedmann-Wolf und ihre Mutter bei einem Besuch im Büro des Generalstaatsanwaltes auf sehr drastische Art erleben. »›Interessant‹, stellte Wyschinski … fest, ›hochinteressant. Das Schreiben stammt tatsächlich von Lion Feuchtwanger‹, und mit sadistischer Bedächtigkeit zerriss er den Brief samt Umschlag vor unseren Augen.«[785] An Feuchtwanger schrieb Wyschinski – so steht es am 20. Mai 1939 im Tagebuch des Schriftstellers –, *daß er sich auf meine Verwendung hin die Angelegenheit eines verurteilten Arztes persönlich in die Hand nehmen will.* Schon André Gide soll nach seiner Reise durch die Sowjetunion enttäuscht erklärt haben: »Ich gedachte in Moskau viel zu tun, für viele Opfer. … Ich habe sofort gesehen, daß absolut nichts zu machen war.«[786]

Ich lege also Zeugnis ab, lautet der letzte Satz des Vorwortes,[787] und im Schlussabsatz des Berichts bekennt Feuchtwanger: *Es tut wohl, nach all der Halbheit des Westens ein solches Werk zu sehen, zu dem man von Herzen ja, ja, ja sagen kann. Und weil es mir unanständig schien, dieses Ja im Busen zu bewahren, darum schrieb ich dieses Buch.*[788] Es war wohl umgekehrt: Es wäre anständig gewesen, sein

»Ja«, das auf Halb- und Nichtwissen, ideologischer Voreingenommenheit und eitler Geschwätzigkeit, auf flachen Reflexionen und keineswegs, wie der Titel *Reisebericht* suggerieren will, auf Tatsachendarstellungen über das Gesehene beruht, im Busen zu bewahren. Feuchtwanger ist in Moskau kein Spaziergänger gewesen, der auf eigene Faust durch die Straßen der sowjetischen Hauptstadt flaniert, Kontakt mit einfachen, nicht für den Besucher abgeordneten Passanten sucht, Warenhäuser und Geschäfte betritt oder mit der ein Jahr vorher eröffneten Metro fährt. Er bleibt immer der offizielle Gast, der berühmte bürgerliche »Sympathisant«, und er unternimmt jenseits der internen Gespräche keinen Versuch, sich aus dieser Abschirmung zu befreien. Anders als Feuchtwanger gehen seine Kollegen H. G. Wells oder André Gide während ihres Moskau-Aufenthaltes auch eigene Wege, was ihren Blick für die gesellschaftliche Wirklichkeit im sozialistischen »Paradies« schärft. So bleibt Feuchtwangers *Reisebericht* graue Theorie und kann allenfalls als politisches Zeitdokument interessieren.

Die Notizen im Tagebuch nach seiner Rückkehr zeigen immerhin, wie unsicher er im Gegensatz zu den so unerschütterlichen Bekenntnissen, die er gerade niederschreibt, in Wirklichkeit ist. *Am russischen Buch,* schreibt er etwa am 9. März 1937, *etwas Lektüre über russische Gegenstände. Sehe, wie wenig informiert ich bin.* Am 11. April 1937 heißt es: *Russisches Buch endgültig vollendet,* aber ein Besuch des Moskauer Freundes Kolzow in Sanary führt zu neuerlichen Korrekturen. *Kolzow da... Angeregt mit ihm geschwätzt. Findet im russischen Buch die Partien über Trotzki gefährlich.* (23. Mai 1937) *Er schlägt Änderungen im russischen Buch vor, die schwierig, aber nicht unmöglich sind.* (24. Mai 1937) *Den Trotzki-Teil überarbeitet. Mit nicht ganz gutem Gewissen.* (26. Mai 1937)

Diese Korrekturen zeigen, wie stark der Einfluss Kolzows auf Feuchtwanger bei dieser Arbeit gewesen ist. So liest man im ersten Entwurf immerhin solche bemerkenswerten Sätze wie diese: *Dieser Mann Trotzki ist heute in der Sowjet-Union verfemt, und man möchte dort am liebsten die Seiten, die er beschrieben hat, aus der Geschichte streichen. Aber das ist unmöglich, und der Fall*

Trotzki wird auch für die Gemüter der Sowjetbürger erst dann erledigt sein, wenn man wieder die Gerechtigkeit aufbringen wird, Trotzki historisch zu betrachten.[789] Wer Gedanken wie diese in der Sowjetunion äußert, unterschreibt damit in diesen Jahren sein eigenes Todesurteil. Feuchtwanger lässt sich überreden, solche politisch-historischen Wahrheiten aus dem Manuskript zu streichen.

Unmittelbar nach seiner Rückkehr hatte er am 24. Februar 1937 dem Freund Arnold Zweig zwar recht zufrieden, aber doch abgespannt nach Palästina geschrieben: *Jetzt, wo ich glücklich wieder zu Hause bin, darf ich, abschließend, sagen, ich bin sehr glücklich, daß ich in Rußland war, und heilfroh, daß ich wieder zu Hause bin. Das Land dort ist so anstrengend und erfordert besonders von dem Gast, den man auf Schritt und Tritt um seine Meinung befragt und dessen Meinung man in alle Winde hinausposaunt, soviel Anspannung, daß von Genuß irgendwelcher Art nicht die Rede sein kann. Ich beginne erst jetzt langsam meine Eindrücke zu ordnen, d. h., eigentlich beginne ich noch nicht, aber immerhin weiß ich so viel, daß ich zu dem Ganzen, das ich dort gesehen habe, höchst entschieden ja sage und daß mir die Einwände, mögen sie allgemeiner oder besonderer Natur sein, mäklerisch und bis zum Läppischen kleinlich erscheinen.*[790]

Im Juli 1937, Zweig hat den Bericht inzwischen gelesen, auch Leopold Schwarzschilds kritische Entgegnung im »Neuen Tage-Buch«, antwortet er: »Bin sachlich leider, Feuchtwanger, in Trotzki-Sachen mit ihm [Schwarzschild] einig; kenne noch viel mehr historisches Material. Habe ›Moskau 37‹ kopfschüttelnd beblättert …«[791] Vier Wochen später: »Leider, Feuchtwanger, geht uns Ihr ›Moskau‹-Buch sauer ein. Wir werden in aller Ausführlichkeit darüber reden können, gewiß nicht ohne Lachen, aber es sind Prinzipien und Wahrheiten im Spiele, in denen wir früher übereinstimmten und die Sie jetzt (einschließlich ›Erfolg‹) für überholt halten. Ich aber nicht. Zum Glück ist das Leben länger als ein Buch und Rußland nicht Stalin.«[792]

Am entschiedensten und klarsten aber tritt dem leichtfertigen Moskau-Propagandisten der schon erwähnte Leopold Schwarzschild entgegen. Im Artikel »Feuchtwangers Botschaft« – erschienen in zwei Folgen – widerlegt er dessen Schwärmereien nüchtern und unter Heranziehung von Fakten. Schwarzschild, ein Kritiker der Volksfrontpolitik, polemisiert nicht, sondern argumentiert. Dies macht seine Antwort so eindringlich, und Feuchtwangers Zorn über die Veröffentlichung zeigt, dass sie ihn getroffen hat. »Auf keiner Seite von ›Moskau 1937‹«, so resümiert Schwarzschild, »taucht irgendwelche … Kenntnis auf. Eine sublime Ahnungslosigkeit schöpft einige Pseudo-Informationen aus Quellen, deren Benutzung von vornherein unstatthaft ist.«[793] Viele im Kreis der Exilanten empfinden so. Hermann Kesten nennt den Bericht eine »reine Stalin-Ode«,[794] und Klaus Mann schreibt nach der Lektüre im Tagebuch: »*Feuchtwangers* ›Moskau, 1937‹. Nicht sympathisch. Agaçant (äußerst ärgerlich – WS) mit seinem ›Ja, ja, ja‹.«[795] Auch der Vater ist verwundert. Am 10. Juni 1937 notiert Thomas Mann: »Feuchtwangers Buch ›Moskau 1937‹. Ist doch merkwürdig zu lesen.«[796] Ähnliche Formulierungen finden sich in vielen Tagebüchern, Briefen oder Artikeln seiner bürgerlichen und liberalen Weggefährten. Viele Freunde hat sich der Moskau-Rückkehrer mit seinem Bericht nicht gemacht. In der aufgeheizten politischen Stimmung dieser Monate erreichen Feuchtwanger allerdings auch zustimmende Äußerungen. Im August 1937 schreibt Bertolt Brecht: »… Ihr ›De Russia‹ finde ich das Beste, was von seiten der europäischen Literatur bisher in dieser Sache erschienen ist. Es ist ein so entscheidender Schritt, die Vernunft als etwas so Praktisches, Menschliches zu sehen, etwas, was eine eigene Sittlichkeit und Unsittlichkeit hat … Ich bin sehr froh, daß Sie das geschrieben haben.«[797] Ähnlich Heinrich Mann am 15. Juli 1937: »Auch beim Lesen von ›Moskau 1937‹ bin ich voll der Bewunderung für Ihre gerechte Verständigkeit, die überaus wirksam ist.«[798] Aber solche zustimmenden Botschaften bleiben Ausnahmen.

Im Februar 1937 erscheint in der Zeitschrift »Das Wort« ein Artikel Feuchtwangers, der seine Haltung in diesen Monaten beleuchtet. Der bedeutende französische Dichter André Gide hatte im November 1936 seine Eindrücke von einem Besuch in Moskau unter dem Titel »Retour de l'U. R. S.S.« veröffentlicht. Gide beschreibt darin den Alltag in der Sowjetunion sehr kritisch, ohne allerdings seine Grundsympathie vollends aufzugeben.

Noch auf dem Pariser Kongress von 1935 hat Gide als Marxist ganz die Moskauer Linie vertreten und erklärt: »Nichts ist unwahrer als die Behauptung, daß die Sowjetunion uniformiere.«[799] Und bei der Totenfeier für Gorki sagt er ein Jahr später: »Das Schicksal der Kultur ist in unserem Sinne geknüpft an das Schicksal der UdSSR selbst. Wir werden sie verteidigen.«[800] Aber Gide bleibt ein unbequemer »Sympathisierender«, lässt sich nicht gedankenlos von Moskau vereinnahmen. »Schon zu Beginn unserer Beziehungen hatte ich meine neuen kommunistischen Freunde darauf aufmerksam gemacht«, schreibt er, »daß ich nie ein geruhsamer Zuwachs sein würde, niemals ein friedfertiger Kumpan ... Die *Wahrheit* ist es, der ich mich verpflichte; wenn die Partei sie verläßt, verlasse ich zugleich die Partei.«[801] Und in seiner Antwort auf die vielfache und lautstarke Kritik an seinem Moskau-Buch bezieht er eindeutig Position: »Ich weiß recht wohl (habt ihr es mir nicht zu Genüge gesagt?), daß ›vom marxistischen Standpunkt aus‹, Wahrheit nicht existiert; wenigstens nicht im absoluten, sondern nur in einem relativen Sinn. Aber gerade um eine relative – und von euch verfälschte – Wahrheit handelt es sich hier. Und ich glaube, daß, wer in so wichtigen Fragen andere zu betrügen sucht, auch sich selbst betrügt. Denn hier sind die von euch Betrogenen ja eben die, denen ihr zu dienen behauptet: das Volk. Man dient ihm schlecht, wenn man ihm Sand in die Augen streut.«[802]

Gides Reisebericht wird leidenschaftlich und kontrovers in den verschiedenen politischen Zirkeln debattiert; in der sowjetischen Presse, die ihn während des Besuches noch gefeiert hatte, erscheinen jetzt scharfe Angriffe auf den »Renegaten«. Auch Brecht, Romain Rolland, Ernst Bloch, Barbusse, Aragon oder Heinrich Mann lassen kein gutes Haar an dem Moskau-Kritiker. Georg Lukács schreibt in einer Anspielung auf Gides Roman *Die Falschmünzer* recht perfide: »Wenige Schriftsteller haben scharfsinniger als André Gide ›Falschmünzerei‹ modern dekadenter Ideologen entlarvt. Aber dieser Scharfsinn hat ihn nicht davor bewahrt, selbst unter die Falschmünzer zu gehen.«[803] Der nicht wegschauende Gide hatte sie alle sichtbar betroffen gemacht. Ihre Reaktionen waren von entsprechender Lautstärke.

Unter der Überschrift *Der Ästhet in der Sowjetunion* antwortet Feuchtwanger auf das Buch im Februar 1937 in einem Artikel für die Zeitschrift »Das Wort«. Auch dies eine Polemik, die mit manchem Satz ins Persönliche abgleitet und die zeigt, dass der freundliche, stoische Schriftsteller Lion Feuchtwanger das Seine zum kleinlichen Grabenkrieg im Lager der Antifaschisten beiträgt. Sicher, Gides Buch ist keineswegs eine tiefschürfende Analyse, letztlich ein sehr persönlicher Protest, aber viele kritische Details über den sowjetischen Alltag treffen zu, und seine unabhängige Haltung, die er trotz des wachsenden Drucks auf ihn nicht aufgibt, verdient Respekt. Feuchtwangers Entgegnung dagegen ist im Grunde niveaulos und ohne Substanz. Neben den bekannten illusionären Lobeshymnen auf die Sowjetunion enthält sie immer wieder verächtliche Anmerkungen über den Franzosen: *André Gide reiste als Pariser, geschmäcklerisch, mäklerisch, überaus egozentrisch, Paris als den selbstverständlichen Mittelpunkt der Welt betrachtend. … Gide hat es vorgezogen, sein Augenmerk in jeder Hinsicht auf den Mangel an Klosettpapier zu richten. … er kam als übersättigter Ästhet, gierig nach neuen Geschmacksreizen.*[804]

Feuchtwangers Bericht über seine Eindrücke in Moskau muss in seiner Einseitigkeit also auch im Zusammenhang mit Gides *Retour de l'U. R. S. S.* gesehen werden. Er fühlt sich von seinem französischen Kollegen herausgefordert, sieht in dessen Buch vor allem eine Schwächung der Volksfront. Es empört Feuchtwanger, dass die gemeinsame Front durch die – wie er meinte – kleinliche, aber unter den Exilanten dennoch wirksame Kritik an der Sowjetunion gefährdet wird, und das in einem Augenblick, in dem der Faschismus in Spanien erneut sein brutales Gesicht zeigt. Diese Empörung reißt ihn mit dazu hin, alle Bedenken zu unterdrücken und sein leichtfertiges Moskau-Buch zu schreiben. Zumal André Gide Sätze formuliert, die für jüdische Exilanten in der Mitte der 1930er Jahre unzumutbar waren: »Glaubt man, die Prozesse von Moskau und Nowosibirsk könnten es mich bedauern lassen, den Satz geschrieben zu haben, der euch empört: ›Ich bezweifle, daß in irgendeinem Lande der Gegenwart, und wäre es in Hitler-Deutschland, der Geist weniger frei, mehr gebeugt sei, mehr verängstigt (terrorisiert), in tiefere Abhängigkeit geraten‹?«[805]

Wie sehr Feuchtwanger sich beim Abfassen seines Gide-Artikels hat hinreißen lassen, können auch einige Notizen seiner sowjetischen Dolmetscherin belegen. Sie zeigen, dass er vieles, was er auf seiner Reise beobachtet, ähnlich empfindet wie Gide. Als er sich wieder einmal über Unzulänglichkeiten im Reisealltag ärgert, wirft er seiner Begleiterin vor, bei »›Ihnen ist soviel von der Stachanowbewegung (Kampagne zur Steigerung der Arbeitsproduktivität – WS) die Rede, aber an den Kleinigkeiten sieht man, wie schlecht alles organisiert ist.‹ Dann fügte er hinzu, dass sich ebensolche Organisationsdetails vermutlich stark auf die Stimmung von André Gide, einem empfindsamen Menschen und Künstler, ausgewirkt hätten.«[806] Zu den Angriffen auf Gide in der »Prawda«, die nach der Veröffentlichung von dessen Russland-Buch erschienen, meint Feuchtwanger im Gespräch mit Dora Karawkina, »wie ›gefährlich‹ es sei, bei uns seine Meinung zu äußern, dass man ja sehe, wie es mit André Gide gelaufen sei, dass man ihm erzählt habe, dass man bei uns Kritik nicht liebe, vor allem nicht von Ausländern«.[807]

Feuchtwangers Angriffe auf Gide erstaunen selbst den ihm so freundschaftlich zugetanen Arnold Zweig. An Marta Feuchtwanger schreibt er am 22. März 1937, »daß mir an der ganzen Geschichte nur eine einzige Sache mißfällt, nämlich der Aufsatz über den Gide, den Lion geschrieben hat, bevor er das Buch kannte. Ich verstehe alles, liebe Marta, auch daß Lion sich nicht entziehen konnte. Und sehr zartfühlend werden die Herren in Moskau ihm das Schreiben ja nicht nahegelegt haben. Aber gleichwohl: Ich kenne das Buch von Gide, und Lions Charakteristiken treffen in keinem Punkte zu.«[808] Feuchtwanger antwortet am 15. April 1937: *Man hat mir in Moskau keineswegs zugesetzt, über Gide zu schreiben. Ich fand das Buch schon in Europa reichlich geschmacklos, in Moskau fand ich es empörend schief, und wirklich aus den Wolken gefallen war ich, als man mir eine Reihe handschriftlicher Briefe Gides vorlegte, in denen ungefähr das Gegenteil von dem stand, was er in seinem Buch geschrieben hat.*[809]

Die wohl schärfste Polemik gegen den Autor des Anti-Gide-Artikels veröffentlicht Kurt Hiller in seinem Aufsatz »Der Fall Feuchtwanger«. André Gide nennt er darin den »wundervollsten, verehrungswürdigsten Europäer«.[810] Wogegen er sich mit seiner Entgegnung auf Feuchtwangers Artikel wende, schreibt Hiller, »das ist: die Niedrigkeit«.[811] Auf Feuchtwangers deplatzierte Bemerkung, Gide habe sich über *den Mangel an Klosettpapier* beschwert, antwortet Hiller nicht weniger grob: »Hier beginnt dieser Anti-Ästhet durch die Rippen zu stinken.«[812] Feuchtwanger darf sich angesichts des Tons, mit dem er gegen den hochangesehenen französischen Schriftsteller zu Felde gezogen ist, über solche Reaktionen nicht beklagen.

Wulf Köpke kommt beim Vergleich der Moskauberichte von André Gide und Lion Feuchtwanger zu dem Fazit: »Zwei Positionen: Die gidesche Position setzte eine Unabhängigkeit voraus, die der Exilant Feuchtwanger sich nicht zusprach. Er sah sich genötigt, zwischen Alternativen zu entscheiden.«[813] Viele Exilanten standen in jenen Jahren vor dieser Herausforderung. Manès Sperber, aus Galizien stammender Jude, Exilant und bis Ende der 1930er Jahre Kommunist, deutet noch Jahrzehnte später den tragischen Zwiespalt an, in dem die politisch bewussten Flüchtlinge damals lebten. Er warnt vor »einer der gefährlichsten Verlockungen: der falschen Alternative. Dennoch habe ich sie einmal gelten lassen, in der Politik. Das geschah während einiger besonders schwerer Jahre, als es fast unmöglich schien, die von beiden Seiten aufgezwungene falsche Alternative abzulehnen.«[814]

Das Elend der Zeit lässt Feuchtwanger eine unter vielen falschen Alternativen wählen. Es ist ihm bis heute nicht verziehen worden. Vielleicht hat sich Feuchtwanger in einem gewissen Sinn im »Ganzen« nicht so geirrt, wie seine Kritiker es wieder und wieder verkünden. Denn der ungeheure Blutzoll, den die sowjetischen Menschen dann im »Vaterländischen Krieg« gezahlt haben, trug entscheidend zur Befreiung Europas vom Rassen- und Machtwahn des Nationalsozialismus Hitlers bei. André Gide übrigens lebte bis zum Ende des Krieges überwiegend in Nordafrika und verstummte mit der Niederlage Frankreichs, schwieg zur französischen Kollaboration und zur Deportation der Juden in die Vernichtungslager. Im Tagebuch notiert er am 5. September 1940: »Sich mit dem Feind von gestern zu vertragen ist nicht Feigheit, sondern Klugheit; auch, das Unvermeidliche anzunehmen.«[815] Am 6. Mai 1941 heißt es: »Die Kollaboration mit Deutschland erschiene mir annehmbar, wünschenswert sogar, wenn ich sicher sein könnte, daß sie ehrlich gemeint wäre.«[816] Auch das war sicher eine falsche Alternative.

Feuchtwanger hat sich bis zu seinem Tod öffentlich nie von seinem Moskau-Buch distanziert. Der Kalte Krieg, in dem die Ideologen hüben wie drüben jede Chance nutzten, um Widerrufe im gegnerischen Lager in laute und polemische Medienangriffe zu verwandeln, haben ihn möglicherweise davon abgehalten. Wohl auch der Wunsch, dass seine Bücher in West und Ost den Weg zu seinen Lesern finden mögen. Er hat für diese kalkulierte Zurückhaltung einen beachtlichen Preis zahlen müssen. Bis zu seinem Tod wird er sich vergeblich um die amerikanische Staatsangehörigkeit bemühen. Nicht zuletzt *Moskau 1937* schob dem einen Riegel vor, ließ die FBI-Bürokraten von finsteren kommunistischen Verschwörungen in der kalifornischen Dichterklause raunen.

KAPITEL 17

… was mit mir geschehen wird, liegt gänzlich im dunkeln … Lagerhaft und Flucht aus Frankreich

In seinen in diesen Jahren entstehenden Romanen nimmt Feuchtwanger gegenüber der Sowjetunion und dem Versuch, eine kommunistisch organisierte Gesellschaft aufzubauen, eine sehr viel differenziertere Haltung ein als in dem Moskau-Buch oder in seinen publizistischen Einwürfen, die er in den verschiedenen Exilblättern veröffentlicht. Und nicht nur dort. Allein für die sowjetische Presse schreibt er rund 50 Beiträge. Auch in seinem künstlerischen Werk hat er das sowjetische Experiment keineswegs verdammt und die kommunistische Idee als erörterungswürdige Alternative zum westlichen Kapitalismus debattiert. Aber an die Stelle unreflektierter Bejahung tritt die Diskussion, werden Gegenpositionen aufgezeigt, bleibt er Schriftsteller und wird nicht zum politischen Werber. Bei der Betrachtung des dritten *Josephus*-Buches ist dies bereits deutlich geworden. Sehr viel direkter stellt Feuchtwanger die Debatten, politischen Ideen, das Leben der geflüchteten deutschen Intellektuellen in dem Roman *Exil* dar. Er entsteht zwischen Mai 1937 und dem Frühjahr 1939 und gehört zu den wichtigsten deutschsprachigen Romanen zu diesem Thema. »Zum ersten Mal zeigt Feuchtwanger eine Gemeinschaft exilierter Schicksalsgenossen, die sich in der Emigration einen neuen Standort erringen.«[817]

Bereits im September 1934 teilt er Arnold Zweig mit, dass er nach der Arbeit am zweiten *Josephus*-Band *einen modernen Roman*[818] plane. Aber bis Herbst 1936 arbeitet Feuchtwanger zunächst am Manuskript des *Falschen Nero*. Es folgt die Moskau-Reise und die Niederschrift des Reiseberichtes. Aus Russland hat er zudem den Auftrag mitgenommen, ein Theaterstück über die

Emigration zu schreiben, für das er ein 71-seitiges Exposé an das Wachtangow-Theater schickt.[819] *Offen gestanden wäre ich froh,* klagt er im Juli 1937 in einem Brief an Zweig, *wenn ich mich drücken und ernsthaft an den Emigrantenroman gehen könnte, zu dem ich sehr vorsichtige und zögernde Vorarbeiten begonnen habe.*[820] In den nächsten beiden Jahren steht die Arbeit am *Exil*-Manuskript im Zentrum. *Es wird ein sehr langer Roman, so sehr ich mich bemühe zu komprimieren. Das Buch wird länger werden als »Erfolg«, unter 1000 Seiten, fürchte ich, wird es nicht abgehen,* teilt er Zweig am 11. Februar 1938 mit.[821]

Die politischen Entwicklungen und die tiefe Sorge über das Schicksal seiner nach dem Pogrom 1938 inhaftierten Brüder Fritz und Ludwig lenken ihn immer wieder ab. Marta Feuchtwanger schreibt in ihren Erinnerungen: »Dieses Buch hat ihn sehr beschäftigt, fast möchte ich sagen: mitgenommen. Manchmal hat er unterbrochen, um Atem zu schöpfen, und ist dann mit Freunden, mit den Bruno Franks oder Eva Herrmann und Sibylle von Schönebeck, nach Cannes zum Spielen gefahren. Und während alle anderen entweder wenig oder gar nichts verloren, vielleicht sogar gewannen, hat er stets viel gewagt, sehr viel gewonnen, dann aber das Gewonnene wieder aufs Spiel gesetzt und alles und noch mehr verloren. Von diesem selbstzerstörerischen Treiben kam er immer deprimiert und krank zurück. Sein Magen vertrug die Anstrengungen und Aufregungen nicht.«[822]

Exil

Die Geschichte des bayerischen Komponisten Sepp Trautwein und seiner Familie spielt im Paris des Jahres 1935, in den Salons, Hotelzimmern, Redaktionen und Cafés, in denen sich Künstler und Journalisten, Exilanten und Nazis, Agenten und Offiziere treffen. Feuchtwanger schildert den grauen, verzweifelten, einsamen Alltag des Exils, den Kampf der Flüchtlinge gegen Bürokratie und Depression, ihre politische Zerrissenheit, ihre Illusionen, ihr Versagen und ihren Mut. Es ist ein Buch mit einer Vielzahl von Figuren, schnellen, dramatischen Szenenwechseln, mancher Verschlüsselung. Hauptperson ist neben Trautwein der Journalist Erich Wiesener. Trautwein, der Deutschland aus Ekel vor den neuen Machthabern verlassen hat, kämpft um die Befreiung des von den Nazis entführten Journalisten Friedrich Benjamin, schreibt in den »Pariser Nachrichten« leidenschaftliche Artikel, um die Öffentlichkeit auf diesen Fall aufmerksam zu machen. In dieser Auseinandersetzung tritt seine Künstlerschaft mehr und mehr zurück, sieht er seine Aufgabe im publizistischen Krieg gegen die Faschisten. »Der ›anständige‹, mutige, politisch denkende citoyen, der Mensch der ›Mitte‹, Sepp Trautwein in *Exil* leitet seine hohen moralischen Forderungen aus Kunst- und Kulturtraditionen der europäischen Geschichte ab.«[823] Seine tapfere Frau Anna vereinsamt an seiner Seite, zerbricht am Exil, nimmt sich das Leben. Sein Sohn Hanns wird Kommunist, geht schließlich zum Architekturstudium in die Sowjetunion. Trautwein erlebt zwar die Freilassung Benjamins, bleibt jedoch isoliert zurück. Aber nicht geschlagen, denn er komponiert – im Exil gereift – die »Wartesaal«-Symphonie: *Es ist ein weiter, harter Weg, den er hat machen müssen von der Rundfunkaufführung der »Perser« bis zu diesem »Wartesaal«. Mit Schmerz und Lust in* einem *spürte er die Erinnerung der Jahre des Exils, ihre Qual und ihren Triumph. Es waren böse Jahre gewesen, es waren gute Jahre gewesen, und wie er so saß, ganz still, dachte er, ihm seien sie zum Heil gewesen, ihn hätten sie nach oben gerissen. Früher hatte er's nur mit dem Verstande gewußt, daß es nicht möglich war, die scheußlich geordnete Gesellschaft auf sich beruhen zu lassen und dabei gute Musik zu machen: jetzt wußte er's mit dem Herzen.*[824]

Die Gestalt Trautweins spiegelt vielfach die inneren Kämpfe ihres Schöpfers wider. Feuchtwanger selbst ist in diesen Jahren hin und her gerissen zwischen öffentlicher politischer Aktivität und Rückzug in seine Schriftstellerwerkstatt. Geradezu verzweifelt – die Briefe zeigen dies deutlich – wehrt er sich gegen die Anforderungen der äußeren Welt, die Beiträge, Reden, Stellungnahmen und Kongressbesuche von ihm verlangt und die Arbeit am eigentlichen Werk unterbricht. Seine herausragende Position im deutschen Exil hat dazu geführt, dass jede politische Äußerung, jede Ab- oder Zusage, irgendwo zu reden, zu unterschreiben oder teilzunehmen, ein deutliches, in der Regel äußerst kontroverses Echo auslöst. Insofern ist *Exil* auch ein von vielen eigenen Erfahrungen durchdrungener Künstlerroman. Sepp Trautwein alias Lion Feuchtwanger wird durch die dramatischen Umbrüche der Zeit herausgerissen aus der beschaulichen Existenz einer Künstlerschaft, die nicht im Handeln, sondern im Beschreiben Ansporn und Ziel fand. Der Musiker Trautwein steht immer wieder vor der selbstquälerischen Wahl, am Klavier künstlerisch oder am Schreibtisch politisch zu arbeiten. Es ist Feuchtwangers Dilemma in den Volksfrontjahren, das in diesem Roman eindringlich seinen Niederschlag findet. In der Realität allerdings wird sich der Schriftsteller letztendlich für das Werk entscheiden, sich regelmäßig für Monate in die Einsamkeit des Diktierens zurückziehen, Roman auf Roman schreiben und die Forderungen der politischen Welt weitgehend zurückweisen. Im Tagebuch findet sich am 30. April 1940 die für sein eigenes Befinden so aufschlussreiche Bemerkung: *Gelesen: Elisabeth von England hatte das größte Glück, das einem Menschen zuteil werden kann: sie verteidigt in ihrer eigenen Sache die Sache aller. Bei mir ist es umgekehrt. Meine politischen Interessen und meine persönlichen widersprechen sich.* Aber der Konflikt zwischen den beiden Welten bleibt, und auch Feuchtwanger lässt in dem Roman die Forderungen des Tages offensiv diskutieren. *Was wir hier fabrizieren,* erklärt der Zeitungs-Chefredakteur Heilbrun seinem ängstlichen Verleger, das *sind keine ästhetischen Stilübungen, auch keine akademisch historischen Betrachtungen, das ist öffentliche Meinung, das ist Kampfgeist. … Ich denke, dazu sind wir aus Deutschland fortgegangen, daß wir sagen, was ist.*[825]

Erich Wiesener ist der »andere« Deutsche. Pariser Korrespondent der »Westdeutschen Zeitung«, elegant, kultiviert, geistvoll, schreibt er seine Feuilletons, erst als Republikaner, dann, als Hitler an die Macht kommt, im Sinne des neuen Reiches. Feuchtwanger schildert die Karriere eines Opportunisten, der seinen Lesern in brillanten Artikeln auch die Rassengesetze von Nürnberg erklärt. Wiesener muss jedoch all die Ängste und Schrecken des Karrieristen durchmachen, verliert mehr und mehr – Opfer des eigenen feigen Handelns – sein Gesicht, seine »herrenhafte« Haltung. Die langjährige Geliebte Lea de Chassefierre verlässt ihn, ergreift Partei für die andere Seite, und ihrer beider Sohn Raoul wendet sich von dem einst tief bewunderten Vater ab.

Der Roman enthält neben vielen typischen Feuchtwanger-Motiven zwei Schwerpunkte. Eindringlich schildert der Autor zum einen das mühselige, oft demütigende, vom Kampf um einen Pass oder die Arbeitserlaubnis, von Streit und Hader gekennzeichnete Leben der deutschen Flüchtlinge in Paris. Wobei er Distanz bewahrt, den »Wartesaal« als Betrachtender beschreibt. Er will – wie es im Nachwort heißt – seinen Lesern vom *Aufstand der Dummheit gegen die Vernunft*[826] erzählen. Wie er allerdings in zornigen Stunden und nach *kleinen Scherereien* über die Alltagswirklichkeit des Emigrantenlebens denkt, lässt ein Brief ahnen, den er am 24. November 1937 nach der Rückkehr von einem Paris-Besuch an Arnold Zweig sendet: *An die wirklichen Emigranten, die mir in Paris über den Weg liefen, darf man freilich nicht denken; sonst würde der Roman statt einer schauerlichen Tragikomödie ein erbärmlicher Flohzirkus.*[827] Er greift das Thema in seinem Roman an verschiedenen Stellen immer wieder auf und zeichnet ein sehr genaues Bild der Emigrantenszene: *Die deutsche Emigration war zerklüfteter als jede andere. Es gab unter den deutschen Exilanten zahlreiche, die um ihrer politischen Gesinnung willen hatten fliehen müssen, und es gab die große Masse derjenigen, die, nur weil sie selber oder ihre Eltern in den standesamtlichen Registern als Juden geführt wurden, sich zur Auswanderung gezwungen gesehen hatten. Es gab viele, Juden und Nichtjuden, die freiwillig gegangen waren, weil sie die Luft des Dritten Reichs einfach nicht mehr hatten atmen können, und andere, die für ihr Leben gern in Deutschland geblieben wären, hätte man sie dort nur auf irgendeine Art ihren Lebensunterhalt verdienen lassen. … Viele der deutschen Emigranten waren eingekerkert gewesen, mißhandelt, gedemütigt, schikaniert, viele hatten Freunde und Verwandte, die in Deutschland umgekommen waren, viele arbeiteten außerhalb der*

Reichsgrenzen am Sturz des verhaßten Regimes. Aber es gab auch solche, die mit der neuen Herrschaft einverstanden waren, die nie gefühlt, ja kaum gewußt hatten, daß sie Juden waren … Es gab also unter diesen Exilanten Menschen jeder Art …[828] Alle diese aus so unterschiedlichen Milieus, Bildungs- und Glaubenswelten stammenden und aus ihrer gewohnten Welt geworfenen Flüchtlinge – auch das ist ein zentrales und für unsere Zeit höchst aktuelles Thema des Romans – suchen in einem verzweifelten Überlebenskampf neue Lebensorte zu finden.

In den Diskussionen zwischen Sepp Trautwein und seinem Sohn Hanns nimmt Feuchtwanger die Volksfrontdebatte und die kontroversen Einschätzungen der Emigranten über die Rolle der Kommunisten auf, mit der er in diesen Jahren immer wieder selbst konfrontiert wird. Sepp Trautwein bleibt skeptisch, ein Liberaler, der seine bürgerlichen Freiheiten, seine Individualität nicht aufgeben kann, es nicht will. Trotzdem erkennt er am Schluss des Romans die Beweggründe an, die seinen Sohn zum Kommunisten werden lassen: *Mit deinem wichtigsten Prinzip, Hanns, hast leider du recht und ich unrecht. Es ist leider ein Schmarrn, wenn man behauptet, Geist ohne Gewalt könne sich durchsetzen. Eine gerechte Ordnung auf der Welt läßt sich ohne Gewalt nicht herstellen. Diejenigen, die Interesse haben an der ungerechten Ordnung, geben nicht klein bei, wenn man sie nicht mit Gewalt dazu zwingt.*[829] Aber eine gewisse Distanz bleibt: *Ich kann nicht sagen, daß ich mich behaglich fühlte in meiner neuen Erkenntnis. … Ich fühle mich nicht heimisch in deiner Welt, in der alles Vernunft und Mathematik ist. Ich möchte in ihr nicht leben. Mir scheint, es haben in ihr die Massen zuviel zu sagen und der einzelne zuwenig. Ich hänge an meiner altmodischen Freiheit.*[830]

Gisela Berglund zieht aus diesen Gesprächen den Schluss, dass der Roman eine »politische Botschaft« enthält: »… er ruft zur Einigung des deutschen Exils unter der Führung der KPD und der Sowjetunion auf.«[831] Feuchtwanger spürt jedoch beides in sich – die Skepsis des Älteren, der keineswegs die Führungsposition der Sowjetunion für unabänderlich hält, und die Visionen des Jüngeren. Bei aller Hochschätzung für die Sowjetunion, die auch in der Gestaltung des alten Vater Merkle zum Ausdruck kommt, der mit sicherer Überlegenheit Hanns für den Kommunismus und die Volksfront gewinnt – der Schriftsteller Lion Feuchtwanger macht es sich nicht so einfach wie der politische Publizist, der von seiner Moskau-Reise berichtet. In *Exil* ist er ein skeptischer »Sympathisant«, aber kein Parteigänger.

Der Zeitroman ist auch Schlüsselroman. Die Handlung nimmt einige Ereignisse und Personen dieser Jahre auf, verwertet sie literarisch. Die Geschehnisse in den »Pariser Nachrichten« des jüdischen Verlegers Gingold haben den erbitterten Streit zum Vorbild, der 1935 um die Exilzeitung »Pariser Tageblatt« entbrannte. Es tauchte damals der Verdacht auf, die Zeitung werde aus dem Hintergrund von den Nazis gelenkt. Auch die Entführung des Journalisten Benjamin beruht auf Tatsachen. Am 9. März 1935 kidnappen die Nationalsozialisten den Publizisten Berthold Jacob in Basel und verschleppen ihn über die Grenze. Erst nach massiven internationalen Protesten wird er freigelassen. Der im Dritten Reich opportunistisch agierende Friedrich Sieburg, damals langjähriger Pariser Korrespondent der »Frankfurter Zeitung« und in den Nachkriegsjahren einer der einflussreichsten Feuilletonisten in der Bonner Republik, hat viel zur Charakterisierung Erich Wieseners beigetragen; der alte Freund Trautweins, der Dirigent Riemann, der unter Hitler in Deutschland bleibt und beim Treffen mit dem »Wartesaal«-Komponisten von seiner »inneren Emigration« spricht, lässt Parallelen zu Wilhelm Furtwängler erkennen. Wie in *Erfolg* dienen solche Verschlüsselungen dem Autor als Anregung, viel mehr sollte nicht dahinter gesehen werden.

Exil erscheint 1940 als eine der letzten Publikationen des Querido-Verlages in Amsterdam, bevor das deutsche Heer in Holland einbricht. Die amerikanische Ausgabe kommt 1940 bei der Viking Press heraus. 1938 war bereits in der Moskauer Exilzeitschrift »Internationale Literatur« ein Vorabdruck erfolgt, und im April 1939 wird eine zweibändige russische Ausgabe veröffentlicht, *leider natürlich mit einem recht fragwürdigen Text.*[832] Der Verkauf wird im September 1939 sofort gestoppt, als Stalin und

Hitler sich einig werden, wie sie die politische Beute in Osteuropa untereinander aufteilen. Auch der sowjetische Film *Die Geschwister Oppenheim* verschwindet in dieser Zeit aus den Moskauer Kinos. Sepp Trautweins nicht restlos überwundenes Misstrauen war berechtigt.

Die erste deutsche Nachkriegsausgabe erscheint 1949 in der DDR. Der dritte Band der *Wartesaal*-Trilogie bleibt lange einer der weniger beachteten Romane über das Exil. Eine späte Rezension von Gert Ueding, am 30. April 1981 in der FAZ veröffentlicht, zeigt die gewundene Haltung der Literaturkritik zum deutschen Exilroman. »Als literarisches Kunstwerk ist er misslungen«, heißt es dort über den Roman. Und doch sei *Exil*, schreibt der Kritiker einige Zeilen weiter, »ein Meisterstück politischer, zeitgeschichtlicher Kolportage«.[833]

Lion Feuchtwanger schreibt das Nachwort zu *Exil,* als der Weltkrieg schon entfacht ist, Hitler und seine Generale ohne Kriegserklärung in Polen eingefallen sind. Er macht seinen Lesern und sich selbst Mut. *Ich selber bin im tiefsten überzeugt,* heißt es im Nachwort, *daß die ungeheure, blutige Groteske, die sich in uns und an uns allen austobt, enden muß mit dem Sieg der Vernunft über die Dummheit. Ich bin überzeugt, daß mir der Ausgang dieses Krieges die Rückkehr nach Deutschland erlauben und mir die Möglichkeit geben wird, den Roman-Zyklus »Der Wartesaal« mit einem Epilog »Rückkehr« zu beschließen.*[834]

Im Roman leuchtet an verschiedenen Stellen aber doch auch Feuchtwangers Selbstzweifel auf, ob die Gewalt mit dem Wort zu besiegen sei. Als Trautwein die journalistischen Arbeiten Friedrich Benjamins lobt, formuliert dieser *mit der zynischen Reaktion eines Mannes, der weiß, daß er ein Don Quichotte ist,*[835] die Erkenntnis: *Wenn heute ein Shakespeare käme oder ein Dante und die glühendsten Verse über die Barbarei der Nazis schriebe, wenn ein Swift oder Voltaire seinen bittersten Hohn über ihren Mangel an Urteil und Geschmack ausgösse, wenn ein Beaumarchais oder Victor Hugo die schwungvollsten Aufsätze darüber schriebe, es würde nichts ändern.*[836]

Trotz solcher depressiven Momente ist Feuchtwanger nicht erschüttert in seiner Überzeugung, dass der Faschismus nur eine »Übergangszeit« darstellt, obwohl die Jahre, in denen er an *Exil* schreibt, für die deutschen Flüchtlinge fürchterliche Enttäuschungen bringen. In seinem Tagebuch spiegeln sich in knappen Eintragungen die Dramen der europäischen Politik und die eigenen Bedrohungsgefühle wider. *Die Saar hat mit ungeheurer Majorität für Hitlerdeutschland gestimmt. Die Dummheit der Welt ist tief wie das Meer. Schwer ist der Weg und das Ziel ist weit.* (15. Januar 1935) *Die Deutschen beschießen eine offene spanische Stadt. In jeder Hinsicht unangenehme Situation, da ich ohne Papiere, auch persönlich bedroht bin.* (1. Juni 1937) *Im Radio den Anschluß Österreichs gehört. Jämmerlich.*« (13. März 1938)

Aber lange hat auch Lion Feuchtwanger gebraucht, bis er seine Illusionen verlor, Hitlers Diktatur sei nur ein rasch vorübergehender Spuk. Nach dem Röhm-Putsch notierte er am 1. Juli 1934 noch optimistisch: *Der Nationalsozialismus in Deutschland beginnt zusammenzubrechen. Das Pack schlägt sich gegenseitig tot.* Fünf Jahre später klingt dies in einem Brief vom 12. März 1939 an Eva Herrmann schon sehr viel realistischer: *es unterliegt jetzt keinem zweifel mehr, daß die geschichte mit krieg enden muß, und ebenso wenig zweifelhaft kann der ausgang sein, so hat man die gewißheit, daß, was einen selber sehr unangenehm trifft, wenigstens politisch wünschenswert ist.*[837] Und nach der Garantieerklärung der Westalliierten für das bedrohte Polen heißt es im gleichen Monat in einem Brief an die Freundin und Geliebte: *im ganzen bin ich sehr gut aufgelegt, weil ich nun doch den eindruck habe, als stünde unsere sache jetzt politisch wieder viel besser … ich glaube nicht, daß die lords nach ihren letzten erklärungen hitler wieder hilfestellung werden leisten können, ich kann dir gar nicht sagen, wie ich mich nach der polen-erklärung chamberlains gefreut habe, und es war eine herzenslabung, das ohnmächtige gebell hitlers und der übrigen deutschen pinscher am radio mitanzuhören …*[838]

Vor der explosiven Zuspitzung der politischen Situation ist er nach wie vor häufig in Paris, nimmt an den PEN-Sitzungen teil, wird mit anderen Schriftstellern vom französischen Präsidenten empfangen. Er versucht manch verzweifelten Freund aufzurichten. An Arnold Zweig schreibt er am 28. März 1938, wenige Tage nach dem Anschluss Österreichs: *Aber leid tut es mir, daß durch diese Ereignisse vorübergehend selbst Ihr Vertrauen in den Endsieg ins Wanken geraten ist. Daß Österreich verloren sei …, haben wir alle doch eigentlich immer gewusst … Daß die Dinge sich so schnell und so besonders scheußlich abwickeln, ändert nichts an der gesamten Situation.*[839] Aber natürlich spürt auch er die Bedrohung. Im selben Brief heißt es: *Ich hätte schrecklich gern den Emigrantenroman noch hier in der Ruhe meines sanarytanischen Hauses zu Ende geschrieben; aber ich fürchte, es wird nicht gehen, und ich werde, so leid mir das tut, die Arbeit unterbrechen müssen. Auf alle Fälle will ich die nächsten Wochen dazu benutzen, mein Reisepapier wieder einmal verlängern zu lassen und mir ein amerikanisches Visum zu sichern. Ich denke dann ernstlich daran, im Herbst herüberzufahren.*[840]

Dass er doch bleibt, den Roman in Sanary zu Ende schreibt, die immer dunkler werdenden Wolken über dem europäischen Himmel nicht als persönliche Gefährdung erkennen will, darüber macht er 1940 in seinem Bericht *Der Teufel in Frankreich* eine nur allzu menschliche Anmerkung: *Wenn ich heute darüber nachdenke, was mich seinerzeit, im Jahre 1938, wohl in Frankreich zurückgehalten hat, dann waren es wahrscheinlich … tiefer in meinem Wesen liegende Gründe … Was mich hielt, war die innige Behaglichkeit des Lebens dort, die Schönheit des Ortes, mein wohleingerichtetes Haus, meine geliebte Bibliothek, der vertraute, in allem Kleinsten mir und meinen Methoden angepaßte Rahmen meiner Arbeit, die hundert Einzelheiten des dortigen Daseins, die mir zu lieben, schwer mißbaren Gewohnheiten geworden waren.*[841]

In den ersten Septembertagen 1939 beginnt sich für die in Frankreich lebenden Deutschen die Lage schlagartig zu verändern. Auch wenn die Franzosen auf die Schüsse an der Danziger Westernplatte zunächst militärisch nicht reagieren und nach der Kriegserklärung wie gelähmt in Richtung Osten starren – die Mühlen der Bürokratie beginnen sofort zu mahlen, langsam, unaufhaltsam, sinnlos. Am 2. September hängt im Rathaus von

Sanary die amtliche Anordnung aus, nach der sich alle im Departement Var lebenden Männer deutscher und österreichischer Abstammung im Alter von 18 bis 50 Jahren in einem Sammellager in Toulon einzufinden haben. In den Militärbaracken der Hafenstadt treffen sich Emigranten und Nazis, aber auch Männer, die seit Jahren in Frankreich leben, mit französischen Frauen verheiratet sind, und Fremdenlegionäre, die für das Land gekämpft haben, das sie nun rücksichts- und gedankenlos einsperrt.

Am 15. September kommt Feuchtwangers Dienstmädchen Leontine blass aus dem Bürgermeisteramt von Sanary zurück in die Villa Valmer. Jetzt müssen sich auch die Männer zwischen 50 und 60 Jahren bei den Militärbehörden melden. Marta Feuchtwanger fährt den Schriftsteller nach Toulon, am 23. September werden er und seine Leidensgefährten in das Lager Les Milles eingeliefert. Die verfallene staubige Ziegelfabrik liegt rund 80 Kilometer von Marseille entfernt, ganz in der Nähe der Stadt Aix-en-Provence. Sie ist das Sammellager für alle an der französischen Riviera lebenden »deutschstämmigen« Männer. Noch vor der Fahrt in das Internierungslager schickt Feuchtwanger am 19. September eine kurze fatalistische Botschaft aus Toulon an Eva Herrmann: *Liebe Eva, es geht mir leidlich, meine ruhige Gemütsart hilft mir, immerhin habe ich vorläufig die Erlebnisse nahe genug an mich herantreten lassen. Ich fürchte aber, es hängt nicht mehr von mir alles ab, und es wird seine Weile dauern.*[842]

Marta schreibt von Sanary aus sofort an mehrere Stellen: an die französische und die englische Regierung, an den PEN-Club. Sie hat Erfolg, nach zehn Tagen wird der berühmte Mann entlassen, auf Intervention der Engländer, heißt es, die übereifrigen Franzosen entschuldigen sich. Er kehrt nach Sanary zurück. Für sieben Monate.

Auch der alte Weggefährte Heinrich Mann hat sich intensiv für die Freilassung Feuchtwangers eingesetzt. Am 24. September 1939 schreibt er an den einflussreichen Literatur- und Kunsthistoriker Louis Gillet: »Erlauben Sie mir, Ihre Intervention zugunsten mehrerer antihitlerischer Schriftsteller zu erbitten, die zur Zeit interniert sind. Es handelt sich an erster Stelle um Herrn

Lion Feuchtwanger, einen der bekanntesten Romanciers, Autor von *Jud Süß*, dessen Verfilmung um die Welt gegangen ist. In England und Amerika genießt mein Freund Feuchtwanger außerordentliche Berühmtheit. Ich würde mich wundern, falls man sich in diesen beiden Ländern für sein Schicksal nicht interessieren würde. … Doktor Feuchtwanger ist 57 Jahre alt und schwächlich. Ein längerer Aufenthalt in einem Lager könnte fatal für ihn sein.«[843]

Die letzten Wochen in Sanary werden eine sorgenbeladene Wartezeit. Feuchtwanger versucht sein altes hilfreiches Rezept anzuwenden: Er arbeitet am dritten Band seiner *Josephus*-Trilogie. Aber sein Optimismus ist erschüttert. Im November erreicht Arnold Zweig die Botschaft: *Uns hier geht es etwas auf und ab. Einen Tag sind wir geneigt, die Dinge etwas optimistischer anzuschauen, den andern Tag leidet man wieder unter den vielen kleinen Schwierigkeiten der Situation. … Was ich in den nächsten Monaten tun werde, ist noch ganz ungewiß. Ich beschäftige mich nun doch wieder viel mit dem Plan, wenigstens auf einige Zeit nach Amerika zu gehen, aber obwohl ich im Besitz eines gültigen Visums und sogar von Schiffsbilletten bin …, so gibt es da noch eine ganze Menge von technischen Schwierigkeiten, die man nicht übersehen kann.*[844] Die Franzosen – und hier liegt das Hauptproblem – verweigern die Ausreiseerlaubnis. Das hätte für das Schriftstellerehepaar ein Alarmzeichen sein müssen. Marta Feuchtwanger schreibt jedoch in ihren Erinnerungen, wie befriedigt ihr Mann in diesen Tagen auf die Bemerkung Werfels reagiert habe, man gehöre nach Europa und nicht nach Amerika. Er kann sich nicht losreißen, verdrängt die Gefahr, denkt bereits wieder an Parisreisen.

Und doch, die depressive Stimmung wächst, auch die private Ruhe ist gestört. Am letzten Tag des Jahres 1939 notiert Feuchtwanger im Tagebuch: *Kein sehr gutes Jahr. Gesundheit relativ gut. Alter zeigt sich im Nachlassen der Potenz, aber die Prostatageschichte beseitigt. Arbeit gut vorangegangen, Arbeitsfähigkeit sehr gut. Aber Martas Eigenwilligkeit und die Schwierigkeiten mit ihr mehren sich. Wirtschaftlich sehe ich nicht sehr gut aus. Der Krieg gefährdet das Erscheinen meiner Bücher und stellt mich auch sonst vor eine Reihe peinlicher Probleme. Auch besteht die Möglichkeit, daß meine Beziehungen zu Eva darüber in die Brüche gehen.*

In den französischen Zeitungen ist die Stimmung feindlich geworden, die Bevölkerung blickt immer misstrauischer auf die »Fremden«, nicht den Gast, den Flüchtling, sondern wieder den »boche« in ihnen sehend. Alfred Kantorowicz charakterisiert diese Wochen aus eigener Anschauung: »In der französischen Boulevardpresse, den Lokalzeitungen und natürlich dem überwiegenden Teil der Rechtspresse standen während der Zeit des ›drôle de guerre‹ mehr Hetzartikel gegen die wehrlosen Flüchtlinge aus Nazideutschland als Auseinandersetzungen mit dem Kriegsgegner.«[845]

So richtig diese Äußerung das Empfinden vieler Emigranten widerspiegelt, es ist nur die eine Seite des Verhaltens der französischen Behörden in diesen Monaten. Der Hitler-Stalin-Pakt hat auch im bedrohten Frankreich einen Schock ausgelöst. Viele der prominenten Wortführer des deutschen Exils stehen links, haben über Jahre die Volksfront befürwortet. Allerdings nutzt die starke nationalistische und rechts stehende Presse in der Tat die Stunde, um gegen die »Fremden« zu polemisieren. Die wirklichen Verbrechen Frankreichs beginnen jedoch erst, als deutsche Flüchtlinge an die Gestapo ausgeliefert werden, als die Kollaboration der Vichy-Regierung schließlich zur Deportation französischer und im Land befindlicher ausländischer Juden in die Vernichtungslager führt.

Am 10. Mai 1940 beginnt der deutsche Angriff im Westen. Fünf Tage später kapituliert Holland, nach 18 Tagen Belgien. Am 5. Juni beginnt die Schlacht um Frankreich, die Dritte Republik steht vor einer Katastrophe. Die politischen Ereignisse brechen nun auch ganz unmittelbar in das Leben des Schriftstellers Lion Feuchtwanger ein: *Es begann an einem Abend, Mitte Mai, nach Sonnenuntergang. Im Erdgeschoß meines Hauses in Sanary, in dem kleinen Zimmer, wo der Radioapparat stand, war es dämmerig, aber noch nicht so dunkel, daß ich Licht gemacht hätte. Ich war allein, lag auf der Ottomane und hörte die Meldungen des Rundfunks. Es stand nicht gut, weder in Belgien noch in den Niederlanden. Ich über-*

dachte die spärlichen Nachrichten, mit geschlossenen Augen auf der Ottomane liegend, und ich hörte mit halbem Ohr auf die Bekanntmachungen, die im Anschluß an die Nachrichten verkündet wurden. Da, auf einmal, hieß es, alle im Bezirk von Paris ansässigen deutschen Staatsangehörigen oder in Deutschland geborenen Staatenlosen im Alter von siebzehn bis fünfundfünfzig Jahren, Männer und Frauen, hätten sich an dem und jenem Tage da und dort einzufinden, um interniert zu werden. Ich rührte mich nicht, ich blieb liegen. Ich befahl mir: »Keine Panik, denke ruhig nach.« Ich sagte mir, höchstwahrscheinlich werde die Maßnahme auf die Stadt Paris beschränkt bleiben und sicherlich nicht werde sie auf den vom Krieg nicht bedrohten Süden ausgedehnt werden. Aber ein inneres Wissen sagte mir gleichzeitig, daß diese vernünftigen Erwägungen Unsinn seien. Vom Beginn dieses Krieges an war immer das Schlechte eingetroffen, das man befürchtet, nie das Gute, das man gehofft hatte.[846]

Wenige Tage später müssen auch die Deutschen, Österreicher und Tschechen in Südfrankreich im Sammellager antreten. Lion Feuchtwanger ist sieben Wochen zu spät geboren, um dem Schicksal der Lagerhaft zu entgehen. Er wird erst am 7. Juli 56 Jahre alt, fällt also noch unter die Verordnung. Achtundvierzig Stunden bleiben ihm. Groteske in dramatischer Zeit: Zusammen mit Alfred Kantorowicz, dem Maler Anton Räderscheidt und dessen Sohn fährt Feuchtwanger im Taxi bis vor das Tor des Lagers. Am 21. Mai betritt er zum zweiten Mal Les Milles. Diesmal allerdings schützt ihn sein Ruhm nicht. Die Welt vergisst ihn zunächst angesichts des Kriegsinfernos, des Zusammenbruchs der französischen und englischen Armeen. Vier Monate lang ist der 55-jährige Schriftsteller Lion Feuchtwanger nur eine Zahl: der Gefangene Nummer 187.

Zwei Jahre später erscheint im mexikanischen Exilverlag El Libro Libre unter dem Titel *Unholdes Frankreich. Erlebnisse unter der Regierung Pétain* sein Bericht über diese Monate. Die Neuausgabe wird nach dem Krieg unter dem noch härteren Titel *Der Teufel in Frankreich* veröffentlicht. Feuchtwanger erzählt in diesem Buch vom Leiden, von den Demütigungen, von der Verzweiflung der Menschen, die monatelang auf engstem Raum zusammengepfercht leben müssen. Krankheit und Angst suchen sie heim. Die Monotonie des Lagerlebens, das endlose Stehen vor den Kloaken, beim Appell oder beim Essensempfang zermürben viele. Tag für Tag schichten sie Ziegel, völlig sinnlos, schlucken sie den Staub des heißen Sommers. In der Lagerhierarchie setzen sich die »Stärkeren« durch, manchmal auch mit den Fäusten, die Schieber machen ihre Geschäfte. Inzwischen kennen wir viele Berichte von überlebenden ehemaligen Insassen des sowjetischen Gulag und der deutschen Konzentrationslager. Dagegen wirken die Schilderungen der Männer, die in Les Milles inhaftiert waren, fast harmlos.

Feuchtwanger zeigt ein zweites Mal Leidensfähigkeit, die Haltung des Stoikers. Auch Erzählungen anderer Lagerinsassen, die später veröffentlicht werden, zeugen davon: »Diese Zeit der gemeinsamen Prüfung hat meine Achtung vor dem Manne und mein Vergnügen am Umgang mit dem geselligen und geistreichen Freunde Feuchtwanger sehr vertieft durch die Beobachtung seiner Standhaftigkeit und Nervenbeherrschung in Wochen, da wir viel mehr als den Tod zu fürchten hatten«, schreibt Kantorowicz. »Es erwies sich, dass der Besitzer der Luxusvillen im Grunewald und an der französischen Riviera die Widerwärtigkeiten und physischen Strapazen des Konzentrationslagers mit einem Humor überkam, der ihn sehr bald zu einem Zentrum vieler der Gequälten und Geängstigten machte. Sie suchten sich an seiner Ruhe und an seinem Rat aufzurichten.«[847]

Allerdings ist der berühmte Mann im Lager nicht ohne Eitelkeit – auch davon lässt sich manches aus seinem Bericht herauslesen. Franz Schoenberner, vor der Gleichschaltung der letzte Chefredakteur des in München erscheinenden »Simplicissimus«, lebt ebenfalls seit 1933 im südfranzösischen Exil und wird in Les Milles inhaftiert. Er hält weder von dem Schriftsteller (»Wie es oft mit populären Büchern von mäßiger Qualität vorkommt, waren seine Romane durch Übersetzungen in viele Sprachen verbessert worden …«[848]) noch von dem Menschen Feuchtwanger viel. Entsprechend ist das Bild ausgefallen, das er über die Lagermonate des prominenten Häftlings in seinen Erinnerungen festhält. Der »in wirklich literarischen Kreisen und besonders unter seinen deutschen Kollegen nie recht ernst genommen(e)« Feuchtwanger, so Schoenberner, »war doch entschlossen, weiter die Rolle des weltberühmten Autors zu spielen, sei es auch unter den Bedingungen eines französischen Internierungslagers. … Er vermied die Berührung mit anderen Schriftstellern und erfreute sich lieber der respektvollen Bewunderung eines weniger kritischen Publikums … Er konnte nicht viel tun, um seine Ausnahmestellung zu unterstreichen … Aber wenigstens hatte er zwei Kammerdiener für sich engagiert.«[849] In diesem Stil geht es noch einige Absätze weiter, und solche überaus subjektiven Urteile werden in Exil- und Literaturkreisen schnell ungeprüft übernommen. Schoenberner blickt jedoch angesichts der eigenen Lage – er muss im Exil »bittere Hungerjahre« durchleiden – wohl nicht ohne Neid auf seinen Mithäftling, der auch im Exil nicht vom Erfolg verlassen worden ist. Kantorowicz, der den einstigen »Simplicissimus«-Chef in seinen Erinnerungen wohlwollend beschreibt, meint lapidar: »Die Art, wie Schoenberner im Les Milles-Kapitel … Feuchtwanger porträtiert, wird dessen Eigenschaften nicht gerecht.«[850]

Immerhin wird der von Schoenberner so abfällig dargestellte Autor mehrmals zum Sprecher des Lagers gewählt. »Da Lion Feuchtwanger unter den Häftlingen von Les Milles der in der Welt Bekannteste war, so bat man ihn immer wieder, sich zum Sprecher der Bedrängten zu machen. Er tat es nicht gern, aber er entzog sich dem Wunsch nicht.«[851] Umgekehrt: Als der Schriftsteller von der allgemeinen Lagerkrankheit, Dysenterie (Ruhr), besonders schwer getroffen wird, total geschwächt ist, erlebt er die Kameradschaft der Mitgefangenen.

Max Ernst, Alfred Kantorowicz, der Proust-Übersetzer und »Berliner Spaziergänger« Franz Hessel und der Schriftsteller Walter Hasenclever sind Mitgefangene Feuchtwangers. Aber er kommt in diesen Monaten auch mit Menschen zusammen, denen er sonst nie begegnet wäre. Er schreibt – nicht ohne Hochmut – in einem Brief vom 11. Juni 1940 an Lola Humm-Sernau: *Die Erzählungen der Internierten langweilen mich, jeder hält seinen*

Fall für etwas Besonderes, es ist aber immer das Gleiche. Das Ganze objektiv von oben sehen kann kaum einer, alle bleiben in ihren eigenen kleinen Nöten stecken. Mir passiert das, glaube ich, nur selten … Mir ist, als ob ich es von allen im Lager noch am besten trüge. Ich bin wirklich ohne Ungeduld.[852] Und über seine Gespräche schreibt er später: *Aber immer wieder war ich erstaunt, auf was für kümmerliche Einzelmotive die meisten der andern Lagerinsassen die großen Geschehnisse zurückführten, wie sehr ihnen der Blick fürs Ganze verbaut war durch ihre eigenen Interessen, wie sehr sie die Mühe und Unannehmlichkeit scheuten, die größeren Ursachen auch nur von fern zu sehen, geschweige denn, sie näher ins Auge zu fassen.*[853]

Es ist für Feuchtwanger eine schwere Zeit. Die langen heißen Nächte auf dem Notlager in den staubigen, nach Schweiß und Kot riechenden Bretterverschlägen der Fabrikhalle, die monotonen Tage, keine Zeitungen, keine Briefe, keine Besuche, die fürchterlichen Aborte. *Jede Scham hatte man sich im Lager schnell abgewöhnt. Niemand scheute sich, seine Häßlichkeiten und Gebrechen zu zeigen, die des Körpers wie der Seele. Es gab da manches über alle Worte hinaus Häßliche.*[854] Dennoch, sein Bericht nimmt keinen wehleidigen Ton an, bleibt temperiert: *Ich muß hier anmerken, daß ich weder bei meiner ersten Internierung in Toulon und in Les Milles, noch bei meiner zweiten in Les Milles und in Nîmes irgend etwas erlebt oder gesehen hätte, das man als Grausamkeit oder auch nur als schlechte Behandlung hätte bezeichnen können. Niemals wurde geschlagen oder gestoßen oder auch nur geschimpft. Der Teufel in Frankreich war ein freundlicher, manierlicher Teufel. Das Teuflische seines Wesens offenbarte sich lediglich in seiner höflichen Gleichgültigkeit den Leiden anderer gegenüber …*[855] Kantorowicz wird später über diese Monate schreiben: »Von einer Episode in einem Marseiller Auslieferungsgefängnis abgesehen, hält keines meiner Erlebnisse dem Vergleich mit den Ernstfällen wie Dachau oder Buchenwald oder Auschwitz oder Workuta in Sibirien statt.«[856] Auch die unglücklichen Emigranten, die von den Behörden in Paris gesammelt und in die berüchtigten Pyrenäenlager Le Vernet und Gurs gebracht werden, hatten ein sehr viel härteres Los zu tragen als die Häftlinge von Les Milles.

Mitte Juni 1940 bricht Frankreich zusammen, die Armee ist geschlagen, viele Soldaten desertieren, die Straßen sind von Flüchtlingen verstopft. Hunderttausende strömen in Richtung Süden, in der Hoffnung, den Nazis zu entkommen. Am 22. Juni muss Frankreich einen Waffenstillstand unterzeichnen. Hitler demütigt die Geschlagenen, lässt den Vertrag am gleichen Ort unterschreiben, an dem 1918 Matthias Erzberger und die deutsche Delegation kapitulierten, in Compiègne. Der größte Teil Frankreichs wird besetzt, Marschall Pétain bildet eine neue Regierung.

Für die Häftlinge in Les Milles sind dies schlechte Tage. Niemand weiß genau, wie die Front verläuft, wie schnell die Nazitruppen das Lager erreichen werden. Es wird gerechnet, wann die Deutschen in Dijon sind, wann Lyon fällt und das Tor zum Süden offen steht. Die Nazisympathisanten im Lager legen Listen über ihre Mithäftlinge an. Die Juden, die politischen Emigranten, sie wissen, dass ihr Leben verloren ist, wenn die Verfolger ihrer habhaft werden. Feuchtwanger wird wieder als Sprecher zum Lagerkommandanten geschickt, einem Seidenfabrikanten aus Lyon, aber die Auskünfte sind vage; eine Freilassung der gefährdeten Gefangenen wird abgelehnt, die Angst wächst, und die Gerüchte jagen sich. Am 19. Juni schließlich kommt der Befehl, das Lager zu verlassen. Die 3000 Insassen marschieren zum Bahnhof, ein Transportzug steht bereit. 80 bis 90 Menschen werden in einen Waggon gepresst, sie können nur stehen, Stunde um Stunde, tage- und nächtelang. In den Beinen staut sich das Blut, die Luft ist unerträglich. Fünf Tage dauert die Fahrt, über die Rhône geht es zur Hafenstadt Sète, bei Dauerregen in die Pyrenäen hinein. Nach drei Tagen ist der Bahnhof von Bayonne erreicht. Ist es das Ziel, vielleicht sogar die Freiheit?

Erneut muss Feuchtwanger mit dem Transportkommandanten verhandeln. Er kann kaum laufen, die Beine sind angeschwollen. Kantorowicz schildert diese Szene eindrucksvoll: »Wir sahen ihn schon nach kurzer Zeit auf dem Bahnsteig zurückhumpeln, von einem Kreis ebenfalls humpelnder deutscher Häftlinge umgeben. Ich zwängte mich aus dem Wagen und humpelte … auf diese Gruppe zu und erschrak, als ich Feuchtwangers Gesicht sah; er schien mir in diesem Augenblick völlig verfallen und zum ersten Mal, seit ich ihn kannte, seiner stoischen Haltung beraubt. Er rief mir und denen, die auf ihn eindrängten, mit brüchiger Stimme zu: ›Die Deutschen sind in Bayonne. Rette sich, wer kann.‹«[857] Panik bricht aus, Personalausweise, Briefe, Papiere, die die Identifikation erleichtern könnten, werden zerrissen. Ein Teil der Häftlinge flieht, andere – auch Feuchtwanger – besteigen wieder den Zug, der sich in Bewegung setzt, Bayonne verlässt. Bald stellt sich heraus, dass die Angst, die Panik grundlos war. Eine Fehlinformation hatte den Schock ausgelöst. Ihr eigener Zug war als »Ankunft der Deutschen« gemeldet worden.

Die ganze Strecke geht es wieder zurück, zwei lange Tage und Nächte. In Nîmes können sie aussteigen, im nahe gelegenen Zeltlager San Nicola sitzen sie erneut fest. Warten, werden von Moskitos gepeinigt, leiden an Dysenterie, machen Schiebergeschäfte, diskutieren die Lage, haben Angst vor den Deutschen. Nicht ohne Grund. Die Regierung Pétain hat im Waffenstillstandsvertrag zusagen müssen, alle Deutschen auszuliefern, die von der Gestapo gesucht werden. Wem dieses Schicksal widerfährt, der geht dem fast sicheren Tod entgegen. Dies geschieht dem Journalisten Theodor Wolff, den Sozialdemokraten Rudolf Breitscheid und Rudolf Hilferding – sie werden gefasst und in deutsche Konzentrationslager deportiert. Ernst Weiss nimmt sich in einem Pariser Hotel das Leben. Walter Hasenclever hat schon in Les Milles eine Überdosis Tabletten genommen, kurz bevor die Gefangenen den Transportzug bestiegen.

Feuchtwanger verlässt das Lager San Nicola, will fliehen, den Deutschen entkommen. Er übernachtet in Nîmes bei einer Dame, deren Adresse ihm ein Mitgefangener zugesteckt hat. Am nächsten Tag wird er in ein Haus außerhalb der Stadt gebracht, erhält dort unter dem Namen Monsieur Feust ein Zimmer. *… ich sitze in einem verwilderten Garten, allein, ohne Gepäck, mit sehr wenig Geld und mit ungenügenden Papieren, in einer ziemlich bedrohlichen Situation …*[858] Er schreibt an Marta, an seine Sekretärin, an den amerikanischen Konsul in Marseille, hofft auf Hilfe.

Auch Eva Herrmann, die inzwischen das rettende Amerika erreicht hat, erhält eine Botschaft aus dem Versteck: *ich bin sehr zäh, innerlich und äußerlich, meine gesundheit hat sich bewährt, und da sitze ich also, furchtbar verdreckt, und schreibe dir und bin trotz allem voll zuversicht … was mit mir in der nächsten zeit geschehen wird, liegt gänzlich im dunkeln, wenn mir was passieren sollte, dann denke mehr an meine angenehmen seiten als an meine unangenehmen, und daß es doch manchmal trotz alledem sehr nett war. Aber ich bleibe, wie gesagt, optimistisch, hoffe, daß sich bald alles günstig klärt, daß ich nach all diesen strapazen nach sanary zurück, mich erholen und meinen kampf um die reise nach amerika gegen die bürokratie wieder aufnehmen kann.*[859]

Ein Brief gelangt tatsächlich in die Hände Martas. Auch sie hat eine schwere Zeit hinter sich, saß zunächst in einem Lager in Hyère, dann im gefürchteten Internierungscamp Gurs, einem »Lager, das auf Lehmboden stand, in dem man einsank, manchmal, wenn es geregnet hatte, bis über die Knöchel«[860]. Eine Mitgefangene berichtet: »Ich habe nie jemanden so bewundert wie diese Frau. In Gurs hat man uns Cassoulet zu essen gegeben … alle haben eine Vergiftung bekommen. Die Frau vom Feuchtwanger hat mit einer andern die zwei Klos geputzt.«[861] Als Marta entlassen wird, sucht sie ihren Mann, weiß durch den Brief, der sie erreicht hat, wo er zu finden ist.

Lion Feuchtwanger ist aus seinem Versteck in Nîmes ins Lager zurückgekehrt, nachdem ihm berichtet worden ist, es gäbe angeblich legale Asylmöglichkeiten, die vor der Auslieferung an die Deutschen schützen würden. In den Tagen des Machtverfalls hat sich auch im Zeltlager bei Nîmes die Disziplin gelockert. Die Gefangenen eröffnen Verkaufsbuden, machen Ausflüge in die Umgebung. Auf einer dieser Wanderungen erreicht Feuchtwanger eine Botschaft Martas.

Die aktive Frau des Schriftstellers ist bis zum amerikanischen Vizekonsul in Marseille, Hiram Bingham, vorgedrungen und hat um Hilfe gebeten. Zu ihrer Überraschung ist Bingham informiert, hat Anweisungen aus Washington, Feuchtwanger zu helfen. Ein Foto, das den Schriftsteller als Häftling in Les Milles zeigt und durch den Stacheldraht von einem Unbekannten aufgenommen wurde, ist einige Wochen vorher an seinen amerikanischen Verleger Ben Huebsch gelangt. Er alarmiert die Präsidentengattin Eleanor Roosevelt, die nach einem Gespräch mit ihrem Mann sofort an das Konsulat telegrafieren lässt.

Schließlich wird Feuchtwanger »entführt«. Ein Konsulatsbeamter nimmt ihn während eines der Lagerausflüge in seinen Wagen, zieht ihm Frauenkleider an, fährt ihn zur Privatvilla des Konsuls. *Behaglich ist die Situation hier nicht, wiewohl ich mit meinem Hausherrn besonders gut stehe und er das Bedürfnis spürt, mir seine privatesten Dinge anzuvertrauen. … Was immer man unternehmen wird, Risiko ist natürlich stets dabei. Aber ich bin voller Zuversicht …*[862]

Es werden Pläne geschmiedet, wie der Gefährdete außer Landes gebracht werden kann. In den Jahren 1940/41 spielt der Repräsentant des amerikanischen Emergency Rescue Committee (ERC) in Marseille, Varian Fry, für die aus Südfrankreich fliehenden Emigranten eine zentrale Rolle. Mehr als tausend von der Gestapo verfolgte Flüchtlinge werden von Fry und seinen Helfern in diesen dramatischen Monaten nach Spanien geschleust. Auch Lion Feuchtwanger, der in Marseille festsitzt. Voller Bewunderung beschreibt Fry in seinen Erinnerungen die Haltung des Schriftstellers, als dieser zunächst von dem Scheitern einer erhofften Ausreisemöglichkeit erfährt: »Er nahm die Nachricht gelassen auf. Er hatte wochenlang auf dieses Schiff gewartet, das ihn in Sicherheit bringen sollte, und jetzt waren alle Hoffnungen auf Rettung zerstört. Während des Essens plauderte und witzelte er, als ginge es lediglich darum, daß eine lange geplante Ferienreise in letzter Sekunde verschoben worden war. Feuchtwanger war ein kleiner, verhutzelter Mann, aber er sprühte nur so vor Energie und Ideen. Er war es, der uns an diesem Abend bei Laune hielt, nicht wir ihn.«[863] Und Marta erzählt, wie intensiv ihr Mann auch diese Zeit für die Arbeit nutzte, denn »Lion, den Bingham nur nach Sonnenuntergang für ein paar Schritte aus dem Haus ließ, war in den dritten Teil seines Josephus-Romans vertieft und vergaß Gegenwart und Umwelt«[864].

Heinrich Mann, sein Neffe Golo und die Werfels, die ebenfalls in Marseille festsitzen, werden schließlich an die spanische Grenze gebracht, steigen auf Schmugglerwegen über die Pyrenäen und gelangen dann mit dem Zug nach Lissabon. Einige Tage später können auch Feuchtwangers auf dem gleichen Weg aus Marseille fliehen. Lion hat einen Pass des Konsulats, der auf den Namen J. L. Wetcheek ausgestellt ist, dem Pseudonym der Berliner Balladenzeit. Sie erreichen die portugiesische Hauptstadt. Schiffskarten sind in Lissabon, wo zahllose Flüchtlinge auf die Passage übers Meer hoffen, nur schwer zu erlangen. Wieder helfen die amerikanischen Freunde. Für den auch im »neutralen« Portugal bedrohten Schriftsteller ist ein Billett da. Marta muss noch 14 Tage auf ihre Ausreise warten.

Nach den vier dramatischsten Monaten seines Lebens verlässt Lion Feuchtwanger an Bord der »Excalibur« Europa, *ausgestattet nur mit einem Rucksack, recht schäbig angezogen, ohne Geld, aber glücklich*, wie er an Arnold Zweig schreibt.[865] Und Eva Herrmann, die in Amerika unermüdlich für Feuchtwangers Einreise gekämpft hatte, erreicht die erleichterte Botschaft: *Liebste Eva, da bin ich also wirklich auf dem Schiff und auf dem Weg zu Dir. Ich kann es immer noch gar nicht glauben.*[866]

KAPITEL 18
Im Grunde geht es mir hier nicht schlecht
Exil in Amerika

Das Land, dem der Schriftsteller Lion Feuchtwanger Ende September 1940 entgegenfährt, hat Flüchtlingstradition. Seit 300 Jahren kommen sie aus allen Ecken der Welt: die Verfolgten, die Versklavten, die Abenteurer. Die einen vom Freiheitsdurst getrieben, die anderen von Goldgier gehetzt. Viele aber auch an Ketten geschlossen, eingepfercht in den stinkenden, modernden Bäuchen der Schiffe. Die Pilgrime kommen, weil sie im heimatlichen England ihren Glauben nicht mehr ausüben dürfen; die Deutschen, weil ihre Landesherren sie für Geld als Soldaten verkaufen wollen oder weil in den Polizeistuben ihre Steckbriefe hängen, nachdem sie 1848/49 Freiheit vom Joch der Feudalherrschaft gefordert haben. Die Schwarzen kommen nicht freiwillig; weiße Sklavenjäger haben sie in ihren afrikanischen Dörfern brutal zusammengetrieben, sie auf ihre Schiffe gezwungen, verkaufen sie wie Vieh auf den Märkten der Südstaaten. Die Chinesen kommen, um dem Hungertod zu entgehen, bauen das riesige Eisenbahnnetz, kaum besser behandelt als die schwarzen Sklaven. Es kommen viele.

Sie ziehen in Trecks von Ost nach West, erobern das Land, rotten in jahrzehntelangen wilden Kämpfen die Ureinwohner aus, roden die Wälder, kultivieren die riesigen Landflächen, bauen die Städte. Es ist ein hartes Land, ein freies Land. Für den, der stark ist, der nimmt und hält. In Amerika erfüllen sich die Träume der Aufklärer, der Liberalen, der Vernunftgläubigen. Noch bevor in Paris die Bastille gestürmt wird, Robespierre, Danton, Marat die Freiheit ausrufen, um sie streng und schrecklich zu reglementieren, haben sich die aufständischen Siedler der einstigen englischen

Kolonie eine Verfassung gegeben, die den Einzelnen vor dem Staat schützt, ihm Rechte einräumt, die bis heute für unverzichtbar gelten, wenn von Demokratie gesprochen wird.

Es bleibt das Land der Hoffnung. In immer neuen Wellen kommen die Menschen auch in den späteren Jahren. Die überlebenden Juden aus dem Osten, wenn die Pogrome in Russland und Polen sie wieder heimgesucht haben; die Armenier nach den Massakern, die die Türken unter ihnen anrichteten; die Italiener, die Griechen, die Iren und die Mexikaner, weil sie in der Heimat keine Arbeit finden. Und es kommen auch wieder die Deutschen. Zunächst, zu Beginn der 1930er Jahre, sind es noch wenige, ab 1933 beginnt der Strom zu wachsen, dann, als Österreich und die Tschechoslowakei, Holland, Belgien und Frankreich in die Hände des Faschismus fallen, ist es eine Flut. Amerika wird für viele zum lebensrettenden Exilland. Fast 300 000 Flüchtlinge aus Europa finden hier zwischen 1933 und 1945 Zuflucht: Juden, Kommunisten, Sozialdemokraten, Wissenschaftler, Künstler und Schriftsteller.

Bis 1938 ist es nicht allzu schwer, ins Land zu kommen. Amerikanische Konsulate stellen bereitwillig Einreise- oder Besuchsvisa aus. Aber es gibt ein Quotensystem, das die Einwanderung reguliert und das sich ab 1938 für viele Flüchtlinge als kaum zu überwindendes Hindernis erweist. Jährlich dürfen nur 156 000 Einwanderer ins Land gelassen werden. Auf die Deutschen entfällt dabei ein Anteil von 25 000. Selbst Präsident Roosevelt, der viel für die Flüchtlinge getan hat, meint nach den Pogromen im November 1938 auf die Frage eines Reporters, ob Juden die Einreise nun erleichtert werde: »In dieser Angelegenheit gibt es keinerlei neue Überlegungen. Wir haben das Quotensystem.«[867] Mit Amerikas Kriegseintritt 1941 wird es noch schwieriger, das Außenministerium schließt alle deutschen Konsulate in den Vereinigten Staaten, Hitler antwortet mit der gleichen Maßnahme gegen die diplomatischen Vertretungen der Amerikaner. Für Hunderttausende gibt es keine Anlaufstelle mehr.

Wer ins Land hereinkommt, hat es nicht schwerer als die Exilanten in Frankreich oder der Tschechoslowakei. Manches ist sogar einfacher. So gibt es leichter Arbeit und Einkommen: Im Westen, in Kalifornien, bietet Hollywood den Schriftstellern und Künstlern Überlebensmöglichkeiten; die Wissenschaftler finden in Princeton, an der University of Southern California in Los Angeles, an der »New School for Social Research« in New York oder an der Columbia University neue Betätigungsfelder. In diesem Land, in dem die Wohlfahrt weitgehend auf Privatinitiative, auf der Aktivität von Kirchen beruht, gibt es zahllose Organisationen, die Unterstützung an viele zahlen, die nirgendwo Arbeit finden.

Amerika ist ein hartes Land; in den Häuserschluchten von New York, in den billigen, öden Hotelzimmern verliert sich mancher Flüchtling, vereinsamt. Wer ohne Job bleibt oder wessen Gehaltsstreifen keine hohen Dollarbeträge ausweist, der ist auch gesellschaftlich im Aus, wird gemieden. Im Land des Erfolgs ist der Misserfolg furchtbar. Und doch, im hektischen New York oder unter der milden Sonne Kaliforniens geht es den meisten Emigranten zunächst materiell besser als in Prag oder Paris.

Die ersten erreichen das Land vor Hitlers Machtergreifung. Vicki Baum, Ullsteins Erfolgsautorin, geht 1931 nach Hollywood, Marlene Dietrich macht vor der deutschen Katastrophe Karriere in der amerikanischen Filmmetropole, der Dirigent Otto Klemperer kommt ebenso wie der Filmregisseur Billy Wilder 1933 in die Vereinigten Staaten. Aber das sind Ausnahmen. Der große Zug beginnt Ende der 1930er Jahre. Bruno Frank ist klug genug, schon 1937 Europa zu verlassen, Thomas Mann lässt sich 1938 endgültig in Amerika nieder; im gleichen Jahr landen Oskar Maria Graf, Hermann Broch, Richard Beer-Hofmann, Carl Zuckmayer. Ostersonntag 1939 ist der Ankunftstag von Ludwig Marcuse im Hafen von New York. Dann kommen Alfred Döblin, Heinrich Mann, Franz Werfel, Alfred Polgar, Alfred Neumann, Erich Maria Remarque, Leonhard Frank, Hermann Kesten, Emil Ludwig, Bertolt Brecht, Lion Feuchtwanger. Die Musiker Bruno Walter, Arnold Schönberg, Paul Hindemith, Hanns Eisler finden Zuflucht, die Wissenschaftler Albert Einstein, Theodor W. Adorno, Max Horkheimer, Herbert Marcuse, die Politiker Heinrich Brüning und Hermann Rauschning, die Theaterleute Max Reinhardt, Erwin Piscator, Fritz Kortner, Fritz Lang, Peter Lorre, Wilhelm Dieterle. Eine unvollständige Liste, Amerika ist für die vom Faschismus verjagten Deutschen das entscheidende Exilland geworden.

Den Schriftstellern geht es beruflich im amerikanischen Asyl sehr unterschiedlich. Vicki Baum und Erich Maria Remarque erreichen mit ihren Büchern nach wie vor hohe Auflagen, erobern Hollywood und verdienen Millionen. Thomas Mann, Franz Werfel und Lion Feuchtwanger bleiben ebenfalls Erfolgsautoren, ihre Romane finden nach wie vor viele Leser, und sie können auf Honorareinnahmen in beachtlicher Höhe zurückgreifen. Sie führen im Exil ihr großbürgerliches und unabhängiges Leben weiter. Sie bauen beziehungsweise kaufen sich am Pazifik prächtige Häuser, schreiben ihre Bücher, halten Vorträge und leiden am Weltgeschehen und der Zerrissenheit der Exilgruppen. Oskar Maria Graf und Leonhard Frank können von ihren Büchern in Amerika nicht oder doch nur spärlich leben. Alfred Döblin und Heinrich Mann vereinsamen nach einem kurzen Zwischenspiel als Drehbuchautoren in den Studios von Hollywood. Sie bleiben erfolglos in ihrem zweiten Exilland. Ernst Toller erhängt sich in seinem New Yorker Hotelzimmer.

Es gibt in den Staaten kein Zentrum der deutschsprachigen Flüchtlinge, wie das Paris, Prag und Wien in den europäischen Exilländern sind. Viele jedoch leben im pulsierenden, kulturell sehr aktiven New York. Dort erscheint die in den 1940er Jahren wichtigste deutschsprachige Exilzeitschrift, das Wochenblatt »Aufbau«. Es erreicht eine Auflage von 300 00 Exemplaren, und im Inhaltsverzeichnis tauchen im Laufe der Jahre nahezu alle großen deutschen Autoren des Exils auf, mehrfach auch der Name Lion Feuchtwanger. Weniger erfolgreich ist der Versuch von Wieland Herzfelde und zehn Autoren – darunter Alfred Döblin und Heinrich Mann, Oskar Maria Graf und Lion Feuchtwanger –, 1944 den Aurora-Verlag zu etablieren. Bis 1947 erscheinen hier nur 12 Bücher, darunter »Furcht und Elend des Dritten Reiches« von Brecht und »Der Ausflug der toten Mädchen« von Anna Seghers.

»New Weimar« entsteht aber im Westen der Staaten, im sonnigen Kalifornien. Vor allem die Literaten zieht es dorthin, das milde Klima und die Arbeitsmöglichkeiten in Hollywood locken. Sie leben an der Küste des Pazifik, in den grünen Vororten der endlosen Wüstenstadt Los Angeles: in Santa Monica, Pacific Palisades, Santa Barbara. Oder in Beverly Hills, wo die großen Stars, Regisseure und Produzenten des amerikanischen Films ihre legendären Villen gebaut haben. Kalifornien ist ein sanftes Land. Erna M. Moore schreibt wohl zu Recht: »Im Gegensatz zu Hitlerflüchtlingen in anderen Teilen der Welt, und auch den in New York gelandeten, führte die Exilkolonie am Pazifik ein menschenwürdiges Dasein, frei von drückenden Sorgen ums nackte Leben, in einer heiteren Landschaft mit angenehmem Klima, betreut und unterstützt von hilfsbereiten Landsleuten, Freunde und Bekannte in erreichbarer Nähe.«[868] Thomas Mann schildert einen der gesellschaftlichen Abende in seinem Haus am Pazifik mit den emphatischen Worten: »Nicht Paris noch das München von 1900 hätte einen Abend von intimerer Kunststimmung und Heiterkeit zu bieten gehabt.«[869]

Natürlich ist auch Kalifornien keine Idylle. Viele Schriftsteller sind durch die »Lebensrettungsverträge« nach Hollywood gekommen. Verträge, die ihnen ein 100-Dollar-Wocheneinkommen garantieren und die zugleich bei den Pass- und Visabehörden als Eintrittskarte für Amerika akzeptiert werden. Aber dann sitzen sie in den Büros der Studios von Paramount, Warner oder Goldwyn-Mayer, acht Stunden täglich, schreiben Drehbücher, die keiner will, die sich dem amerikanischen Massengeschmack nicht anpassen. »Was die Exilautoren zu bieten hatten, waren ihre eigenen individuellen Auffassungen von Literatur und Kunst, die sie im kulturellen Klima Mitteleuropas erworben hatten. Was Hollywood wollte, waren Filme, die den Beifall des größtmöglichen Sektors des amerikanischen Publikums sichern konnten.«[870]

Der siebzigjährige Heinrich Mann sitzt mit Leonhard Frank in einem kleinen Schreibbüro, und niemand kümmert sich darum, ob er etwas produziert oder nicht. Carl Zuckmayer hält es nicht mehr aus, gibt einen guten Vertrag auf, zieht sich für Jahre auf eine einsame Farm zurück. Alfred Döblin kann nach einem Hollywood-Jahr nicht mehr, kündigt seinen Vertrag, lebt von der Arbeitslosenunterstützung und den Freunden. Fritz Kortner sagt über diese Zeit: »Was ich in Hollywood beruflich zu leisten Gelegenheit hatte, war so wenig bemerkenswert, daß ich darüber zu erzählen gern versäume. Finanziell war Hollywood nicht unergiebig gewesen.«[871] Und selbst Brecht, der dem Medium Film viele Impulse verdankt, resigniert, beginnt Kalifornien zu hassen: »Nachdenkend, wie ich höre, über die Hölle / Fand mein Bruder Shelley, sie sei ein Ort / Gleichend ungefähr der Stadt London. Ich / Der ich nicht in London lebe, sondern in Los Angeles / Finde, nachdenkend über die Hölle, sie muß / Noch mehr Los Angeles gleichen.«[872]

Feuchtwanger, der lange Jahre in diesem kalifornischen Kreis lebt und dort bleiben wird, wenn viele Gefährten ihn wieder verlassen haben, weiß um die Gründe, die ihnen die Anpassung an die neuen Verhältnisse so schwer werden lassen: *Manche unter uns sind so von innen her gebunden an die Inhalte und Formen ihrer Jugend und Heimat, daß sie davon nicht loskommen und sich nach Kräften sträuben gegen ihre neue Umwelt. Dieses Sicheinschließen in die tote Vergangenheit, dieses Sichabsperren von dem wirklichen Leben ringsum, diese stolze Absonderung vermindert die Kraft der Dichter, macht sie trocken, dörrt sie aus, die exilierten Schriftsteller, die es so halten – es sind ihrer eine ganze Reihe, darunter Schriftsteller höchsten Formates –, haben das schwerste Los gezogen, und ihre Bitterkeit ist die tiefste.*[873] Er selbst hat dieses Los nicht gezogen, bleibt ein Glücklicher, schreibt im amerikanischen Exil sieben Romane, zwei Theaterstücke, dazu noch eines gemeinsam mit Brecht, mehrere Kurzgeschichten, seinen Erlebnisbericht über die letzten Monate in Frankreich und zahlreiche kleinere publizistische Arbeiten. Und als er 18 Jahre nach seiner Ankunft stirbt, steckt er mitten in der Arbeit an einem großen Essay über den historischen Roman.

Am 5. Oktober 1940 läuft die »Excalibur« in den Hafen von New York ein. Reporter stürzen an Bord, ein berühmter Flüchtling ist auf dem Frachter. Feuchtwanger sind die Spuren der Strapazen, die er in den letzten Monaten durchgemacht hat, deutlich anzumerken, der kleine stille Mann wirkt zurückhaltend. Der sonst so optimistische, freundliche Schriftsteller ist mitgenommen, die Ereignisse in Europa haben ihn erschüttert. Er spricht von Hasenclevers Freitod, von seiner Flucht aus dem Lager und seinem Grenzübertritt nach Spanien. Der treue Verleger Ben Huebsch befreit ihn von den Journalisten. Aber kaum hat er New York betreten, steckt er schon wieder mitten in den Exilstreitereien, den politischen Verdächtigungen, mit denen sich die Flüchtlinge das Leben in der Fremde so schwer machen. Sein Gespräch mit den Reportern erscheint verkürzt in der »New York Times«. Die Formulierungen sind allgemein geblieben, aber sofort verdächtigen ihn die Mitemigranten, er habe durch seine »Geschwätzigkeit« Fluchtwege preisgegeben und damit Hunderten von Emigranten in Frankreich und Spanien den Weg in die Freiheit versperrt.

Noch in einem 1983 erschienenen Buch des Amerikaners Anthony Heilbut heißt es: »After his release from the camps, a loose-lipped Feuchtwanger told american journalists specific facts about the Underground railroad that was moving emigres out of Europe.«[874] [Als er aus den Lagern entlassen war, erzählte ein leichtsinniger Feuchtwanger amerikanischen Journalisten genaue Einzelheiten über die geheimen Wege, auf denen die Emigranten aus Europa herausgebracht wurden.] Nichts in dem Artikel in der »New York Times« rechtfertigt eine solch unsinnige Darstellung. Aber der Empfang zeigt, welche Nachwirkungen sein Reisebericht *Moskau 1937* hat, wie sehr er Verdächtigungen ausgesetzt ist. Wenig später erscheint ein ziemlich gehässiger Artikel in der konservativen »Time«, die seine Teilnahme an einer Veranstaltung linker Exilautoren nutzt, an seine Thesen über die Sowjetunion zu erinnern. Feuchtwanger muss bereits in den ersten Wochen erleben, dass auch in Amerika der Ideologiestreit recht persönlich genommen wird. Ein Umstand, der nicht ohne Einfluss auf sein Leben in den Vereinigten Staaten bleiben wird und seine letzten Jahre mitprägt. Besonders mit Hinweis auf *Moskau*

1937 wird er von den Sicherheitsbehörden als Kommunist abgestempelt.

Aber es gibt auch Positives zu berichten. Ben Huebsch erweist sich als umsichtiger Verleger, hilft mit Vorschüssen aus, sorgt dafür, dass Feuchtwanger erst einmal zur Ruhe kommt. Im Hotel St. Moritz findet er sein erstes Quartier. Von seinem Fenster aus blickt er auf den Central Park. Da das Manuskript des dritten *Josephus*-Bandes noch im Diplomatengepäck des Marseiller Konsulats unterwegs ist, beschließt er, über das *Unholde Frankreich* zu berichten. Bereits am zweiten Tag seiner Ankunft stellt er die 34-jährige Hilde Waldo als Sekretärin ein, lässt einen großen Tisch vor das Fenster seines Hotelzimmers stellen und beginnt die Geschichte seiner Internierung im Lager Les Milles zu diktieren. Hilde Waldo, die ungewohnte neue Schreibhilfe, war 1939 in die Staaten gekommen und hatte vorher schon in England gelebt. Die Berliner Jüdin ist eine glühende Bewunderin des Schriftstellers. *meine sekretärin, hilde waldo aus berlin, habe ich in den ersten wochen in new york gefunden. sie ist 38 jahre alt, aus reicher berliner familie, die durch die nazi ihr vermögen verloren hat. sie spricht und schreibt vollendet englisch, leidlich französisch, hat in berlin, london und grenoble studiert, kennt sich aus im leben und in der geschichte, ist die zuverlässigkeit selber und leidenschaftlich interessiert an der arbeit.*[875]

Als das *Josephus*-Manuskript ankommt, wird der Bericht über die Lagerhaft in Frankreich unterbrochen, die Geschichte des jüdischen Schriftstellers nach über zehn Jahren beendet. Inzwischen hat auch Marta Feuchtwanger New York erreicht, beide beschließen, zunächst an der Ostküste zu bleiben. Die Arbeit an dem autobiographischen Frankreich-Buch ist mühsamer und zeitraubender als zunächst gedacht. Zwar kann Feuchtwanger auf Tagebuchnotizen aus dieser Zeit zurückgreifen, aber vieles muss er aus dem Gedächtnis rekonstruieren, und wie sehr häufig bei ihm wächst das Werk zu einem recht umfangreichen Buch heran. Kaum ist das Manuskript abgeschlossen, gibt es Probleme mit der Übersetzung, und Feuchtwanger schreibt am 22. Oktober 1941 etwas entnervt an Ben Huebsch: *Aber im ganzen strotzt das*

Buch immer noch von Mißverständnissen, und das schlimmste Übel kann nicht beseitigt werden, der sentimentale Unterton, den die Übersetzerin dem ganzen gab. Es ist aus einem harten, sachlichen Bericht etwas sentimental-spielerisches geworden, eine eitle, egozentrische Lamentation, die mein deutscher Text ängstlich zu vermeiden bestrebt ist.[876] Vorschläge, das Buch »Die Abenteuer im Sommer« oder »Die Abenteuer des Leibes und der Seele« zu nennen, werden schließlich verworfen. Unter dem Titel *Unholdes Frankreich* (ab 1954 *Der Teufel in Frankreich*) erscheint es 1942 gleichzeitig im Verlag El Libro Libre in Mexiko und in London *(The Devil in France).* Etwas resignierend und vorschnell schreibt Feuchtwanger am 21. Januar 1942 an Arnold Zweig: *Mein letztes Buch, »The devil in France«, hatte ausgezeichnete Presse, die wichtigsten Rezensionen indes, »New York Times« usw., erschienen am Tag des Kriegsausbruchs, und das Buch ist so gut wie ganz untergegangen.*[877] Es verkaufte sich dann doch erheblich besser, als der Autor befürchtet hatte, und die Zustimmung war beträchtlich. Ludwig Renn spricht in einem Vorwort für die deutschsprachige Ausgabe von 1942 davon, Feuchtwangers Buch »bilde die Ouvertüre zum Totentanz von heute«.[878] Bertolt Brecht notierte am 24. Dezember 1941 spöttisch-anerkennend in seinem »Journal«: »Lese im deutschen Manuskript Feuchtwangers ›Unholdes Frankreich‹ (›Devil in France‹). Wahrscheinlich sein schönstes Buch. Merkwürdiger Epikureismus zwischen Pinien, Stacheldraht, Exkrementhäufchen, Entschlüsse geboren aus Bequemlichkeit und Einsicht, wenig Privatinitiative, Zivilcourage beträchtlich. Er bleibt auch in der zusammengetriebenen Horde der Herr, mit ein bis zwei Dienern, und bei einem gelegentlichen Durchbrennen unter Lebensgefahr vergißt er nicht, den Tafelwein sorgfältig auszusuchen. Sein Humanismus hat eine gesunde Grundlage.«[879]

Nach dem Krieg zensieren die Lektoren in der DDR die Neuauflage (1954) an einigen Stellen, da ihnen weder Feuchtwangers »Herrenhaltung« noch die Darstellung der amerikanischen Hilfskomitees oder der leise Spott des Autors über einige privilegierte Sowjetbürger ins ideologische Konzept passen. Kritiker Feuchtwangers rügen sein elitäres Selbstbildnis, das er für sie in diesem Text entwirft, oder lächeln über seine vielfach auftauchende Skepsis gegenüber der ansonsten so hoch gepriesenen »Vernunft«. Wie das Buch, die Tagebuchnotizen aus diesen Wochen und die Zeugnisse seiner Lagergefährten zeigen, ist es ein Prosatext »Typ Feuchtwanger«. Auch in einer lebensbedrohenden Situation bleibt er sich selbst treu, eitel und egozentrisch, mutig und stoisch, ein distanzierter Betrachter menschlicher Dummheit und Grausamkeit. Insofern schrieb er nach seiner Ankunft in Amerika im Hotel am Central Park einen zwar subjektiven, aber sehr »wahrhaftigen« Bericht.

Unabhängig vom ersten Echo auf sein Frankreich-Buch gewöhnt sich Feuchtwanger nicht leicht ein. Es wird ihm im hektischen New York viel abgefordert: Vorträge, Resolutionen, Empfänge, zahlreiche Bekannte aus Berlin und Sanary treffen ein, häufig im letzten Augenblick dem Zugriff der Gestapo entronnen. Der kühle Winter in New York behagt ihm nicht. Er besitzt nur ein Einreisevisum, die gelegentlichen Angriffe in der Presse belasten ihn, die Zukunft ist wieder einmal ungewiss. Vor allem, sein Bankkonto ist gesperrt, eine der zahlreichen Behördenschikanen, mit denen er zu kämpfen hat. In diesen Monaten fehlt das Geld besonders, weil er Brecht keins schicken kann, der in Moskau sitzt und nach Amerika will. Aber Anfang Dezember lässt er den Freund wissen, dass *Ihnen natürlich mein russisches Konto zur Verfügung (steht).*[880]

Den Verleger Ben Huebsch erreicht am 20. Juli 1941 eine nörglerische Botschaft: *Im Grunde geht es mir hier nicht schlecht, wie wohl das alte Kreuz weiter auf mir lastet. Ich habe mich herumzuschlagen mit fürchterlich viel Red Tape … Andernteils habe ich große Schwierigkeiten mit meinen Büchern, die in Lissabon lagern. Sie herüberzuschaffen, dazu bedarf man eines englischen »Navicerts«, und das zu kriegen, ist offenbar recht schwierig. Ich mußte hier mehrmals zum englischen Konsul – die Wege hier sind endlos, ein solcher Besuch nimmt jedenfalls einen halben Tag in Anspruch – lediglich um Unterschriften zu vollziehen und dergleichen.*[881]

Im Dezember 1941 schreibt er humorvoll-gehetzt an Eva Herrmann: *ich habe mir nämlich sämtliche zähne des oberkiefers ziehen lassen, und das ist in keiner hinsicht ein spaß, ich sehe aus wie eine kreuzung zwischen voltaire und einer alten bäuerin, es ist mir immerfort schlecht, das sprechen macht größte schwierigkeiten ... auch sonst geht ringsum alles schief, mit meinen visaangelegenheiten geht es überhaupt nicht weiter, geld verdienen tu ich auch keines, von allen seiten wirft man mir meine politischen ansichten vor. dafür genieße ich ruhm, man veranstaltet die hübschesten gesellschaften für mich, wobei es mir gewöhnlich hundeübel ist und ich die größte mühe habe, die neuen halbfertigen zähne nicht aus dem mund zu verlieren, das verlockendste essen muß ich unberührt davontragen lassen, und wenn eine hübsche nachbarin mir etwas nettes sagt, kann ich nur mit größter mühe irgendetwas unverständliches als antwort hervorwürgen und lispeln.*[882]

Bereits vorher aber hatte sich die Lage geklärt. Feuchtwanger erhielt eine dringliche Aufforderung des Freundes Bruno Frank, nach Kalifornien zu kommen. Er entschließt sich, das ungemütliche New York zu verlassen. Ende Januar 1941 fliegt er nach Los Angeles. Am 9. Februar trifft er seine Frau, die von einem Skiurlaub kommt, in Tucson an der mexikanischen Grenze. Sie gehen nach Mexiko auf das amerikanische Konsulat und erhalten endlich ein Einreisevisum, das den unbeschränkten Aufenthalt in den Staaten ermöglicht. Nur eine Formsache, aber Emigranten sind in diesen Fragen aus leidvollen Erfahrungen sensibel geworden.

In Los Angeles nimmt sie zunächst die Freundin Eva Herrmann auf. Zwei Monate später mieten sie ein Haus, neue literarische Pläne harren der Ausführung. Im bereits zitierten Brief an Ben Huebsch vom Juli 1941 teilt er sie seinem Verleger mit: *Vermutlich werde ich zunächst einen Roman schreiben »Der Zauberer« oder »Der Zauberer von Berlin«, der Hanussen zum Helden hat, den (jüdischen) Telepathen und Fernseher, der sich den Nazis anschloß, Hitlers Freund wurde und dann zu Beginn der Hitler-Herrschaft umkam. Auf den Rat hiesiger Filmleute schreibe ich zuerst ein Stück über diesen Gegenstand, die jüdische Abstammung des Helden lasse ich weg. Das Stück ist eine Art Outline für den Ro-*

man, ich werde mir dabei über die Handlung klar, so wie mir das Stück »Jud Süß« sehr dienlich war für den späteren Roman. Ich habe mich für diesen Stoff vor allem deshalb entschlossen, weil ich dafür so gut wie kein Material brauche. Weiter beschäftige ich mich mit den Vorarbeiten für einen Roman »Goya«. Auch da wollen Filmleute, daß ich ihnen zuerst ein Stück oder einen Film »Goya« schreibe …[883]

Es gelingt Feuchtwanger, sein Geld frei zu bekommen, nachdem er in einem Brief an den amerikanischen Finanzminister Henry Morgenthau auf die groteske Situation hingewiesen hat, in der er steckt: *I have been told you have an appreciation of the anomalous. Certainly it is an anomaly that I was interned by French authorities while at the same time English flyers dropped leaflets in Germany, which quoted sentences from my books, and that American authorities are keeping my accounts blocked because I was interned in France.«*[884] *[Man hat mir gesagt, Sie schätzten die Anomalie. Sicher ist es eine Anomalie, dass ich in Frankreich interniert war, während zur gleichen Zeit englische Piloten Flugblätter über Deutschland abwarfen, in denen Sätze aus meinen Büchern standen, und die amerikanischen Behörden blockieren meine Konten, weil ich in Frankreich interniert war.]*

Trotzdem, der Alltag bleibt in diesen Monaten belastend, nur die Arbeit scheint davon unberührt. In einem Brief vom 27. Mai 1941 schildert er Lola Humm-Sernau sein Leben in Los Angeles, und es lassen sich in diesen Jahren viele ähnliche Briefanmerkungen des Schriftstellers finden: *Mir geht es wie immer in den wichtigen Dingen gut. In den zahllosen Dingen des Alltags geht alles quer … Für den dritten Josephus hat Huebsch noch immer keinen Übersetzer gefunden, unmittelbar neben dem Haus, in dem ich jetzt wohne und das ich wegen meiner Ruhe gemietet habe, hat man zu bauen angefangen, 5 Meter entfernt, die Arbeit wird mit Maschinen und Gehämmer jeder Art betrieben und macht eine gesammelte Arbeit einfach unmöglich. Ich habe Beschwerden mit dem Magen und die Ärzte kriegen nicht recht heraus, was es ist. Meine Post besteht ausschließlich aus Klagen und Bittschriften. Alle Leute, die ich nicht mag, wissen mich zu finden, und mit denen, die ich mag, kommen Verabredungen nicht zustande. Mit Marta ist es, wie Sie wissen, auch nicht immer leicht. Ich könnte noch vielerlei anführen. Andernteils habe ich ausgezeichnet gearbeitet, und über Mangel an Einfällen kann ich nicht klagen.*[885] Der Stoiker ist *grantig*, wie eines seiner Lieblingswörter für die Beschreibung des eigenen unzufriedenen Zustands lautet. Aber es ist mehr als nur die Wehleidigkeit des um seine Arbeitsruhe gebrachten Schriftstellers, die in dieser Zeit bei ihm durchbricht. Die schweren persönlichen Erlebnisse seit seinem Aufbruch aus der Idylle des Hauses über dem französischen Mittelmeer und die dramatischen politischen Entwicklungen, die aus Europa gemeldet werden, haben ihn mitgenommen. Am 16. Oktober 1941 heißt es in einem Brief an Lola Humm-Sernau: *Was mich anbelangt, so ist mein Grundgefühl eine tiefe Müdigkeit.*[886]

Dennoch lässt er sich äußerlich keine Resignation anmerken. In einem Interview mit der »Los Angeles Times« lobt er Roosevelts New-Deal-Politik als Sozialismus ohne Konflikt, gibt zu, dass er als Antifaschist Schwierigkeiten mit dem Hitler-Stalin-Pakt hat, atmet auf, als der deutsche Überfall am 20. Juni 1941 auf die Sowjetunion die Fronten klärt. An Arnold Zweig schreibt er am 9. Juli 1941: *Meine eigene innere Situation ist recht gut. Ich brauche Ihnen nicht zu sagen, daß ich allerhand auszustehen hatte deshalb, weil ich bei meiner Meinung über die Russen blieb, und daß ich deshalb von sehr vielen Leuten sehr häufig angefeindet wurde.*[887]

Nachdem Feuchtwanger in Amerika wieder über sein Geld verfügen kann, unterstützt er viele mittellose Emigranten, stellt Geld bereit, damit Flüchtlinge aus dem brennenden Europa herausgebracht werden können. Im Juli kommt Brecht aus der Sowjetunion, Ruth Berlau ist bei ihm. Feuchtwanger lebt auf. *Die beste Nachricht, die ich Ihnen geben kann, ist, daß Brecht mit seiner Frau und seinen beiden Kindern hier eingetroffen ist.*[888] Die alten Streitgespräche beginnen wieder, regen ihn an, bald schreiben sie auch an einem neuen Stück. Dann kommen endlich die lange erwarteten Kisten aus Frankreich mit einem beträchtlichen Teil der Bücher seiner Bibliothek in Sanary. Er genießt, dass die notwendige Arbeitsatmosphäre sich allmählich wieder herstellt. Lola Humm-Sernau hatte sie in Marseille lagern lassen. Sie selbst, die Vertraute und im Arbeitsalltag so Gewohnte, jedoch kann nicht nachkommen, denn es gelingt Feuchtwanger nicht, ein Visum für sie zu erlangen. Erst in den 1950er Jahren sieht er sie bei einem Besuch in Los Angeles wieder. Ein reger Briefwechsel wird diese enge Beziehung aber auch aufrechterhalten, wenn Meere und Kontinente zwischen ihnen liegen. Inzwischen ist allerdings Hilde Waldo auf Feuchtwangers Wunsch nach Kalifornien gekommen und an die Stelle von Lola Humm-Sernau getreten. Sie wird dort bleiben über seinen Tod hinaus, Marta Feuchtwanger helfen, das literarische Werk zu betreuen.

Das Leben der Emigranten in Amerika ändert sich mit dem Kriegseintritt der Vereinigten Staaten ein weiteres Mal. Von einem Tag auf den anderen sind sie wieder »enemy alien« (feindliche Ausländer), unterliegen unwürdigen und auch recht sinnlosen Bestimmungen. Seit März 1942 gilt für sie eine Ausgangssperre zwischen 20 und 6 Uhr, sie dürfen in den Staaten nur mit einer amtlichen Genehmigung reisen.

Ihn persönlich stören diese Anordnungen der Behörden nicht allzu sehr. Trotz aller äußeren Unruhe arbeitet er auch in Los Angeles schon wieder intensiv. *Unholdes Frankreich* und der dritte *Josephus*-Band sind abgeschlossen. Im Juni 1941 kann er dem in New York lebenden Schriftsteller Franz Carl Weiskopf vermelden, *Huebsch hat endlich einen Übersetzer für den dritten »Josephus« und einen für das Frankreichbuch gefunden.*[889] Es entstehen in diesen ersten Monaten in Amerika auch mehrere Erzählungen – *Wollstein, Eine Wette, Der Kellner Antonio, Venedig (Texas), Der treue Peter, Die Lügentante, Das Haus am Grünen Weg.*[890] Sie beschäftigen sich mit Emigrantenschicksalen im eroberten Frankreich oder spielen im Deutschland der Nazis. Im Übrigen zeigen die Erzählungen, dass seine literarischen Stärken nicht in der Short Story liegen.

An Themen für neue Arbeiten fehlt es Feuchtwanger auch in den aufregenden ersten Monaten in den USA nicht. Allerdings hofft er zunächst, sich als Autor mit einer dramatischen Arbeit für das Theater in Amerika etablieren zu können. Er schreibt das Schauspiel *Der Zauberer*. Den Hintergrund bildet das Deutschland der Jahre 1932/33, als Hitler und Hindenburg über das Schicksal des Landes entschieden. Hauptperson ist der »Gedankenleser« Kurt Eriksen. Feuchtwanger greift in diesem Stück die Figur des Trickkünstlers, Hochstaplers und Hellsehers Erik Jan Hanussen auf, der in den späten Weimarer Jahren Karriere gemacht hat. 1889 als Hermann Chajm Steinschneider in Wien geboren, wird Hanussen nach einem in der Öffentlichkeit leidenschaftlich diskutierten Hochstaplerprozess berühmt. Seine Auftritte in der Berliner »Scala« lösen bei den Zuschauern Erregung und Begeisterung aus. Obwohl Jude, sympathisiert er mit den Nationalsozialisten und wirbt für Hitler. Am 23. März 1933 wird er verhaftet und in der Nacht von SA-Leuten erschossen. Die Motive für diesen Mord sind bis heute im Dunkel geblieben.

Feuchtwangers Verleger Ben Huebsch lehnt das Stück als für das amerikanische Publikum ungeeignet ab, und Feuchtwanger verwendet den Stoff für sein nächstes Prosawerk. Im August 1942 hat er das Manuskript – noch unter dem Titel *Der Zauberer* – abgeschlossen. Die Zeitschrift »Collier's« veröffentlicht in acht Fortsetzungen einen Vorabdruck, und die amerikanische Ausgabe *(Double, Double Toil and Trouble)* kommt wie die englische *(The Brothers Lautensack)* 1943 auf den Buchmarkt. Die erste deutsche Buchausgabe erscheint 1944 unter dem Titel *Die Brüder Lautensack* bei Feuchtwangers Londoner Verlag Hamish Hamilton.

Das Honorar für den Zeitschriftenabdruck ist beachtlich und *hilft mir aus einer ziemlich argen Klemme heraus, und ich kann jetzt in Ruhe an den »Goya«-Roman gehen.*[891] Von dem Geld kann das Ehepaar die Anzahlung ihres herrschaftlichen Hauses in Pacific Palisades bestreiten, das ihnen bald ein luxuriöses und ganz auf die Bedürfnisse des Hausherrn zugeschnittenes Heim bietet. In der »Villa Aurora« werden sie bis zu ihrem Tod leben, Marta also bis 1987. Insofern hat der Lautensack-Roman am Ende einen nicht unbedeutenden Anteil daran, dass sein Autor sich in der neuen »Heimat« materiell etablieren kann.

Die Brüder Lautensack sind Feuchtwangers letzter Roman, dessen Handlung er in Deutschland angesiedelt hat. Noch einmal versucht er mit satirischen Mitteln, das Irrationale der Herrschaft Hitlers darzustellen, die Massensuggestion, die seine Erscheinung auslöst. Im Aufstieg und Fall des Hellsehers Oskar Lautensack zeigt Feuchtwanger die Scharlatanerie, das Betrügerische, auf dem aus seiner Sicht das Herrschaftssystem der Nationalsozialisten ruht. Nach einem Auftritt im Zirkus Krone wird der gescheiterte, heruntergekommene Lautensack dem »Führer« vorgestellt, der Hellseher und der Politiker schließen *ohne Worte ein Bündnis.*[892] Beide wissen: *Die Herzen der Menschen mußte man gewinnen, nicht ihre armen Gehirne.*[893] Der Triumph der Nazis wird zur Grundlage von Lautensacks Karriere, die ihn, den schwankenden, unpolitischen, eitlen Charakter, in unmittelbare Nähe der Mächtigen bringt, ihn hochmütig, leichtsinnig macht und schließlich selbst zum Opfer werden lässt. Als er versucht, sich in die Politik einzumischen, seine intime Nähe zum »Führer« ihn zu eitler Geschwätzigkeit verleitet, ist sein Ende besiegelt. Brutal beseitigt ihn das System.

Die Brüder Lautensack sind Feuchtwangers Versuch, speziell auf den amerikanischen Leser einzugehen. Sein Briefwechsel mit Ben Huebsch in diesen Jahren dreht sich, wie gesehen, immer wieder um die Frage, wie das amerikanische Publikum angesprochen werden kann. In Bezug auf den Hellseher-Roman schreibt Feuchtwanger an den Verleger: *Die seltsame Mischung von Okkultismus, Schwindel und großer Politik muß, glaube ich, auch ein sehr breites Publikum ansprechen.*[894] Eine Prognose, die nur teilweise eintrifft. Freund Zweig teilt er bald mit: *Es ist nicht die glücklichste Wahl, die ich getroffen habe. Trotzdem glaube ich, daß das Buch glücken … und mir auch Genugtuung bringen wird.*[895] Der in Deutschland geborene, auch als Kinobetreiber und Verlagsmitarbeiter arbeitende Werner Cahn-Bieker ist in diesen Jahren zeitweise als Sekretär für Feuchtwanger tätig. Er erhält die enttäuschte Nachricht: *Das Buch ist nicht ganz so »gekommen«, wie ich wünschte, weil politische Rücksichten mich veranlaßten, Hanussen zu einem Nichtjuden zu machen.*[896] Das ist sicher nicht der entscheidende Grund für das zurückhaltende und geteilte Echo. Vielleicht gilt mehr, dass der Leser Feuchtwangers Darstellung des Okkulten im Zusammenhang mit Hitlers Karriere bis heute nur schwer nachvollziehen kann. Die Hellseher-Geschichte ist ein Nebenwerk geblieben. In der DDR wird der Roman 30 Jahre nach seinem Erscheinen immerhin für das Fernsehen verfilmt.

Feuchtwanger dachte bei der Wahl des Themas neben dem Wunsch, einen raschen materiellen Erfolg in Amerika zu erringen, zweifellos auch an die Endlosdebatten im Kreise der Emigranten. Die Schuldfrage – Volk oder Führer oder beide – trieb sie Jahr für Jahr um. Brecht nahm hier Feuchtwanger gegenüber stets eine sehr kritische Haltung ein. Hitler als »Hampelmann« oder einfallslose Marionette in der Hand düsterer Mächte, das war ihm zu einfach. Am 1. November 1941 notiert Brecht im »Journal«: »Feuchtwanger erzählt, daß ›Colliers‹ auf einen Artikel von ihm über Hitler verzichtet haben, weil er ›wishful thinking‹ enthalte. Er hatte *Hitler* als ein Nichts dargestellt, ein bedeutungsloses Sprachrohr der Reichswehr, einen Schauspieler, der den Führer spielt usw. Kurz, Hitler soll keine ›Persönlichkeit‹ sein. Ich, der ich allerdings gegen den Persönlichkeitskult allerhand habe, lege Wert darauf, daß er eine ist. Aber der Amerikaner versteht überhaupt nicht, wie ein Mann nichts sein könnte, wenn die USA 40 Milliarden zu seiner Vertilgung ausgeben wollen. … Feuchtwanger wiederum wirft ihnen vor, sie messen am Erfolg. Woran sollen sie sonst messen?«[897]

Simone

Das nächste Prosawerk, das er in Los Angeles schreibt, ist nicht der Zweig angekündigte Goya-Roman, sondern ein *neue(r) kleine(r) Roman, der eine Brücke zu schlagen versucht zwischen Jeanne d'Arc und einer Fünfzehnjährigen des heutigen Frankreich.*[898] Wieder ist es zunächst eine dramatische Version, die der epischen vorausgeht. Die Idee stammt von Brecht, der sich bereits in seinem 1929/30 entstandenen Stück »Die heilige Johanna der Schlachthöfe« mit der Gestalt der Jeanne d'Arc beschäftigt hatte. Noch im finnischen Exil notiert er: »Eine junge Französin in Orleans, in Abwesenheit ihres Bruders eine Tankstation bedienend, träumt im Wachen und Schlafen, sie sei die Jeanne d'Arc und erlebe ihr Schicksal. Denn die Deutschen rücken auf Orleans vor.«[899] Als Brecht im Juli 1941 sein Exilquartier in Los Angeles aufschlägt, sitzt er wie in alten Münchner und Berliner Zeiten fast täglich mit Feuchtwanger zusammen, und sie schreiben an dem Stück *Die Gesichte der Simone Machard*. Die gemeinsam mit Feuchtwanger geschaffene erste Fassung entsteht zwischen Oktober 1942 und Januar 1943. Brechts Tagebucheintragungen in diesen Monaten zeigen, wie gut er mit dem Älteren arbeiten kann, wie wichtig ihm sein Rat ist, welche Sympathien der sonst nicht gerade freundliche Dramatiker Feuchtwanger entgegenbringt. Aber der Mitautor wehrt sich gegen Brechts marxistische Haltung, die das Thema aus seiner Sicht einengt, der Jüngere wiederum notiert: »Seine veraltete ›biologische‹ Psychologie hält uns ein wenig auf.«[900]

Anfang 1943 überarbeiten beide die vorliegende Fassung, dann zieht sich Feuchtwanger von dem Versuch, ein Simone-Drama für das Theater zu schreiben, zurück. Das letzte Typoskript aus der Feder Brechts entsteht 1946. Der Erstdruck erfolgt 1956 in der DDR-Literaturzeitschrift »Sinn und Form« und die Uraufführung am 8. März 1957 an den Städtischen Bühnen Frankfurt am Main. Harry Buckwitz führt Regie, und die Kritik ist wohlwollend bis zurückhaltend.[901]

Das Stück lässt Feuchtwanger letztlich unbefriedigt. Hanns Eisler, der auf Bitten Brechts die Musik für das Schauspiel komponiert, spricht später von einer »streitbaren Zusammenarbeit«.[902] Heftige Auseinandersetzungen zwischen den Co-Autoren gibt es über das Alter der Hauptdarstellerin: Brecht besteht darauf, dass Simone von einem Kind gespielt wird, Feuchtwanger will die Rolle mit einer jungen Frau besetzen. Und doch schlägt die gemeinsame Arbeit für beide am Ende zum Guten aus. Feuchtwanger entschließt sich, die Fabel für einen Roman zu verwenden, und Brecht ermächtigt den geschäftstüchtigen Mitautor zum Verkauf der Filmrechte. Das Filmstudio Metro-Goldwyn-Mayer akzeptiert nach monatelanger Verzögerung die Rohfassung der Übersetzung von Feuchtwangers Prosatext. Am 25. Februar 1944 kann er Brecht die Vertragsunterzeichnung mitteilen.

Seine Briefe an Brecht, in denen er über die Verwertung von Stück und Roman berichtet, zeigen Feuchtwanger als wesentlich aktiveren »Kaufmann« und soliden Partner. Freundschaftlich und bestimmt vertritt er stets auch die Interessen des Mitautors. *Die ganzen Verhandlungen waren endlos und aufreibend,* schreibt er am 25. Februar 1944 an Brecht. *Das Geld, das Sie zu kriegen haben – es sind etwas über zweiundzwanzigtausend Dollar – steht zu Ihrer Verfügung. Ich denke, in Ihrem Sinne gehandelt zu haben, wenn ich Helli* (Brechts Frau Helene Weigel – WS), *die Geld dringend benötigte, davon zweitausend gab. Kabeln Sie mir, bitte, ob und wieviel Geld Sie nach New York wollen. Der ganze Vertrag steht jederzeit, und wohin immer Sie ihn haben wollen, zu Ihrer Verfügung.*[903] Auch nach Brechts Tod, als über die Aufführungsrechte des Simone-Stückes verhandelt wird, richtet sich Feuchtwanger ganz nach den Wünschen Helene Weigels, vertritt in Amerika so weit wie möglich ihre Interessen.

Am 19. März 1943 hatte Feuchtwanger seinem Verleger Ben Huebsch angekündigt: *Ich bin mehr und mehr entschlossen, zum Thema meines nächsten Romans die Geschichte der Simone zu machen … Ich brauche Ihnen nicht zu sagen, daß in diesem Fall der Roman sehr anders aussehen wird als das Stück.*[904] Der Roman *Simone* spielt im Frankreich des Jahres 1940, in den Tagen, in denen die Dritte Republik zusammenbricht, von der deutschen Heereswalze überrollt. Das Mädchen Simone, das in einer französischen Kleinstadt bei ihrem Onkel, einem Garagenbesitzer, arbeitet, wird in den Wochen des deutschen Einmarsches von den

»Stimmen«, den »Gesichten« der Jeanne d'Arc heimgesucht, die Frankreich 600 Jahre vorher durch ihr patriotisches Handeln von einer fremden Macht, den Engländern, befreit hat. Im Hause ihres Onkels und bei den Honoratioren der kleinen Stadt entdeckt das Mädchen Simone, dass der Patriotismus dieser Menschen dort aufhört, wo ihre materiellen Interessen berührt werden, wo sie zur Rettung ihres Besitzes selbst mit den ins Land einfallenden Feinden kollaborieren. Um ein Signal zu setzen, steckt Simone beim Einmarsch der Deutschen das Benzinlager in der Garage des Onkels in Brand. Eine nur scheinbar sinnlose Tat, denn auch wenn der Anschlag den deutschen Vormarsch nicht aufhalten kann – Simone hat zum Widerstand aufgerufen, das »Volk« hat sie verstanden. Am Ende des Romans, als sie abgeführt wird, heißt es: *Da geriet die Menge, die stumm und reglos verharrt hatte, in Bewegung. Arme hoben sich, ihr zuzuwinken, Frauen und Mädchen weinten, der Gendarm hatte Haltung angenommen, Rufe schallten ihr zu: »Adieu, Simone … Wir vergessen dich nicht, Simone Planchard – Wir holen dich, Simone.«*[905]

Feuchtwanger stellt die Entwicklungsgeschichte des Mädchens Simone dar. Es sind nicht nur die Träume und Visionen, die sie zur Aktion treiben. Feuchtwanger spricht auch die Herrschaft der *Zweihundert Familien*[906] in Frankreich an, eine Formulierung, die bereits bei französischen sozialistischen Wahlkampfrednern in den Vorkriegsjahren auftaucht. Schon Brecht hatte während der Entstehung der dramatischen Fassung darauf hingewiesen, dass Jeanne d'Arc nicht von den Feinden, sondern von den eigenen Landsleuten verurteilt worden war. Die deutschen Soldaten in Feuchtwangers *Simone* werden daher auch keineswegs als finstere Bösewichter dargestellt. *Simone hatte keine klare Vorstellung gehabt, welcher Art die einrückenden Sieger sein würden; nur so viel hatte sie zu wissen geglaubt, daß das Böse, das da kommen werde, auch rein äußerlich als böse erscheinen müsse, sie hatte geglaubt, die Sieger würden sich durch harte, grausame Gesichter und wüstes Gewese von den Einwohnern unterscheiden. Dem war nun keineswegs so. Die Soldaten der Boches waren jung, laut und vergnügt, und das war alles.*[907] Schon 1941 hatte Feuchtwanger in einem Aufsatz über D*ie psychologische Wirkung der Niederlage in Frankreich* die patriotische Haltung der Mehrheit der Franzosen, ihren Widerstandswillen hervorgehoben, sie der Kollaborationshaltung der Vichyregierung gegenübergestellt: *Die Art, wie Pariser Studenten gegen die Nazis kämpften, wie Marseiller Patrioten Munitionszüge in die Luft sprengten; … der kluge Heroismus, mit welchem die Arbeiter gewisser Flugzeugwerke Sabotage übten …, das wird einmal … Stoff sein für manche Heldenballade.*[908]

Brecht und Feuchtwanger machen mit dem Simone-Thema also auch erneut ihre Haltung in einer während des Entstehens von Stück und Roman sehr aktuellen Diskussion unter den Emigranten deutlich: Wer hat den deutschen Faschismus zu verantworten, das deutsche Volk insgesamt oder nur seine Führer? Beide Autoren vertreten – bei unterschiedlicher Beurteilung des »Phänomens« Hitler – die Auffassung, dass der Faschismus eine Folge der Entwicklung des Kapitalismus ist und nicht auf ein Versagen des deutschen Volkes zurückgeführt werden kann. In einem Vortrag auf dem Schriftstellerkongress an der Universität von Kalifornien, den er 1943 während der Arbeit am Roman hält, sagt Feuchtwanger: *Im Gegenteil, gerade die hervorstechendsten Züge der Nazi sind solche, welche die Deutschen nicht haben.*[909] Er wirft seinen Landsleuten zwar vor, dass sie der Politik leichtfertig, gleichgültig gegenübergestanden haben, dass sie erstaunt gewesen seien, *als sie eines Tages erfuhren, dieser Mann, den ihre Majorität nie ernst genommen hatte, sei ihr Reichskanzler,*[910] aber eine Kollektivschuld lehnt Feuchtwanger ab. *Den Faschismus austilgen heißt das deutsche Volk befreien,*[911] lautet seine Formel. In der Bundesrepublik ist diese nüchterne, kluge Haltung Feuchtwangers nie gewürdigt worden. Es dauerte vierzig Jahre, bis ein deutscher Bundespräsident mit Blick auf den Mai 1945 öffentlich das Wort »Befreiung« in den Mund nahm.

Es war vor allem der Reiz, die im Drama nicht darstellbaren inneren Dialoge der Simone in eine epische Form zu gießen, der Feuchtwanger erneut auf die Geschichte der naiven Widerstandskämpferin zurückgreifen ließ. Im Juli 1943 heißt es dazu in einem Brief an Ben Huebsch: *Wie Sie sehen werden, ist das Buch im*

Grunde ein einziger Monolog der Simone. Ich versuche, das, was Joyce angestrebt hat und was Schnitzler mit »Fräulein Else« gemacht hat, in einer breiteren und mehr verwickelten Handlung zu gestalten, und dabei so, daß der Leser auch innerlich gespannt bleibt. Diese Technik hat den Vorteil, daß die inneren Erlebnisse Simones, ihre Lektüre und ihre Träume ineinandergehen und in Wahrheit einander bedingen. Da aber die anderen Menschen des Buches und da die politischen Vorgänge, die den Hintergrund bilden, ziemlich verwickelt sind und dem Leser bis ins Kleinste klarwerden sollen, da sie aber immer nur mit den Augen der immer mehr erkennenden Simone dargestellt werden, so hatte ich manche Nuß zu knacken, bis ich mit dem Erreichten halbwegs zufrieden war.[912]

Als *Simone* im Jahre 1943 entsteht, ist die Wende des Krieges gekommen, das Ende Hitlers zeichnet sich ab, nach fast einem Jahrzehnt ist der scheinbar nicht aufzuhaltende Vormarsch der Faschisten gestoppt worden. Ende Januar kapituliert die 6. Armee in Stalingrad, im Juli beginnen die sowjetischen Gegenoffensiven, am 3. September landen die Alliierten in Italien.

Feuchtwanger, der »chronische Optimist«, atmet auf, denkt schon wieder an die Zukunft. Auf dem Schriftstellerkongress Anfang Oktober 1943, von dem bereits berichtet wurde, spricht er sich für ein sozialistisches Nachkriegsdeutschland aus, plädiert, ebenso wie Thomas Mann, für eine Versöhnung der verschiedenen politischen Lager, die sich in und außerhalb Deutschlands in ihrer antifaschistischen Haltung einig sind. Thomas Mann ruft den Kongressdelegierten zu: »Glauben Sie mir; für viele dort ist das Vaterland ebenso zur Fremde geworden wie für uns.«[913] Aber auch Gräben werden schon sichtbar. Brecht und Feuchtwanger werben für die Gründung des Nationalkomitees »Freies Deutschland«, Thomas Mann zieht seine Unterschrift unter einer gemeinsamen Erklärung im August wieder zurück. Auch die konservative »Free Germany«-Bewegung kann den Repräsentanten des deutschsprachigen Exils in Amerika nicht für sich gewinnen, bleibt genauso bedeutungs- und einflusslos wie Brechts nach sowjetischem Vorbild geplantes Nationalkomitee.

Feuchtwangers Aktivitäten in den zahllosen Exilorganisationen wechseln sich ab mit Wochen angespannter, zurückgezogener Schaffensphasen. 1943 findet Marta Feuchtwanger – wie bereits erwähnt – endlich ein festes Heim. Dreimal schon haben sie in Los Angeles das Quartier gewechselt. Jetzt erwerben sie ein Haus in Pacific Palisades, auf einem Hügel der Berge von Santa Monica gelegen, wieder mit einem weiten Blick auf das Meer. Das Anwesen war einige Jahre unbewohnt, der Besitzer starb vor seinem Einzug. Marta kann es recht preisgünstig kaufen. Trotzdem, die letzten Finanzreserven werden aufgebraucht. Ein Glück, dass *Simone* vom größten Buchclub Amerikas, der Literary Guild, gekauft und in 350 000 Exemplaren verbreitet wird.

Ein herrliches Haus, ganz im spanischen Landhausstil, mit großen Räumen, alten Holzdecken und Holztreppen, die aus einem Kloster in Spanien stammen. Im obersten Stockwerk wird die Schriftstellerwerkstatt eingerichtet, auf der großen Terrasse, die über der blauen Bucht von Santa Monica liegt, frühstücken sie, machen sie Gymnastik. Überall baut er wieder neue Bücherwände, bald sind es 35 000 Bände. Wertvolle Erstausgaben, bibliophile Kostbarkeiten umgeben ihn. Marta legt ihren dritten Garten an. Sie sind wieder zu Hause. Zufrieden teilt er Arnold Zweig mit: *Nach lästigen Streitigkeiten über die Weitermiete des Hauses, in dem ich früher wohnte, habe ich mir jetzt schließlich ein Haus gekauft, sehr am Rand dieser, wie Sie wissen, überaus geräumigen Stadt – was jetzt mit dem rationierten Benzin seine Unannehmlichkeiten mit sich bringt –, aber sonst herrlich gelegen. Hilfe für den Haushalt ist nicht zu bekommen, und wenn Sie über die Schwierigkeiten Ditas* (Arnold Zweigs Ehefrau – WS) *klagen, so kann ich das bis ins Kleinste verstehen, da Marta vor den gleichen Schwierigkeiten steht. Andernteils ist das Haus wunderbar gelegen, die Landschaft ringsum erinnert sehr an die in Sanary. Das Haus ist groß, und ich konnte meine Bücher schön und übersichtlich aufstellen. Der Garten ist herrlich, und alles in allem arbeitet es sich sehr gut in diesem neuen Haus.*[914]

Der Kauf dieses Hauses steht am Beginn des letzten Lebensabschnitts von Lion Feuchtwanger. Die tiefe Ruhe, der großbürgerliche Lebensstil, den er hier wieder findet, werden ihn bis zu seinem Tod in Amerika halten. In einem Fernsehinterview, das der Verfasser mit Marta Feuchtwanger im Januar 1984 gemacht hat, meinte sie auf die Frage, in welchem seiner Häuser sich ihr Mann am glücklichsten gefühlt habe: »Hier in seinem kalifornischen.« Ludwig Marcuse, inzwischen auch Bewohner der weiten Stadt von Los Angeles, weiß warum: »Er ging auch in Gesellschaften, nicht zu oft. Lud auch ein; nicht zu eifrig … Aber lieber war er ungestört. Er hatte so viele erlauchte Dauergäste im Haus, die er zum Sprechen bringen konnte, wann er wollte; er hatte keine Sehnsucht, häufiger als gelegentlich einmal gesellig zu sein. In seinem weiträumigen Monterey-Schlösschen befindet sich übrigens auch eine Orgel! Der Musiker Hanns Eisler spielte bei der Einweihung ›Üb immer Treu und Redlichkeit‹.«[915]

Er verlässt sein Haus in den letzten 15 Jahren seines Lebens nur selten. Erst nach sechs Jahren in Kalifornien unternimmt er im April 1947 wieder eine weite Reise, fliegt er nach New York. Es wird der letzte Aufenthalt in einer anderen Stadt sein. Bücher lesen und Bücher schreiben – das füllt ihn nun fast ganz aus.

Natürlich bleibt der freundschaftliche Verkehr mit den Menschen, die er schätzt. Zweimal im Monat treffen Feuchtwangers sich zu einem gemeinsamen Abendessen mit Thomas und Katia Mann. Brecht, der sich ein Haus in Santa Monica gekauft hat, bleibt bis zu seiner Rückkehr nach Europa im Herbst 1947 der vertraute Gefährte. Bruno Frank kommt häufig von Beverly Hills herüber oder lädt in sein gastfreundliches Haus ein. Franz und Alma Werfel gehören zu diesem engeren Kreis, obwohl der konservative Katholik Werfel und der Sozialist Feuchtwanger politisch häufig aneinandergeraten. Der einsame Heinrich Mann wird oft von Marta mit dem Wagen abgeholt zu langen ruhigen Abenden über der Bucht. Die deutschen Emigranten in Hollywood – Schauspieler, Regisseure und Drehbuchautoren – laden zu Premieren, Rezitationsabenden oder politischen Diskussionen. Neue Freundschaften werden geschlossen oder zumindest doch anregende Bekanntschaften. Charles Laughton, der Shakespeare deklamiert, Edward G. Robinson, der Hollywoods große Gangsterrollen spielt, Ingrid Bergman, die durch den Emigrantenfilm *Casablanca* zu Weltruhm gelangt, und auch Charlie Chaplin besuchen das Haus am Paseo Miramar, sind Gesprächspartner auf großen Abendgesellschaften. Feuchtwanger schätzt vor allem Chaplin sehr, er bewundert seine Filme, stimmt mit ihm politisch überein, steht ihm zur Seite, als Amerikas Kommunistenjäger den kleinen großen Mann schließlich aus dem Land hetzen. Nur als Chaplin einmal den Wunsch äußert, den Jud Süß Oppenheimer spielen zu wollen, überfordert er die Vorstellungskraft des Schöpfers der Romanfigur.

Zweimal im Jahr gibt es große Gesellschaft im Hause Feuchtwanger. 50 bis 60 Gäste sind geladen. Zunächst werden sie in das weiträumige Arbeitszimmer gebeten, der Gastgeber liest eine gute halbe Stunde aus seinem Werk. Wie immer mit leiser, etwas monotoner Stimme, die Manuskriptblätter liegen auf einem schmalen Pult, hinter dem der Autor steht. Anschließend wird das Gehörte diskutiert, wobei unausgesprochen Thomas Mann stets der erste Redebeitrag überlassen wird. Auch soll an solchen Abenden die Lesung immer pünktlich um 20 Uhr begonnen haben, da der Nobelpreisträger spätestens um 23 Uhr zu Hause zu sein pflegte.

Harold von Hofe, bis zu seinem Tod im Jahr 2011 Nachlassverwalter des Werkes und Direktor des Feuchtwanger-Archivs an der University of Southern California in Los Angeles, kam als junger Germanistikdozent ins Haus Feuchtwanger und war mehrfach Gast bei Lesungen des Hausherrn. In einem kleinen Aufsatz, der 1993 erschien, erinnert er an die Atmosphäre dieser Stunden: »Bei Lesungen Feuchtwangers war Brecht selten anwesend, jedenfalls nicht, wenn Thomas Mann eingeladen war; die gegenseitige Abneigung war unüberwindbar. Thomas Mann hatte im Arbeitszimmer Feuchtwangers einen Stammplatz am Schreibtisch Hilde Waldos, wenn Lion vorlas. Die Gäste setzten sich auf ein Sofa, Ohrsessel und Klappstühle … Es waren 40 Gäste anwesend, als Feuchtwanger einen Auszug aus dem Franklin-Kapitel des Romans ›Waffen für Amerika‹ vorlas. Fünf Minuten vor acht saß Thomas Mann auf seinem Platz, nicht unweit von ihm setzte sich Heinrich Mann nieder. Um acht stellte sich dann Feuchtwanger vorne rechts vor das Lesepult. Er hatte eine leise Stimme, akzentuierte kaum und konnte seine Zuhörer nicht mitreißen, doch der Ernst, mit dem er vorlas, erregte Aufmerksamkeit … Um Viertel vor neun machte er eine Pause. Hinter meinem Stuhl standen etwa 200 Bücher, in denen Feuchtwanger speziell für ›Waffen für Amerika‹ blätterte und die er mit Randbemerkungen versah … Nachdem Thomas Mann Feuchtwanger einige unverbindliche Komplimente gemacht hatte, wurden Fragen gestellt, z. B. über die Beziehungen des bürgerlichen Franklin zur französischen Aristokratie, über sein Liebesleben und über seine Zusammenarbeit mit dem abenteuerlichen Beaumarchais … Viele Besucher hätten gerne ausführlicher diskutiert, doch es war Zeit für die Erfrischungen, die Marta zubereitet hatte … Von der ersten Hälfte der vierziger bis zu den fünfziger Jahren wandelte sich die Zusammensetzung der Zuhörerschaft. Bruno Frank und Werfel starben 1945, Heinrich Mann 1950, Döblin kehrte 1945, Leonhard Frank 1950 und Thomas Mann 1952 nach Europa zurück. Marcuse holte ich weiterhin regelmäßig ab und begleitete ihn zu den Lesungen; im übrigen wurden auch Germanisten, Studenten, Rechtsanwälte, Ärzte und sonstige Emigranten eingeladen. Bis 1950 war es Thomas Mann, der die Diskussion eröffnete, nach 1950 übernahm Marcuse diesen Part.«[916]

Zwei Wochen nach einer solchen Lesung für den deutschen Kreis werden dann in der Regel die amerikanischen Freunde geladen; ein Schauspieler liest die übersetzten Texte, und hier erhält stets Charlie Chaplin das erste Wort in der Diskussion.

KAPITEL 19

Eine große Hoffnung auf Befreiung blieb: Amerika

Revolutionsromane

1944 beginnt Feuchtwanger den ersten seiner drei Romane, deren Handlung er in das Zeitalter der europäischen Revolutionen verlegt. *Die Füchse im Weinberg, Goya* und *Narrenweisheit* sind seine intensive Auseinandersetzung mit den umwälzenden gesellschaftlichen Veränderungen, die diese Ereignisse bewirkt haben. Der Schriftsteller entwirft in diesen Büchern ein breites, mit zahllosen historischen Figuren angefülltes Panorama der Geschichte des 18. Jahrhunderts. Sie sind aber auch Feuchtwangers Bekenntnis zu den beiden Staaten, die ihm Exil gewährt haben: zu Frankreich und zu Amerika.

Im Nachwort zum Roman *Die Füchse im Weinberg* schreibt Feuchtwanger: *Sie werden ohne weiteres verstehen, daß der Held des Romans nicht Benjamin Franklin ist, auch nicht Beaumarchais, auch nicht der König oder Voltaire, sondern jener unsichtbare Lenker der Geschichte, der, im achtzehnten Jahrhundert entdeckt, im neunzehnten Jahrhundert deutlich erkannt, beschrieben und gepriesen wurde, um dann im zwanzigsten Jahrhundert bitter verleugnet und verleumdet zu werden: der Fortschritt.*[917] Der Autor stimmt hier ein Leitmotiv an, das besonders in den Werken seiner letzten 20 Lebensjahre immer wieder aufklingt. Der Fortschritt ist nicht nur der Held dieser Geschichte über die Allianz, die der Amerikaner Benjamin Franklin mit dem Frankreich der Bourbonen aushandelt, sondern auch der Held des Buches über den *Argen Weg der Erkenntnis,* den der spanische Maler Francisco Goya gehen muss, um zu entdecken, dass es nur eine engagierte Kunst geben kann – eine Kunst, die mit dem Volk verbunden ist, aber gleichzeitig auch zur Universalität führt. Und der Fortschritt ist der Held im Buch über den weltfremden französischen Philosophen Jean-Jacques Rousseau, der den Völkern den Satz zuruft: *Der Mensch ist frei geboren – und ist überall in Ketten.*[918]

Das Exil ist die innere Landschaft, die diese Romane zeichnen. Der Amerikaner Franklin, der Spanier Goya in Frankreich und Rousseau, der politische Flüchtling – alle drei erleiden sie, wenn auch in äußerlich unterschiedlicher Form, das Schicksal der Emigranten des 20. Jahrhunderts.

Die Füchse im Weinberg

Mit dem historischen Hintergrund des Romans *Die Füchse im Weinberg* oder – wie der Titel zeitweise auch lautete – *Waffen für Amerika* hat sich Feuchtwanger nach eigenen Angaben über Jahrzehnte beschäftigt, bevor er das Manuskript diktierte: *Der erste Entwurf liegt lange zurück, zwanzig Jahre, um genau zu sein.*[919] Schon im Roman *Exil* lässt er seine schillernde Figur, den Zeitungsmann Erich Wiesener, an einer Beaumarchais-Biographie arbeiten. Aber die Begegnung mit Amerika lässt Feuchtwanger die Umbrüche in den Vereinigten Staaten und im Frankreich des 18. Jahrhunderts künstlerisch ernsthaft aufgreifen und historische Figuren wie den Schriftsteller Pierre-Augustin Beaumarchais oder den späteren amerikanischen Präsidenten Benjamin Franklin zu literarischem Leben erwecken. *Ich lebte in Frankreich, als die Nazis dort einfielen. Eine große Hoffnung auf Befreiung blieb: Amerika. … Sehr deutlich wurde mir durch meine eigenen Erlebnisse die geschichtliche Verbundenheit der beiden Kontinente und insbesondere Frankreichs und Amerikas dokumentiert. … Ich kämpfte um die Vision Franklin, ich wollte Franklin sehen. Und langsam, langsam, in der amerikanischen Luft, inmitten der amerikanischen Wirklichkeit, erlebend die zeitgenössische amerikanische Geschichte, den Streit der Parteien, des Kongresses und der Regierung, der Besitzenden und der Besitzlosen, begann ich Franklin auch mit amerikanischen Augen zu sehen.*[920] Das Gestern der revolutionären Aufbrüche und das Heute einer Welt der großen antifaschistischen Koalitionen und ideologischen Auseinandersetzungen – der »Meister des historischen Romans« blickt in das 18. Jahrhundert, um das politische Drama seiner eigenen Zeit zu deuten.

Dem Prosatext vorausgegangen ist wieder eine Dramatisierung. Im April 1944 beendet Feuchtwanger *Waffen für Amerika*, ein *Stück in zwei Akten*. Es ist nicht für die Theaterbühne bestimmt (wurde allerdings 1962 in der DDR einmal aufgeführt), sondern dient ihm als eine erste literarische Auseinandersetzung mit diesem Thema. Am 16. Mai 1944 beginnt er mit dem Romanmanuskript, das er am 21. Oktober 1946 beendet: *Ja, »Waffen für Amerika« ist fertig, und ich glaube, ich darf sagen, der Roman ist geglückt,* teilt er Arnold Zweig am 15. Dezember zufrieden mit.[921] Als er die ersten Sätze des Manuskripts diktiert, tobt in Europa und Asien noch der Krieg, aber über die Niederlage des Hitlerfaschismus kann es keine Zweifel mehr geben. Am 16. Mai 1944 werfen britische Flugzeuge Bomben auf Köln, Mannheim und Ortschaften an der Kieler Bucht, setzen in Süditalien die alliierten Truppen ihre Großoffensive in der Gegend von Cassino fort. Als der umfangreiche Prosatext beendet ist, ist Deutschland von den Truppen der Alliierten besetzt und das Land vom Naziterror befreit. *Es steckt in diesem Buch viel Liebe und viel Haß zu Frankreich und Amerika, viel große Liebe und viel kleiner Haß, aber ein ehrlicher Wille zu objektivem Verständnis. Ich glaube, daß die Arbeit an diesem Buch mir geholfen hat, auch viel von dem zeitgenössischen Geschehen besser zu begreifen.*[922]

Feuchtwangers umfangreiches Epos – unter allen Werken übertrifft nur die *Josephus*-Trilogie seinen Umfang – spielt in den letzten Jahren des Ancien régime, im Zeitalter Ludwigs XVI. Der Amerikaner Benjamin Franklin, Erfinder, Buchdrucker, Schriftsteller und Republikaner, trifft in Paris ein, um für eine Allianz zwischen dem absolutistischen Frankreich und den gegen England rebellierenden Boston-Amerikanern zu werben. Die »neue Welt« sucht das Bündnis mit der schon im Niedergang begriffenen Bourbonenmonarchie, um die amerikanische Revolution gegen das übermächtige England Georgs III. zu verteidigen. Die amerikanische Unabhängigkeitserklärung von 1776 steht am Beginn der bürgerlichen Revolutionen, die in den kommenden 150 Jahren die Welt verändern werden.

Es ist die Geschichte *von der witzigen Torheit, der schlauen Dummheit und der übergesitteten Verderbtheit einer untergehenden Gesellschaft.*[923] Aber vor allem erzählt sie *von dem Glauben an ein langsames, langsames, doch sicheres Wachsen menschlicher Vernunft zwischen der letzten Eiszeit und der kommenden.*[924] Franklin, der Mann der Vernunft, setzt seine Allianzpläne in einer Gesellschaft durch, die auf dem Vulkan tanzt, die dunklen Schatten einer neuen Zeit zwar ahnungsvoll heraufziehen sieht, aber nicht mehr die Kraft hat, sie zu vertreiben. Nur einer erkennt sie hellsichtig: der schwerfällige, willensschwache, tölpische König Ludwig, dessen Leben 14 Jahre nach der Zeit, in der Feuchtwangers Roman spielt, auf der Guillotine endet.

Parallel zum Ringen des Demokraten Franklin um das Bündnis mit den absolutistischen Bourbonen schildert Feuchtwanger den Kampf des eitlen, geschäftstüchtigen, aber auch begabten Pierre Beaumarchais um die Aufführung seines Stückes *Figaros Hochzeit*, dessen schließlich gegen den erbitterten Widerstand des Königs durchgesetzte öffentliche Uraufführung in der Comédie Française zu einem skandalumwitterten Sieg der »neuen Ideen« führt. Franklin und Beaumarchais sind bei allen charakterlichen Gegensätzlichkeiten die Vertreter der Aufklärung, die geistigen Schüler Voltaires und Rousseaus. Auch wenn der »Fortschritt« eigentlicher Held dieses Romans ist, die beiden Vorkämpfer der amerikanischen Unabhängigkeit werden mit tiefer Sympathie gezeichnet, sind die Träger von Feuchtwangers großem Traum über die Rolle des Intellektuellen in der Gesellschaft: *Fort von den Augen der Welt riß er die Binde des Irrtums.*[925]

Die Hilfe, die das Frankreich der Bourbonen den amerikanischen Rebellen bietet, bringt den Ideen der Aufklärung ihren ersten machtpolitischen Sieg. Die »List der Geschichte« im Sinne Hegels macht die absolutistische Gesellschaft am Hofe von Versailles zum Helfer für den Aufstieg ihrer schärfsten Gegner, trägt entscheidend dazu bei, dass in der Französischen Revolution die

Welt des Absolutismus untergeht, das bürgerliche Zeitalter heraufdämmert.

Obwohl für den Geschichtsdenker Feuchtwanger die Oktoberrevolution von 1917 zeitweise das entscheidende Ereignis des 20. Jahrhunderts darstellt, sieht er die historischen Bewegungen in wesentlich größeren Zusammenhängen: … *die Kräfte, welche die Völker bewegen, sind die gleichen, seitdem es aufgezeichnete Geschichte gibt. Sie bestimmen die Geschichte der Gegenwart ebenso, wie sie die der Vergangenheit bestimmt haben. Diese unveränderten und unveränderlichen Gesetze in ihren Auswirkungen zu gestalten, ist wohl das höchste Ziel, das ein historischer Roman erreichen kann. Ihm strebt der Autor zu, der heute an einem ernsthaften historischen Roman schreibt. Er will die Gegenwart darstellen. Er sucht in der Geschichte nicht die Asche, er sucht das Feuer. Er will sich und den Leser zwingen, die Gegenwart deutlicher zu sehen, indem er sich distanziert.*[926]

Wie immer in seinen historischen Romanen – gelegentlich kräftiger, gelegentlich zurückhaltend – nutzt Feuchtwanger den historischen Stoff für Analogien zur Gegenwart. Die Allianz, die Benjamin Franklin anstrebt, sie besitzt ihren deutlichen zeitgeschichtlichen Bezug: das Bündnis der USA mit der Sowjetunion gegen Hitlerdeutschland. Das Amerika Jeffersons, Washingtons und Franklins braucht für den Kampf um die Freiheit die Waffen Frankreichs, die Sowjetunion Stalins die Flugzeuge, Panzer und Kanonen der Alliierten im Westen.

Das absolutistische Frankreich, das den »fortschrittlichen« amerikanischen Rebellen Hilfe gegen das rückschrittliche, kolonial oder modern »imperialistisch« denkende England bietet, den Zeitgenossen des Autors war dies erlebte Geschichte: Amerikas »Leih- und Pachtpolitik« vor dem Kriegseintritt, die den Hitlergegnern England und Russland entscheidende Hilfe bot, der Kampf zwischen den Isolationisten und den Interventionisten in Washington einerseits, die »fortschrittliche und vernunftgelenkte« Sowjetunion und der zwar helfende, aber »alte« kapitalistische Westen andererseits, der Autor lässt keine Zweifel aufkommen, was er sagen will: »Waffen für Sowjetrussland«. *Als das Amerika*

Roosevelts in den Krieg gegen den europäischen Faschismus eingriff und den Kampf der Sowjetunion gegen Hitler unterstützte, wurden mir die Geschehnisse im Frankreich des ausgehenden achtzehnten Jahrhunderts leuchtend klar und sie erleuchteten mir die politischen Geschehnisse der eigenen Zeit.[927]

Feuchtwanger hat sich in seinen drei Revolutionsromanen dem marxistischen Geschichtsbild passagenweise stark angenähert. So lässt der pazifistische Autor seinen Benjamin Franklin einmal formulieren: ... *Ich fürchte, Freiheit und eine bessere Ordnung wird sich nirgends in der Welt ganz ohne Gewalt und Unrecht herstellen lassen.*[928] Und auch das Volk, von Feuchtwanger ansonsten stets mit misstrauischer Distanz betrachtet, findet in *Die Füchse im Weinberg* einen marxistisch gedeuteten Platz in der Geschichte: *Der Sieg von Saratoga* (der militärische Erfolg der amerikanischen Rebellen – WS) *und dieser Sieg hier in Paris* (die Aufführung der »Hochzeit des Figaro« – WS) *waren Früchte des gleichen Baumes. Er hatte es nicht erkannt. Jetzt lehrte es ihn das Volk.*[929]

Im Detail kenntnisreich, wird das breite historische Panorama, das sich Ende des 18. Jahrhunderts der modernen Welt bot, von Feuchtwanger frei und in ideeller Überhöhung im Sinne der angestrebten aktuellen Analogien interpretiert. Die *illusionsfördernden Lügen,* um Feuchtwangers Vorgehen mit seinen eigenen Worten zu erklären, haben die politisch-geistigen Absichten des Autors zu unterstützen, und die *illusionsstörenden Wahrheiten*[930], die die behaupteten Parallelen zum gegenwärtigen politischen Geschehen ad absurdum führen würden, sind zu unterschlagen. Insofern spielen auch die chronologischen Eigenmächtigkeiten des Autors eine zu vernachlässigende Rolle.

In seinem gegenüber Feuchtwangers Ästhetik und Analogiebestreben äußerst kritischen Essay über den Roman arbeitet Hans-Albert Walter genau heraus, dass Feuchtwanger auch in der Figurencharakterisierung und in der ihnen zugewiesenen Sprachwahl Personen der Zeitgeschichte im Auge hatte. Die Darstellung Benjamin Franklins (*Ein Ingenieur der Seelen zu sein, das war sein Beruf ...*[931]) zeigt deutliche Parallelen zur Beschreibung der Persönlichkeit Stalins in *Moskau 1937*, für seinen unsympathischen Gegenspieler Arthur Lee wiederum findet Feuchtwanger Formulierungen, auf die der aufmerksame Leser bereits in einer essayistischen Arbeit des Autors über Trotzki stoßen kann. In Walters Aufsatz werden eine Vielzahl ähnlicher Belege aufgeführt.[932]

Die Veröffentlichung des neuen Romans stößt angesichts der schwierigen Nachkriegszeiten auf erhebliche Probleme. Fritz Landshoff vom Amsterdamer Querido Verlag will das Werk in zwei Bänden drucken (»Lassen Sie mich Ihnen sagen, daß ich persönlich noch nie von einem Buch von Ihnen so stark gefesselt war«[933]). Der Druck muss immer wieder hinausgeschoben werden. 1947 erscheint der erste Band, erst 1948 folgt dann der zweite. Die erste Auflage »wurde mit zwei unterschiedlichen Titeln gedruckt: ›Waffen für Amerika‹ und ›Die Füchse im Weinberg‹«.[934] Der Hintergrund des Titelwirrwarrs bleibt im Dunkel. Allerdings lässt auch Alfred Döblin den Autor wissen: »Der Titel klingt nach einer Propagandaschrift aus dem Krieg. Falls es wirklich ein Roman ist, würde ich Ihnen zu einem anderen Titel raten.«[935] Fünf Jahre nach dem Erscheinen der Erstausgabe teilt Feuchtwanger Arnold Zweig jedoch mit: *Der einzige Titel ist natürlich »Waffen für Amerika«, aber aus naheliegenden Gründen haben sich alle Verleger, wirklich alle, dagegen gesträubt.*[936] Die *naheliegenden Gründe* sind wohl in erster Linie in der heftigen Kritik zu suchen, die der Roman in Moskau auslöst. In der Zeitschrift »Nowy Mir« wirft die Rezensentin Feuchtwanger vor, er habe einen Propagandaroman für das imperialistische Amerika geschrieben. Auch die sehr differenzierte Darstellung der Charaktere seiner Romanfiguren beunruhigte einige Kalte Krieger in der sowjetischen Kulturbürokratie. Obwohl Feuchtwanger ganz auf der Seite der »Fortschrittsbringer« Beaumarchais, Franklin und Voltaire steht, beschreibt er ihre menschlichen Schwächen und Irrtümer nicht weniger klar als etwa die Intrigen und die Machtkämpfe, die Geldgier und das autoritäre Gebaren des Kongresses, der die 13 amerikanischen Staaten vertritt. Ludwig XVI., Marie Antoinette oder die Hofschranzen des *Fliederblauen Klüngels,* sie sind eben auch von der Tragik des Untergangs umschattet und nicht nur »Reaktionäre« nach der Vorstellung linientreuer sowjetischer Kulturkritiker. Insofern kannte Feuchtwanger Marx erheblich besser als mancher »Marxist« unter seinen Kritikern. Der Prophet der Weltrevolution schrieb nämlich einmal: »Solange das Ancien régime als vorhandene Weltordnung mit einer erst werdenden Welt kämpfte, stand auf seiner Seite ein weltgeschichtlicher Irrtum, aber kein persönlicher. Sein Untergang war daher tragisch.«[937]

Feuchtwanger, vom Nachrichtenfluss aus Europa und der Sowjetunion in den ersten wirren Nachkriegsmonaten weitgehend abgeschnitten, reagiert äußerst nervös auf die Moskauer Kritik, die ihm zugetragen wird. *Die Füchse im Weinberg* ist sein erstes neues Prosawerk, das im nun befreiten Europa erscheinen wird, und seine Unsicherheit mit Blick auf die künftigen Entwicklungen des europäischen Buchmarktes ist groß. In seinen Briefen an die Freunde im östlichen Europa klingt immer wieder die besorgte Frage an, welche Wirkung die ideologische Schelte aus Moskau auf die Veröffentlichungschancen des Romans habe. *In Londoner Zeitungen las ich etwas vage Telegramme, daß ich in Moskau scharf angegriffen werde, es scheint wegen »Waffen für Amerika«*, schreibt er am 6. September 1949 an den Schriftstellerkollegen und tschechischen Diplomaten Franz Carl Weiskopf. *Jedenfalls schreibt mir meine tschechoslowakische Übersetzerin, daß Prag das Buch, nachdem es ausgedruckt war, verboten habe. Die Berliner Kollegen scheinen sich allesamt mit viel Wärme für mich einzusetzen, aber genaues wissen sie wohl selber nicht. Wenn Sie, lieber Weiskopf, ergründen könnten, was eigentlich los ist, wäre ich Ihnen zu herzlichem Dank verbunden.*[938] Den Exilgefährten Alfred Kantorowicz, der inzwischen in Ostberlin lebt und dort für die Zeitschrift »Ost und West« verantwortlich ist, erreicht die Nachricht: *Mitteilungen von Zweig und Brecht entnehme ich, daß »Waffen für Amerika« im Osten mißverstanden wurde.*[939] Kantorowicz versucht zu beruhigen: »Ihre Freunde hier, Zweig und Brecht und ich selber zu einem bescheidenen Teil, versuchen, diese Mißverständnisse aufzuklären …«[940]

In seinem *Nachwort* spottete Feuchtwanger allerdings über

allzu oberflächliche Deutungen des Werkes: *Die bloße Tatsache zum Beispiel, daß ein Roman die Amerikanische Revolution zum Gegenstand hat, erweckt in gewissen Leuten den Argwohn, das Buch sei zum höhern Ruhme des heutigen Amerika und seiner Führer geschrieben.*[941] Und in einem Brief an Arnold Zweig vom 2. März 1951 heißt es: *Leid nur ist es mir, daß Sie nicht Gelegenheit haben, »Waffen für Amerika« einmal richtig und als Ganzes zu lesen. Sie würden sogleich erkennen, daß die Probleme, von denen das Buch handelt, brennende Fragen unserer Zeit sind. Das Buch spricht vom frühesten amerikanischen Imperialismus, es zeigt scharf umrissen die Lee und Adams, die ersten Repräsentanten amerikanischen Größenwahns, und das ganze Buch hat zum Helden jenen Fortschritt, der nur durch friedliche Zusammenarbeit aller Völker erreicht werden kann. In diesem Sinn wurde das Buch auch hier verstanden, und ich glaube, es hat hier in Amerika mehr für den Frieden getan als manche Friedenskonferenz. Es ist mir leid, daß ich Ihnen nicht Zuschriften schicken kann, die ich von unzähligen Lesern erhalten habe, und nicht die bösartigen Rezensionen der Gegner.*[942]

Brecht und Heinrich Mann stellen sich 1949 mit ihren Aufsätzen über den Roman in »Ost und West« hinter den alten Weggefährten, verteidigen das Buch gegen die Ideologiekritik als »Meisterwerk« seiner Gattung. Herausgeber Kantorowicz beweist mit dem Abdruck dieser Stellungnahmen im Übrigen nicht wenig Mut, denn in der ostdeutschen Kulturpolitik herrscht in diesen Jahren ebenfalls ein eisiger ideologischer Wind.

Aber auch Johannes R. Becher, Präsident des »Kulturbundes zur demokratischen Erneuerung Deutschlands«, beruhigt den irritierten Autor, nicht zuletzt, um ihn zu einem Besuch in der DDR zu verlocken. Am 6. Dezember 1949 schreibt er nach Los Angeles: »Nun hat unser Freund Arnold Zweig davon gesprochen, daß Sie die Absicht haben, im nächsten Jahr einmal nach Deutschland bzw. nach Berlin zu kommen, aber – so meinte er – Sie hätten gewisse Befürchtungen, und ich sollte Ihnen darüber einige beruhigende Worte schreiben. Ich konnte das zunächst gar nicht ernst nehmen, denn selbstverständlich denkt hier kein

Mensch daran, Sie wegen Formalismus oder Kosmopolitismus zu kritisieren, um so weniger, als beim besten Willen man derartige Dinge bei Ihnen nicht finden könnte. Vielleicht lassen sich diese Ihre Befürchtungen zurückführen auf die blödsinnige Kritik der Frau Motyljowa, die wir überhaupt nicht ernst nehmen und über die wir nur lächeln können und die auch, wie ich bei meinem Aufenthalt in der Sowjetunion vor einigen Monaten feststellen konnte, von allen maßgeblichen Leuten scharf abgelehnt wurde.«[943]

Ganz unumstritten ist der Erfolg des Romans in Amerika. Das Hohelied auf die amerikanische Revolution und die enthusiastisch herausgehobene Persönlichkeit Benjamin Franklins begeistern die Leser seines Gastlandes. Die Buchgemeinschaft Literary Guild legt bis Frühsommer 1948 rund 600 000 Exemplare auf. Und Hollywood meldet sich ebenfalls. *Die Filmrechte sind von der ENTERPRISE COMPANY gekauft worden*, teilt er Fritz Landshoff im Mai 1947 mit, *inszeniert wird der Film von Lewis Milestone.*[944] Der Regisseur Milestone ist eine hervorragende Adresse in der amerikanischen Filmmetropole, hatte er doch 1930 den Weltbestseller »Im Westen nichts Neues« von Erich Maria Remarque überaus erfolgreich verfilmt. Allerdings kommt es zu keiner Hollywoodproduktion. Unter dem Titel »Waffen für Amerika« wird Feuchtwangers Roman in der Sowjetunion als Kinofilm und 1976 in der Bundesrepublik für das Fernsehen produziert.

Vor dem Erfolg steht der Ärger mit der Übersetzung – der Roman erscheint in Amerika unter dem Titel *Proud Destiny* – für die Viking Press und die Ausgabe für die Buchgemeinschaft. Der entsetzte Autor muss feststellen, dass die Übertragung ins Amerikanische etwa um 20 Prozent länger ist als der deutsche Ursprungstext. *Es war etwa so, als ob jemand den Satz »Sire, geben Sie Gedankenfreiheit«, folgendermaßen übersetzte: »Sire, es wäre jetzt angebracht, daß Sie sich überlegten, ob es nicht vielleicht doch besser wäre, Sie erlaubten einigen Ihrer Untertanen, nach Belieben zu denken.«*[945] Feuchtwanger eilt nach New York und arbeitet wochenlang im Hotel Sherry Netherland an einer leicht gekürzten

Fassung, die die Vertreter von Literary Guild verlangen. *Ich kann Ihnen nicht sagen, was für scheußliche Arbeit ich nun zu verrichten hatte. Wir saßen, ein verständiger Mann von Viking Press, der kein Wort deutsch sprach, meine überaus hilfreiche Sekretärin und ich, in einem New Yorker Hotelzimmer, das sehr prunkvoll war, aber kein Licht und keine Luft hatte, und arbeiteten Tag und Nacht.*[946]

Der Erfolg in Deutschland war bescheidener. Fritz Landshoff, der bemüht war, den Querido-Verlag über die Exiljahre seiner prominentesten Autoren hinaus zu etablieren, stieß auf wachsende Schwierigkeiten, die von ihm verlegten Bücher in die vier Zonen zu importieren. Im September 1947 teilte er Feuchtwanger mit: »Wir haben uns seit mehr als einem Jahr unterbrechungslos bemüht, in die Handelsverträge mit Österreich und Deutschland die Aufnahme von Bücherlieferungen zu erwirken.«[947] Es dauert lange, bis endlich der zweite Teil des Romans deutschsprachig erscheinen kann. *Sie können sich nicht vorstellen,* klagt Feuchtwanger am 26. Februar 1948 in einem Brief an Kantorowicz, *wieviel Verdruß mir die Herausgabe der deutschen Version macht. Ich habe Vertrag mit dem Querido Verlag, und Landshoff hat auch den ersten Band des Werkes erscheinen lassen. Der zweite Band ist indes auch heute, achtzehn Monate nach Abschluß des Manuskripts, noch nicht veröffentlicht, gegen den Vertrag, und ich kann von Landshoff keinen endgültigen Bescheid bekommen, wann das Buch nun erscheint. Da Vertragsabschlüsse mit einer großen Reihe fremdsprachlicher Verleger vorliegen, hat das unzählige Verdrießlichkeiten zur Folge, und die fremden Ausgaben werden schließlich auf Grund der sehr unbefriedigenden englischen Übersetzung hergestellt.*[948] Ende 1948 liegt das komplette Werk schließlich auch für seine deutschen Leser vor. Sehr geschätzt haben sie es nicht.

Nach dem Untergang des Sowjetimperiums und dem Scheitern der machtpolitischen Umsetzung der marxistischen Ideologie wird der heutige Leser dieses Romans die verschlungene Ideologieüberhöhung, die Autor und Kritiker in den Jahren der Entstehung und Veröffentlichung des Romans so heftig umtrieb, nur noch schwer nachvollziehen können. Geblieben ist ein großes

Epos über eine Wendezeit der europäischen Geschichte, der Versuch, die geistigen Strömungen darzustellen, die das Zeitalter der Aufklärung bestimmten. Einen packenden historischen Roman schrieb Feuchtwanger, ein weiteres Mal erzählend von der ewigen Wiederkehr des Wechselspiels zwischen Geist und Macht, von den Irrungen und Wirrungen menschlicher Triebe und Leidenschaften. Ein breites Epochenpanorama wird entworfen, um die eigene Zeit zu deuten. In Jahren wachsender Vernunftzweifel und unübersehbarer antiaufklärerischer Tendenzen wird der Leser wohl eher von der human-naiven Fortschrittsgläubigkeit Feuchtwangers irritiert sein als von den ideologischen Schlachten einer untergegangenen Epoche. Ein Leseabenteuer aber erwartet ihn allemal.

Goya oder Der arge Weg der Erkenntnis

1948 beginnt der 64-jährige Lion Feuchtwanger mit der Niederschrift seines *Goya*-Romans. Die Welt hat sich in den vier Jahren, die seit den ersten Zeilen der *Füchse im Weinberg* vergangen sind, erneut dramatisch verändert. Nach dem Scheitern der Moskauer Konferenz im März 1947 zeichnet sich auch bereits das ab, was bald, mit dem Begriff »Kalter Krieg« belegt, die aktuelle Politik beschäftigen wird. Die Antihitlerkoalition ist auseinandergebrochen, der Ost-West-Konflikt zerstückelt nicht nur das alte Bismarckreich, sondern fordert von allen Nationen Europas eine politische Positionsbestimmung. Es ist, wie in den vorangegangenen Jahrzehnten, wieder die Stunde der Ideologen, der Vereinfacher, der politischen Missionare angebrochen. In Amerika übermannt die Kommunistenhysterie die Nachfahren Benjamin Franklins, im Osten Europas errichtet Stalin mit Druck und Terror sein Reich, das nun – den alten Traum slawischer Imperialisten erfüllend – bis an die Ufer der Elbe reicht.

Die politischen Zeitbezüge – die Prozesse in Moskau und die Verhöre linker Intellektueller vor dem »Kongressausschuss zur Untersuchung unamerikanischer Betätigung« in Washington – sind auch in Feuchtwangers neuem Roman offensichtlich. Der

Kampf Einzelner für Vernunft und Fortschritt, die träge, leicht verführbare Masse des Volkes, Spielball der um Geld und Macht ringenden Eliten, und die Schrecken und Demütigungen erzeugende Heilige Inquisition bilden den Rahmen dieses »düster glänzenden Riesengemäldes«.[949]

Und doch sollte der aktuelle Bezug auf die Ereignisse der späten vierziger Jahre unseres Jahrhunderts im *Goya* nicht überinterpretiert werden. Der Plan, ein Buch über das Leben des spanischen Malers zu schreiben, liegt weit zurück, taucht in den Briefen Feuchtwangers immer wieder auf. Schon zehn Jahre vorher, am 24. August 1937, heißt es beispielsweise im Tagebuch: *Eine Biographie und einen Roman über Goya gelesen.* Die erste Begegnung mit dem Werk dieses Mannes, der in der zweiten Hälfte seines Lebens Romantik und Klassik überwand, das Tor zur modernen Malerei aufstieß, die gerade Linie auflösend und die revolutionären Möglichkeiten der schwarz-weißen Druckgraphik nutzend, geht – wie bereits erzählt – auf das Jahr 1926 zurück. Im Louvre und im Prado standen Marta und Lion Feuchtwanger damals vor den Gemälden und Drucken Goyas. Vor allem die Graphiken – die 80 Blätter der Serie »Los Caprichos« und die 82 Radierungen »Los Desastres de la Guerra« – hinterließen unvergessene Eindrücke. Der erste unmittelbare Niederschlag dieser Begegnung findet sich im Roman *Erfolg*, wo Martin Krüger im Zuchthaus eine Arbeit über Goya verfasst. Zweiundzwanzig Jahre nach seiner Hinwendung zu Goyas Werk beginnt Feuchtwanger mit der Arbeit an seinem Künstlerroman. Im Sommer 1950 diktiert er die Schlusssätze. Unterbrochen wird das Goya-Projekt von zwei dramatischen Texten, den Schauspielen *Witwe Capet* und *Wahn oder Der Teufel in Boston.*

Der Leser entdeckt in diesem Roman eine Vielzahl von Grundthemen, die der Schriftsteller Lion Feuchtwanger in seinem Werk immer wieder variiert, neu angeht, aus den unterschiedlichsten Blickwinkeln darstellt. Goyas *arger Weg der Erkenntnis* – so der Untertitel des Romans – ist auch von Flavius Josephus beschritten worden, Gustav Oppermann und Sepp Trautwein *(Exil)* haben ihn durchlitten. Wie in vielen vorangegangenen Prosawerken wählt Feuchtwanger wieder eine historische Umbruchepoche. Und wieder lässt sich das philosophisch-gesellschaftliche Anliegen des Autors mit dem Schlüsselbegriff *Vernunft* umschreiben. Stärker allerdings als in früheren Werken scheinen die autobiographischen Bezüge. Goyas Weg vom »l'art pour l'art«-Maler zum bekennenden, sich den politischen Ereignissen seiner Zeit stellenden Intellektuellen lässt sich auf Feuchtwangers eigene Künstlerschaft übertragen. Der innere Kampf Goyas, seine nie versiegende intellektuelle Skepsis, sein Standort »zwischen den Fronten«, sein Streben nach der »Idioma universal«, seine Ängste, den Elfenbeinturm zu verlassen – Feuchtwanger weiß aus eigener Erfahrung, wovon er hier schreibt.

Die Handlung des Romans spielt in den letzten fünf Jahren des 18. Jahrhunderts, rund 20 Jahre nach Franklins Mission im Frankreich Ludwigs XVI. Die Bastille ist erstürmt, das französische Volksheer hat die Armeen der absolutistischen Herrscher der europäischen Nachbarn zurückgeworfen, unter dem Fallbeil der Guillotine sind nicht nur die Köpfe von Ludwig und Marie Antoinette gefallen, sondern auch Danton und Robespierre sind Opfer der selbst errichteten Terrorherrschaft geworden, Charlotte de Corday hat Marat in der Badewanne erstochen, und der Stern des jungen Generals Bonaparte beginnt bereits zu leuchten.

Jenseits der Pyrenäen aber dämmert das Spanien der Bourbonen in mittelalterlicher Erstarrung dahin. Einst unter dem Habsburger Karl V. zur europäischen Vormacht aufgestiegen, hat das Land seinen Höhepunkt längst überschritten. Von unfähigen Herrschern und einem engstirnigen, raffenden Adel regiert, erlebt Spanien im 17. Jahrhundert einen tiefen politischen und wirtschaftlichen Verfall. Das Geistesleben erlischt nach dem Tod von Velázquez und Murillo, nach den letzten großen Werken Calderóns. Auch die liberalen Reformversuche Karls III. (1759 bis 1788) bringen nur Teilerfolge. Die iberische Halbinsel bleibt die geistig und wirtschaftlich rückständigste Region West- und Mitteleuropas. Zu mächtig ist das Bündnis von Adel und Kirche, zu stark sind Armut, Aberglaube und Analphabetismus im Volk, als dass die Ideen der französischen Enzyklopädisten, die neuen Wirtschaftstheorien eines Adam Smith in Spanien über einen kleinen machtlosen Kreis aufgeklärter Bürger hinaus ein Echo hätten finden können.

Francisco Goya, der Bauernsohn aus Aragon, ist aufgestiegen zum bedeutendsten Maler seines Landes, »Pintor del Rey«, Maler des Königs, wird er, Direktor der Malerei an der Akademie de San Fernando. Seine Porträts der Granden des Landes, seine Kirchenfresken und Teppichkartons für die königliche Manufaktur in Madrid machen ihn zu einem wohlhabenden Mann. Ein talentierter Künstler, der ganz im Stil seiner Zeit malt, die gesellschaftliche Wirklichkeit des spätabsolutistischen Spaniens hinnehmend. *Er war nun einmal kein Politiker, die politischen Dinge waren ihm zu verworren. Krieg oder Friede, das ging den König an, seine Räte und seine Granden. Seine, Franciscos, Sache war es nicht, er war Maler.*[950] Erst in einem längeren inneren Wandlungsprozess, beeinflusst von den neuen Ideen, die aus dem revolutionären Frankreich über die Pyrenäen dringen, zur Tat aufgerufen von den für ein fortschrittliches Spanien kämpfenden liberalen Freunden aus dem Kreis des Politikers und Schriftstellers Gaspar Melchor de Jovellanos, beginnt Goya die gesellschaftliche Wirklichkeit zu durchschauen. Verzweifelt wehrt sich der fast fünfzigjährige Künstler gegen die politischen Forderungen des Tages: *Begreifen Sie doch, ich bin Maler, nichts als Maler.*[951] Aber die Begegnung mit der Inquisition, das Miterleben der psychischen Zerstörung von Menschen, die den Gedanken der Aufklärung folgen, die die Gesetze der Vernunft gegen Aberglaube und mystischen Wahn zu stellen versuchen, führen zu Goyas Wandlung. Jovellanos' Sätze lassen ihn nicht mehr los: *Wie kommt es, daß das arme Frankreich siegreich ist gegen die ganze Welt? Ich will es euch sagen, meine Herren. Es ist, weil das französische Volk der Vernunft anhängt, der Tugend, weil es Gesinnung hat. Was aber haben wir? Einen König ohne Hirn, eine Königin, die nichts gelten läßt als die Gelüste ihres Unterleibes, und einen Ersten Minister, der einen einzigen Befähigungsnachweis mitbringt: stramme Schenkel.*[952]

Nach einer schweren persönlichen Krise, hervorgerufen durch

seine Leidenschaft zu Cayetana, der Herzogin von Alba, und die einsetzende Taubheit, findet Goya zu einer neuen Künstlerschaft, werden seine Werke Abbilder der Realität. Das Gemälde *Carlos IV. und seine Familie,* in der vordergründigen Anlage noch ganz den Konventionen der Hofmalerei unterworfen, wird bereits ein politisches Bild. ... *die wüsten Ereignisse, die Spanien heimsuchten, die zerschlagenen Schiffe, der ausgeplünderte Staatsschatz, die Schwäche und Arroganz der Königin, das Elend des Volkes, das alles war, während er malte, in Goyas Hirn, ob er's wollte oder nicht. Und gerade weil er keinen Haß malte, sprang aus dem stolzen Leuchten der Uniformen, Orden und Juwelen, aus dem Gefunkel all dieser Attribute des gottbegnadeten Königtums, die armselige Menschlichkeit der Träger dieses Königtums einem jeden mit nackter, brutaler Sachlichkeit ins Auge.*[953]

Am Ende dieses *argen Weges der Erkenntnis* aber steht der riesige Zyklus »Los Caprichos«, die achtzig Schwarz-Weiß-Drucke, auf denen sich das unterdrückte und gedemütigte, von mittelalterlichem Aberglauben und bitterster Not heimgesuchte Spanien in den grotesken Visionen eines genialen Künstlers widerspiegelt. Goyas Kunst überwindet die ästhetischen Dogmen des Absolutismus, Harmonie und Idealisierung weichen einer grellen, zur Fratze verzerrten Wirklichkeit. Und auf dem letzten Blatt kündet der Maler vom Ende eines Zeitalters: *Da kommt in Panik gerannt ein ungeheurer, maßlos häßlicher, gespenstischer Mönch, und hinter ihm ein zweiter, und vorne steht aufgerissenen Maules einer jener hirnlosen, gespenstischen Granden, eines der Faultiere, der Chinchillas, und noch ein vierter Gespensterling ist da, ein mönchischer, schreiender. Und unter das Blatt setzte Goya den Schrei, der aus den vier gräßlichen, riesig aufgerissenen Rachen tönt: »Ya es hora. Sie ist da, die / Stunde, abgelaufen ist die / Zeit!.« Und jeder mußte sehen: / Sie* war *da, die Stunde. Aus war / Es mit den Gespenstern. Fort, sie / Mußten fort, der automaten- / Hafte Grande, er und seine / Spießgesellen, die Prälaten / Und die Mönche. Ya es hora. / So war's recht: Das war die Zeichnung, /Die Caprichos zu beschließen. / Ya es hora!*[954]

Auch in *Goya* lässt Feuchtwanger wieder eine Fülle plastischer

Figuren der Gesellschaft des Spanien am Ende des 18. Jahrhunderts auftreten. Der kindische Carlos IV., die hässliche, von ihren Trieben beherrschte Königin Doña María Luisa, der Emporkömmling Manuel de Godoy, Cayetana, Grandin aus dem Hause Alba, Jovellanos, der vom Anbruch eines neuen humanen Zeitalters träumt, die Männer und Frauen des Volkes, die Majos und Majas. Täter und Opfer sind sie alle, keine »Helden«, sondern Menschen, gejagt von ihren Leidenschaften und Hoffnungen, geschüttelt von ihren Ängsten. Seinem letzten Roman, *Jefta und seine Tochter*, wird Feuchtwanger ein Zitat Spinozas voranstellen, das auch seine Menschendarstellung im *Goya* charakterisiert: »Ich habe mich redlich bemüht, die Handlungen der Menschen nicht zu verlachen, nicht zu beklagen, nicht zu verabscheuen: ich habe versucht, sie zu begreifen.«[955]

Den Hintergrund bildet das Spanien der Inquisition und der Garrotte, das Spanien einer auf »tragisch-lächerliche Art« erstarrten Tradition. Die Darstellung eines Autodafés, die Beschreibung der Hinrichtung des Räubers El Punal, die Schilderung der Reise Goyas mit dem Maultiertreiber Gil nach Saragossa gehören zu den großen Szenen dieses Buches, zeigen ein weiteres Mal den »Meister des historischen Romans«. Und es wird geschrieben, als der Spanische Bürgerkrieg zehn Jahre zurückliegt und in Madrid der »El Caudillo« Francisco Franco seine Diktatur mit Hilfe der Garrotte aufrechterhält.

Wie immer hatte sich Feuchtwanger intensiv auf sein Thema vorbereitet. Sein amerikanischer Biograph Lothar Kahn berichtet, dass über 60 Bücher zur Geschichte und Kultur Spaniens in der Bibliothek seines kalifornischen Hauses standen. Sicher, Feuchtwanger geht sehr frei mit Daten und Ereignissen im Leben Goyas um, reduziert den Entwicklungsweg dieses Mannes auf fünf Jahre, lässt manches Bild, manches Geschehen in diesem Zeitabschnitt Wirklichkeit werden, das die Historiker und Biographen erst später datieren. Auch die politischen Ereignisse, die Goya zu Entscheidungen zwingen, werden mehrfach vorverlegt. Der Dichter folgt da Aristoteles, der in seiner Schrift über die Dichtkunst festhält, es sei »nicht die Aufgabe des Dichters, das, was sich wirklich zugetragen, zu erzählen, sondern das, was sich hätte zutragen können und was nach Wahrscheinlichkeit oder Notwendigkeit möglich ist«.[956]

Wenn ich sehr deutlich geworden bin in der Darstellung historischer Details, heißt es aber zum *Goya* in einem Brief vom 27. Februar 1949 an Ben Huebsch, *dann deshalb, weil ich mit »Waffen für Amerika« traurige Erfahrungen gemacht habe, nicht nur hier, sondern überall. Die Unbildung des Durchschnittslesers hat offenbar überall in der Welt ungeheuer zugenommen, und man darf schwerlich die Kenntnis auch elementarer Fakten beim Leser voraussetzen.*[957]

So zeugen die Darstellungen der Inquisition, der Sitten am Hofe der spanischen Bourbonen von einer genauen Kenntnis dieses Landes. Auffallend auch, wie präzise die Charakterisierung des Königs und der Königin, des Günstlings Godoy mit den dokumentarischen Zeugnissen, die ihre Zeitgenossen hinterlassen haben, übereinstimmen. Nach der Veröffentlichung des Romans schreibt Feuchtwanger: *Was mich bewog, den Roman »Goya oder Der arge Weg der Erkenntnis« zu schreiben, war nicht der Wunsch, den zahlreichen Biographien Goyas eine neue zuzufügen und schon gar nicht die Absicht, die tausend Mal übel romantisierte Liebes-Episode zwischen ihm und der Herzogin von Alba ein tausend und erstes Mal darzustellen. Was mich bei der Betrachtung des Lebens und des Werkes des großen Spaniers nicht losließ, war ein anderes: es war die langsame, mühevolle Wandlung, welche sein Wesen und sein Werk deutlich zeigt. Der Ton des Titels meines Buches liegt also auf »Der arge Weg der Erkenntnis«.*[958]

Feuchtwangers *Goya* ist nicht nur ein historischer, sondern auch ein Künstlerroman und, wie kaum ein anderes seiner Werke, ein Bekenntnisbuch. Die eigene, intellektuell mühsam erkämpfte Erkenntnis, dass der Künstler sich erst vollendet, wenn seine Arbeit im Dienst einer Idee, einer politisch-gesellschaftlichen Aussage steht, ist eines der Grundthemen des Romans. Auch das natürlich ist ein Feuchtwanger'sches Leitmotiv, das bereits in anderen Werken angeklungen ist.

In der Nachkriegszeit ist Feuchtwangers in den Jahren nach

1933 gewachsene Skepsis gegenüber der Unvernunft der Welt kaum geringer geworden. Der *Optimist* lässt sie auch im *Goya*-Roman durchscheinen: *Die Vernunft blieb ewig wirkungslos, verdammt, in Kälte zu leben und in dünner Einsamkeit … Niemals wird es den Wissenden glücken, das Rohe, Wüste, Gewalttätige zu vertreiben aus dem Innern der Menschen, niemals wird die Vernunft es vermögen, die Barbarei zu verwandeln in Gesittung.*[959]

Und doch: Der *Goya*-Roman rückt den Glauben an die Vernunft als fortschrittliche Kraft in der Geschichte wieder ein wenig in den Vordergrund, lässt Feuchtwangers Hoffnungen, die trotz aller öffentlicher Bekenntnisfreude auch immer nachdenklich und zurückhaltend bleiben, wieder aufleuchten: *Die wenigen Gescheiten, Begabten drängten vorwärts, die ungeheure Zahl der andern hielt sie zurück, feindete sie an, fesselte sie, brachte sie um, suchte sich ihrer auf viele Arten zu entledigen. Und trotzdem kamen sie vorwärts, die wenigen Begabten, unmerklich freilich, mit vielen Listen und vielen Opfern, und mit sich zwangen sie, wuchteten sie die Masse der andern ein wenig vorwärts. … Mehr jetzt als ein bloßer Schall war / Der Gedanke von den Menschen- / Rechten: er war Wirklichkeit in / Manchen Ländern, schmale, junge, / Doch greifbare Wirklichkeit, ge- / Schriebenes Gesetz. Und so, am / Ende des Jahrfünfts und des Jahr- / Hunderts, war trotz allem in der / Welt ein wenig mehr Vernunft, als / Zu Beginn des Säkulums in / Ihr gewesen.*[960]

Formal ist der Roman in drei Teile gegliedert. Jedem dieser Abschnitte stellt der Autor in knappen Skizzen den historischen Hintergrund des Geschehens voran: das Spanien des 18. Jahrhunderts, das Wirken der Inquisition, die neuen Ideen der Aufklärung. Ein dramaturgisches Verfahren, das er schon im *Jud Süß* und in der *Häßlichen Herzogin* angewandt hat. Die einzelnen *Goya*-Kapitel enden mit Versen, ironisch verspielten Zusammenfassungen. Thomas Mann, der diese Kapitelschlüsse ästhetisch hoch bewertete, schrieb Feuchtwanger am 6. August 1951: »Die Trochäen an den Kapitelschlüssen, oft etwas wunderlich von Ansehen, deuten durch das Karikaturistische darin auf mir unbekannte spanische Vorbilder. Sie sind eine Kaprice, auf die ich mich – vielleicht im Gegensatz zu manchem anderen Leser – recht gut verstehe. Man glaubt – besonders die Deutschen glauben –, die Prosa sei etwas *unter* dem Verse; sie kann aber etwas *darüber* sein, den Vers in sich schließen und ihn spielend aus sich herausstellen. Das mag dann etwas gauklerisch und übermütig wirken, und souveräner Laune entspringt es auch. Der Roman auf seiner Höhe kann alles –.«[961]

Das Buch schließt mit der Zeile: *Hier endet der erste der beiden Romane über den Maler Francisco Goya.* Und im Dezember 1953 heißt es in einem Brief an Arnold Zweig: *Das bringt mich auf den »Goya«, von dem ja auch der zweite Band nicht geschrieben ist, und ich weiß nicht, ob ich ihn jemals schreiben werde.*[962] Bereits im Januar 1948 berichtete Feuchtwanger Ben Huebsch von der ursprünglich geplanten Konzeption: *Das Werk wird in zwei völlig in sich geschlossene Romane zerfallen. Der erste Teil, der im wesentlichen die große Passion Goyas für die Herzogin von Alba behandelt und seine Wandlung zum Künstler von Weltrang und Politiker, wird nicht umfangreich sein. Das Buch wird etwa 100–120 000 Worte umfassen. Ich glaube, es wird ebenso verständlich sein wie etwa »Jud Süß« oder die »Häßliche Herzogin«. Die Gefahr des Gesamtwerkes besteht darin, daß der eigentliche Sinn des ganzen – das Problem Kunst und Politik – erst im zweiten Teil ganz greifbar wird.*[963] Dieser zweite Teil, Goyas Jahre im Exil, wird aber nie geschrieben werden.

Als der Roman 1951 bei Huebsch in Amerika und bei der gerade von Eugen Kogon und Alfred Andersch gegründeten Frankfurter Verlagsanstalt in Deutschland erscheint, wird er zunächst widersprüchlich aufgenommen. In Amerika garantiert die Wahl zum Book of the Month zwar rasche Einnahmen, aber der dort gewählte Titel *This is the Hour* stößt zunächst auf Befremden, lässt das Buch erst allmählich zu einem echten Erfolg werden. An Huebsch schreibt Feuchtwanger am 5. Februar 1951 ein wenig resignierend: *Daß das Buch »Goya« heißen sollte, hatte mich tief aufatmen lassen, daß es dann doch bei »This is the Hour« blieb, hat mir einen tiefen Seufzer entlockt.*[964] In Deutschland stößt Feuchtwangers neuer Roman nicht zuletzt wegen der Verschärfung des ideologischen Ost-West-Konflikts auch erst auf eine zurückhaltende Aufnahme. Aber der *Goya* wird schließlich doch zum erfolgreichsten Buch unter Feuchtwangers Spätwerken. In 24 Sprachen übersetzt, erreicht es im Laufe der nächsten Jahre eine Millionenauflage. Anfang der siebziger Jahre wird er zur Vorlage für einen Film, eine Gemeinschaftsproduktion der DDR und der Sowjetunion, den Konrad Wolf, Sohn des Dramatikers Friedrich Wolf, in Szene setzt.

Wie immer recht selbstbewusst, hatte Feuchtwanger schon am 28. Dezember 1949 an Ben Huebsch geschrieben: *Ich glaube, mit diesem Buch meinem Ziele näher gekommen: Daß nämlich sowohl der anspruchsvolle Leser wie der Durchschnittsleser auf seine Rechnung kommt. Mit anderen Worten, das Buch soll nach dem Rezept Molières von dem Professor und von der Köchin verstanden werden.*[965] Wie auch immer der Lesestoff der Köchin dieser Jahre ausgesehen haben mag, der *Goya*-Roman hat bis heute zahllose Neuauflagen gefunden.

Narrenweisheit oder Tod und Verklärung des Jean-Jacques Rousseau

Unmittelbar nach Abschluss des *Goya*-Buches beginnt Feuchtwanger mit dem Diktat seines *Rousseau*-Romans. Noch einmal setzt er sich mit einer der zentralen Fragen des 18. Jahrhunderts auseinander, sucht er die Synthese zwischen Geist und Macht, deutet er die Rolle des Intellektuellen im großen Spiel der Politik. Der Roman *Narrenweisheit oder Tod und Verklärung des Jean-Jacques Rousseau* knüpft zeitlich unmittelbar an *Die Füchse im Weinberg* an, umfasst den Zeitraum von 1778 – Rousseau zieht in die Einsamkeit von Ermenonville – bis 1794, als seine Gebeine mit dem verklärenden Pathos der Revolution im Pantheon beigesetzt werden.

»Held« der diesmal recht kolportagehaft erzählten Geschichte ist der junge Aristokrat Fernand de Girandin, den die Ideen Rousseaus in glühende Begeisterung versetzen und der im Laufe des Romans den »argen Weg der Erkenntnis« leidend durchschreitet, vom schwärmerischen Romantiker zum Revolutionär wird. Rousseau selbst tritt im ersten des in fünf Teile gegliederten Werkes auf, sein »Geist« durchzieht aber den gesamten Roman, wird zur theoretischen Klammer für Feuchtwangers Auseinandersetzung mit den gesellschaftlichen Strömungen, Widersprüchen und Bekenntnissen seines eigenen Jahrhunderts. Das Ja des Autors zur Französischen Revolution ist ein historisch begründetes Ja zur Oktoberrevolution von 1917. Der »Fortschritt« ist unaufhaltsam, die Gesetzmäßigkeit der Geschichte wird – zumindest im Nachwort für die russische Ausgabe – vulgär-marxistisch gedeutet: *Jean-Jacques hat die Richtung erkannt. Es führt eine, freilich nicht immer grade, Linie von seiner Lehre über die amerikanische und französische Revolution zu Hegel, Marx und Engels, zur Pariser Commune und zur Oktober-Revolution.*[966]

In keinem anderen Roman setzt sich Feuchtwanger mit den Schrecken und dem Terror der Revolution so grundsätzlich auseinander wie in dem Rousseau-Buch. Seine Haltung bleibt ambivalent. *Und die Robespierre und Saint-Just erklärten zu Feinden des Vaterlandes diejenigen, die versagten, und tilgten sie aus. Sie tilgten alle Feinde des Vaterlandes aus, auch die wohlmeinenden. Ihre Logik war die Guillotine. Vielleicht gab es keine andere Logik der Revolution.*[967] Der verhaftete Fernand wird am Ende seines Weges gegenüber der revolutionären Gewalt eine ähnliche Haltung einnehmen wie die schrecklich tugendhaften Richter im Konvent: *... in dem Kampf um ihren Bestand war der Republik alles erlaubt, was zur Abschreckung und Vernichtung der Feinde dienen konnte.*[968] Feuchtwanger nimmt hier Gedanken auf, die in den Jahren der Schreckensherrschaft der Jakobiner (»Grande Terreur«, 1793/94) zweifellos auf das Denken und Handeln der Männer um Robespierre zutrifft. Fernand aber ist eine Figur, deren Weg zur Politik Feuchtwanger wohlwollend darstellt. Ein wenig erinnert der junge Franzose und begeisterte Verehrer Rousseaus an Hanns Trautwein, der im Roman *Exil* den Weg nach Moskau findet. Staatsterror als Mittel zur Eroberung der Macht – die Menschen des 20. Jahrhunderts haben die stalinistischen »Schauprozesse« und die Urteile von Roland Freislers Volksgerichtshof erlebt, in denen die »Verbrechen« der Angeklagten allein darin gesehen worden sind, dass sie tatsächlich oder angeblich gegen die Politik und die Menschenrechtsverletzungen ihrer Regierungen opponierten. Gewalt gegen Menschen – Feuchtwanger dehnt die ethischen Grenzen der Revolution selten so weit.

Allerdings: der Roman erscheint 1952, zu einem Zeitpunkt also, als der stalinistische Terror in seiner ungeheuerlichen Dimension noch nicht sichtbar gemacht worden ist. Während Feuchtwanger sein Manuskript diktiert, tobt in Korea eine Stellvertreterschlacht, und viele fürchten einen neuen Weltkrieg. Der Kalte Krieg hat längst die Köpfe der Menschen erreicht: Volksherrschaft oder die Herrschaft der *zweihundert Familien*, also des Kapitals. Im Zeitalter der Ideologien schlägt die Stunde der Vereinfacher. Und Feuchtwanger, von der Kommunistenverfolgung in Amerika abgestoßen und vom FBI scharf überwacht, sieht im Land der unbegrenzten Möglichkeiten keineswegs eine ideale Republik. Ihm geht es – wie immer – um die *fortschrittliche Idee* und die Rolle des Intellektuellen, um die Debatte, wie eine gerechte, sozial ausgewogene Gesellschaft erreicht werden kann. Nicht nur er glaubt im sozialistischen Gesellschaftsmodell eine Zukunft zu sehen, die der Menschheit zum Guten ausschlägt. Fernand bewundert die Haltung seines revolutionären Freundes Lepeletier: *Ungerechtigkeit gegen einzelne war eine notwendige Folge der großen, letzten Gerechtigkeit, welche das Wesen der Revolution war.*[969]

Die großen europäisch-amerikanischen Revolutionen haben zumindest in der westlichen Welt gesellschaftliche Fortschritte erzwungen: Freiheit, Gleichheit, Brüderlichkeit sind nicht nur leere Worte geblieben. Aber die Völker mussten erkennen, dass die Revolutionäre keine tugendhafteren Menschen waren, als die, die sie bis zur Götterdämmerung des Absolutismus unterdrückt hatten und deren Leben nun auf der Guillotine oder im Zuchthaus endete. Auch den neuen Herren ging es bald nur noch um die Macht und nicht mehr um die Menschen. Ihre vor dem Terror nicht zurückschreckende Haltung überdeckten sie mit der pathetischen Forderung nach der absoluten Unterwerfung unter den »Volkswillen«. *Das Feudalsystem des Reiches mußte von Grund auf beseitigt werden, und das konnte geschehen nur durch diejenigen, die an ihrer Wirtschaft und ihrem Leibe unter dem System litten. Die große Änderung konnte nur von unten kommen, von den Massen, vom Volk.*[970]

Weder die Französische noch die Russische Revolution kamen jedoch von unten. Es waren Bewegungen, die im richtigen historischen Augenblick von wenigen gelenkt wurden. Das »Volk« war lediglich das machtpolitische Instrument in der Hand willensstarker Revolutionäre. Ihre Revolutionen mündeten zudem in Diktaturen. Napoleon und Stalin waren beides: machtpolitische Vollender und die Zerstörer der moralischen Ideen der Aufklärung. Feuchtwanger sieht diese Aspekte nicht. Er schildert das Handeln des Volkes generell nicht ohne Misstrauen, in *Narrenweisheit* verliert er diese Skepsis.

Feuchtwanger hat sich bei seinen Vorarbeiten für den Roman intensiv mit den Werken Rousseaus, der Geschichte der Französischen Revolution, den Tagebüchern und Berichten von Opfern und Tätern dieser Jahre beschäftigt. Es ist zu einfach, ihm eine einäugige Beurteilung der Pariser (und damit der sowjetischen) Ereignisse, die dem Jahr 1789 folgten, zu unterstellen. Arnold Zweig fragt im Juni 1952 neugierig, »werden Sie den Kampf der Parteien: Gironde – Danton – Robespierre – Babeuf – Barras durchleuchten? Und so auch Licht auf diejenigen der russischen Revolution werfen.«[971] Etwas anderes ist Feuchtwanger jedoch wichtiger. An Ben Huebsch schreibt er im Mai 1952, es sei ihm darum gegangen, darzustellen, *wie jede Revolution – die russische nicht minder als die französische – viele Illusionen zerstört und gerade den glühendsten Anhänger der fortschrittlichen Ideen vor die schwierigen Probleme stellt.* Wenige Zeilen später spricht Feuchtwanger vom *Sinn und Unsinn der Revolution.*[972] Und schon am 4. August 1951 hatte Feuchtwanger seinen Verleger darauf hingewiesen, dass Rousseaus *Werk von jedem Einzelnen in dem Sinne gedeutet wird, in dem es dem Einzelnen förderlich ist, und es wirkt un-*

geheuer ein auf alle, die mit dem Werk in Berührung kommen. Er wolle also mit seinem Roman zeigen, dass *die explosive Wirkung großer Ideen, die nach den verschiedendsten Richtungen hin, nach allen Richtungen hin Leben und Zerstörung bringen.*[973] Insofern mündet Feuchtwangers Revolutionsroman nicht in die Befürwortung mitleidloser Staatspolitik, um den »Willen des Volkes« durchzusetzen, und er kann nicht lediglich als Plädoyer für den leninistisch-stalinistischen Weg gelesen werden. *Narrenweisheit* ist die intensivste literarisch-intellektuelle Auseinandersetzung dieses Schriftstellers mit den Ideen der Revolution und ihrer Umsetzung im grauen Alltag der Gewalt. Er nimmt darin eine Debatte auf, die bis heute anhält: Ist eine Veränderung der Welt nur mit Gewalt möglich?

Der Roman findet eine teilweise sehr kritische Aufnahme. Aber die Vorwürfe treffen weniger den Kern des Buches, Feuchtwangers differenzierte Deutung der Revolution und des ihr innewohnenden Terrors, sondern sie beziehen sich auf die eigenwilligen historischen Verschiebungen, die der Autor aus dramaturgischen Gründen vorgenommen hat. Vor allem die – geschichtlich unzutreffende – Ermordung Rousseaus durch den Geliebten seiner Frau Thérèse löst heftigen Widerspruch aus. Kritiken dieser Art sind allerdings nicht neu für ihn, sie kommen eigentlich nach jedem seiner historischen Romane auf. In einem Brief vom 16. April 1954 an Kantorowicz weist Feuchtwanger auf einen Punkt hin, der seine Deutung der Beziehungen zwischen Rousseau und Thérèse Levasseur erhellt. Seine Charakterisierung Rousseaus sei *aus einem sehr persönlichen Erlebnis entstand(en), nämlich aus meiner Teilnahme an dem Altersschicksal Heinrich Manns, an seinen Beziehungen zu Nelly, die aus nächster Nähe mitzuerleben ich Gelegenheit hatte.*[974] Nelly Mann, ein einfaches Mädchen aus Niendorf, hatte im Dezember 1944, psychisch seit Jahren labil und Alkoholikerin, Selbstmord begangen.

Feuchtwanger reagiert auf die Aufnahme seines *Detektivromans mit historischem Hintergrund* beim Publikum wie immer recht nüchtern. *Das Buch scheint hier das Schicksal zu finden, das Sie vorausgesehen haben*, heißt es im Brief vom 4. Mai 1953 an Ben Huebsch. *Es wird auf der einen Seite stürmisch gefeiert, auf der anderen leidenschaftlich abgelehnt. Verstanden haben es von den Rezensenten nur sehr wenige. In Europa, vor allem in den beiden Deutschland hat das Buch ein sehr günstiges Schicksal gehabt.*[975]

Fast scheint es aber auch so, als ob der Schriftsteller Lion Feuchtwanger ebenso wie sein Romanheld Fernand endlich einmal »dazugehören« will, müde geworden ist der Rolle des zwischen den Fronten stehenden Intellektuellen, die er in diesen Zeiten der »falschen Alternativen« eingenommen hat: *Voll strömenden Glückes spürte er, wie sein Ich fortschmolz, aufging im Gefühl aller. Er war kein Fremder mehr, er war* eins *mit denen, die da sangen. Was ihn umgab, drang in ihn ein, er wurde zu einem lebendigen Teil aller, wurde mehr als er selber, wurde Volk.*[976] Und spricht er von Rousseaus Wirkung nicht mit Worten, die von der eigenen großen Illusion des Schriftstellers erzählen, dass sein Wort allen Zweifeln zum Trotz doch eine Waffe im Kampf für Frieden und Gerechtigkeit ist: *Er war kein General gewesen und kein Staatsmann, er hatte keine siegreichen Schlachten geschlagen und keine großartigen Verträge geschlossen, er war nur ein Schriftsteller gewesen, ein Philosoph, und sie wußten nicht recht, was das war, und kaum einer unter hundert hatte seine Bücher gelesen. Aber ein paar Worte von ihm, ein paar Sätze von ihm hatte man ihnen in die Ohren und ins Herz gerufen in der Stunde ihrer Unschlüssigkeit, und es waren solche Worte, daß man marschieren und zuschlagen mußte, wenn man sie hörte. Und sie* waren *marschiert, und sie* hatten *zugeschlagen. Und sie hatten gesiegt. Und folglich taugten die Bücher dieses Toten mehr als die Kanonen der Generäle und die Federn der Staatsmänner.*[977] Auch in diesem Roman bleibt sich Feuchtwanger treu in seinem inzwischen gedämpften, aber nie verlorenen Optimismus.

KAPITEL 20

Überhaupt macht mir der Betrieb hier außerordentlich zu schaffen

Späte Jahre

Acht Jahre lang, von 1944 bis 1952, hat sich Feuchtwanger intensiv mit dem Zeitalter der europäischen Revolution im 18. Jahrhundert beschäftigt. Neben drei Romanen sind in dieser Zeit auch die erwähnten zwei Theaterstücke entstanden, *Wahn oder Der Teufel in Boston* und *Die Witwe Capet,* eine Kurzgeschichte und zahlreiche Aufsätze. Ein umfangreiches Werk also, das den langsam arbeitenden Schriftsteller restlos ausgefüllt hat. *ich sitze seit vier jahren hier, habe das gebiet von los angeles auch nicht auf einen tag verlassen und jeden tag mindestens vier, häufig aber bis zu zehn stunden an meinem schreibtisch verbracht*[978], schreibt er Eva van Hoboken im September 1945. Eine glückliche Schaffenszeit, wie viele Briefbemerkungen Feuchtwangers belegen – auch eine Zeit jedoch, in der die Beschwernisse des Alters stärker werden. Er leidet unter der umfangreichen Korrespondenz und den großen Entfernungen in Los Angeles, die ihn von Chauffeur – Marta Feuchtwanger oder Hilde Waldo – und Auto abhängig machen. *Ich habe den üblichen kleinen Ärger, zur Zeit übrigens sehr gehäuft,* schreibt er im Mai 1949 nervös und überarbeitet. *Auch wird, was ich tue und was ich schreibe, zur Zeit wieder einmal von allen Seiten mißverstanden, teils aus Absicht, teils aus Dummheit, manchmal aus beidem.*[979]

Die Politik, obwohl er sie jetzt manchmal leid ist, lässt ihn nicht los. In den Vereinigten Staaten nimmt die Angst vor Kommunisten und Anarchisten in den Zeiten des Kalten Krieges paranoide Formen an. Seit Feuchtwanger im Oktober 1940 amerikanischen Boden betreten hat, haben ihn die Gralshüter einer Law-and-Order-Politik nicht aus den Augen gelassen. Schon der

Schriftstellerkongress in Los Angeles 1943 lässt die Überwachungsbürokratie auf Hochtouren laufen. Obwohl der damalige Präsident Roosevelt ein Grußtelegramm schickt, gibt es heftige Angriffe, bei denen sich besonders Senator Jack B. Tenney, Vorsitzender des kalifornischen Untersuchungsausschusses für unamerikanische Umtriebe, hervortut. Der Kongress in Los Angeles ist für Tenney die Sache einer kommunistischen Tarnorganisation. Der Beginn muss um drei Tage verschoben werden, dann aber kann die Veranstaltung doch stattfinden, da der Senator den Beweis für seine Behauptung schuldig bleibt. Immerhin, im fünften Bericht des Untersuchungsausschusses, der 1949 erscheint, wird Feuchtwanger neben Thomas Mann und Albert Einstein den Intellektuellen zugerechnet, die Kontakte zu Kommunisten unterhalten. Es erstaunt also im Grunde wenig, dass nach dem Krieg, als das Bündnis gegen Hitler auseinanderbricht, Moskau und Washington rasch in ein starkes Konkurrenzverhältnis treten, mit dem McCarthyismus eine neue Welle von Verdächtigungen, Überwachungen und Diffamierungen über die Linksintellektuellen in Amerika hereinbricht. Der Boden dafür ist schon in den Jahren zuvor vorbereitet worden.

Aktueller Hintergrund des Aufstiegs von Joseph Raymond McCarthy, dem republikanischen Senator aus Wisconsin, ist das Scheitern der amerikanischen »Containment Policy«, der Eindämmungspolitik gegenüber dem Kommunismus. Als die Sowjetunion 1948 in der Tschechoslowakei den Kommunisten zur Macht verhilft, 1949 ihre erste Atombombe zündet, in England und den USA spektakuläre Spionageprozesse gegen Klaus Fuchs und das Ehepaar Rosenberg inszeniert werden, brechen die Dämme. Mit der Unterstützung von Fernsehen, Radio und Presse gelingt es McCarthy, die latenten Abwehrgefühle vieler Bürger gegen die »Roten«, die »Handlanger des Kommunismus«, in Bahnen hysterischer Verfolgung zu lenken. Unter Bruch der verfassungsmäßig gesicherten Grundrechte werden zahlreiche Menschen vor McCarthys Untersuchungsausschüsse geladen und befragt, wird ihre Loyalität gegenüber Amerika angezweifelt. Wenige nur wagen offenen Widerspruch, wehren sich gegen die Verfassungsbrüche. Der amerikanische Soziologe Samuel A. Houffer stellte im Sommer 1954 in einer Untersuchung fest, dass 77 Prozent der Amerikaner dafür waren, überzeugten Kommunisten die Staatsbürgerschaft zu entziehen, 51 Prozent stimmten dafür, Kommunisten einzusperren. Der Spuk, der viele in Verzweiflung stürzt, einige in den Tod treibt, dauert bis Ende 1954, als eine Rüge des Senats McCarthys Hexenjagd beendet.

Feuchtwanger ist Betroffener. Die Angriffe in der Presse nehmen zu. Am 15. Dezember 1946 erreichen Arnold Zweig die spöttisch-bitteren Zeilen: *So schreibt zum Beispiel die Hearst-Presse, daß Chaplin und ich bei Hanns Eisler Champagner trinkend finstere Pläne gegen die United States schmieden, und in Paris werde ich als Kollaborateur gebrandmarkt, weil der Umschlag der französischen Ausgabe von »Simone« verkündet: »par l'auteur de ›Juif Süß‹«, und der Film »Jud Süß« zwei Jahre hindurch von den Nazis in Paris gezeigt wurde. Worauf meine Freunde erwiderten, es sei unwahrscheinlich, daß ich an diesem Film mitgewirkt habe, da ich all die Jahre hindurch in Rußland gewesen sei. Es herrscht mancherlei Mißverständnis in der Welt.*[980] Brecht erhält im Mai 1949 die Mitteilung: *Ringsum, vor allem in Literatur- und Filmkreisen, herrscht Heulen und Zähneklappern.*[981]

Längst ist der Schriftsteller selbst im Visier des Inlandsgeheimdienstes FBI. Die inzwischen freigegebenen Akten umfassen Tausende von Seiten.[982] Zu vier umfangreichen Verhören wird Feuchtwanger zwischen 1942 und 1958 geladen, das letzte findet kurz vor seinem Tod statt. Sein Telefon wird über eine lange Zeit hinweg ebenso überwacht wie seine Post und seine Bankkonten. Vor der Villa Aurora stehen zeitweise wie in einem schlechten Hollywoodfilm die Männer im Regenmantel (»Car 24« übergibt an »Car 16«: »Lights on … in kitchen & frontroom – observed from alley – until 9:50 p – light on in backroom until 10:05p«[983]). Die Nachbarn werden über die Vorgänge im Hause Feuchtwanger und seine Gäste befragt, und sie geben bereitwillig Auskunft. Ein besonderer Blick der Agenten gilt Feuchtwangers Sekretärin Hilde Waldo, die für ihn Post- und Bankaufträge erledigt. Fährt sie nach Los Angeles, wird sie beschattet, am Bank- und Postschalter steht eine FBI-Figur und versucht zu lesen, an wen der Schriftsteller Briefe, Pakete oder Geld schickt. Informanten finden die staatlichen Schnüffler auch im Kreis der Exilanten, mit denen Feuchtwanger Kontakt hat. Er wird als Spion Stalins denunziert, und es wird genau registriert, welche Bücher er kauft und welche er schreibt. Als er 1955 eine sowjetische Journalistendelegation in seinem Haus empfängt, laufen die FBI-Drähte heiß, und den Akten ist zu entnehmen, dass auch die Herren von Metro-Goldwyn-Mayer »had put so much pressure on Feuchtwanger (fearing unfavorable publicity) that he refused to have his photograph taken with the Soviets and refused to allow photographers in his home« (Sie »hatten solchen Druck auf Feuchtwanger ausgeübt [aus Furcht vor ungünstiger Öffentlichkeit], dass er es ablehnte, sich mit den Sowjets fotografieren zu lassen, und keine Fotografen in seinem Haus erlaubte«).[984]

Die Intensität der Überwachung ist zeitlich unterschiedlich, das Ergebnis – wir kennen das aus den berüchtigten Stasi-Akten unseliger DDR-Zeiten – von grotesker Banalität. Immerhin, wir erfahren, dass Richard Nixon zwei Briefe an den Schriftsteller geschrieben hat, in denen er sich für Feuchtwangers Antrag auf die amerikanische Staatsbürgerschaft einsetzt und – da ist er schon Vizepräsident der Vereinigten Staaten – erklärt, »how much he enjoyed his last book«.[985] Man kann nur staunen, mit welchem materiellen und personellen Aufwand das FBI über Jahre die Beschattung Feuchtwangers betrieben hat, um lediglich festzustellen, dass dem Schriftsteller weder privat noch politisch etwas Verdächtiges nachzuweisen ist. Aber es bleibt die Tatsache, dass das FBI-Material den Mann in der Villa Aurora »zu dem neben Brecht, neben Anna Seghers und den Geschwistern Klaus und Erika Mann spannendsten Fall der Bespitzlung von deutschen Exilintellektuellen durch Amerikas Geheimdienste (macht)«.[986]

Wahrscheinlich sind Feuchtwanger diese Vorgänge in ihrem ausufernden Umfang nicht bekannt gewesen. Er leidet dennoch unter dieser Atmosphäre der Verdächtigungen. *hilde meine sekretärin, die zur zeit, da sie ihre einbürgerung verlangt hat, inquiriert wird, ist, als meine sekretärin, ungeheuer verdächtig,* schreibt er an

Eva van Hoboken im März 1946. *sie wird z b befragt, ob sie hegel gelesen hat, ob sie, wenn sie mich zum sowjetkonsul chauffiert, vor dem haus wartet oder das haus betritt und ähnliches. auch wird heftig untersucht, ob das geld, das ich lola schicke, zur förderung kommunistischer zwecke verwandt wird. du siehst, es ist auch hier politisch nicht alles rosig …*[987] Noch wenige Tage vor seinem Tod berichtet er Ben Huebsch am 1. Dezember 1958: *Freilich erfolgen noch immer tragikkomische Störungen. Zum Beispiel habe ich nach wie vor einen Kampf mit den Immigrationsbehörden. Seit elf Jahren kann ich keine Antwort erhalten auf meine Petition für Einbürgerung. Vor einem Jahr nun hatte ich ein Verhör von zehn Stunden, in dem mir mehrere hundert Fragen gestellt wurden, die meisten ungewöhnlich töricht … Jetzt ein Jahr später, kamen die gleichen Herren wieder, und zwar da ich mich nicht für wohl genug erklärte, den weiten Weg in die Büros der Immigration zu machen, kamen sie in mein Haus. Sie waren voll äußerster Rücksicht und Höflichkeit und fragten den gleichen Unsinn.*[988]

Gelegentlich beschleichen ihn ernsthafte Sorgen, dass sein Aufenthalt in Amerika gefährdet ist. Charlie Chaplin zitiert ihn aus diesen Jahren mit dem Satz: »Es mag etwas Bezeichnendes in der Tatsache liegen, daß, als ich mein neues Haus in Berlin fertiggebaut hatte, Hitler zur Macht kam und ich ausreisen mußte. Als ich meine Wohnung in Paris eingerichtet hatte, marschierten die Nazis ein, und wieder zog ich aus. Nun habe ich hier in Amerika gerade ein Haus in Santa Monica gekauft.«[989] Wenn Chaplin hier auch sicher nicht ganz richtig zitiert – Feuchtwanger hatte nie eine Wohnung in Paris –, so hat er die Meinung des Schriftstellers damit trotzdem recht gut erfasst.

Feuchtwangers Amerikabild wird von den Auswüchsen der Überwachungsbürokratie und den ausufernden Verfolgungen angeblich kommunistischer Parteigänger mitgeprägt. In einem Brief an Eva van Hoboken klagt er im September 1948 nicht nur über die anstrengende private Arbeitssituation, sondern auch über *die erstickende politische atmosphäre dieses landes, die unsägliche dummheit und frechheit der regierenden geschäftsleute und militärs und der von ihnen abhängigen zeitungen*[990].

Zweifellos wird mancher von der Kommunistenhysterie des ersten Nachkriegsjahrzehnts erheblich stärker getroffen als Feuchtwanger. Charlie Chaplin, der keinen amerikanischen Pass hat, darf nach einem Europabesuch nicht wieder in die Staaten einreisen. Brecht muss sich vor dem Ausschuss zur Untersuchung unamerikanischer Umtriebe in Washington verhören lassen. Vierundzwanzig Stunden später ist er auf dem Weg nach Europa. Der Musiker Hanns Eisler – zu Feuchtwangers 60. Geburtstag hatte er 1944 einen hübschen kleinen Kanon komponiert – muss vom 24. bis 26. September 1947 vor dem Ausschuss erscheinen und wird am 26. März 1948 aus Amerika ausgewiesen. Dennoch haben diese politischen Vorgänge Feuchtwangers letzte Jahre überschattet. Sein Wunsch – wie stark er auch immer gewesen sein mag –, Deutschland noch einmal wiederzusehen, bei mancher Ehrung persönlich anwesend zu sein, bleibt unerfüllt. Er befürchtet, dass die Amerikaner ihn nicht mehr zurücklassen, dass er sein Haus, seine Bibliothek, seine gewohnte Umgebung zum dritten Mal verlieren könnte. An Lola Humm-Sernau schreibt er am 10. März 1953: *Ich brauche Ihnen nicht zu sagen, wie furchtbar gern ich nach Europa käme, wenn nicht für immer, dann doch auf längere Zeit. Aber ich mache mir nichts darüber vor, daß ich mir damit Amerika in jeder Hinsicht für immer versperre. Nicht nur könnte ich nicht zurückkehren, ich müsste wohl auch mein Haus und meine Bücher im Stich lassen … Außerdem ist es gewiß, daß kein amerikanischer Verleger mehr wagen würde, ein Buch von mir zu veröffentlichen. … Zudem müsste ich, wenn ich in Europa bin, ganz sicher mich zu vielen Dingen äußern, und das bedeutete, daß die westdeutschen Buchhändler, die schon jetzt mit Mühe dazu gebracht werden können, meine Bücher auszustellen, mich vollends boykottieren würden, und das heißt, ich könnte nicht in der Schweiz oder in Italien oder in Frankreich leben, sondern würde unweigerlich nach Ostdeutschland getrieben werden. Das ist an sich nicht schlimm, nur fürchte ich eben, dass ich dort die vierzehn Bücher, die ich noch schreiben möchte … nicht würde schreiben können.*[991]

Aber es gibt natürlich noch andere Gründe, die ihn von einer

Reise nach Deutschland abhalten. Das Land ist zerstört, die Versorgungslage schlecht, und dort leben die Täter, die auch ihn persönlich und seine Familie verfolgt haben. Eine endgültige Rückkehr kommt für ihn ohnehin nicht in Frage. Zu sehr liebt er das Haus über dem Pazifik, seine ledergebundenen zigtausend Bände, den herrlichen Garten mit seinen Schildkröten und Waschbären, die sanfte Sonne und die blaue Farbe des Meeres. Kalifornien ist seine Heimat geworden. Er will sich nicht mehr in die eisigen Winde des Kalten Krieges zwischen den beiden Deutschland begeben. Er begrüßt die Gründung der sozialistischen DDR, er äußert sich nicht negativ über die bürgerlich-demokratische Bundesrepublik, er hält die Teilung für eine der vielen Dummheiten, von denen die Welt voll ist und von denen er in seinen Büchern so häufig zu reden weiß.

In Bonn, in München, in Hamburg oder in Westberlin kümmert sich in den Nachkriegsjahren kaum jemand um jene Autoren, die 1933 aus dem Land gejagt worden sind. Links und jüdisch, das ist vielen die Vergangenheit verdrängenden Politikern, Verlegern und Journalisten in der Bundesrepublik dann doch zu viel. Auch die Leser bleiben nach zwölf Jahren faschistischer Indoktrination über die »entartete Kunst« zurückhaltend, zumal die Feuilletons lieber über die neuen Bücher von Manfred Hausmann, Frank Thiess, Werner Bergengruen oder Hans Carossa berichten. In der bundesdeutschen Literaturszene streitet man mit Eifer über die »innere Emigration«, die 1933 Gottfried Benn für sich reklamierte und Frank Thiess unmittelbar nach Kriegsende mit seinen Angriffen auf Thomas Mann und dessen Exilkollegen erneut intoniert hat. Während man selbst im Vaterland unter Lebensgefahr durchgehalten habe, so tönen die einstigen Mitläufer oder zwölf Jahre politisch schweigenden Intellektuellen in den westdeutschen Blättern, hätten die Exilanten im Ausland – vom »sicheren Balkon« aus zuschauend – den Krieg überlebt. Eine infame Kampagne, die verständlich macht, warum sich – aller immer wiederkehrenden Skepsis zum Trotz – Arnold Zweig, Bertolt Brecht oder Anna Seghers für die DDR entschieden und

Thomas Mann oder Lion Feuchtwanger es vorzogen, ihre Zelte nie mehr in Deutschland aufzuschlagen.

Verständlich dagegen, dass sich die deutschen Leser in den Nachkriegsjahren zunächst begierig auf die ihnen in der Zeit des Nationalsozialismus weitgehend vorenthaltene amerikanische und französische Literatur stürzen. Ernest Hemingway, Thornton Wilder, F. Scott Fitzgerald, Jean Giraudoux und Jean-Paul Sartre werden neu entdeckt, und in den 1950er Jahren taucht zudem mit den Prosatexten von Heinrich Böll, Ilse Aichinger, Siegfried Lenz oder Alfred Andersch eine westdeutsche Literatur auf, die neue Töne erklingen lässt.

Zunächst aber werden auch die Exilautoren nicht vollständig übersehen. In den ersten zehn Nachkriegsjahren werden in der Bundesrepublik mehrere Romane Feuchtwangers veröffentlicht. Er glaubt anfangs, dass seine Interessen in Westdeutschland trotz mancher politischer Vorbehalte in guten Verlagshänden liegen. Im Oktober teilt er Eva van Hoboken mit: … *die Aufnahme des Goya in Westdeutschland ist überraschend gut, und sowohl Ost- wie Westdeutschland bringen den »Josephus«, die ganze Trilogie, in neuen, hübschen, einbändigen Ausgaben.*[992] Im Westen erscheinen beide Werke bei Rowohlt. Der Hamburger Verlag veröffentlicht 1955 unter dem Titel *Spanische Ballade* auch den Roman *Die Jüdin von Toledo*. Feuchtwangers Eindruck, der Buchhandel boykottiere ihn, lässt sich nicht belegen. *Der Widerstand der westdeutschen Buchhändler gegen mich rührt vor allem daher, dass meine Bücher im Osten erscheinen.*[993] Er hat dann Pech. Eugen Kogons Frankfurter Verlagsanstalt, die 1952 *Narrenweisheit* herausbringt, muss 1954 aufgeben, die Restbestände werden verramscht

In den späten 1950ern wird es auf dem westdeutschen Buchmarkt still um die Werke Feuchtwangers und der meisten seiner Mitexilanten, die einst zu den führenden Autoren Deutschlands gehört hatten. Erst das Heranwachsen einer Generation von Historikern und Literaturwissenschaftlern, die eine ernsthafte Aufarbeitung der nationalsozialistischen Zeit und ihrer Verbrechen beginnen, führt in den 1970er Jahren zur Wiederentdeckung der

Exilliteratur. Die Frankfurter Auschwitzprozesse Mitte der 1960er und die Ausstrahlung der Fernsehserie »Holocaust« 1978 werden für eine breitere Öffentlichkeit Meilensteine auf dem Weg zur Beschäftigung mit der eigenen Vergangenheit. In den 1980er Jahren machen westdeutsche Fernsehverfilmungen von Feuchtwanger-Romanen (1980 für die ARD *Exil,* Regie Egon Günther, 1983 für das ZDF *Die Geschwister Oppermann,* Regie Egon Monk, 1991 folgt in der ARD *Erfolg* unter der Regie von Franz Seitz) auch sein Werk wieder populär. Es erscheinen zahlreiche Neuauflagen und die ersten Biographien.

In der DDR werden die Schriftsteller, Musiker und Schauspieler, die im Exil das Dritte Reich überlebt haben, schon in den Jahren vor der Staatsgründung umworben. Die Kulturpolitiker – wobei der Mitbegründer des Aufbau-Verlages und spätere Kulturminister Johannes R. Becher eine wichtige Rolle spielt – laden die noch im Ausland wartenden Künstler ein, bieten Wohnstatt und soziale Sicherheit an, wenn sie sich entschließen, in den deutschen Oststaat überzusiedeln. Arnold Zweig, Anna Seghers, Bert Brecht oder Hanns Eisler wählen diesen Weg. Hinter diesem Werben stehen neben der Überzeugung, das »Erbe« der nationalen und antifaschistischen Literatur zu fördern und zu verwalten, auch handfeste politische Interessen im deutsch-deutschen Duell. Feuchtwanger gehört zu den am meisten umworbenen Künstlern, die im Exil überlebt haben. Er gilt den Ostpolitikern als »bürgerlicher Sympathisant«, und sein schriftstellerischer Ruhm tut das Übrige. Seine Bücher erscheinen im Ostberliner Aufbau-Verlag und im Greifenverlag. Der Rudolstadter Verleger Karl Dietz widmet sich mit großem Engagement dem Werk und der Person Feuchtwangers – »für ihn uns einzusetzen, betrachten wir als besondere Ehre«[994]. Der von ihm geleitete Greifenverlag veröffentlicht mehrere seiner Romane. Schon 1949 erscheint dort eine *Auswahl aus seinen Werken*, 1954 die *Stücke in Versen*, 1956 *Centum Opuscula,* eine Sammlung von Theaterkritiken und publizistischen Texten, und 1961 *Das Haus der Desdemona,* ein nachgelassenes Fragment über den historischen Roman. Es sind

Arbeiten, die bei Aufbau zunächst – aus politischen oder verlegerischen Gründen – kein Interesse finden.

Bei Aufbau beginnt die Reihe der Feuchtwanger-Veröffentlichungen mit dem Roman *Der falsche Nero*. Für die Erstauflage werden 20 000 Exemplare gedruckt. Im Mai 1947 schreibt Verlagsleiter Erich Wendt an Feuchtwanger: »Wir hoffen, daß mit der Herausgabe des Romans ›Der falsche Nero‹ unsere Zusammenarbeit nicht ihr Ende findet und wir Gelegenheit haben, auch andere Werke aus Ihrer Feder zu verlegen. Wir denken dabei vor allem an den Roman ›Erfolg‹ und an den Hanussen-Roman.«[995] Feuchtwanger antwortet zwei Monate später*: Mir scheint die Veröffentlichung meines Romans »Exil« in Deutschland wesentlicher als die Veröffentlichung meines Romans »Erfolg«.*[996] Im Laufe der Jahre erscheinen bei Aufbau alle wichtigen Werke Feuchtwangers. Eingriffe der Lektoren verdrießen den Autor zwar, aber er stimmt ihnen zu. Es geht dabei meist um die Frage, ob da nicht ein Sozialdemokrat zu gut oder die Sowjetunion zu schlecht wegkommt. Es sind keine entscheidenden und, auf den Gesamtumfang gesehen, nur wenige Änderungen, die erbeten werden. Feuchtwanger bleibt in der DDR ein viel beachteter, gefeierter und wohl auch in befriedigender Größenordnung gelesener Autor.

Im November 1952 erhält der Autor Post aus München: Die Universität beehrt sich, den 1933 aberkannten Doktortitel wieder zurückzugeben. Allerdings hatte man wohl den Hausmeister der Universität mit der Erledigung dieser Angelegenheit beauftragt, denn ein Begleitschreiben war nicht dabei, und aus dem Titel der Dissertation, *Rabbi von Bacherach,* war ein »Rabbi von Biberach« geworden. Der wieder in akademische Würden Gesetzte dankt freundlich – *Ich freue mich sehr darüber und wuensche der Universität, der ich viel verdanke, von Herzen Wachstum und Bluete*[997] – und teilt Thomas Mann augenzwinkernd mit: *Eine kleine, spaßhafte Sache: die Universität München hat mir ein feierliches Diplom übersandt, dem zufolge sie mir »erneut den Grad eines Doktors der Philosophie verleiht, der mir im Jahre 1933 entzogen worden ist«.*[998] Groteske am Rande: Eine Arbeit von Stefanie Harrecker aus dem

Jahr 2007 belegt, dass dem verfemten Autor offiziell die Doktorwürde nie aberkannt worden ist. »Lion Feuchtwanger ist der einzige Doktor, dem die Universität München den akademischen Grad wieder verlieh, ohne ihm diesen jemals zuvor entzogen zu haben. … (das) Fehlen jeglichen aus der NS-Zeit stammenden Nachweises einer Titelaberkennung von Lion Feuchtwanger ist – betrachtet im Kontext aller anderen, nachweisbar erfolgten Doktorentzüge – absolut singulär.«[999] Nicht etwa dass die Nazis ihm den Doktorgrad erhalten wollten. Es war wohl reine Schlamperei, dass man vergessen hatte, ihn auf die Doktoren-Streichliste zu setzen.

Leben zwischen Ost und West. Am 29. September 1953 erreicht ihn ein Brief des Präsidenten der Akademie der Künste in Ostberlin, Johannes R. Becher, der ihm die Verleihung des Nationalpreises Erster Klasse für Kunst und Literatur ankündigt. Auch hier wird freundlich gedankt: *Daß die Republik den Preis einem Schriftsteller verleiht, der nicht in ihrem Bereiche lebt, scheint mir ein schlagender Beweis für die Weitherzigkeit, mit welcher sie die Vereinigung alles dessen, was deutsch ist, anstrebt. Ich bin glücklich darüber, daß unter meinen Lesern diejenigen, an denen mir am meisten liegt, die deutschen, mich nicht vergessen haben.*[1000]

Wie brisant die ideologische Lage im gespaltenen Europa inzwischen geworden ist, zeigt die vorher erfolgte private Anfrage Bechers an den zu Ehrenden: »Bei dieser Gelegenheit einer Anfrage, die ich Sie bitte, mir telegraphisch zu beantworten: Sind Sie in der Lage, den Nationalpreis 1. Klasse in diesem Jahr anzunehmen?«[1001] Feuchtwangers Antwort: *Gewiß würde ich den Preis mit Freude und Stolz annehmen.*[1002]

Zum 70. Geburtstag im Sommer 1954 wird ihm die Ehrendoktorwürde der juristischen Fakultät der Ostberliner Humboldt-Universität verliehen. Es erscheint aus dem gleichen Anlass in der DDR eine Festschrift, der Sammelband *Worte seiner Freunde.* Grüße von manchem Weggefährten – Thomas und Heinrich Mann, Bertolt Brecht, Arnold Zweig, Hanns Eisler – und auch Geburtstagsanmerkungen, die mehr von Amts wegen Eingang gefunden haben. In der Bundesrepublik wird dieser runde Geburtstag in den Feuilletons und Verlagen fast übersehen.

Am 5. Juli 1957 meldet sich schließlich doch noch die Heimatstadt beim so wenig geliebten Sohn. Der Kultur- und Literaturpreis der Stadt München wird ihm verliehen. Und im Urkundentext – es bleibt im Verhältnis zwischen dieser Stadt und diesem Schriftsteller etwas Satirisches –, da schickt man ihn schon im Jahr 1933 in die Emigration nach Amerika. Aber der Preisträger freut sich trotzdem sehr: *Es ist mir eine Herzensfreude, daß mir meine Heimatstadt nach so vielem Auf und Ab den Literaturpreis zuerkannt; daß die Wahl auf mich fiel, scheint mir ein Zeichen wachsender innerer Befriedigung, und ich nehme den Preis mit warmem* Dank an.[1003] Oskar Maria Graf, der Bayer vom Starnberger See, gratuliert aus New York, wo er bis zu seinem Tod lebt: »Ich muß sagen, ich habe mich schon lange nicht so aufrichtig gefreut als dieses Mal! Denn endlich scheint dieses Münchner Volk, das Sie in Ihrem ›Erfolg‹ so großartig präzis geschildert haben, einen Lichtblick gehabt zu haben.«[1004]

Doch mit dem Auf und Ab sollte es sehr rasch weitergehen. Gab es schon hinter den Kulissen heftiges Gerangel in den Münchner Parteien, als Lion Feuchtwanger zum Preisträger vorgeschlagen wurde, kam es einige Wochen nach der Ehrung zum Eklat. Am 24. Oktober 1957 erscheint auf der Seite 1 der wichtigsten DDR-Tageszeitung, des SED-Zentralorgans »Neues Deutschland«, eine Glückwunschadresse des Schriftstellers »an das Sowjetvolk«: Am *40. Jahrestag der Revolution ist es mathematische Gewißheit, daß der Bestand der Sowjetunion auf Jahrhunderte gesichert ist. Es gibt auf dem Planeten keine Macht, die heute noch die Sowjetunion angreifen könnte, ohne sich selber und die Zivilisation der ganzen Welt zu zerstören. Das gewaltige Unternehmen, einen Staat aufzubauen nicht nur nach dem Gebot der Stunde, sondern nach einem sinnvollen Plan ist geglückt. Auch die Gegner geben zu, daß die Oktoberrevolution das wichtigste Ereignis des 20. Jahrhunderts war. Die späteren Historiker werden den 7. November 1917 als den Geburtstag einer neuen Ära bezeichnen.*[1005]

Die Münchner Stadträte empört nicht etwa das Pathos dieser Sätze, zumal es ihnen auf ihre Weise selbst geläufig ist, sondern die Tatsache an sich. Es gibt eine leidenschaftliche Debatte und am Ende eine beachtenswerte Resolution: »Der Stadtrat stellt fest, daß er bei der Verleihung des Kulturpreises der Stadt München nur die künstlerische Leistung, nicht die politische Haltung des Geehrten anerkennt, von der er sich ausdrücklich distanziert.«[1006] Niemand ist überrascht. Aber ein Nachspiel gibt es trotzdem noch, denn Feuchtwanger schreibt an die »Abendzeitung«, er habe nie ein Telegramm an die Moskauer Führung geschickt, sondern einen Leserbrief an die »Literaturnaja gaseta«. Und an den Kulturdezernenten telegraphierte er: *Verständigung mit Sowjetunion der einzige Weg zur Wiedervereinigung Deutschlands. Bin froh um jede Gelegenheit, dazu beitragen zu können.*[1007] So ganz falsch – das weiß man zumindest am Ende dieser europäischen Epoche – war dieser Gedanke nicht.

Nicht nur Lion Feuchtwanger, sondern viele linke und liberale Intellektuelle in Ost- und Westdeutschland hoffen, sich aus den ideologischen Vereisungen der Politik heraushalten zu können. Thomas Mann, Oskar Maria Graf oder Leonhard Frank gehören zu diesem Kreis. Sie sehen im demokratischen Sozialismus eine Alternative zum herrschenden kapitalistischen System im Westen, ohne automatisch Sozialismus und Kommunismus gleichzusetzen. Sie vergessen auch die Hintergründe der europäischen Katastrophe nicht so rasch wie viele ihrer Mitbürger oder die Politik. Aber sie verschließen ihre Augen nicht vor den Fehlentwicklungen im »realexistierenden Sozialismus«, intervenieren vielfach, um die Opfer des Stalinismus im Ulbricht-Staat vor Kerker oder Tod zu bewahren. Meist vergeblich. Die westdeutsche Republik wiederum betrachtet jeden, der nicht eindeutig antikommunistische Positionen bezieht, mit Misstrauen, und die altbekannten Formen politischer Hexenjagd sind dem Bonner Staat keineswegs fremd. Jede Ehrung aus dem Osten, jedes öffentliche Lob aus dem »falschen« Lager bedroht Druck und Vertrieb ihrer Bücher, verwickelt sie in geistlose und lautstarke Kontroversen.

Feuchtwanger hält über diese Jahre hinweg briefliche Kontakte mit den inzwischen in Europa ansässigen Freunden, mit Thomas Mann, natürlich mit Bertolt Brecht, aber auch mit Friedrich Wolf und Franz Carl Weiskopf, mit Johannes R. Becher und Alfred Kantorowicz. Trotz dieser Kontakte hat er über die Situation im kommunistischen Deutschland oder in der Sowjetunion nur Informationen aus zweiter Hand, und die sind nicht selten ideologisch gefärbt. *Sich hier ein Bild zu machen von der Situation in Berlin, das heißt, von der Situation des einzelnen, ist so gut wie unmöglich,* beklagt sich Feuchtwanger am 16. August 1948 bei Kantorowicz.[1008] Im Dezember 1952 an Lola Humm-Sernau: *Es ist vollkommen unmöglich, sich hier von den Berliner Dingen eine Vorstellung zu machen.*[1009] Und noch im Februar 1957 heißt es in einem Brief an Katia Mann: *Wir sind hier zur Zeit noch schlechter unterrichtet als sonst über die politischen Dinge Europas. Ich wurde ein paarmal aufgefordert, mich zu äußern, und es war nicht leicht, den rechten Ton zu finden.*[1010]

Aber natürlich beeinflussen seinen Blick und sein Denken Nachrichten von Freunden, deren Urteil er besonders hoch schätzt und die sich in den schweren Jahren des Exils als mutige und konsequente Gegner des Faschismus bewährt haben. So kann er beispielsweise in einem Brief der überzeugten Kommunistin Helene Weigel vom 8. März 1949 lesen: »Ich bin sehr froh, daß ich wieder arbeite, obwohl es hier schwierig ist. Atmosphärisch – um Ihren Ausdruck zu gebrauchen – ist es angenehm, arbeitsreich und nicht zuletzt erfolgreich. Es gibt gute, interessante und interessierte junge Leute, wißbegierig und mißtrauisch. Es tut mir um jeden leid, der nicht herkommt. Es schreien hier alle nach Heinrich Mann und nach Ihnen, ganz abgesehen davon, daß es uns guttäte, wäre es von großem moralischem Nutzen.«[1011] Er selbst bleibt mit Blick auf die eigene Position zurückhaltend. *Über meine Situation in der Ostzone bin ich mir im Unklaren,* hält er im Oktober 1949 fest. Aber er registriert: Ich habe *eine Reihe von höchst schmeichelhaften Briefen und Artikeln anläßlich meines Geburtstages bekommen,* und *mehrere meiner Bücher sind im Osten erschienen mit sehr hymnischen Besprechungen.*[1012]

Als der Leiter des Aufbau-Verlages, Walter Janka, 1956 verhaftet und in einem juristischen Scheinverfahren zu mehreren Jahren Zuchthaus verurteilt wird, Symptom einer Verhärtung der politischen Situation in der DDR nach dem Ungarn-Aufstand, wird der Schleier des »humanen Sozialismus«, den die östliche Propaganda über die Wirklichkeit zu legen so bemüht war, ein weiteres Mal zerrissen. Viele – an der Spitze die Witwe und die älteste Tochter Thomas Manns – engagieren sich für Janka. »Nach diesem Brief (gemeint ist ein Schreiben Erika Manns an den damaligen DDR-Kulturminister Johannes R. Becher – WS) erfolgten Eingaben, Interventionen und Briefe von Katia Mann, Lion Feuchtwanger, Leonhard Frank, Hermann Hesse, Halldór Laxness, Günther Weisenborn, Johannes von Guenther, Arnold Zweig und anderen«, schreibt Walter Janka 35 Jahre später.[1013] Andere schweigen ängstlich und opportunistisch, zum Beispiel Johannes R. Becher. Auch Anna Seghers. Aber sie setzt sich – zwar vergebens – bei Ulbricht für Janka ein und hilft ihm nach der Haft, materiell zu überleben.

Auf die Bitte Katia Manns, für Janka zu sprechen, schreibt ihr Feuchtwanger umgehend: *Ich kenne Janka nicht und habe nur indirekt von seiner Verhaftung erfahren. Aber ich habe auf Ihren Brief hin sogleich an Grotewohl geschrieben, und zwar dergestalt, daß mein Schreiben wirken müßte, falls man in der Tat in Berlin auf mich hört.*[1014] Natürlich hört die Staatsmacht nicht auf ihn. Seinen Brief beantwortet Grotewohl mit den üblichen Floskeln, zu denen Politiker greifen, wenn sie nichts tun und den Adressaten nicht verstimmen wollen. *Er schreibt mir,* teilt Feuchtwanger Katia Mann im Februar 1957 mit, *und das sehr herzlich, geradezu freundschaftlich, ich müßte doch verstehen, daß er sich in ein schwebendes Verfahren nicht einmengen könne.*[1015] Im selben Brief warnt Feuchtwanger vor allzu heftigen öffentlichen Aktionen, die nur zum Schaden für Janka ausschlagen könnten: *Liebe Katia, wie ich Ihnen schon depeschierte, habe ich Bedenken dagegen, Grotewohl öffentlich aufzufordern, er sollte Janka freilassen. … Ich habe das in denkbar stärkster Form getan und darauf aufmerksam gemacht, welche Bestürzung die Verhaftung Jankas vor allem bei Leuten erregte, die ehrliche Freunde der Deutschen Demokratischen Republik sind. ... Der zuständige Mann dürfte Ulbricht sein.*[1016] Das Schicksal des Verhafteten und das Vorgehen der DDR-Behörden beschäftigen ihn stärker, als seine öffentlichen Äußerungen vermuten lassen. *Ich habe hier keine Möglichkeit, Einzelheiten über den Fall Janka zu erfahren; meine Berliner Freunde schweigen sich aus, und ich schreibe und rate aus einem Vakuum heraus. Ich wäre Ihnen dankbar, liebe Katia, wenn Sie mich auf dem laufenden hielten.*[1017] Der überzeugte Kommunist Janka verschwindet – wie damals so viele andere – für Jahre in den Kerkern der DDR.

In der nur noch kurz bemessenen Lebenszeit Feuchtwangers lassen sich in der Korrespondenz keine privaten Äußerungen finden, welche Schlussfolgerungen er aus der Verurteilung Jankas im Hinblick auf die Situation in der DDR zog. Immerhin, mit dem zu diesem Justizskandal schweigenden Kulturminister Becher werden noch knappe Geburtstagsglückwünsche ausgetauscht, und das so viel Ärger auslösende Glückwunschtelegramm zum Revolutionsjubiläum in Moskau erfolgt ebenfalls nach dem Prozess. Manche private Anmerkung und manche Passage in seinen Romanen zeigen immer wieder abwägende Skepsis über die Verwirklichung des Sozialismus im östlichen Europa, aber er hält wohl fest an der großen Utopie, »Fortschritt und Vernunft« seien auf der Seite der Revolutionäre von 1917 gewesen. Der machtpolitisch geprägte Antikommunismus der westlichen Welt erleichtert es ihm, sich nicht einseitig festzulegen. Insofern bleibt er sich wieder selbst treu und hat den Mut, auch öffentlichen Ärger und manche Kollegenschelte in Kauf zu nehmen. Robert Neumann, der Feuchtwanger freundschaftlich zugetan war, ihn aber im Hinblick auf seine Erfolge und seine Eitelkeit nicht ohne spöttische Distanz in seinen Erinnerungen charakterisiert, formuliert es fünf Jahre nach Feuchtwangers Tod in einem sehr schlichten, jedoch treffenden Satz: »Auch sein Sozialismus war ehrlich.«[1018]

Hier sollen keine falschen Gewichte gesetzt werden. Diese politischen Querelen füllen zwar hie und da die Schlagzeilen, aber sie stehen nicht im Zentrum der letzten zwanzig Lebensjahre des Schriftstellers Lion Feuchtwanger. Das Werk und nicht der ideologische Streit um die politische Hoheit im Kampf um Macht und Geld bestimmen bis zum Tod seinen Alltag.

Die Jüdin von Toledo

Im September 1952 beginnt Feuchtwanger mit dem Diktat seines nächsten Romans. *Ich habe mich an eine »Jüdin von Toledo« gemacht,* schreibt er im Juli 1953 an Arnold Zweig, *und ich will darstellen das Wesen des Feudalismus, das tief anziehende, antirationalistische und verderbliche, wie es ja noch heute fortwirkt.*[1019] In seinem zweiten Spanienbuch erzählt er die Geschichte des Juden Jehuda Ibn Esra und seiner schönen Tochter Raquel. Das Buch erscheint 1955 in der Bundesrepublik (und in den USA) zunächst unter dem Titel *Spanische Ballade*, und in der Ausgabe des Ostberliner Aufbau-Verlages aus dem gleichen Jahr findet der Leser den Titel *Die Jüdin von Toledo.*

Die Handlung ist im Spanien des 12. Jahrhunderts angesiedelt. Der reiche alte Jude Jehuda Ibn Esra verlässt das von den Arabern regierte Sevilla und geht nach Toledo, wo der christliche König Alfonso VIII. herrscht. Er tritt dort in den Dienst dieses Herrschers und wird sein »Finanzminister«. Jehuda, dessen Volk wieder einmal unter grausamen Verfolgungen leiden muss, will durch den wirtschaftlichen Aufschwung des Landes einen Krieg zwischen Christen und Arabern verhindern, der vor allem auch den Juden Spaniens neues Unglück bringen würde. Es gelingt ihm lange, seinen König von der Notwendigkeit des Friedens zu überzeugen, obwohl der temperamentvolle Alfonso, der den schon dahinschwindenden alten Ritteridealen nachhängt, das Schwert für wichtiger hält als den Federkiel. Alfonso verliebt sich in Raquel, die Tochter Jehudas. Der Jude willigt in die leidenschaftliche illegitime Beziehung ein, empfindet das Schicksal seines Kindes als Opfer für die Interessen des Landes, denn mit seiner Hilfe wird Alfonso von seinen kriegerischen Plänen abgelenkt. Aber schließlich zieht der König doch in die Schlacht und wird vernichtend geschlagen. Jehudas Traum – *Eine Unze Frieden ist besser als eine Tonne Sieg.*[1020] – erfüllt sich nicht. Das Volk macht die Juden für diesen verlorenen Kampf verantwortlich; es kommt zu Pogromen, denen auch Jehuda Ibn Esra und Raquel, *la Fermosa* (die Schöne), zum Opfer fallen. Alfonso aber muss sich einem neuen langen Frieden beugen, den Prinzipien der Vernunft gehorchen, für die sein jüdischer Minister sich geopfert hat.

Die Jüdin von Toledo erinnert – wenn auch in einer völlig anderen Atmosphäre spielend – in vielem an Feuchtwangers ersten großen Roman *Jud Süß*. Die Hauptfigur, Jehuda, macht in der Nähe eines sehr willkürlichen, heftigen, vernunftfeindlichen Herrschers politische Karriere, wird als Jude gehasst und stürzt schließlich. Er verliert seine Tochter Raquel wie Süß die zarte Naemi, er träumt von der jüdischen Integration in die Gesellschaft wie der württembergische Finanzrat, und er holt wie dieser sein Volk ins Land.

Aber während *Jud Süß* in seiner Gesamtanlage doch die Tragödie eines Einzelnen darstellt, zeigt Feuchtwanger im Schicksal Jehuda Ibn Esras sehr viel stärker die gesellschaftliche Bezogenheit seines Handelns. *Mich interessiert die Ablösung des feudal Kriegerischen durch den aufkommenden bürgerlichen Humanismus, der seltsamen Kämpfe zwischen dem überzivilisierten spanischen Islam und dem rohen und eleganten christlichen Rittertum und den Juden in der Mitte, der Heilige Krieg, der Kreuzzug und die Judenverfolgungen, Geschehnisse, die so seltsam ineinandergreifen. Der innere Sinn ist die Darstellung der ungeheurn Anziehungskraft des Krieges … Darstellen will ich also, welch ungeheure Widerstände der Kampf um den Frieden überkommen muß. Das Schicksal meines jüdischen Ministers Jehuda Ibn Esra wiederholt auf einer sehr viel höheren geistigen Ebene das Schicksal des Jud Süß.*[1021] Während Feuchtwanger die Anfänge des Manuskript seiner *Jüdin von Toledo* diktiert, tobt in Asien der Koreakrieg, und die Menschen in Ost und West fürchten in den 1950er Jahren den großen, alles vernichtenden Atomkrieg. Die Frage Krieg oder Frieden aber ist nicht nur damals, sondern auch heute – Irak, Afghanistan, Syrien, die Kaukasusrepubliken, die afrikanischen Bürgerkriege – ein brennendes Thema und Feuchtwangers Roman von höchster Aktualität geblieben.

Das Werk ist – und damit knüpft der spanische Roman eng an die vorangegangenen Revolutionsbücher an – erneut ein Plädoyer Feuchtwangers für die Vernunft. In *Die Jüdin von Toledo* macht er deutlich, *wie Dummheit und wüste Wut immer von neuem wegspült, was die Erkenntnis und die Arbeit von Jahrhunderten aufgerichtet haben.*[1022] Der Roman ist Feuchtwangers entschiedenstes Buch gegen den Krieg geworden.

Jahrzehnte hindurch hat mich die Geschichte jener Hadassa beschäftigt, schreibt er in seinem Nachwort von 1955, *die von dem persischen Großkönig Ahasver zu seiner Königin erhöht, unter dem Namen Esther ihr Volk, die Juden, vom sichern Untergang rettet.*[1023] Aber es ist nicht nur der 2000 Jahre alte Bibeltext, der Feuchtwanger anregt. *Ich erfuhr zuerst von ihrer Geschichte durch das Drama Grillparzers. Ich liebte und liebe sehr dieses Stück, den zarten Schwung seiner Verse und die Seelenkenntnis seines Dichters …*[1024] Er hatte auch das Drama Lope de Vegas – »La Judia de Toledo« – gelesen und kannte die aus dem 13. Jahrhundert stammende Chronik des Alfonso el Sabio. Und es ist der Geist Lessings in diesem Buch zu spüren – die Weisheit, das melancholische Wissen Nathans, leuchtet an den schönsten Stellen des Textes auf, macht die Ballade zu einem Loblied der Vernunft und erzählt von der Sehnsucht nach einer humanen Welt. Vor allem aber ist dieser Roman eine Rückkehr seines Autors zu einem der großen Themen seines Werkes: dem Judentum. *Was mich an dem Stoff anzog*, schreibt er an Ben Huebsch, *war die Umwelt, die Juden, zwischen die Araber und die Christen gestellt, als die einzigen, die Interesse haben, den Krieg zu verhindern. … Die meisten großen Herren jener Epoche, Araber sowohl wie Christen, hielten Krieg, Eroberung, Beutezüge für die einzigen eines Edelmannes würdigen Beschäftigungen. Gelehrte, Geistliche, Gewerbetreibende und Kaufleute aller Länder empören sich in Büchern und in Taten gegen diese Weltauffassung.*[1025] Und in einer Briefbemerkung an Franz Carl Weiskopf weist Feuchtwanger schließlich auf die aktuellen Zeitbezüge hin, den in diesen Jahren immer bedrohlicher heraufdämmernden Krieg zwischen den beiden Supermächten: *Darstellen also will ich, welch ungeheure Widerstände der Kampf für den Frieden niederringen muß.*[1026]

Wie immer treibt ihn die Sorge um, der neue Roman könne in seinen Aussagen missverstanden werden, ihn in neuerliche öffentliche Diskussionen verwickeln. Diesmal allerdings gilt diese Befürchtung nicht dem ideologischen Kampf zwischen Ost und West, sondern einem anderen internationalen Krisenherd. *In diesem Roman kommen notwendig die Araber sehr gut weg,* erfährt Ben Huebsch, *was mir von den Juden mancherlei Vorwürfe eintragen wird, wiewohl diese auch nicht schlecht wegkommen.*[1027] Bald gibt es Ärger um den Titel. *Ein paar groteske Erlebnisse hat das Buch schon vor seinem Erscheinen,* schreibt er im November 1954 an Robert Neumann. *Der westdeutsche Buchklub, der es erworben hat, und die hiesige Film Company, die eine Option auf das Buch hat, verlangen beide unabhängig voneinander eine Änderung des Titels; »Die Jüdin von Toledo« sei zu controversial.*[1028] So wird denn daraus die unverfängliche *Spanische Ballade.*

»Ein neues Meisterwerk deutscher Prosa«, nennt der damals noch in Polen lebende Kritiker Marcel Reich-Ranicki 1956 Feuchtwangers neuen Roman.[1029] Katia Mann schreibt ihm drei Jahre nach der Veröffentlichung der Erstausgabe begeistert, »mir scheint, der Roman gehört zu Ihren allerbesten«.[1030] Der Autor selbst konstatiert zufrieden: *Die »Jüdin von Toledo« war offenbar in Westdeutschland ein wirklicher Erfolg. Die Rezensionen sind sehr zahlreich, beinahe alle sehr günstig und zum Teil sogar verständnisvoll. Die Auflage des Europäischen Buchklubs ist erstaunlich hoch, und Rowohlt bereitet eine dritte Auflage vor. Auch die Filmverhandlungen hier mit MGM sind endlich abgeschlossen.*[1031] Der Erfolg ist diesem Roman treu geblieben. Er gehört noch heute zu seinen meistgelesenen Büchern.

Die Geschichte Jeftas ist aufgezeichnet im »Buch der Richter«. Dieses Buch, das siebente des Alten Testaments, erzählt von der Eroberung des Jordanlandes durch die israelischen Stämme. Die Ereignisse, von denen das Buch berichtet, fanden statt in den Jahren 1300 bis 1000 vor Beginn unserer Zeit.[1032] In seinem letzten Roman, *Jefta und seine Tochter,* wendet sich Feuchtwanger noch einmal der Geschichte seines Volkes zu, taucht er ein in die archaische Vorzeit der nahöstlichen Menschheit. *Siebenundvierzig Sätze der Bibel*[1033] umfasst die Darstellung des Jefta-Dramas, und in nur wenigen Zeilen berichtet das Buch der Richter von der Opferung der Tochter des Anführers einer der Stämme Israels, die im Zentrum des Romans von Feuchtwanger steht. »Jeftah, ein Gileaditer, war ein streitbarer Mann, aber der Sohn einer Hure.« Als er seinen Stamm gegen die Ammoniter führte, »gelobte (er) dem HERRN ein Gelübte und sprach: Gibst du die Ammoniter in meine Hand, so soll, was mir aus meiner Haustür entgegengeht, wenn ich von den Ammonitern heil zurückkomme, dem HERRN gehören, und ich will's als Brandopfer darbringen.«[1034]

Feuchtwanger schildert in seinem Roman den machtvollen Aufstieg Jeftas, der als Sohn einer Nebenfrau seines Vater von der Familie verstoßen und dem prophezeit wird, er werde die Stämme Israels einigen. Aber er will, von Hochmut getrieben, diese Verheißung aus eigener Kraft, ohne die Hilfe der von ihm gehassten Israeliten vom Stamme Efraim erfüllen. Der politische Kampf Jeftas gilt den von fremden Göttern geleiteten und eroberungssüchtigen Nachbarn, den Ammonitern. *Er hätte hören und zu den Söhnen Efraims gehen sollen. Aber er hat sich vermessen im närrischen Gefühl seiner Stärke. Er hat seiner Gier nachgegeben nach immer mehr Macht und immer mehr Ehre.*[1035] Eine archaische Glaubenswelt beschwört Feuchtwanger herauf, in der für Jefta auch der Gott Israels ein *Kriegsgott* ist. *Da ist dieser Mann Jefta,* schreibt Feuchtwanger im Nachwort. *Sein wichtigster Gegenspieler ist »Gott«.*[1036] Und dieser *Jahwe war kein bequemer Gott, er war schnell gereizt, er war zornig und eifersüchtig, er wollte um-*

schmeichelt sein, er verlangte immer neue Beteuerungen, Beschwörungen, Opfer.[1037] Jefta schwört Jahwe vor der entscheidenden Schlacht gegen die Ammoniter im Fall des Sieges: *Ich will dir zum Brandopfer bringen, wer immer mir aus meinem Gut als erster entgegenläuft.*[1038] Nach der gewonnenen Schlacht lässt Jefta auch die ihm von Jahwe gesandten Verbündeten aus dem Stamm Efraim, von Jähzorn und Hochmut getrieben, sinnlos niedermetzeln.

Bei seiner Rückkehr tritt ihm als erster Mensch aus seinem Haus die geliebte Tochter Ja'ala entgegen, und er muss seinen Jahwe gegebenen Schwur erfüllen und das einzige Kind einem alttestamentarisch harten Gott opfern.

Vereinsamt, erstarrt von seiner Selbstüberhebung, herrscht der Richter Jefta über sein Volk. *Der größte freilich unter den Söhnen Gileads war der Bastard, der Sohn der Lewana. Er hatte Israel geeinigt durch seine Taten, und sein Ruhm und das Grauen, das um ihn war, umgab das Land wie eine feste Mauer. Aber da sie ihn nun sitzen sah auf dem Stuhle des Großrichters, fühlte sie weder Neid noch Haß. Sein Gesicht war starr, als sei es ein Teil des steinernen Hochsitzes. Er war nicht glücklich, Jefta, der Sohn der Lewana.*[1039]

Das Opfer der Tochter, der Ehrgeiz seines Romanhelden, der ein Außenseiter ist, die Darstellung des jüdischen Problems – am Ende des Lebens und in den letzten Büchern kehrt Feuchtwanger zurück zu den Motiven seiner Frühwerke. *Ähnlich wie in der »Jüdin von Toledo« geht es mir darum,* heißt es im April 1956 gegenüber Ben Huebsch, *einen Mann zu zeigen, der allmählich aus einem Nur-Krieger ein verantwortungsbewußtes menschliches Wesen wird.*[1040] Für diesen Weg zahlt auch Jefta – wie so viele von Feuchtwangers nach Ruhm, Macht und Geld strebende Romanfiguren – einen hohen persönlichen Preis. *Und während sein Ruhm betäubend hinauf in den Himmel tönte, spürte er scharf und spöttisch die Eitelkeit dieses Ruhms. … er spürte qualvoll die Einsamkeit des Gipfels und seine klare, schneidende, tödliche Kälte.*[1041]

Die Menschenopfer, die die Götter von uns fordern, sind ein altes Thema in der Literatur. Nicht nur Urvater Abraham musste seinen Sohn Isaac auf den Steinblock schleppen. Jahwe reichte in diesem Fall der Wille, seinem Opferbefehl zu folgen, um den Sohnesmord kurz vor der Tat noch zu verhindern. Jefta erlebte da einen grausameren Gott, der ihn die anbefohlene schreckliche Tat vollenden lässt. Ja'ala, seine schöne, so liebenswerte und sich Jahwes Gesetzen so absolut hingebende Tochter, hat in den Mythen der Menschheitsgeschichte eine berühmte Schwester: Um die Götter beim Auslaufen nach Troja günstig zu stimmen, ist der König von Mykene und Anführer des griechischen Heeres, Agamemnon, bereit, seine Tochter Iphigenie zu opfern. Sie wird durch das Eingreifen der Göttin Diana vor dem Schlimmsten bewahrt. Für Ja'ala stand keine Göttin bereit, um sie statt des Opfertodes auf eine ferne Insel zu entführen.

Der *Jefta*-Roman, geschrieben zwischen Juni 1955 und März 1957, ist auch – aber sicher nicht nur – eine aktuelle Antwort des jüdischen Schriftstellers auf die jüngste Geschichte seines Volkes. In der Zeit des biblischen Jefta werden die Stämme Israels sesshaft, werden sie von Nomaden zu Bauern. In der Zeit Lion Feuchtwangers wiederholt sich dies, die Juden – oder doch ein Teil von ihnen – kehren zurück in das Land der Propheten und Richter, in das Land Israel. Es geht dem »Meister des historischen Romans« jedoch vor allem darum, zu verdeutlichen, dass die biblischen Figuren *durchtränkt sind mit Geschichte. Mein Bemühen war, meinem Buch aus dem breiten Wissen unserer Zeit heraus solche Geschichtlichkeit zu geben. In diesem Sinne, doch nur in diesem, sollte »Jefta« ein biblischer Roman sein.*[1042]

Ausgiebige Quellenstudien dienen wie gewohnt der Vorbereitung dieses Romans. Allerdings versucht Feuchtwanger diesmal, eine Epoche sichtbar werden zu lassen, von der er im Nachwort selbst in Bezug auf die Überlieferungen im Alten Testament meint, sie seien *verworren und voll von Widersprüchen*[1043]. Eberhard Hilscher weist darauf hin, dass Feuchtwanger in eine geschichtliche Zeit vorgestoßen ist, »die in Israel historisch kaum dokumentiert ist. Erst um das Jahr 1000 vor der Zeitrechnung, nach der Entstehung des Königtums unter Saul, David und Salomo, lassen sich Zusammenhänge mit Geschehnissen in der damaligen altorientalischen Welt erkennen. Vorher erscheinen uns die Verhältnisse weitgehend ungeklärt.«[1044]

Feuchtwanger, der sich während der Entstehung des Romans mit großen konzeptionellen und gestalterischen Problemen auseinandersetzen muss, weiß, vor welche Schwierigkeiten er den Leser stellt. Im Nachwort schreibt er: *Der Autor, der es heute unternimmt, die schlichte Wirklichkeit biblischer Menschen in Wort und Gestalt zu fassen, muß gewärtig sein, mißdeutet zu werden. … Und selbst wenn er's mit unbefangenen Lesern zu tun hat, bleibt seine Aufgabe heikel.*[1045]

Feuchtwangers letzter Roman stieß bei seinem Erscheinen auf ein unterschiedliches Echo. Vor allem seine Sprache – der Versuch des Autors, gelegentlich das Archaische des Bibeltextes im Roman anklingen zu lassen – hat Widerspruch ausgelöst. Arnold Zweig schreibt ihm am 31. März 1958, nachdem er sich den Roman hat vorlesen lassen: »Alles lebt, ist höchst anschaulich, … die Atmosphäre des Landes, der Städte, der archaischen Epoche haben Sie meisterlich eingefangen. Nur Ihr Jefta, liebster Feuchtwanger, vermag uns nicht zu faszinieren. Ganz ausgezeichnet kommt seine Mannhaftigkeit zur Geltung, er wächst vor unseren Augen zum Richter empor, ist viel lebendiger als Hebbels Holofernes – aber leider, er geht uns nicht sehr viel an.«[1046] Oskar Maria Graf ist begeistert: »Ich habe eben Ihr Buch … ausgelesen und begreife nicht, wieso Sie – seit ›Goya‹ und ›Rousseau‹ erwarte ich das – noch immer nicht den Nobelpreis für Literatur bekommen haben! Ein Riesenwerk im Erzählerischen wie das Ihrige, noch dazu, da es weltbekannt ist, kann in Stockholm doch nicht einfach übersehen werden?«[1047]

Welches Urteil der heutige Leser, dessen Wissen um die großen Menschheitsmythen und die Welt der antiken Götter kaum noch vorauszusetzen ist, auch fällen mag, Feuchtwangers literarische Verarbeitung des Jefta-Stoffes ist ein bewegender, wunderbar erzählter Roman geworden, auf den zutrifft, was Thomas Mann einmal in Bezug auf seine eigene erzählerische Heraufbeschwörung biblischer Urgeschichte, die mächtigen und weitschweifigen

»Joseph«-Romane, gesagt hat: Er ist eine »Humanisierung des Mythos«.[1048]

Nach dem *Jefta* beginnt Feuchtwanger einen schon seit Jahren verfolgten Plan zu verwirklichen, einen großen Essay über den historischen Roman. Er wird den Titel *Das Haus der Desdemona* erhalten. Es ist stiller geworden um ihn, Brecht lebte in Ostberlin, sein Tod 1956 hat Feuchtwanger tief getroffen. Thomas Mann ist in die Schweiz gegangen; Heinrich Mann, Bruno Frank, Franz Werfel – schon lange hat die Exilgemeinde in Kalifornien von ihnen Abschied genommen.

Doch Lion Feuchtwanger ist immer noch voller Pläne. Als Arnold Zweig ihm im März 1956 vorschlägt, einen Roman über den russischen Revolutionär und Anarchisten Michail Bakunin zu schreiben, wehrt er ab: *… es war sehr freundlich von Ihnen, mich auf Bakunin aufmerksam zu machen; aber ich ersticke geradezu in den Stoffen der Bücher, die ich noch schreiben möchte. Es sind nicht vierzehn, wie ich oft zu behaupten pflege, es sind hundertvierzig, und durchschnittlich erfordert ein Buch zwei Jahre strenger Arbeit.*[1049] Im Dezember 1957 spricht Feuchtwanger in einem Brief an den Aufbau-Verlag mit Blick auf seine literarischen Zukunftspläne von drei historischen und einem zeitgenössischen Roman.[1050] Bereits im September 1957 aber hat er sich einer schweren Operation unterziehen müssen, die ihn schwächt; er braucht lange, um sich zu erholen. Er spürt das Alter. *Mir geht es gesundheitlich nicht schlecht,* heißt es in einem Brief vom Januar 1958 an Lola Humm-Sernau. *Aber ich habe oft Rheumatismus, nicht eben schweren, immerhin ist er hindertlich.*[1051] Wenige Wochen später: *Auch mir geht es im Ganzen gut, aber ich werde gequält von vielen kleinen Leiden.*[1052]

Anfang 1958 korrespondiert er mit Aufbau über neue Projekte. *Ihr Plan der »Gesammelten Werke in Einzelausgaben« hat meinen vollen, dankbaren Beifall.* Wieder erwähnt er hier den Plan, *den großen zeitgenössischen Roman in Angriff (zu nehmen), der mir seit Jahren vorschwebt, oder einen der kleinen historischen Romane, die mich beschäftigen.*[1053] Schmerzen und Schwindelanfälle begleiten seinen Arbeitsalltag. Im August kommt die zweite schwere Operation, eine Niere wird entfernt. Krebs. Der Tod steht schon an seinem Bett. Am 2. September gibt er genaue, ausführliche Anweisungen für die »Ausgabe letzter Hand« seines Gesamtwerkes. Am 21. September kann er das Krankenhaus verlassen, noch einmal zurückkehren in das geliebte Haus.

Seit dem Sommer hat er einen Aufsatz über *Figaros Hochzeit* von Beaumarchais für die Berliner Staatsoper geschrieben, dann an einem Filmskript, *Bolívar. Ein Heldenleben,* auch mit einer Überarbeitung des Stückes *Simone* fängt er an. Doch die Müdigkeit wächst. »Ich will Ihnen von seinen letzten Tagen berichten«, schreibt Marta Feuchtwanger am 30. Dezember 1958 an Arnold Zweig. »Er war immer zuversichtlich und arbeitsfreudig. Er fühlte sich, außer daß er leicht müde wurde, zusehends kräftiger, ging gern spazieren in seinem hügeligen Garten, und, da er eine Arbeitspause eintreten ließ, ordnete er mit großer Freude seine Bibliothek, stellte um, stellte neue sehr schöne Bücher ein. Das hatte er sich schon lange gewünscht und nie gegönnt. Er hatte nichts gewußt von seiner bösartigen Krankheit – Das Ende kam sehr schnell.«[1054] Am 20. Dezember stellt sich eine Magenblutung ein, er wird ins Hospital nach Santa Monica gebracht. Hilde Waldo über die letzten Stunden in einem Brief am 27. Dezember: »Aber wie furchtbar muß es gewesen sein, als Frau Feuchtwanger einen Fall hörte und ihn blutend am Boden liegen fand. Sie versuchte, einen Arzt zu erreichen. Kurz darauf kam ich. Das Warten auf den Arzt – das Warten auf die Ambulanz. Endlich im Hospital. Gleich Bluttransfusionen. Er fühlt sich besser, hat gute Farbe. Muß sehr still auf dem Rücken liegen und darf nur kleine Eisstückchen schlucken. Die Angst, daß sich die Blutung wiederholen könne. Am nächsten Morgen scheint er viel besser. Schläft beim Waschen ein. Schläft ruhig. Wacht auf. Ihm wird schlecht. Emergency! Wieder Warten auf den Arzt – Bluttransfusionen – Oxigen – vier Bluttransfusionen auf einmal – drei Ärzte – viele Schwestern – man muß draußen warten – es soll operiert werden, sobald er mehr Blut aufgenommen hat – aber die Blutung ist stärker – Lungenödem – die Transfusionen müssen eingestellt werden – man versucht es mit kompressierter Atmung endlich geht der Blutdruck ein bißchen herauf – dann wieder herunter – man darf ihn sehen – dann kommt der Arzt bleich heraus. Das ist das Ende.«[1055]

Es ist der 21. Dezember 1958, 5 Uhr 30.

ANHANG

ZEITTAFEL

1884 Lion Feuchtwanger wird am 7. Juli als erstes von neun Kindern des Kaufmanns Sigmund Aaron Meier Feuchtwanger und seiner Ehefrau Johanna in München geboren.

1890 Schulbesuch. Abitur am Wilhelmsgymnasium in München.

1903 Beginn des Studiums an der Münchner Universität. Fächer: Germanistik, Philosophie und Sanskrit. *Die Einsamen (2 Skizzen).*

1905 Zwei Semester an der Berliner Universität. *König Saul* und *Prinzessin Hilde* (Zwei Einakter) werden am Münchner Volkstheater aufgeführt.

1907 Promotion über das Thema »Heinrich Heines Fragment *Der Rabbi von Bacherach*«. Drama *Der Fetisch.*

1908 Herausgeber der Zeitschrift »Der Spiegel. Blätter für Literatur und Bühne«. Theaterkritiker u. a. für »Die Schaubühne«.

1910 Roman *Der tönerne Gott.*

1912 Heirat mit Marta Löffler und Beginn der zweijährigen gemeinsamen Reise in die Schweiz, nach Südfrankreich, Italien und Nordafrika. Geburt einer Tochter, die nach zwei Wochen stirbt.

1914 Nach Ausbruch des Ersten Weltkriegs Internierung in Tunis und Rückkehr nach München. Einige Monate Soldat, dann aus Gesundheitsgründen freigestellt. *Die Perser des Aischylos.*

1915 Gedicht *Lied der Gefallenen.* Drama *Julia Farnese.*

1916 Drama *Warren Hastings. Gouverneur von Indien.* Nachdichtung des indischen Schauspiels *Vasantasena.* Das burleske Spiel *Friede* nach Aristophanes.

1917 Nachdichtung des indischen Schauspiels *Der König und die Tänzerin.*

1918 Nachdichtung von John Websters *Appius und Virginia.* Drama *Jud Süß* (entstanden 1917).

1919 Schauspiel *Die Kriegsgefangenen.* Beginn der Zusammenarbeit mit Bertolt Brecht.

1920 *Thomas Wendt. Dramatischer Roman.* Die Satire *Gespräch mit dem Ewigen Juden.*

1921 Drama *Der Amerikaner oder Die entzauberte Stadt.*

1923 Übersetzung und Bühnenbearbeitung des Calderón-Schauspiels *Der Frauenverkäufer* (entstanden 1921). Schauspiel *Der holländische Kaufmann.* Roman *Die häßliche Herzogin Margarete Maultasch.*

1924 Uraufführung des Brecht/Feuchtwanger-Schauspiels *Das Leben Eduard des Zweiten* in den Münchner Kammerspielen.

1925 Roman *Jud Süß* (entstanden 1921/22). Umzug nach Berlin.

1926 Reise nach Spanien, erste Begegnung mit den Bildern des Malers Francisco Goya.

1927 *3 angelsächsische Stücke* (*Die Petroleuminseln, Kalkutta, 4. Mai* – Überarbeitung des *Warren Hastings*-Dramas, gemeinsam mit Brecht –, *Wird Hill amnestiert?*). Erzählung *Marianne in Indien.*

1928 Satire *Pep J. L. Wetcheeks amerikanisches Liederbuch.*

1930 Roman *Erfolg. Drei Jahre Geschichte einer Provinz.*

1932 Kauf und Umbau eines Hauses in Berlin, Mahlerstraße. Roman *Der jüdische Krieg.* Reisen nach England und Amerika.

1933 In Amerika, als Hitler in Deutschland die Macht übernimmt. Aufenthalt in der Schweiz und in Österreich. Beginn des Exils. Wohnsitz im südfranzösischen Städtchen Sanary-sur-Mer. Ausbürgerung aus Deutschland am 23. August. Roman *Die Geschwister Oppermann.* Essay *Nationalismus und Judentum.*

1934 Erzählungsband *Marianne in Indien.*

1935 Im Juni Teilnahme am Pariser »Kongress zur Verteidigung der Kultur«. Roman *Die Söhne.*

1936 Roman *Der falsche Nero.* Mitherausgeber der Zeitschrift »Das Wort«. Ende November Reise nach Moskau.

1937 Am 8. Januar bei Stalin. Im Februar Rückkehr nach Sanary-sur-Mer. *Moskau 1937. Ein Reisebericht für meine Freunde.*

1940 Roman *Exil.* Im Mai Internierung im Lager Les Milles. Im September Flucht über Spanien und Portugal in die USA.

1941 Erlebnisbericht *Der Teufel in Frankreich.* Umzug von New York nach Los Angeles.

1942 Mit Brecht Arbeit an dem Stück *Die Gesichte der Simone Machard.*

1943 Kauf der Villa Aurora in Pacfic Palisades.

1944 Roman *Die Brüder Lautensack.*

1945 Romane *Der Tag wird kommen* und *Simone.*

1947 Roman *Waffen für Amerika* (später *Die Füchse im Weinberg*). Schauspiel *Die Witwe Capet* (erstmals gedruckt 1956).

1948 Schauspiel *Wahn oder Der Teufel in Boston.*

1950 *Odysseus oder die Schweine und zwölf andere Erzählungen.*

1951 Roman *Goya oder Der arge Weg der Erkenntnis.*

1952 Roman *Narrenweisheit oder Tod und Verklärung des Jean-Jacques Rousseau.*

1953 Nationalpreis I. Klasse für Kunst und Kultur der DDR.

1955 Roman *Die Jüdin von Toledo.*

1956 Sammlung publizistischer Arbeiten *Centum Opuscula.*

1957 Literatur- und Kulturpreis der Stadt München. Roman *Jefta und seine Tochter.*

1958 Tod am 21. Dezember in Los Angeles.

1961 Fragment *Das Haus der Desdemona oder Größe und Grenzen der historischen Dichtung.*

1987 Am 25. Oktober stirbt Marta Feuchtwanger in Pacific Palisades.

ANMERKUNGEN

Die Romane Lion Feuchtwangers werden, sofern nicht anders angegeben, nach folgenden Ausgaben zitiert:

Der tönerne Gott. Berlin und Weimar 1991.

Gesammelte Werke in Einzelbänden. Bd. 1–16, Berlin und Weimar 1991–1995.

Bd. 1: Jud Süß; Bd. 2: Der jüdische Krieg; Bd. 3: Die Söhne; Bd. 4: Der Tag wird kommen; Bd. 5: Die häßliche Herzogin Margarete Maultasch; Bd. 6: Erfolg. Drei Jahre Geschichte einer Provinz; Bd. 7: Die Geschwister Oppermann; Bd. 8: Exil; Bd. 9: Der falsche Nero; Bd. 10: Die Brüder Lautensack; Bd. 11: Simone; Bd. 12: Die Füchse im Weinberg; Bd. 13: Goya oder Der arge Weg der Erkenntnis; Bd. 14: Narrenweisheit oder Tod und Verklärung des Jean-Jacques Rousseau; Bd. 15: Die Jüdin von Toledo; Bd. 16: Jefta und seine Tochter.

Kurztitel weiterer Ausgaben:

Briefwechsel Bd. I und II – Lion Feuchtwanger/Arnold Zweig: Briefwechsel 1933–1958. Bd. I und II. Hg. von Harold von Hofe, Berlin und Weimar 1984.

Briefwechsel mit Freunden Bd. I und II – Lion Feuchtwanger: Briefwechsel mit Freunden 1933–1958. Bd. I und II. Hg. von Harold von Hofe u. Sigrid Washburn, Berlin und Weimar 1991.

CO – Centum Opuscula. Eine Auswahl. Zusammengestellt und hg. von Wolfgang Berndt. Rudolstadt 1956.

Das Haus der Desdemona – Das Haus der Desdemona oder Größe und Grenzen der historischen Dichtung. Aus dem Nachlaß Lion Feuchtwangers mit Unterstützung von Marta Feuchtwanger und Hilde Waldo hg. von Fritz Zschech. Rudolstadt 1961.

Der Teufel in Frankreich – Der Teufel in Frankreich. Erlebnisse. Tagebuch 1940. Briefe. Berlin 1992.

Die große Passion – Die große Passion des Klavierspielers Morgenroth. Erzählungen. Auswahl Gisela Lüttig, Berlin 1998.

Dramen I und II – Dramen I und II. Hg. und mit einem Nachwort von Hans Dahlke. Berlin und Weimar 1984.

Moskau 1937 – Moskau 1937. Ein Reisebericht für meine Freunde. Berlin 1993.

PEP – PEP. J. L. Wetcheeks amerikanisches Liederbuch. Berlin 1928.

Archivsiglen

DLA – Deutsches Literaturarchiv Marbach, Marbach am Neckar.

DNB – Deutsche Nationalbibliothek. Deutsches Exilarchiv 1933–1945, Frankfurt am Main.

FML – Feuchtwanger Memorial Library. Special Collections, USC Libraries, University of Southern California (USC), Los Angeles.

FML Collection no. 0204 – FML, Feuchtwanger papers.

FML Collection no. 0204, Box CG-g, Folder 55 – Briefe Lion Feuchtwangers.

FML Collection no. 0204, Box A 19-b – Tagebücher Lion Feuchtwangers.

FML Collection no. 0206 – Marta Feuchtwanger papers.

Bei Zitaten aus Werken Lion Feuchtwangers werden in den Anmerkungen nur die Titel angegeben.

1 Zit. nach Léon Poliakov: Geschichte des Antisemitismus. Bd. II: Das Zeitalter der Verteufelung und des Ghettos. Worms 1978, S. 120.

2 Dietrich Weiß: Aus der Geschichte der jüdischen Gemeinde von Feuchtwangen 1274–1938. Feuchtwangen 1991, S. 19.

3 Martin Feuchtwanger: Zukunft ist ein blindes Spiel. Erinnerungen. München 1989, S. 12.

4 Heike Specht: Die Feuchtwangers. Familie, Tradition und jüdisches Selbstverständnis im deutschen Bürgertum des 19. und 20. Jahrhunderts. Göttingen 2006, S. 29.

5 Ludwig Feuchtwanger: Neuere Geschichte. Verwandlungen 1837–1887–1937. In: Ders.: Gesammelte Aufsätze zur jüdischen Geschichte. Hg. von Rolf Rieß, Berlin 2003, S. 88.

6 Ebenda, S. 91.

7 Specht, Die Feuchtwangers, S. 66.

8 Martin Feuchtwanger: Zukunft ist ein blindes Spiel, S. 12.

9 Ebenda, S. 73.

10 Ebenda, S. 20.

11 Aus meinem Leben. In: Neue Texte. Almanach für deutsche Literatur, Herbst 1963. Berlin 1963, S. 408.

12 Zit. nach Rolf Selbmann: »Hat in der Geschichte nicht immer entsprochen.« Lion Feuchtwanger zu seinem 100. Geburtstag. In: Wilhelmsgymnasium in München. Jahresbericht 1983/84, S. 97.

13 Ebenda, S. 22.

14 Martin Feuchtwanger: Zukunft ist ein blindes Spiel, S. 23.

15 Rahel Straus: Wir lebten in Deutschland. Erinnerungen einer deutschen Jüdin 1880–1933. Stuttgart 1962, S. 19.

16 Martin Feuchtwanger: Zukunft ist ein blindes Spiel, S. 15.

17 Edgar Feuchtwanger: Erlebnis und Geschichte. Als Kind in Hitlers Deutschland – Ein Leben in England. Berlin 2003, S. 22.

18 Die Söhne, S. 125.

19 Meine Schulzeit. In: Dietz-Rüdiger Moser (Hg.): »Federleichte Mädchen«. Das nymphenburger Lesebuch. München 1991, S. 200.

20 Aus meinem Leben, in: Neue Texte, S. 409.

21 Meine Schulzeit, in: Moser (Hg.): »Federleichte Mädchen«, S. 201.

22 FML, Collection no. 0204, Box A19-b. Zitate aus den Tagebüchern werden im Folgenden nicht einzeln belegt.

23 Meine Schulzeit, in: Moser (Hg.): »Federleichte Mädchen«, S. 201.

24 Ludwig Feuchtwanger: Neuere Geschichte. In: Ders.: Gesammelte Aufsätze zur jüdischen Geschichte, S. 92.

25 Zit. nach Ernst Schulin: Die Rathenaus. Zwei Generationen jüdischen Anteils an der industriellen Entwicklung Deutschlands. In: Werner Mosse (Hg.): Juden im wilhelminischen Deutschland. 1890–1914. Tübingen 1976, S. 131.

26 Thomas Mann: Lübeck als geistige Lebensform. In: Ders.: Gesammelte Werke in 13 Bänden. Bd. 11, Frankfurt a. M. 1974, S. 386.

27 Acta Borussica. Neue Folge. Hg. von der Berlin-Brandenburgischen Akademie der Wissenschaften unter Leitung von Jürgen Kocka und Wolfgang Neugebauer. 1. Reihe: Die Protokolle des preußischen Staatsministeriums. 1817–1934/38. Hildesheim – Zürich – New York 2004, S. 487.

28 Marta Feuchtwanger: Nur eine Frau. Jahre. Tage. Stunden. München – Wien 1983, S. 19.

29 Selbstdarstellung, in: CO, S. 365.

30 Ebenda, S. 366.

31 Der Autor über sich selbst, in: CO, S. 374.

32 Erfolg, S. 205.

33 Meine Schulzeit, in: Moser (Hg.): »Federleichte Mädchen«, S. 201.

34 Ebenda, S. 202.

35 Martin Feuchtwanger: Zukunft ist ein blindes Spiel, S. 34.

36 Ebenda, S. 24.

37 Zit. nach Selbmann: »Hat in der Geschichte nicht immer entsprochen«, in: Wilhelmsgymnasium in München, S. 100.

38 Ebenda, S. 98.

39 Meine Schulzeit, in: Moser (Hg.): »Federleichte Mädchen«, S. 200.

40 Ebenda.

41 Wie ich meine erste Dichtung schrieb, in: CO, S. 382.

42 Ebenda, S. 383.

43 Meine Schulzeit, in: Moser (Hg.): »Federleichte Mädchen«, S. 201.

44 Zit. nach Selbmann: »Hat in der Geschichte nicht immer entsprochen«, in: Wilhelmsgymnasium in München, S. 100.

45 Edgar Feuchtwanger: Erlebnis und Geschichte, S. 21.

46 An Lola Humm-Sernau, 26. Juli 1946; DLA.

47 Die Einsamen. In: Die große Passion, S. 121.

48 Ebenda, S. 129.

49 Ebenda, S. 130.

50 Ebenda, S. 138.

51 Der Teufel in Frankreich, S. 186.

52 Oscar Wilde: Der Kritiker als Künstler. In: Ders.: Essays. Zürich 1999, S. 193 (Zürcher Ausgabe. Werke in 5 Bänden, Bd. 4).

53 Zit. nach: Viktor Žmegač (Hg.): Geschichte der deutschen Literatur vom 18. Jahrhundert bis zur Gegenwart. Band II/2: 1848–1918. Königstein/Ts. 1980, S. 285.

54 Frank Wedekind: Das Lied vom armen Kind oder Wer zuletzt lacht, lacht am besten. In: Ders.: Gesammelte Werke. Bd. 1, München 1924, S. 91 f.

55 Der Fetisch. Ein Schauspiel in fünf Akten. München – Leipzig 1907, S. 4.

56 Ebenda, S, 32.

57 Ebenda, S. 144.

58 Ebenda, S. 66.

59 Ebenda, S. 139.

60 Selbstdarstellung, in: CO, S. 366.

61 Der literarische Verein »Phöbus« und seine Heine-Feier. In: Hans Lamm (Hg.): Vergangene Tage. Jüdische Kultur in München. München – Wien 1982, S. 265.

62 An Hanns von Gumppenberg, 17. Oktober 1904; Bayerisches Staatsarchiv München.

63 Der literarische Verein »Phöbus« ..., in: Lamm (Hg.): Vergangene Tage, S. 265.

64 Zit. nach Inger Nebel: Harfe, Speer und Krone. Saul und David in deutschsprachigen Dramen 1880–1920. Göteborg 2001, S. 33.

65 Zit. nach Manfred Flügge: Die vier Leben der Marta Feuchtwanger. Biographie. Berlin 2008, S. 27.

66 Zit. nach Hannah Arendt: Rahel Varnhagen. Lebensgeschichte einer deutschen Jüdin aus der Romantik. München 1962, S. 206.

67 Der Rabbi von Bacherach. Eine kritische Studie. Frankfurt a. M. 1985, S. 9.

68 Ebenda.

69 Aus meinem Leben, in: Neue Texte, S. 410.

70 Zit. nach Heinrich Heine: Prinzessin Sabbat. Über Juden und Judentum. Hg. und eingeleitet von Paul Peters. Bodenheim 1997, S. 112.

71 Zit. nach Joseph Pischel: Lion Feuchtwanger. Versuch über Leben und Werk. Leipzig 1983, S. 24.

72 Martin Feuchtwanger: Zukunft ist ein blindes Spiel, S. 53 f.

73 Nationalismus und Judentum, in: CO, S. 482.

74 Zit nach Peter Pulzer: Die jüdische Beteiligung an der Politik. In: Werner E. Mosse (Hg.): Juden im Wilhelminischen Deutschland 1890–1914. Tübingen 1976, S. 165.

75 Vgl. Heike Krösche: »Ja, das Ganze nochmal«. Lion Feuchtwanger: Deutsch-Jüdisches Selbstverständnis in der Weimarer Republik. Oldenburg 2004, S. 37.

76 Straus, Wir lebten in Deutschland, S. 77.

77 Zit. nach Harry Graf Kessler: Walther Rathenau. Sein Leben und sein Werk. Frankfurt a. M. 1988, S. 33.

78 Jakob Wassermann: Mein Weg als Deutscher und Jude. Berlin 1921, S. 125.

79 Zit. nach »Ich habe den Eindruck, hier zu stören«. Kurt Tucholsky zum 100. Geburtstag. Eine Ausstellung in der Münchner Stadtbibliothek Am Gasteig unter Mitwirkung des Jugend- und Kulturzentrums der Israelitischen Kultusgemeinde. München 1990, S. 77.

80 Zit. nach Joseph Chapiro: Für Alfred Kerr. Ein Buch der Freundschaft. Berlin 1928, S. 165.

81 Joseph Roth: Juden auf Wanderschaft. In: Ders.: Werke 2. Das journalistische Werk 1924–1928. Hg. von Klaus Westermann, Köln 1990, S. 889.

82 Über »Jud Süß«, in: CO, S. 388.

83 Zit. nach Arie Wolf: Lion Feuchtwanger und das Judentum: In: Bulletin des Leo Baeck Instituts, 62 (1982), Jerusalem, S. 57.

84 Suis-je un écrivain allemand ou international?, in: CO, S. 371 (Übersetzung – WS).

85 Zit. nach Wolf: Lion Feuchtwanger und das Judentum, in: Bulletin des Leo Baeck Instituts, 62, S. 79.

86 Der Tag wird kommen, S. 258.

87 Der historische Prozeß der Juden, in: CO, S. 477.

88 Die Söhne, S. 425.

89 Der Tag wird kommen, S. 381.

90 Nationalismus und Judentum, in: CO, S. 492.

91 Ebenda, S. 490.

92 Exil, S. 691.

93 Der historische Prozeß der Juden, in: CO, S. 472.

94 Von der Friedenssendung der Juden, in: Gemeindeblatt der Jüdischen Gemeinde zu Berlin, 8 (August 1931), S. 2.

95 Der historische Prozeß der Juden, in: CO, S. 475.

96 Nationalismus und Judentum, in: CO, S. 491.

97 Der Tag wird kommen, S. 381.

98 Die Jüdin von Toledo, S. 158.

99 Nationalismus und Judentum, in: CO, S. 498.

100 Jud Süß, S. 157.

101 Zit. nach Specht, Die Feuchtwangers, S. 298.

102 Die Verjudung der abendländischen Literatur, in: CO, S. 443 f.

103 Nationalismus und Judentum, in: CO, S. 489.

104 Ebenda, S. 495.

105 Ebenda, S. 497.

106 Ebenda, S. 497–499.

107 Vom Geschichtsbewußtsein der Juden, in: Lamm, Vergangene Tage, S. 264.

108 Ebenda, S. 262.

109 Jefta und seine Tochter, S. 243.

110 Thomas Mann: Gladius Dei. In: Ders.: Erzählungen. Frankfurt a. M. 1958, S. 197.

111 Erich Mühsam: Unpolitische Erinnerungen. Hamburg 1999, S. 89 f.

112 Zit. nach Claus Ekkehard Bärsch: Max Brod im Kampf um das Judentum. Zum Leben und Werk eines deutsch-jüdischen Dichters in Prag. Wien 1992, S. 41.

113 Zit. nach Volker Kühn: Das Kabarett der frühen Jahre. Berlin 1984, S. 19.

114 Der Spiegel, Münchener Halbmonatszeitschrift für Literatur, Musik und Bühne. Hg. von Lion Feuchtwanger, Heft 1/2, 30. April 1908, S. 1.

115 Der Spiegel, Heft 15, 24. Oktober 1908, S. 1.

116 Zum Geleit, in: Die Schaubühne, Nr. 1, 7. September 1905, S. 1.

117 Ebenda.

118 Antworten, in: Die Schaubühne, Nr. 20, 15. Mai 1913, S. 556.

119 Antworten, in: Die Schaubühne, Nr. 33/34, 26. August 1915, S. 196.

120 Kurt Tucholsky: Auf die Weltbühne, in: Die Weltbühne, Nr. 14, 4. April 1918, S. 331.

121 Vgl. Ursula Madrasch-Groschopp: Die Weltbühne. Königstein/Ts. 1983, S. 93.

122 Antworten, in: Die Weltbühne, Nr. 10, 7. März 1933, S. 376.
123 Der tönerne Gott, S. 38.
124 Selbstdarstellung, in: CO, S. 366.
125 Der tönerne Gott, S. 112 f.
126 Ebenda, S. 32.
127 Der Fetisch, S. 4.
128 Aus München, in: Die Schaubühne, Nr. 21, 27. Mai 1909, S. 595.
129 Der Spiegel, Heft 1/2, S. 1.
130 Ebenda.
131 Zur Psychologie der Bühnenreform, in: CO, S. 133.
132 Ebenda, S. 133 f.
133 Ebenda, S. 135.
134 Ebenda, S. 136.
135 Aischylos, Syrakus und Reinhardt, in: Die Schaubühne, Nr. 20, 14. Mai 1914, S. 551.
136 Aus München, in: Die Schaubühne, Nr. 16, 22. April 1909, S. 458.
137 Hanns von Gumppenberg: Lebenserinnerungen. Aus dem Nachlaß des Dichters. Berlin – Zürich 1929, S. 337.
138 Oberammergau, in: Die Schaubühne, Nr. 15, 14. April 1910, S. 396.
139 An die Zeitschrift »März«, 5. März 1910.
140 Selbstdarstellung, in: CO, S. 367.
141 Marta Feuchtwanger: Nur eine Frau, S. 14 f.
142 Nortrud Gomringer (Hg.): Lion Feuchtwanger. Briefe an Eva van Hoboken. Wien 1996, S. 157.
143 »Die Tragödie eines Volkes« vor fünfzig Jahren, in: Die Schaubühne, Nr. 37, 14. September 1911, S. 210.
144 Marta Feuchtwanger: Nur eine Frau, S. 9.
145 Marieluise Fleißer: Aus der Augustenstraße. In: Dies.: Gesammelte Werke. Bd. 2: Roman. Erzählende Prosa. Aufsätze. Hg. von Günther Rühle. Frankfurt a. M. 1983, S. 310.
146 Marta Feuchtwanger: Leben mit Lion. Gespräch mit Reinhart Hoffmeister in der Reihe »Zeugen des Jahrhunderts«. Göttingen 1991, S. 94.
147 An Eva van Hoboken, 1. September 1945. In: Gomringer (Hg.): Lion Feuchtwanger, S. 207.
148 Golo Mann: Erinnerungen und Gedanken. Lehrjahre in Frankreich. Frankfurt a. M. 1999, S. 18.
149 Selbstdarstellung, in: CO, S. 370.
150 Ebenda.
151 Zur Beziehung Eva Boy (später van Hoboken) – Lion Feuchtwanger vgl. Nortrud Gomringer: Vom Leben. In: Dies. (Hg.): Lion Feuchtwanger, S. 15 ff.
152 An Eva van Hoboken, 1. September 1945, in: ebenda, S. 210.
153 Die Geschwister Oppermann, S. 15.
154 Zit. nach Gomringer (Hg.): Lion Feuchtwanger, S. 47.
155 An Eva van Hoboken, 1. September 1945, in: ebenda, S. 210.
156 Rolf Harder, Nachwort. In: Johannes R. Becher: Briefe 1909–1958. Hg. von Rolf Harder u. a. Berlin 1993, S. 530.

157 Erika und Klaus Mann: Escape to Life. Deutsche Kultur im Exil. München 1991, S. 251.

158 An Eva Herrmann, 23. Februar 1937; FML, Collection no. 0204, Box CG-g, Folder 55.

159 Klaus Mann: Tagebücher 1936 bis 1937. München 1990, S. 122.

160 Lola Humm-Sernau: Erinnerungen an Lion Feuchtwanger. In: Der Greifen-Almanach auf das Jahr 1960. Hg. von Karl Dietz. Rudolstadt o. J., S. 39.

161 An Eva van Hoboken, 9. Februar 1934, in Gomringer (Hg.): Lion Feuchtwanger, S. 135.

162 An Eva van Hoboken, 10. September 1936, in: ebenda, S. 167.

163 Ingrid Zwerenz: Feuchtwangers Frauen. In: Heinz Ludwig Arnold (Hg.): Lion Feuchtwanger. Edition Text + Kritik. München 1983, S. 122.

164 Die Füchse im Weinberg, S. 36.

165 Der Autor über sich selbst, in: CO, S. 376.

166 Selbstdarstellung, in: CO, S. 365.

167 Marta Feuchtwanger: Nur eine Frau, S. 13.

168 Ebenda, S. 14.

169 Friedrich Nietzsche: Die Geburt der Tragödie oder Griechentum und Pessimismus. In: Ders.: Werke in 6 Bänden. Bd. 1, München – Wien 1980, S. 24.

170 Selbstdarstellung, in: CO, S. 368.

171 Jud Süß, S. 323.

172 Marta Feuchtwanger: Nur eine Frau, S. 20.

173 Richard Wagner: Parsifal. In: Ders.: Die Musikdramen. München 1978, S. 823.

174 Der heimliche Parsifal. In: Vossische Zeitung, 25. September 1915.

175 Gedanken an Gorkis Todestag, in: CO, S. 516.

176 Aischylos, Syrakus und Reinhardt, in: Die Schaubühne, Nr. 20, 14. Mai 1914, S. 550 f.

177 Marta Feuchtwanger: An Emigree Life. Munich. Berlin. Sanary. Pacific Palisades. Los Angeles 1976 (Fotokopien eines Interviews von Lawrence M. Weschler); FML, Collection no. 0206.

178 Flucht aus Tunis, in: Die Schaubühne. Nr. 39, 1. Oktober 1914, S. 231 f.

179 Ebenda, S. 233.

180 Marta Feuchtwanger: Nur eine Frau, S. 88.

181 Zit. nach Dirk Blasius/Wilfried Loth (Hg.): Tage deutscher Geschichte im 20. Jahrhundert. Göttingen 2006, S. 17.

182 Johannes R. Becher: Beengung. In: Becher: Ein Lesebuch für unsere Zeit. Berlin und Weimar 1989, S. 10.

183 Gerhart Hauptmann: Reiterlied. In: Ders.: Sämtliche Werke. Bd. 11: Nachgelassene Werke und Fragmente. Berlin 1996, S. 660.

184 Ricarda Huch: Einem Helden. In: Insel-Almanach auf das Jahr 1941, Leipzig o. J., S. 146.

185 Zit. nach Stefanie Viereck: So weit die Welt geht. Ricarda Huch. Geschichte eines Lebens. Reinbek bei Hamburg 1990, S. 193.

186 Rainer Maria Rilke: Fünf Gesänge. In: Ders.: Werke. Bd. 2,1: Gedichte und Übertragungen. Frankfurt a. M. 1982, S. 87.

187 Ebenda S. 88.

188 Stefan Zweig: Briefe 1914–1919. Hg. von Knut Beck u.a. Frankfurt a.M. 1998, S.21.

189 Alfred Döblin: Schriften zur Politik und Gesellschaft. Hg. von Heinz Graber. Olten – Freiburg i. Br. 1972, S.21.

190 Zit. nach Peter de Mendelssohn: Der Zauberer. Das Leben des deutschen Schriftstellers Thomas Mann. Band 1: 1875–1918. Frankfurt a.M. 1975, S.988.

191 Zit. nach Reinhart Kosellek: Historisches Lexikon zur politisch-sozialen Sprache in Deutschland. Bd.7, Stuttgart 2004, S.761.

192 Heinrich Mann: Zola. In: Ders.: Macht und Mensch. Essays. Frankfurt a.M. 1989, S.87 und 113.

193 Zit. nach Marta Feuchtwanger: Nur eine Frau, S.90.

194 Zit. nach Bernhard Zeller: Hermann Hesse. Reinbek bei Hamburg 1977, S.72.

195 Theobald Tiger (Kurt Tucholsky): Zum Ersten August, in: Die Weltbühne, Nr.31, 1. August 1918, S.110.

196 Kurt Tucholsky: Der Sadist der Landwehr, in: Vorwärts, 8. Mai 1912.

197 Zit. nach Albert Fölsing: Albert Einstein. Eine Biographie. Frankfurt a.M. 1999, S.389.

198 Franz Kafka: Tagebücher II 1912–1914. Frankfurt a.M. 1994, S.167.

199 Flucht aus Tunis, in: Die Schaubühne, Nr.39, 1. Oktober 1914, S.231.

200 München und der Krieg, in: Die Schaubühne, Nr.46, 19. November 1914, S.394 f.

201 Romain Rolland: Das Gewissen Europas. Tagebuch der Kriegsjahre 1914–1919. Bd.I, Berlin 1983, S.186.

202 An die patriotischen Dichter, in: Die Schaubühne, Nr.4, 28. Januar 1915, S.80.

203 Lied der Gefallenen, in: Die Schaubühne, Nr.8, 25. Februar 1915, S.189.

204 Versuch einer Selbstbiographie, in: CO, S.363.

205 Selbstdarstellung, in: CO, S.368 f.

206 An meine Sowjetleser, in: CO, S.535.

207 Warren Hastings (Selbstanzeige), in: CO, S.387.

208 Vasantasena, in: Die Schaubühne, Nr.29, 22. Juli 1915, S.80.

209 Vgl. Eberhard Hilscher: Poetische Weltbilder. Berlin 1977, S.203.

210 Selbstdarstellung, in: CO, S.369.

211 Marta Feuchtwanger: An Emigree Life; FML, Collection no. 0206.

212 Selbstdarstellung, in: CO, S.368.

213 Bertolt Brecht, dargestellt für Engländer, in: Die Weltbühne, Nr.36, 4. September 1928, S 372.

214 Fleißer: Aus der Augustenstraße, in: Dies.: Gesammelte Werke, Bd.2, S.309.

215 Günther Rühle: Lesen und Schreiben der Marieluise Fleißer aus Ingolstadt. In: Fleißer, Gesammelte Werke. Bd.1: Dramen, S.59.

216 Vgl. Eckard Schulz: Lion Feuchtwanger als Dramatiker. In: Volksbühnen-Spiegel, Nr.7/8, Juli/August 1972, S.30.

217 Die Zahlen sind den Bänden »Wer spielte was?« der Jahrgänge 1990/91 bis 2010/11, hg. vom Deutschen Bühnenverein, Köln, entnommen. In diesen Statistiken sind nur die von den Theatern gemeldeten Aufführungen enthalten.

218 Vorwort zu den »Drei Stücken«, in: CO, S.400.

219 Versuch einer Selbstbiographie, in: CO, S. 363.

220 Zit. nach Alfred Kantorowicz: Lion Feuchtwangers dramatischer Roman »Thomas Wendt«. In: Rudolf Wolff (Hg.): Lion Feuchtwanger. Werke und Wirkung. Bonn 1984, S. 67.

221 Thomas Wendt. Ein dramatischer Roman. München 1920, S. 5 f.

222 Bertolt Brecht: Journale 2. 1941–1955. Bearbeitet von Werner Hecht. Berlin und Weimar – Frankfurt a. M. 1995, S. 146 (Große kommentierte Berliner und Frankfurter Ausgabe, Bd. 27).

223 Ebenda S. 147.

224 Ebenda, S. 198.

225 Ebenda, S. 220.

226 Bertolt Brecht: Schriften 3. 1942–1956. Bearbeitet von Barbara Wallburg u. a. Berlin und Weimar – Frankfurt a. M. 1993, S. 113 (Große kommentierte Berliner und Frankfurter Ausgabe, Bd. 23).

227 Bertolt Brecht, dargestellt für Engländer, in: Die Weltbühne, Nr. 36, 4. September 1928, S. 374.

228 Ebenda, S. 372.

229 Ebenda, S. 374.

230 Bertolt Brecht: Vergnügungstheater oder Lehrtheater? In: Ders.: Schriften 2. Teil 1: Schriften 1933–1942. Bearbeitet von Inge Gellert und Werner Hecht. Berlin und Weimar – Frankfurt a. M. 1993, S. 108 f. (Große kommentierte Berliner und Frankfurter Ausgabe, Bd. 22, 1/1).

231 Ulrich Weisstein: Vom dramatischen Roman zum epischen Theater. In: Reinhold Grimm (Hg.): Episches Theater. Köln – Berlin 1966, S. 38.

232 Schulz: Lion Feuchtwanger als Dramatiker, in: Volksbühnen-Spiegel, Nr. 7/8, Juli/August 1972, S. 31.

233 Hans Dahlke: Nachwort. Lion Feuchtwanger als Dramatiker. In: Dramen II, S. 688.

234 Siegfried Jacobsohn: Warren Hastings, in: Die Schaubühne, Nr. 44, 31. Oktober 1916, S. 414.

235 Alfred Kerr: »Ich sage, was zu sagen ist«. Theaterkritiken 1893–1919. Bd. 7/1. Hg. von Günther Rühle. Frankfurt a. M. 1998, S. 673.

236 Berliner Tageblatt, 29. November 1928.

237 Westfälische Neueste Nachrichten, 22. November 1924.

238 Vorwort. In: Stücke in Prosa. Rudolstadt 1958, S. 5 f.

239 Rudolf Forster: Das Spiel mein Leben. Frankfurt a. M. – Berlin 1967, S. 236.

240 Ratschläge für die Lektüre meiner »Angelsächsischen Stücke«, in: CO, S. 395 f.

241 Vorwort, in: Stücke in Prosa, S. 7.

242 Schulz: Lion Feuchtwanger als Dramatiker, in: Volksbühnen-Spiegel, Nr. 7/8, Juli/August 1972, S. 31.

243 Die Perser des Aischylos, in: Dramen I, S. 9 ff.

244 Ebenda, S. 33.

245 Ebenda, S. 35.

246 Martin Sommerfeld: Münchner Theater, in: Die Schaubühne, Nr. 7, 15. Februar 1917, S. 159.

247 Friede von Aristophanes. In: Die Schaubühne, Nr. 31, 1. August 1917, S. 113.

248 Friede. Ein burleskes Spiel nach den »Acharnern« und der »Eirene« des Aristophanes, in: Dramen I, S. 204.

249 Ebenda, S. 246.

250 Ebenda, S. 225.

251 Ebenda, S. 219.

252 Ebenda, S. 248.

253 Arthur Schopenhauer: Die Welt als Wille und Vorstellung. Bd. 1/1, Zürich 1977, S. 29 (Zürcher Ausgabe. Werke in 10 Bänden).

254 Shaswati Mazumdar: Feuchtwanger/Brecht. Der Umgang mit der indischen Kolonialgeschichte. Eine Studie zur Konstruktion des Anderen. Würzburg 1998, S. 7.

255 Michel Foucault: Wahnsinn und Gesellschaft. Eine Geschichte des Wahns im Zeitalter der Vernunft. Frankfurt a. M. 1973, S. 10.

256 Schopenhauer, Die Welt als Wille und Vorstellung, Bd. 1/2, S. 483.

257 Die häßliche Herzogin, S. 179.

258 Jefta und seine Tochter, S. 243.

259 Warren Hastings (Selbstanzeige), in: CO, S. 385.

260 Der historische Prozeß der Juden, in: CO, S. 474 f.

261 Döblins Roman, in: Die Schaubühne, Nr. 37, 12. September 1916, S. 240.

262 Warren Hastings (Selbstanzeige), in: CO, S. 387.

263 Vasantasena. Ein Schauspiel in drei Akten nach dem Indischen. Einleitung. In: Dramen I, S. 46 f.

264 Ebenda, S. 46.

265 Ebenda.

266 Vasantasena, in: Dramen I, S. 134.

267 Yong-Sang Lyu: Lion Feuchtwanger und Indien. Die Auseinandersetzung mit der indischen Philosophie zwischen 1914 und 1925. Frankfurt a. M. 2005, S. 296.

268 Kamakshi P. Mutti: Die Reinkarnation des Lesers als Autor. Ein rezeptionsgeschichtlicher Versuch über den Einfluß der altindischen Literatur auf deutsche Schriftsteller um 1900. Berlin 1990, S. 67.

269 Alfred Polgar: Vasantasena, in: Die Weltbühne, Nr. 43, 26. Oktober 1926, S. 667.

270 Hans Dahlke: Nachbemerkung, in: Dramen I, S. 616.

271 Der König und die Tänzerin. Ein Spiel in vier Akten nach dem Indischen des Kalidasa, in: Dramen I, S. 138.

272 Ebenda, S. 139,

273 Yong-Sang Lyu: Lion Feuchtwanger und Indien, S. 319.

274 Appius und Virginia, in: Dramen I, S. 358 f.

275 Lessing an Friedrich Nicolai, 21. Januar 1758. In: Briefe von und an Lessing 1743 bis 1770. Werke und Briefe in 12 Bänden. Bd. 11/1, Frankfurt a. M. 1987, S. 267.

276 Selbstdarstellung, in: CO, S. 366 f.

277 Julia Farnese. Ein Trauerspiel in drei Akten. München – Berlin 1915, S. 32 f.

278 Ebenda, S. 91.

279 Warren Hastings. Gouverneur von Indien. Schauspiel in vier Akten. München – Berlin 1916, S. 40.

280 Zit. nach Hans Leupold: Lion Feuchtwanger. Leipzig 1975, S. 15.

281 Warren Hastings, S. 23.

282 Ebenda, S. 135 f.

283 Ebenda, S. 117.

284 Warren Hastings (Selbstanzeige), in: CO, S. 386.

285 Alfred Kerr: Lion Feuchtwanger: Warren Hastings. In: Ders.: Eintagsfliegen oder Die Macht der Kritik. Berlin 1917, S. 171 (Die Welt im Drama IV).

286 Ebenda, S. 174.

287 Jacobsohn: Warren Hastings, in: Die Schaubühne, Nr. 44, 31. Oktober 1916, S. 414.

288 Kalkutta, 4. Mai. Drei Akte Kolonialgeschichte. In: Dramen II, S. 279.

289 Klaus Gysi u. a.: Lion Feuchtwanger. Berlin 1959, S. 12 (Schriftsteller der Gegenwart, 2).

290 Mazumdar: Feuchtwanger/Brecht, S. 128.

291 Zit. nach Carl Wege: Bertolt Brecht und Lion Feuchtwanger: »Kalkutta, 4. Mai«. Ein Stück Neue Sachlichkeit. München 1988, S. 10.

292 Vgl. Marta Feuchtwanger: An Emigree Life; FML, Collection no. 0206.

293 Kalkutta, 4. Mai, in: Dramen II, S. S. 207.

294 Ebenda, S. 271.

295 Wege: Bertolt Brecht und Lion Feuchtwanger, S. 42.

296 Marta Feuchtwanger: An Emigree Life; FML, Collection no. 0206.

297 Vorwort, in: Stücke in Prosa, S. 6.

298 Bertolt Brecht an Helene Weigel, Mitte Juli 1928. In: Brecht: Briefe 1. Briefe 1913 bis 1936. Bearb. von Günter Gläser u. a. Berlin und Weimar – Frankfurt a. M. 1998, S. 306 f. (Große kommentierte Berliner und Frankfurter Ausgabe, Bd. 28).

299 Max Herrmann-Neiße: Berliner Theater. In: Ders.: Panoptikum. Stücke & Schriften. Frankfurt a. M. 1988, S. 654 (Gesammelte Werke in 10 Bänden. Hg. von Klaus Völker, Bd. 9).

300 Herbert Ihering: Kalkutta, 4. Mai, in: Berliner Börsencourier, 13. Juni 1928.

301 Paul Friedländer: Kalkutta, 4. Mai, in: Die Rote Fahne, 14. Juni 1928.

302 Jacobsohn: Warren Hastings, in: Die Schaubühne, Nr. 44, 31. Oktober 1916, S. 414.

303 Zit. nach Wege: Bertolt Brecht und Lion Feuchtwanger, S. 17.

304 Marta Feuchtwanger: Nur eine Frau, S. 194.

305 Bertolt Brecht an Ernst Bloch, Mitte 1935. In: Brecht: Briefe 1, S. 513.

306 Erfolg, S. 238.

307 Ebenda, S. 247.

308 Marianne in Indien. In: Die große Passion, S. 225.

309 Ebenda, S. 233.

310 Ebenda, S. 226.

311 Der holländische Kaufmann. In: Dramen II, S. 73.

312 Ebenda, S. 89.

313 Vorwort zu den »Drei Stücken«, in: CO, S. 401.

314 Ebenda, S. 402.

315 Dahlke: Nachbemerkung, in: Dramen II, S. 729.

316 Vorwort zu den »Drei Stücken«, in: CO, S. 400.

317 Zit. nach Dieter Langewiesche u. Heinz-Elmar Tenorth (Hg.): Handbuch der deutschen Bildungsgeschichte. Bd. V: 1918–1945. Die Weimarer Republik und die nationalsozialistische Diktatur. München 1989, S. 385.

318 Erwin Piscator an »Die Weltbühne«, in: Die Weltbühne, Nr. 10, 6. März 1928, S. 386.

319 Thomas Mann: Romane der Welt. In: Ders.: Die Forderung des Tages. Abhandlungen und kleine Aufsätze über Literatur und Kunst. Frankfurt a. M. 1986, S. 189.

320 Stefan Zweig: Die Monotonisierung der Welt. In: Ders.: Zeiten und Schicksale. Aufsätze und Vorträge aus den Jahren 1902–1942. Frankfurt a. M. 1990, S. 35.

321 Ebenda, S. 30.

322 Ebenda, S. 37.

323 Friedrich Sieburg: Anbetung von Fahrstühlen, in: Die literarische Welt, Nr. 30, 23. Juli 1926, S. 8.

324 Anton Kaes: Einleitung. In: Ders. (Hg.): Manifeste und Dokumente zur deutschen Literatur 1918–1933. Stuttgart 1983, S. XXVI.

325 Janina Urussowa: Das neue Moskau. Die Stadt der Sowjets im Film 1917–1941. Wien – Köln – Weimar 2004, S. 150.

326 Die Konstellation der Literatur, in: CO, S. 419.

327 Der Kirschgarten, in: Die Schaubühne, Nr. 34, 24. August 1916, S. 176.

328 Herbert Ihering: Die Petroleuminseln, in: Berliner Börsenkurier, 29. November 1928.

329 Zu meinem Stück »Die Petroleuminseln«, in: Die Weltbühne, Nr. 42, 18. Oktober 1927, S. 603.

330 Die Petroleuminseln. Ein Stück in drei Akten. In: Dramen II, S. 287.

331 Ebenda, S. 358.

332 Arthur Rosenberg: Entstehung und Geschichte der Weimarer Republik. Frankfurt a. M. 1961, S. 169.

333 Zu meinem Stück »Die Petroleuminseln«, in: Die Weltbühne, Nr. 42, 18. Oktober 1927, S. 603.

334 Ebenda, S. 602.

335 Die Petroleuminseln. In: 3 angelsächsische Stücke. Berlin 1927, S. 62.

336 Zit. nach Dahlke: Nachbemerkung, in: Dramen II, S. 772.

337 Wird Hill amnestiert? Komödie in vier Akten. In: ebenda, S. 195.

338 Wahn oder Der Teufel in Boston. Ein Stück in drei Akten. In: ebenda, S. 547.

339 Zit. nach Nortrud Gomringer: Lion Feuchtwanger, S. 427.

340 An Helene Weigel, 19. Mai 1949. In: Briefwechsel mit Freunden, Bd. I, S. 78.

341 Die Witwe Capet. In: Dramen II, S. 659.

342 Ebenda, S. 658.

343 Neunzehnhundertachtzehn. Ein dramatischer Roman. In: Dramen I, S. 482.

344 Ebenda, S. 498.

345 Ebenda, S. 493.

346 Ebenda, S. 506.

347 Ebenda.

348 Ebenda, S. 562.

349 Ebenda, S. 580.

350 Ebenda, S. 583.

351 Ebenda, S. 589.

352 Ebenda, S. 593.

353 Selbstdarstellung, in: CO, S. 369.

354 Vorwort zu den »Drei Stücken«, in: CO, S. 401.

355 Dahlke, Nachbemerkung, in: Dramen I, S. 662.

356 Neunzehnhundertachtzehn, in: Dramen I, S. 598.

357 Ebenda, S. 547.

358 An Alfred Kantorowicz, 29. Oktober 1950. In: Briefwechsel mit Freunden, Bd. II, S. 250 f.

359 Deborah Vietor-Engländer: Lion Feuchtwangers Stück Thomas Wendt/1918, Entstehung, seine Uraufführung und sein Wiederaufgreifen dreißig Jahr nach Feuchtwangers Tod 1989–90 durch Einar Schleef als Wende-Stück und 1998 in Augsburg. In: Daniel Azuélos: Lion Feuchtwanger und die deutschsprachige Emigration in Frankreich von 1933 bis 1941. Bern 2006, S. 153.

360 Zit. nach Fritz Fischer: Griff nach der Weltmacht. Die Kriegszielpolitik des kaiserlichen Deutschland 1914/18. Kronberg/Ts. 1977, S. 515.

361 Zit. nach Andreas Kraus: Geschichte Bayerns. Von den Anfängen bis zur Gegenwart. München 2004, S. 621.

362 Zit. nach Bernhard Grau: Kurt Eisner 1867–1919. Eine Biographie. München 2001, S. 351.

363 Zit. nach Wolfgang Benz (Hg.): Handbuch des Antisemitismus. Judenfeindschaft in Geschichte und Gegenwart. Bd. 2/1, München 2009, S. 33.

364 Kapar Hauser: Eisner. In: Die Weltbühne, Nr. 10, 27. Februar 1919, S. 224.

365 Zit. nach Dahlke: Nachwort, in: Dramen II, S. 687 f.

366 Moskau 1937, S. 77 f.

367 Die Füchse im Weinberg, S. 844.

368 Zit. nach Christoph Stölzl: Unordnung und gedämpftes Leben. In: Ders.: (Hg.): Die Zwanziger Jahre in München. Katalog zur Ausstellung im Münchner Stadtmuseum Mai – September 1979. München 1979, S. XIV.

369 Winfried Nerdinger: Die »Kunststadt« München. In: Die Zwanziger Jahre in München, S. 98.

370 Emil Julius Gumbel: Verschwörer. Zur Geschichte und Soziologie der deutschen nationalistischen Geheimbünde 1918–1924. Heidelberg 1979, S. 43.

371 Zit. nach ebenda, S. V.

372 Zit. nach Friedrich Hitzer: Anton Graf Arco. Das Attentat auf Kurt Eisner und die Schüsse im Landtag. München 1988, S. 313.

373 Zit. nach Wolfgang de Boor/Dieter Meurer (Hg.): Deutschland in den Jahren 1918–1990. Bd. 2: Justiz in Deutschland. Marburg 1993, S. 55.

374 Zit. nach Schatten über München. Wahrheit und Wirklichkeit in Lion Feuchtwangers Roman »Erfolg«, S. 62.

375 Zit. nach Ian Kershaw: Hitler 1889–1936. Stuttgart 1998, S. 273.

376 Zit. nach Hans F. Nöhbauer: München. Eine Geschichte der Stadt und ihrer Bürger. Bd. 2: Von 1854 bis zur Gegenwart. München 1992, S. 263.

377 Zit. nach Klaus Greiner: Die Münchner Neuesten Nachrichten 1918–1933. In: Stölzl (Hg.): Die Zwanziger Jahre in München, S. 31.

378 Zit. nach Klaus Schumann: Kommunalpolitik in München zwischen 1918 und 1933. In: ebenda, S. 13.

379 Zit. nach Nöhbauer: München, Bd. 2, S. 255.

380 Erfolg, S. 31 f.

381 Zit. nach Stefan Ringel: Heinrich Mann. Ein Leben wird besichtigt. Darmstadt 2000, S. 231.

382 Zit. nach Hagen Schulze: Weimar. Deutschland 1917–1933. Berlin 1982, S. 265.

383 Zit. nach Synnöve Clason: Die Welt erklären. Geschichte und Fiktion in Lion Feuchtwangers Roman »Erfolg«. Stockholm 1975, S. 176.

384 Zit. nach Klaus Harpprecht: Thomas Mann. Eine Biographie. Reinbek bei Hamburg 1995, S. 585.

385 Bertolt Brecht an Herbert Ihering, Mitte Februar 1924. In: Brecht, Briefe 1, S. 209.

386 Das Haus der Desdemona, S. 207.

387 Zit. nach Erwin Rothermund (Hg.): Spielzeit meines Lebens. Studien über den Mainzer Autor und Theatermann Rudolf Frank (1886–1979). Mainz 2002, S. 25.

388 Marieluise Fleißer: Frühe Begegnung. In: Dies.: Gesammelte Werke, Bd. 2, S. 297.

389 Bertolt Brecht: Buch der Wendungen. In: Ders.: Prosa 3. Sammlungen und Dialoge. Bearbeitet von Jan Knopf u. a. Berlin und Weimar – Frankfurt a. M. 1995, S. 70 (Große kommentierte Berliner und Frankfurter Ausgabe, Bd. 18).

390 Zit. nach Eberhard Hilscher: Arnold Zweig. Leben und Werk. Berlin 1985, S. 21 (Schriftsteller der Gegenwart, 22).

391 Der Sergeant Grischa, in: CO, S. 354.

392 Arnold Zweig: Rede auf der Feuchtwanger-Gedenkstunde der Deutschen Akademie der Künste zu Berlin am 28. Januar 1959. In: Briefwechsel, Bd. II, S. 413.

393 Ebenda, S. 414.

394 Arnold Zweig an Marta Feuchtwanger, 16. Februar 1937. In: Briefwechsel, Bd. I, S. 146 f.

395 Versuch einer Selbstbiographie, in: CO, S. 364.

396 Max Herrmann-Neiße: Briefe 2: 1929–1940. Hg. von Klaus Völker und Michael Prinz. Berlin 2012, S. 200.

397 Alfred Kantorowicz: Exil in Frankreich. Merkwürdigkeiten und Denkwürdigkeiten. Hamburg 1983, S. 17.

398 Heinrich Mann. Zum 75. Geburtstag, in: CO, S. 564 f.

399 Zum Gedächtnis Bruno Franks. Manuskript vom 29. September 1945, S. 4; FML, Collection no. 0204.

400 Zit. nach Virginia Sease: Bruno Frank. In: John M. Spalek/Joseph Strelka (Hg.): Deutsche Exilliteratur seit 1933. Bd. 1: Kalifornien. Teil 1, Bern – München 1976, S. 368.

401 Zum Gedächtnis Bruno Franks, FML, Collection no. 0204.

402 Thomas Mann: Freund Feuchtwanger. In: Ders.: Nachlese. Prosa 1951–1955. Berlin – Frankfurt a. M. 1956, S. 198 f.

403 Thomas Mann: Tagebücher 1951–1952. Frankfurt a. M. 1993, S. 23.

404 Ebenda, S. 70.

405 Ebenda, S. 127.

406 Ludwig Marcuse: Mein zwanzigstes Jahrhundert. Auf dem Wege zu einer Autobiographie. Zürich 1975, S. 289

407 Thomas Mann: Tagebücher 1933–1934. Frankfurt a. M. 1977, S. 128.

408 Thomas Mann: Tagebücher 1937–1939. Frankfurt a. M. 1980, S. 74.

409 Thomas Mann: Tagebücher 1951–1952, S. 127.

410 Ebenda, S. 184.
411 Thomas Mann: Tagebücher 1937–1939, S. 413.
412 Thomas Mann: Briefe 1937–1947. Frankfurt a. M. 1963, S. 361.
413 Versuch einer Selbstbiographie, in: CO, S. 364.
414 Wallenstein, in: Die Weltbühne, Nr. 21, 26. Mai 1921, S. 576.
415 Döblins Roman, in: Die Schaubühne, Nr. 37, 12. September 1916, S. 242.
416 Wallenstein, in: Die Weltbühne, Nr. 21, 26. Mai 1921, S. 573.
417 Das Haus der Desdemona, S. 205.
418 Ebenda, S. 207.
419 Ebenda, S. 204.
420 Zit. nach Klaus Weissenberger: Alfred Döblin. In: Spalek/Strelka (Hg.): Deutsche Exilliteratur seit 1933, Bd. 1: Kalifornien, Teil 1, S. 301.
421 Alfred Döblin: Briefe. Hg. von Heinz Graber. Olten – Freiburg i. Br. 1970, S. 195.
422 Ebenda, S. 256.
423 Ebenda, S. 320.
424 Hermann Kesten: Meine Freunde, die Poeten. Frankfurt a. M. – Berlin – Wien 1980, S. 120.
425 Ebenda.
426 Ebenda, S. 113.
427 Vgl. Marta Feuchtwanger: Nur eine Frau, S. 150 ff.
428 Gespräche mit dem Ewigen Juden, in: CO, S. 454.
429 Ebenda, S. 455.
430 Ebenda, S. 453.
431 Zit. nach Der Greifen-Almanach. Zum 70. Geburtstag Lion Feuchtwangers und zum 35jährigen Bestehen des Greifenverlages. Hg. von Karl Diez. Rudolstadt 1954, S. 24.
432 Vom Sinn und Unsinn des historischen Romans, in: CO, S. 512 f.
433 Friedrich Nietzsche: Unzeitgemäße Betrachtungen. Zweites Stück. In: Ders.: Werke in sechs Bänden. Bd. 1, S. 209.
434 Theodor Lessing: Geschichte als Sinngebung des Sinnlosen. München 1983, S. 15.
435 Ebenda, S. 29.
436 Der Teufel in Frankreich, S. 124.
437 Mein Roman »Erfolg«, in: CO, S. 399.
438 Vom Sinn und Unsinn des historischen Romans, in: CO, S. 514.
439 Ebenda, S. 514f.
440 Das Haus der Desdemona, S. 145.
441 Ebenda, S. 149.
442 Vom Sinn und Unsinn des historischen Romans, in: CO, S. 510 f.
443 Ebenda, S. 510.
444 Ebenda, S. 512.
445 Ebenda, S. 510.
446 Ebenda, S. 515.
447 Klaus Harpprecht: Ein Schuft, sichtbarlich erhöht. In: Marcel Reich-Ranicki (Hg.): Romane von gestern – heute gelesen. Bd. II: 1918–1933, Frankfurt a. M. 1989, S. 3.

448 Jud Süß, S. 9 f.
449 Ebenda, S. 8.
450 Harpprecht: Ein Schuft, sichtbarlich erhöht, in: Reich-Ranicki (Hg.): Romane von gestern – heute gelesen, Bd. II, S. 72.
451 Marcel Reich-Ranicki: Lion Feuchtwanger oder Der Weltruhm und seine Folgen. In: Ders.: Nachprüfungen. Aufsätze über deutsche Schriftsteller von gestern. München 1990, S. 192.
452 Jud Süß, S. 145.
453 Ebenda, S. 70.
454 Ebenda, S. 159.
455 Ebenda, S. 452.
456 Die häßliche Herzogin, S. 216.
457 Jud Süß, S. 43.
458 Zit. nach Eberhard Hilscher: Vom »Wartesaal« zu einem fernen Ziel. In: Ders.: Neue poetische Weltbilder. Sieben Essays. Berlin 1992, S. 161.
459 Jud Süß, S. 17.
460 Ebenda, S. 124.
461 Ebenda, S. 387.
462 Ebenda, S. 33.
463 Über »Jud Süß«, in: CO, S. 389 f.
464 Vom Sinn und Unsinn des historischen Roman, in: CO, S. 511.
465 Über »Jud Süß«, in: CO, S. 389.
466 Gudrun Emberger/Rotraud Ries: Der Fall Joseph Süß Oppenheimer: Zum historischen Kern und den Wurzeln seiner Medialisierung. In: Alexandra Przyrembel/Jörg Schönert (Hg.): »Jud Süß«. Hofjude, literarische Figur, antisemitisches Zerrbild. Frankfurt a. M. 2006, S. 34.
467 Zit. nach ebenda, S. 43.
468 Jud Süß, S. 446.
469 Hellmut G. Haasis: Joseph Süß Oppenheimer, genannt Jud Süß. Finanzier, Freidenker, Justizopfer. Reinbek bei Hamburg 2011, S. 444.
470 Barbara Gerber: Jud Süß. Aufstieg und Fall im frühen 18. Jahrhundert. Ein Beitrag zur historischen Antisemitismus- und Rezeptionsforschung. Hamburg 1990, S. 105.
471 Zit. nach ebenda, S. 133.
472 Zit. nach Przyrembel/Schönert (Hg.): »Jud Süß«, S. 9.
473 Zit. nach Gerber: Jud Süß, S. 132.
474 Ebenda, S. 169.
475 Über »Jud Süß«, in: CO, S. 390 f.
476 Zit. nach Irene Aue: »Jud Süß« und die Geschichtswissenschaft: Das Beispiel Selma Stern. In: Przyrembel/Schönert (Hg.): »Jud Süß«, S. 63.
477 Selma Stern: Jud Süß. Ein Beitrag zur deutschen und jüdischen Geschichte. München 1973, S. 142.
478 Über »Jud Süß«, in: CO, S. 390.
479 Jud Süß, S. 183.
480 Ebenda, S. 185.
481 Ebenda, S. 90.

482 Vgl. Alexandra Przyrembel: Joseph Süß Oppenheimer – zur Wirkungsmacht einer ikonischen Figur. In: Przyrembel/Schönert (Hg.): »Jud Süß«, S. 16.

483 Vgl. Friedrich Knilli: Dreißig Jahre Lehr- und Forschungsarbeit zur Mediengeschichte des »Jud Süß«. Ein Bericht. In: ebenda, S. 83.

484 Zit. nach Alfons Arns: Fatale Korrespondenzen. Die Jud-Süß-Filme von Lothar Mendes und Veit Harlan im Vergleich. In: Cilly Kugelmann/Fritz Backhaus (Hg.): Jüdische Figuren in Film und Karikatur. Die Rothschilds und Joseph Süß Oppenheimer. Sigmaringen 1996, S. 100.

485 Ebenda, S. 111.

486 Die Tagebücher von Joseph Goebbels. Sämtliche Fragmente. Hg. von Elke Fröhlich. Teil I. Aufzeichnungen 1924–1941. Bd. 4: 1. 1. 1940 – 8. 7. 1941. München – New York – London – Paris 1987, S. 221.

487 Armin Nolzen: »Hier sieht man den Juden, wie er wirklich ist …«. Die Rezeption des Films »Jud Süß« in der deutschen Bevölkerung. In: Przyrembel/Schönert (Hg.): »Jud Süß«, S. 247.

488 Vgl. Detlev Claussen: Halbwahre Wahrheit. Joseph Süß Oppenheimer. In: Frankfurter Allgemeine Zeitung, 16. Februar 1984.

489 Gerber: Jud Süß, S. 288.

490 Vom Schicksal des Buches »Jud Süß«. Einige Fakten. In: Die häßliche Herzogin Margarete Maultausch/Jud Süß. Berlin und Weimar 1959, S. 783 (Gesammelte Werke in Einzelausgaben, Bd. 1).

491 Alexandra Przyrembel: Joseph Süß Oppenheimer – zur Wirkungsmacht einer ikonischen Figur. In: Przyrembel/Schönert (Hg.): »Jud Süß«, S. 19.

492 Peter Michalzik: Alle wollen nur das eine. In: Frankfurter Rundschau, 6. 12. 1999.

493 Judith von Sternburg: Totale Risikobegrenzung. In: Frankfurter Rundschau, 27. Juni 2011.

494 Offener Brief an sieben Berliner Schauspieler, in: CO, S. 540.

495 Ebenda, S. 546.

496 Zit. nach Wolfgang Berndt: Die frühen historischen Romane Lion Feuchtwangers. Eine monographische Studie. Berlin 1953, S. 144 (Diss.).

497 Zit. nach Kurt Fassmann: Vorbemerkungen. In: Ders. u. a. (Hg.): Die Großen der Weltgeschichte. Bd. IV, Zürich 1974, S. 9.

498 Zit. nach Berndt: Die frühen historischen Romane Lion Feuchtwangers, S. 148.

499 Ebenda, S. 186.

500 Die häßliche Herzogin, S. 15.

501 Ebenda, S. 138.

502 Ebenda, S. 41.

503 Ebenda, S. 179.

504 Ebenda, S. 106.

505 Ebenda, S. 100.

506 Ebenda, S. 231.

507 Ebenda, S. 110.

508 Ebenda, S. 124.

509 Hans Mayer: Wiederbegegnung mit Feuchtwanger. Zur neuen Auflage der »Häßlichen Herzogin«. In: Ders.: Deutsche Literatur und Weltliteratur. Reden und Aufsätze. Berlin 1957, S. 700.

510 Ralph Kohpeiss: »Der Wille zur Macht« und der historische Fortschritt. Eine Interpretation zu Lion Feuchtwangers Roman *Die häßliche Herzogin Margarete Maultasch.* In Wilhelm von Sternburg (Hg.): Lion Feuchtwanger. Materialien zu Leben und Werk. Frankfurt a.M. 1989, S. 128 f.

511 Carl Zuckmayer: Als wär's ein Stück von mir. Horen der Freundschaft. Frankfurt a.M. 1966, S. 311.

512 Der Sergeant Grischa, in: CO, S. 351.

513 Zit. nach Egon Brückener/Klaus Modick: Lion Feuchtwangers Roman »Erfolg«. Leistung und Problematik schriftstellerischer Aufklärung in der Endphase der Weimarer Republik. Kronberg/Ts. 1978, S. 82.

514 Die Konstellation der Literatur, in: CO, S. 419.

515 Von den Wirkungen und Besonderheiten des angelsächsischen Schriftstellers, in: CO, S. 428.

516 Ebenda, S. 429.

517 Der Roman von heute ist international, in: CO, S. 436.

518 Ebenda, S. 435 f.

519 PEP, S. 55.

520 PEP, S. 1.

521 PEP, S. 23.

522 PEP, S. 27 f.

523 PEP, S. 2.

524 Max Herrmann-Neiße: Lion Feuchtwanger: Pep. J. L. Wetcheeks amerikanisches Liederbuch. In: Ders.: Die neue Entscheidung. Aufsätze und Kritiken zu Literatur und Kunst. Frankfurt a.M. 1988, S. 712 (Gesammelte Werke in 10 Bänden. Hg. von Klaus Völker, Bd. 10).

525 Erfolg, S. 115.

526 Ebenda, S. 595.

527 Ebenda, S. 489.

528 Ebenda, S. 207.

529 Nachwort, in: Exil, S. 768.

530 Erfolg, S. 520 f.

531 Ebenda, S. 690.

532 Ebenda, S. 414.

533 Ebenda, S. 66.

534 Ebenda, S. 503.

535 Ebenda, S. 486.

536 Ebenda, S. 724.

537 Ebenda, S. 223.

538 Ebenda, S. 96.

539 Die Konstellation der Literatur, in: CO, S. 419.

540 Selbstdarstellung, in: CO, S. 369 f.

541 Erfolg, S. 407 f.

542 Ebenda, S. 245.

543 Ebenda, S. 246.

544 Ebenda, S. 752 f.

545 Die Söhne, S. 104 f.

546 Erfolg, S. 47.
547 Ebenda, S. 503.
548 Mein Roman »Erfolg«, in: CO, S. 398.
549 Erfolg, S. 499.
550 Ebenda, S. 501.
551 Ebenda, S. 507.
552 Jean Améry: Zeitbetrachtungen, unpolitische und politische. Über Hans Falladas »Kleiner Mann – was nun?« und Lion Feuchtwangers »Erfolg«. In: Ders.: Bücher aus der Jugend unseres Jahrhunderts. Stuttgart 1981, S. 90.
553 Ebenda, S. 89.
554 Nachwort, in: Exil, S. 766.
555 Mein Roman »Erfolg«, in: CO, S. 397.
556 Erfolg, S. 732.
557 Ebenda, S. 302.
558 Ebenda, S. 492.
559 Ebenda, S. 16.
560 Ebenda, S. 303.
561 Zit. nach Peter Stolle: Das Hitlerbild in den Romanen Lion Feuchtwangers. München 2004, S. 16.
562 Zit. nach Synnöve Clason: Die Welt erklären. Geschichte und Fiktion in Feuchtwangers Roman »Erfolg«. Stockholm 1975, S. 176.
563 Herrmann-Neiße: Briefe, Bd. 2, S. 159.
564 Marta Feuchtwanger: Nur eine Frau, S. 202.
565 Ebenda, S. 141.
566 Celsus (Carl von Ossietzky): »Erfolg« ohne Sukzeß. In: Die Weltbühne, Nr. 46, 11. November 1930, S. 727 f.
567 Harald Weinrich: Als Hitler noch der Kutzner war. In: Marcel Reich-Ranicki (Hg.): Romane von gestern – heute gelesen. Bd. II: 1918–1933. Frankfurt a. M. 1996, S. 227.
568 Reich-Ranicki: Lion Feuchtwanger oder Der Weltruhm und seine Folgen, in: Ders.: Nachprüfungen, S. 204.
569 Hans Mayer: Deutsche Literatur seit Thomas Mann. In: Ders.: Zur deutschen Literatur der Zeit. Zusammenhänge. Schriftsteller. Bücher. Reinbek bei Hamburg 1967, S. 290 f.
570 Vgl. Gisela Lüttig: Zu diesem Band. In: Erfolg, S. 782.
571 Nachwort, in: Exil, S. 765.
572 Ebenda, S. 769.
573 Heinrich Mann: Der Roman, Typ Feuchtwanger, in: Lion Feuchtwanger, S. 15.
574 Lola Humm-Sernau: Erinnerungen an Lion Feuchtwanger, in: Der Greifen-Almanach auf das Jahr 1960, S. 39 f.
575 Ebenda, S. 39.
576 Klaus Modick: L. F. als Produzent, in: Lion Feuchtwanger. Text + Kritik 79/80, S. 5.
577 Der Autor über sich selbst, in: CO, S. 377.
578 Erfolg, S. 167 f.
579 Handschrift oder Schreibmaschine? In: Berliner Tageblatt, 21. November 1928.

580 Thomas Mann: Freund Feuchtwanger, in: Ders.: Nachlese. Prosa 1951–1955, S. 197.

581 Hermann Kesten: Lion Feuchtwanger. In: Ders.: Meine Freunde, die Poeten. Frankfurt a. M. – Berlin – Wien 1980, S. 120 f.

582 Ebenda, S. 121.

583 Walter Benjamin: Der Autor als Produzent. In: Ders.: Der Autor als Produzent. Aufsätze zur Literatur. Stuttgart 2012, S. 247.

584 Erfolg, S. 300 f.

585 Modick: L. F. als Produzent, in: Lion Feuchtwanger. Text + Kritik, H. 79/80, Oktober 1983, S. 12.

586 Hans Balkow-Gölitzer u. a.: Eine noble Adresse. Prominente in Berlin-Dahlem und ihre Geschichten. Berlin 2005, S. 124.

587 An Eva van Hoboken, 27. Dezember 1930, in: Gomringer (Hg.): Lion Feuchtwanger, S. 87.

588 Pischel: Lion Feuchtwanger, S. 112 f.

589 Waffen für Amerika. In: Dramen II, S. 440 f.

590 Der Tag wird kommen, S. 12.

591 Ebenda, S. 148.

592 Ebenda, S. 65.

593 Micha Brumlik: »Nimm dich in Acht, mein Jude«. Identität, Nation, Universalismus. Warum Lion Feuchtwanger heute so aktuell ist. In: Jüdische Allgemeine, Nr. 51, 19. Dezember 2013, S. 17.

594 Der jüdische Krieg, S. 340.

595 Die Söhne, S. 17.

596 Vom Sinn und Unsinn des historischen Romans, in: CO, S. 511.

597 Die Söhne, S. 154 f.

598 Der Tag wird kommen, S. 376.

599 Ebenda, S. 381.

600 Der jüdische Krieg, S. 208.

601 Der Tag wird kommen, S. 367.

602 Wulf Köpke: Lion Feuchtwangers Josephus: Ost und West. In: Wilhelm von Sternburg (Hg.): Lion Feuchtwanger. Materialien zu Leben und Werk, S. 143.

603 Die Söhne, S. 155.

604 Der Tag wird kommen, S. 136.

605 Ebenda, S. 323.

606 Die Söhne, S. 469.

607 Zit. nach Heinz Abosch: Die Linke und das NS-Phänomen. In: Thomas Koebner (Hg.): Weimars Ende. Frankfurt a. M. 1982, S. 24.

608 Ebenda, S. 27.

609 Ebenda.

610 Frank Trommler: Verfall Weimars oder Verfall der Kultur? Zum Krisengefühl der Intelligenz um 1930. In: ebenda, S. 39.

611 Carl von Ossietzky: Brutus schläft. In: Die Weltbühne, Nr. 5, 3. Februar 1931, S. 160.

612 Ignaz Wrobel (Kurt Tucholsky): Der Hellseher. In: Die Weltbühne, Nr. 15, 12. April 1932, S. 541 f.

613 Thomas Mann: Was wir verlangen müssen. Artikel im »Berliner Tageblatt« vom 8. August 1932. Zit. nach Anton Kaes (Hg.): Manifeste und Dokumente zur deutschen Literatur 1918–1933. Stuttgart 1983, S. 581.

614 Wie kämpfen wir gegen das Dritte Reich? Artikel in »Die Welt am Abend« vom 21. Januar 1931. In: Michael Stark (Hg.): Deutsche Intellektuelle 1910–1933. Aufrufe, Pamphlete, Betrachtungen. Heidelberg 1984, S. 361 f.

615 Zit. nach Eva Maria Herbertz: Leben in seinem Schatten. Frauen berühmter Künstler. München 2010, S. 122.

616 Zit. nach Gisela Lüttig: Zu diesem Band. In: Die Geschwister Oppermann, S. 335.

617 Marta Feuchtwanger: Leben mit Lion. Gespräch mit Reinhart Hoffmeister, S. 41 ff.

618 Alfred Kantorowicz: Exil in Frankreich. Merkwürdigkeiten und Denkwürdigkeiten. Hamburg 1983, S. 86.

619 Zit. nach Hans Leupold: Lion Feuchtwanger. Leipzig 1975, S. 55.

620 Marta Feuchtwanger: Nur eine Frau, S. 237.

621 Zit. nach: Walther Hofer (Hg.): Der Nationalsozialismus. Dokumente 1933–1945. Frankfurt a. M. 1957, S. 57.

622 Ebenda, S. 61.

623 Ebenda, S. 70.

624 Theodor W. Adorno: Minima Moralia. Reflexionen aus dem beschädigten Leben. Frankfurt a. M. 1976, S. 32.

625 Marcuse: Mein zwanzigstes Jahrhundert, S. 180.

626 Magali Laure Nieradka: »Die Hauptstadt der deutschen Literatur«. Sanary-sur-Mer als Ort des Exils deutschsprachiger Schriftsteller. Göttingen 2010, S. 11.

627 Marcuse: Mein zwanzigstes Jahrhundert, S. 181.

628 W. Somerset Maugham: Auf Messers Schneide. Zürich 2005, S. 440.

629 Sonja Friedmann-Wolf: Im roten Eis. Schicksalswege meiner Familie. Berlin 2013, S. 25.

630 Ludwig Marcuse: Über Lion Feuchtwanger. In: Der Greifen-Almanach auf das Jahr 1960, S. 42.

631 An Lola Sernau, April 1933 (ohne Datum); DLA.

632 Marta Feuchtwanger: Nur eine Frau, S. 245.

633 Marta Feuchtwanger: Leben mit Lion, S. 90.

634 Marta Feuchtwanger an Arnold Zweig, 9. Januar 1935, in: Briefwechsel, Bd. I, S. 70.

635 Briefwechsel mit Freunden, Bd. I, S. 21 f.

636 Der Teufel in Frankreich, S. 17.

637 Zit. nach Kantorowicz: Exil in Frankreich, S. 75.

638 Ebenda.

639 Klaus Mann: Der Wendepunkt. Ein Lebensbericht. Frankfurt a. M. 1966, S. 315.

640 Robert Neumann: Ein leichtes Leben. Bericht über mich selbst und Zeitgenossen. Wien – München – Basel 1963, S. 69 f.

641 An Lola Sernau, 3. Januar 1934; DLA.

642 Marta Feuchtwanger an Arnold Zweig, 10. April 1934, in: Briefwechsel, Bd. I, S. 41.

643 Neumann: Ein leichtes Leben, S. 70f.

644 Briefwechsel, Bd. I, S. 40.

645 Golo Mann: Erinnerungen und Gedanken, S. 18.
646 Die Geschwister Oppermann, S. 122.
647 Ebenda, S. 75.
648 Ebenda, S. 118.
649 Ebenda, S. 172.
650 Ebenda, S. 165 f.
651 Ebenda, S. 282.
652 Ebenda, S. 331.
653 Ebenda, S. 287.
654 Ebenda, S. 288.
655 Zit. nach Angela Vaupel: Zur Rezeption von Exilliteratur und Lion Feuchtwangers Werk in Deutschland 1945 bis heute. Oxford u. a. 2007, S. 33.
656 Briefwechsel mit Freunden, Bd. I, S. 20.
657 Die Geschwister Oppermann, S. 333.
658 Ebenda, S. 121 f.
659 Ebenda, S. 111 f.
660 Briefwechsel mit Freunden, Bd. I, S. 21.
661 An Lola Humm-Sernau, April 1933; DLA.
662 Zit. nach Michel Grundwald/Frithjof Trapp (Hg.): Autour du »Front Populaire Allemande«. Einheitsfront/Volksfront. New York u. a. 1990, S. 275.
663 Vom Sinn und Unsinn des historischen Romans, in: CO, S. 511.
664 Der falsche Nero, S. 260.
665 Ebenda, S. 172.
666 Ebenda, S. 185.
667 Ebenda, S. 5.
668 Georg Lukács: Der historische Roman. Neuwied – Berlin 1965, S. 415.
669 Briefwechsel, Bd. I., S. 141 f.
670 Ebenda, S. 148 f.
671 Briefwechsel mit Freunden, Bd. I, S. 38.
672 Brecht: Journale 2, S. 63.
673 Brecht an Lion Feuchtwanger, Anfang August 1937. In: Ders.: Briefe 2. 1937–1949. Bearb. von Günter Glaeser u. a. Berlin und Weimar – Frankfurt a. M. 1998, S. 42 (Große kommentierte Berliner und Frankfurter Ausgabe, Bd. 29).
674 Vgl. Hermann Weber: Demokratischer Kommunismus? Berlin 1979, S. 290 ff.
675 Jörg Baberowski: Verbrannte Erde. Stalins Herrschaft der Gewalt. München 2012, S. 221.
676 Zit. nach Hermann Weber (Hg.): Der deutsche Kommunismus. Dokumente 1915–1945. Köln 1973, S. 383.
677 Frederick R. Benson: Schriftsteller in Waffen. Die Literatur und der spanische Bürgerkrieg. Zürich/Freiburg i. Br. 1969, S. 9.
678 Klaus Mann: Tagebücher 1934 bis 1935. München 1989, S. 52.
679 Ebenda, S. 53.
680 Johannes R. Becher: Das große Bündnis. In: Zur Tradition der sozialistischen Literatur in Deutschland. Eine Auswahl von Dokumenten (hg. v. der Deutschen Akademie der Künste in Berlin). Berlin 1962, S. 380 f.
681 Klaus Mann: Briefe und Antworten. Bd. 1: 1922–1937, München 1975. S. 197.

682 Vgl. Albrecht Betz: Exil und Engagement. Deutsche Schriftsteller im Frankreich der dreißiger Jahre. München 1986, S. 99 ff.

683 Ebenda, S. 107 f.

684 Vom Sinn und Unsinn des historischen Romans, in: CO, S. 515.

685 Heinrich Mann: Die Verteidigung der Kultur. In: Ders.: Verteidigung der Kultur. Antifaschistische Streitschriften und Essays. Hg. von Werner Herden. Berlin und Weimar 1973, S. 127.

686 Zit. nach Dieter Schiller u. a. (Hg.): Exil in Frankreich. Frankfurt a. M. 1981, S. 219 (Kunst und Literatur im antifaschistischen Exil 1933–1945, Bd. 7).

687 Klaus Mann: Tagebücher 1934 bis 1935, S. 114.

688 Brecht: Briefe 1, S. 510.

689 Bertolt Brecht: Eine notwendige Feststellung zum Kampf gegen die Barbarei. Entwurf der Rede, gehalten auf dem »Internationalen Schriftsteller-Kongreß«, Paris. In: Ders.: Schriften 2, Teil 1, S. 142.

690 Ebenda, S. 145.

691 Victor Serge: Erinnerungen eines Revolutionärs 1901–1941. Hamburg 1977, S. 358.

692 Briefwechsel mit Freunden, Bd. I, S. 313.

693 Ebenda, S. 319.

694 Ebenda, S. 329.

695 Ebenda, S. 319.

696 Ebenda, S. 320.

697 An Eva Herrmann, April 1937; DNB.

698 Briefwechsel mit Freunden, Bd. I, S. 329.

699 Ebenda, S. 330.

700 Ebenda, S. 334.

701 Ebenda.

702 Betz: Exil und Engagement deutscher Schriftsteller im Frankreich der dreißiger Jahre, S. 7.

703 Joseph Roth: Unerbittlicher Kampf. In: Ders.: Das journalistische Werk. 1929–1939. Werke 3. Köln 1991, S. 559.

704 Döblin: Briefe, S. 204.

705 Zit. nach: William Manchester: Winston Churchill. Allein gegen Hitler. 1932–1940. München 1990, S. 119.

706 Emrys Hughes: Churchill. Ein Mann in seinem Widerspruch. Tübingen am Neckar 1959, S. 135.

707 Ebenda, S. 137.

708 Zit. nach Anne Hartmann: Lost in translation. Lion Feuchtwanger bei Stalin, Moskau 1937. In: Exil. Forschung. Erkenntnisse. Ergebnisse, 28 (2008) 2, S. 16.

709 Ebenda, S. 7.

710 Anne Hartmann: Ordnungen des Zeigens und Sehens. Westliche Intellektuelle und ihre sowjetischen Guides Mitte der 1930er Jahre. In: Stefan Lampadius und Elmar Schenkel (Hg.): Under Western and Eastern Eyes. Ost und West in der Reiseliteratur des 20. Jahrhunderts. Leipzig 2012, S. 98.

711 Ebenda.

712 An Lola Humm-Sernau, 1. März 1947; DLA.

713 Briefwechsel, Bd. I, S. 81.

714 Zit. nach Hartmann: Lost in translation, in: Exil, 28 (2008) 2, S. 7.

715 Ebenda.

716 Zit. nach Anne Hartmann: Lion Feuchtwangers Dolmetscherin. Die Rapporte der Dora Karawkina. In: Exil. Forschung. Erkenntnisse. Ergebnisse, 30 (2010) 1, S. 37 f.

717 Zit. nach Willi Bredel: Lion Feuchtwangers Besuch in Moskau. In: Karl Dietz (Hg.): Der Greifen-Almanach. Zum 70. Geburtstag Lion Feuchtwangers, S. 46.

718 Hartmann: Lion Feuchtwangers Dolmetscherin, in: Exil, 30 (2010) 1, S. 37.

719 Ebenda, S 38.

720 An Lola Sernau, 21. Januar 1937; DLA.

721 Friedmann-Wolf: Im roten Eis, S. 73 f.

722 Zit. nach Hartmann: Lost in translation, in: Exil, 28 (2008) 2, S. 7.

723 Zit. nach Hartmann: Lion Feuchtwangers Dolmetscherin, in: Exil, 30 (2010) 1, S. 34 f.

724 Ebenda, S. 47 f.

725 Ebenda, S. 48.

726 Wolf-Dietrich Gutjahr: Revolution muss sein. Karl Radek. Die Biographie. Köln – Weimar – Wien 2012, S. 892.

727 Baberowski: Verbrannte Erde, S. 249.

728 Gutjahr: Revolution muss sein, S. 870.

729 Karl Kröhnke: Lion Feuchtwanger – Der Ästhet in der Sowjetunion. Ein Buch nicht nur für seine Freunde. Stuttgart 1991, S. 16.

730 Moskau 1937, S. 86ff.

731 Ebenda, S. 97 f.

732 Ebenda, S. 104.

733 Zit. nach Anne Hartmann: Lion Feuchtwanger zurück aus Sowjetrussland. Selbstzensur eines Reiseberichts. In: Exil. Forschung. Erkenntnisse. Ergebnisse. 29 (2009) 1, S. 9.

734 Moskau 1937, S. 98.

735 Ebenda, S. 87.

736 Bertolt Brecht: [Über die Moskauer Prozesse]. In: Ders.: Schriften 2, Teil 1, S. 365.

737 Ebenda.

738 Georgi Dimitroff: Tagebücher 1933–1943. Berlin 2000, S. 140.

739 Ebenda, S. 148.

740 Zit. nach Karl Schlögel: Terror und Traum. Moskau 1937. Frankfurt a. M. 2010, S. 126.

741 Zit. nach Hartmann: Lost in translation, in: Exil, 28 (2008) 2, S. 9.

742 Vgl. Anne Hartmann: Aufzeichnungen der Unterredung des Genossen Stalin mit dem deutschen Schriftsteller Lion Feuchtwanger (8. Januar 1937). In: Exil. Forschung. Erkenntnisse. Ergebnisse. 28 (2008) 2, S. 19–32.

743 Ebenda, S. 23.

744 Ebenda, S. 29.

745 Moskau 1937, S. 82.

746 Ebenda, S. 81.

747 Vgl. Klaus Jarmatz u. a. (Hg.): Exil in der UdSSR. Leipzig 1979, S. 196.

748 Das Wort. Literarische Monatsschrift. Nummer 1, Moskau 1936, S. 3.

749 Zit. nach: Jarmatz u. a (Hg.): Exil in der UdSSR, S. 199.

750 Ebenda, S. 199 f.

751 Zit. nach ebenda, S. 210.

752 Bertolt Brecht: Volkstümlichkeit und Realismus. In: Ders.: Schriften 2, Teil 1, S. 408 f.

753 Bertolt Brecht: 27. 7. [1938]. In: Ders.: Journale 1. Berlin und Weimar – Frankfurt a. M. 1994, S. 316 (Große kommentierte Berliner und Frankfurter Ausgabe, Bd. 26).

754 Über »Haben« von Julius Hay, in: CO, S. 523.

755 Brecht: 27. 7. [1938], in: Ders.: Journale 1, S. 317.

756 Brecht: Briefe 2, S. 125 f.

757 Ebenda, S. 106.

758 Ebenda, S. 148.

759 Briefwechsel mit Freunden, Bd. I, S. 35 f.

760 Ebenda, S. 35.

761 Moskau 1937, S. 17.

762 Ebenda, S. 16.

763 Ebenda, S. 20.

764 Ebenda, S. 7.

765 Ebenda, S. 8.

766 Ebenda, S. 13 f.

767 Ebenda, S. 14.

768 Ebenda.

769 Ebenda, S. 15.

770 Ebenda, S. 36.

771 Ebenda, S. 58.

772 Robert Conquest: Stalin. Der totale Wille zur Macht. München – Leipzig 1991, S. 201.

773 Ebenda, S. 241.

774 Ebenda, S. 239.

775 Moskau 1937, S. 75 ff.

776 Ebenda, S. 80.

777 Ebenda, S. 38 f.

778 Ebenda, S. 40.

779 Ebenda, S. 46.

780 Ebenda, S. 49.

781 Ebenda, S. 67 ff.

782 Zit. nach Anne Hartmann: Literarische Staatsbesuche. Prominente Autoren des Westens zu Gast in Stalins Sowjetunion (1931–1937). In: Siegfried Ulbrecht und Helena Ulbrechtová (Hg.): Die Ost-West-Problematik in den europäischen Kulturen und Literaturen. Ausgewählte Aspekte. Praha – Dresden 2009, S. 248.

783 Brecht, Briefe 2, S. 64.

784 Julius Hay: Geboren 1900. Erinnerungen. Reinbek bei Hamburg 1971, S. 229.

785 Friemann-Wolf: Im roten Eis, S. 195.

786 Zit. nach Serge: Erinnerungen eines Revolutionärs, S. 377.

787 Moskau 1937, S. 11.

788 Ebenda, S. 111.

789 Zit. nach Hartmann: Lion Feuchtwanger zurück aus Sowjetrussland, in: Exil, 29 (2009) 1, S. 20

790 Briefwechsel, Bd. I, S. 147.

791 Ebenda, S. 163.

792 Ebenda, S. 166.

793 Leopold Schwarzschild: Feuchtwangers Botschaft. In: Das Neue Tage-Buch,

794 Zit. nach Dieter Schiller: Der Traum von Hitlers Sturz. Studien zur deutschen Exilliteratur 1933–1945. Berlin u. a. 2010, S. 430.

795 Klaus Mann: Tagebücher 1936 bis 1937. München 1990, S. 143.

796 Thomas Mann: Tagebücher 1937–1939. Frankfurt a. M. 1980, S. 74.

797 Briefwechsel mit Freunden, Bd. I, S. 42.

798 Ebenda, S. 309 f.

799 Zit. nach Alfred Klein (Hg.): Zur Tradition der deutschen sozialistischen Literatur. Bd. 4: Kommentare. Berlin und Weimar 1979, S. 364.

800 Zit. nach Hans-Christoph Buch: Wer betrügt, betrügt sich selbst. Über André Gide und seine Reise in die Sowjet-Union (1936). In: Die Zeit, Nr. 15, 4. April 1992, S. 77.

801 Ebenda.

802 Ebenda.

803 Ebenda.

804 Der Ästhet in der Sowjetunion, in: CO, S. 519 ff.

805 Zit. nach Buch: Wer betrügt, betrügt sich selbst, in: Die Zeit, 4. April 1992, S. 2.

806 Zit. nach Hartmann: Lion Feuchtwangers Dolmetscherin, in: Exil, 30 (2010) 1, S. 37.

807 Ebenda, S. 41.

808 Briefwechsel, Bd. I, S. 150.

809 Ebenda, S. 156.

810 Kurt Hiller: Der Fall Feuchtwanger. In: Ders.: Köpfe und Tröpfe. Profile aus einem Vierteljahrhundert. Hamburg – Stuttgart 1950, S. 203.

811 Ebenda, S. 204.

812 Ebenda, S. 296.

813 Wulf Köpke: Das dreifache Ja zur Sowjet-Union. Lion Feuchtwangers Antwort an die Enttäuschten und Zweifelnden. In: Thomas Koebner u. a. (Hg.): Exilforschung. Ein internationales Jahrbuch. Bd. 1: Stalin und die Intellektuellen. München 1983, S. 70.

814 Manès Sperber: Die Wasserträger Gottes. München 1983, S. 168 f.

815 André Gide: Tagebuch 1939–1949. Frankfurt a. M. 1990, S. 88 (Gesammelte Werke IV. Autobiographisches. 4. Bd.).

816 Ebenda, S. 116.

817 Johannes F. Evelein: Exil und Zeiterfahrung in Lion Feuchtwangers Roman *Exil*. In: Daniel Azuélos (Hg.): Lion Feuchtwanger und die deutschsprachigen Emigranten in Frankreich von 1933 bis 1941. Bern 2006, S. 102.

818 Briefwechsel, Bd. I, S. 66.

819 Vgl. Hans Dahlke: Nachbemerkungen. In: Dramen II, S. 707.

820 Briefwechsel, Bd. I., S. 162.

821 Ebenda, S. 189 f.

822 Marta Feuchtwanger: Nur eine Frau, S. 265.

823 Doris Rothmund: Lion Feuchtwanger und Frankreich. Exilerfahrung und deutsch-jüdisches Selbstverständnis. Frankfurt a. M. 1990, S. 353.

824 Exil, S. 762 f.

825 Ebenda, S. 395.

826 Ebenda, S. 768.

827 Briefwechsel, Bd. I, S. 179.

828 Exil, S. 120 f.

829 Ebenda, S. 679 f.

830 Ebenda, S. 680.

831 Gisela Berglund: Deutsche Opposition gegen Hitler in Presse und Roman des Exils. Eine Darstellung und ein Vergleich mit der historischen Wirklichkeit. Stockholm o. J., S. 167.

832 Zit. nach Gisela Lüttig: Zu diesem Band. In: Exil, S. 772.

833 Gert Ueding: Emigrantenschicksal, melodramatisch. In: Marcel Reich-Ranicki (Hg.): Romane von gestern – heute gelesen. Bd. III: 1933–1945. Frankfurt a. M. 1996, S. 261 f.

834 Exil, S. 769.

835 Ebenda, S. 34.

836 Ebenda, S. 33 f.

837 An Eva Herrmann, 12. März 1937; DNB.

838 An Eva Herrmann, August 1939; DNB.

839 Briefwechsel, Bd. I, S. 190.

840 Ebenda, S. 190 f.

841 Der Teufel in Frankreich, S. 20.

842 An Eva Herrmann, 19. September 1939; DNB.

843 Zit. nach Gomringer (Hg.): Lion Feuchtwanger, S. 32.

844 Briefwechsel, Bd. I, S. 211 f.

845 Alfred Kantorowicz: Exil in Frankreich, S. 93.

846 Der Teufel in Frankreich, S. 12.

847 Kantorowicz: Deutsche Schicksale. Neue Porträts. Berlin 1947, S. 113 f.

848 Franz Schoenberner: Innenansichten eines Außenseiters. Icking und München 1949, S. 143.

849 Ebenda, S. 143 f.

850 Kantorowicz: Exil in Frankreich, S. 114.

851 Ebenda, S. 126.

852 An Lola Humm-Sernau, 11. Juni 1940; DLA.

853 Der Teufel in Frankreich, S. 67.

854 Ebenda, S. 59.

855 Ebenda, S. 92.

856 Kantorowicz: Exil in Frankreich, S. 32 f.

857 Ebenda, S. 130.

858 An St. (Adressatin ist nicht bekannt), 30. Juni 1940, in: Der Teufel in Frankreich, S. 332.

859 An Eva Herrmann, Juni 1940; DNB.

860 Lisa Fittko: Mein Weg über die Pyrenäen. Erinnerungen 1940/41. München 2010, S. 33

861 Zit. nach Gomringer (Hg.): Lion Feuchtwanger, S. 34.

862 An St., 12. August 1940, in: Der Teufel in Frankreich, S. 337.

863 Varian Fry: Auslieferung auf Verlangen. Die Rettung deutscher Emigranten in Marseille 1940/41, S. 73.

864 Marta Feuchtwanger: Die Flucht, in: Der Teufel in Frankreich, S. 343.

865 Briefwechsel, Bd. I, S. 219.

866 An Eva Herrmann, 28. September 1940; DNB.

867 Zit. nach Manfred Durzak: Die Exilsituation in USA. In: Ders. (Hg.): Die deutsche Exilliteratur 1933–1945. Stuttgart 1973, S. 146.

868 Erna M. Moore: Exil in Hollywood. Leben und Haltung deutscher Exilautoren nach ihren autobiographischen Berichten. In: Spalek und Strelka (Hg.): Deutsche Exilliteratur seit 1933. Bd. 1 Kalifornien, Teil 1, S. 23.

869 Thomas Mann: Die Entstehung des Doktor Faustus. Roman eines Romans. Amsterdam 1949, S. 86.

870 Moore: Exil in Hollywood, in: Spalek und Strelka (Hg.): Deutsche Exilliteratur seit 1933. Bd. 1 Kalifornien, Teil 1, S. 25.

871 Fritz Kortner: Aller Tage Abend. München 1996, S. 431.

872 Bertolt Brecht: Nachdenkend, wie ich höre. In: Ders.: Gedichte 5. Gedichte und Gedichtfragmente 1940–1956. Bearb. von Jan Knopf und Brigitte Bergheim u. a. Berlin und Weimar – Frankfurt a. M. 1993, S. 46 (Große kommentierte Berliner und Frankfurter Ausgabe, Bd. 15).

873 Die Schriftsteller im Exil, in: CO, S. 550 f.

874 Anthony Heilbut: Exiled in Paradise. German Refugee Artists and Intellectuals in American from the 1930's to the Present. New York 1983, S. 36.

875 An Lola Humm-Sernau, 27. März 1945; DLA.

876 An Ben Huebsch, 22. Oktober 1940; DNB.

877 Briefwechsel, Bd. I, S. 248.

878 Zit. nach Wolfgang Kießling: Exil in Lateinamerika. Leipzig 1980, S. 438.

879 Brecht: Journale 2, S. 38.

880 Briefwechsel mit Freunden, Bd. I, S. 48.

881 An Ben Huebsch, 20. Juli 1941; DNB.

882 An Eva Herrmann, Dezember 1941; DNB.

883 An Ben Huebsch, 20. Juli 1941; DNB.

884 Zit. nach Lothar Kahn: Insight and Action. The Life and Work of Lion Feuchtwanger. Cranbury, New Jersey 1975, S. 266.

885 An Lola Humm-Sernau, 27. Mai 1941; DNB.

886 An Lola Humm-Sernau, 16. Oktober 1941; DNB.

887 Briefwechsel, Bd. I, S. 231.

888 Ebenda, S. 235.

889 Briefwechsel mit Freunden, Bd. II, S. 53.

890 Vgl. Lüttig: Nachbemerkung. In: Die große Passion, S. 378.

891 Briefwechsel, Bd. I, S. 265.

892 Die Brüder Lautensack, S. 36.

893 Ebenda, S. 35.

894 An Ben Huebsch, 20. Januar 1942; DNB.

895 Briefwechsel, Bd. I, S. 249.

896 Zit. nach Spalek und Strelka (Hg.): Deutsche Exilliteratur seit 1933. Bd. 1 Kalifornien, Teil 1, S. 351.

897 Brecht: Journale 2, S. 22.

898 Briefwechsel, Bd. I, S. 295.

899 Bertolt Brecht: 7. 7. 40, in: Ders.: Journale 1, S. 400.

900 Bertolt Brecht: 25. 11. 42, in: Ders.: Journale 2, S. 140.

901 Vgl. Kommentar zu: Die Gesichte der Simone Machard. In: Bertolt Brecht: Stücke 7. Bearb. von Michael Voges. Berlin und Weimar – Frankfurt a. M. 1991, S. 389 (Große kommentierte Berliner und Frankfurter Ausgabe, Bd. 7).

902 Zit. nach ebenda, S. 391.

903 Briefwechsel mit Freunden, Bd. I, S. 63.

904 An Ben Huebsch, 19. März 1943; DNB.

905 Simone, S. 233.

906 Ebenda, S. 30.

907 Ebenda, S. 136 f.

908 Zit. nach Pischel: Lion Feuchtwanger, S. 179.

909 Zit. nach Ehrhard Bahr: Der Schriftstellerkongreß 1943 an der Universität von Kalifornien. In: Spalek und Strelka (Hg.): Deutsche Exilliteratur seit 1933. Bd. 1 Kalifornien, Teil 1, S. 47.

910 Ebenda, S. 48.

911 Zit. nach Arnold Pistiak: »Der Krieg geht weiter.« Anmerkungen zu Lion Feuchtwangers *Simone*. In: Azuélos (Hg.): Lion Feuchtwanger und die deutschsprachigen Emigranten in Frankreich, S. 185.

912 An Ben Huebsch, Juni 1943; DNB.

913 Zit. nach Ehrhard Bahr: Der Schriftstellerkongreß 1943 an der Universität von Kalifornien. In: Spalek und Strelka (Hg.): Deutsche Exilliteratur seit 1933. Bd. 1 Kalifornien, Teil 1, S. 43.

914 Briefwechsel, Bd. I, S. 295.

915 Ludwig Marcuse: Lion Feuchtwanger. In: Ders.: Wie alt kann Aktuelles sein? Literarische Porträts und Kritiken. Hg. von Dieter Lamping. Zürich 1989, S. 333.

916 Harold von Hofe: Bei Lion und Marta Feuchtwanger. Eine deutsche Oase in Kalifornien. In: Konturen, Heft 2, 1993.

917 Nachwort des Autors 1952. In: Die Füchse im Weinberg. Berlin und Weimar 1982, S. 950 (Gesammelte Werke in Einzelausgaben, Bd. 6).

918 Narrenweisheit oder Tod und Verklärung des Jean-Jacques Rousseau, S. 117.

919 Zu meinem Roman »Waffen für Amerika«, in: CO, S. 403.

920 Ebenda, S. 407 ff.

921 Briefwechsel, Bd. I, S. 401.

922 Zu meinem Roman »Waffen für Amerika«, in: CO, S. 410 f.

923 Die Füchse im Weinberg, S. 5.

924 Ebenda.

925 Ebenda, S. 430.

926 Nachwort des Autors 1952. In: Die Füchse im Weinberg (Gesammelte Werke in Einzelausgaben, Bd. 6), S. 950.
927 Ebenda.
928 Die Füchse im Weinberg, S. 844.
929 Ebenda, S. 839.
930 Vom Sinn und Unsinn des historischen Romans, in: CO, S. 512.
931 Die Füchse im Weinberg, S. 110.
932 Vgl. Hans-Albert Walter: Der falsche Franklin oder Ein echter Feuchtwanger. In: Waffen für Amerika. Bd. 2, Frankfurt a. M. 1986, S. 357–427.
933 Fritz H. Landshoff: Amsterdam, Keizersgracht 333. Querido Verlag. Erinnerungen eines Verlegers. Berlin und Weimar 1991, S. 370 f.
934 Gisela Lüttig: Nachwort. In: Die Füchse im Weinberg, S. 856.
935 Döblin: Briefe, S. 359.
936 Briefwechsel, Bd. II, S. 209.
937 Karl Marx: Zur Kritik der Hegelschen Rechtsphilosophie. In: Karl Marx/Friedrich Engels: Werke. Bd. 1, Berlin 1976, S. 381.
938 Briefwechsel mit Freunden, Bd. II, S. 99.
939 Ebenda, S. 237.
940 Ebenda, S. 238.
941 Nachwort des Autors 1952. In: Die Füchse im Weinberg (Gesammelte Werke in Einzelausgaben, Bd. 6), S. 949.
942 Briefwechsel, Bd. II, S. 109.
943 Briefwechsel mit Freunden, Bd. I, S. 279 f.
944 Landshoff: Amsterdam, Keizersgracht 333, S. 407.
945 Briefwechsel, Bd. I, S. 443 f.
946 Ebenda, S. 444.
947 Landshoff: Amsterdam, Keizersgracht 333, S. 410.
948 Briefwechsel mit Freunden, Bd. II, S. 222 f.
949 Briefwechsel mit Freunden, Bd. I, S. 139.
950 Goya oder Der arge Weg der Erkenntnis, S. 29.
951 Ebenda, S. 175.
952 Ebenda, S. 74.
953 Ebenda, S. 293 f.
954 Ebenda, S. 505.
955 Jefta und seine Tochter, S. 5.
956 Aristoteles: Über die Dichtkunst. Neu übersetzt und eingeleitet von Alfred Gudemann. Leipzig 1921, S. 18.
957 An Ben Huebsch, 27. Februar 1949; DNB.
958 Zit. nach Ludwig Maximilian Fischer: Vernunft und Fortschritt. Geschichte und Fiktionalität im historischen Roman Lion Feuchtwangers. Königstein/Ts. 1979, S. 161 f.
959 Goya, S. 204 f.
960 Ebenda, S. 374 f.
961 Briefwechsel mit Freunden, Bd. I, S. 140.
962 Briefwechsel, Bd. II, S. 223.
963 An Ben Huebsch, 26. Januar 1948; DNB.

964 Zit. nach Jeffrey B. Berlin: A Relentless Drive for Meaning: Lion Feuchtwanger's Unpublished Correspondence (1948–51) with his American Publisher Ben Huebsch regarding Goya oder Der arge Weg der Erkenntnis. In: Ian Wallace (ed.): Feuchtwanger and Film. Bern 2009, S. 107.

965 An Ben Huebsch, 28. Dezember 1949; DNB.

966 Zit. nach: Pischel, Lion Feuchtwanger, S. 225.

967 Narrenweisheit, S. 354.

968 Ebenda, S. 370.

969 Ebenda, S. 315.

970 Ebenda, S. 245.

971 Briefwechsel, Bd. II, S. 164.

972 An Ben Huebsch, 5. Mai 1952; DNB.

973 An Ben Huebsch, 4. August 1951; DNB.

974 Briefwechsel mit Freunden, Bd. II, S. 270.

975 An Ben Huebsch, 4. Mai 1953; DNB.

976 Narrenweisheit, S. 402.

977 Ebenda, S. 398 f.

978 Gomringer (Hg.): Lion Feuchtwanger, S. 209.

979 Ebenda, S. 249.

980 Briefwechsel, Bd. I, S. 402.

981 Briefwechsel mit Freunden, Bd. I, S. 79.

982 Vgl. Alexander Stephan: Im Visier des FBI. Deutsche Exilschriftsteller in den Akten amerikanischer Geheimdienste. Stuttgart 1995, ders: Neues vom FBI zu Lion Feuchtwanger. In: Pól O'Dochartaigh and Alexander Stephan: Feuchtwanger and the European Émigrés in California. Amsterdam – New York 2005, S. 85–99.

983 Zit. nach Feuchtwanger and the European Émigrés in California, S. 89.

984 Zit. nach ebenda, S. 92.

985 Zit. nach ebenda, S. 90.

986 Ebenda, S. 86.

987 Gomringer (Hg.): Lion Feuchtwanger, S. 217.

988 An Ben Huebsch, 1. Dezember 1958; DNB.

989 Charles Chaplin: Die Geschichte meines Lebens. Stuttgart – Hamburg 1964, S. 445.

990 Gomringer (Hg.): Lion Feuchtwanger, S. 243.

991 An Lola Humm-Sernau, 10. März 1953; DLA.

992 Gomringer (Hg.): Lion Feuchtwanger, S. 276.

993 An Lola Humm-Sernau, 25. Dezember 1951; DLA.

994 Karl Dietz: Zum Geleit. In: Ders.: (Hg.): Der Greifen-Almanach. Zum 70. Geburtstag Lion Feuchtwangers, S. 5.

995 Elmar Faber und Carsten Wurm (Hg.): Allein mit Lebensmittelkarten ist es nicht auszuhalten … Autoren- und Verlegerbriefe 1945–1949. Berlin 1991, S. 85.

996 Ebenda, S. 86.

997 Zit. nach Stefanie Harrecker: Degradierte Doktoren. Die Aberkennung der Doktorwürde an der Ludwig-Maximilians-Universität München während der Zeit des Nationalsozialimus. München 2007, S. 197.

998 Briefwechsel mit Freunden, Bd. I, S. 147.

999 Harrecker: Degradierte Doktoren, S. 198 ff.
1000 Briefwechsel mit Freunden, Bd. I, S. 289.
1001 Ebenda, S. 287.
1002 Ebenda, S. 288.
1003 Zit. nach Die Zeit, Nr. 46, 14. November 1957.
1004 Briefwechsel mit Freunden, Bd. I, S. 419 f.
1005 Neues Deutschland, 24. Oktober 1957.
1006 Zit. nach Gabriele Seitz (Hg.): Erfolg. Ein Film von Franz Seitz nach dem Roman von Lion Feuchtwanger. Frankfurt a. M. 1991, S. 17.
1007 Zit. nach Die Zeit, Nr. 46, 14. November 1957.
1008 Briefwechsel mit Freunden, Bd. II, S. 230.
1009 An Lola Hummer-Sernau, 8. Dezember 1952; DLA.
1010 Briefwechsel mit Freunden, Bd. I, S. 183.
1011 Ebenda, S. 73.
1012 Gomringer (Hg.): Lion Feuchtwanger, S. 255.
1013 Walter Janka: Spuren eines Lebens. Berlin 1991, S. 310 f.
1014 Briefwechsel mit Freunden, Bd. I, S. 183.
1015 Ebenda, S. 186.
1016 Ebenda.
1017 Ebenda, S. 187.
1018 Neumann: Ein leichtes Leben, S. 70.
1019 Briefwechsel, Bd. II, S. 212.
1020 Die Jüdin von Toledo, S. 94.
1021 Briefwechsel, Bd. II, S. 231.
1022 Die Jüdin von Toledo, S. 398.
1023 Nachwort des Autors 1955, in: ebenda, S. 437.
1024 Ebenda, S. 439.
1025 An Ben Huebsch, 16. Dezember 1953; DNB.
1026 Briefwechsel mit Freunden, Bd. II, S. 108.
1027 An Ben Huebsch, 20. Juni 1953; DNB.
1028 Briefwechsel mit Freunden, Bd. II, S. 314.
1029 Zit. nach Gisela Lüttig: Nachwort. In: Die Jüdin von Toledo, S. 446.
1030 Briefwechsel mit Freunden, Bd. I, S. 195.
1031 Briefwechsel, Bd. II, S. 306 f.
1032 Jefta und seine Tochter, S. 245.
1033 Ebenda.
1034 Das Buch der Richter: Der Richter Jeftah. In: Die Bibel nach der Übersetzung Martin Luthers. Stuttgart 1985, S. 267.
1035 Jefta und seine Tochter, S. 178.
1036 Ebenda, S. 250.
1037 Ebenda, S. 64 f.
1038 Ebenda, S. 191.
1039 Ebenda, S. 241 f.
1040 An Ben Huebsch, 19. April 1956; DNB.
1041 Jefta und seine Tochter, S. 243.
1042 Ebenda, S. 251 f.

1043 Ebenda, S. 245.

1044 Eberhard Hilscher: Gottes Gegenspieler und Soldat. Lion Feuchtwangers Roman *Jefta und seine Tochter.* In: Wilhelm von Sternburg (Hg.): Lion Feuchtwanger, S. 263.

1045 Jefta und seine Tochter, S. 250.

1046 Briefwechsel, Bd. II, S. 381.

1047 Briefwechsel mit Freunden, Bd. I, S. 423.

1048 Vgl. Christoph Jäger: Humanisierung des Mythos. Vergegenwärtigung der Tradition. Theologisch-hermeneutische Aspekte in den Josephsromanen von Thomas Mann. Stuttgart 1992, S. 250 ff.

1049 Briefwechsel, Bd. II, S. 316.

1050 Vgl. Gisela Lüttig: Nachwort. In: Jefta und seine Tochter, S. 259 f.

1051 An Lola Humm-Sernau, 18. Januar 1958; DLA.

1052 An Lola Humm-Sernau, 16. Februar 1958; DLA.

1053 Elmar Faber und Carsten Wurm (Hg.): ... und leiser Jubel zöge ein. Autoren- und Verlegerbriefe 1950–1959. Berlin 1992, S. 80.

1054 Briefwechsel, Bd. II, S. 411.

1055 Hilde Waldo, 27. Dezember 1958. Siehe Manfred Flügge: Die vier Leben der Marta Feuchtwanger. Biographie. Berlin 2008, S. 346 f.

BILDNACHWEIS

Akademie der Künste, Berlin, Arnold-Zweig-Archiv, Foto 2/14: 12
Akademie der Künste, Berlin, Bertolt-Brecht-Archiv Fotoarchiv 07/003, Foto: unbekannt: 7
akg-images: 14
akg-images: 16
Bildarchiv Pisarek/akg-images: 15
Bundesarchiv, Bild 183-B0527–0001–860/Fotograf: Heinz Röhnert: 5
© by R. Berlau/Hoffmann: 22
Dr. Dorothea Meyer: 11
Ville de Toulon – Bibliothèque municipal: 10

Alle anderen Fotos mit freundlicher Genehmigung der Feuchtwanger Memorial Library, Special Collections, University of Southern California, Los Angeles.

PERSONENREGISTER